Filosofia

1 BAT

Xavier Ibáñez Puig
Joan González Guardiola

Text
laGalera

EQUIP DE TEXT-LA GALERA

DIRECCIÓ D'ART
Cass

COORDINACIÓ DE MAQUETACIÓ
Montserrat Estévez

COORDINACIÓ DE L'ÀREA D'HUMANITATS
Sílvia Ruiz

EDICIÓ
Marta Lorente

COORDINACIÓ PEDAGÒGICA
Anna Canals

DIRECCIÓ
Xavier Carrasco

Les activitats que es proposen en aquest llibre s'han de fer en un quadern a part.

AUTORS

Xavier Ibáñez Puig
Doctor en Filosofia. Professor de Batxillerat. Professor de Filosofia de la Universitat de Barcelona.

Joan González Guardiola
Doctor en Filosofia. Professor de Batxillerat. Professor de Filosofia de la Universitat de les Illes Balears.

COORDINADOR

Josep Monserrat Molas
Professor de Filosofia de la Universitat de Barcelona.

DISSENY GRÀFIC: Cass

MAQUETACIÓ: Montserrat Estévez

CORRECCIÓ: M. Mercè Estévez

DOCUMENTACIÓ GRÀFICA: Xavier Ibáñez Puig

Col·laboració en la documentació i el disseny: Marta Company

FOTOGRAFIES:
Album, Dreamstime, Fotolia, Fototeca.cat, Pexels, Pixabay, Shutterstock

Josep Pla, 95. 08019 Barcelona
www.grupenciclopedia.cat
www.text.cat
contacte@text.cat

Primera edició: abril del 2022

Impressió: Tallers Gràfics Soler, SA

ISBN: 978-84-412-3464-2

Dipòsit legal: B-8769-2022

ÍNDEX

El llibre de **Filosofia de 1r de Batxillerat** té **1 unitat metodològica** més **12 unitats temàtiques** que segueixen aquesta estructura:

INICI DE LA UNITAT

- Imatge d'entrada, amb un lligam amb la resta d'unitats.
- Text introductori, amb preguntes de presentació.
- Índex de continguts de la unitat.

INFORMACIÓ

- Cos informatiu, amb exemples que remeten a situacions quotidianes o casos pràctics.
- Imatges amb qüestions associades que conviden a observar la realitat amb atenció i creativitat.
- Preguntes per comentar a classe que obren perspectives i enriqueixen la lectura.
- Textos de marge amb informació complementària per eixamplar horitzons. Els marcats amb color taronja tenen relació directa amb les propostes d'aprenentatge basat en situacions.
- Activitats de final de capítol per aprofundir en les qüestions tractades.

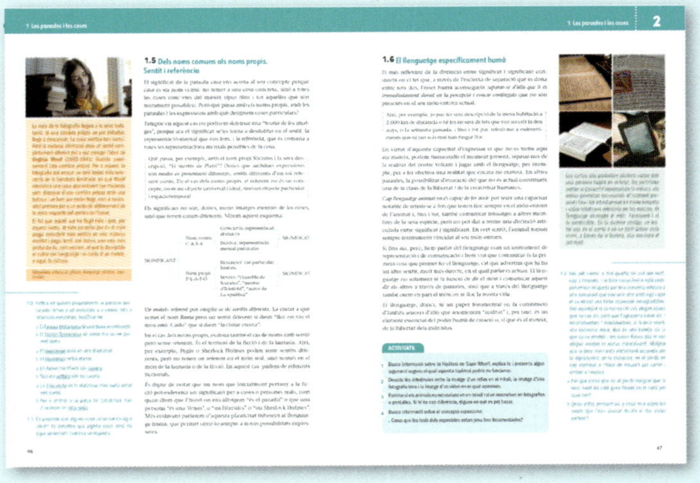

RECAPITULACIÓ

- Reflexió sobre la imatge que encapçala la unitat.
- Síntesi dels continguts apresos que fa d'enllaç amb la unitat següent.
- Paraules clau, el significat de les quals es pot consultar en el glossari.
- "En 8 imatges", joc per relacionar imatges i pensament.

DOSSIER D'ACTIVITATS

- Activitats que aprofundeixen en els continguts treballats.

APRENENTATGE BASAT EN SITUACIONS

- Proposta de treball que convida a aplicar els coneixements adquirits a l'anàlisi crítica i autònoma de problemàtiques actuals, individualment o en grup.

GLOSSARI FILOSÒFIC

- Recull dels conceptes més rellevants de la filosofia. (En un volum a part.)

NORD.
N.N.Est.
N.Est.
E.N.Est.
EST.
E.S.Est.
S.Est.
S.S.Est.
SUD.
S.S.Ouest
S.Oueft
N.Oueft
N.N.Ouest

Pensar des de la situació

0

Si, com començarem a veure ben aviat, la filosofia és l'intent de **comprendre el món** per tal d'**orientar-nos-hi**, sembla clar que un curs d'introducció a la filosofia per força ha de proporcionar:

- **Claus per pensar** amb profunditat i en tota la seva complexitat els problemes de tota mena amb què ens hem d'enfrontar ara i aquí.
- I, sobre la base d'aquestes claus, **fites per orientar**, no només el nostre pensament, sinó també **les nostres actituds i les nostres accions** respecte d'aquests mateixos problemes.

Cal, així doncs, aprendre filosofia al mateix temps que aprenem a **filosofar**, és a dir, a aplicar els coneixements teòrics adquirits al llarg del curs a l'anàlisi i l'aclariment de situacions molt concretes per a pensar els problemes que la humanitat troba ara mateix plantejats, alguns d'una importància i una urgència aclaparadores.

Per aquest motiu, l'exposició del curs fa constantment **salts del general al concret i del concret al general**, perquè prova sempre d'il·lustrar totes les temàtiques tractades, per més abstractes que siguin, amb exemples concrets que serveixen per posar de manifest el potencial de la reflexió filosòfica per aclarir-nos i orientar-nos en la situació de la nostra vida de cada dia. A més, a partir de l'explicació de tot l'utillatge conceptual que la filosofia ens proporciona, **obre sempre joc per acompanyar, amb l'ajut d'aquests instruments intel·lectuals, l'elaboració d'una reflexió personal** sobre els problemes principals que els homes i les dones del present cal que afrontem, si hem de tenir encara un present i un futur dignes de ser viscuts.

Aquesta **obertura de joc** dirigida a abordar de forma autònoma els problemes de la societat del segle XXI es fa de dues maneres:

- En **els marges** de totes les pàgines, amb els peus de foto i les preguntes, es fa referència explícita a tots aquests problemes: la postveritat, l'emergència climàtica, les discriminacions de tota mena –inclosa la de gènere–, els drets i els deures, etc.
- I al final de cada unitat, com a complement d'altres formes de treballar, es fa una proposta de treball des d'una **metodologia innovadora**, la de l'**aprenentatge basat en situacions**.

Abans d'encetar el nostre viatge, dediquem aquesta introducció propedèutica a explicar aquesta metodologia i els recursos que aquest volum ofereix per dur-la a la pràctica amb èxit.

Quan es tracten temàtiques ètiques, resulta molt fàcil denunciar tot allò que podem formular en termes generals o abstractes. Almenys en la nostra societat, *qui no es mostrarà partidari dels drets humans i contrari a tota mena de discriminacions?*

En realitat, no costa gens indignar-se per les morts que tenen lloc molt lluny de casa i denunciar-ne vehementment els responsables. No costa gens defensar la humanitat en general, la humanitat en abstracte. Però i els veïns de casa? Mostrar-se empàtics amb la humanitat en general surt de franc, però empatitzar amb els veïns que acostumen a tenir molt alt el volum de la televisió a altes hores de la nit ja són figues d'un altre paner.

Si la reflexió filosòfica ens ha d'orientar, haurà de mostrar el seu poder per aclarir i respondre les *realitats concretes*; haurà de proporcionar eines per pensar les situacions conflictives o problemàtiques de la vida de cada dia.

Per il·lustrar el que volem dir, posem un sol exemple. Que algú faci ostentació pública de la seva bondat lluint al seu cotxe, com a adhesiu, la imatge que il·lustra aquest comentari, garanteix que tracta realment els altres —i especialment les dones— amb respecte? Quantes persones no hi ha —entre els polítics, els periodistes i els professors de filosofia, per esmentar només tres col·lectius— que públicament es declaren feministes però després quan actuen no sembla pas que ho siguin?

El treball a partir de situacions pretén, entre altres coses, comprometre de veritat els alumnes, fer que allò que el seu pensament els mostri sobre les situacions concretes estudiades els interpel·li personalment i, per tant, significativament.

1.1 De la situació concreta a les claus que la fan intel·ligible

Algú que hagi estudiat en un manual o a qui hagin dictat les característiques del cristianisme ortodox però no sigui capaç de reconèixer i comprendre la manera com la mentalitat que se'n deriva és encara present en la manera de fer política de Vladímir Putin, *es pot dir que ha après bé la naturalesa d'aquest cristianisme?*

Qui sap dir quines són les característiques principals del Barroc, però, en una visita a Roma, no sap distingir les construccions que pertanyen a aquest estil arquitectònic de les que no hi pertanyen, *es pot dir que ha après realment el que és el Barroc?*

I algú que hagi estudiat a fons l'ètica de Hume, però no endevini la seva presència en la tesi animalista segons la qual els animals són agents morals perquè són éssers sensibles, *podem dir que ha entès realment el seu objecte d'estudi?*

Per tal de posar-nos en situació d'aprendre què són l'ortodòxia, el Barroc o l'emotivisme moral, sens dubte hi pot haver mètodes o maneres de fer diferents; però, sigui quina sigui la metodologia, l'èxit en la transmissió dels coneixements només quedarà contrastat si, en acabat, allò après ens permet interpretar de manera eficaç les realitats o les situacions concretes de les quals aquests coneixements constitueixen les claus per a una comprensió correcta.

Sovint, en l'explicació dels problemes filosòfics s'introdueixen primer els coneixements generals, i aleshores la remissió a exemples concrets serveix per il·lustrar i aclarir aquests coneixements abstractes. Però hi ha una altra possibilitat, complementària d'aquesta.

El **mètode de l'aprenentatge basat en situacions** proposa que fem l'itinerari invers: que partim d'una realitat molt i molt concreta i ens elevem, tot reflexionant sobre tots els elements que integren aquesta realitat, cap als coneixements generals que la fan intel·ligible i que, per tant, ens permeten comprendre-la amb profunditat i, si escau, intervenir-hi.

1.2 El punt de partida del mètode

Treballar parts del temari d'aquesta manera demana triar sempre, com a punt de partida, una **situació** molt concreta sobre la qual es convida a pensar. La situació triada ha de moure a la reflexió, ha d'activar la recerca de les claus teòriques que cal adquirir per comprendre-la i respondre-hi. Ens ha de ser, per tant, al mateix temps, força familiar i d'una complexitat que reclami un esforç teòric d'aclariment.

Però un cop triat el problema sobre el qual treballarem, com cal començar a abordar-lo? Són equivalents tots els abordatges? Cal usar-ne sempre un i el mateix?

2.1 Constructivistes i no constructivistes

Probablement les estratègies de treball que aquí explicarem han estat aplicades des de sempre, però, entès com la manera més adequada per accedir al coneixement, el mètode dissenyat és obra del constructivisme, és a dir, d'aquella teoria pedagògica que sosté que qui aprèn *construeix —ha de construir— el seu coneixement*. La tesi és defensada bàsicament per pedagogs, però té una naturalesa epistemològica, i es pot formular d'aquesta manera lapidària: "El coneixement no es rep, es construeix."

Si assumim aquesta tesi, el mètode de treball a partir de situacions serà concebut, no com un complement, sinó com la pràctica adient per a l'aprenentatge de qualsevol contingut. Ara bé, com que un dels temes que ha d'abordar un curs de filosofia és precisament l'anàlisi i la discussió de diferents postures epistemològiques, no podem donar d'entrada per evident que la tesi constructivista sigui la correcta. De fet, estem segurs que n'hi ha molts que pensaran just el contrari. Doncs bé, com que aquest llibre té la vocació de ser útil a tothom que en faci ús, tant als que són constructivistes com als que no ho són, tot seguit proposem, no una, sinó dues maneres de treballar.

2.2 El mètode per a constructivistes

Si s'assumeix el constructivisme per introduir i treballar els temes seleccionats, el mètode es desplega en les quatre fases següents:

A Activació del coneixement previ i disseny d'un pla de treball

Després de presentar la problemàtica o la situació que cal tractar, es divideix la classe en grups més petits de treball, i cadascun prova d'analitzar-la amb els seus coneixements previs: formula les preguntes que troba pertinents i descriu els elements i els aspectes sobre els quals té ja una informació prèvia.

No es tracta encara de resoldre la qüestió, sinó d'activar i identificar el coneixement previ per dissenyar un pla de recerca. En aquest moment tota intervenció és vàlida, però cal evitar que els grups divaguin i procurar que se centrin en la temàtica plantejada i cal, també, que provin de distingir, de les idees aportades, quines són informacions contrastables i quines són meres opinions. Cada grup ha de fer una llista de les aportacions i, també, dels dubtes o punts foscos que vagin sortint.

Al final de la sessió, un representant de cada grup exposa el resultat de la seva reflexió i, entre tots, es dissenya un mapa conceptual de totes les nocions i aspectes que caldrà estudiar per comprendre a fons el problema. Cada grup pot elaborar el seu propi disseny o bé es pot acordar un sol disseny comú amb les aportacions que han fet tots els grups en la posada en comú dels resultats d'aquesta primera fase.

El constructivisme sosté que el coneixement no es pot adquirir si l'aprenent es limita a rebre'l passivament, sinó que cal que el construeixi activament.

Segons com entenguem la tesi, tothom hi estarà d'acord. Des de la pròpia experiència com a estudiants, salta a la vista que l'estructuració de la informació rebuda en un cos de coneixement demana establir jerarquies, fer esquemes o mapes conceptuals, inventar-se metàfores o recursos mnemotècnics, etc. Sense una certa construcció, no hi ha possibilitat d'adquirir coneixements.

Ara bé, que l'aprenentatge tingui una dimensió creativa o constructiva és el mateix que dir que els coneixements els construïm? Que 2 i 3 fan 5, és una cosa que trobem o una cosa que construïm? Que la Guerra Civil Espanyola va començar el 1936, és una cosa que trobem o una cosa que construïm?

Sobre aquests dos exemples es dirà que són dades, que per si soles poden ser objecte d'erudició però no coneixement pròpiament dit. En tot cas, ¿no cal partir de les coses que trobem per construir els artefactes que ens han de permetre arribar a conèixer una realitat complexa?

Si se'ns permet *construir* una metàfora per expressar un cert dubte sobre el constructivisme, proposem aquesta: certament, per pescar peixos cal construir artefactes, com ara canyes de pescar; però ningú no pensarà que pel fet d'haver construït una canya un ja té els peixos al sarró!

Si resultés que el constructivisme no constitueix una explicació fiable del coneixement —dubte del tot legítim en un curs de filosofia—, què hauríem de dir de les reformes educatives que el tenen per la doctrina correcta? Sigui quina sigui la resposta, algunes aportacions metodològiques d'aquest corrent pedagògic són ben aprofitables, com provarem de mostrar en aquest mateix curs.

Un dels moments claus del treball a partir de situacions és la posada en comú per part del grup de les troballes fetes per cadascun dels seus components. Perquè la discussió sigui viva, és molt important que la situació que s'ha plantejat ens interpel·li personalment, que ens hi juguem alguna cosa, que ens comprometi.

Posem aquesta situació. Un company de classe habitualment treballa poc, i per aquest motiu acaba demanant sempre els apunts als altres per estudiar. Just el dia abans d'un examen de filosofia important, pretén que el company que té més facilitat per a la matèria li deixi tots els apunts. Aquest podria fer-ho –li podria deixar, per exemple, fotografiar els apunts–, però aquesta vegada s'hi nega. Fa bé o malament?

Aparentment, es tracta simplement d'un dilema ètic. Però, ben plantejada, la situació porta a pensar també sobre temes no estrictament ètics, com el de la naturalesa del treball, la propietat intel·lectual, el mèrit, etc. No és el lloc de dir com caldria plantejar per a aquest cas el treball que cal fer. Valgui només com a il·lustració del que volem dir quan demanem que les situacions proposades ens interpel·lin: com que parlem d'una situació que es pot produir a la classe, la seva discussió compromet les actituds i les accions futures de qui hi participa.

B Exploració

La segona fase és de treball individual. El pla de treball explicita les diferents temàtiques sobre les quals cal investigar. En aquesta fase, cada estudiant ha de buscar pel seu compte fonts d'informació fiables que permetin adquirir els coneixements requerits. La feina del professor o la professora és facilitar l'accés a fonts fiables (la primera de les quals, en el nostre cas, és aquest mateix manual).

Hi ha dues opcions diferents: o bé tots els membres del grup fan una recerca pel seu compte sobre tots els aspectes acordats i, després, posen en comú el que han trobat o bé es reparteixen les temàtiques, de manera que cadascú investiga sobre un dels temes sota inspecció.

C Posada en comú i elaboració d'una visió de conjunt coherent

Després de l'anàlisi ve la síntesi. En la tercera fase el treball torna a ser en grup: es tracta de posar sobre la taula totes les aportacions, totes les troballes fetes pels diferents membres del grup, i elaborar, a partir d'aquestes, un discurs coherent que integri tots els coneixements adquirits i proposi una explicació de la situació plantejada a partir de la investigació feta.

Com que hi pot haver dades contradictòries —de vegades només aparentment contradictòries i de vegades realment contradictòries— o troballes diferents que constitueixen arguments a favor d'interpretacions alternatives i rivals, en aquesta fase el diàleg i la discussió prenen el protagonisme. No hi ha més remei que filosofar tot posant en joc els coneixements de filosofia adquirits en la segona fase.

D Generalització i avaluació de l'aprenentatge adquirit

En la fase final, la feina feta ha de permetre fer el pas definitiu des de l'aclariment del cas particular fins al cas general. Ara es tracta d'aprofitar la comprensió guanyada per extreure del cas particular principis i conceptes que es puguin aplicar a altres situacions similars a aquesta; però també es tracta d'establir quines altres situacions no han estat encara resoltes i què caldria fer per donarne compte també. Aquest segon punt constitueix una manera de redirigir la recerca futura sobre els temes investigats, de manera que els coneixements ja adquirits esdevenen encara més significatius, perquè apareixen amb el seu potencial d'aclariment de problemes encara no abordats.

Aquesta darrera fase es pot fer individualment o en grup. Si es fa individualment, cadascú haurà d'elaborar el seu propi informe, que servirà com a evidència avaluadora. Si es fa en grup, tots junts hauran d'elaborar un informe.

El treball pot tancar-se amb una darrera sessió de síntesi, en la qual, a través del comentari crític dels treballs finals presentats, es doni per fi una visió de conjunt coherent i completa sobre allò que es volia investigar.

2.3 El mètode per a no constructivistes

Si es prefereix treballar les unitats didàctiques d'una altra manera, el mètode continua sent vàlid per a la realització d'activitats d'aprofundiment. En aquest cas, com que els temes ja han estat treballats, el que cal fer un cop plantejada la situació, ja sigui individualment o per grups, és identificar quins continguts ja exposats cal convocar per a l'aclariment de la situació del cas.

Per explicar-nos, posem un exemple. Considerem aquesta Situacions: en un país que pateix una pandèmia, els membres d'una parella separada no es posen d'acord sobre si vacunar o no el seu fill, que és menor. Davant la negativa d'un dels dos, l'altre porta el cas davant un jutge. Què hauria de determinar el jutge?

La pregunta, d'entrada, sembla demanar una resposta per part de l'ètica. Però, per poc que hi reflexionem, ens adonem que estan també en joc l'estatut de la ciència, la manera com el discurs científic esdevé DÓXA en les societats avançades, la pregunta per la legitimitat de l'estat per imposar mesures als ciutadans, la pregunta pels drets dels infants, etc. No només l'ètica, també la teoria del coneixement i la filosofia política han d'ajudar-nos a plantejar bé la qüestió. Veure això, que és el que cal aconseguir d'entrada, ja és un exercici fecund per consolidar i aprofundir els coneixements adquirits. A partir d'aquí, el mètode segueix els mateixos passos.

2.4 Conclusió: pensar des de la situació

La paraula *situació* procedeix del verb llatí SINERE, que significa "deixar, permetre, col·locar, deixar en un lloc". El participi d'aquest verb és SITUS, que significa "permès, col·locat, deixat en un lloc".

Quan algú es comporta de manera desavinent, potser li direm: "Situa't!" Voldrem dir que prengui consciència del lloc on es troba i de les circumstàncies presents i que actuï en conseqüència. El lloc que ocupem determina, així doncs, la nostra possibilitat de comprendre i d'actuar. Per això l'etimologia del mot *situació* connecta el fet de *permetre* (la possibilitat de ser i de fer) amb el fet d'*estar col·locat en un lloc* (la posició que obre aquesta possibilitat).

La situació és, per tant, l'emplaçament on ens trobem, però no com un establiment que ocupem de forma estàtica, sinó com a lloc dinàmic d'obertura i d'orientació. Quan pensem, ho fem sempre *des de la situació*.

I en això consisteix precisament el projecte filosòfic: a provar d'orientar racionalment la vida individual i col·lectiva des de la comprensió del lloc on som ara. Els camins per on podem introduir-nos en aquesta aventura són variats, i cadascú ha de prendre la seva decisió. Confiem que aquest llibre pugui fer el seu servei sigui quin sigui el camí triat.

Aquest llibre pretén proporcionar recursos que facilitin la travessia de qui s'endinsa, potser per primer cop, en el camp obert de la filosofia. Al costat dels grans temes que són l'objecte d'estudi de la filosofia (l'ésser humà, el coneixement, l'ètica i la política i la vida en societat), tractarem també tot d'interrogants que demanen parar més atenció als reptes concrets que ara mateix tenim plantejats:

1. Els problemes del segle XXI.
2. El problema de la postveritat.
3. Els problemes mediambientals.
4. Els problemes relacionats amb la qüestió del gènere.
5. Les diferents generacions de drets i la conceptualització d'una ètica de mínims.
6. El problema de les desigualtats, de la pobresa i de la guerra.

Hi ha referències a totes aquestes problemàtiques al llarg del llibre, en els peus de foto dels marges. I en els apartats "Dossier d'activitats" i "Aprenentatge basat en situacions" dels diferents capítols es plantegen, a més, propostes de treball per tractar tots i cadascun d'aquests problemes, ja sigui amb exercicis o bé amb treballs basats en situacions. El glossari proporciona, en fi, una eina de precisió per enriquir la reflexió.

De fet, tots aquests problemes ja estan tractats en el cos del text de diferents capítols. Del que es tracta amb aquestes propostes és d'orientar-nos en la seva descoberta per tal de reflexionar-hi amb els preciosos instruments intel·lectuals que la filosofia ens proporciona per fer-ho.

El projecte filosòfic

1

Així com la ciència és el que fan els científics o l'esport el que fan els esportistes, la filosofia és, d'entrada, el que fan els filòsofs. Però qui és filòsof, i què fa, quan fa de filòsof?

Filosofia és un mot compost a partir de dues paraules gregues. SOFIA significa "saviesa" i FILO deriva del verb PHILÉO, que significa "estimar com a amic". L'etimologia del mot ens diu que el *filòsof estima o busca l'amistat de la saviesa*. No és, doncs, un savi, sinó algú que desitja arribar a ser savi. La saviesa és, per tant, l'objecte del desig de qui filosofa més que no pas una realitat; és, així doncs, la finalitat que mou el filòsof en la seva activitat: no pas una possessió, sinó un projecte.

En què consisteix aquest projecte? Què entenem per *savi*? I per què ser savi és alguna cosa desitjable? Desitgem sempre les coses que no tenim i considerem bones. Si ser savi ens apareix com un bé, la mancança de saviesa ha de ser viscuda forçosament com un mal. Però quan prenem consciència d'aquesta mancança? En quina vivència estranya s'encén el nostre desig d'arribar a saber?

La naturalesa del desig que defineix la filosofia s'aclarirà, així doncs, quan entenguem de què ens sentim mancats, quin és l'origen d'aquest desig, i en quin moment i de quina manera els homes i les dones es fan filòsofs. Però només podem considerar aquesta entrada en la filosofia, si ens situem en el moment just anterior a l'experiència que ens hi porta. Per aquest motiu, a fi de guanyar una visió de conjunt del projecte filosòfic, considerarem de forma successiva:

- Com ens trobem d'entrada en el món en el qual naixem.
- Per què aquesta manera originària d'estar en el món ens pot arribar a decebre.
- Quina actitud nova podem adoptar arran d'aquesta decepció.
- En quin sentit es posa en joc aquí la nostra llibertat.
- Com i per què el projecte filosòfic, com a projecte de llibertat, s'enfronta a una pluralitat d'obstacles o problemes i es desplega, per aquest motiu, amb una diversitat de disciplines filosòfiques.

1 El món en el qual naixem

El món és el lloc on som, el lloc de la vida en comú amb els altres. Inclou arbres, carbasses i tomàquets, però també pantalons, ulleres i relacions socials com els intercanvis comercials: realitats naturals i realitats humanes.

1 Què t'han explicat de quan vas néixer?
2 Quins són els records més antics que tens?
3 Fins a quina generació de la teva família tens records?

1.1 El relat dels orígens

Qui recorda el dia que va néixer? Els orígens personals són confusos perquè es perden en la memòria, i tot sovint el que prenem pels nostres orígens és més aviat el relat que n'han fet els altres, començant pel que en fa la família. La **consciència** dels nostres propis orígens depèn en bona part de les explicacions d'altres. La comprensió que tenim de nosaltres mateixos, de la nostra pròpia història personal, és, en bona part, una reconstrucció a partir de la memòria dels altres. I si això ens passa amb els nostres propis orígens, què haurem de dir dels orígens de la nostra família, del nostre poble o del conjunt dels éssers humans? I què direm dels orígens del món?

1.2 La segona sortida al món

Considerem encara la consciència que tinc de mi mateix. Jo sé que vaig néixer tal dia en tal lloc, que soc d'una família determinada, que el meu besavi va arribar procedent d'un altre país al lloc on dues generacions més tard vaig néixer jo, que m'assemblo físicament a la meva àvia materna quan era jove i que el meu caràcter és el típic de les dones de la família del meu pare. Naturalment, quan el meu besavi va arribar aquí, jo no hi era, quan la meva àvia era jove, jo no hi era, i fins i tot la meva arribada al món el dia del meu naixement o el moment en què vaig fer els meus primers passos són, sens dubte, coses de les quals vaig prendre consciència, no pas el dia del meu naixement o el dia dels meus primers passos, sinó molt més tard. Jo no he estat pas testimoni de totes aquestes coses.

En un sentit metafòric, gairebé podem dir que hem sortit al món dues vegades: la primera, quan vam néixer, i la segona, quan vam prendre consciència del món i de nosaltres mateixos.

Ara, ja que no vaig ser testimoni conscient de cap d'aquestes coses, com és que les sé? Perquè m'ho han dit: perquè me les han explicat.

Jo no hi era, i ara hi soc. Però algun dia moriré: ara hi soc, però no sempre hi seré. Som al món, però no sempre hi hem estat i tampoc no hi serem pas sempre. Diem que hi som. Però on som? La resposta òbvia és aquesta: al món. Però què és el **món**?

El món és el lloc on hem nascut, el lloc on som. No és pas cap misteri. Ens el sabem de sobres. És el lloc on vivim, el lloc comú a tots els homes i dones i, per tant, el lloc de la vida en comú amb els altres.

Com quan canviem de casa o de pis, familiaritzar-nos amb el món no va ser cosa d'un sol dia. De petits, el pare o la mare ens duien pel carrer agafats de la mà i ens ensenyaven la manera com funcionen les coses del nostre món.

1.3 Un món ja fet

Al món hi ha arbres, dies de sol, platges, gelats, persones, semàfors, cotxes, radiadors i moltes coses més. Les vam anar coneixent a poc a poc.

- Primer, les coses de casa: no hem de tocar el radiador perquè crema, hem de fer servir la cullera per a menjar la sopa, no hem de tocar l'ordinador de la mare, hem d'endreçar les joguines quan hem acabat de jugar, i així moltes coses més.
- Després, les coses del carrer: ens hem d'abrigar si fa fred, els cotxes són perillosos, hem d'esperar que el semàfor estigui verd per a poder creuar, etc.
- Finalment, a l'escola vam aprendre que els altres també formen part del món: no hem de pegar als altres, hem de saber compartir, quan entrem a la classe de bon matí hem de dir "bon dia", hem de jugar sense fer-nos mal, hem de donar les gràcies quan ens fan un favor, etc.

D'aquesta manera, el món, de mica en mica, va arribar a ser la nostra casa: un lloc familiar que coneixem i en el qual sabem com ens hem de moure.

Un fet remarcable quant a aquest aprenentatge és que per als nens petits la distinció que fem els grans entre coses naturals i coses artificials no sempre és òbvia. Un nen de ciutat pot creure que la llet surt de la nevera i no pas de les vaques: així li ho ha ensenyat el seu tracte habitual amb les coses! Els semàfors, hem dit, els trobem allà, d'una manera tan immediata com el sol o com els arbres.

El món en el qual naixem és, per tant, un món que ens trobem ja fet: la roba, les cases, els arbres, els mobles, els dies de la setmana, els parcs, les pel·lícules, els mòbils, les tauletes tàctils, els cotxes, els cinemes, les ciutats, els llibres, el Nadal, les sabates, etc. Totes aquestes coses existien abans que jo naixés i, quan en prenc consciència, m'apareixen, de primer, simplement com a coses que formen part del món comú.

1.4 Un nombre incalculable de mediacions

En realitat, si hi ha totes aquestes coses és perquè les persones no naixem, simplement, en un medi natural, sinó que el nostre naixement és ja des del primer dia una entrada en el món dels éssers humans, en un món que és ja sempre el producte o el resultat del treball, de la lluita i de la inventiva de centenars i milers de generacions d'homes i dones.

D'entrada, vivim el món com si fos una cosa òbvia, com si fos una cosa donada de forma immediata, però en realitat és el fruit d'un nombre incalculable de mediacions per part d'un nombre ingent d'homes i dones.

Les neveres formen part del món en el qual naixem. Un nen de ciutat pot arribar a pensar que la llet surt de les neveres i no pas de les vaques, perquè així li ho mostra la seva experiència.

4 Enumera deu objectes que hi ha a la teva habitació o a la teva aula.

- Quants diries que són "naturals" i quants diries que són "socials"?

5 Què passaria si intentessis fer el mateix exercici enmig del bosc?

6 Quin criteri creus que podem establir per a classificar les coses en "naturals" o "socials"?

EL MÓN ABANS QUE NOSALTRES

Tenim informació de l'existència del món anterior a nosaltres a través de moltes fonts: les ciències particulars, per exemple. La geologia i l'astronomia ens indiquen que el planeta Terra va sorgir fa aproximadament 4.570 milions d'anys. La biologia ens indica que la vida sobre aquest planeta pot datar-se aproximadament cap a 3.800 milions d'anys enrere. Els mètodes a través dels quals aquestes ciències poden establir aproximadament aquestes datacions són certament molt sofisticats. Però el cert és que no necessitem acudir a aquestes ciències particulars per a identificar que el món existia abans que nosaltres hi féssim la nostra aparició: la nostra família ens ha parlat sovint, des que som ben petits, de fets que els van passar abans de la nostra existència en el món, és a dir, del nostre naixement, i hi podem tenir accés a través de fotografies, per exemple.

En el mateix moment del nostre naixement, som rebuts i protegits per aquells que ens han tingut. El món ens acull i, al mateix temps, formem part de la seva renovació.

7 Descriu breument el record més antic que tens.
- Com saps que és el més antic?

1.5 L'aparició del món

Tots nosaltres formem part d'un món que ja existia abans; un món que és fet, també, d'existències passades, tal com podem comprovar només que visitem un museu, una biblioteca o un cementiri.

Ara, si bé el món ens precedeix i fa possible el nostre naixement, en un altre sentit el món mateix es fa present per a nosaltres només quan en prenem consciència. Així doncs, si bé el món és el nostre origen, no és menys cert que, en un altre sentit, la consciència és l'origen del món. En efecte, nosaltres tenim un origen en el món, però també es pot sostenir que el món té cert origen en nosaltres. El món existeix abans que nosaltres hi féssim aparició, però *el món és també una* **aparició** *a la nostra consciència*, que es va configurant al llarg del temps de la nostra vida.

1.6 Els altres, nosaltres i el món

Aquesta aparició del món en nosaltres no pot ser mai una experiència aïllada, sinó que el món que ens va apareixent progressivament i lentament és ja configurat per una experiència compartida i col·lectiva. Rebem un món en el qual altres persones han existit abans, un món amb un munt d'informació i coneixements que els altres també han rebut i ens han transmès, un món en el qual, abans d'existir, hem estat en cert sentit esperats i, al mateix temps, una sorpresa.

De fet, el món en el qual naixem presenta sempre aquestes dues característiques respecte a nosaltres mateixos: hem estat esperats pels nostres progenitors i, a la vegada, sempre tenim, respecte al món que ens ha esperat, un irreductible caràcter de "sorpresa", de novetat, de renovació.

Naixem en un món ja fet, en un món humanitzat, en un món que és l'únic lloc on és possible viure. En contrapartida, nosaltres mateixos, com a part del món, som cridats per la nostra societat a conservar-lo, a renovar-lo i a rejovenir-lo. Per això, en tantes cultures, l'entrada en la vida adulta —que és l'entrada definitiva al món dels humans— és una celebració.

Ara bé, l'entrada al món és viscuda sempre com una alegria?

ACTIVITATS

1. Compara el record més antic que conserves amb la foto més antiga que puguis conservar.
   - Què és més antic, el teu record o la foto? Com ho saps?
2. Pensa en dues persones de la teva família de les quals hagis sentit parlar i descriu-les breument, a partir de la informació que puguis trobar, encara que no en tinguis cap record.
3. Descriu breument un esdeveniment històric important que hagi tingut lloc abans que tu nasquessis i un que hagi tingut lloc amb tu ja dins del món.
   - En el segon, has tingut algun tipus de participació, ni que sigui indirecta?
4. Descriu breument dos esdeveniments importants en la vida de la teva família, un d'abans de néixer tu i l'altre quan tu ja havies nascut.
   - Quin paper directe o indirecte has tingut tu en el segon?

2.1 Els canvis i la vida

No coneixem el món de cop, sinó d'una forma progressiva i a partir d'un munt de **mediacions** que depenen dels altres. Podem ara afegir que el món no és un estat de coses estàtic i monolític, sinó que és una realitat canviant. La meva vivència del món i de la vida de quan era petit pot haver canviat moltes vegades, per exemple si els meus pares s'han divorciat, o si un d'ells ha mort, o si hem hagut de canviar de casa per motius econòmics o, simplement, perquè jo m'he fet gran i he sabut moltes coses que abans no sabia. I no és solament el món familiar el que pot canviar moltes vegades, sinó que el món polític o social, i, com ens indica d'una forma alarmant el fenomen del canvi climàtic, fins i tot el natural, poden canviar moltes vegades.

La novetat del telèfon mòbil va introduir molts canvis en la manera com establim vincles socials, i un escalfament global del planeta pot comportar també canvis crucials en la vida de les persones.

2.2 Els canvis en la nostra vida: l'exemple d'un adolescent

La nostra pròpia vida, sobretot quan som joves o adolescents, es troba subjecta a canvis d'una manera encara més punyent.

Posem per cas una estudiant de primer de batxillerat. Imaginem-la asseguda a l'aula, prenent apunts i esforçant-se per seguir la classe de filosofia. És *això* la seva vida? És *aquesta* la vida que vol per a ella? La resposta és sí i no.

- *No*, perquè la seva aspiració en la vida no és viure ja sempre més a l'aula de primer de batxillerat, sinó que, si s'hi esforça, és precisament per superar les proves que li han de permetre deixar aquesta aula i passar a segon de batxillerat. Naturalment, el seu propòsit no és tampoc arribar a segon de batxillerat per a quedar-s'hi, sinó que el sentit de tot el seu esforç està en funció d'un projecte que va més enllà de l'institut i, fins i tot, més enllà del que faci immediatament després.

La nostra vida no està donada tota de cop, sinó que, almenys en part, és fruit de les circumstàncies canviants i de les decisions que prenem sobre ella. Tot moment present resulta ser, almenys en cert sentit, provisional.

- *Sí*, perquè el fet de ser ara mateix a l'aula seguint amb atenció una classe de filosofia forma part del seu projecte global de vida (almenys amb relació als estudis i la professió) que, així doncs, d'alguna manera es troba ja present ara i aquí per més que comprenguem que la seva realització plena demanarà encara un camí llarg i feixuc en què caldrà posar en joc de manera decidida els propis talents.

1 Intenta recordar com eres fa quatre anys.
   a Què es manté igual?
   b Què ha canviat? No et limitis només a aspectes físics.

2 Per què vas a l'escola? No responguis impulsivament (compta fins a trenta abans de fer-ho) i intenta raonar la resposta. Que raonis no vol dir que no hagis de ser sincer.

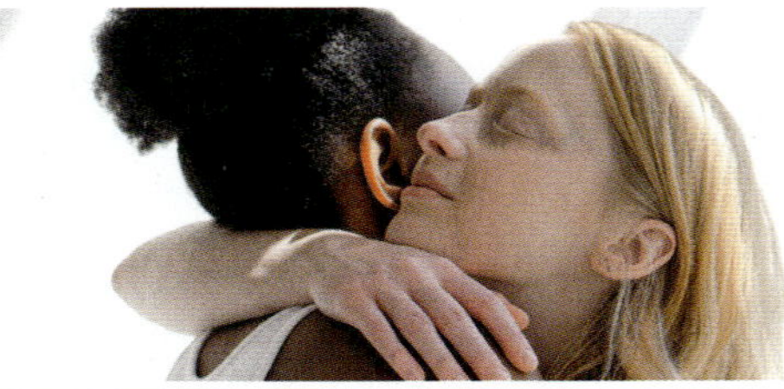

El que ens expliquen els altres de la vida adulta quan som petits contribueix a configurar les nostres expectatives. Fa només cinquanta anys hauria estat impensable, i per a algunes mentalitats fins i tot escandalós, presentar una relació de parella feliç amb la fotografia que hem triat: hauria sorprès, no només que les dues amants siguin dones, sinó també que una sigui negra i l'altra blanca (s'hauria parlat de relació "interracial", tot i que avui dia la biologia ha qüestionat la noció mateixa de "raça").

Per a les nenes d'aquell temps, experimentar sentiments amorosos per altres nenes, o per nens o nenes de "races" diferents de la pròpia, no hauria cabut en les seves expectatives, i, en el cas d'arribar a experimentar-los, sens dubte haurien constituït motiu de conflicte intern i de sofriment.

Però la imatge també pot ser desorientadora per als nois i noies actuals. Aquesta fotografia, com moltes altres, i la imatge idíl·lica que es dona de les relacions de parella en tantes sèries dirigides als adolescents, poden despertar en els preadolescents el desig d'arribar a tenir relacions semblants a aquestes, que són fictícies. Puc imaginar-me, per exemple, que dormiré romànticament en els braços de la meva parella, i després resultar que la meva parella ronca o que no suporta que la toquin mentre dorm. O puc esperar que ella em cuidarà sempre, i després resultar que m'ignora més sovint del que jo voldria. Una de les fonts d'infelicitat pot ser, per tant, la distància que hi ha entre les coses tal com són i les coses tal com me les han fet imaginar.

Situacions: educació, racisme, gènere, llenguatge, símbols, estereotips, vida virtual.

3 Creus que es pot establir una diferència entre el desig i l'expectativa?

4 Podem desitjar alguna cosa que no esperem? Posa'n un exemple.

5 Podem esperar alguna cosa que no desitgem? Posa'n un exemple.

2.3 La vida i el temps: desig, espera i expectatives

El món és canviant, de manera que l'esforç d'anar coneixent-lo per a adaptar-nos-hi i per a intervenir-hi durarà tota la vida.

Però també la nostra vida és canviant, perquè, almenys en cert sentit, la vida que tinc *ara* no és encara *la meva* vida: no és encara aquella vida amb la qual, quan arribi a tenir-la, sentiré que estic per fi en paus amb mi mateix perquè he assolit ja la plenitud de viure. Tot moment present és provisional, i per això mateix els **projectes** i les **expectatives** constitueixen elements essencials i constitutius de la vida de les persones.

Si dediquem el nostre treball a un objectiu, com, per exemple, arribar a ser metges o advocats, és perquè *desitgem* assolir aquest objectiu; i si el desitgem, és perquè *esperem* que la seva consecució ens donarà una vida més feliç i satisfactòria, una vida plena.

El **desig** i l'**espera** (o les expectatives) són *components essencials de la condició humana* perquè vivim en el **temps**, és a dir, perquè som mortals.

Disposem d'una quantitat limitada de temps per a fer alguna cosa amb la nostra vida. Si disposéssim d'un temps infinit, cap decisió no seria urgent, perquè sempre estaríem a temps de rectificar. Però, amb un temps limitat, de vegades sentim que en el que decidim *ara* està en joc alguna cosa que pot arribar a ser irreversible.

D'aquesta manera, la nostra vida es desplega a partir de la comprensió que tenim de nosaltres mateixos i del món, però també a partir de les nostres expectatives pel que fa a nosaltres mateixos i al món.

2.4 Les expectatives en la percepció del valor de les coses

El mal que tenen les expectatives és que de vegades es veuen defraudades.

Si, per exemple, ens han parlat molt bé d'una pel·lícula de manera insistent, ens pot passar que, en veure-la, ens sentim decebuts: la pel·lícula no està a l'altura de les expectatives que els altres havien generat en nosaltres.

En contrapartida, quan anem al cinema sense saber massa quina pel·lícula anem a veure i, per tant, sense gaires exigències preconcebudes, tot sovint la pel·lícula ens sorprèn i ens agrada més del que hauríem pensat, precisament perquè ens ha acabat agradant més del que ens esperàvem.

Amb el món i amb la vida de vegades passa com amb les pel·lícules o moltes altres coses. Les nostres expectatives en bona part són fruit del que ens han explicat els altres i, malauradament, no sempre es compleixen.

2.5 Credulitat i desengany

El món i la vida, o almenys el món i la **vida** tal com ens havíem imaginat que serien, de vegades ens deceben i ens sentim enganyats. Més i tot: nosaltres no sempre som a l'alçada de les expectatives que els altres i nosaltres mateixos havíem posat en nosaltres. Això passa en bona part perquè la comprensió que tenim del món i les expectatives que hi posem tot sovint no són del tot nostres, sinó que ens han vingut donades pel que ens han explicat els altres. No solament la família, sinó també els partits i els moviments polítics, les pel·lícules, els periodistes, els amics, internet i un munt de mitjans més, contribueixen des d'una pluralitat de fonts a la construcció de la imatge que tenim de nosaltres mateixos i de les coses.

Totes aquestes explicacions sovint no són coherents les unes amb les altres, no ens donen una sola imatge homogènia i sòlida de la **realitat**, sinó que ens porten a formar opinions variades i de vegades fins i tot no del tot clares o meditades que constitueixen allò que anomenem "el que creiem".

En altres paraules, la transmissió de la imatge que tenim del món i de la vida és molt complexa. Però tot i així, sovint és eficaç.

No és un cas estrany el del jove que, un cop superades les crisis pròpies de l'adolescència, continua vivint amb els valors i amb la concepció de la vida de la seva família, que treballa per fer-se càrrec del negoci familiar, que decideix viure segons el model que li han donat els seus pares, que té una posició definida i convençuda pel que fa als problemes socials i a la política, etc. És a dir, no és un cas estrany el de la persona que, malgrat els moments que hagi pogut tenir de dubte mentre es feia gran, al capdavall troba que el món i la vida són, si fa no fa, tal com se'ls havia imaginat, i que viure d'acord amb l'orientació que va rebre dels altres li proporciona una vida prou satisfactòria. Una persona així potser dirà que a grans trets la seva és una vida feliç.

Ara bé, hi ha una altra possibilitat, una experiència que potser hem tingut tots en un moment o altre: quan per fi podem viure una realitat que ens havíem representat com a desitjable, ens ve el desengany, i descobrim que fins llavors havíem viscut enganyats.

Si ens refiem del que les sèries de televisió pensades per a un públic adolescent mostren de les relacions d'amistat, n'obtenim realment una imatge fiable? En aquestes sèries sempre acostumem a trobar-hi una quota per al lleig graciós, o per al gras que és tot cor, o per als friquis entranyables, però els papers protagonistes semblen tallats tots per un mateix patró: guapos i guapes, simpàtics, generosos, alegres, valents, enginyosos, amics dels seus amics, sempre de bon rotllo.

I jo que em busco en aquestes suposades imatges de la meva pròpia societat, què passa si soc tímid? O lleig i avorrit? O gras i malcarat? O introvertit? O melancòlic? O...?

Les expectatives que la indústria de la ficció per a consum adolescent produeix poden generar molta frustració als qui no corresponen al patró. Perquè quan, sortint de la infantesa, prenem consciència de la naturalesa de les relacions socials, de vegades el que trobem no és pas la bondat una mica ensucrada d'aquests productes de consum, sinó més aviat inseguretat, mesquinesa, egoisme, falsedat i, fins i tot, en alguns casos, crueltat.

La sortida al món dels adults, que es fa a través de les relacions amb els iguals en les edats en què ens estem fent grans, tot sovint pot ser més o menys decebedora, i en alguns casos fins i tot traumàtica. En aquesta sortida al món adult puc arribar a descobrir que no encaixo. I si estic desencaixat del món, com m'ho faré per encaixar-m'hi? Aquesta és, com veurem tot seguit, una pregunta filosòfica.

Situacions: educació, socialització, llenguatge, símbols, alienació, estereotips, violència, indiferència, deshumanització, fake news, vida virtual, aïllament, exhibició, narcisisme.

6 Escriu tres objectius que alguna vegada t'has proposat i has aconseguit. Descriu-los breument.

7 Escriu tres objectius que alguna vegada t'has proposat i no has aconseguit. Descriu-los breument.

El cos d'Abel trobat per Adam i Eva (1825), de William Blake

La història de Caín i Abel és ben coneguda: Caín, el pagès, sent gelosia del seu germà Abel i el mata. El més interessant d'aquesta interpretació de William Blake és que posa en escena també els pares dels dos germans. Observeu la cara d'Adam (el pare) i la de Caín (el germà que fuig): totes dues tenen la mateixa expressió de sorpresa i d'horror. Mentre fuig, Caín prova de fugir de si mateix. No solament el món o les coses ens deceben: nosaltres mateixos tot sovint també ens decebem.

Quan llegim aquesta història, només l'entendrem bé si acceptem la possibilitat que nosaltres mateixos podríem ser Caín i no Abel, que en determinades circumstàncies podríem deixar-nos portar per la gelosia i el ressentiment fins al punt de cometre un crim, però que és en les nostres mans que això no passi. Qui es pensa ser absolutament bo, qui no preveu la possibilitat de decebre's a si mateix no entendrà la pregunta filosòfica, perquè no sentirà la necessitat de sotmetre a examen la pròpia vida i el món.

8 Quines coses t'han decebut a la vida?

9 En quina ocasió t'has sentit decebut amb tu mateix?

10 Les decepcions descrites, han estat prou fortes per a canviar la teva opinió sobre alguna cosa o sobre les persones en general?

2.6 La decepció en l'origen de la filosofia

Ja que la realitat de vegades ens desenganya, com podem saber que la nostra comprensió habitual del món i de la vida i les expectatives que posem en el món i en la vida i que orienten les nostres decisions no són un engany?

Hem dit que, d'entrada, la visió que tenim de totes les coses està molt determinada pel que ens n'han dit els altres. No cal pensar que els altres ens hagin volgut enganyar. N'hi ha prou d'adonar-se que ells mateixos podrien estar equivocats o es podrien enganyar per a comprendre que potser caldrà sotmetre a examen totes les opinions rebudes a fi d'assegurar-nos que no ens estem enganyant.

La **filosofia** *és l'esforç de comprendre bé el món en la seva globalitat per a poder-nos-hi situar i poder-nos-hi orientar d'una forma clara.* Qui creu que ja entén bé el món no farà filosofia, perquè es pensa que ja posseeix l'únic guany que la filosofia podria proporcionar-li. Només entra en la filosofia qui pateix una **decepció** o un desengany: qui, com sigui, pren consciència que les coses i un mateix no són pas el que a simple vista semblen. En l'origen de la filosofia hi ha sempre, doncs, una decepció.

Provem de caracteritzar aquesta decepció considerant les dues actituds bàsiques que una persona pot prendre amb relació al món i a la vida: l'actitud natural i l'actitud teòrica.

ACTIVITATS

1 Hi ha gent gran que diu que la vida ha passat i no se n'han assabentat. A què creus que obeeix aquesta experiència?

2 Què pot voler dir algú que consideri que els dies passen molt a poc a poc, però que els anys passen molt de pressa? Com és possible aquesta contradicció?

3 Comenta aquest aforisme d'Heràclit d'Efes (535-475 aC):

Aquell qui no espera l'inesperat, no trobarà: perquè és de mal trobar i foraviat.

- Què creus que vol dir? Quin significat pot tenir l'expressió "esperar l'inesperat"? Intenta il·lustrar-ho amb algun exemple.

4 Parla, si t'és possible, amb una persona adulta sobre quins aspectes de la seva vida l'han defraudat i sobre quines bondats inesperades s'ha trobat. Apunta'ls.

- Creus que es podrien assemblar a allò que tu esperes de la vida?
- Creus que podria arribar a sorprendre't allò que l'ha sorprès a ell/a?

5 Creus que els fills acaben seguint modes de vida molt diferents dels modes dels seus pares? Investiga-ho en la teva família, entre els teus pares i els teus avis.

- Creus que tu viuràs d'una manera molt diferent de la que viuen ara els teus pares?

3.1 La presa de consciència

Tota decepció és una presa de consciència que les coses no sempre estan a l'altura de les nostres expectatives i que no sempre són el que semblen. Si allò que esperem del futur és una vida feliç, si n'esperem una vida plena, aleshores la possibilitat de realització del nostre desig més essencial rau sobretot en el fet que no visquem enganyats. El sol fet de prendre consciència d'això implica que prenguem una actitud nova respecte del món i de nosaltres mateixos. És l'actitud teòrica per excel·lència: la filosofia.

Per a caracteritzar-la, veurem:

- Què és l'actitud natural.
- Com es trenca aquesta actitud.
- Quina nova actitud esdevé possible en el trencament de l'actitud natural, és a dir, en què consisteix pròpiament l'actitud teòrica: la filosofia.

En la pel·lícula *The big country* (1958), traduïda com a *Grans horitzons*, el capità de vaixell James Mckay arriba a l'oest per casar-se amb la filla d'un ranxer important. La seva actitud pròpia d'un cavaller de l'est contrasta amb les formes rudes dels ranxers de l'oest.

Per més que el provoquen, ell es nega a fer ostentació del seu valor en públic, fins que no tindrà més remei que fer-ho.

(En l'escena, el capatàs Steve Leech —Charlton Heston— al costat del capità James Mckay —Gregory Peck). En les actituds que prenem hi ha, per tant, també factors culturals.

3.2 La noció d'actitud

En la situació dels éssers humans en el món hi ha sempre dos components: un és la **situació** objectiva com a tal i l'altre, la manera com aquesta situació afecta subjectivament cadascú i la resposta personal que hi dona.

Considerem, per exemple, la situació de dos fills el pare dels quals mor. Des del punt de vista objectiu, la situació és la mateixa: per a tots dos, el fet és que el pare ha mort. Ara bé, davant la mateixa realitat cadascun dels fills pot reaccionar de manera completament diferent. Un pot plorar, desfogar-se, assumir la realitat, encoratjar-se i tirar endavant; potser l'altre, en canvi, d'entrada es farà el fort, reprimirà la seva tristesa, aguantarà i quedarà definitivament sotmès a un sentiment de buit i desesperança. En aquest cas, direm que, per bé que la realitat a la qual s'enfrontaven era la mateixa, han pres actituds diferents.

Quan ens referim, no a la manera com ens prenem un fet determinat, sinó a la manera com ens prenem habitualment les coses, diem que tenim una determinada actitud davant el món, una determinada actitud davant la vida. Per **actitud** entenem aleshores *la manera d'estar o de trobar-se en el món.*

Vista així, referida al conjunt d'una vida, podem distingir entre dos tipus d'actitud: l'actitud natural i l'actitud teòrica.

1 Posa dos exemples d'alguna cosa que feies automàticament i de la qual només vas començar a gaudir a partir del moment en què la vas fer amb "consciència".

2 Classifica activitats que només es poden fer si som molt conscients que les estem fent i activitats que, per a fer-les, és millor no ser gaire conscients del que fem.

Enmig del naufragi, els músics de la pel·lícula *Titanic* (1997) decideixen morir acompanyats d'allò que els ha acompanyat durant tota la seva vida: la música.

Davant la situació desesperada, ells no es desesperen, sinó que continuen tocant els seus instruments.

3 Alguna vegada has descobert que has estat desagraït? Descriu la situació. En què consisteix el desagraïment? Com el relacionaries amb l'establiment de l'actitud teòrica?

4 Què vol dir que una persona mostra una actitud "desinteressada"? És possible una actitud absolutament desinteressada en el món? Intenta respondre aquesta pregunta a partir d'exemples concrets.

3.3 Dues actituds bàsiques

Suposem un vaixell ple de passatgers. Suposem que, en un moment donat, el vaixell s'enfonsa. Des del punt de vista estrictament objectiu, la situació és la mateixa per a tot el passatge: tots estan a punt de naufragar.

Si ho pensem bé, però, la situació és completament diferent per a un passatger que sigui conscient d'aquest fet que per a un passatger que no en tingui consciència. Això ens alliçona d'una cosa ben remarcable: el fet de ser conscients de la nostra situació objectiva ja fa que ens trobem en tota una altra situació. El passatger inconscient no s'angoixarà, perquè no sabrà que està perdent la vida, i viurà tranquil fins al moment de la seva mort. Per contra, el passatger conscient, sabedor de la imminència de la seva mort, potser plorarà, o tindrà un darrer pensament per als seus fills, o pregarà, o lluitarà fins a la mort contra la seva sort inevitable o, fins i tot, potser, acabarà salvant la vida!

Aquest segon pot decidir, i per això és més lliure que el primer; però el privilegi té un preu: s'ha d'enfrontar a la veritat, i això de vegades angoixa.

Com que som mortals, la vida dels homes s'assembla, en cert sentit, a un vaixell que ha de naufragar. Però hi ha dues maneres diferents d'instal·lar-se en la nau: deixar-se portar sense preguntar el destí ni preocupar-se per les tempestes —tancat dins la pròpia cambra— o voler col·laborar en el guiatge del vaixell, conscient del destí final i també dels esculls que cal superar en cada moment —enfrontar, doncs, la travessia des de la coberta.

La vida conscient o clara és la pròpia de l'actitud teòrica; l'altra és la pròpia de l'actitud natural.

3.4 L'actitud natural

Naixem en un món fet pel conjunt de les generacions que ens precedeixen, i els nostres pares, a través de l'educació, ens ensenyen a anar pel món. La nostra primera presència en el món es pot resumir, doncs, en l'expressió "ja estem embarcats": hi ha un munt de coses que ja funcionen d'una manera determinada, que ens hem trobat fetes.

Quan ens relacionem així amb les coses, des de la seguretat que ens dona el **costum** en el tracte amb les coses, es diu que estem en **actitud natural**. En aquesta actitud, ens sentim segurs en el món perquè sabem sempre què hem de fer i perquè les coses que necessitem per a fer en cada cas el que volem són allà, a l'abast de la mà, per a satisfer-nos. Aquest món no solament ens és conegut, sinó que, precisament perquè ens és conegut, constitueix la plataforma per a la nostra acció en el món: és l'horitzó de les nostres possibilitats d'actuar en el món. I la nostra manera d'actuar en el món es mou sempre per una sèrie d'interessos i motivacions.

A Els interessos i les motivacions en l'actitud natural

Des que naixem, hem anat rebent un món que s'articula en tot un conjunt de sabers, i de maneres de conduir-nos a través seu (la moral, els costums, etc.), que obeeix a interessos d'altres generacions.

Aquesta herència, com si fos un trampolí, ens permet actuar en aquest món a partir dels *nostres* interessos i motivacions, que és allò del qual mai no sortim quan ens trobem en actitud natural.

Podem afirmar que l'actitud natural és sempre, doncs, en cert sentit, aquesta estructura d'interessos i motivacions que pot adoptar formes molt diverses: el saber tècnic, el saber científic, l'ordenació jurídica, l'estructura política, els convencionalismes socials, l'enorme conjunt d'hàbits que de manera inconscient operen ja sempre sobre nosaltres...

Som en el món i volem fer coses en el món. Aquest "ser en el món" que vol fer-hi coses dona ja sempre com a sobreentès aquest conjunt d'interessos i motivacions.

B El trencament de l'actitud natural

El trencament de l'actitud natural té lloc, doncs, quan es produeix l'enfonsament d'aquesta estructura d'interessos i motivacions.

L'enfonsament d'aquesta estructura pot produir-se fonamentalment de dues maneres:

- Traumàticament, quan un esdeveniment exterior a nosaltres, i independent de la nostra mirada sobre el món, irromp en la nostra vida i suspèn l'eficàcia de totes les coses que fins aquell moment funcionaven implícitament.
- A través d'una modificació activa de la nostra mirada sobre el món.

En el segon cas, no hi ha un esdeveniment o un fet que suspèn la nostra estructura d'interessos sobre el món, sinó que nosaltres mateixos, a través d'una transformació de la nostra mirada, suspenem activament allò que fins aquell moment donàvem per sobreentès.

La modificació de la nostra mirada es pot produir perquè la seva **bellesa** ens impedeix continuar fent-ne un ús pràctic com si res, és a dir, perquè ens aclapara la meravella o la bellesa del món, o també perquè aquest món que fins aquell moment ens era conegut i hospitalari ara se'ns presenta com a summament **estrany** i desconegut.

Gràcies a aquesta transformació de la mirada, aconseguim restaurar l'aparició del món davant dels nostres ulls tal com si fos la primera vegada i suspenem, per tant, tota la confiança que hi teníem.

EL TRENCAMENT TRAUMÀTIC

Un *esdeveniment exterior a nosaltres* que pot provocar *traumàticament* un canvi d'actitud és qualsevol fet independent de la nostra mirada o de la nostra voluntat que trenca la visió que teníem de les coses.

Si, per exemple, la vida tranquil·la que teníem es veu afectada per la imposició d'un nou règim polític que prohibeix la lliure expressió del pensament i, d'això, se'n deriva que ens bufetegen pel carrer, no tindrem més remei que provar d'entendre què ha passat: per què s'ha perdut la bona convivència de què gaudíem, com és que en el nou ordre de les coses no hi ha lloc per a nosaltres, quina és la causa de l'arribada del nou règim, i fins a quin punt depèn de nosaltres recuperar la situació perduda. Una reflexió així ens obligarà a fer preguntes com aquestes: què és la política, què és la justícia, quins drets tenen les minories, quan és legítim l'ús de la força, en quins casos tenim dret a resistir la força de l'estat vigent, etc. La nostra actitud respecte de la realitat haurà canviat.

EL TRENCAMENT NO TRAUMÀTIC

Si un nen petit sosté un escarabat en el palmell de la mà, pot sentir-se meravellat pel monstre en miniatura que està sostenint, pot tenir la impressió que sosté una bèstia sortida d'un conte de fades; una bèstia estranya i bella al mateix temps. Quan som adults, podem perdre aquesta capacitat de sorpresa i veure-hi només una bestiola. La *modificació no traumàtica de la mirada* es produeix quan som capaços de contemplar amb sorpresa el món que ens envolta, com si fos el primer cop que el veiem. És, en efecte, una modificació de la mirada, perquè comencem a mirar-nos-ho tot d'una altra manera.

Totes les evidències que apunten al fet d'un canvi climàtic que, en el cas de ser irreversible, podria posar en perill la continuïtat de la vida a la Terra demanen, sens dubte, un canvi d'actitud. Contra els negacionistes del canvi climàtic, bé haurem d'acceptar la renúncia a determinats privilegis i costums.

Tanmateix, constatar un fet encara no és comprendre'l. Entendre que l'actitud natural heretada és problemàtica no comporta necessàriament un canvi d'actitud, sinó que hi ha la possibilitat de canviar d'opinions i adherir-se acríticament a una nova actitud natural. Per més noble que sigui la causa de la defensa del planeta, l'activisme que es fa només des dels bons sentiments pot caure senzillament en una nova xarxa d'opinions no prou examinades.

La defensa realment ecològica de la Terra passa per l'estudi científic de la Terra i del medi ambient, és a dir, passa per l'assumpció d'una nova actitud, l'actitud teòrica. Casos com els que viu ara Europa arran de la guerra d'Ucraïna mostren com no es poden prendre decisions mediambientals sense tenir en compte al mateix temps la realitat política i econòmica.

Com ho farem per obtenir un compromís sincer de tota la humanitat? Per respondre, cal, sens dubte, la ciència dels experts en medi ambient, però cal també la dels experts en política, economia i dret internacional.

Situacions: educació, socialització, drets humans, sostenibilitat, responsabilitat cívica, cosmopolitisme, conflicte, coneixement.

ACTIVITATS

1 Fins a quin punt pot ser considerat un interès el "desig de viure aclarit"? Què el diferencia de la resta d'interessos? Què l'iguala?

2 Posa un exemple d'un moment en el qual una decepció t'ha portat a replantejar-te alguna cosa de dalt a baix. Posa un altre exemple d'un replantejament que no ha tingut a veure amb una decepció, sinó amb la pura curiositat interrogadora.

3.5 L'actitud teòrica

Fins al trencament de l'actitud natural, en el món fèiem coses (ens comportàvem de forma confiada entre les coses) i fèiem coses amb les coses.

Quan el món se'ns fa estrany, ja no sabem què fer. La nova actitud amb les coses ja no consisteix a fer coses amb aquestes, sinó que consisteix en una mirada atenta per a comprendre-les. Aquí l'objectiu primer ja no és la **utilitat**, sinó la comprensió. Si abans fèiem servir les coses sense pensar-hi, ara hi pensem però sense fer-les servir. Si, així doncs, l'actitud natural es manté ancorada en les motivacions i els interessos, en aquesta nova actitud ens en desprenem i provem de guanyar una mirada desinteressada: una que ens mostri les coses tal com són, independentment del que ens convingui.

Doncs bé, en grec "mirar atentament" es diu THEORÉIN, i d'aquesta paraula deriva el mot ***teoria***. És per això que aquesta nova actitud s'anomena "actitud teòrica". En l'actitud teòrica interroguem les coses, provem d'entendre-les, precisament perquè les coses han deixat de servir els nostres objectius immediats i se'ns resisteixen.

La poblemàtica del món

En efecte, el món se'ns resisteix —ens decep— i és per això que ens sentim cridats a vèncer aquesta resistència: a entendre'l per a reconciliar-nos-hi.

El món, doncs, s'ha fet *problemàtic*, i el seu caràcter problemàtic inicia un procés de *pregunta* i de *recerca* en què les coses ja no són estris al nostre servei, sinó *problemes* que es fan **objecte** de la nostra consideració.

En aquesta nova perspectiva, doncs, les coses esdevenen objectes, és a dir, no un **instrument** que s'incorpora com una prolongació a l'activitat del subjecte, sinó com una cosa que s'oposa i es resisteix a l'activitat del subjecte.

La paraula *objecte* significa, literalment, "allò que jeu allà fora": és alguna cosa exterior a nosaltres (*ob-*: "el que està fora") que es manté ajaguda (*-jecte*) i que es resisteix a la nostra acció. No és una cosa incorporada mansament a la nostra acció, sinó una resistència que demana reflexió. Les coses, doncs, deixen de ser instrument per al nostre ús irreflexiu i passen a ser obstacles que cal comprendre per a poder superar-los i reintegrar-los a la nostra acció quotidiana.

I ja que el que es juga en la nostra acció quotidiana és precisament la nostra **llibertat**, la resistència del món —allò que pot produir el trencament de l'actitud natural i l'entrada en l'actitud teòrica— es manifesta com les diferents formes de dissort o de **servitud** —però també de meravella o d'estranyesa— en què pot caure la vida humana.

4.1 L'anhel de llibertat i les dues formes de servitud

El sentit de l'actitud teòrica se'ns aclarirà una mica més si considerem ara l'**alienació** o les diferents formes de servitud a què podem quedar sotmesos, enfront de la possibilitat difícil, però desitjada, d'una vida lliure.

Si sentim el desig de ser lliures, és perquè ens trobem en un estat de servitud. En efecte, comprovem de maneres diverses que el món es resisteix a la nostra **voluntat**, als nostres desitjos i a les nostres accions.

No sempre es tracta d'una oposició que algú exerceix conscientment contra nosaltres, com si el món estigués efectivament conspirant a propòsit contra els nostres projectes.

La resistència del món contra nosaltres pot prendre perfectament la forma d'una indiferència aclaparadora respecte al que nosaltres sentim, fem i volem.

4.2 La indiferència del món, que no és mera resistència

Totes dues maneres d'experimentar la resistència del món respecte a nosaltres, l'oposició activa i la **indiferència**, poden donar resultats ben diferents.

Si algunes persones amb qui comparteixo el món s'oposen conscientment a allò que jo sento, desitjo i faig, puc tornar-m'hi i fer d'aquesta resposta una font de sentit de la meva estada en el món. La resistència que em fan aquests altres em situa en el món com algú a qui han tingut en consideració encara que sigui negativa, com algú tan valorat a qui ha calgut oposar-se provant de bloquejar els seus projectes. Però si algú s'ha molestat a fer tal cosa, és que m'ha pres en consideració. Adversari només ho pot ser algú a qui, certament, sempre es concedeix molta importància. Conèixer els nostres adversaris pot arribar a ser constitutiu de la **identitat**, i sovint coneixem millor algú quan sabem qui són els seus adversaris que no quan sabem qui són els seus amics.

Aquesta resistència que algunes persones poden exercir contra nosaltres, contra tot allò que representem i contra els nostres propis projectes, sempre ens deixa la possibilitat oberta de la *lluita* com una forma de ser en el món i, per tant, com una forma de vida.

Però què passa amb la indiferència? Què podem fer quan per als altres som invisibles? Quina resposta podem donar a un món per al qual som plenament indiferents, inexistents o neutrals? Aquesta és una experiència possible, i se'n diu alienació.

Ens sentim oprimits quan els altres s'oposen explícitament als nostres projectes, com, per exemple, els negres en un règim d'apartheid. Però hi ha una altra forma més subtil de servitud: quan la indiferència del món (com la que pateix la noia de la imatge) ens fa sentir que la nostra existència és irrellevant o nul·la.

Un cas particular d'aquesta experiència que ens fa sentir nuls és el dels adolescents que no se senten cridats a fer res amb la seva vida. Com si el món adult en pogués prescindir, senten que no tenen cap compromís ni amb la societat, ni amb la família ni amb ells mateixos. I aleshores poden esdevenir ni-nis, individus que ni estudien ni treballen. En aquest cas, poden aparèixer l'ansietat o la depressió, o poden caure en addiccions de tot tipus que els ajuden a fugir de la buidor de les seves existències, com les drogues, les xarxes socials o els videojocs. En determinats casos, com que aquests joves senten que ni el món adult ni la família no els acullen, poden arribar a buscar la seva *família* en bandes juvenils, i aleshores la fugida és cap al fanatisme de clan i la violència.

Tots els fenòmens lligats a la indiferència apunten, així doncs, a una patologia social i donen la raó a la filòsofa **Simone Weil** quan sosté que una de les necessitats més bàsiques de l'ésser humà és l'arrelament.

Situacions: educació, socialització, tràfic d'humans, alienació, estereotips, violència, indiferència, deshumanització, fake news, vida virtual, aïllament, exhibició, narcisisme.

1 Descriu la diferència entre l'oposició activa i la indiferència.

- Creus que la indiferència pot arribar a fer més mal que l'oposició activa? Posa'n un exemple.

2 Algú que vol perjudicar-nos ens està, en cert sentit, valorant?

3 Quina és la diferència entre l'enveja i el menyspreu?

Una persona gelosa no pot viure la seva pròpia vida, perquè està permanentment condicionada per l'altre: viu alienada. Pot semblar que hem donat dues definicions diferents del terme *alienació*: (1) trobar-se sotmès a la indiferència del món i (2) viure la vida d'un altre. La imatge ens fa veure per què es tracta en realitat de dues maneres de dir el mateix: la indiferència no és altra cosa que la sensació de "no-familiaritat", d'"estranyesa"; de manera que quan es refereix al jo, el que ens diu és que un no és "ell mateix", sinó "diferent de si mateix". La persona gelosa sent (independentment de si objectivament la cosa és així) que l'altre la ignora (alienació com a indiferència), i per això mateix no aconsegueix viure tranquil·lament amb si mateixa, sinó que està abocada permanentment a ser "una altra" (alienació com a pertanyent a un altre).

Situacions: educació, socialització, alienació, estereotips, violència, indiferència, deshumanització, aïllament, violència de gènere.

4 Quines qualitats ha de tenir una persona per a fer una feina que no li agrada?

5 Creus que la majoria de persones tenen feines que no els agraden? Són els diners una motivació suficient per a dedicar molt de temps de la vida a una activitat que no ens agrada? Justifica la teva resposta.

4.3 La noció d'alienació

La paraula *alienació* ve de l'adjectiu llatí ALIENUS, que vol dir "aliè, pertanyent a un altre", que deriva, al seu torn, d'un altre adjectiu, ALIUS, que vol dir "diferent de si" o, simplement, "altre". Jo puc sentir la meva vida, efectivament, com si no fos jo qui l'està vivint, sinó *un altre*, un que no soc jo i que la viu per mi. En aquesta experiència, la meva vida se'm presenta a mi mateix com alguna cosa estranya. No sé qui l'està vivint per mi, però no estic segur que sigui jo mateix. Per això, l'experiència de l'alienació pot ser també una font de trencament de l'actitud natural, per la via de l'estranyament del món i de la pròpia vida. En l'alienació, no compta solament que els altres siguin indiferents respecte a mi, sinó que jo mateix no em reconec a mi mateix, jo soc indiferent respecte al que faig, que és com si "no anés amb mi".

Entre la vida que visc realment, aquella en la qual em trobo empès per la inèrcia i les habituds, i la vida que voldria viure, es pot obrir un abisme sovint molt considerable. I pot passar que res ni ningú en el món no senti ni la més mínima consideració (ni tan sols negativa!) per la vida que jo voldria viure. La meva existència resulta en aquest cas fantasmagòrica: d'una banda, perquè la meva vida d'ara és com la d'un fantasma que vagareja sense rumb i invisible als ulls dels altres i, de l'altra, perquè la vida que voldria és també, i encara més pròpiament, una mera **representació** immaterial, una quimera soterrada sota la sobirana indiferència del món. Visc alienat perquè la meva vida queda així suspesa entre dues entitats fantasmagòriques.

4.4 La feina com a lloc on es fa visible l'alienació

Contra les meres representacions, res no semblaria més material, en el sentit de tocar més de peus a terra, que el **treball**. En el lloc de treball —en l'argila en les mans del terrisser, o el roure en les mans del fuster o els càlculs en la ment del comptable—, la nostra topada amb el món es pot resoldre a favor nostre, ja que és el context de transformació del món i de realització de les possibilitats humanes. I, tanmateix, o potser precisament per això, el lloc de treball és on experimentem d'una forma més punyent l'experiència de l'alienació.

El treball és, en efecte, una de les primeres fonts d'experiència de l'alienació, i això no és pas **casual**: ja hem indicat abans que el món en el qual naixem és un món que ha estat prèviament transformat pel treball dels altres, que l'han fet habitable.

Tot món rebut és un món ja transformat pels meus congèneres, que jo he de continuar transformant i adaptant als desitjos col·lectius a través de la meva activitat laboral, amb la qual he de contribuir a la **causa** comuna.

4.5 L'alienació de la feina

A través del treball contribuïm a renovar el món que ens ha acollit, en tenim cura i el mantenim per als qui vindran després de nosaltres i, d'aquesta manera, experimentem la pròpia vida com a dotada de sentit. I, tanmateix, malauradament, sovint això no és el que passa. Perquè sovint la feina que fem no la podem pas viure com a *nostra* i, per aquest motiu, no sempre l'experimentem com a portadora de sentit. Però com pot ser que jo pugui sentir que la feina que faig no és la *meva* feina?

La feina se'ns pot fer estranya almenys de dues maneres:

- Quan soc jo qui treballo, però un altre és l'amo del meu treball: el meu treball no és meu, i en la seva realització no soc jo qui desplega la seva humanitat. Aquest seria el cas dels esclaus.
- Quan no podem escollir *de què* volem treballar, *com* volem contribuir i participar en la construcció col·lectiva del món a través del treball. És el cas de les persones per a les quals la feina no és el context en què *amplien* el temps en què poden ser elles mateixes, sinó precisament un context en què *han de deixar* de ser elles mateixes. Aquesta vivència exerceix una *força* sobre nosaltres: tot i que ens sentim alienats en el lloc de treball, és a dir, tot i que sentim que no podem ser nosaltres mateixos, amb la mateixa força sovint ens adonem que això no és prou motiu per deixar la feina: *cal* treballar, perquè cal viure.

La feina alienada —o la feina alienant— fàcilment pot fer de nosaltres peces o productes d'un mercat, sotmesos a les lleis de l'oferta i la demanda, i això és una realitat que s'imposa sobre els projectes de la nostra vida en allò que tenen de més essencial: la nostra llibertat.

4.6 Filosofia i llibertat

Una cosa que es compra —una peça, un producte, una mercaderia— és sempre un objecte. Els homes i les dones no som pas objectes. Tenim així una darrera imatge de l'alienació: quan, des de l'actitud natural dels nostres temps, tendim a veure-ho tot com a objecte de transaccions comercials, aleshores la vida humana comença a ser vista com un objecte més i no pas com una realitat dotada d'una **dignitat** especial.

En la mesura que això passi, els homes i les dones ja no serem tractats com el que som —**persones**—, sinó com *una altra cosa* —**objectes**. I som, així doncs, pròpiament, *alienats*.

Qui pren consciència d'aquest empobriment i d'aquesta degradació de la pròpia vida, qui experimenta el malestar de viure una vida que no és la seva, pot transformar la seva mirada sobre el món i la vida per tal de reguanyar, des de l'**aclariment racional** de la pròpia situació, la possibilitat d'una vida que no ens sigui estranya. De la filosofia, n'esperem un retrobar-nos amb nosaltres mateixos: n'esperem, doncs, la nostra llibertat.

En la imatge podem veure un camp de refugiats de ruandesos que han fugit de la guerra (est de la República Democràtica del Congo).

Les condicions de vida en aquest camp, com en tots els camps de refugiats de tot el món que recullen famílies que fugen de la fam i de la guerra, són deshumanitzadores, no només per les condicions materials de vida, sovint lamentables, sinó també perquè els seus ocupants hi viuen en una situació permanent de rebuig: no se'ls permet incorporar-se a una societat on puguin viure pròpiament com a éssers humans.

De vegades, com passa amb Turquia o amb el Marroc en relació amb Europa, els refugiats són moneda de canvi en els pactes entre països i les relacions de poder. Sovint, a més, són ostatges de màfies que els treuen dels seus països a canvi de diners, unes màfies que sovint els enganyen i que, en tot cas, s'aprofiten de la seva desesperació per fer-hi negoci. Per als governs i per a les màfies, els refugiats són, doncs, mercaderies i no pas persones.

Exemples com aquest ens mostren que, si la filosofia ha de proporcionar-nos la llibertat, no podrà interrogar només l'orientació de vida a nivell individual, sinó que haurà de barallar-se també, i especialment, amb l'orientació de vida col·lectiva; és a dir, no només amb el problema ètic, sinó també amb el problema polític.

Situacions: racisme, drets humans, cosmopolitisme, alienació, violència, indiferència, deshumanització, aïllament, ètica i política.

ACTIVITATS

1. Et sembla que pot ser alienant una feina en una cadena de muntatge? Per què?
2. Tot es pot comprar i vendre? Si la resposta és negativa, descriu un parell de coses que segons tu no serien objecte de compravenda.

5 Els problemes filosòfics. Les disciplines filosòfiques

La Torre de Babel, de Pieter Bruegel el Vell (segle XVI)

Segons el *Gènesi* bíblic, Jahvè va multiplicar les llengües per crear la confusió entre els homes a fi que abandonessin l'empresa de construir una torre que arribés al cel. La confusió de llengües, com la confusió de llenguatges, ens enfronta al problema del llenguatge.

(Estudiarem el problema del llenguatge en la unitat 2.)

1 Fes una llista de tres llenguatges diferents que fem servir en contextos diferents i digues per què utilitzar-ne un en el context d'un altre generaria confusió.

2 Creus que sempre és més convincent la persona que té més raó en els seus arguments?

5.1 Problemes filosòfics i disciplines filosòfiques

Si la dissort i la servitud, o sigui l'alienació en totes les seves formes, constitueixen les diferents maneres com sentim de manera decebedora la nostra realitat, i si, aleshores, la filosofia com a transformació de la mirada i com a actitud nova respecte al món i a la vida —l'actitud teòrica— és un projecte d'alliberament, tenim, en suma, que el camí que inicia la filosofia s'enfrontarà a tants obstacles o **problemes** com resistències hàgim trobat en el moment de la nostra topada amb el món, independentment de si aquesta topada ha estat un trauma o una meravella.

La filosofia és sempre l'intent d'aclarir el lloc on som a fi de situar-nos-hi i orientar-nos-hi. Si desitgem aconseguir aquest aclariment, és perquè el món, el lloc on som, ens apareix confús. El món mateix és complex, apareix com una articulació d'una pluralitat de realitats. De manera que, encara que el projecte filosòfic és una sola cosa, s'articula en disciplines diferents segons quina sigui la part del tot en la qual parem atenció.

Al llarg de la història del pensament, la concreció dels diferents moments en què s'articula l'esforç filosòfic ha anat canviant. Provem de donar una visió panoràmica de les distintes disciplines filosòfiques atenent les diferents parts del món que en cada cas són objecte d'estudi.

5.2 Primer problema: el llenguatge

El primer que ens ofereix resistència és el **llenguatge**. La imatge que tenim de les coses i de nosaltres mateixos depèn en bona part del que ens n'han dit els altres. La nostra comprensió del món està sempre mediatitzada pels relats i per les paraules. Les paraules ens sorprenen per la seva bellesa o pel seu poder de **persuasió** quan el poeta o l'orador les combina amb gust. Al mateix temps, però, tot sovint ens deceben, quan no trobem les adients per a explicar una cosa o explicar-nos nosaltres mateixos.

Vivim, doncs, una dualitat pel que fa a l'expressivitat del llenguatge: de vegades admirats pel seu poder o per la seva bellesa i unes altres insatisfets per la seva incapacitat d'expressar el que volem. La **retòrica** és la disciplina filosòfica que explora la força expressiva del llenguatge i el seu poder de persuasió.

La **lògica** formalitza les estructures argumentatives a fi d'explicitar les regles del **raonament** i detectar les **fal·làcies** o falsos arguments i prevenir-nos contra el caràcter enganyós de determinats usos del llenguatge.

En termes generals, la **filosofia del llenguatge** interroga, al mateix temps, com és possible que les paraules siguin capaces de donar compte de les coses a les quals es refereixen i quines són les diferents modalitats expressives del llenguatge.

5.3 Segon problema: la realitat

Precisament perquè la realitat l'hem conegut primer de tot a través dels relats dels altres, la nostra pròpia **experiència** ens ha enfrontat tot sovint a desenganys. Les coses, en realitat, no són pas com semblen, no són pas com me les havien representat. La segona cosa que ens ofereix una resistència és la realitat mateixa, que s'amaga sota la superfície visible de les coses.

En la superfície visible de les coses, ens movem donant per entès que hi ha coses i donant per entès que les coses són aquestes o aquelles. Però podem preguntar-nos, més que quines coses hi ha i com funcionen, en què consisteix l'ésser d'aquesta cosa. Un discurs que no tracta de quines coses hi ha i com funcionen, sinó que es pregunta en què consisteix que siguin el que són, s'interroga per l'**essència** d'aquestes coses.

Quan les preguntes són "Què són les coses en realitat?", o "Quin és el fons —el fonament últim— de les coses més enllà de la seva aparença?" o "En què consisteix ser (una cosa en general)?", les disciplines que se n'ocupen són l'**ontologia** i la **metafísica**.

La realitat de vegades se'ns presenta confusa. Fixa't que aquesta imatge semblarà una cosa diferent si som a Sevilla o si som a Tennessee. I fixa't, també, que, segons el que ens sembli, trobarem que el que representa és una cosa bona o dolenta.

(Estudiarem el problema de la realitat en les unitats 3 i 4; el problema de la moral, en les unitats 5 i 6, i el problema de la vida política, en les unitats 7 i 8.)

3 Explica la confusió a què pot induir la imatge de dalt.

4 Hauríem de tenir por d'aquesta persona? En termes morals, quina és, doncs, la confusió?

5 Posa altres exemples de casos que poden semblar una cosa i en són una altra.

5.4 Tercer problema: la moralitat

Allò en què podríem viure enganyats és també la nostra pròpia manera de conduir-nos. Si m'havien inculcat una certa **moralitat**, unes certes normes de conducta en la meva convivència amb els altres, i de sobte aquesta moralitat que fins ara em semblava normal se m'apareix estranya, aleshores no tinc més remei que preguntar: "Què haig de fer?" La pregunta troba el seu lloc en l'espai que deixen buit les normes amb què jo em conduïa i que ara he rebutjat com a decebedores. Creia saber el que està **bé** i el que està malament, però ara la cosa ja no m'és tan clara.

Ja que el que es fa problema és la moralitat que jo vaig rebre dels meus grans, el que toca és una reflexió sobre la moralitat mateixa. Doncs bé: quan preguntem sobre les normes morals, sobre el fonament de la moralitat, sobre el bé i el mal, fem **ètica**.

Pots fotografiar coses, però no pots fotografiar normes. Les normes tenen una forma de ser diferent de les coses que podem observar amb els ulls, i per això demanen una disciplina filosòfica específica: l'ètica.

Que hi ha sabers fiables, és a dir, que el que anomenem "ciència" té una certa validesa, ho veiem a través de la seva eficàcia ja demostrada. L'existència de satèl·lits artificials ens demostra, per exemple, la bondat de la física, de la mateixa manera que l'ús benèfic de la penicil·lina ens demostra la bondat de la medicina.

(Estudiarem la naturalesa i els límits del coneixement en les unitats 9, 10 i 11.)

6 Posa un exemple concret que mostri quan i per què la política és beneficiosa.

7 Posa un exemple concret que mostri quan i per què la política és perjudicial.

8 Posa un exemple d'algun pretès saber que és enganyós i un altre exemple d'un pretès saber que és genuí.

5.5 Quart problema: la política

Però no solament desitjo viure en paus amb mi mateix. Els altres també formen part del meu món, del món compartit, i, per tant, la viabilitat de la meva vida depèn igualment de si estic o no en paus amb els altres. Sense els altres jo no podria viure, però, al mateix temps, la presència dels altres amb els seus interessos, tot sovint oposats als meus, suposa igualment una limitació a la meva vida. El conflicte d'interessos pot portar, i de fet porta sovint, a situacions d'inseguretat i fins i tot de guerra.

La vida social, la vida en comunitat, la vida política, que podem celebrar pels beneficis que comporta, constitueix, tanmateix, una nova font de decepcions quan en el seu desajust dona lloc a situacions de misèria, d'opressió i d'injustícia.

Ja que els homes podem esdevenir problemàtics els uns per als altres, fins a quin punt és **legítim** limitar la llibertat dels individus en benefici de tots? En quines condicions el poder és, doncs, legítim? Què és, en veritat, el poder polític? Quan podem considerar que una **societat** és justa? Tenim en algun cas el dret de resistir davant el poder vigent?

Només qui aclareixi aquestes qüestions podrà situar-se responsablement en l'estat on viu. Filosofar sobre aquestes qüestions és fer **filosofia política**.

5.6 Cinquè problema: el coneixement

Mai no comencem a saber coses a partir de zero, sinó que ja sempre sabem un munt de coses que hem rebut a través dels diferents canals per mitjà dels quals una societat de transmissió de coneixements complexa forma els seus ciutadans.

La manera com d'entrada fem confiança en els discursos que pretenen transmetre coneixements es basa en el principi d'autoritat. Ara bé, l'experiència de l'error i el desengany tot sovint ens fan adonar que el que havíem pres com a sabers segurs en realitat no ho són.

Al mateix temps, el conjunt de discursos pretesament sapiencials no és pas homogeni, sinó que hi ha realitats culturals, com la ciència, que en la seva eficàcia ja efectuada ens fa entendre que hi ha sabers fiables, que hi ha ciències amb validesa objectiva. El desengany respecte de determinats discursos va acompanyat, així doncs, per l'admiració davant el poder explicatiu d'altres discursos.

Aquesta perplexitat, formada a parts iguals de decepció i sorpresa, fa que desitgem arribar a comprendre què és el que distingeix el saber pròpiament dit de les meres aparences de saber.

Les disciplines que pregunten què és el saber, què puc saber o com és possible el coneixement són la **teoria** (o **crítica**) **del coneixement** i l'**epistemologia** (o **gnoseologia**).

5.7 El problema de tots els problemes: la finitud de la vida

Totes aquestes disciplines constitueixen moments d'una sola empresa: intentar comprendre el tot on som.

En realitat, sovint és difícil establir les fronteres entre cadascuna de les parts del tot, perquè cadascuna remet de forma natural a totes les altres, de manera que en alguns autors totes aquestes problemàtiques són abordades en un sol discurs unitari.

Ara, fins i tot els autors que distingeixen disciplines diverses treballen per aclarir les qüestions "què o qui soc jo", "què és ser humà", "què hi faig aquí" i "què puc esperar".

El projecte filosòfic busca resoldre'ns el moment en què la nostra existència s'ha fet problemàtica, i per això la disciplina filosòfica en què culmina l'empresa teòrica és l'**antropologia filosòfica**. Pensar la condició humana fins al final ens enfronta als límits de la vida, i d'aquí la necessitat d'altres disciplines filosòfiques com l'**estètica**, la **filosofia de la història** i la **filosofia de la religió**.

5.8 El saber filosòfic en el seu conjunt

El saber filosòfic, tant si el considerem en cadascuna de les seves disciplines com si el prenem en una sola visió de conjunt, té aquestes quatre característiques:

- És *un saber crític*: sotmet a examen allò que les altres disciplines donen per suposat, decideix no acceptar com a vertader res que la raó no ens digui que és acceptable. No admet, per tant, cap altra autoritat que la raó mateixa.
- És *un saber reflexiu*: les ciències en general no es tenen a si mateixes com a objectes d'estudi i, per tant, no poden donar raó de si mateixes. La filosofia, en canvi, s'examina a si mateixa, es té a si mateixa com a objecte d'estudi i de consideració.
- És *un saber de segon ordre*: no s'ocupa directament dels objectes del món, sinó que fa objecte de consideració els pretesos sabers que s'ocupen d'aquests objectes, començant per la ciència mateixa.
- És *un saber omnicomprensiu*: té la vocació d'arribar a entendre-ho tot, d'aclarir el tot on som i, fins i tot, els seus fonaments i la nostra pròpia situació en aquest tot.

Amb aquesta vocació d'explicar-ho tot, el curs es desplegarà i mostrarà precisament l'articulació de problemes i disciplines que acabem d'esbossar. Així, considerarem successivament el problema del llenguatge, el de la realitat, el de la llibertat (ètica), el del dret o del poder legítim (política), el del coneixement i, en darrer lloc, abordarem el problema de la finitud humana com a lloc de síntesi de totes aquestes temàtiques pensades al llarg de tot el nostre recorregut.

Viatger davant un mar de boira (1918), de Caspar David Friedrich

El Romanticisme és un dels corrents artístics que ha reflexionat més sobre el caràcter enigmàtic del desig humà: desitgem l'infinit, però ens trobem limitats per la finitud i la mortalitat.

(Estudiarem des de diferents angles la condició finita de l'home en la unitat 12, que ens servirà, a més, per a concloure el curs.)

9 Explica què et sembla que vol reflectir el pintor en el quadre anterior.

10 Quina relació creus que hi pot haver entre l'art i la filosofia?

ACTIVITATS

1 En ciència, la fiabilitat d'un experiment depèn del fet que l'investigador no formi part de la cosa investigada. Explica per què això no és possible en el cas de la investigació filosòfica.

2 Hem vist que disciplines filosòfiques diferents tenen objectes diferents. Prova d'explicar per què, comencem per on comencem, l'estudi d'una d'aquestes disciplines ens portarà forçosament a la consideració de les altres.

Recapitulació

De vegades, s'ha identificat la figura del filòsof amb la d'un vell captaire. Els captaires ho han de demanar tot perquè ho han perdut tot. Després d'haver estudiat en què consisteix el projecte filosòfic, per què creus que la filosofia pot ser cosa de captaires?

PARAULES CLAU

abstracte, actitud, alienació, aparició, bé, bellesa, consciència, costum, decepció, desig, dignitat, espera, estrany, expectativa, experiència, filosofia, identitat, indiferència, llibertat, mediació, món, moralitat, motivació, problema, projecte, racional, realitat, temps, teoria, treball, utilitat, vida

En començar, plantejàvem aquestes preguntes:

- Què entenem per "savi" quan diem que la filosofia és el desig d'arribar a ser-ho?
- En quina experiència descobrim que no ho som i per què és dolorosa: per què aquesta experiència encén el desig d'arribar a ser savis?
- De què ens sentim mancats quan sentim que ens manca la saviesa?
- Què és, doncs, el desig de ser savis? Què és la filosofia?

Tot i que les respostes s'hauran d'anar aclarint al llarg de tot el curs, diguem provisionalment que:

- Un savi no és un erudit. Un erudit pot repetir de memòria una quantitat ingent de coneixements memoritzats i, tot i així, ser dissortat. Un erudit podria ser algú capaç de dir de memòria centenars de definicions clàssiques del terme *amistat* sense tenir ni un sol amic. En realitat, només qui té amics pot saber de debò què és l'amistat, encara que sigui incapaç de dir una sola definició clàssica. Una persona sàvia és aquella que sap viure, és a dir, que es troba en paus amb si mateixa i amb el món. Aquest, almenys, és el sentit grec de la paraula. El savi se sent ben encaixat en el món perquè el comprèn i s'hi sap moure. En actitud natural tots pensem ser savis en aquest sentit.
- Ja que ser savi consisteix a sentir-se ben encaixat en el món i en la pròpia vida, descobrim que no ho som quan la vida o el món se'ns desencaixen. És l'experiència de la decepció. Pot ser també l'experiència de l'admiració, quan la bellesa del que ens ultrapassa ens enfronta a la nostra pròpia petitesa.
- Ens sentim mancats, en cert sentit, de nosaltres mateixos. En el desencaixament i la decepció, no podem respondre de nosaltres mateixos. Desitgem ser responsables, però ara no solament semblant-ho, sinó arribant a ser-ho de debò. El que està en joc és, per tant, la llibertat.
- La filosofia és l'esforç racional per a arribar a comprendre el món i la vida, amb la intenció de respondre del món i de la vida. El desig de saviesa és el desig de guanyar una vida digna de ser viscuda en virtut de l'esforç racional d'aclariment i d'autoaclariment.

En tota la unitat hem posat l'accent en l'activitat del filòsof com a esforç d'alliberament. Vol dir això que, un cop alliberat, el filòsof ja no filosofaria? De cap manera. Si la filosofia pot ser una resposta a la dimensió tràgica de l'individu —la resposta més potent a la topada amb els propis límits—, al mateix temps pot tenir, i de fet tot sovint té, una dimensió lúdica, perquè el plaer de comprendre el món pot ser també un joc, una activitat en què aquell que se sap lliure simplement exerceix la seva potencialitat més humana i humanitzadora: la capacitat de comprendre el món i la vida.

EN 8 IMATGES

RECOMPOSICIÓ Tens aquí vuit imatges presentades per parelles. Cada parella evoca una part concreta de la unitat, i, de dalt a baix, la successió de les quatre parelles dibuixen l'itinerari d'una dissertació possible sobre l'origen i el sentit de la filosofia.

EXPLICA, per a cada parella, quina relació hi ha entre les dues fotografies i què ens donen a pensar considerades juntes.

REDACTA, a partir d'aquesta primera resposta, un discurs que, seguint l'ordre de les fotografies o bé canviant l'ordre de les parelles, tracti sobre la naturalesa del projecte filosòfic.

Dossier d'activitats

EDUCAR LA MIRADA. Com hem vist al llarg de la unitat 1, la filosofia té a veure amb una determinada actitud respecte del món, amb una manera molt determinada de mirar les coses. Per a fer filosofia, cal, per tant, primer de tot, que entrenem la mirada. Comencem, doncs, amb un exercici d'observació.

1 **Descriu en cinc línies el que veus en el fotograma següent i, després, fes les dues activitats que hi ha a continuació.** Abans de començar, llegeix en el glossari el significat de la paraula **descripció**.

Escena de la pel·lícula *El nostre últim estiu a Escòcia*

a De tot el que has escrit en la teva descripció, distingeix tot allò que és visible (allò que veus directament amb els ulls) d'allò que és invisible (allò que no veus, però que pots interpretar que hi és) i anota-ho en dues columnes diferents.

b Tot allò que no veus directament amb els ulls, com és que ho veus en la imatge? Explica, a partir d'aquesta resposta, quines facultats de coneixement fas servir a part dels sentits. Consulta l'entrada **explicació** en el glossari abans de respondre aquesta qüestió.

EL MÓN EN EL QUAL NAIXEM. L'ACTITUD NATURAL. Juntament amb les coses que tenen una presència sensible, hi ha també un munt de coses que, tot i ser invisibles, veiem igualment a través de les coses sensibles. En la vida quotidiana ens pot semblar que les coses que trobem al carrer se'ns donen de forma immediata, quan en realitat tot sovint comporten un munt de mediacions.

2 **Reflexiona sobre totes les coses que es troben implícites en la simple presència d'un cotxe i escriu-les.** No has d'anotar les peces que formen el cotxe, sinó tots els fets històrics, socials, etc. que han fet possible la presència d'aquest objecte en particular.

3 **Explica per què, en la vinyeta següent, Obèlix troba que els bretons són bojos. A partir de la teva resposta, descriu breument les característiques de l'actitud natural.**

Astèrix a Bretanya

En actitud natural, confiem en allò que hem rebut de la tradició: de la nostra família, de l'escola, de la televisió, dels amics, de les persones amb les quals ens hem fet grans. El filòsof austríac Ludwig Wittgenstein (1889-1951) explica de forma clara que basem la nostra confiança en allò que sabem i, també, com és de feble, habitualment, una base com aquesta.

4 **Llegeix el text següent i, després, respon les preguntes que hi ha a continuació:**

"159.- De petits aprenem certs fets, per exemple, que tots els homes tenen cervell, i tenim plena confiança en ells. Crec que hi ha una illa, Austràlia, que té aquesta i aquesta forma, etc., etc. Crec que vaig tenir un besavi, que les persones que es fan passar pels meus pares ho són de debò, etc. És possible que mai no hagi expressat aquesta creença o que mai no hagi pensat que les coses siguin així.

160.- El nen aprèn perquè creu l'adult. El dubte ve després de la creença.

161.- Vaig aprendre moltes coses sobre el fonament de l'autoritat humana i les vaig acceptar. Després he descobert que es veien confirmades o rebutjades per la meva experiència.

162.- En línies generals, considero vertader el que trobo en els llibres de text, per exemple, de geografia. Per què? Dic: tots aquests fets ja han estat confirmats més de cent vegades. Però com ho sé? Quina evidència en tinc? Tinc una imatge del món. És vertadera o falsa? Ans que res, és el substrat de totes les meves investigacions i afirmacions. Les proposicions que la descriuen no estan sotmeses a la comprovació de la mateixa manera.

163.- Ha comprovat algú si aquesta taula continua existint quan ningú no se la mira?

Comprovem la història de Napoleó, però no si tot el que se n'ha dit es basa en la mentida, en la il·lusió i en coses per l'estil. De fet, quan comprovem una cosa, ja ho fem pressuposant alguna cosa que no es comprova. ¿He de dir, així doncs, que l'experiment que faig per a comprovar una proposició pressuposa la veritat de la proposició que diu que aquí hi ha realment l'aparell que crec veure (i coses per l'estil)?

164.- No té un límit, la comprovació?

165.- Un nen podria dir a un altre nen: 'Sé que la Terra ja té molts centenars d'anys', cosa que voldria dir: 'Ho he après.'

166.- El que és difícil és percebre la manca de fonaments de la nostra creença."

LUDWIG WITTGENSTEIN (1889-1951), *Sobre la certesa*

a Com explica l'autor els coneixements que tenim en actitud natural?

b Què significa aquesta frase: "Tinc una imatge del món. És vertadera o falsa? Ans que res, és el substrat de totes les meves investigacions i afirmacions"?

c Com pots estar segur que saps de debò el que dius que saps i que no solament ho creus o ho opines?

d Fem mal fet quan confiem en el que ens han explicat des de petits? Justifica la teva resposta.

LA DECEPCIÓ I L'ALIENACIÓ. EL TRENCAMENT DE L'ACTITUD NATURAL. En la darrera frase del text de l'exercici anterior, Wittgenstein diu que és difícil percebre l'absència de fonaments de la nostra creença. Com perdem, doncs, la confiança que ens han inculcat en el saber i en la moral de la nostra societat? Per a abordar la qüestió, primer ens convé pensar una mica sobre les característiques de la nostra situació en el món.

5 **Llegeix amb atenció aquest text del filòsof txec Jan Patočka.** Com si fos un Sòcrates modern, va morir en mans de la policia política txeca l'any 1977 durant un interrogatori, simplement perquè demanava que al seu país es respectessin la justícia i la veritat.

"Comencem per considerar la situació per si mateixa. Realment singular és aquest concepte de situació. Els individus es troben en una situació ja sigui favorable, ja sigui desfavorable, amb relació a tal o tal finalitat. Al mateix temps, la situació és la realitat en la qual ens trobem, jo, els altres i les coses: és alhora objectiva i humana. Les situacions impliquen elements donats, però el més interessant i característic d'aquestes és que no som nosaltres qui ens donem aquests elements; els trobem *allà*, estem obligats a enfrontar-nos-hi, a entendre'ns-hi. No són res que nosaltres creem al nostre albir o segons les nostres necessitats. La situació podria semblar purament objectiva. Així, una nau que naufraga constitueix una situació determinada per a les persones que hi van, les quals es troben en una situació que han contribuït a provocar, però el que han provocat no és, sens dubte, resultat dels seus esforços, no correspon a la seva voluntat. La naturalesa compulsiva, inherent a la situació, és el que ens dona la impressió de poder descriure-la de manera essencialment objectiva, de poder aprendre-la objectivament. Però aquests components objectius són només uns elements de la situació. Aquesta difereix de cap a peus depenent de si els que es troben en aquesta situació de desemparament capitulen o no. Davant d'una situació desesperada caben diferents maneres de comportar-se.

Un cop dit això, és important observar que, en el fons, l'home es troba sempre en una situació desesperada, que l'home és sempre un ésser compromès en una aventura que —en cert sentit— no pot acabar bé. L'home pot comparar-se amb una nau que necessàriament naufragarà."

JAN PATOČKA (1907-1977), *Plató i Europa*

a Per què diu que la situació objectiva, que els individus provoquen en part, "no és, sens dubte, resultat dels seus esforços, no correspon a la seva voluntat"?

b Què vol dir que la situació té una "naturalesa compulsiva"?

c Què significa la darrera frase del fragment?

d Quina és, en suma, la situació de l'home en el món segons el text?

A partir del text, considera la teva situació actual mentre resols aquesta pregunta. Descriu-ne els elements objectius i els elements subjectius.

La situació de l'home, fins i tot en actitud natural, es troba sempre oberta a topar amb la pròpia finitud, amb el sentiment que la vida no està ben resolta o amb el sentiment que el món no sempre ens acull com ens han explicat o com voldríem. La paraula poètica ens ajuda a comprendre aquest sentiment de desemparament o de petitesa. De vegades, aquesta paraula aconsegueix expressar realitats humanes difícils d'exposar d'una altra manera.

6 **A partir de les preguntes, fes un comentari reflexiu d'aquest poema:**

Que sigui la meva ànima la corda d'un llaüt
per sempre igual i tensa
i que el destí no em pugui arrencar, decebut,
sinó una sola nota, invariable, immensa.
Una nota molt greu i molt constant. Vençut
no sigui mai el clau que tiba i que defensa
la viva pulcritud
de la vibració d'una corda ben tensa.

Soc tan sovint com una corda fluixa i vençuda
que vibra malament!
Amb un ritme feixuc, engavanyat i lent,
àtona, corrompuda,
corda desafinada, la meva ànima ment.
Quants cops l'hauria volguda muda
per no sentir la música falsa del seu accent!

Senyor, ¿Tu no voldries
reblar les torques dels meus extrems afeblits
perquè mai no s'afluixin les meves melodies?
Jo vull ésser constant en els plors i en els crits,
i cantar sempre igual, ignorant les follies,
els delers, els neguits,
el corb que sobrevola l'estepa dels meus dies.

Jo vull ésser com tu, o corda que diries
que sempre et polsen uns mateixos dits.

MÀRIUS TORRES (1937)

a Quin és el sentit general del poema? Explica en quin sentit el contingut del poema concerneix, en realitat, qualsevol persona.

b Quina era la situació personal del poeta català Màrius Torres mentre creava tota la seva obra poètica? Relaciona-la amb el contingut d'aquest poema.

c Fixa't, ara, en la manera com acaba el poema. Què signifiquen els dos darrers versos? Per què una persona es pot sentir com una corda que toquen uns altres dits?

L'actitud natural es pot trencar de moltes maneres, i una pot ser a causa de la insatisfacció respecte del saber heretat.

7 **Llegeix aquest fragment d'un dels diàlegs de Plató i, després, respon:**

"SÒCRATES.– Però un dia vaig sentir un home que llegia un llibre, d'Anaxàgores, segons deia, on s'afirmava que la ment és ordenadora i causa de totes les coses. Em vaig complaure en aquesta causa i, fins a cert punt, trobava molt bé que la ment fos causa de totes les coses. Vaig pensar que si era així, la ment ordenadora ho ordena tot i col·loca cada cosa on millor escau. Si, doncs, un volia trobar la causa de cada cosa que neix, es destrueix o existeix, caldria abans veure quina era per a ella la millor manera d'existir, de sofrir o d'obrar el que es vulgui. [...] Creia haver trobat en Anaxàgores el mestre que m'havia d'ensenyar segons la meva capacitat mental la causa de les coses que són. [...] Vaig prendre aquells llibres i els vaig llegir tan de pressa com vaig poder, per tal de conèixer com més aviat millor l'excel·lent i el pèssim.

Però aquesta meravellosa esperança, company, s'allunyava de mi, com més anava avançant en la lectura i veia que el nostre home no se servia per a res de la ment ni li atribuïa cap de les causes ordenadores de les coses. En canvi, esmentava com a causes l'èter, l'aigua i moltes altres coses igualment fora de lloc. Em va semblar que el seu cas era com el de qui després d'haver declarat que Sòcrates tot el que fa ho fa amb la seva ment, en provar de dir la causa de cadascuna de les seves accions, digués en primer lloc que jo ara sec aquí perquè el meu cos és compost d'ossos i de tendons; que els ossos són rígids i tenen juntures que els separen els uns dels altres; i que els tendons, extensibles i contràctils, embolcallen els ossos amb la carn i la pell que els manté units; quan, doncs, els ossos es mouen en llurs pròpies articulacions i els tendons es relaxen o s'estiren, fan que jo sigui capaç de doblegar els meus membres, i que per aquesta causa jo ara, havent-me doblegat així, estic assegut en aquest lloc. De la conversa que ara tinc amb vosaltres, n'al·legaria causes com ara la veu, l'aire, l'oïda i moltes altres de semblants, sense tenir cap cura de la causa real: que els atenesos van creure millor condemnar-me i que jo, per aquest motiu, també he cregut millor seure en aquest lloc, i més just quedar-me per a sofrir la pena que han decretat. Perquè, pel gos!, penso que fa temps que aquests ossos es trobarien a Mègara o a Beòcia, empesos per l'opinió del que és excel·lent, si no ens hagués semblat més just i més noble, en lloc de l'exili i de la fuga, sofrir per la ciutat la pena que aquesta ordena. Ara, donar el nom de causa a semblants coses és massa fora de lloc. Si algú afirmés que sense aquestes, és a dir, sense els ossos, els tendons i tota la resta, jo no seria capaç de fer el que he resolt de fer, diria veritat. Però dir que a causa d'aquestes faig el que faig, i que ho faig obrant amb la ment, seria prendre's una llibertat excessiva amb el llenguatge."

PLATÓ (427-347aC), *Fedó* 97b8-99b2

a El fragment parla de dues menes de causalitat. Busca aquesta paraula en el glossari i, un cop entesa, digues què és el que decep Sòcrates del saber rebut d'Anaxàgores.

b Creus que la crítica de Sòcrates a la ciència d'Anaxàgores avui dia té una certa vigència? Justifica la teva resposta.

La decepció inicial pot ser tan forta, que ens porti a posar en dubte la noció mateixa de veritat. Mai no comencem a pensar partint de zero, sinó que sempre pensem en diàleg –de vegades en combat– amb el que altres persones han dit d'allò sobre el que pensem.

8 **Reflexiona sobre la noció de veritat a partir de la posició que defensa el filòsof alemany Oswald Spengler. Tot i ser crític amb Hitler, Spengler és un dels pensadors antiliberals que va influir en el nazisme.**

"Què és la veritat? Per a la majoria de la gent, és allò que es llegeix o que se sent sovint. Un pobre imbècil pot asseure's en qualsevol lloc i reunir tot de motius per a establir 'la veritat' que continuarà essent, però, *la seva* veritat. L'altra veritat, la veritat pública de cada moment, la que només s'interessa pel món fàctic de les accions i de les seves conseqüències, avui dia és un producte de la premsa. És vertader el que ella vol: els qui la controlen són els qui produeixen, transformen i desfiguren les veritats. Tres setmanes de feina de la premsa i tot el món sabrà la veritat, els seus fonaments continuaran essent irrefutables mentre quedin diners per a reproduir-la sense interrupció. També la retòrica antiga estava calculada per a impressionar i no per a transmetre continguts, [...] però es limitava al públic present i al moment present. La dinàmica de la premsa, en canvi, busca efectes *duradors*, ha de mantenir *contínuament* els esperits sota pressió. Les seves raons quedaran refutades tan bon punt com l'enorme poder del diner se senti a gust amb les raons contràries i les presenti encara amb més freqüència a les orelles i als ulls de tothom. En aquest mateix moment l'agulla magnètica de l'opinió pública girarà cap al pol més poderós. Tothom quedarà de seguida convençut de la nova veritat. De sobte tothom haurà despertat d'un error."

O. SPENGLER (1880-1936), *La decadència d'Occident*, vol. II, cap. IV, 3

En el text, sembla suggerir que és inevitable que els qui tenen el poder econòmic ens enganyin i que, per tant, no puguem tenir accés a la veritat. Discuteix aquesta tesi, fent una dissertació sobre el tema següent:

- És possible tenir opinions pròpies o vivim sota l'imperi de l'opinió pública?

L'ACTITUD TEÒRICA. L'INICI DE LA FILOSOFIA. Ens poden decebre (1) el coneixement rebut, (2) la moral rebuda i (3) el meu encaix al món.

9 **Llegeix el text i respon:**

"Tots els interessos de la meva raó (tant els teòrics com els pràctics) es resumeixen en les tres qüestions següents:

1 Què puc saber?

2 Què haig de fer?

3 Què puc esperar?

La primera qüestió és merament teòrica. [...] La segona qüestió és merament pràctica. [...] La tercera qüestió, [...] ¿què puc esperar si faig el que haig de fer?, és pràctica i teòrica al mateix temps, de manera que el pràctic ens porta, només com a fil conductor, a donar una resposta a la qüestió teòrica."

I. KANT (1724-1804), *Crítica de la raó pura* A805 (B833)

- Què vol dir que la tercera qüestió és teòrica i pràctica al mateix temps?

Educació, entrada al món adult, decepció com a origen de la filosofia

"El món canvia; l'educació també ha de canviar. Les societats viuen profundes transformacions arreu, i això exigeix noves formes d'educació per promoure les competències que necessiten les societats i les economies, avui i demà. Això representa anar més enllà de l'alfabetització i l'aritmètica per centrar-nos en entorns d'aprenentatge i en nous enfocaments de l'aprenentatge per assolir més justícia, equitat social i solidaritat global. L'educació hauria de ser aprendre a viure en un planeta sota pressió. Hauria de ser alfabetització cultural, sobre la base del respecte i la dignitat per a tothom, que contribuís a unir les dimensions social, econòmica i mediambiental del desenvolupament sostenible."

Pròleg a la publicació digital "Repensar l'educació" d'Irina Bokova, directora general de la Unesco

PROBLEMA PER PENSAR

Formar els joves en les competències que necessiten les societats i les economies és, en realitat, la finalitat de l'educació?

QÜESTIONS SUBORDINADES

1

Es pot canviar el món a través de l'educació?

2

L'educació té com a finalitat que els futurs ciutadans sàpiguen adaptar-se a un món canviant?

3

Què vol dir "alfabetització cultural"? És una noció innocent?

4

Quina formació té Irina Bokova? El seu punt de vista és el de l'educació? O demana a l'educació el que necessita una altra instància?

5

Ha d'estar, l'educació, al servei de l'economia? Quin és el seu fi últim?

Unitats en què trobareu reflexions pertinents o relacionades amb aquesta situació:

1 • 2 • 4 • 5 • 6 • 7 • 8 • 9
10 • 11 • 12

PER ANAR MÉS A FONS

Eduquem?

Què és educar? És el mateix educar que aprendre o ensenyar? Té sentit que hi hagi mestres en un món on els sabers estan a l'abast de tothom? Hi ha res a ensenyar? Tot es pot aprendre?

Aquestes i moltes altres preguntes poden acompanyar una reflexió sobre l'**educació**.

Proposta de recerca

1 Què s'ha dit sobre l'educació al llarg de la història del pensament?

2 Quines reflexions sobre l'educació s'han fet des de la novel·la i el cinema?

3 Al nostre país hi ha diferents models escolars. Com són i quins objectius tenen? També hi ha diferències entre els models oficials de diferents països. Quins models educatius hi ha en països diferents? Tenen finalitats diferents?

A
S

El llenguatge

2

Estem embarcats. Habitem un món que no hem fet nosaltres i que som cridats a renovar. Els lligams emocionals, les tradicions, les lleis, els sabers socialment reconeguts i un munt de coses més que constitueixen les nostres vides eren aquí abans que naixéssim, i ens trobem ja des de sempre vivint-hi enmig. Entre totes aquestes coses que trobem fetes, n'hi ha una que té un paper essencial, perquè és el mitjà d'expressió de totes les altres. És el llenguatge.

El llenguatge té, en efecte, un paper primordial en la vida humana: és amb el llenguatge i a través del llenguatge que establim i cuidem els nostres lligams, ens comprometem, rebem i celebrem les tradicions, recollim les lleis en codis escrits, reconduïm els conflictes a la via pacífica de la paraula i elaborem llenguatges nous perquè els sabers puguin formular de forma precisa la veritat dels seus objectes d'estudi.

Allà on hi ha humanitat, hi ha sempre llenguatge. Però què és exactament el llenguatge?

La filosofia comença com una interrogació sobre el significat d'algunes paraules. Que ens calgui preguntar pel significat de les paraules ja ens dona notícia d'un cert misteri que envolta la naturalesa del llenguatge. Perquè, si les paraules serveixen per a dir la realitat, com és que no sempre la diuen bé? D'altra banda, és únicament per a això, que serveixen les paraules? I encara: tot el que podem pensar, ho podem expressar amb paraules? Poden les paraules, que no són les coses, comunicar realment allò que pretenen expressar? Si ho fan, com és que ho poden fer? És el pensament tot ell llenguatge?

Amb la intenció d'aclarir aquest poder misteriós del llenguatge, tractarem els punts següents:

- La relació entre les paraules i les coses.
- La parla com a acció.
- La naturalesa simbòlica del llenguatge.
- Usos, jocs i creació de llenguatges formals.
- La relació entre llenguatge i pensament.

En la imatge, potser l'home diu a la seva dona el que sent per ella. De vegades podem dir a algú "t'estimo" sense que sigui cert. Observa, però, que la dona també "parla" sense paraules amb l'expressió de la seva cara. La comunicació, com veurem, inclou més coses que les paraules.

1 Descriu dues situacions de la teva vida en les quals has sentit clarament que entre el que volies dir i el que deies hi havia una gran diferència.

- Per què creus que passa això?

2 Comenta quin creus que és el significat d'aquesta frase de Wittgenstein: "Els límits del meu llenguatge són els límits del meu món."

3 Com creus que seria un món en el qual tinguéssim la capacitat de comunicar-nos sense paraules (telepàticament)? Creus que podríem tenir cap dificultat per a identificar si determinades sensacions o emocions són nostres o corresponen a l'altre? Com podríem diferenciar quines emocions, idees o sensacions corresponen a nosaltres o als altres?

1.1 El llenguatge com a instrument eficaç de comunicació

La paraula *casa* no és una casa ni s'hi assembla. Les paraules no s'assemblen a les coses que diuen i, tanmateix, habitualment funcionen prou bé per a fer que ens entenguem els uns amb els altres.

Precisament això, el fet que les paraules no s'assemblen a les coses, però les diuen amb una eficàcia que tots reconeixem de manera habitual, és el misteri que volem provar d'aclarir.

Hi ha un fet ben remarcable: ara que ens disposem a estudiar la naturalesa de les paraules, salta a la vista que això només ho podem fer amb paraules!

Com que provem de comprendre què és el llenguatge fent ús del llenguatge, la mateixa empresa revela ja una qüestió de principi: el nostre punt de partida és la confiança en l'eficàcia de les paraules.

Amb tot, també forma part de la nostra experiència quotidiana el fet que les paraules no sempre diuen bé la realitat, ja sigui a causa de l'error, de la mentida o del fet que no sempre trobem les paraules per a dir amb precisió el que comprenem d'una manera més o menys clara.

Hi ha, en efecte, la possibilitat que es produeixi un desajust entre *el que diem* i *el que pretenem dir*.

Sovint, l'alumne que revisa amb el professor l'examen corregit es defensa dient: "És que jo *el que volia dir*..." I el professor ha de respondre: "Només puc valorar *el que has dit*, no *el que volies dir*!".

Repetim-ho: en el *dir* hi ha desajustos. Però en què consisteix *dir* alguna cosa en general?

Parlar com a acte de comunicació

Dir una cosa, *parlar*, és una acció, i ho és en sentits diversos. En un primer sentit —en veurem altres més endavant—, és una acció en virtut de la qual alguna cosa que, per dir-ho així, és "dins" nostre, s'exterioritza per a ser transmesa als altres.

Som a taula i diem: "Em passes la sal?" Estem amb la persona estimada callats, sense dir res fa estona, i diem: "Estàs bé?"

En tots dos casos ens mou a parlar alguna cosa que de primer es troba només en nosaltres (el desig d'assaborir el menjar ben condimentat, el desig de compartir el moment amb la persona estimada) i que exterioritzem a través de les paraules.

Si les altres persones tinguessin accés a la nostra interioritat —si, posem per cas, tinguessin poders telepàtics—, simplement no caldria fer aquest exercici d'exteriorització.

Quan fem l'exercici d'exterioritzar alguna cosa que es troba dins nostre per a fer-ne partícips els altres, fem un acte de *comunicació*.

1.2 Els elements constitutius de tot acte de comunicació

Tot acte de comunicació consta de sis elements:

- L'**emissor**, que és l'origen del missatge, la persona que el transmet.
- El **receptor**, que és el destinatari del missatge.
- El **missatge**, que és la cosa transmesa, el que es vol dir.
- El **codi**, que és el conjunt de regles d'un sistema d'interpretació de signes que comparteixen fins a cert punt l'emissor i el receptor, i que anomenem "llengua".
- El **canal**, que és el mitjà físic a través del qual es transmet el missatge.
- El **context**, que és la circumstància o la situació que envolta l'acte comunicatiu, que condiciona la manera com s'ha d'interpretar el missatge, i que no és estrictament lingüística.

Així, per exemple, en l'acte comunicatiu que es produeix mentre el lector llegeix aquest text, els emissors som els autors del llibre; els receptors són les persones que el llegeixen (probablement alumnes); el missatge és el contingut filosòfic que provem (els autors) d'explicar; el codi és el català; el canal és el llibre, i el context, segurament —però no necessàriament—, és una classe de filosofia de primer de batxillerat.

Tots aquests elements es poden recollir en un esquema:

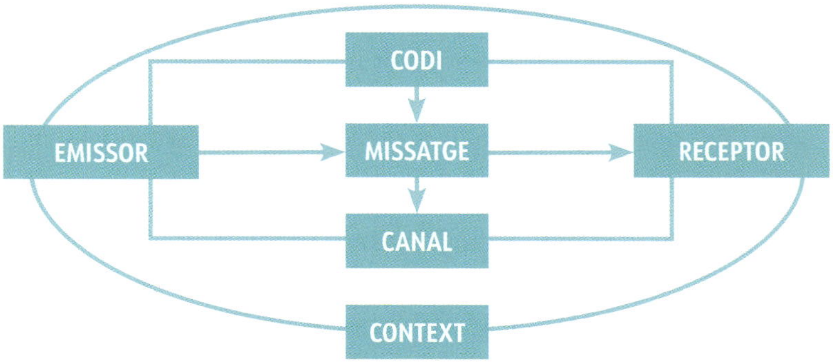

Naturalment, distingim aquests elements en l'anàlisi quan provem de descriure l'acte comunicatiu, però l'experiència del llenguatge és summament unitària: quan ens comuniquem, cap d'aquests elements no ens apareix tan nítidament delimitat.

Fer aquestes distincions pot tenir interessos i motivacions diversos, com, per exemple, controlar des d'alguna ciència particular —com el màrqueting— alguns aspectes del procés comunicatiu amb motivacions pràctiques, comercials, polítiques o del tipus que sigui. La mirada filosòfica és diferent: vol arribar a entendre la naturalesa mateixa del llenguatge, independentment de qualsevol aplicació pràctica que es pugui derivar d'aquesta comprensió.

Compara la situació de la noia d'aquesta fotografia amb la dels dos avis de la fotografia de la pàgina anterior. En quin dels dos casos el context del missatge és més clar? Observa, a partir de la teva resposta, que tots els elements d'un acte de comunicació són rellevants a l'hora d'interpretar el missatge.

4 Fixa't en la foto de la pàgina anterior i digues quins són, en l'escena que ens mostra, els elements de la comunicació. Tingues en compte que hi pot haver més d'un codi, més d'un canal, etc.

5 Descriu problemes de comunicació que es deuen a funcionaments defectuosos de cadascun d'aquests elements de la comunicació: codi, emissor, missatge, receptor, canal i context.

Pedra de Rosetta

Les tropes de Napoleó van trobar a Egipte la pedra de Rosetta, que va permetre als científics desxifrar el llenguatge jeroglífic. Busca informació sobre la història del descobriment d'aquesta pedra.

6 Descriu com elaboraria un diccionari un antropòleg que de cop i volta entrés en contacte amb una cultura absolutament desconeguda fins aquell moment i s'hi volgués comunicar.

- Quins passos seguiria?

7 En el cas de la situació anterior, creus que seria possible una traducció absolutament perfecta entre els dos parlants? Pensa un exemple en què, malgrat comunicar-se sense gaires problemes, es produís un malentès lingüístic.

1.3 El problema de la relació entre significats i significants

Ja que els codis amb què diem les coses fan servir correspondències aparentment arbitràries (el que anomenem "taula" es podria dir "pèsol"), la mirada filosòfica s'interessa, sobretot, per aquesta qüestió: quina relació hi ha entre el codi i el missatge?

Per a entendre bé la pregunta, en cada unitat dotada de sentit d'un codi determinat —frase o paraula— hem de distingir encara dos elements: el significat i el significant.

Considerem els dibuixos següents:

CASA	الصفحة الرئيسية.	οἶκος
ГЛАВНАЯ	hejmo	主页
maison	HAUSE	HOME

Tots aquests dibuixos remeten al mateix tipus de cosa: són *significants* amb el mateix *significat*, signifiquen *la mateixa cosa* en codis diversos, en llengües diferents. Aquests significants, que són gargots fets en una superfície de paper (el canal), es corresponen en el cas de la seva expressió oral amb uns sons determinats (els fonemes), que es transmeten aèriament com a ones sonores (i aquí el canal de comunicació és l'aire). Aquestes expressions escrites o sonores *remeten* a allò que es vol dir: en el nostre cas, el que anomena la paraula *casa* en català, que és el mateix que anomena el mot *hejmo* en esperanto, etc.

Si jo sento la paraula *casa*, espontàniament s'activa el significat "casa" en la meva ment. Això passa només si parlo català, perquè, si no conec el grec, el fet que senti οἶκος no farà que en la meva ment s'activi el significat "casa". Més i tot: si no conec el grec, potser no sabré "fer sonar" aquestes grafies, potser ni tan sols entendré que remeten a uns sons i a una paraula.

Per tant, el **significant** és un conjunt d'elements materials organitzats que, de la manera que sigui —en l'exemple posat, de forma arbitrària—, remeten a una cosa que ja no són ells, sinó la cosa significada. Aquesta remissió només la pot entendre qui comparteix el mateix codi (el català, si el significant és una paraula catalana). El codi no consisteix simplement en una taula d'equivalències entre gargots (o sons) i coses, sinó que inclou un conjunt de regles que estableixen com s'organitzen les lletres o els fonemes en paraules, aquestes en frases, etc. (això és la sintaxi), així com la seva correspondència amb uns continguts (això és la semàntica).

El significant, doncs, remet a la cosa significada, i això és el seu *significat*. Hi ha expressions, tanmateix, que tot i no parlar de coses tenen significat, com, per exemple, "un be negre amb potes rosses". D'altra banda, fins i tot quan diem *casa*, ¿ens estem referint a un objecte del món o més aviat a un contingut mental? Què són, doncs, els significats?

1.4 El problema de la representació. Imatges i conceptes

La primera intuïció que acostumem a tenir sobre els **significats** és que són com una espècie de *representacions mentals*, com unes "imatges flotants" que tindríem dins nostre. Aquesta teoria, la *teoria dels significats-imatges*, presenta molts problemes.

Per a veure-ho, imaginem un exercici senzill. Demanem a un grup de persones que pensin, durant uns segons, en una casa. Quantes se l'hauran representada amb un porxo? Quantes se l'hauran representada de color blanc? Quantes amb xemeneia? Aquesta és la qüestió: per més coincidències que hi pugui haver entre les representacions imaginades, *no hi haurà dues persones que hagin pensat exactament en la mateixa casa*. I, no obstant això, totes hauran pensat en una *casa*.

Si el significat fos simplement una *imatge* mental, tots hauríem de tenir la mateixa imatge mental en sentir o veure un mateix significant. Com que això no passa, és evident que el significat no és simplement una imatge. Ha de ser alguna cosa més, perquè fa que (quan sentim "casa") tots ens remetem al mateix objecte, encara que cadascú l'evoqui amb una imatge diferent.

Més enllà de la imatge particular que ens fem de les coses, hi ha, per tant, alguna cosa més sobre la qual coincidim: això són els *conceptes*. Els significats, doncs, no remeten a imatges mentals, sinó a conceptes. I a la seva vegada, el conjunt del significat i el significant (la paraula) remet a coses existents realment: les paraules (la suma del significant i el significat) són alguna cosa que fem servir per a dirigir-nos a coses reals i concretes existents al món.

Els conceptes tenen dos trets essencials: són universals i ideals.

- **Universals** vol dir que s'apliquen a molts casos particulars; per exemple, el concepte "casa" s'aplica a totes i cadascuna de les imatges mentals que han tingut els participants en l'exercici anterior.
- **Ideals** vol dir que no tenen una existència en l'espai i el temps; per exemple: el concepte "casa", que valida tots els nostres significats mentals anteriors, no és cap casa representable que existeixi en cap espai ni en cap temps determinats.

Per a posar un altre exemple: jo puc cuinar a la cuina de casa meva, però no puc cuinar en el concepte de cuina. Certament, un *concepte* és una representació mental. Això no vol dir que siguin "productes" de la ment, o tinguin una existència psicològica. Els conceptes no consisteixen en imatges mentals. Els significants que hem considerat fins ara com a exemples signifiquen, així doncs, no pas coses concretes o imatges concretes, sinó *representacions abstractes*: no pas *aquesta* cosa o *aquella* cosa del món, ni tampoc *aquesta* o *aquella* imatge d'aquesta cosa, sinó el seu *concepte*, que no és concret, sinó abstracte, que no és particular, sinó universal, que no és material, sinó ideal.

Si després de veure aquesta imatge tanques els ulls i proves de retenir la imatge d'un cargol, la imatge triada serà més blanca o més fosca, més gran o més petita, amb més dibuixos o més neta, però en tot cas haurà de tenir una sèrie de característiques individuals. Per això cap imatge d'un cargol no val per a tots els cargols. El concepte de cargol no és pas cap imatge.

8 On és una casa imaginada? On és una casa percebuda? Quina diferència hi ha entre tots dos casos?

9 Quines diferències podem establir entre les imatges i els conceptes? I entre les imatges i les paraules? I entre les paraules i els conceptes? Anota aquestes diferències en una taula.

La noia de la fotografia llegeix a la seva habitació, té una cambra pròpia on pot treballar, llegir o descansar. La cosa sembla ben banal. Però la mateixa afirmació pren un sentit completament diferent per a qui conegui l'obra de **Virginia Woolf** (1882-1941) titulada precisament *Una cambra pròpia*. Per a aquest, la fotografia pot evocar un dels textos més rellevants de la literatura feminista, en què Woolf reivindica una cosa aparentment tan modesta com disposar d'una cambra pròpia amb una butaca i un llum per poder llegir, com a necessitat primera per a un autèntic alliberament de la dona respecte del domini de l'home.

El fet que aquell qui ha llegit més i que, per aquest motiu, té més paraules per dir el món pugui descobrir més sentits en una mateixa realitat i pugui tenir, així doncs, una vida més profunda és, com veurem, el que fa desitjable el cultiu del llenguatge i el cultiu d'un mateix, o sigui, la cultura.

Situacions: educació, gènere, llenguatge, símbols, estereotips.

10 Indica en quines proposicions la paraula destacada remet a un concepte o a coses, fets o relacions concretes. Justifica-ho:

a El Ferrari Testarossa té una bona acceleració.
b El Ferrari Testarossa en doble fila no em permet sortir.

a El rinoceront està en vies d'extinció.
b El rinoceront m'ha atacat.

a En Xavier i la Maria són solters.
b Tots els solters són no casats.

a La línia recta és la distància més curta entre dos punts.
b Per a arribar a la plaça de Catalunya, has d'avançar en línia recta.

11 És possible que alguna cosa universal no sigui ideal? És possible que alguna cosa ideal no sigui universal? Justifica la resposta.

1.5 Dels noms comuns als noms propis. Sentit i referència

El significat de la paraula *casa* ens acosta al seu concepte perquè *casa* és un nom comú: no remet a una cosa concreta, sinó a totes les coses concretes del mateix tipus (fins i tot aquelles que són merament possibles). Però què passa amb els noms propis, amb les paraules i les expressions amb què designem coses particulars?

Tampoc en aquest cas no podríem defensar una "teoria de les imatges", perquè ara el significat se'ns torna a desdoblar en *el sentit*, la representació mental que ens fem, i *la referència*, que és comuna a totes les representacions mentals possibles de la cosa.

Què passa, per exemple, amb el nom propi Sòcrates i la seva descripció, "El mestre de Plató"? Doncs que ambdues expressions són *modes de presentació* diferents, *sentits* diferents d'un sol referent comú. En el cas dels noms propis, el referent no és un concepte, no és un objecte universal i ideal, sinó un objecte particular i espaciotemporal.

Els significats no són, doncs, meres imatges mentals de les coses, sinó que tenen estrats diferents. Mirem aquest esquema:

SIGNIFICANT
- Nom comú: C-A-S-A
  - CONCEPTE: representació abstracta
  - IMATGE: representació mental particular
  - → SIGNIFICAT
- Nom propi: P-L-A-T-Ó
  - REFERENT: cas particular històric
  - SENTIT: "deixeble de Sòcrates", "mestre d'Aristòtil", "autor de *La república*"
  - → SIGNIFICAT

Un mateix referent pot omplir-se de *sentits diferents*. La ciutat a què remet el nom *Roma* pren un sentit diferent si diem "lloc on viu el meu amic Carlo" que si diem "la ciutat eterna".

En el cas dels noms propis, es dona també el cas de noms amb sentit però sense referent. És el territori de la ficció i de la fantasia. Així, per exemple, Pegàs o Sherlock Holmes poden tenir sentits diferents, però no tenen un referent en el món real, sinó només en el món de la fantasia o de la ficció. En aquest cas, parlem de referents ficcionals.

És digne de notar que un nom que inicialment pertany a la ficció pot esdevenir un significant per a coses o persones reals, com quan diem que l'hotel on ens allotgem "és el paradís" o que una persona "és una Venus", o "un Hèrcules" o "un Sherlock Holmes". Més endavant parlarem d'aquesta plasticitat inherent al llenguatge humà, que permet obrir-lo sempre a noves possibilitats expressives.

1.6 El llenguatge específicament humà

El més rellevant de la distinció entre significat i significant consisteix en el fet que, a través de l'escletxa de separació que es dona entre tots dos, l'ésser humà aconsegueix *separar-se d'allò que li és immediatament donat en la percepció i evocar continguts* que no són presents en el seu món-entorn actual.

Així, per exemple, jo puc fer una descripció de la meva habitació a 2.000 km de distància o bé fer-ne una de fets que van succeir fa deu anys, o la setmana passada, i fins i tot puc referir-me a esdeveniments que ni tan sols mai han tingut lloc.

En virtut d'aquesta capacitat d'expressar el que no es troba aquí ara mateix, podem transcendir el moment present, separar-nos de la realitat del nostre voltant i jugar amb el llenguatge, per exemple, per a fer efectiva una realitat que encara no existeix. En altres paraules, la possibilitat d'evocació del que no és actual constitueix una de la claus de la llibertat i de la creativitat humanes.

Cap llenguatge animal no és capaç de fer això: pot tenir una capacitat notable de referir-se a fets que tenen lloc sempre en el món-entorn de l'animal i, fins i tot, també comunicar missatges a altres membres de la seva espècie, però no pot dur a terme una distinció articulada entre significat i significant. En cert sentit, l'animal roman sempre íntimament vinculat al seu món-entorn.

Si fins ara, però, hem parlat del llenguatge com un instrument de representació i de comunicació i hem vist que comunicar és la primera cosa que permet fer el llenguatge, cal que advertim que hi ha un altre sentit, molt més directe, en el qual *parlar* és actuar. El llenguatge no solament té la funció de *dir* el món i comunicar aquest *dir* als altres a través de paraules, sinó que a través del llenguatge també *creem* en part el món on té lloc la nostra vida.

El llenguatge, doncs, té un paper fonamental en la constitució d'àmbits sencers d'allò que anomenem "realitat" i, per tant, és un element essencial del poder humà de creació o, el que és el mateix, de la llibertat dels individus.

Les cartes ens permeten escriure coses que una persona llegirà en el futur, les partitures porten al present l'expressió de la música, els llibres permeten transcendir el moment present i fins i tot introduir-nos en mons llunyans i vides totalment diferents de les nostres. El llenguatge eixampla el món, l'enriqueix i el fa perdurable. En la darrera imatge, un lector que és al camp o en un jardí potser està vivint, a través de la lectura, una aventura al pol nord.

ACTIVITATS

1 Busca informació sobre la hipòtesi de Sapir-Whorf, explica-la i presenta algun argument segons el qual aquesta hipòtesi podria no funcionar.

2 Descriu les diferències entre la imatge d'un reflex en el mirall, la imatge d'una fotografia teva i la imatge d'un vídeo en el qual apareixes.

3 Esbrina si els animals es reconeixen en un mirall i si es reconeixen en fotografies o pantalles. Si hi ha cap diferència, digues en què es pot basar.

4 Busca informació sobre el concepte *especisme*.

- Creus que les tesis dels especistes estan prou ben fonamentades?

12 Vas pel carrer, a dos quarts de vuit del matí, cap a l'escola, i la teva consciència està completament ocupada per una conversa relativa a una discussió que vas tenir ahir amb algú i que et va deixar una forta impressió desagradable. Vas recordant la conversa i hi vas afegint coses que no vas dir, però que t'agradaria haver dit, i reconstrueixes i reprodueixes, a la teva ment, una conversa nova, que és una barreja de la que es va produir i les noves frases que hi vas afegint mentre la revius mentalment. Malgrat que la teva ment està plenament ocupada per la reproducció de la conversa, no et perds en cap moment a l'hora de moure't pel carrer i arribar a l'escola.

a Per què creus que no et perds malgrat que la teva ment no està gens fixada en el camí pel qual vas?

b Quan estàs pensant sol a casa teva sobre les coses que t'han passat durant el dia, estàs parlant?

En la novel·la *Joventut sense Déu*, **Ödön von Horváth** (1901-1938) retrata la vida a les escoles on es van formar les joventuts hitlerianes. En el primer capítol, corregeix un exercici de geografia que han hagut de fer els seus alumnes de catorze anys. La pregunta no l'ha pensada pas el professor, sinó que li ve imposada pels plans d'estudi; és aquesta: "Per què hem de tenir colònies?"

Aparentment és només un pregunta. En realitat, és un enunciat performatiu, realitza una acció sobre els alumnes, sobre la seva mentalitat, els transforma. En efecte, aquesta manera de preguntar dona per suposat que "hem de tenir colònies" i es pregunta per la causa d'aquest fet. Fent-ho així, afavoreix que els alumnes donin per suposat que cal tenir colònies, que acceptin com un fet obvi una afirmació que en realitat no té res d'òbvia.

Les idees que reïxen de forma més eficaç a modelar la mentalitat de la gent són precisament aquelles en les quals no parem esment perquè l'ambient les dona per evidents. La filosofia és una acció d'alliberament, també i sobretot contra els propis prejudicis, aquells que hem fet nostres inadvertidament per la força performativa dels relats amb què ens hem educat.

Situacions: educació, socialització, racisme, llenguatge, símbols, alienació, estereotips, violència, indiferència, deshumanització, fake news, vida virtual, aïllament, exhibició, narcisisme.

2.1 Els actes de parla o enunciats performatius

Fixem-nos en els enunciats següents:

a L'Albert ha fet els deures.

b Albert, fes els deures.

c Els Jocs Olímpics han començat a les quatre.

d Queden inaugurats els Jocs Olímpics.

e En Pep i la Rosa són marit i muller.

f Jo us declaro marit i muller.

Segurament hi ha moltes diferències entre tots aquests enunciats, però n'hi ha una de molt important: les proposicions (a), (c) i (e) poden ser vertaderes o falses, mentre que les proposicions (b), (d) i (f), estrictament parlant, no són ni vertaderes ni falses.

La proposició (b) pren la forma d'una *ordre* que algú dona a l'Albert. Pot una ordre ser vertadera o falsa? Si l'Albert no fa els deures, direm que l'ordre no ha estat *eficaç*, però no pas que qui l'ha donada hagi mentit. De fet, segurament era un encert que el professor demanés a l'Albert que fes els deures, per més que el noi no li hagi fet cas: no solament no hi ha mentida, sinó que tampoc no hi ha error.

La proposició (d) pren la forma d'una *promulgació* o d'una *declaració*. En aquesta declaració, l'acte d'afirmar "Queden inaugurats els Jocs Olímpics" i l'inici dels Jocs Olímpics *són una i la mateixa cosa*. Els Jocs no comencen fins que són inaugurats, i no són inaugurats fins que no es declaren inaugurats en un acte solemne: l'afirmació "Queden inaugurats els Jocs Olímpics" és *ella mateixa* l'acció de començar els Jocs Olímpics. De les accions no es pot dir que siguin vertaderes o falses, sinó solament que arriben o no a bon port. Pot ser que, després que algú digui solemnement que queden inaugurats els Jocs Olímpics, una catàstrofe natural interrompi la vida a la Terra: fins i tot si això passés, qui hagués proclamat l'inici dels Jocs no hauria mentit pas ni hauria comès cap error; simplement, la seva acció s'hauria vist frustrada.

I passa exactament el mateix amb la proposició (f): en Pep i la Rosa només comencen a ser marit i muller en el moment precís en què algú investit de l'autoritat corresponent ho proclama.

Si comparem aquests enunciats amb els enunciats (a), (c) i (e), comprovem de seguida que aquests sí que poden ser vertaders o falsos. Aquests enunciats *constaten* fets del món: si es corresponen amb la realitat, diem que són vertaders, i si no, que són falsos. Per contrast, els tres enunciats anteriors constitueixen *accions creadores i transformadores de la realitat*.

El món en el qual vivim ha estat en bona part configurat en virtut d'enunciats d'aquest tipus, que s'anomenen **actes de parla** o **enunciats performatius**.

2.2 Els actes de parla en la creació del món: les institucions

Hi ha diferents tipus d'*actes de parla*: a més de les ordres i les declaracions, que ja hem vist, hi ha les promeses ("prometo que ho faré"), les preguntes ("puc venir?") i les exclamacions ("que bo que és el menjar!"), entre d'altres. Per a copsar la importància del llenguatge en aquests enunciats, ens centrarem en el cas de les *declaracions*, perquè tenen un paper cabdal en la constitució del món institucional.

El **món institucional** és el món constituït sobre declaracions, i és una part del món social. No tot el món social ha estat creat a través de **declaracions**. Per "món social" entenem aquell món d'accions i objectes que necessiten com a mínim l'existència de dues persones per a existir.

Robinson Crusoe sol en una illa no té món social. No li calen, per exemple, els diners, perquè, amb qui intercanviaria qualsevol cosa? Ara bé, quan visqui en companyia, haurà d'atenir-se a unes regles que només tindran sentit en tant que compartides.

Algunes d'aquestes regles *regulen* aspectes que ja existien prèviament a la seva creació. D'altres, en canvi, *regulen* patrons de conducta alhora que *creen* les coses subjectes a aquests patrons.

El codi de circulació regula la circulació que ja existeix abans de l'existència de les regles. En canvi, les regles dels escacs *creen* el joc d'escacs al mateix temps que el regulen. Un cotxe és un cotxe *abans* que existeixi el codi que limita la seva velocitat de circulació; un alfil no és res *abans* que el reglament dels escacs digui *què és* i reguli el seu patró de moviment.

Les primeres regles es diuen *regulatives* i les segones, *constitutives*.

Tot el món social és orientat per **regles regulatives**, mentre que el món institucional —que és una part del social— és creat per **regles constitutives**. Una institució és una realitat social fundada o constituïda per una declaració o per un acte de parla.

De vegades no és fàcil establir els límits que separen les realitats simplement socials de les realitats instituïdes.

Considerem el cas del futbol. En el reglament del futbol no apareixen enlloc els conceptes *central* o *davanter centre*. Només apareixen els conceptes *atacant* i *defensor*. L'única posició que surt definida en el reglament de la FIFA és la del porter. Per tant, estrictament parlant, *porter* és un concepte institucional, però *central* o *davanter centre* no ho són. Sí que són, clarament, conceptes socials. En efecte, jo no puc ser davanter centre sense els altres. Intenteu, posem per cas, desmarcar-vos tots sols; el resultat serà ridícul: algú que corre per un camp tot sol fent ziga-zagues no s'està desmarcant per més que es mogui com si ho fes!

Quins actes de parla hi ha implícits en la compravenda d'un bitllet de tren? Fixa't que la vida social es desplega sobre actes de parla en virtut dels quals reconeixem coses, comprometem els altres, ens comprometem, etc. Avui dia molts contractes amb companyies de llum o de gas es fan via telefònica, i et demanen que responguis una sèrie de preguntes la resposta de les quals queda gravada.

1 Posa quatre exemples d'actes de parla que no hagin aparegut en el text de la unitat. Justifica per què ho son.

2 Les preguntes són actes de parla? Justifica la teva resposta.

"Sense la paraula no hi hauria hagut entre els homes ni més república, ni més societat, ni més contracte ni més pau que la que hi ha entre els lleons, els óssos i els llops."

THOMAS HOBBES (1588-1679)

És un acte de parla ("jo us declaro marit i muller") el que institueix el matrimoni. Però també ho serà el que farà que alguns d'aquests immigrants siguin declarats refugiats, amb dret a asil, i d'altres no (es tracta de sirians que arriben a Grècia per mar des de Turquia, l'estiu de 2015). El reconeixement de drets és també un acte de parla.

3 Els diners són una "cosa"?

4 Posa tres exemples d'objectes socials que no són institucionals. Posa tres exemples d'objectes socials i institucionals. Justifica la teva resposta (no utilitzis exemples del llibre).

5 Posa tres exemples d'objectes que continuarien existint si la humanitat s'extingís. Posa tres exemples d'objectes que no existirien si la humanitat s'extingís.

2.3 Els conceptes socials i els conceptes institucionals

Els conceptes socials no són pures creacions a través de declaracions: proveu de dir a un entrenador que el fet que un davanter jugui en aquesta posició és un convencionalisme, i que només cal anomenar-lo "porter" perquè jugui com a tal...

A vegades, no és senzill assenyalar de manera nítida la diferència entre el món social i l'institucional, perquè sovint estan íntimament entrellaçats.

En tot cas, tot el que és institucional és social, però no tot el que és social és institucional.

Així, per exemple, les pautes de conducta que dues persones aparellades guarden entre si, poden ser les mateixes tant si són casades com si no ho són.

La parella no és un fet institucional, perquè no és pas el matrimoni qui la crea. Ara bé, la institució del matrimoni sí que crea un seguit de *possibilitats d'acció* que aquesta parella no tenia abans de casar-se: possibilitats fiscals, d'herència, etc.

Parella i matrimoni són conceptes socials, però, dels dos, només matrimoni és també institucional.

Considerem un altre cas. Una persona autodidacta pot haver adquirit tots els coneixements necessaris per a exercir de metge. Ara bé, si no ha passat uns exàmens que ho certifiquen i no ha rebut un títol universitari determinat, no podrà exercir com a tal. A efectes legals —i laborals—, *no serà metge*, fins i tot en el cas hipotètic que tingués tots els coneixements requerits.

Sense la declaració de l'autoritat competent que confirmi la seva condició de metge, la societat no el reconeix com a tal.

"Metge" no és solament una habilitat o uns coneixements: és també una institució.

Un tercer cas. Una nació pot existir encara que no se la reconegui com a tal en virtut d'una constitució escrita. Amb tot, només podrà constituir-se jurídicament, i aparèixer com a institució present al món, a través d'una declaració institucional que la consideri com a tal. En aquest cas, la pregunta compromesa seria qui té l'autoritat per a fer una declaració com aquesta.

És només del món institucional que diem que, en general, és creat a través de declaracions. Aquest és el món format pels diners, els contractes, els carnets de conduir, les constitucions, les escriptures de propietat, els matrimonis, els tribunals de justícia, les escoles, els hospitals, els ajuntaments, els títols universitaris, els préstecs hipotecaris o els reglaments esportius.

Tots aquests conceptes no serien possibles si *parlar* no fos una manera molt potent d'*actuar*.

2.4 L'art de la persuasió. La retòrica

Fins ara hem vist que el llenguatge *diu* el món i *crea* realitats socials. A més, hi ha encara una tercera cosa que fa: el llenguatge també *persuadeix*. Persuadir consisteix a portar algú a creure o fer alguna cosa a través del llenguatge.

Els venedors, els publicistes, els advocats, els predicadors i els polítics, entre d'altres, han de dominar tècniques de persuasió per a desenvolupar les seves activitats.

En realitat, és una habilitat que tots necessitem i tots exercim en diferents situacions de la vida de cada dia amb propòsits diferents.

La mateixa definició dona a entendre que qui persuadeix actua sobre la voluntat de qui l'escolta: el manipula. La paraula, amb la seva capacitat de persuasió, és un instrument de domini, un instrument de poder sobre la voluntat dels altres. Si no fos així, no s'entendrien, per exemple, les campanyes electorals amb els seus debats televisius, els seus lemes i els seus eslògans.

Més enllà del talent natural que cadascú té per a convèncer els altres, hi ha tècniques de persuasió que es poden estudiar i fer servir en l'àmbit de ciències particulars diverses, com ara la publicitat. Pel que fa a l'àmbit de la filosofia, cal considerar dues disciplines:

- La **retòrica**, que és l'art de l'eloqüència —l'art de l'expressió oral o escrita—, és una disciplina propedèutica, preparatòria, i no pròpiament filosòfica; és a dir, constitueix una preparació per a la filosofia, que s'ocupa de la forma que han de tenir els discursos per a complir bé la seva finalitat.
- Juntament amb aquesta, la disciplina que s'ocupa, ja no de la forma dels discursos, sinó de la seva pràctica —incloent-hi referències al llenguatge corporal i altres aspectes—, és l'**oratòria**.

El llenguatge, mer instrument de poder?

Des del punt de vista filosòfic, el fenomen de la persuasió ens interessarà, sobretot, quan arribem a la consideració de la vida política.

De moment, el més destacable és que aquells autors que defensen l'escepticisme i el relativisme, és a dir, que no hi ha coneixement objectiu i que, per tant, la veritat és relativa a la perspectiva o al punt de vista de cadascú, neguen que el llenguatge sigui un instrument capaç de dir la veritat. Ara bé, si no hi ha veritat objectiva, és obvi que el llenguatge no pot treure-la a la llum. La conclusió és, aleshores, igualment òbvia: si el llenguatge no és un instrument per a dir la veritat, només pot ser un instrument per a crear ficcions i per a persuadir.

El llenguatge és, segons aquesta posició filosòfica, únicament i exclusivament, un instrument de poder.

Si per "guanyar un debat" entenem convèncer més gent del públic, creus que els debats sempre els guanyen els qui argumenten millor? Es pot argumentar bé i, tanmateix, no tenir raó? Quins altres factors, a més del tractament enraonat de les qüestions debatudes, poden influir en el poder de persuasió d'un orador?

6 Creus que el llenguatge és una bona eina per a dir la veritat?

7 Hi ha tipus de veritats que no podrien ser expressades a través de paraules? Si creus que sí, posa'n algun exemple i justifica la teva resposta.

ACTIVITATS

1 Busca un reglament de l'esport que més t'agradi. Intenta trobar tres conceptes institucionals. Descriu, després, tres conceptes socials (conceptes que funcionen en el llenguatge habitual de l'esport, però que no surten en el reglament).
   a Què passaria si no existissin aquests darrers?
   b Es podria practicar l'esport?

2 Són coses, les fronteres? Com van començar a existir les fronteres? Busca'n informació.

3 Un cambrer ho és perquè té una sèrie de coneixements o habilitats que el capaciten com a tal. Però sense un reconeixement legal, no serà jurídicament considerat un "cambrer".
   a El concepte cambrer és un concepte social o institucional?
   b Algú pot ser un bon cambrer tot i que institucionalment no estigui reconegut com a tal? I podria ser un bon cirurgià? I un bon matemàtic? I un bon poeta? I un bon filòsof? I un bon polític? Justifica les teves respostes.

3 La força simbòlica del llenguatge

Una frase aparentment òbvia, "les vides dels negres importen", ha esdevingut el símbol del moviment antiracista. Però, precisament com a símbol, fa comparèixer molt més que la defensa dels drets civils dels ciutadans afroamericans. De fet, transcendeix les fronteres geogràfiques dels Estats Units i esdevé un símbol d'alliberament respecte de qualsevol injustícia i de qualsevol opressió. Així, per exemple, en les seves diverses compareixences davant de parlaments de diferents països al llarg del mes de març de 2022, el president ucraïnès Volodímir Zelenski, en plena invasió del seu país per part de les tropes russes, ha repetit diverses vegades i en anglès la frase següent: "Ukraine matters", Ucraïna importa.

Com a expert en comunicació, Zelenski sap perfectament que aquesta frase transmet de forma eficaç el reconeixement que Ucraïna és la víctima i Rússia és el botxí i que qualsevol partidari dels drets humans no pot fer altra cosa que estar al costat dels oprimits.

La mateixa càrrega simbòlica té l'expressió "me too", *jo també*, amb relació a les dones que han sofert abusos i els han silenciat fins ara per por o per vergonya. L'expressió esdevé símbol i el símbol fa comparèixer i encomana la resistència contra l'abjecció i la violència que pateixen els febles en mans dels forts.

Situacions: racisme, símbols, gènere, llenguatge, fenòmens socials.

3.1 Els signes. Senyals i símbols

El problema de la representació ens ha portat a distingir entre:

- significants i significats
- imatges i conceptes
- sentits i referents

Hi ha aquí, com es veu, una complexitat notable. La *paraula* humana és formada al mateix temps per *significant* i *significat*. És totes dues coses inseparablement: un suport material —el significant— que evoca una representació mental —el significat—, ja sigui un concepte o bé el sentit amb què al·ludim a un referent. Els costats material i mental són com les dues cares d'una mateixa moneda, i el llenguatge funciona quan no les distingim.

Quan distingim el significat del significant en l'anàlisi, aleshores ens cal una nova noció que expressi la seva unitat o la seva síntesi: la noció de signe.

Un **signe** és la remissió d'un significant a un significat. És qualsevol cosa que en representa una altra i estableix, així, el lligam entre un suport material (un dibuix, uns sons o el que sigui) i una representació mental.

De signes n'hi ha de dos tipus:

- Són **senyals** quan el lligam entre el significant i el significat és natural: aquí l'un condueix a l'altre perquè entre tots dos es pot establir una relació de causalitat. Això no vol dir que hi hagi, efectivament, una relació de causa i efecte. Per exemple: el fum és senyal de foc, però el fum no sempre és causat pel foc; un crit d'auxili és senyal de perill, però el crit que ens ha alarmat pot haver estat el d'un nen jugant. Per més que espontàniament el fum i el crit remetin, respectivament, al foc i al perill com a causes seves, tant el fum com el crit poden existir independentment de l'existència d'allò a què ens remeten per la força del costum.
- Són **símbols** quan el lligam és *convencional*, és a dir, quan ha estat establert per la comunitat que comparteix el mateix codi de comunicació. La paraula *taula*, per exemple, és un símbol d'allò que representa. El símbol, a diferència del senyal, ens desvincula del món-entorn, ens permet prendre'n distància, ens n'allibera. Un tipus especial de símbol és la **icona**, que pot tenir dos sentits:
  - És un símbol convencional, però no arbitrari, basat en una semblança o una analogia. Així, per exemple, la falç i el martell simbolitzen la classe treballadora; una cigarreta ratllada amb una franja vermella simbolitza que no es pot fumar.
  - Pot ser també un símbol que fa comparèixer allò a què remet, que dona accés a un àmbit de realitat que sense aquest romandria ocult. És el cas de les icones religioses, com les icones russes o la música de Bach.

3.2 La plasticitat del llenguatge humà

Sobre la base d'aquestes distincions, salta a la vista que el *llenguatge humà*, a diferència del llenguatge animal, és un *llenguatge simbòlic*. Ho és, perquè l'arbitrarietat del símbol —per contrast amb la naturalitat del senyal— possibilita una escletxa originària, un distanciament o una separació respecte al medi que constitueix la base de la creativitat i de la llibertat humanes.

Vegem, primer de tot, els diferents tipus de mots que hi ha:

- Al món hi ha coses, i a cada cosa li donem un **nom**.
- Les coses ens apareixen amb qualitats, posicions i quantitats diferents, i això ho diem amb el **adjectius**.
- Al món, a més, hi passen coses i hi fem coses, i per a dir això tenim els **verbs**.
- Les accions ens apareixen amb maneres diferents de produir-se, i això ho diuen els **adverbis**.
- Les coses entre elles i amb les accions estableixen relacions diverses, i per a dir això tenim les **preposicions**.
- Finalment, les coses passen alhora i no solament d'una en una, i per a expressar això tenim les **conjuncions**.

Potser el que acabem d'apuntar no és gaire precís, però no entrarem en els detalls tècnics gramaticals.

El que volíem dir és això: la nostra llengua està dotada d'un munt d'instruments per a expressar la realitat, però, a més —i això és el més important—, és flexible, plàstica, mòbil.

No solament pot expressar el que ja expressa, sinó que, quan ho necessita, és capaç de crear noves formes d'expressió. L'adjectiu *fort* dona el verb *enfortir* i el substantiu *fortalesa*; el nom d'un personatge de ficció passa a fer d'atribut per a dir d'algú que "està fet un Sherlock Holmes". Com veiem els exemples es podrien multiplicar a l'infinit.

La qüestió clau és aquesta: el llenguatge humà és capaç de dir moltes coses en un moment donat, però, al mateix temps, *és també capaç de crear formes noves d'expressió per a arribar a dir d'alguna manera el que no podíem dir fins ara*. Els nens petits, per a parlar dels seus estats d'ànim, tenen només tres paraules: *content*, *trist* i *enfadat*. Més endavant, la nostra capacitat de comunicació s'amplia considerablement quan, a més, podem estar eufòrics, melancòlics o colèrics.

En cert sentit, però, per més paraules que tinguem, som poc o molt com aquells nens.

No ens caldrà, per tant, ja sempre, provar d'ampliar la nostra capacitat d'expressió aprofitant la plasticitat del llenguatge?

Aquesta *ampliació de l'expressivitat humana* és la **cultura**. I el llenguatge és, així doncs, el seu fonament.

La història del nom LGTBI+ il·lustra bé la plasticitat i els límits del llenguatge. L'exemple no és banal, perquè per a aquests col·lectius la visibilitat és clau per al seu alliberament.

El moviment va ser fundat per gais i lesbianes, defensors també de la bisexualitat i (amb dubtes) de la transsexualitat. El nom va jugar, doncs, amb quatre lletres: LGTB. I, com que les dones són discriminades per partida doble (com a homosexuals i com a dones), la L va anar al davant.

Més endavant, les teories del gènere van sostenir que la identitat de gènere és independent del sexe biològic i que, de fet, entre masculí i femení hi ha una gamma infinita de possibilitats: intersexualitat, asexualitat, queer, etc. Per fer-les visibles, es van afegir al nom les lletres corresponents (amb un debat sobre l'ordre correcte): LGTBIAQ.

Tanmateix, com que la teoria del caràcter no binari del gènere inclou un nombre infinit de possibilitats, per més lletres que s'afegeixen hi ha sempre algú que queda fora (ho podeu veure en la fotografia). La solució ha consistit, aleshores, a afegir un "plus": LGTBI+.

En realitat, el problema no té una bona solució, perquè, si hi ha infinites possibilitats, no hi ha nom que les pugui encabir totes. El llenguatge fracassa en l'objectiu polític de fer-les visibles totes d'un sol cop.

Situacions: socialització, símbols, gènere, estereotips, llenguatge, indiferència, exhibició, alienació.

La distinció entre signe i símbol

"Senyals i símbols corresponen a dos universos diferents del discurs: un senyal és una part del món físic de l'ésser; un símbol és una part del món humà del sentit. Els senyals són 'operadors'; els símbols són 'designadors'."

ERNST CASSIRER (1874-1945), *Antropologia filosòfica*

8 Les obres d'art són ficcions, tot i que hi pot haver ficcions que no siguin obres d'art. Un simulador de vol és una ficció de la qual aprenem coneixements, malgrat no ser una obra d'art.

a Què creus que podem aprendre de les obres d'art que no puguem aprendre de les ficcions que no són obres d'art?

b Podem aprendre d'una obra d'art alguna cosa que no podríem aprendre de la vida real? Justifica la teva resposta i posa'n exemples.

9 Tria obres d'art en què s'expressin aquests estats emotius: tristesa, alegria, soledat, por, ràbia, inquietud, esperança, saviesa. Justifica els elements de l'obra als quals associes els estats emotius.

ACTIVITATS

1 Busca informació sobre dues teories diferents del signe. Explica en què consisteixen les diferències més significatives.

2 Busca la iconologia amb la qual habitualment es representen iconològicament les idees següents. Descriu breument el significat dels elements més rellevants:

a Voluntat b Justícia c Temprança d Sort
e Guerra f Mort g Filosofia h Estat
i Fe j Alegria

3.3 La força simbòlica del llenguatge: la cultura

No cal dir que la plasticitat del llenguatge que fa possible la **cultura** en el sentit que acabem d'apuntar, *com a ampliació de l'expressivitat de la vida*, és exclusiva del llenguatge humà. La paraula *símbol* es fa servir de vegades per a referir-se a aquesta capacitat del llenguatge d'ampliar-se i recrear-se a fi de dir més coses i de dir-les millor.

Els símbols, com hem vist, són arbitraris. Però, malgrat això, només a través d'aquests la cosa assenyalada compareix davant dels nostres ulls. Un nen petit que no coneix la paraula *angoixa* per a dir què li passa no podrà veure la seva angoixa, no podrà distanciar-se'n, comprendre-la, enfrontar-s'hi.

Un símbol és un signe que no es limita a etiquetar alguna cosa ja sabuda, sinó que constitueix precisament el mitjà a través del qual la cosa mateixa compareix en la nostra consciència com a tal.

Aquesta força simbòlica del llenguatge humà, que és la capacitat de treure a la llum àmbits sencers de realitat, és el que fa que l'ésser humà busqui sempre formes noves d'expressió per a fer més amplis el món i la vida.

El símbol constitueix, per tant, un instrument del subjecte per a apropiar-se de la realitat, aprofundir-hi i revelar-la.

La música com a llenguatge

És precisament per la seva capacitat de crear formes noves d'expressió que admirem els grans artistes. Considerem les formes superiors del llenguatge, com la música o la poesia: la música, per exemple, és un llenguatge no figuratiu, abstracte. Les frases musicals no parlen de coses del món. A què remeten, per exemple, els concerts de Brandenburg de Bach? Ens diuen coses, però, estrictament parlant, és del tot impossible dir-les amb paraules. Quan escoltem música, sentim que se'ns emporta i ens eleva. Però cap on? De què són signes els concerts de Bach?

En aquest cas, l'experiència a la qual ens porta la música no és una que primer tenim i després diem (com quan diem "tinc gana"), sinó que és la música mateixa la que crea aquesta experiència, que ens hi transporta, que ens la revela. Aquí el significant no es limita a assenyalar un significat ja vist, sinó que, literalment, el porta a la nostra presència, el fa comparèixer.

Una de les conclusions que podem treure és que l'*empobriment del llenguatge* comportarà, literalment, un *afebliment de la seva força simbòlica* i, conseqüentment, un *empobriment de la condició humana*. Cultivar el llenguatge, i especialment cultivar les formes expressives superiors com la música, les arts plàstiques o la poesia, és prendre cura de la pròpia humanitat. Aquest és el sentit profund de "cultura", i aquest és el sentit més noble en què es pot dir d'una persona que és "culta".

4.1 Llenguatge i metallenguatge

Fa una bona estona que parlem del llenguatge fent ús del llenguatge. Habitualment, en l'actitud natural, vivim *dins* del llenguatge, hi estem tan submergits, que potser no hi pensem i, tanmateix, representa un paper essencial en la configuració de la nostra concepció de la realitat.

Quan hi pensem, es transforma en *objecte* de la nostra interrogació. D'aquesta manera, el llenguatge esdevé *tema* d'estudi; en prenem distància i el podem investigar.

En el cas del llenguatge, però, a diferència del que passa amb altres temes, per més que ens en vulguem separar a fi d'observar-lo millor, no ens en podem desvincular del tot, perquè és inevitable expressar el que veiem i estudiar-ho fent ús del llenguatge mateix. I, tanmateix, la relació amb el llenguatge canvia, perquè és com si es desdoblés: tenim, al mateix temps, el llenguatge com a objecte d'estudi i el llenguatge com a instrument amb què estudiem aquest objecte.

Per a distingir aquests dos nivells, en filosofia introduïm una noció nova: com que la investigació sobre el llenguatge utilitza el llenguatge i s'expressa amb el llenguatge, aquest llenguatge a través del qual investiguem es diu **metallenguatge**. Al seu torn, el llenguatge tematitzat, sobre el qual investiguem, es diu **llenguatge objecte**.

Quan un professor de matemàtiques ensenya en català, les matemàtiques són el llenguatge objecte i el català és el metallenguatge: el català es dona per sabut per a poder seguir la classe de matemàtiques. En el nostre cas, la cosa es complica, perquè el llenguatge objecte i el metallenguatge són el mateix, i aquí la investigació resulta ser un exercici de reflexió en el sentit més fort de l'expressió.

Quan, a través del llenguatge investigador —el metallenguatge—, estudiem el llenguatge objecte —el llenguatge a seques—, el primer que veiem és la possibilitat de fixar *regles* i *regularitats* en l'ús del llenguatge objecte.

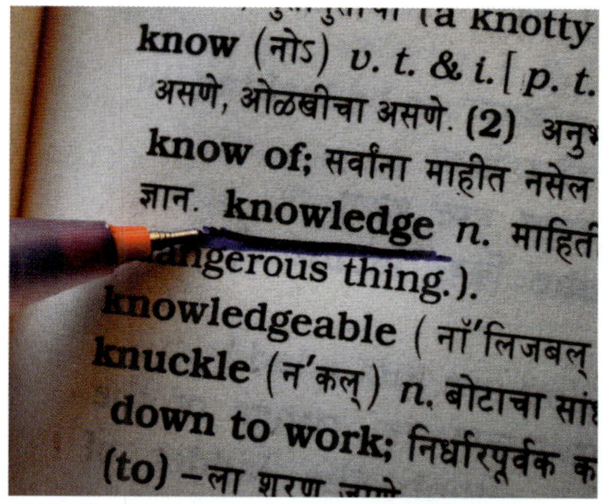

En els diccionaris, els termes definits pertanyen al llenguatge objecte de consideració i les definicions, al metallenguatge.

1 Podem estudiar el llenguatge sense fer servir el llenguatge? Podem, en general, investigar qualsevol cosa sense fer servir el llenguatge?

LA PARADOXA DEL MENTIDER

La noció metallenguatge va ser utilitzada per Alfred Tarski per a proposar una solució a la "paradoxa del mentider", que ens feia desembocar en contradiccions per autoreferència. Analitzem l'oració:

Aquesta oració és falsa.

Tenim dues possibilitats: que l'oració sigui falsa o que l'oració sigui vertadera. Si l'oració és vertadera, és automàticament fals el seu contingut. Aquesta distinció entre el "contingut" de l'oració i el que seria la veritat en si només pot ser salvada a través de la noció de metallenguatge. En cas de ser falsa, l'oració passaria a ser vertadera, incorrent en una contradicció entre el fet d'emetre la frase i el seu contingut. Per tant, per a solucionar-ho, hauríem d'afegir això:

X diu: "Aquesta oració és falsa."

"X diu..." suposa un metallenguatge sobre el contingut de l'oració, i pot ser que X menteixi o que digui la veritat...

La noció de metallenguatge ens indica que el llenguatge és una realitat sempre situada en un context i que difícilment pot ser estudiat sense tenir-lo en compte, per bé que aquest context també pot ser expressat, al seu torn, lingüísticament.

En llenguatge natural, aquesta escala s'anomena "escala de cargol". Només el llenguatge matemàtic podria dir-nos si el nom és (des del punt de vista matemàtic) prou precís. Si el dibuix fos en realitat diferent del d'una closca de cargol, creus que això faria que el nom "escala de cargol" fos dolent? En altres paraules: el que busca el llenguatge natural en aquest cas és el mateix que buscaria el llenguatge formal? En termes generals: els llenguatges naturals i els formals tenen les mateixes intencions?

4.2 El llenguatge natural

Aquestes regles i regularitats poden ser aïllades dels continguts concrets dels llenguatges objecte estudiats i esdevenir temes d'estudi per si mateixes.

Així, per exemple, si estudiem qualsevol llengua humana, de seguida trobarem estructures sintàctiques que ens defineixen què vol dir "parlar bé" en aquesta llengua.

Un exemple d'això pel que fa al català són les regles de la concordança nominal entre el substantiu, l'article i els adjectius que l'acompanyen ("El blanca gos" violaria aquesta regla) o de la concordança verbal entre el verb i el subjecte d'una oració ("Jo canten molt bé" violaria aquesta regla).

Quan aquestes regles i regularitats són *trobades* en el llenguatge objecte estudiat, diem que aquest llenguatge objecte és un **llenguatge natural**. L'acció de trobar, aïllar i classificar les regles i les regularitats dels llenguatges naturals es diu **formalitzar**.

4.3 Els llenguatges formals

Però l'acció humana d'estudiar el llenguatge no solament pot basar-se en la formulació d'estructures ja trobades en llenguatges naturals, sinó que també en pot crear de nous.

Aquests llenguatges nous, creats a partir de la institució de regles de construcció, es diuen **llenguatges formals**.

En els llenguatges formals, les regles no són trobades, sinó que són creades a través d'actes de parla, que ja hem estudiat anteriorment.

Un exemple de llenguatges formals són els llenguatges de programació informàtica, en els quals, a través d'ordres i declaracions, instituïm codis sencers totalment regulats.

No cal dir que la possibilitat de crear, partint de zero, una nova sintaxi i una nova semàntica forma part de la plasticitat del llenguatge i constitueix una de les claus de la possibilitat mateixa del coneixement científic.

La **lògica** i la **ciència** són, en efecte, exemples de llenguatges altament formalitzats.

Els nostres llenguatges naturals —el que anomenem "llengües", que són llenguatges amb unes estructures i unes regularitats trobades— són plens d'ambigüitats. Aquestes ambigüitats poden tenir fins i tot la seva utilitat en la vida de cada dia, en les relacions socials, per exemple. Però quan es tracta de la recerca de la veritat, han de ser polides a través de processos de formalització a fi de guanyar precisió en el que volem deixar establert en cada cas.

De moment, ens centrarem en la lògica, ja que aquesta disciplina està estretament vinculada a les regles del llenguatge.

2 Quins d'aquests enunciats fan servir un llenguatge natural i quins no? Justifica la teva resposta.

a $2 + 2 = 4$

b El nen juga al jardí.

c $C_nH_{(2n+1)}OH$

d $p \wedge q \rightarrow r$

e Das Kind spielt im Garten.

f 

4.4 Lògica informal i lògica formal

Una de les coses principals que fem quan utilitzem el llenguatge és **raonar** o **argumentar**. La lògica és la ciència que analitza l'estructura dels raonaments i els arguments i assenyala les condicions de la seva validesa:

- Quan la lògica analitza l'estructura dels raonaments i els arguments expressats en llenguatges naturals, s'anomena **lògica informal**, també coneguda com a **pragmàtica lògica**.
- Quan la lògica analitza l'estructura dels raonaments i els arguments expressats en llenguatges formalitzats, s'anomena **lògica formal**.

La lògica formal és una ciència formal, tal com la matemàtica. La lògica informal, en canvi, està més vinculada a les ciències de la comunicació, perquè el seu interès principal té a veure amb el raonament en contextos pràctics d'ús quotidià humà. Algunes disciplines, com la política, el comerç i el periodisme, hi tenen un interès especial, però val a dir que tots la necessitem en la vida quotidiana, en la qual ens trobem sovint en situacions que ens demanen raonar i argumentar les nostres opinions.

4.5 La lògica formal

La lògica formal estudia l'estructura dels raonaments vàlids prescindint absolutament dels continguts als quals aquests raonaments fan al·lusió. La lògica formal treballa, així doncs, directament amb *símbols*. Per tant, en un sentit específic, la lògica formal és sempre una **lògica simbòlica**. Fixem-nos en quin sentit específic la lògica formal és simbòlica a través de l'exemple següent:

Tots els homes són mortals Sòcrates és home	Tots els peixos són mamífers L'elefant és un peix
Sòcrates és mortal	L'elefant és mamífer

Si tenim en consideració el *contingut* de les oracions, és evident que el primer argument és correcte i el segon no. Tanmateix, si ens hi fixem bé, ens adonarem que des del punt de vista de l'estructura, des del punt de vista formal, en realitat es tracta exactament del mateix argument. El podem formalitzar així:

Tot A és B
C és A
———
C és B

Això és el que fa precisament la lògica formal: *prescindeix del contingut i es basa només en l'estudi de les estructures de les argumentacions.* Notem que l'argument és formalment impecable: en els dos primers arguments considerats, l'argumentació era igual de correcta en tots dos casos. Si el segon no és fiable —i no ho és encara que la conclusió sigui certa!—, no és perquè sigui formalment incorrecte, sinó perquè parteix de dues afirmacions falses.

LA CORRELACIÓ NO ÉS CAUSALITAT

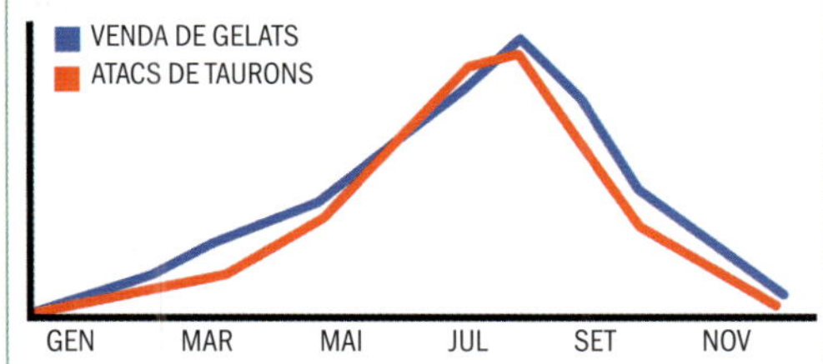

Tant les vendes de gelats com els atacs de taurons augmenten quan fa calor i sol. Ara bé, un fet no causa l'altre, sinó que estan causats pel bon temps: quan molta gent va a la platja, menja gelat i es banya al mar.

La lògica formal serveix per a detectar fal·làcies. Una d'habitual és la confusió entre correlació (el fet que dos esdeveniments coincideixen de forma habitual en el temps) i causació (el fet que un esdeveniment és la causa d'un altre). El gràfic mostra que, si els confonguéssim, establiríem (erròniament) una relació de causa i efecte entre el consum de gelats i els atacs de taurons.

En la vida social i política, aquesta mena de fal·làcies és usada habitualment de forma demagògica. Per exemple, quan s'afirma que hi ha una relació de causa-efecte entre la immigració i la delinqüència o entre la immigració i l'atur. Sovint no hi ha ni tan sols correlació, però, quan n'hi ha, no falten els qui afirmen que la causa de la delinqüència és la immigració, quan, en realitat, és la marginació i la pobresa.

Simone Weil (1909-1943) diu en algun lloc que la veritat és una de les necessitats de l'ànima per a totes les persones i arriba a proposar que qui faltés a la veritat podent no fer-ho (és a dir, no només qui mentís, sinó també qui afirmés amb bona fe una cosa que no és certa tenint els mitjans per contrastar-la) hauria de ser jutjat davant d'un tribunal. Què penseu que passaria si la idea fos portada a la pràctica?

Situacions: responsabilitat cívica, alienació, estereotips, violència, indiferència, deshumanització, coneixement, postveritat, fake news.

3 Digues dos avantatges que tenen els llenguatges formals respecte dels llenguatges naturals i dos avantatges que tenen els llenguatges naturals respecte dels formals.

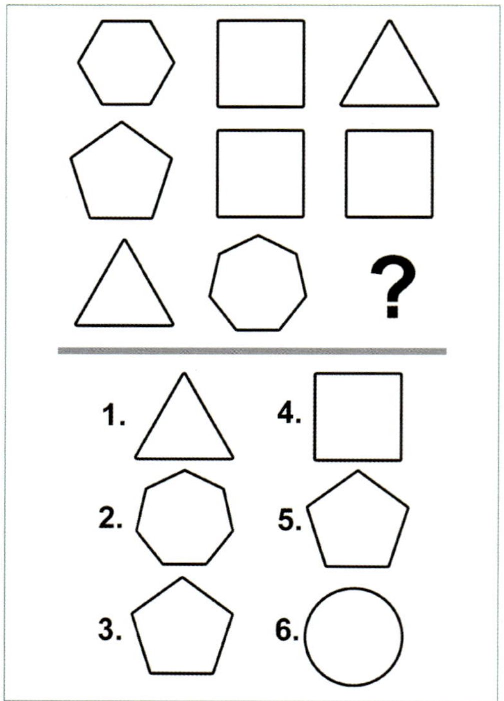

També podem inferir coses a partir de les regularitats que observem en la realitat. Aquest exercici tret d'un test ens convida a inferir quina de les sis figures ha d'anar en el lloc de l'interrogant.

4 Raona quins dels arguments següents són lògicament vertaders i quins són falsos:

a Tots els andalusos són espanyols.
Alguns espanyols són gallecs.
Per tant, alguns gallecs són andalusos.

b Tots els cavalls tenen ossos.
Rocinante és un cavall.
Per tant, Rocinante té ossos.

c Els animals són mortals.
Els homes són animals.
Els homes són mortals.

d La realitat és un engany.
Un engany és mentida.
La realitat és mentida.

e Aquest curs, cada dilluns hi ha classe de filosofia.
Avui és dilluns
Avui hi ha classe de filosofia.

f Sòcrates era italià.
Tots els italians són propietaris d'una góndola.
Sòcrates era propietari d'una góndola.

4.6 La noció d'inferència

En l'argument anterior, les proposicions A i B s'anomenen **premisses** de l'argument. La proposició C és la **conclusió**. Un argument és vàlid quan la veritat de la proposició C (la conclusió) es deriva de la relació lògica entre les dues proposicions anteriors. Aquesta derivació es diu **inferència**.

Considerem novament els dos exemples que hem posat. Si els considerem des del punt de vista del seu significat, haurem d'admetre que les conclusions de tots dos arguments són vertaderes: és veritat que Sòcrates és mortal, és veritat que l'elefant és mamífer. Ara bé, això no ens diu res de la validesa de l'argument, que no rau en la veritat de la conclusió (hi podem haver arribat per casualitat), sinó en la seva estructura.

D'altra banda, en el primer cas tenim premisses que també són vertaderes i en el segon, premisses que són falses. Ens diu això alguna cosa de la fiabilitat de l'argument? Certament, no. En tots dos casos, la conclusió s'infereix correctament de les premisses, perquè, com hem dit, els dos arguments tenen la mateixa estructura; són el mateix argument. Què és, doncs, l'argument?

Un **argument** és la inferència d'una proposició, anomenada conclusió, a partir d'una sèrie de proposicions, anomenades premisses, d'acord amb certes regles formals.

Aquesta estructura comuna als diferents tipus d'arguments, expressada simbòlicament, és l'objecte d'estudi de la lògica formal.

El segon argument resulta també interessant pel motiu següent: l'argument és correcte, i la conclusió vertadera i, tanmateix, si aquest argument fos tot el que tinguéssim per a jutjar la veritat de la conclusió, no seria en absolut concloent. Perquè una conclusió sigui fiable, no n'hi ha prou que l'argument sigui correcte, sinó que les premisses també han de ser vertaderes. Si alguna premissa és falsa o si l'argument és incorrecte, la conclusió no serà pas de fiar. El que sí podem dir, en aquest cas, és que la conclusió s'infereix correctament de les premisses. El que la fa suspecta és el caràcter sospitós de les premisses.

ACTIVITATS

1 Busca la definició de *paradoxa*.

2 Busca tres paradoxes clàssiques de la història de la lògica. Explica algunes propostes que s'han fet per a la seva resolució.

3 Elabora dos sil·logismes: el primer ha de tenir estructura formal vertadera malgrat que la conclusió sigui una proposició de contingut fals. El segon ha de tenir una estructura formalment falsa malgrat que la conclusió sigui una proposició de contingut vertader.

5.1 El pensament. Anades i vingudes del fet a la idea

Tot l'esforç que hem fet per a aclarir la naturalesa del llenguatge ens fa estar en condicions de formular aquestes preguntes: Quin paper té el llenguatge en el pensament? Pensament i llenguatge, són la mateixa cosa? Podem pensar sense paraules, o els límits del pensament són els límits del llenguatge?

Pensar és una activitat cognitiva: una activitat que ens proporciona coneixement. Es tracta d'una activitat que n'inclou altres, com afirmar, negar, dubtar, conjecturar, decidir, jutjar, intuir, sospesar, abstraure, fer inferències i moltes més. Més que definir-la, podem descriure "el seu moviment" si ens limitem a assenyalar que *consisteix a creuar constantment la frontera entre dos àmbits diferents: el de la realitat viscuda i el de les representacions mentals; és a dir, el dels fets i el de les idees*.

El coneixement no és la simple topada amb els fets i tampoc no és el simple joc amb les idees. Podem dir que el que busca el coneixement és *el fet il·luminat per la idea o la idea encarnada en el fet*. Aquest és, en efecte, *l'esperit de les ciències: entendre el particular sota la llum de l'universal*, per exemple, la caiguda d'*aquest* bolígraf sobre la taula com a cas particular de la llei de la gravitació universal.

Quin paper representa en això el llenguatge?

5.2 Dues teories extremes

En la història del pensament, les respostes a aquesta qüestió oscil·len entre dues posicions extremes. Ja que pensar és captar l'universal, o disposem d'una facultat que ens permet accedir a l'universal o no en disposem.

- Els autors que entenen que tenim un accés intuïtiu als conceptes universals consideren que el llenguatge és ja sempre una degradació del pensament, perquè els signes estan irremeiablement lligats al particular i, per tant, només imperfectament ens porten l'universal. El pensament és, per tant, metalingüístic, i el llenguatge l'expressa de forma imperfecta.
- En canvi, els autors que neguen l'existència d'una facultat com aquesta i diuen que l'única font de coneixement són els sentits (que és sempre de coses particulars), sostenen que el que anomenem "universals" són només els noms amb què etiquetem impressions sensibles semblants. La doctrina que entén així els noms, no com a universals, sinó com a meres etiquetes, es coneix amb el nom de **nominalisme**. Ara bé, si el coneixement científic ho és de l'universal, i l'universal no existeix fora del nom amb què etiquetem les coses, és evident que no hi pot haver coneixement científic més enllà dels noms. Els límits del pensament són, per tant, els límits del llenguatge.

Si diem "ésser humà", certament estem dient el que són tots i cadascun d'aquests nens. Però si volguéssim conèixer un d'aquests nens en particular, en tindríem prou amb un concepte general? Quan pensem, ens barallem al mateix temps amb nocions generals i casos particulars. El pensament balla amb dues parelles al mateix temps o, si es vol, és el lloc d'encontre de la parella universal-particular.

D'altra banda, quina conclusió trauria sobre l'aspecte dels humans un extraterrestre que només ens conegués per aquesta fotografia? Som tots els humans iguals? En quin sentit sí i en quin sentit no?

Situacions: educació, socialització, racisme, llenguatge, coneixement.

1 Comenta aquesta expressió: "El nom no fa la cosa."
- Estaria d'acord, un nominalista, amb aquesta proposició?

LLENGUATGE I ESCEPTICISME

A quina realitat correspon la paraula *groc*? A això que tu i jo tenim al davant. Però com puc saber que tu i jo estem veiem el que tenim davant de la mateixa manera? En realitat no ho puc saber! El groc no és res objectiu, sinó una impressió subjectiva; però fins i tot suposant que el groc sigui una realitat objectiva, en tot cas la paraula *groc* no em permet dir-te el que estic veient quan la pronuncio; si ens entenem, és perquè per convenció acordem anomenar així el que tu i jo tenim al davant ara. Segons el sofista Gòrgies (segle v aC), això passa no solament amb els colors, sinó amb totes les coses. Gòrgies formula el seu escepticisme amb aquesta sentència: "No hi ha ésser; si n'hi hagués, no podria ser conegut, i si fos conegut, no podria ser comunicat mitjançant el llenguatge."

Aquestes tres imatges mostren tres objectes diferents als quals escau la paraula *casa*. Observa que entre tots tres hi ha unes diferències enormes i que, tanmateix, tots tres poden ser compresos sota el nom de *casa*. Potser el tercer (*La casa dansant*, Praga) no és una casa, sinó un bloc de pisos al mateix temps que una obra d'art. Però això només vol dir que podem precisar el que volem dir amb noves paraules. El llenguatge ens permet, si en fem un bon ús, comprendre cada cop amb més precisió el que estem veient o considerant.

2 Creus que un coneixement purament intuïtiu, sense paraules, podria ser comunicat? Seria coneixement, si no pogués ser comunicat?

5.3 No sense llenguatge

Així doncs, hi ha dues possibilitats extremes:

- Que el pensament sigui independent del llenguatge.
- Que el pensament sigui idèntic al llenguatge.

La investigació feta al llarg de la unitat ens permet contestar amb coneixement de causa totes dues posicions: *no és cert que el pensament sigui independent del llenguatge, però tampoc que sigui el mateix que el llenguatge.* Vegem, primer, per què no és independent.

El llenguatge com a mediació entre el particular i l'universal

Mostrar-ho és ben senzill. Acabem de caracteritzar el moviment del pensament com un vaivé entre el particular i l'universal: el llenguatge ocupa precisament el lloc intermedi en què aquestes anades i vingudes són possibles.

El llenguatge lliga aquests dos pols, i la seva plasticitat és precisament la propietat que fa possible el joc del pensament per a cobrir un cop i un altre, i de maneres diverses, l'amplada que separa allò donat de la seva intel·ligibilitat (del seu concepte, si es vol).

Els dos moments del pensament: l'anàlisi i la síntesi

Quan posem nom a les coses, les reconeixem i les fem objecte d'atenció: les separem per a comprendre-les, en un segon moment, amb relació a les altres coses anomenades. El moment de la separació és l'**anàlisi**, i el de la comprensió, la **síntesi**. Pensar és aquestes pujades i baixades de separació en l'anàlisi i la reconsideració del conjunt en la síntesi. De manera que, com que són les paraules les que permeten realitzar aquestes anades i tornades i comprendre el particular sota la llum de l'universal, podem concloure que sense llenguatge no hi hauria pensament.

Grup → / ↓ Període	1	2	3	4	5	6	7	8	9	10	11	12	13	14	15	16	17	18
1	1 H																	2 He
2	3 Li	4 Be											5 B	6 C	7 N	8 O	9 F	10 Ne
3	11 Na	12 Mg											13 Al	14 Si	15 P	16 S	17 Cl	18 Ar
4	19 K	20 Ca	21 Sc	22 Ti	23 V	24 Cr	25 Mn	26 Fe	27 Co	28 Ni	29 Cu	30 Zn	31 Ga	32 Ge	33 As	34 Se	35 Br	36 Kr
5	37 Rb	38 Sr	39 Y	40 Zr	41 Nb	42 Mo	43 Tc	44 Ru	45 Rh	46 Pd	47 Ag	48 Cd	49 In	50 Sn	51 Sb	52 Te	53 I	54 Xe
6	55 Cs	56 Ba		72 Hf	73 Ta	74 W	75 Re	76 Os	77 Ir	78 Pt	79 Au	80 Hg	81 Tl	82 Pb	83 Bi	84 Po	85 At	86 Rn
7	87 Fr	88 Ra		104 Rf	105 Db	106 Sg	107 Bh	108 Hs	109 Mt	110 Ds	111 Rg	112 Cn	113 Uut	114 Fl	115 Uup	116 Lv	117 Uus	118 Uuo

Lantànids	57 La	58 Ce	59 Pr	60 Nd	61 Pm	62 Sm	63 Eu	64 Gd	65 Tb	66 Dy	67 Ho	68 Er	69 Tm	70 Yb	71 Lu
Actínids	89 Ac	90 Th	91 Pa	92 U	93 Np	94 Pu	95 Am	96 Cm	97 Bk	98 Cf	99 Es	100 Fm	101 Md	102 No	103 Lr

Pensar ens porta sempre a dividir el que estem considerant en tants elements simples com sigui possible (anàlisi), amb la intenció de comprendre el problema examinat en tota la seva complexitat a través de la seva recomposició a partir dels elements ja aïllats (síntesi). Per això, la taula periòdica dels elements, juntament amb les lleis de les seves combinacions possibles, pot servir de metàfora d'allò que tenim ja sempre entre mans quan pensem.

5.4 No sense llenguatge, però tampoc només llenguatge

Posar noms, però, no és pas crear una cosa, sinó solament és reconèixer-la. Com podríem posar nom a una cosa si aquesta cosa no fos ja, d'alguna manera, accessible abans de tenir nom?

Considerem el cas de la melangia. En el flux d'emocions que forma la meva vida afectiva, jo, de petit, potser ja m'havia sentit melangiós abans de conèixer la paraula per a dir aquest sentiment. Certament, quan no tenia la paraula, no podia reconèixer la melangia com a tal. Quan provava de dir el que em passava, deia que estava trist i, encara que això no era veritat, era, sens dubte, la millor aproximació a la veritat que jo podia expressar en aquell moment.

La reflexió sobre la vida afectiva fa que sigui conscient que allò que de petits anomenàvem "estar tristos" conté en realitat una gamma de sentiments diferents que queden mal expressats amb una sola paraula. La plasticitat del llenguatge humà permet crear noves paraules per a ampliar la meva comprensió del món. La paraula *melangia* etimològicament deriva d'una paraula grega, MELANÉ, que significa "negre": la persona melangiosa, tancada sobre ella mateixa, desprèn —ja s'entén que és una metàfora— com una llum negra. La creació de noves paraules juga amb les paraules de què ja disposem.

El llenguatge no crea la realitat, però la reordena

El que interessava establir és que la paraula nova no crea una nova realitat, sinó que reordena la realitat a la qual ja teníem accés abans de disposar de les paraules que inventem per a reordenar-la.

La melangia és un sentiment, una experiència. Queda clar que no podríem pensar en la nostra vida emotiva si la nostra vida emotiva no fos ja alguna cosa en què poguéssim pensar, present per a nosaltres, abans de tenir les paraules per a pensar-la. *El pensament necessita el llenguatge, però no és tot ell llenguatge:* allò que orienta el nostre ús del llenguatge i que fa eficaç el pensament és precisament l'accessibilitat prèvia d'allò que se'ns dona a pensar. Certament, aquesta accessibilitat pot arribar confusa. Pensar consisteix precisament a provar d'aclarir allò que, de primer, se'ns presenta de forma poc clara; però no hi hauria res a pensar si, confusa i tot, la cosa no estigués ja donada d'alguna manera abans de tenir-la formulada amb paraules.

L'exemple sobre el qual hem pensat és un sentiment, una experiència sensible. I les idees? També són accessibles abans de formular-les amb paraules? Posem la idea de justícia, no *aquest* o *aquell* acte suposadament just, sinó la justícia mateixa. Com hi tenim accés? Tenim també un accés a les idees abstractes anterior a les paraules que proposem per a definir-les? Sens dubte, aquesta qüestió constitueix un dels problemes centrals de la teoria del coneixement, però el considerarem quan arribem a les unitats 9 i 10.

Tenim un altre indici que el pensament no és tot ell llenguatge. Què volem dir quan diem que Xavi, o Modric, o Verratti o Pedri són jugadors de futbol "intel·ligents"? Sens dubte, saben què han de fer en cada moment del joc. En mil·lèsimes de segon prenen decisions encertades, entenen les situacions del joc, interpreten bé les jugades. Certament, aquí no es tracta de ciència, sinó d'un cert tipus d'intel·ligència pràctica (el que alguns anomenem "intel·ligència cinètica"). No hi ha, doncs, en el joc intel·ligent, pensament no discursiu, pensament que no s'expressa amb paraules?

3 És tot el coneixement humà només un joc de llenguatge? Justifica la teva resposta.

4 Podríem tenir un accés a la realitat sense llenguatge? Justifica la teva resposta.

5 Què ens passa quan creiem que entenem una cosa, però no la sabem explicar? Què prova, aquest fet?

La capacitat del llenguatge per a pensar l'inactual és el que fa que puguem considerar la nostra vida com un tot, no solament fent present el passat o el futur en la memòria o les expectatives, sinó anant fins i tot més enllà del present i més enllà del passat. Si podem pensar sobre la mort, i si la mort mateixa constitueix l'horitzó de totes les nostres decisions, és gràcies al poder del llenguatge per a pensar la temporalitat com si ens poguéssim situar més enllà del temps mateix. Que els humans prenem cura dels nostres morts, per exemple enterrant-los, és una de les manifestacions d'aquesta dimensió metafísica oberta pel llenguatge.

Situacions: símbols, llenguatge, deshumanització.

6 Creus que hi ha un tipus de coneixement que no passa per la ment conscient? En quin tipus d'activitats es revela aquest coneixement?

7 Estàs tocant un instrument musical. Quan no hi penses, els teus dits executen correctament, i sense mirar, els acords que vols produir. Però en el moment en el qual algú et pregunta per l'acord o per la posició correcta dels dits, hi penses, et despistes i falles.

- Quin fenomen ens revela, aquest fet habitual?

8 Posa tres exemples de coses que sabem fer correctament només quan no hi pensem i tres exemples de coses que només podem fer correctament quan hi pensem.

9 Podríem saber que ens hem de morir encara que mai no haguéssim vist morir ningú?

10 Saben, els animals, que s'han de morir? Quina diferència hi ha entre el possible coneixement humà de la seva mort i el coneixement humà de la finitud?

11 Explica dos avantatges i dos inconvenients de tenir consciència del temps.

5.5 La paraula al bell mig del pensament

Podem recollir sintèticament bona part del que hem dit en el quadre següent:

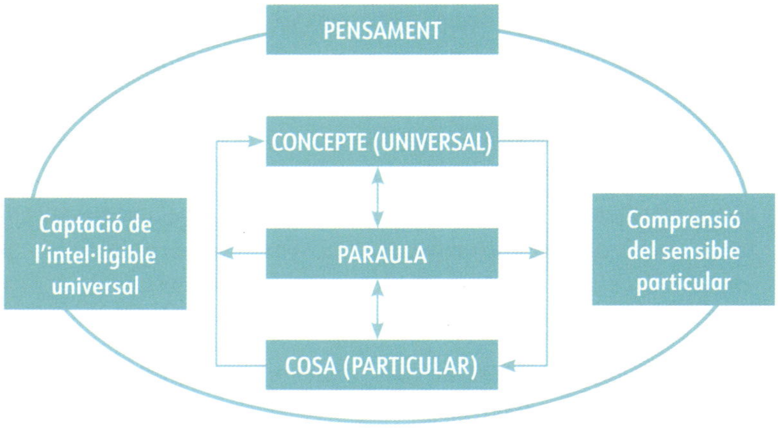

En el moviment de vaivé del particular a l'universal i de l'universal al particular, el llenguatge és l'instrument de la mediació. Però la mediació mateixa suposa l'existència metalingüística d'allò particular, d'una banda, i d'allò universal, de l'altra.

Certament, podem negar que l'universal existeixi com existeixen les coses particulars, tal com fa el nominalisme. En darrer terme, no podem resoldre el problema del llenguatge si no resolem al mateix temps el problema de la realitat i el problema del coneixement, entre d'altres.

5.6 El llenguatge i el temps

La funció simbòlica té el poder de considerar la realitat temporal en la qual ens trobem submergits des d'un pla superior: el de la intemporalitat. No solament podem dir coses, sinó que, a més, podem dir les relacions que hi ha entre les coses. La comprensió d'aquestes relacions en virtut del llenguatge ens permet preveure el que encara està per passar (temps futur), ja sigui establint que:

- Un determinat fet tindrà lloc en determinades circumstàncies (temps condicional).
- Un fet pot tenir lloc ateses les presents circumstàncies (possibilitat).
- Un fet tindrà lloc, gairebé segur, ateses les presents circumstàncies (probabilitat) o de la manera que sigui.

El llenguatge, així doncs, té el poder d'evocar totes les modalitats de l'inactual: el possible, el probable, el condicional, el passat, el futur. És així com tenim sentit de la transcendència (mite, ciència, art, religió) i de la llibertat (història, política, filosofia): el llenguatge ens apareix un cop més com a fonament de la cultura i, doncs, de la humanitat.

5.7 La multiplicació de les llengües

Hem parlat del llenguatge fent ús del llenguatge. En realitat, n'hem parlat fent ús d'una llengua en particular: el català. La cosa és inevitable: podríem haver fet servir una altra llengua, però no podríem no haver fet ús d'una llengua o altra en particular.

Cada llengua és, en efecte, una concreció possible de la capacitat simbòlica del llenguatge. Són totes iguals? Es poden dir les mateixes coses amb qualsevol llengua?

En veritat, cada llengua ofereix tot sovint perspectives del món intraduïbles a les altres llengües. Com caldria traduir "seny" o "rauxa" en castellà o en anglès? I "un be negre amb potes rosses"?

Posem un exemple més interessant. Només les llengües d'arrel indoeuropea tenen la còpula *és*. Les altres no poden dir, per exemple, "el prat és verd", sinó que diuen "el prat verdeja". La simple absència de la còpula determina una concepció del món, perquè la còpula permet veure el prat i el verd com a entitats separades i, en canvi, l'absència de còpula ens duu a concebre el verd com el resultat d'una "acció" del prat indestriable del prat mateix.

El llenguatge no crea la realitat, però la realitat no se'ns mostra bé si no és aclarida pel llenguatge. El llenguatge és un intermediari entre nosaltres i la realitat. Si provem de "pescar" la realitat, de copsar-la, el llenguatge s'assembla a la canya de pescar: com la canya, és artificial, però, també com la canya, que sigui artificial no vol dir que sigui arbitrari. És cert que la canya no s'assembla al peix, però no qualsevol cosa serviria per a pescar peixos. L'habilitat de dir la realitat, com l'habilitat de pescar, demana la intervenció d'artificis que, malgrat ser artificis, són adequats per a complir la funció per a la qual es creen.

5.8 La filosofia com a esforç d'aclariment

Parlar llengües diferents no equival, aleshores, a viure en mons diferents?

El relativisme lingüístic diu que les llengües no són més que productes històrics i cap no és millor que cap altra; però cadascuna, en virtut de les seves possibilitats expressives particulars, expressa una realitat diferent de les altres. Viure en comunitats lingüístiques diferents equival a viure en mons diferents, sense que hi hagi una llengua comuna que pugui elevar aquests punts de vista diversos a una sola visió objectiva i universal del món.

Sense haver d'identificar-nos amb aquest extrem, la pluralitat de llengües i de maneres de dir dins d'una mateixa llengua fa que, segons com, tinguem la impressió d'una certa confusió babèlica. Alguns homes de ciència de la modernitat europea van suggerir que el llenguatge universal capaç d'expressar d'una manera objectiva i universal la veritat del món són les matemàtiques.

No resoldrem ara aquest dilema. Acabem notant simplement el següent: vivim submergits en un mar de llengües, exposats tothora a ofegar-nos en la confusió babèlica. Perquè volem sortir a la superfície i nedar lliurement, la filosofia té com una de les seves tasques principals preguntar pel significat precís de les paraules i dedicar bona part del seu temps a fer una anàlisi del llenguatge.

És el que estem fent al llarg del nostre trajecte. Pel que fa al llenguatge, potser ja hem parlat prou d'aquesta paraula. Preguntem-nos ara què cal entendre per "realitat".

12 Explica què creus que vol dir que una llengua és una manera de veure el món.

- És incompatible aquesta definició del llenguatge amb aquella que diu que el llenguatge és un instrument de comunicació? Justifica la teva resposta.

ACTIVITATS

1. Busca informació sobre el nominalisme i el realisme com a teories del llenguatge. Explica problemes derivats dels excessos d'ambdues posicions. Explica una concepció sobre el llenguatge que estigui entremig de les dues posicions.
2. Busca informació sobre aquests tres tipus de coneixement: "saber de (coses)", "saber com (fer-ho)", "saber per què (passa)" i posa dos exemples de cada un.
3. Busca informació sobre la teoria de les intel·ligències múltiples de Howard Gardner.
   - Quines d'aquestes intel·ligències estan més basades en el "saber de", quines en el "saber com" i quines en el "saber per què"? O potser en tots els casos es podrien donar els tres tipus de sabers?

Recapitulació

Quan escrivim amb una màquina d'escriure o amb el teclat d'un ordinador, el temps que requereix el tecleig amb els dits ens fa prendre consciència del fet que posar per escrit el que volem dir demana un joc de mediacions. A partir d'aquesta clau per a interpretar la foto, digues: per què creus que encapçala aquesta unitat?

PARAULES CLAU

acte de parla, argument, conclusió, context, enunciat performatiu, inferència, llenguatge formal, llenguatge natural, llenguatge objecte, lògica, lògica formal, lògica informal, metallenguatge, nominalisme, objecte, senyal, significant, significat, símbol, síntesi, universal

En començar l'estudi del llenguatge, ens fèiem les preguntes següents, que provem de respondre tot seguit:

- **Què és exactament el llenguatge?** El llenguatge humà és la facultat de comunicar els pensaments en virtut d'un sistema de signes convencionals (o símbols). No es limita a expressar en paraules el que ja sabem, sinó que els símbols mateixos són instruments d'apropiació i d'aprofundiment de la realitat. Allò propi dels símbols és la seva mobilitat, la seva plasticitat.
- **Si les paraules serveixen per a dir la realitat, com és que no sempre la diuen bé?** Això passa perquè hi ha la possibilitat (a) de mentir o (b) d'equivocar-se. (a) Precisament perquè els símbols són convencionals, en la distància respecte de la realitat que possibiliten, el subjecte que parla pot manipular la convenció per fer creure als altres el que no és amb determinades finalitats. (b) Precisament perquè els símbols són instruments creats per a copsar la realitat, i no pas la realitat mateixa ni senyals dotats d'un lligam natural amb la realitat, la seva eficàcia no sempre està garantida, ja que en podem fer un mal ús inadvertidament.
- **Les paraules serveixen només per a dir la realitat?** Les paraules no solament diuen coses, sinó que fan coses. Creen institucions i persuadeixen.
- **Tot el que podem pensar, ho podem expressar amb paraules?** La resposta a aquesta pregunta depèn de la nostra concepció de la realitat i del coneixement. Si reconeixem alguna facultat humana capaç d'accedir a l'universal sense la mediació del llenguatge, la resposta és no; si no reconeixem aquesta facultat, la resposta és sí, pel simple fet que en aquest cas les fronteres del pensament seran les fronteres del llenguatge.
- **Poden les paraules, que no són les coses, comunicar realment les coses que pretenen expressar?** La resposta també dependrà de la nostra posició amb relació a la realitat i el coneixement. Amb tot, la confiança que hem fet en el llenguatge per a parlar del llenguatge ens força a manifestar com a qüestió de principi la nostra confiança en aquesta capacitat. El problema dels escèptics, que la neguen, seria justificar per què tracten de persuadir-nos amb paraules.
- **Com és que les paraules poden expressar les coses?** Aquesta pregunta l'hem contestada només parcialment. Hem descrit els elements i les funcions del llenguatge i n'hem reconegut l'eficàcia. La resposta definitiva haurà de venir, un cop més, de la teoria de la realitat i del coneixement que fem nostra.
- **És el pensament tot ell llenguatge?** Això sí que ho hem pogut respondre ja. Certament, sense llenguatge no hi ha pensament, però el pensament no és tot ell llenguatge.

EN 8 IMATGES

EMPARELLAMENTS Aquestes fotografies no estan col·locades en cap ordre en especial, però es poden endreçar per parelles segons diferents criteris.

IDENTIFICA cada parella que compleixi cada un d'aquests criteris:

- **a** N'hi ha dues que ens conviden a pensar la relació entre l'universal i el concret i, també, la relació entre els conceptes i les imatges.
- **b** N'hi ha dues que remeten a les dificultats que suposa el fet que no hi hagi una sola llengua comuna a tots els homes i dones.
- **c** N'hi ha dues que ens fan contemplar la possibilitat de l'existència d'un llenguatge més enllà de les paraules.
- **d** N'hi ha dues que ens recorden que les paraules no serveixen només per a comunicar-se.

JUSTIFICA la teva resposta i explica què volen dir els enunciats de cada un dels criteris.

Dossier d'activitats

EL LLENGUATGE I LA COMUNICACIÓ. Com hem vist al llarg de la unitat, el llenguatge s'obre a una multitud de possibles malentesos. Molts d'aquests malentesos tenen a veure amb ambigüitats lèxiques o sintàctiques. Les primeres fan referència a significats diferents de les paraules; les segones, a l'estructura de la frase o a la diferent funció gramatical que la paraula realitza en la frase, en funció del context. Per exemple, en la frase "Treu el gat del cotxe", la paraula *gat* pot referir-se tant a un animal com a una eina. En ambdós casos, la paraula fa la mateixa funció gramatical: l'ambigüitat és lèxica. En la frase "Vaig llegir la crítica d'en Joan", la frase canvia de sentit en funció que "en Joan" sigui el crític o el criticat.

1 Descriu les ambigüitats lingüístiques que pots trobar en les frases següents. Indica si són lèxiques o sintàctiques:

a Vam fer festa durant tres dies.
b El president va entrar en una església protestant.
c La Maria es va trobar el net del regidor que té un restaurant al barri.
d En Pep ignora la seva actitud.
e Van quedar per trobar-se al banc.
f Va veure un home amb una ullera de llarga vista.
g Que ja han tornat els nois de Girona?
h Portava una cosa escrita a la mà.

Ara, descriu dues situacions de la teva vida en les quals un malentès lingüístic t'ha causat a algun problema.

RETÒRICA I PERSUASIÓ. REGLES I EINES DE L'ARGUMENTACIÓ. L'argumentació adequada en un debat o en una conversa ha de complir una sèrie de regles:

a **Principi cooperatiu:** La vostra contribució a la conversa ha d'estar d'acord amb el propòsit i la direcció de l'intercanvi d'arguments en el qual us trobeu i la fase (inicial, intermèdia o final) en què us trobeu. Això implica guardar certa relació de continuïtat amb les argumentacions anteriors i posteriors a la vostra.

b **Màxima de la quantitat:** Feu que la vostra intervenció sigui tan informativa com calgui: cal evitar que ho sigui més o menys del que és estrictament necessari.

c **Màxima de la qualitat:** No digueu allò que cregueu que és fals. No digueu allò que no podeu demostrar amb proves adequades.

d **Categoria de relació:** Sigueu rellevants en les vostres intervencions.

e **Categoria de mode:** Eviteu ser obscurs quan us expresseu. Eviteu ser ambigus. Sigueu concisos. Procediu amb ordre.

2 Busca exemples audiovisuals (en debats, intervencions televisives, etc.) en els quals es violen algunes de les cinc regles de l'argumentació. Comenta'ls i justifica'ls davant de la classe.

Tanmateix, l'argumentació fa ús d'una sèrie d'eines que en faciliten el desenvolupament. Les més habituals consisteixen en l'ús de tipus de termes:

a **Termes asseguradors.** Reforcen la creença en la veracitat de les afirmacions i pretenen evitar que l'interlocutor demani raons:
- Estudis científics recents han demostrat que...
- Fonts ben informades asseguren que...
- Tothom admetrà que...
- És de sentit comú que...

b **Termes protectors.** Rebaixen la força de la seguretat en l'afirmació, serveixen per a proposar alguna cosa i rebaixar la força possible d'una contraargumentació:
- Probablement...
- La majoria de tals són...
- Segurament tothom admetrà que...

c **Termes esbiaixats.** Connoten negativament una determinació d'allò que vol ser proposat. No té el mateix efecte dir d'algú que és "nord-americà" que afirmar que és "ianqui". Els estereotips, els prejudicis, etc. entren en aquesta categoria de termes.

3 Fes una taula en la qual indiquis avantatges i inconvenients, o possibles punts forts i punts febles, en la utilització dels tres tipus de termes com a eines argumentatives.

L'ÚS DE LES FAL·LÀCIES. Entenem per **fal·làcia** un argument que acostuma a presentar-se com a aparentment plausible, però que conté un error. Si la fal·làcia s'utilitza tenint consciència de la seva falsedat, s'anomena **sofisma**. Si es fa de manera involuntària, s'anomena **paralogisme**. El cert és que l'ús de fal·làcies és molt estès en l'argumentació més quotidiana.

Les fal·làcies poden ser tant informals com formals, segons corresponguin a la lògica formal o a la lògica informal (punt 4.4). En l'argumentació són força més habituals les fal·làcies informals. Vegem alguns dels tipus més clàssics de fal·làcies:

a) ***Ad hominem*** (contra l'home). Consisteix a desviar l'atenció de l'argument per a dirigir-la sobre la persona o sobre alguna qualitat personal del subjecte que l'està defensant. Per exemple: "El revitalitzador de cabells del doctor Johnson no pot funcionar, ja que ell és calb"; "Les seves concepcions de la política queden automàticament deslegitimades, ja que vostè és ric."

b) ***Tu quoque*** (tu també). Consisteix a tornar un altre *ad hominem* contra el primer que ens han imputat. En el cas del segon exemple anterior: "Utilitzes aquest argument perquè tu ets pobre i ets un ressentit."

c) ***Ad baculum*** (del bastó). Consisteix a utilitzar alguna cosa que és una amenaça proferida per l'emissor com si fos un argument reforçant d'una tesi. Per exemple: "Si s'implanta una política de col·lectivització de la propietat, aleshores tindrem un bloqueig internacional a la lliure circulació dels nostres productes" (observa que el bloqueig és, en tot cas, una amenaça, i no pas una conseqüència directa de l'aplicació d'aquesta política).

d) ***Ad verecundiam.*** Consisteix en el clàssic argument d'autoritat, que vol convèncer en virtut del prestigi de la seva font: "Això ho defensa el doctor Smith, una autoritat mundialment reconeguda"; "Si vuit premis Nobel han defensat aquesta posició, ha de ser vertadera."

e) ***Ad populum.*** És l'argument de l'apel·lació als sentiments, a les emocions. Abunda en la retòrica "populista", que apel·la més als sentiments que no pas als raonaments: "No digui a tota la gent humil que es guanya el pa amb honradesa que no s'hi pot fer res"; "Les persones ben nascudes mai no admetran el que vostè està dient."

f) ***Ad ignorantiam.*** És l'argument segons el qual, d'una cosa que no sabem, en pretenem deduir una veritat segura: "Ningú no ha demostrat que Déu existeixi; per tant, no existeix"; "Ningú no ha demostrat que Déu no existeixi; per tant, existeix."

g) **Pregunta complexa.** Aquesta fal·làcia es dona quan una interrogació admet com a cert allò que és objecte de debat. Per exemple, si en un judici el fiscal fa la pregunta "Va deixar de colpejar la víctima quan va veure que sagnava?", dona per segur el fet que va colpejar la víctima, que és el que es vol demostrar.

h) ***Consensum gentium.*** És similar a l'argument *ad verecundiam*, però la font de legitimació no consisteix en el prestigi, sinó en el consens popular del que una posició sembla gaudir: "L'arròs ha de ser bo, ja que milions de xinesos en mengen"; "A la vida cal casar-se, ja que és el que fa la gent normal."

4 **Busca un exemple concret de les fal·làcies exposades en la política i en la publicitat. Justifica la teva tria.**

5 **Busca quatre tipus de fal·làcies més, explica-les als companys i posa un exemple de cadascuna.**

6 **Indica a quin tipus de fal·làcia corresponen les argumentacions següents:**

Argument	Tipus de fal·làcia
a L'anomenada conjectura de Goldbach, que diu que tot nombre parell és la suma de dos nombres primers, no ha estat encara demostrada. Aquesta conjectura no és, per tant, una conjectura científica.	
b El senyor alcalde afirma que la prohibició d'aparcar al centre de la ciutat no perjudicarà el comerç. El senyor alcalde és un expert en comerç?	
c La construcció de la presa hidràulica necessitarà molta mà d'obra, senyor alcalde. Deu estar d'acord amb mi que és un projecte útil i necessari. És que potser els quatre mil aturats d'aquesta vall no tenen dipositades les seves esperances en la persona a qui voten?	
d El senyor Pérez manté que la sal dissol la neu, però això deu ser fals perquè el senyor Pérez és poc acurat en les seves afirmacions.	
e Els ecologistes afirmen que l'abocament nuclear al mar és una acció d'un risc elevat per a la humanitat; tanmateix, no s'ha d'estar tan preocupat per això, ja que els ecologistes tenen idees massa pessimistes sobre el futur.	
f Aquesta lliçó l'has de saber per a demà, perquè no saps quants cops l'hauràs de copiar si no ho fas.	
g La comunitat de propietaris no s'ha pronunciat sobre la pujada de les despeses comunitàries. Per tant, és fals el rumor que s'apujaran el mes vinent.	
h Ningú no ha pogut demostrar que les antenes de telefonia mòbil siguin perilloses per a la salut. És, per tant, una calúmnia atribuir els casos de leucèmia d'alguns nens del col·legi del barri a aquesta tecnologia.	

LA LÒGICA FORMAL. La lògica formal, com hem vist, es dedica a l'estudi de les estructures argumentatives, sense tenir en compte el contingut material de les seves proposicions. La lògica que es dedica a formalitzar les proposicions com a unitats mínimes d'anàlisi es diu lògica proposicional. Segons aquesta lògica, cada proposició pot ser expressada a través del símbol d'una lletra. Una proposició que no es deixa descompondre en unitats més petites és una proposició atòmica; si en una proposició hi podem distingir altres proposicions, s'anomenen proposicions moleculars. Els símbols que fem servir per a combinar proposicions atòmiques s'anomenen connectives. "En Joan ve a dinar" és una proposició atòmica; "En Joan ve a dinar i et porta un pastís" és una proposició molecular, que resulta de la combinació de dues proposicions atòmiques: "En Joan ve a dinar" i "En Joan porta un pastís", mitjançant la connectiva *i* (conjunció).

Així, relativament amb pocs elements podem representar simbòlicament tota una sèrie d'estructures lògiques argumentatives:

Proposicions atòmiques: Se simbolitzen amb lletres a partir de la *p*: *p, q, r...*

Connectives: $\wedge \neg \vee \rightarrow \leftrightarrow$

$\neg$ = no (negació)

$\wedge$ = i (conjunció)

$\vee$ = o (disjunció)

$\rightarrow$ = Si ... aleshores ... (condicional)

$\leftrightarrow$ = ... si i només si ... (bicondicional)

Una taula de veritat és un procediment pel qual calculem les possibilitats que tenen les proposicions de la lògica proposicional de ser vertaderes o falses.

Donada una proposició atòmica, la seva negació modifica els seus valors de veritat capgirant-los:

p	¬ p
V	F
F	V

Donada una proposició molecular, formada de dues proposicions atòmiques, les combinacions possibles de veritat o falsedat entre ambdues són les següents:

p	q
V	V
V	F
F	V
F	F

Una conjunció és vertadera només quan les dues proposicions ho són:

p	q	p∧q
V	V	V
V	F	F
F	V	F
F	F	F

Una disjunció és falsa només quan les dues proposicions ho són:

p	q	p ∨ q
V	V	V
V	F	V
F	V	V
F	F	F

Cal tenir en compte que aquesta taula respon a la possibilitat que les dues opcions de la disjunció es donin simultàniament, és a dir, que no s'excloguin. Per exemple, jo puc enunciar: "O vinc a dinar o et porto un pastís"; però és obvi que puc fer ambdues coses. En aquest cas, parlem de disjunció inclusiva. Però hi ha també la possibilitat que els termes de la disjunció s'excloguin entre si: ser viu o mort, ser al planeta Terra o al planeta Mart. En aquest cas, la fórmula és vertadera quan una de les proposicions i només una és vertadera:

p	q	(p ∨ q) ∧ ¬ (p ∧ q)
V	V	F
V	F	V
F	V	V
F	F	F

Un condicional estableix que, quan es compleix una condició determinada, per força segueix una determinada proposició. L'únic cas en què un condicional serà fals és, per tant, aquell en què, si es compleix la condició, no es compleix la conseqüència:

p	q	p → q
V	V	V
V	F	F
F	V	V
F	F	V

Cal tenir en compte que el condicional només ens indica el que succeiria si l'antecedent fos vertader. En el cas que l'antecedent fos fals, no podria donar-se cap conseqüència lògica de la seva estructura i, per tant, la proposició resultant seria vertadera.

El bicondicional demana que les dues proposicions tinguin el mateix valor de veritat:

p	q	p ↔ q
V	V	V
V	F	F
F	V	F
F	F	V

A partir d'aquestes estructures, podem distingir tres tipus de proposicions:

a **Tautologies.** Són aquelles proposicions moleculars les taules de veritat de les quals donen com a resultat tots els valors vertaders. El valor de veritat d'aquestes proposicions moleculars no depèn dels valors de les proposicions que les formen, sinó de la forma com s'estableixen les relacions sintàctiques d'unes proposicions i les altres. Per exemple:

$$[(p \wedge q) \rightarrow p]$$

p	q	p ∧ q	(p ∧ q) → p
V	V	V	V
V	F	F	V
F	V	F	V
F	F	F	V

b Contradiccions. Són aquelles proposicions moleculars les taules de veritat de les quals donen com a resultat tots els valors falsos. Observem el cas següent:

$$[(p \rightarrow q) \wedge (p \wedge \neg q)]$$

p	q	¬ q	p → q	p ∧ ¬ q	(p → q) ∧ (p ∧ ¬ q)
V	V	F	V	F	F
V	F	V	F	V	F
F	V	F	V	F	F
F	F	V	V	F	F

c Indeterminacions. Són aquelles proposicions moleculars les taules de veritat de les quals donen com a resultat valors tant falsos com vertaders. Per exemple:

$$[(p \rightarrow q) \wedge q] \rightarrow p)]$$

p	q	p → q	(p → q) ∧ q	[(p → q) ∧ q] → p
V	V	V	V	V
V	F	F	F	V
F	V	V	V	F
F	F	V	F	V

7 Tradueix els arguments següents al llenguatge de la lògica proposicional:

a Si no hi ha control de naixements, llavors la població creix il·limitadament. Però si la població creix il·limitadament, augmentarà l'índex de pobresa. Per tant, si no hi ha control de naixements, augmentarà l'índex de pobresa.

b Si el candidat a la presidència del govern ofereix un bon programa, tindrà la majoria absoluta al Parlament. Però no obté la majoria. Així doncs, el candidat esmentat no ofereix un bon programa de govern.

c Si els mitjans de comunicació col·laboren en el manteniment de la democràcia i les llibertats ciutadanes, llavors és que no donen suport a les dictadures. De manera que, si donen suport a les dictadures, és que no col·laboren en el manteniment de la democràcia i les llibertats ciutadanes.

d O hem de filosofar o no hem de fer-ho. Si ho hem de fer, llavors hem de fer-ho. Si no ho hem de fer, llavors també hem de fer-ho (per a explicar per què no hem de fer-ho). Per tant, en qualsevol cas hem de filosofar.

e Una de dues: o anem a Mallorca o anem a Donosti. Si anem a Mallorca, renunciarem a dos dies de vacances. Si anem a Donosti, haurem de dormir a l'autobús. De manera que haurem de renunciar a dos dies de vacances o dormir a l'autobús.

8 Fes les taules de veritat de les proposicions següents:

a $\neg [p \rightarrow (\neg q \vee r)] \rightarrow [q \rightarrow (\neg p \vee r)]$

b $(\neg p \rightarrow \neg \neg \neg q) \rightarrow [(p \vee \neg q) \rightarrow (p \vee \neg \neg \neg q)]$

EL LLENGUATGE SIMBÒLIC. Què distingeix el llenguatge humà del llenguatge animal?

9 Llegeix el text i respon les preguntes següents:

"En les societats d'insectes cada individu està lligat per la seva estructura a la funció que compleix. En tot cas, aquestes societats recolzen sobre l'instint, i, per tant, sobre certes accions i fabricacions lligades a la forma dels òrgans. Si, doncs, les formigues, per exemple, tenen un llenguatge, els signes que componen aquest llenguatge han de ser d'un cert nombre ben determinat, i cadascun ha de romandre invariablement relacionat amb un cert objecte o amb una certa operació. El signe és adherent a la cosa significada. Per contra, en una societat humana, la fabricació i l'acció tenen formes variables, i, a més, cada individu ha d'aprendre el seu rol, i no hi està predestinat per la seva estructura. Cal, doncs, un llenguatge que permeti, a cada instant, passar d'allò que un sap a allò que un ignora. Aquesta tendència del signe a passar d'un objecte a un altre és característica del llenguatge humà. *El signe instintiu és un signe adherent; el signe intel·ligent és un signe mòbil.*"

HENRI BERGSON (1859-1941), *L'evolució creadora*

- Què significa, segons el text, "signe adherent"? Per què Bergson l'anomena així?

Busca l'etimologia d'una paraula (per exemple, *escola*) i observa com en varia el sentit al llarg del temps. Posa-la d'exemple per a explicar el significat de l'expressió "signe mòbil".

Racisme, drets humans, símbols

Colin Rand Kaepernick (Milwaukee, Wisconsin, 3 de novembre de 1987) és un jugador professional de futbol americà. L'any 2016 es va fer cèlebre per haver-se agenollat durant la interpretació de l'himne nacional en un partit oficial de la lliga, en protesta per la violència contra la població negra. El gest de Kaepernick va desfermar una forta polèmica perquè molts dels seus compatriotes entenien que suposava una falta de respecte per l'himne del país i, doncs, pel conjunt del poble nord-americà.

Arran de la seva campanya, Kaepernick va ser boicotejat per la indústria de l'esport i va haver de renunciar a la seva carrera esportiva. Molts esportistes d'elit segueixen encara avui el seu exemple.

PROBLEMA PER PENSAR

És aquest un gest valent per una causa noble o una manera d'afeblir la causa que defensa perquè ofèn la sensibilitat de molts que hi podrien simpatitzar?

QÜESTIONS SUBORDINADES

1

Quina és la història de Colin Kaepernick?

2

Quins són els orígens del racisme als Estats Units? I aquí, a Catalunya, tenim el nostre propi racisme? És racisme, classisme o totes dues coses?

3

Què són i quina importància tenen els símbols per a la vida social?

4

És legítim reivindicar una causa justa amb mitjans que poden ser ofensius? Què podríem dir des de posicions ètiques diferents?

5

El poder de la indústria –dels diners– sobre els seus empleats, quins límits hauria de tenir? És lícit boicotejar algú per les seves idees? I si les idees són homòfobes, racistes i masclistes?

Unitats en què trobareu reflexions pertinents o relacionades amb aquesta situació:

1 · 2 · 7 · 8 · 9 · 11

PER ANAR MÉS A FONS

El que s'amaga darrere el racisme

Quin és l'origen del racisme? Té alguna relació amb el classisme? I amb la xenofòbia? És un problema que afecti només els blancs respecte els que no són blancs? Quins racismes reconeixem al nostre entorn? Com es pot prevenir o combatre? Són útils els gestos simbòlics?

Aquestes i moltes altres preguntes poden acompanyar una reflexió sobre el respecte i el tracte de l'altre com a igual, amb independència de la seva condició.

Proposta de recerca

1. Quin és l'origen dels diferents racismes que coneixem?
2. Són el mateix els racismes respecte dels negres, els gitanos, els magrebins, els orientals, els sud-americans, etc.?
3. La nostra societat és racista? Respecte de quins col·lectius? Per quines causes? Econòmiques? Polítiques? Ideològiques? De quines ideologies?
4. Per què tots els immigrants acostumen a sentir que les societats de recepció són tancades? Com caldria defensar una societat oberta i respectuosa?

La realitat I: el món

3

El llenguatge obre la realitat en dues riberes, de les quals és el pont: a una banda, quedem nosaltres, els animals dotats de llenguatge simbòlic; a l'altra –i, per tant, a una certa distància–, queda el món-entorn davant nostre. De fet, la distància és condició de la visibilitat. Un objecte posat directament sobre l'ull no es pot veure. Aquesta separació ens permet sorprendre'ns del nostre món i preguntar-nos què és la realitat.

D'entrada, la realitat se'ns presenta amb una estructura dual: hi ha les coses i la ment que les pensa. Com cal pensar la relació entre totes dues? Provar de pensar l'estructura de la realitat és el que fa la metafísica, coneguda també amb els noms de filosofia primera i ontologia.

Lluny de ser indiferent, la concepció de la realitat que defensem tindrà conseqüències decisives. Així, per exemple, les cultures animistes (que entenen que totes les forces naturals es comporten de forma imprevisible i capritxosa) no podrien haver desenvolupat mai la ciència física matemàtica: la ciència depèn d'una decisió prèvia que suposa una opció per una o altra concepció metafísica.

Per a veure quina és la naturalesa i l'abast de la metafísica, cal considerar els aspectes següents:

- Per què és pertinent la pregunta per la realitat.
- La possibilitat de formular aquesta pregunta en uns termes respectuosos amb tota la seva complexitat.
- Les maneres diverses com la realitat ha estat concebuda al llarg de la història del pensament.

La pluralitat de respostes ens farà considerar la possibilitat, ja en la unitat 4, que sigui impossible determinar que cap d'aquestes sigui més vertadera que una altra, de manera que la metafísica mateixa apareixerà com a problema.

Lluny de tancar la qüestió, el seu caràcter problemàtic obrirà la reflexió a tres noves qüestions, que examinarem en les unitats restants: la llibertat, el coneixement i la transcendència.

1 Aparença i realitat

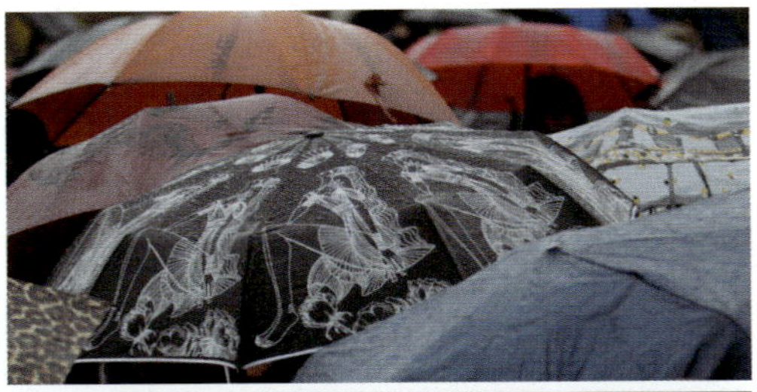

Si, a la distància, veig l'escena de la primera fotografia a la plaça de davant de casa meva, sens dubte tindré raó si dic que a la plaça hi ha molta gent. Però és de debò que veig la gent? De les coses, en veiem les seves "cares", i de vegades hi ha "cares" que no s'assemblen a les coses de les quals són "cares".

Mirem, posem per cas, la segona imatge. La "cara" que ens presenta aquesta parella és la de ser una parella en què les tasques domèstiques estan repartides. Però n'hem vist prou de "cares" per estar-ne segurs?

Més i tot: potser estan comprant en un supermercat que fa ostentació del fet que els seus productes són de proximitat i ecosostenibles. Però, ara que fer cara d'ecologista és beneficiós per al negoci, no és cert que el fet que l'establiment faci ostentació de sensibilitat ecològica no sempre mostra totes les cares de la veritat?

Tots aquests exemples il·lustren bé la diferència entre aparèixer i semblar.

Situacions: sostenibilitat, llenguatge, postveritat, coneixement, fake news, exhibició.

1 Observa atentament el quadre de Juan Gris i intenta identificar a quin objecte pertany cadascuna de les cares que hi veus.

- Què faltaria en el conjunt de les cares perquè s'assemblés a una representació "realista" de les figures?

1.1 Aparèixer i semblar

A Les "cares" de les coses que veiem

Observem una taula. Si algú ens pregunta què estem veient, direm que és una taula. Així és com responem normalment en actitud natural.

Ara bé, preguntem-nos de nou: què és exactament el que veiem? Veiem una *cara* de la taula: veiem la cara que la taula ens dona a veure segons la nostra posició en l'espai.

Podem desplaçar-nos al voltant de la taula i veure la cara que en la posició inicial la taula no ens oferia, però aleshores, automàticament, deixem de veure la cara que abans teníem davant dels ulls. Per més que ens hi esforcem, mai no aconseguirem veure *simultàniament* totes les cares que la taula podria oferir-nos.

I, tanmateix, no hem mentit ni ens hem pas equivocat quan hem dit que el que veiem és una taula.

Efectivament, no anem pas pel món dient que veiem "cares de coses"; veiem "coses", i així és com ho enregistra la nostra parla quotidiana. El que segurament ens resultaria estrany és que algú ens preguntés què veiem i responguéssim "la cara d'una taula".

Algú que s'encaparrés a mantenir que només veu les "cares" que les coses li ofereixen tindria una percepció de la realitat viscuda potser semblant a la d'aquells experiments artístics dels pintors cubistes, que intentaven precisament copsar la simultaneïtat de les cares d'un objecte en la superfície bidimensional del llenç.

El molinet de cafè (1920), de Juan Gris. Museu Reina Sofia

Mentre observem la imatge, "ara" mirem un cara grisa, "ara" una de beix, "ara" una de negra. Com veurem, les "cares" no són solament espacials, sinó també temporals.

B La realitat i les seves aparicions. La pregunta sobre l'aparença

El mateix que passa amb la taula, observem que passa també amb el que les coses són en general, és a dir, amb la realitat en general.

Si reflexionem sobre com se'ns dona la realitat, de seguida ens adonem del fet que la **realitat** només se'ns dona a través d'**aparicions**.

Aquestes aparicions són com les "cares" que la taula ens dona a veure. Així com considerem sense problemes la taula com una sola cosa, per bé que, de fet, el que en veiem és una pluralitat de cares, semblantment, encara que de manera habitual considerem la realitat com una sola cosa, la realitat mateixa se'ns dona sempre a través de determinades aparicions.

Distingim, així doncs, entre la taula i les seves cares, entre la realitat i les seves aparicions.

Atenent aquesta dualitat, en els orígens de la filosofia es van definir dos bàndols a l'hora de pensar la relació entre els dos pols:

- Els **partidaris de la unitat** afirmaven que la realitat no és la mera suma d'aparicions, sinó que, per bé que és accessible només a través de les seves aparicions, es troba més enllà d'aquestes. Per tant, les aparicions, o les cares de la taula, no són més que percepcions distorsionades de la realitat.
- Els **partidaris de la multiplicitat**, en canvi, sostenien que tot el que hi ha són les aparicions o les cares i, per tant, que la realitat no és res més que la suma justament d'aquestes aparicions o cares que es donen i que la unitat de totes és una mera il·lusió.

Què és en *veritat* la realitat?

És la realitat la mera suma de les seves aparicions, o és una unitat que es manifesta en la pluralitat de les seves aparicions, però que no es redueix a aquestes?

Aquest problema s'ha anat plantejant, amb variacions, al llarg de tota la història del pensament fins als nostres dies.

La pregunta sobre l'aparença i la realitat explica per què té sentit preguntar *què és en veritat la realitat*.

En efecte, les coses apareixen de formes diverses, però un cas especial és aquell en què les coses apareixen *com no són*. L'experiència ens ha mostrat que les coses *no* sempre *són el que semblen*.

En principi, com precisarem en el punt següent, l'aparició d'una cosa és la seva compareixença, la seva manifestació, però cal tenir en compte que hi ha també aparicions enganyoses, que ens donen una falsa aparença.

Ha estat precisament quan ens hem adonat que les coses no són sempre el que semblen que hem vist la necessitat, ja en actitud teòrica, de pensar la relació entre la realitat i la seva manifestació, ja sigui en forma d'aparicions o d'aparences.

The Desk. July 1st 1984, de David Hockney (1984)

Encara que, cada cop que la mirem, vegem una cara de la taula, veure la taula en la seva unitat no equival a veure totes les cares al mateix temps.

2 Què ens revelen aquestes imatges sobre els conceptes d'aparició i d'aparença?

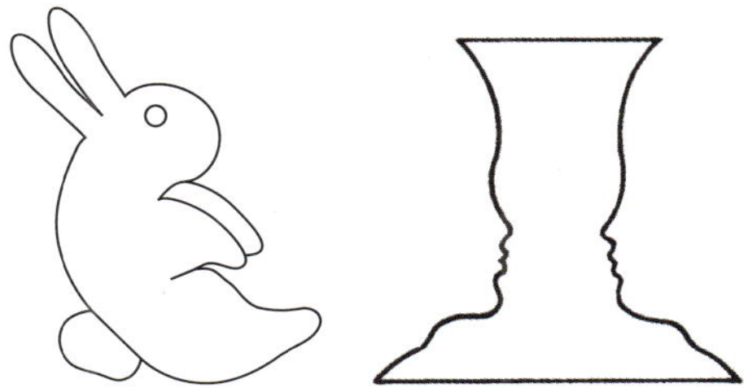

Si d'aquest gos tinguéssim només aquesta aparició, podríem afirmar sense cap ombra de dubte que no sap llegir? El temps, i l'experiència que es dona en el temps, és el que permet que les coses se'ns presentin amb múltiples cares i en captem no pas totes les cares de manera simultània, però sí una comprensió que és síntesi d'una pluralitat de vivències.

D'altra banda, si bé aquesta antropomorfització del gos és barroera, no deixa de ser una autèntica "cara" del gos. Què ens fa pensar aquesta imatge? Com és de gran la distància entre els gossos i els humans? I entre la resta d'animals i els humans? Els humans tenim deures respecte dels animals? I ells respecte nosaltres?

Situacions: ciència, coneixement, especisme, drets dels animals.

3 Intenta veure les dues imatges contingudes en cadascuna de les il·lustracions de la pàgina anterior *simultàniament*. És possible? Per què?

4 Per què creus que diem que els sentiments són "fenòmens no espacials"? Posa tres exemples de fenòmens espacials i tres de no espacials.

5 Pot un fenomen esdevenir només aparició? Pot esdevenir només aparença? Intenta descriure què passaria si aquests casos fossin possibles.

ELS GRECS I LA VERITAT: ALÉTHEIA

Els grecs, de la "veritat", en deien ALÉTHEIA, paraula formada per un prefix de negació (*A-*) i la paraula LETHOS, que vol dir "cobert o ocult". Una traducció literal podria dir que els grecs entenen el fenomen vertader com un *des-cobriment*, és a dir, com un treure allò que cobreix els fenòmens i revelar-los en la seva naturalesa pròpia. Aquest procés, que sempre té lloc en el temps, porta les coses a la llum. Per això, de l'home que comprèn bé la realitat, en diem que és lúcid, dotat de llum.

C El fenomen com a aparició i com a aparença. El paper del temps

El que hem anomenat fins ara "aparicions", en filosofia s'anomena també "fenòmens".

La paraula **fenomen** deriva del grec PHAINESTAI, derivat, al seu torn, de PHAOS, que vol dir "llum": PHAINESTAI és sortir a la llum, mostrar-se, manifestar-se, aparèixer. Un fenomen és, per tant, allò que surt a la llum, que es mostra, que es manifesta.

Seria, per cert, un error molt greu pensar que la realitat és alguna cosa que es troba "darrere" dels fenòmens i que els fenòmens són meres **aparences** de la realitat.

La realitat pot trobar-se "darrere" dels fenòmens *tant* com la taula pot estar "darrere" de les cares que se'ns apareixen, és a dir: *de cap de les maneres*.

Si la realitat o la taula des de tots els punts de vista alhora es trobessin "darrere" dels fenòmens, simplement podríem eliminar els fenòmens i posar la realitat mateixa "al davant": podríem convertir en fenòmens la realitat i la taula vistes des de tots els punts de vista alhora. Però ni la realitat ni la taula vistes d'un cop del tot *no* poden aparèixer mai com a fenòmens.

No obstant això, el que sí és cert és que a través del que apareix tenim un accés imperfecte a la realitat. Això és així perquè els fenòmens s'esdevenen en el *temps*: és perquè s'esdevenen *ara* i *després* (no *darrere* i *davant*) i perquè poden desvelar-se com a vertaders o com a falsos.

Si identifiquem un sentiment com a amor, i després ens adonem que no ho era, s'esdevé no un, sinó dos fenòmens: un que *era* una aparença i l'altre que *és* una aparició.

En veritat, quan se'ns ha mostrat per primer cop, el primer fenomen *era* una aparició; és només *després* que el veiem com una aparença, i el fet de veure'l com a aparença constitueix una nova aparició: la del sentiment vertader, que no és amor.

Per tant, *el fenomen és alhora aparició i aparença*: **aparició**, perquè constitueix la manifestació mateixa de la cosa, però també **aparença**, perquè la cosa ens mostra d'ella (almenys d'entrada) només una part.

El joc constant dels fenòmens entre aparicions i aparences ens permet, a partir de la memòria, aproximar-nos a allò real, de la mateixa manera que el nostre desplaçament al voltant de la taula ens permet fer-nos una idea molt més ajustada de com és la taula.

Notem, finalment, que amb els sentiments (que són fenòmens no espacials) passa el mateix: només a través del temps es poden desvelar com el que són en realitat, però mai no es poden donar per tancats o perfectament delimitats, i en la seva evolució en el temps, també ofereixen "cares" o aspectes diferents.

1.2 Els tres sentits de l'adjectiu "real"

A Primer sentit: real com a existent (realitat efectiva)

La realitat és, així doncs, una cosa que mai no se'ns pot presentar com a fenomen, però a la qual tenim accés només a través dels fenòmens.

Què ens poden revelar els fenòmens d'allò que designem amb l'adjectiu *real*?

Suposem que fem aquesta afirmació:

"Sherlock Holmes no és real." El que sostenim amb aquesta utilització de l'adjectiu *real* és que el nom propi *Sherlock Holmes* no fa referència a cap objecte existent en la realitat espaciotemporal: és una entitat de ficció.

En aquest primer sentit, *real* fa referència a un mode d'existència de les coses en l'espai i el temps físics. Designem aquest primer sentit amb el concepte de **realitat efectiva**.

Així, per exemple, Sherlock Holmes, que és en tot moment un fenomen (fuma en pipa i viu al número 221 B de Baker Street), no és un fenomen real en el sentit que no té realitat *efectiva*.

B Segon sentit: real com a possible (realitat possible)

Suposem que ara fem aquesta altra afirmació:

"No existeixen triangles de quatre costats." No ens referim simplement al fet que no hi ha cap triangle de quatre costats en el món espaciotemporal físic, sinó que *no podria mai existir* un objecte amb aquestes característiques en la realitat espaciotemporal.

Fixem-nos que el nom propi *Sherlock Holmes*, tot i no fer referència a cap objecte "real", fa referència a un objecte *possible*. Sherlock Holmes no existeix, però podria haver existit: la seva existència no suposaria cap contradicció amb les possibilitats del nostre pensament ni de l'estructura del món.

En canvi, un triangle de quatre costats suposa un tipus d'irrealitat molt més radical: suposa, no ja la mera inexistència, sinó *la impossibilitat* de representar-nos un objecte amb aquestes característiques. Però és *del tot* impossible?

En veritat, malgrat no tenir cap referent, l'expressió "triangle de quatre costats" té un cert sentit, ja que pot ser subjecte d'oracions vertaderes, com la que hem posat d'exemple: "el triangle de quatre costats no existeix", una oració que té significat ple.

Tot un amplíssim camp d'objectes inexistents però possibles i d'objectes impossibles per la realitat efectiva però enunciables lingüísticament (i a vegades representables per algunes formes de pensament) formen part d'un concepte molt més ampli de la realitat: el concepte de **realitat possible**.

Quin d'aquests tres homes és Sherlock Holmes? Quina és la relació entre aparicions i aparences en el cas de les coses fictícies?

6 Classifica les proposicions següents segons si la possibilitat de la seva veritat correspon al concepte de "realitat efectiva" o al de "realitat possible":

a Els éssers humans volen.

b El temps és reversible.

c La muntanya no té cap vall.

d Plou i no plou.

e Els solters són no casats.

f Tot el que existeix té un preu.

El concepte de realitat possible inclou tant les coses no existents que podrien existir (com Sherlock Holmes) com les coses l'existència de les quals és impossible, però que poden ser pensades d'alguna manera.

Encara que sembli impossible, és possible representar objectes impossibles.

7 Observa la figura del final de la pàgina:

a Té cap sentit preguntar-se quina és la pota esquerra i quina és la pota dreta de cada formiga que es desplaça sobre la cinta?

b En quin sentit és un espai "real" l'espai sobre el qual es desplacen les formigues? I en quin sentit no ho és?

C Dos nivells de realitat possible dels objectes impossibles

Dins el camp dels objectes impossibles, hem de distingir encara dos nivells.

Algunes expressions, com "triangle de quatre costats", anomenen, com hem vist, una cosa que no és representable pel pensament de cap manera, perquè conté una contradicció lògica: la seva realitat possible és molt feble, merament la d'un sentit.

Però hi ha alguns conceptes matemàtics, com $\sqrt{-1}$, o algunes figures geomètriques, com el triangle de Penrose, que, tot i ser objectes impossibles —no poden formar part de la realitat efectiva espaciotemporal—, són representables per a algunes formes de pensament abstracte.

Considerem per exemple el triangle de Penrose:

Aquesta figura geomètrica, és impossible de construir en un espai tridimensional, però, com es pot veure en el dibuix, es pot representar perfectament en dues dimensions.

D Tercer sentit: la realitat com a Tot

Finalment, "real" pot designar la suma de la realitat efectiva i de la realitat possible *com un sol àmbit unificat*, i amb això ens aproximem a la realitat considerada com el Tot.

La realitat és, doncs, el Tot en el qual hi ha inserides totes les coses incloent-hi el nostre pensament, i "real" passa a designar tota cosa que, pensada o existent en l'espai i el temps, forma part de l'ésser entès com a totalitat.

Podem anomenar aquest concepte de realitat la **realitat com a Tot**.

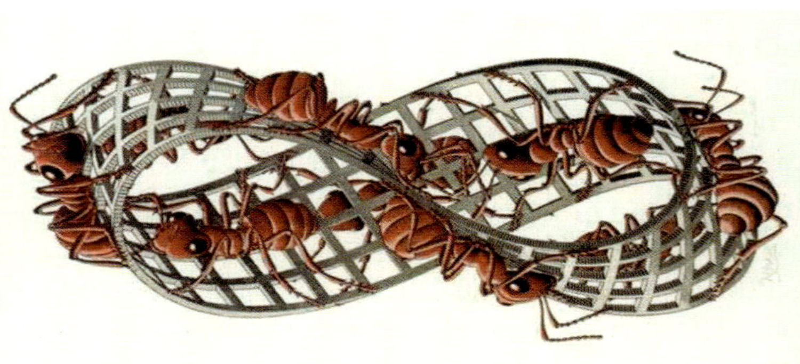

ACTIVITATS

1 Busca informació sobre l'etimologia de la paraula *realitat* i explica les variacions que ha tingut el significat de la paraula al llarg de la història.

Explica en quin sentit són reals les fades, els gnoms i els unicorns i en quin sentit no ho són.

2 Busca informació sobre els nombres imaginaris, descriu-los i explica el seu origen en la història de les matemàtiques.

a Per què creus que Leibniz els va definir com unes entitats "amfíbies" entre l'ésser i el no-res?

b Què et sembla més real, una fada o els nombres imaginaris?

2.1 L'ésser i el fenomen. El principi d'universalitat de l'ésser

Segons el tercer sentit de "realitat", podem identificar el "fenomen" simplement amb l'"ésser": no hi ha res que *sigui* alguna cosa i que no sigui manifestació, *fenomen* de l'existent (en la realitat espaciotemporal) o del possible (en el pensament).

Ja sabem que la realitat no està *darrere* els fenòmens, sinó que es va mostrant i desplegant perquè els fenòmens, al llarg de la seva donació temporal, hi apunten en cada moment. Podem establir, així doncs, la fórmula següent: ***tant ésser, tant aparèixer***.

En efecte, el concepte d'"el que és" i el concepte d'"el que apareix" tenen el mateix abast. Inclouen fins i tot el concepte d'"el que ha estat" sense que cap testimoni hagi pogut veure-ho en primera persona.

Per exemple: que el planeta Terra tingui 4.570 milions d'anys d'antiguitat i que fos efectivament real molt abans que cap consciència pensés la realitat efectiva no suprimeix el fet de la seva condició com a fenomen resultat del rendiment d'una activitat humana que anomenem "ciència" (o, més concretament, "astronomia").

La realitat es va descobrint i revelant en un joc en el qual aparicions noves substitueixen aparicions antigues, i el descobriment de l'existència de la realitat anterior a tota consciència és un descobriment que la consciència mateixa pot fer només a través del desplegament dels fenòmens, els quals, organitzats en àrees del saber humà, ens revelen nous aspectes de tota la realitat.

De fet, identificar *fenomen* amb *ésser* no solament és pertinent, sinó que fins i tot és necessari, si ens adonem del fet que la nostra manera de dir la realitat a través del llenguatge està organitzada al voltant del verb *ésser*.

Múltiples maneres de dir l'ésser

El verb *ésser* no es limita a ser un verb més en el sistema gramatical de les llengües occidentals, sinó que apunta exactament a aquesta estructura: no hi ha cap cosa de la realitat (en el tercer sentit) que no pugui ser enunciada a través del verb ésser.

L'abast de l'ésser és tan gran, que inclou fins i tot l'enunciació d'allò que no és: si dic "no existeixen triangles de quatre costats", estic subsumint el subjecte d'aquesta oració a l'ésser en el tercer sentit de la paraula *realitat*, perquè és una oració vertadera precisament des de la perspectiva d'aquest tercer sentit del concepte de realitat.

Per tant, l'**ésser es diu de totes les coses**, fins i tot, com acabem de dir, de les coses que no són, en tant que les pensem com no essent.

L'enunciat "l'ésser es diu de totes les coses" és el **principi d'universalitat de l'ésser**.

Això que veiem és un dels fenòmens que insinuen l'aranya que no veiem, però també la pluja que no veiem i, en realitat, fins i tot la càmera de fer fotos que no veiem. La manifestació o el fenomen ho és de les coses que són, els modes d'aparició de les quals són plurals. L'ésser compareix com a fenomen: del que no hi ha fenomen, no en podem dir que sigui res.

1 Defensa un argument sòlid, algú que digui que abans que no es tingués el concepte d'oxigen no podíem respirar? Raona la teva resposta.

2 Tenen, els altres, el mateix mode de ser que les coses espacials? Té el teu "jo" el mateix mode de ser que les coses espacials? Tenen els nombres el mateix mode de ser que les coses espacials? Intenta descriure aquestes diferències.

NOTA METODOLÒGICA: ELS TERMES TÈCNICS

Al llarg de la unitat estem donant a la noció de "fenomen" el sentit més àmpliament admès en l'actualitat. Tot i així, s'entén que després de més de dos mil anys d'història de la filosofia no tots els autors hagin fet servir les mateixes paraules exactament amb el mateix sentit. Pel que fa a la paraula *fenomen*, que nosaltres entenem que abasta la mateixa extensió que la paraula *ésser*, podem indicar, com a excepció, el sentit que hi dona el filòsof alemany Immanuel Kant, com veurem en la unitat 11.

Aquesta oscil·lació en el sentit de les paraules és un fet habitual en el llenguatge filosòfic. Cal, per tant, estar atents al sentit que diferents filòsofs donen a les mateixes paraules, perquè no sempre coincideix.

3 Explicita en quants sentits es pot dir que el nen és alguna cosa segons les deu categories d'Aristòtil.

Tria una fotografia teva qualsevol i intenta fer el mateix.

"L'ÉSSER ES DIU DE MOLTES MANERES"

Aristòtil és l'autor d'aquesta frase. Per a entendre-la bé, cal tenir en compte que l'expressió "es diu" en Aristòtil té un sentit fort. Hem vist que prenem consciència de les coses, les portem a la llum, només si les podem expressar. En aquest sentit, "es diu" equival a "es porta a la presència, es treu a la llum, es fa comparèixer".

De vegades diem coses que no sabem si són o no són. Podem dir, per exemple: "Es diu que al veí del 2n 3a l'ha deixat la dona." Quan parlem així, el que volem dir és que hem sentit a dir això, però no sabem si és veritat. Aquest no és el sentit que l'expressió té en Aristòtil; ben al contrari: en Aristòtil que l'ésser *es diu* de moltes maneres significa que és o es *manifesta* de moltes maneres diferents. Els diferents sentits de la paraula *ésser* remetran a diferents sentits en què les coses *són el que són* (substància primera i substància segona) o *són com són* (accidents).

2.2 Pensar el que les coses són: les categories

A L'ésser es diu de moltes maneres: les categories segons Aristòtil

A més del principi d'universalitat, hi ha un segon principi: el fet que l'ésser es digui de totes les coses no implica que l'ésser es digui sempre en el mateix sentit. Cal tenir en compte el **principi de multiplicitat de l'ésser**: l'ésser es diu de moltes maneres.

Considerem, per exemple, els enunciats següents:

"*Això és* Sòcrates." / "Sòcrates *és* humà." / "Sòcrates *és* mestre."

En aquests tres enunciats, el verb *ésser* no diu la mateixa cosa:

- En el primer cas, expressa, simplement, la **presència efectiva** de Sòcrates, la seva existència.
- En el segon cas, indica un tret **essencial** perquè pugui continuar referint-me a Sòcrates com a *allò que ell és*.
- En el tercer cas, n'indica un tret **accidental**: Sòcrates continuaria sent Sòcrates si, en comptes de ser mestre, fos fuster. Però Sòcrates ja no seria Sòcrates si deixés de ser humà.

Sòcrates és "això d'aquí ara". Ser "humà" és un tret **necessari** perquè "això" continuï sent Sòcrates; ser "mestre" és un tret **contingent** al fet que "això" sigui Sòcrates, perquè pot no donar-se sense que l'ésser de Sòcrates es vegi afectat en allò més fonamental.

Aquests modes diferents de dir l'ésser es coneixen amb el nom de **categories**.

Com que la realitat és sempre l'àmbit obert pel llenguatge *entre* les coses del meu món-entorn i la meva ment, podem interpretar les categories de dues maneres: considerar que es troben ja en les coses (Aristòtil) o considerar que és el nostre enteniment el que les produeix per a pensar la realitat (Kant).

Per a **Aristòtil** (384-322 aC), hi ha deu categories:

- **Substància**: Aristòtil anomena **substància primera** la cosa mateixa de què parlem abans de tota determinació (*això*-present-ara-i-aquí) i anomena **substància segona** la determinació essencial de la cosa, que diu el que la cosa *pròpiament* és (en l'exemple, "humà").

La resta de categories són els accidents:

- **Quantitat**: "Els genets de l'Apocalipsi són quatre."
- **Qualitat**: "El full és blanc."
- **Relació**: "Sòcrates és marit de Xantipa."
- **Lloc**: "Sòcrates és al Liceu."
- **Temps**: "La festa és a les deu."
- **Posició**: "Sòcrates està assegut."
- **Estat**: "Sòcrates és pobre."
- **Acció**: "Sòcrates és a comprar."
- **Passió**: "Sòcrates és atacat."

B Els conceptes *a priori* de l'enteniment: les categories segons Kant

Si entenem les categories com a recursos que l'enteniment humà té per a ordenar la realitat, la classificació més coneguda és la de **Kant** (1724-1804).

Centrem-nos, per exemple, en la categoria de causalitat:

> Considerem el moviment d'una bola de billar colpejada pel moviment anterior d'una altra bola.
>
> Encara que entre els dos fenòmens hi ha una relació entre la causa i el seu efecte, si els analitzem amb cura, *la relació* mateixa no ens apareix enlloc. La primera bola (A) s'ha desplaçat fins a un punt de l'espai, i precisament en aquell moment la segona bola (B) ha començat a desplaçar-se també: això és efectivament el que els *sentits* ens mostren, una relació de consecució temporal. Però on apareix aquí *la relació de causalitat*?

Segons Kant, aquesta relació no la veiem a través dels sentits, sinó que consisteix en un concepte que l'enteniment posa independentment de l'experiència (*a priori*): és l'enteniment humà el que ordena els esdeveniments a través d'un concepte que ell mateix produeix (la categoria de causa) i que *no forma part de l'experiència*.

La causalitat, la categoria de causa, és, segons això, una estructura *a priori* ("anterior" o independent de l'experiència) d'ordenació de l'enteniment humà sobre els fenòmens.

Vegem un segon exemple:

> Perquè hi hagi coneixement, allò rebut a través dels sentits, l'*això* en cada cas present, ha de ser comprès en virtut d'un concepte, la *determinació* de la cosa com a "arbre" o "casa". Per a pensar el que tinc davant, podem dir aleshores: "això és un arbre" o "això és una casa".
>
> La paraula *això* anomena la presència efectiva d'una cosa a través dels sentits; *arbre* i *casa* són els conceptes que l'enteniment produeix per a pensar aquesta cosa, segons el que tenim davant. Ara bé, què passa amb el concepte d'*unitat* ("això és *un* arbre", "això és *una* casa")?
>
> Sigui quina sigui la cosa experimentada, necessitem aplicar aquest concepte per a poder-la pensar; si el nostre enteniment no disposés ja d'entrada, *a priori*, del concepte d'*unitat*, no podríem pensar res en absolut! "Unitat" és, així doncs, una categoria en el sentit de Kant: un concepte *a priori* que l'enteniment produeix per a pensar qualsevol cosa en general.

Ja que les categories són *la forma com pensem les coses en general* i ja que "causa" o "unitat" són categories, les coses no poden ser pensades com una mera col·lecció d'esdeveniments deslligats, sinó que han de ser pensades sempre sota l'ordenació causa-efecte o unitat. En cert sentit, per a Kant allò que ordena el món no en forma part.

Per a Kant, l'enteniment produeix els conceptes amb els quals pensem el material sensible rebut a través dels sentits. D'aquests conceptes, uns són produïts en funció del contingut empíric rebut en cada cas, però d'altres són estructurals, pertanyen a la manera com pensem les coses en general. Aquests darrers són les *categories*.

Fem servir una metàfora visual: si la roba que posem a l'armari és el material sensible rebut, l'estructura de l'armari pertany a l'armari fins i tot quan encara és buit; en funció dels calaixos, els espais, els penjadors, etc. de què disposa l'armari, cada cosa rebuda queda endreçada al seu lloc. L'enteniment, en Kant, disposa de les seves pròpies formes de classificar, els seus calaixos i els seus espais diversos, que són previs a tota experiència possible: són les categories. No cal dir que la metàfora té els seus límits: un mateix contingut empíric pot ser –i de fet és– pensat al mateix temps per diferents categories, com si l'endrecéssim al mateix temps en receptacles diferents.

4 Observa aquesta seqüència d'imatges:

a

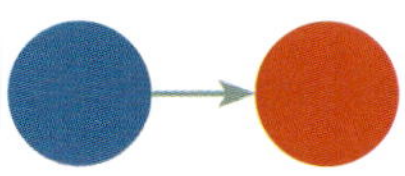

b

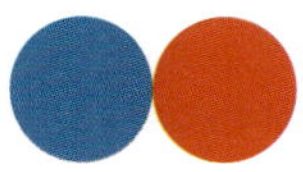

c

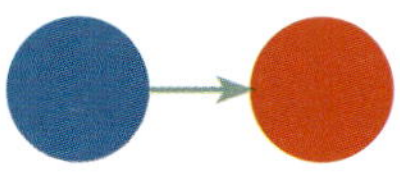

Descriu què pots percebre en cada pas de la seqüència.

- Té sentit respondre que perceps la "causa" del moviment de la bola vermella? Raona la teva resposta.

Segons Bertrand Russell, els excessos d'un ús poc responsable del llenguatge produeixen tota mena de malentesos. Als segles XX i XXI, bona part de les guerres han tingut com una de les seves causes doctrines ideològiques i filosòfiques que pretenien estar en possessió de la veritat, de manera semblant a com al segle XVI el fanatisme religiós portava els homes als camps de batalla.

Donats els perills manifestos de fer un mal ús del llenguatge, segons Russell la filosofia té el deure d'argumentar amb rigor, fent-se responsable de totes les paraules que fa servir en els seus arguments. Cal, doncs, depurar el llenguatge de tot allò que sigui confús.

En la fotografia, un nen que fuig amb la seva família del seu país en guerra. Quines són les raons adduïdes per justificar les guerres? Podríem combatre-les, com vol Russell, amb una pràctica filosòfica pública que netegi les paraules de les impureses que se'ls adhereixen? Pot l'anàlisi filosòfica del llenguatge prevenir-nos contra el fanatisme i la violència?

Situacions: drets humans, llenguatge, fenòmens socials, ètica i política, conflicte, poder, postveritat.

5 Intenta expressar les proposicions següents segons si són vertaderes o falses seguint el model d'aclariment de la proposició "L'actual rei de França és calb":

a Els triangles de quatre costats no existeixen.

b L'actual president de França té dues cames.

c L'unicorn es va menjar el meu esmorzar.

d L'actual campió de la lliga de primera divisió és el Català Futbol Club.

C Crítica de les dues concepcions anteriors. El gir lingüístic

Fins al segle XX, l'estructura de les categories té la seva base o en l'estructura del verb *ésser* (Aristòtil) o en l'estructura del subjecte que imposa les seves condicions sobre la realitat (Kant).

A principis del segle XX totes dues opcions són qüestionades per alguns pensadors que proposen que la clau de les categories —la clau dels límits d'allò que pot ser pensat i dit— cal buscar-la en el *llenguatge*. Aquest nou plantejament es coneix com a **gir lingüístic**, i un dels seus impulsors és **Bertrand Russell** (1872-1970).

Segons aquest nou plantejament, ja que el llenguatge constitueix el pont entre allò donat i aquell a qui es dona, és evident que l'estructura de la realitat està fonamentalment condicionada per la del llenguatge.

Considerem el verb *ésser*, que fins ara hem interpretat com a correlat del concepte de "fenomen". Tant en les proposicions models de les categories d'Aristòtil, com en les categories amb què l'enteniment pensa la realitat segons Kant, la formulació bàsica de les categories pren sempre aquesta forma d'enunciat:

"S és p"

En aquesta formulació, *S* és el subjecte (substància) i *p* és el predicat (accidents).

Segons Russell, això no es pot acceptar sense anàlisi, perquè privilegiar aquesta forma d'enunciat condueix, segons ell, a sentits de "realitat" summament confusos. Considerem de nou, per exemple, aquesta proposició:

"Els triangles de quatre costats no existeixen."

Si la pensem sota la forma "*S* no és *p*", en què *S* és "ser un triangle de quatre costats" i *p* és "ser existent", aleshores, com que es tracta d'una proposició vertadera, estem atribuint algun tipus de realitat a *S*, encara que sigui per negar-la. Això és el que hem fet fins ara.

Però per a Russell, atribuir realitat a un subjecte inexistent *S* és confús, de manera que cal que formulem millor el que volem dir. Vegem aquesta altra proposició:

"L'actual rei de França és calb."

És vertadera o falsa? Com que "actual rei de França" no remet a cap realitat existent, no podem dir d'ell ni que sigui calb ni que no ho sigui; no en podem dir res en absolut.

Perquè tingui sentit: en realitat, el que volem dir és que "existeix un individu *x* tal, que *x* és rei de França i *x* és calb". Ara sí que podem dir, doncs, que aquesta proposició és falsa.

Tota la metafísica tradicional se sustenta, segons Russell, en confusions del llenguatge. El gir lingüístic ens obliga a assumir l'**anàlisi del llenguatge** com a mètode filosòfic fonamental de depuració del llenguatge que ens permet pensar i dir adequadament la realitat.

D La reflexió sobre el dir com a aclariment de la realitat

Reconsiderem la proposició referent als triangles de quatre costats: "Els triangles de quatre costats no existeixen". Si la formalitzem d'acord amb el llenguatge de la lògica (i d'acord amb el sentit que "existir" té en aquest llenguatge), queda així:

$$\neg \exists x \, (Qx \wedge Rx)$$

I cal llegir-la així:

"No existeix cap *x* tal, que *x* és triangle i *x* té quatre costats."

Aquesta formulació evita tota confusió perquè el verb *existir* forma part d'un nivell metalingüístic respecte a les propietats enunciades. La frase vol dir que cap objecte no pot tenir la propietat Q ("ser un triangle") i la propietat R ("tenir quatre costats") al mateix temps.

Ara bé, "triangle de quatre costats" no s'interpreta com a objecte real, perquè *no estem parlant d'aquest objecte,* sinó *del nostre propi discurs*. És a dir, no podem dir "triangle de quatre costats". *Aquesta és una afirmació sobre enunciats; no sobre la realitat o sobre l'ésser.*

E L'isomorfisme entre món i llenguatge segons Wittgenstein

El gir lingüístic entén el verb *ésser* estructurat sempre a través de les regles de l'enunciació lògica, i això implica una nova manera de comprendre la realitat.

Real ara significa *allò que pot ser enunciat amb significat sempre dins dels límits de les regles del llenguatge*, que ara s'investiguen amb molta cura, ja que el llenguatge tendeix a enredar-nos en el seu ús.

La realitat és tot allò que pot ser enunciat amb significat perquè el llenguatge no és altra cosa que la mateixa *forma lògica* de la realitat. *Les estructures de la realitat són les estructures del llenguatge,* perquè entre els fets del món i les proposicions s'estableix una relació de representació que **Wittgenstein** (1889-1951) denomina **isomorfia**: les proposicions són la *imatge* de la realitat i, per tant, els límits d'allò que pot ser dit i els límits d'allò que és real coincideixen.

Amb tot, Wittgenstein indica que en l'art i en algunes experiències límit, com la mort, apareix l'inefable, el que no pot ser dit: allò **místic**. Provar de dir-ho seria absurd, perquè la forma del món i la forma lògica són coincidents i, per tant, aquest dir no diria res. Davant d'allò místic, el que ha de fer la filosofia és callar.

La tasca de la filosofia és, aleshores, merament negativa: purificar el llenguatge d'imperfeccions "metafísiques", a fi de posar-nos davant del món i davant d'allò místic alliberats de prejudicis i confusions.

Tot i reconèixer els mèrits del gir lingüístic, aquesta obertura mística de tot allò que s'escapa de la forma lògica demana una concepció més àmplia del discurs i de la realitat.

Al llarg de la seva obra, Wittgenstein va anar canviant d'opinió sobre el paper del llenguatge en el coneixement del món. En la seva primera etapa (la del *Tractatus*), acaba la seva filosofia amb dues afirmacions: (1) del que no es pot parlar, més val guardar-ne silenci i (2) el llenguatge és com una escala que es llença un cop hem arribat allà on volíem arribar. Aquesta afirmació dels límits del llenguatge i aquesta reivindicació del silenci són les que ens han fet parlar d'un cert misticisme. En una segona etapa del seu pensament, quan va començar a parlar dels jocs del llenguatge, va canviar aquesta posició.

6 Comenta la frase següent de Wittgenstein: "Sobre allò de què no es pot parlar, més val guardar silenci."

- Hi estàs d'acord? Raona la teva resposta.

7 Ara, compara la frase de Wittgenstein amb el poema següent de Blas de Otero (1916-1979):

Si he perdido la vida, el tiempo, todo / lo que tiré, como un anillo, al agua / si he perdido la voz en la maleza, / me queda la palabra.

Si he sufrido la sed, el hambre, todo / lo que era mío y resultó ser nada, / si he segado las sombras en silencio, / me queda la palabra.

Si abrí los labios para ver el rostro / puro y terrible de mi patria, / si abrí los labios hasta desgarrármelos, / me queda la palabra.

En el principio (1955)

Si Wittgenstein sembla suggerir que trobem l'essencial en el silenci, Blas de Otero sembla indicar que l'essencial és la paraula.

a Quin dels dos et sembla més encertat?

b Són incompatibles, aquestes dues concepcions?

c Com caldria entendre-les perquè no ho fossin?

Aquesta parella es fa una foto junts. Continuaran junts quan tinguin vuitanta anys? És ben clar que els seus cossos seran ja uns altres. Els haurà canviat el caràcter? Els agradarà encara anar a la platja? Es reconeixeran en la imatge que ara mateix immortalitzen? En quin sentit seran encara els mateixos i en quin sentit seran ja uns altres?

La realitat és, per tant, dinàmica, però fins a quin punt? A partir de quin punt soc major d'edat i haig de poder anar a la presó? A partir de quin punt l'embrió passa a ser pròpiament humà i deixa de ser legítim l'avortament? A partir de quin punt el sofriment o la discapacitat fa que la vida ja no sigui digna de ser viscuda de manera que esdevé legítima l'eutanàsia?

La resposta a totes aquestes preguntes pot ser objectiva? I si no ho pot ser, pel que fa a aquestes qüestions de vida o mort, hem de deixar que cadascú actuï com li sembli sense retre comptes a ningú? Si una cultura posa el límits entre homes i dones en un lloc lesiu per a les dones, hem de tolerar-ho en nom de la mobilitat i la diferència? En suma: tot és mobilitat, o hem de postular que en la realitat hi ha també una certa estabilitat que fa possible el coneixement i, a partir d'aquest, els consensos?

Situacions: responsabilitat cívica, drets humans, ètica i política, ciència, coneixement.

8 És possible definir amb precisió quan està començant algú a morir-se? I quan està començant algú a existir?

9 Tenint en compte que l'edat d'accés al vot varia segons els estats, per què creus que els estats es veuen obligats a posar un límit? Què passaria si no el posessin?

2.3 La mobilitat de les coses que arriben a ser

L'**ontologia** és la investigació sobre les estructures de l'ésser: allò que són les coses. Es tracta, doncs, de determinar les estructures de les coses. Les coses, però, no són estàtiques, sinó que presenten una estructura dinàmica.

De fet, la nostra paraula *cosa* no ve de la paraula llatina *res* (mot amb què el llatí clàssic esmentava les coses), sinó del llatí *causa*, que indica el principi que motiva una acció.

La tria de la paraula no és pas dolenta, sinó que té els seus motius: allò que una cosa és depèn directament d'allò que ha estat abans, d'aquell moviment que l'ha portat a ser el que és ara. La *cosa* que és ara depèn de la *causa* que l'ha conduït fins aquí, en una seqüència contínua que només les paraules ens ajuden a "retallar" i estabilitzar.

Aquest joc dinàmic de la cosa fa que no sigui sempre fàcil determinar la identitat de les coses, allò que es manté constant al llarg del procés.

Posem el cas d'una llavor que arriba a ser roure. ¿Hi ha en el procés de transformació alguna cosa permanent, constant al llarg del canvi, que ens permeti dir que es tracta de la *mateixa* cosa malgrat les diferències espectaculars que hi ha entre l'ésser de la llavor i l'ésser del roure?

Observem ara una fotografia nostra de quan teníem sis anys. Hi ha res comú entre la persona que apareix en la fotografia i la persona que som ara? Respondre no és pas fàcil. Ens costa identificar-nos com *el mateix* que apareix en la fotografia, per més que ens seria molt difícil no reconèixer una vaga identitat indefinida.

Fem un pas més, i tirem enrere, primer quan teníem tres mesos i després a la nostra existència en l'úter matern. La taca de l'ecografia que es mou al ventre de la meva mare soc jo? Retrocedim en el moment en què l'esperma va fecundar l'òvul: hi ha identitat entre "allò" i el que soc ara?

Evidentment, podem posar etiquetes a les diferents etapes (embrió, fetus, nadó, nen, adolescent, adult), però la realitat està constantment en procés i les coses canvien constantment.

No podem fer una foto fixa de la realitat. I, tanmateix, la tendència de l'enteniment a copsar la realitat amb l'esquema mental d'una foto fixa no és pas un caprici, sinó que obeeix sovint a necessitats pràctiques molt urgents: per què, posem per cas, l'edat penal són els divuit anys? Com definim *amb precisió* quan una persona és adulta?

La llei i les normes de convivència ens obliguen a posar fronteres, però aquestes semblen tenir un cert punt d'arbitrarietat, ateses les dificultats de l'ontologia per a resoldre *el problema de la definició precisa* de l'ésser de les coses.

2.4 El principi rector de totes les coses

Ja que la realitat és mòbil i tot sovint costa d'establir els límits de les coses, la pregunta ontològica, que és la pregunta per l'ésser de les coses, busca en primer terme *identificar allò constant en un món on les coses semblen no aturar-se mai*. A això constant, els primers filòsofs, que van viure a Grècia entre els segles VII i V aC, ho van anomenar *arkhé*.

L'etimologia del mot *arkhé* apunta a tres significats: és l'**origen**, el lloc d'on procedeixen totes les coses; és, també, **allò que predomina** en les coses en el seu estat actual i **regeix** sobre el seu desplegament, i és, finalment, allò que la cosa arriba a ser quan assoleix la seva **plenitud**.

L'*arkhé* és, per tant, el *principi rector* que governa sobre totes les coses, és a dir, l'ésser de les coses com allò que les fa ser el que són.

Ja els primers filòsofs grecs van dissentir sobre quin és aquest principi rector. A tall d'il·lustració, posem tres exemples:

- Per a **Tales de Milet** (625-547), l'*arkhé* és l'aigua. Probablement defensa aquesta posició perquè observa que la realitat és viva i no hi pot haver vida allà on no hi ha aigua: el que dona vida a la Terra i a tots els vivents, allò que la fa ser el que és, és l'aigua, la qual, d'aquesta manera, resulta ser el principi rector.
- Per a **Anaximandre de Milet** (611-546 aC), l'*arkhé* és l'indeterminat, l'*aperion*. La proposta, més abstracta que la de Tales, sembla voler dir això: totes les coses arriben a ser el que són quan adquireixen una forma determinada (de roure, d'estel, de cavall, del que sigui), és a dir, quan adquireixen una *determinació a partir d'un fons d'indeterminació*. Totes les coses procedeixen de l'indeterminat i tornen a l'indeterminat, el qual, per tant, resulta ser origen i fi de totes les coses.
- Finalment, per a **Pitàgores de Samos** (582-496 aC), l'*arkhé* són els nombres. En efecte, les coses no ens apareixen com a caos i indeterminació, sinó que es presenten sempre en un cert ordre i, doncs, subjectes a nombre i mesura. La realitat és una pluralitat ordenada com un tot i, per tant, allò que la regeix és l'estructura, l'ordre: el nombre. Els ruscos i els cristalls, amb les seves formes geomètriques perfectes, en són mostres convincents.

Els ruscos i els cristalls són només dos exemples del fet que la naturalesa és plena d'estructures matemàtiques que semblen governar sobre la matèria. Potser per això els pitagòrics van pensar que el número, és a dir, l'ordre estructurat, és l'autèntic principi rector de totes les coses.

Per a Heràclit d'Efes (540 aC *ca*-480 aC *ca*), el principi rector era el foc: allà on no hi ha escalfor, no hi pot haver vida; el foc és, segons ell, el principi rector i constitutiu de totes les coses.

10 Creus que la pregunta sobre el "principi rector" de la realitat és una pregunta científica? Raona la teva resposta.

11 La ciència fisicomatemàtica actual, amb quin dels tres autors anomenats en aquesta pàgina creus que s'identifica més? Per què?

ACTIVITATS

1. Busca nocions equivalents a la noció grega de "principi rector" (ARKHÉ) en altres filosofies, com el taoisme, l'hinduisme, el budisme o la religió egípcia.
2. Què creus que sostenen alguns pensadors quan diuen que problemes com l'avortament o l'eutanàsia, a més de tenir una clara dimensió ètica i moral, són problemes metafísics?
3. Busca informació sobre la disciplina de la filosofia que anomenem "bioètica" (història, definició, metodologia).
4. Fins a quin punt creus que les preguntes i les teories metafísiques poden ajudar a establir un pont de comunicació entre les teories ètiques i les teories científiques?

3 Monisme o pluralisme

Pot ser que –com diu el segon relat del *Gènesi* bíblic– l'ésser humà hagi sortit del fang? Hem sortit –com totes les coses– de la simple matèria? Podem considerar la consciència com el simple efecte de la interacció entre partícules materials?

Si fos el cas, voldria dir això que el nostre comportament està determinat per lleis matemàtiques exactament igual que el de qualsevol fenomen fisicoquímic? És, doncs, la llibertat una mera il·lusió? I si ho és, vol dir això que ningú no és responsable del que fa? Que, posem per cas, el violador no és culpable de la violació, sinó la libido que el domina? I els delinqüents, es poden redimir o són simplement exemplars d'humans espatllats? I si ho són, què en fem quan delinqueixen: els portem a la presó o a clíniques que funcionin com un taller de reparacions? I què farem si al taller ens diuen que l'avaria és irreparable?

Com mostren ben clarament totes aquestes preguntes, *la posició metafísica que fem nostra comporta sempre conseqüències ètiques i polítiques de primer ordre*. Perquè si els ciutadans no tenim capacitat autònoma de decisió, com han d'entendre els governs el seu paper? Hi pot haver democràcia genuïna en aquestes condicions? Les preguntes se'ns multipliquen.

Situacions: alienació, deshumanització, ètica i política, fenòmens socials, postveritat, despotisme i democràcia, fake news.

1 Quins dos sentits podem donar a la paraula *materialisme*? Quin correspon a l'àmbit de la metafísica i quin, a l'àmbit de l'ètica? Per què és necessari distingir-los nítidament?

2 Posa dos exemples en els quals es faci manifesta una diferència entre allò que el discurs científic diu que ens està passant i l'experiència que tenim del que efectivament ens està passant.

- Podrien, en alguna mateixa experiència unitària, ser ambdós fenòmens idèntics?

3 Creus que un monisme estricte pot plantejar problemes de tipus moral? Justifica la resposta.

3.1 Les nocions de monisme i de pluralisme

Des del mateix plantejament de la pregunta sobre el principi rector de la realitat, hi ha dues respostes possibles:

- La del **monisme**, segons el qual la realitat està governada per un sol principi o segons el qual hi predomina un sol principi.
- La del **pluralisme**, segons el qual en la realitat hi ha més d'un principi. Si el pluralisme es limita a dos principis rectors de la realitat, aleshores aquesta posició s'anomena **dualisme**.

3.2 Les dificultats del monisme materialista

El principal problema teòric del monisme és que troba dificultats per a explicar per què, si la realitat consisteix en una única substància, ens apareix de formes tan diverses.

Considerem primer la posició metafísica monista anomenada **materialisme**, que defensa que la realitat és formada exclusivament per matèria.

Si això és cert, com és que el fenomen (l'aparició) no se'ns presenta ja sempre segons aquest mode de ser?

Per exemple: podem descriure el fenomen de l'enamorament com una interacció entre hormones segregades pels cossos dels enamorats, però aleshores se'ns fa difícil entendre per què l'amor no se'ns presenta ja sempre d'aquesta manera.

Els materialistes insistiran que *en realitat* és exactament això el que passa, diguin el que diguin els poetes i els artistes. Es defensaran, per tant, amb aquest argument: si atenem el desplegament del fenomen en el seu joc d'aparicions i aparences fins al final, això ens portarà amb pas ferm a l'aparició de la revelació autèntica de l'ésser com a ésser material i deixarem enrere totes les falses aparences.

Sembla, tanmateix, que alguns fenòmens són molt difícilment reductibles a matèria. Un exemple clàssic d'aquesta dificultat és una de les estructures de la realitat mateixa, la consciència, que sembla difícil que a algú se li pugui aparèixer com un objecte material pur.

El dinamisme del joc entre aparició i aparença que implica el desplegament del fenomen en el temps implicaria, per part del monisme, el reconeixement, sempre incòmode, que gairebé la majoria de les manifestacions de l'ésser són falses.

3.3 Les dificultats del monisme idealista

Hi ha un altre monisme segons el qual tot és esperit, substància pensant, i allò corporal és només un mode confús de presència de l'autèntica realitat ideal. La dificultat és la inversa que la del monisme anterior. La percepció del propi cos, com una realitat que ens imposa la seva presència i se'ns resisteix, és una vivència que molt difícilment podríem traduir a modes de pensament.

De nou, el monista idealista podria dir que el fenomen en la seva aparició definitiva faria aparèixer l'aspecte material de les seves donacions anteriors com a mera aparença. I, de nou, acceptar això ens faria admetre, de manera incòmoda, que la major part de les manifestacions de l'ésser són falses.

Serà, doncs, el pluralisme més fàcil de defensar?

3.4 Les dificultats del pluralisme

El principal problema teòric del pluralisme és que té greus dificultats per a explicar la **unitat** de la realitat.

Prenem d'exemple el **dualisme cartesià** com a posició que sosté que la realitat és la relació entre dues substàncies: el cos i la ment. Si és així, hem de preguntar-nos com pot ser que dues substàncies absolutament heterogènies tinguin relació.

El tret determinant de la substància material és la seva extensió en l'espai i el de la substància pensant és la seva existència en el temps. D'una banda, tinc cos, participo de la substància extensa i, de l'altra, soc pensament, substància pensant. Quina relació hi pot haver entre aquestes dues dimensions de nosaltres mateixos?

Per exemple: en quina part del cos hi ha el pensament? Però aquesta pregunta està mal feta! El pensament és temporal, però no espacial, no té extensió, de manera que és absurd preguntar on és perquè, per definició, no pot ser en cap lloc de l'espai. Com pot el nostre cos, que pesa uns quilos i té una alçada determinable en centímetres, interactuar amb el jo pensant, que no pesa gens, que no és identificable en l'espai amb precisió i que, en sentit estricte, mai no pot ser percebut amb els sentits?

Com podem entendre, doncs, la unitat de cos i pensament? A diferència del que passava amb el monisme, ara podem reconèixer, *separadament*, els fenòmens purament corporals i els fenòmens purament mentals, però el que se'ns escapa és, precisament, l'articulació unitària de la realitat com un tot.

Això passa amb el dualisme cartesià. Amb el pluralisme en general, el problema ve a ser el mateix: com podem recuperar el tot a partir de les parts, ja que el tot no pot ser la mera suma o juxtaposició d'aquestes parts, sinó que ha de tenir alguna articulació unitària d'elements heterogenis?

Si, com vol Descartes, la ment i el cos són substàncies distintes, com podem concebre la seva unitat?

4 L'idealisme del filòsof George Berkeley (1685-1753) defensava que entre el concepte de "percebre" i el concepte d'"ésser" no hi havia cap diferència efectiva: ésser és percebre.

- Amb quines dificultats, a l'hora de descriure la realitat, es topa una posició com aquesta?

5 Creus que la ment és un producte del cervell, com els sucs gàstrics ho són de l'estómac o la bilis ho és del fetge? Quina diferència podríem establir entre aquestes imatges?

6 On té lloc el dolor, al cervell, al cos o a la ment? Raona la teva resposta.

ACTIVITATS

1 Busca informació sobre dos tipus diferents de materialisme i sobre dos tipus diferents d'espiritualisme. Argumenta quina de les posicions et sembla més ben fonamentada.

2 Informa't sobre la posició teòrica de l'"eliminativisme".

a Et sembla una posició raonable?

b Amb quines dificultats es trobaria a l'hora de dur-se a la pràctica?

4 Dinamisme o immobilisme

És la realitat sòlida i estàtica com un mur? O és més aviat fluent com una font que raja sense fi?

1 Podria el pas del temps ser una il·lusió humana? Has sentit alguna vegada dir a algú que el temps és una trampa? A què creus que es referia?

2 Un alumne diu al seu professor: "No he fet els deures que teníem perquè defenso la posició de Parmènides segons la qual el temps no existeix i, per tant, els deures tampoc no existeixen." El professor li respon: "Aleshores, segurament no t'importarà que ara et suspengui amb un zero i que demà m'hagis de portar aquest paper signat pels pares."

- És vàlida l'estratègia de l'alumne? I la resposta del professor? Raona la teva resposta.

4.1 Les nocions de dinamisme o immobilisme

Quan es radicalitza, el monisme pot desembocar en la negació absoluta de tot joc de desplegament del fenomen en aparicions i aparences successives, és a dir, del desplegament entre manifestacions falses i vertaderes de realitat.

Com hem vist, el fenomen es mostra com una pluralitat de manifestacions. Ara, si la realitat és una sola cosa, si hi ha només una sola substància, o bé tota manifestació ho és d'una sola cosa o bé la pluralitat pròpia del fenomen és només un mer joc d'aparences sense aparicions, una pura il·lusió que no diu res de la realitat.

Veiem, doncs, dues posicions radicals derivades del monisme:

- Segons el **dinamisme**, la sola cosa que expressa el flux permanent de manifestacions és, precisament, que no hi ha —que no hi pot haver— res estable. Les coses no descansen mai en pau, mai no reposen, sinó que flueixen constantment. La realitat és només aquesta inquietud, aquesta guerra, aquest flux permanent.
- Segons l'**immobilisme**, la pluralitat inherent a les manifestacions no expressa l'autèntica realitat, que és absolutament immòbil.

4.2 L'immobilisme i dues maneres de dir. Parmènides

Segons l'**immobilisme**, hi ha una sola realitat, i, per aquest motiu, no tindria cap sentit *dir* el món a través d'expressions com "el cel i la terra", ja que, si existeix una sola substància, el cel i la terra són *el mateix*.

La manera com parlem de les coses habitualment és confusa, serveix només per a entendre'ns en la vida del dia a dia, però no és adequada per a dir amb propietat la realitat.

Ens cal, doncs, trobar una manera de dir vertadera, que s'ajusti a la realitat.

Així, el mateix principi en virtut del qual cel i terra són el mateix, que fa que la seva enunciació espacialment "dividida" sigui falsa, s'ha d'aplicar igualment al passat i al futur: el que era ahir ha de ser el mateix que el que és avui i que el que serà demà.

L'única revelació a la qual la filosofia pot arribar és que en l'ésser no es revela res a través del temps que no sigui sempre la mateixa substància de la realitat.

Malgrat la pluralitat del flux d'aparences, l'ésser, doncs, és un i immòbil, sempre idèntic a si mateix, impertorbable.

Parmènides d'Elea (570-475 aC), primer defensor de l'immobilisme, afirmava que l'únic que podem enunciar amb veritat és que "l'ésser és", i en aquest ésser no hi ha desplegament, sinó que és totalment unitari, indivisible i intemporal.

4.3 El dinamisme. Heràclit

Segons el **dinamisme**, la realitat és canvi permanent. La tradició atribueix aquesta posició a **Heràclit** (535-484 aC): la realitat és canvi permanent i la vida s'escapa de les falses opinions que volen lligar-la.

No es tracta del moviment plàcid en què la llavor arriba a descansar en la seva plenitud en arribar a ser roure. La realitat és que les coses no descansen en pau: PÓLEMOS, la guerra, és el pare de totes les coses, l'autèntica realitat, també per als humans.

4.4 La tensió entre immobilisme i dinamisme, punt de partida de l'ontologia occidental

Totes dues posicions, en la seva radicalització, donen un resultat indesitjable: destrueixen el llenguatge.

- Pel que fa a l'**immobilisme de Parmènides**, és evident que parlar és discórrer, enllaçar uns elements amb uns altres, dir que *això* és *allò*; és, per tant, donar per suposat que hi ha això *i* allò, que hi ha dualitat (pluralitat) i no pas unitat. Una sola cosa podem dir amb raó: *l'ésser és*. Tot el que diguem de més és pura il·lusió.

  Els deixebles de Parmènides, com **Zenó**, es van especialitzar a demostrar que es pot refutar qualsevol afirmació. El món de l'aparença és moviment, però el moviment és irreal, de manera que l'intent mateix de dir la realitat canviant per força ha de fracassar: tot discurs que pretengui tenir coneixement de les aparences ha de ser, per tant, refutable. L'art de refutar qualsevol afirmació s'anomena **erística**, i els erístics eren tan hàbils, que podien demostrar fins i tot que mentir és impossible.

- Pel que fa al **dinamisme heraclitià**, el problema és l'invers: les paraules són fixes i donen, per tant, aparença d'estabilitat, d'immobilitat, a una realitat que, en veritat, és flux permanent. Plató ens arriba a dir, en broma, que un dels deixebles d'Heràclit anomenat Cràtil va arribar a desconfiar tant de les paraules, que es va negar a parlar i es comunicava només movent el dit.

Cap de les dues doctrines no pot aclarir racionalment el món-entorn percebut, sinó que totes dues ens porten a la xerrameca o al silenci.

A partir de Plató i Aristòtil, es va intentar pensar la realitat com una combinació d'un principi de mobilitat i un principi d'estabilitat. Els partidaris de Parmènides, moderant la seva posició, van respondre que ells no negaven *el fet* del moviment, sinó només la possibilitat de fer ciència del moviment. Aristòtil, en clara oposició, va fundar una ciència del moviment: la física.

Són els primers passos en l'intent de pensar la realitat en el seu joc d'estabilitats i dinamismes, d'estructures permanents i dinàmiques fluents, un intent que dura fins als nostres dies.

La visió d'Heràclit com a defensor del flux constant la devem a Plató. En realitat, molts fragments conservats ens donen a entendre que Heràclit defensava una posició molt més subtil i matisada. En un dels seus aforismes, afirma: "Ells no entenen com allò que s'oposa a si mateix concorda amb si mateix: l'harmonia consisteix en aquesta oposició, com la de l'arc i la lira" (fragment 51).

L'arc es manifesta com a tal en el moment en què una força (la mà dreta) tiba en un sentit mentre una altra força (la mà esquerra) tiba en el sentit contrari. La realitat no és un ordre estàtic, però tampoc no és un flux caòtic: és un ordre dinàmic.

3 Amb quina de les dues posicions et sents més identificat, amb la de Parmènides o amb la d'Heràclit? Argumenta la teva resposta.

4 Per què creus que Heràclit associa el canvi i el pas del temps amb metàfores de la violència? Posa exemples de dos canvis en la teva vida que hagin estat violents i de dos canvis que hagin estat agradables.

ACTIVITATS

1 Busca informació sobre l'erística. Posa tres exemples d'argumentacions erístiques.

a Avui en dia, on es practica l'erística?

b Creus que l'erística té cap tipus d'utilitat?

Recapitulació

Els plecs d'aquesta formació geològica, que no arriben a concretar-se en cap figura geomètrica, ens poden fer pensar en la matèria informe a partir de la qual prenen forma totes les coses. Pot, la realitat, ser explicada només a partir del component material?

PARAULES CLAU

accident, accidental, aparença, aparició, ARKHÉ, atzar, categoria, causa, contingent, dinamisme, dualisme, fenomen, gir lingüístic, erística, metafísica, monisme, necessari, ontologia, pluralisme, realitat, totalitat, substància, unitat

En el primer tram de la nostra investigació ontològica (o metafísica, o de filosofia primera), desplegat en aquesta unitat, hem pogut respondre les qüestions següents:

- **Per què cal preguntar què és la realitat?** La pregunta és pertinent perquè les coses no apareixen donades totes de cop, sinó que ens mostren només "cares": l'*aparició* de la cosa ens en dona en cada cas només "cares" o *aparences*. El caràcter parcial del que es mostra ens fa prendre consciència: primer, que les coses no sempre apareixen com el que són (i, per tant, que de vegades les coses no són el que semblen), i, segon, que la consistència de les coses, la seva unitat, s'ha de guanyar sempre a partir de la pluralitat de cares amb què se'ns mostren. És per això que cal preguntar com això és possible i què ens diu de la realitat mateixa.
- **Què és la realitat?** En la consideració dels fenòmens, hem trobat que la paraula *realitat* té tres sentits: realitat efectiva (o existència), possibilitat i totalitat. El temps s'ha revelat pel que fa a això com una dimensió essencial del fenomen, ja que les cares de cada fenomen no són solament espacials, sinó també temporals (de fet, per a alguns fenòmens només temporals). Preguntar per la realitat és preguntar pel Tot.
- **Com podem donar compte del Tot?** El Tot no el veiem mai com a tal, sinó que en veiem sempre parts. Donar-ne compte no pot voler dir guanyar-ne una visió de conjunt, perquè tal visió del Tot no és pas possible. Tanmateix, si no en podem dir res, allò que veiem no ho podrem considerar com a parts del Tot, ja que la noció de part pressuposa la de totalitat. El camí com l'ontologia s'obre pas enmig d'aquesta dificultat, consisteix a indagar, no pas sobre el Tot com si fos una cosa, sinó sobre el principi que regeix sobre totes les coses: l'ARKHÉ.
- **Amb quines dificultats s'enfronta el qui pregunta pel Tot?** N'hem estudiat ja dues. El Tot, la realitat en la qual ens trobem i de la qual formem part, (a) ¿es pot explicar a partir d'un sol principi constitutiu o, per a poder-ne donar compte, hem d'afirmar que hi ha dos o més principis constitutius?; ¿I (b) és un flux constant en què res no es manté o, malgrat el moviment aparent, és en el fons unitat consistent i immòbil? *Monisme* i *dualisme* (o *pluralisme*), i *dinamisme* o *immobilisme*, són les dues parelles d'oposicions que ens comencen a mostrar el caràcter problemàtic de la realitat i, també, el caràcter temptatiu de la disciplina que intenta donar-ne compte.

La tasca, però, resta inacabada, perquè hi ha almenys un aspecte de la realitat que encara no hem considerat: l'ésser humà i la seva relació al món. La nostra investigació ontològica, o metafísica, s'ha d'allargar, així doncs, en la unitat següent.

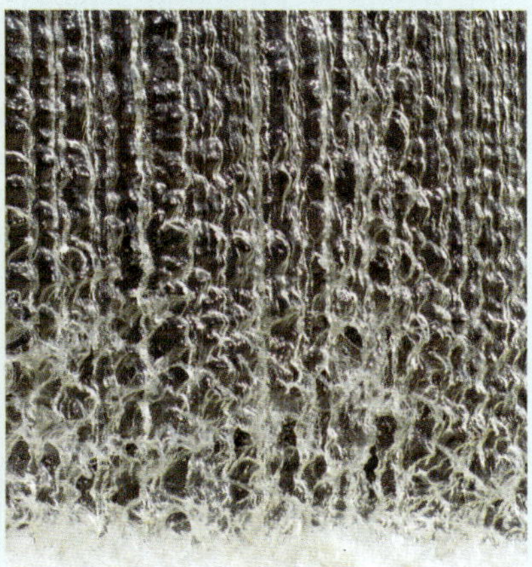

EN 8 IMATGES

RECONSTRUCCIÓ Si les quatre primeres imatges permeten parlar de l'estructura del fenomen amb els seus elements immanents i els seus elements transcendents, les quatre segones poden ser considerades metàfores visuals per a meditar sobre l'ARKHÉ de la realitat.

EXPLICA amb detall què cal entendre per fenomen a partir de les quatre primeres imatges.

ELABORA un text literari en què els elements que hi ha en les quatre últimes imatges siguin metàfores de la manera com diferents filòsofs intenten reconstruir la realitat a partir dels seus elements constitutius.

Dossier d'activitats

APARENÇA I REALITAT. Al llarg de la unitat hem diferenciat entre les nocions d'aparició, d'aparença, de fenomen (que és l'articulació de les dues primeres) i de realitat. Amb variacions terminològiques, aquests conceptes formen part sovint d'altres aproximacions filosòfiques al problema de la realitat. És el cas de Bertrand Russell (1872-1970).

1 Llegeix el text següent:

Resulta evident que la taula real, si és que realment existeix, no és la mateixa que experimentem directament per mitjà de la vista, l'oïda o el tacte. La taula real, si és que realment existeix, no és, de cap manera, immediatament coneguda, sinó que ha de ser inferida d'allò que ens és immediatament conegut. D'aquí surten, al mateix temps, dos problemes realment difícils: 1r) Existeix, en efecte, una taula real? i 2n) En cas afirmatiu, quina mena d'objecte pot ser?

Per a examinar aquests dos problemes, ens serà de gran utilitat posseir alguns termes simples, el significat dels quals sigui precís i clar. Donarem el nom de "dades dels sentits" a allò que ens és immediatament conegut en la sensació: els colors, els sons, les olors, les dureses, les asprors, etc. Donarem el nom de "sensació" a l'experiència de ser immediatament conscients d'aquestes dades. Així, sempre que veiem un color, tenim la sensació del color, però el color mateix és una dada dels sentits, i no pas una sensació. El color és allò de què som immediatament conscients, i aquesta consciència mateixa és la sensació. És evident que si coneixem quelcom de la taula, cal que sigui per mitjà de les dades dels sentits —color fosc, forma allargada, poliment, etc.— que associem amb la taula; però, per les raons que hem dit, no podem pas dir que la taula sigui les dades dels sentits, ni tampoc que les dades dels sentits siguin directament propietats de la taula. Així, suposant que hi hagi una taula, sorgeix el problema de la relació de les dades dels sentits amb la taula real.

De la taula real, si és que existeix, en direm un "objecte físic". Per tant, hem de considerar la relació de les dades dels sentits amb els objectes físics. El conjunt de tots els objectes físics es diu "matèria". Així, els nostres dos problemes poden ser plantejats de nou d'aquesta manera: 1r) Hi ha, en efecte, alguna cosa que es pugui considerar com a matèria? i 2n) En cas afirmatiu, quina és la seva naturalesa?

BERTRAND RUSSELL, *Els problemes de la filosofia* (1912)

Fes un esquema en el qual aparegui l'estructura argumentativa del text de Russell.

Subratlla les paraules *real* i *realitat*.

- A quin dels tres sentits de realitat explicats en la unitat corresponen?

Subratlla les expressions del text que poden ser un equivalent aproximat dels conceptes *cara*, *aparició* i *tot* explicats en la unitat.

Contesta aquestes preguntes:

a Quina diferència creus que hi ha entre les preguntes tal com són plantejades la primera vegada i les preguntes tal com són replantejades per Russell la segona vegada?

b Per què creus que cal un segon plantejament de les preguntes inicials?

c Podrien respondre's de manera diferent les preguntes del primer plantejament i les del segon?

d Com respondries les preguntes del primer plantejament? I les del segon? Justifica la teva resposta.

Comenta l'enunciat següent:

"Existeix la realitat independentment de la consciència que la pensa." Recorda que pots fer servir les teories clàssiques i que has d'ampliar les teves fonts d'informació.

2 Observa aquestes il·lusions perceptives:

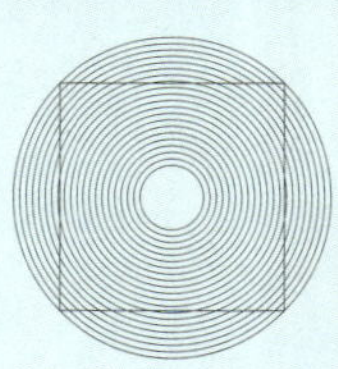
Il·lusió d'Ehrenstein

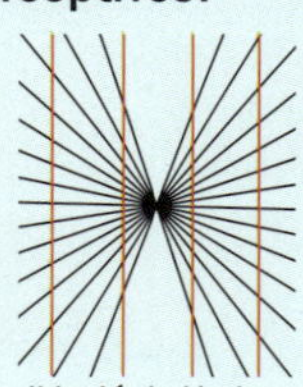
Il·lusió de Hering

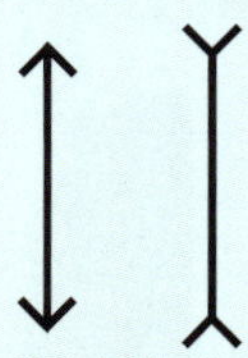
Il·lusió de Müller-Lyer

Il·lusió de Poggendorf

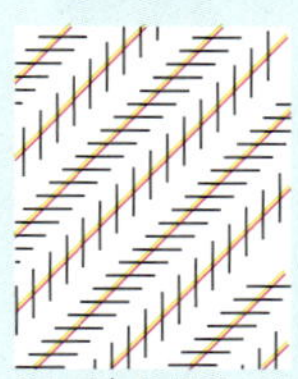
Il·lusió de Zollner

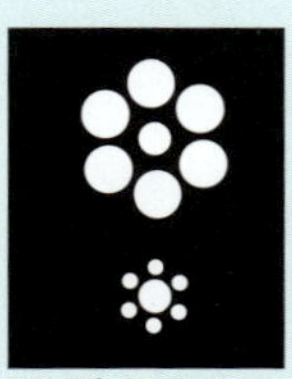
Il·lusió de Titchener

Busca informació sobre aquestes il·lusions òptiques (any de descobriment i breu ressenya del seu descobridor) i fes una descripció breu del contrast entre l'efecte perceptiu i la realitat objectiva de la figura.

Explica què permeten aclarir les il·lusions òptiques sobre la diferència entre aparició i aparença.

- Pots veure l'aparició de les figures eliminant absolutament l'efecte de l'aparença?

L'ÉSSER DE LES COSES. El nostre dir sobre la realitat no és un caos inarticulat de judicis sobre aquesta: segueix unes regles, una lògica, que són cabdals per a copsar l'estructura de la realitat. La reflexió sobre les diferents formes com ens referim en general a les coses ens pot ajudar a explicitar aquestes regles.

3 Explica què són i per a què serveixen les categories.

4 Anota en un full cinc judicis que tinguin com a subjecte el sintagma "la realitat".

- Quines categories has fet servir?

EL PRINCIPI RECTOR DE TOTES LES COSES. És comú a totes les tradicions de pensament la deducció de la noció de realitat a partir d'un principi rector, ordenador i predominant que defineix totes les realitats particulars que s'hi subordinen. En la filosofia grega, com has vist, aquest concepte el compleix la noció ARKHÉ, de la qual surten moltes paraules del nostre llenguatge jurídic, polític i del coneixement.

5 Inventa't quatre paraules que tinguin com a prefix o sufix la paraula ARKHÉ.

6 Pensa si es poden definir amb precisió els límits de les coses.

a Quan creus exactament que vas deixar de ser un nen?

b Quan creus que una persona pot ser considerada "adulta"?

7 Esbrina quan el discurs de la ciència estableix el començament d'una vida humana i quan considera que ha acabat. A partir d'aquesta informació, fes una dissertació sobre un dels temes següents:

"L'avortament com a problema metafísic"

"L'eutanàsia com a problema metafísic"

MONISME I DUALISME. Un dels primers grans debats metafísics de la història de la filosofia grega discuteix si la realitat és configurada sobre un sol principi rector o si n'hi ha més d'un. La primera posició diem que és "monista" i la segona, "pluralista". La forma més coneguda de pluralisme és el dualisme, segons el qual hi ha dos principis de la realitat: la ment (o ànima, consciència, etc.) i la matèria (o cos, extensió, etc.).

8 Busca quina relació hi ha entre el concepte del monisme i el concepte del reduccionisme i explica-la.

9 Busca informació sobre posicions monistes no materialistes.

- Podria existir alguna posició dualista materialista? Busca informació i explica-la.

10 Informa't sobre el "dolor del membre fantasma".

a Com es pot fer servir el cas clínic del dolor del membre fantasma per a rebatre el monisme materialista?

b Com podria defensar-se, un materialista?

11 En el camp de la rehabilitació, la teràpia per a reduir el dolor del membre fantasma en pacients amputats s'anomena "teràpia del mirall", que va ser posada en pràctica pel neurocirurgià Vilanayur Ramachandran l'any 1994.

a Com funciona "la teràpia del mirall"? Informa-te'n.

b Per què creus que aquesta teràpia serveix per a reduir el dolor?

DINAMISME O IMMOBILISME. La tradició occidental ha identificat les posicions del dinamisme amb la figura del filòsof Heràclit, i la de l'immobilisme amb la del filòsof Parmènides.

12 Busca a internet la pintura *L'escola d'Atenes*, de Rafael, i fixa't en la representació d'Heràclit i de Parmènides. Després, respon:

a Creus que aquestes representacions tenen relació amb les seves respectives doctrines de l'ARKHÉ? Justifica la teva resposta.

b Què està mirant Parmènides? Per què creus que Rafael el fa aparèixer mirant això?

Sostenibilitat, responsabilitat cívica, cosmopolitisme

Creix el turisme de residus: anar al poble del costat per esquivar el porta a porta

A Catalunya cada vegada són més els pobles i els barris que aposten per la recollida d'escombraries porta a porta, que consisteix a treure els contenidors i passar a recollir els residus –cada dia un de diferent– a la mateixa porta dels habitatges.

Però feta la llei, feta la trampa, i per a alguns veïns és més fàcil anar a llençar la brossa al poble del costat. Això és el que està passant, per exemple, al Vallès Oriental. A Llinars, fa tres mesos que tenen el porta a porta.

Això ho han notat, i de valent, al poble del costat, Vilalba Sasserra. Per això l'Ajuntament d'aquest petit municipi del Montseny ha decidit que començarà a multar per aquestes visites indesitjades. [...]

A Llinars del Vallès, el poble veí, on fa tres mesos que fan recollida porta a porta, han passat de reciclar un 25% a un 80% dels residus. N'estan molt satisfets i creuen que els abocaments de brossa a altres pobles, com Vilalba, no serien tant de particulars sinó de petites empreses que no contracten gestor de residus. [...]

El que ara passa ara a Vilalba i Llinars ja ha passat abans en dos pobles pròxims: Sant Esteve i Santa Maria de Palautordera. Veïns de Sant Esteve, que té instaurat el porta a porta, duien la brossa sense reciclar a Santa Maria, que ha posat desenes de sancions per dissuadir aquest turisme de residus. Una pràctica que, més enllà de les multes, serà encara més difícil quan el porta a porta es vagi estenent.

Portal de TV3 (22 de gener de 2022)

PROBLEMA PER PENSAR

Quina responsabilitat individual tenim davant del deteriorament del medi ambient que amenaça el futur de la vida al planeta?

QÜESTIONS SUBORDINADES

1

Som responsables dels altres, inclosos els no engendrats?

2

Som responsables de la naturalesa?

3

La realitat, és estàtica o dinàmica? I si és dinàmica, quin paper hi tenim els humans?

Unitats en què trobareu reflexions pertinents o relacionades amb aquesta situació:

1 • 3 • 5 • 6 • 7 • 8 • 9

PER ANAR MÉS A FONS

La sostenibilitat com a deure envers les generacions futures

La noció de propietat és adequada per pensar en la nostra relació amb l'entorn natural? Els que encara no han estat concebuts tenen algun dret sobre el món comú? Quins deures tenim respecte a ells pel que fa a la Terra com a lloc comú de la vida humana? La lògica dels estats nació serveix per defensar bé aquest lloc comú? Quins compromisos individuals i col·lectius hauríem d'assumir?

Aquestes i moltes altres preguntes poden acompanyar una reflexió sobre la cura del medi ambient com a **projecte cosmopolita**, és a dir, com a projecte que està per sobre dels interessos i la idiosincràsia dels estats nació particulars.

Proposta de recerca

1 Què en diuen, les ciències de la Terra, sobre l'estat de salut del nostre planeta?

2 Què significa defensar una política cosmopolita? És desitjable? És possible? Com cal fer compatibles els interessos i les necessitats de cada estat amb els interessos i les necessitats de la humanitat en general?

3 Com cal combinar l'ètica mediambiental amb la política? Quins compromisos hem de prendre particularment, amb independència del que estableixin les lleis positives de cada país? Quines relacions cal que tinguin ètica i economia, ecologia i economia?

La realitat II: l'ésser humà

4

En què consisteix *ésser*? Què és, en general, ésser una cosa?

Aquest és el tema de què s'ocupa l'ontologia, la metafísica o la filosofia primera, sens dubte la més abstracta de totes les disciplines filosòfiques.

Fins ara, hem provat de mostrar que la pregunta per l'ésser, amb totes les qüestions que hi estan associades, remet en darrer terme a la possibilitat de pensar i comprendre *les coses que són* en general.

Si, com Heràclit, penséssim que tot es mou permanentment i en tots els sentits possibles de la paraula *moure*, aleshores hauríem de dir que no hi ha ciència en absolut, perquè la ciència té la pretensió d'explicar allò que és regular i estable en la realitat.

Així doncs, per més abstractes que semblin aquestes qüestions, la seva resposta té conseqüències pràctiques importants amb relació a la nostra concepció del món i a la possibilitat de conèixer-lo.

Ara bé, en la unitat anterior ens hem fixat més aviat en la realitat en general i no pas en la condició humana. Quina mena de realitat és l'ésser humà? Tenim algun tret específic i distintiu o, en el fons, som com qualsevol altra cosa del món?

En aquesta unitat, tindrem l'ocasió de donar algun detall de la dimensió metafísica de la condició humana i de la metafísica mateixa com a disciplina problemàtica.

Què soc jo? Reconec els meus creadors: són els meus pares. Això em diu que soc com els meus pares. Però què són els meus pares? Podem remuntar-nos generació rere generació, fins que la pregunta arribi a valer per a tot el gènere humà: què és, doncs, l'ésser humà?

1 Descriu breument una situació en la qual t'hagis sentit considerat pels altres com si fossis una cosa i una situació en la qual tu has considerat algú altre com si fos una cosa.

2 Descriu breument una situació en la qual has considerat una cosa com si fos una persona i una situació en la qual una cosa (una màquina, per exemple) t'ha considerat aparentment a tu com si fossis una persona.

- A què creus que obeeix la possibilitat d'aquesta confusió?

1.1 Què soc jo?

La pregunta "En què consisteix *ésser*?" pot anar dirigida, també, a l'ésser que soc jo, i aleshores l'hauríem d'enfocar d'aquesta manera: "Què soc jo?"

No ens referim a l'ésser concret que soc, que viu a tal ciutat o a tal barri, que és fill d'aquest home i d'aquesta dona, que va estudiar a tal institut, etc., i tampoc no ens referim a l'ofici que tinc ("soc professor" o "soc taxista"), ni a l'activitat que realitzo ("soc estudiant") ni a res que ens distingeixi dels altres éssers humans. Sinó que, en el context d'una ontologia, el que preguntem quan diem "Què soc jo?", és *què soc* en el sentit fort de l'expressió; o sigui, quina mena d'ens són els éssers que tenen la meva mateixa naturalesa.

Una primera aproximació és constatar d'entrada que *soc un ésser que es pregunta què és*.

Que jo mateix sigui un problema explícitament formulat i conscientment considerat per a mi mateix és potser el senyal que soc una mena d'ésser diferent de tota la resta; és potser el senyal que hi ha una certa dimensió problemàtica, irresolta, inacabada, en la meva mateixa condició. Però també podria ser que, en el fons, jo no fos diferent de qualsevol dels altres ens que trobem a la realitat.

El dilema remet a dos problemes associats:

- Primer: la vivència que tinc de mi mateix com a ésser lliure, almenys en el sentit d'indeterminat, és un miratge o és una manifestació fiable de la realitat de la meva condició?
- I segon: suposant que jo no sigui una cosa determinada com les altres, sinó que pugui decidir el que haig d'arribar a ser, com caldria pensar aleshores la meva relació amb el que no soc jo en general? En altres paraules: si no estic encaixat en el món com la peça d'un puzle en el seu lloc, com cal entendre aquest desencaix?

El primer problema és el de la llibertat i el segon, el de la transcendència.

ACTIVITATS

1 Descriu dues situacions en què has pres decisions que et semblen lliures. A continuació, explica com interpretaria les teves decisions algú que et volgués convèncer que, contra el que tu creus, en realitat no les has preses lliurement.

2 Descriu una situació —viscuda per tu o per algú que coneguis, d'una pel·lícula, o inventada— en què algú s'ha sentit desencaixat o fora de lloc.

3 El concepte de problema pressuposa sempre el concepte de solució? Creus que hi ha problemes que no tenen solució i que, tot i això, continuen sent problemes (és a dir, que no són mers jocs de paraules o paralogismes)?

4 Busca informació sobre el solucionisme tecnològic.
- Quina concepció dels problemes té aquesta teoria?

2.1 Un experiment social per pensar si som lliures

Suposem que som a la sala d'espera del nostre metge, un mes de juliol calorós, amb una temperatura de 30 graus i amb l'aire condicionat espatllat. Pel fil musical se sent un gènere musical que detesto a tot volum. Dues criatures criden i corren per tota la consulta sense que el pare, impassible mentre llegeix mandrosament una revista, faci res per cridar-les a l'ordre. Just després de la visita tinc una entrevista de feina d'una importància vital. La infermera ens avisa que les visites van amb cinquanta minuts de retard...

Suposem ara que, sense que jo n'estigui assabentat, es tracta en realitat d'un experiment que estan realitzant uns psicòlegs que observen a través d'un fals mirall. Volen investigar quant de temps trigarem a manifestar una reacció malhumorada o violenta en unes circumstàncies d'estrès com les que hem descrit. L'experiment pressuposa, així doncs, que, ateses unes circumstàncies ambientals determinades, qualsevol subjecte acabarà reaccionant d'una manera concreta, i el que es vol calcular és el temps que caldrà esperar perquè es produeixi l'efecte previst.

Si el subjecte no respon com s'esperava, voldrà dir que ha tingut la llibertat de sobreposar-se als condicionaments ambientals. O potser, només, que no hem esperat prou temps perquè perdi la resistència i acabi comportant-se com fa tothom.

2.2 La posició determinista

El **determinisme** és la posició segons la qual, si arribéssim a conèixer tots els processos que tenen lloc al nostre cos i al nostre cervell, podríem determinar amb exactitud quant trigaríem a reaccionar d'una manera o altra. El determinisme és, doncs, la posició metafísica —referent a l'estructura completa de la realitat— que nega la llibertat.

Però, aleshores, com és que ara mateix, mentre llegeixo aquestes ratlles, tinc la impressió que puc deixar de llegir-les quan vulgui i, per tant, que l'acte de continuar llegint o el de deixar de llegir depèn enterament de la meva lliure voluntat? No tenim, en efecte, en la vida de cada dia, multitud d'experiències que poden ser descrites planerament com la vivència viscuda en primera persona de la llibertat? El fet mateix que puguem preguntar així, i prendre distància respecte del que ara mateix estem fent, no és ja prou evidència de la presència efectiva d'una voluntat lliure, capaç de sostraure's de la presència immediata de les coses i de les experiències?

La resposta del determinisme a totes aquestes preguntes és que la presumpció que totes aquestes vivències apunten a l'existència efectiva d'una voluntat lliure constitueix una pura il·lusió. La llibertat, sosté el determinisme, és una mera aparença, i, contra el que sovint ens sembla, en realitat les nostres accions són sempre, totes sense excepció, fenòmens *necessaris*.

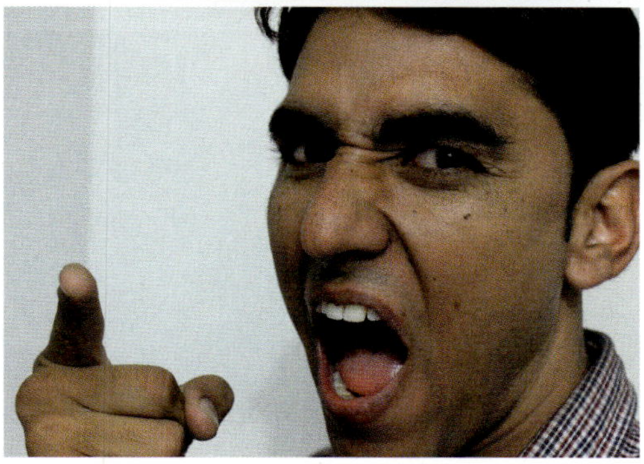

Hi ha realment una diferència qualitativa entre el comportament humà i el comportament animal? L'agressivitat dels humans no és idèntica a la dels gossos? No són, les passions, comunes a tots els animals? I no és això que compartim amb els animals l'única cosa que ens mou a actuar? La impressió que tenim que som lliures no és, en suma, una mera il·lusió?

Si responem la darrera pregunta dient que, en efecte, la impressió que l'espècie humana no és pas com les altres és una mera il·lusió, aleshores estarem defensant una posició *antiespecista*.

El terme *especisme* va ser creat pel psicòleg britànic **Richard Ryder** l'any 1971, i designa l'atribució a l'espècie humana d'un estatus superior a les altres espècies. Molts defensors actuals dels drets dels animals són antiespecistes: defensen que no hi ha diferències entre la dignitat dels animals i la dels humans. Hi ha, tanmateix, alguna manera de defensar el respecte als animals sense negar la diferència qualitativa de la dignitat humana?

Situacions: especisme, drets dels animals.

1 Intenta pensar un experiment social ideat per tu, semblant al que es descriu en el text.

- Creus que aquests experiments violarien alguns límits ètics? Quins?

Els homes de la primera fotografia, en tant que són cossos dotats de massa, cauen per efecte de la gravitació universal, tal com ho faria qualsevol altre cos sense excepció. Aparentment, la decisió de saltar de l'avió ha respost, en canvi, a una decisió lliure. Segons el determinisme, es tracta d'una falsa aparença, perquè, realment –diuen els deterministes– l'acció de saltar ha estat causada per una cadena de motivacions que té el mateix caràcter de necessitat que la caiguda dels cossos sobre la superfície de la Terra.

Si això fos cert, potser el món tot sencer s'assemblaria a la imatge de la segona fotografia. Però, pot ser, en veritat, tota la realitat, tant la natural com la humana, un mecanisme que funciona com un rellotge?

2.3 El determinisme i el problema de la responsabilitat

El determinisme no és una tesi científica, sinó metafísica, una hipòtesi sobre la realitat referent als motius reals de les nostres accions, la hipòtesi segons la qual no hi ha llibertat.

Ara bé, com que la llibertat és condició de possibilitat de la moral, la seva negació sembla comportar la destrucció de la moral mateixa. En efecte, si estem determinats a comportar-nos com ho fem, no es pot dir que actuem ni bé ni malament.

Per veure-ho, n'hi ha prou de considerar dos exemples:

- El reporter que, enmig d'una guerra que té lloc en un país estranger, decideix mantenir-se al front i exposar amb aquesta decisió la seva vida per donar testimoni de la veritat del que està passant, quin mèrit tindria si la seva acció no depengués de la seva voluntat, sinó de factors aliens a la seva voluntat que el determinen a actuar com ho fa?
- I al violador, amb quina legitimitat li demanarem de retre comptes davant la justícia, si afirmem que el que ha fet ho ha fet contra la seva voluntat, governat enterament per forces que no pot dominar?

Si jo no decideixo, si allò que em determina decideix per mi, no tinc cap responsabilitat sobre les meves accions. En tals condicions, queda alguna base per fonamentar-hi un sistema viable de convivència?

2.4 Tipus de determinismes

El determinisme sosté, doncs, que alguna cosa que no és la meva voluntat determina totes les meves accions. Ara bé, si no soc lliure i estic sotmès al dictat d'una altra cosa, quina és aquesta altra cosa que decideix per mi? Segons com responguem, tenim quatre tipus diferents de determinisme: materialista, social, de l'inconscient i teològic.

A El determinisme materialista

Segons el **determinisme materialista**, l'única diferència que hi ha entre la matèria inerta i la matèria viva, i entre la vida no humana i la vida humana, és el grau d'organització. La ment, segons això, és només una part del cos, la manifestació de fenòmens estrictament corporals. D'acord amb aquesta tesi, som només cos, som només substància material —d'aquí que qualifiquem aquest determinisme de materialista—, i, per tant, estem subjectes a les mateixes lleis impersonals que regeixen sobre tots els cossos sense excepció.

Així, per exemple, per més espirituals que ens semblin determinades vivències humanes, com el gaudi estètic o l'amor, *en el fons* no són res més que reaccions fisicoquímiques. En la realitat no hi ha més que matèria, i això fa que qui pogués conèixer a fons la nostra composició podria predir la nostra conducta amb la mateixa precisió que un farmacèutic prediu la reacció del cos a un determinat medicament.

2 Creus que algun dia l'espècie humana podrà arribar a saber-ho tot? Si això passés, l'activitat filosòfica continuaria tenint sentit? Quines altres coses creus que deixarien de tenir sentit? Enumera-les.

3 Com definiries la paraula *matèria*? Què vol dir, així doncs, que l'ésser humà és *només* matèria?

B El determinisme social

El **determinisme social** sosté que l'entorn social prefigura el pensament perquè prengui decisions que poden semblar lliures però que no ho són. El **materialisme dialèctic**, teoria de Karl Marx (1818-1883) sobre la història, defensa posicions similars a aquesta.

Segons aquest determinisme, les nostres condicions materials de vida determinen la nostra *visió del món* i la nostra *manera d'actuar*. Per il·lustrar-ho, considerem dues persones diferents. La primera pertany a una família benestant, mai no ha passat gana ni sap què és sentir-se vulnerable. La segona ha crescut en una família desestructurada i en un entorn violent i sempre ha passat gana. Si la primera resulta més sociable, és mèrit seu? I si la segona arriba a caure en la delinqüència, serà perquè ho haurà escollit? N'hi podem donar realment la culpa? O és la societat qui l'ha fet així?

La feblesa d'aquest determinisme és que tendeix a confondre *condicionar* amb *determinar*: si hi ha **determinació**, de la confluència d'una sèrie de factors se segueix *necessàriament* la presa d'una decisió concreta; en canvi, si només hi ha **condicionament**, donats els mateixos factors, la decisió del cas és fàcil que es doni, però *no necessàriament*. La condició social ens condiciona, però, si ens determinés, persones diferents actuarien sempre de la mateixa manera sota les mateixes circumstàncies, i això no sembla que passi.

C El determinisme de l'inconscient

La **teoria psicoanalítica**, creada per Sigmund Freud (1856-1939), sosté que les decisions que semblen lliures en realitat estan governades per l'inconscient. L'inconscient és la part de la vida psíquica del subjecte que compleix aquestes dues condicions:

- No apareix en el subjecte com a element de la vivència.
- Encara que el subjecte ignori la seva existència, determina la seva presa de decisions.

El cas paradigmàtic és el de les experiències traumàtiques: com que són doloroses, la ment les reprimeix i les oculta als ulls de la consciència, però continuen determinant les pautes de conducta. Així, per exemple, algú que de petit va ser víctima d'abusos i no se'n recorda pot experimentar igualment repugnància per les relacions íntimes sense saber per què.

D El determinisme teològic

Segons el teòleg francès Joan Calví (1509-1564), estem predestinats: en el mateix moment de néixer ja està decidit (per Déu) si ens salvarem o ens condemnarem, i no hi podem fer res per canviar-ho. El **calvinisme** afegeix que els escollits tindran ja benaurança en la vida terrenal, i per aquest motiu els calvinistes busquen sense descans l'èxit en aquesta vida (incloent-hi l'econòmic) com a senyal positiu del seu destí.

Com que tots dos estan sotmesos a les mateixes condicions socials de vida, i com que tots dos són pobres, hem de concloure que les seves vides es veuran determinades de maneres semblants? Que tots dos es veuran empesos a la delinqüència? O a les addiccions? O a l'explotació? Més aviat sembla un judici injust per als pobres pressuposar que les seves condicions de vida els portaran a robar o a mentir. És que no hi ha també lladres d'etiqueta, polítics corruptes, rics despietats?

És de debò que les nostres condicions materials de vida determinen per endavant les nostres decisions?

D'altra banda, no és cert que sovint els rics (en un sentit relatiu, en comparació amb els nens de la fotografia) o, almenys, els que vivim en grans ciutats acostumem a respondre de maneres semblants davant les mateixes circumstàncies? No és cert que a les grans ciutats ens creuem cada dia amb centenars de persones que no considerem mai com a éssers humans, sinó que experimentem com si fossin elements del mobiliari urbà? No ens porta la massificació a la indiferència davant la sort que puguin córrer els altres?

En altres paraules: si bé, potser, no ens determinen, no és cert que l'entorn social condiciona enormement la nostra manera de conduir-nos?

Situacions: educació, socialització, drets humans, deshumanització, pobresa, fenòmens socials, ètica i política, conflicte.

4 Feu un cinefòrum sobre una d'aquestes dues pel·lícules d'Alfred Hitchcock: *Spellbound* (1945) o *Marnie* (1964). Comenteu els elements freudians que hi apareixen.

5 Què diferencia i què fa iguals els diferents determinismes? Feu una taula comparativa en què, de cada tipus de determinisme, s'explicitin la tesi principal, un exemple, les dificultats que comporta i els autors que l'han defensat.

L'indeterminisme radical diu que no hi ha essència humana, que realment no som res, fora d'allò que nosaltres fem de nosaltres mateixos. Cada individu ha de fer-se a si mateix a partir de les peces que vulgui i afrontar amb determinació l'angoixa que produeix la indeterminació. Així ho defensa **Jean-Paul Sartre** (1905-1980).

En el mateix sentit, **Simone de Beauvoir** (1908-1986) va escriure que "la dona no neix, es fa". Un primer sentit de la sentència és que els rols socialment assignats a les dones perpetuen una estructura masclista i que l'alliberament de les dones demana, doncs, una nova educació.

Més tard, la filosofia del gènere afirmarà que el gènere és independent del sexe biològic, que cadascú ha de construir la seva pròpia identitat més enllà de les cotilles imposades per la distinció binària d'home i dona. Pel feminisme clàssic, aquesta doctrina perjudica les dones perquè les torna a fer invisibles.

Situacions: educació, drets humans, gènere, aïllament, exhibició, narcisisme, alienació.

ACTIVITATS

1 Si el determinisme suposa problemes seriosos per als conceptes de responsabilitat moral i política, quin tipus de problemes es podrien derivar de la tesi de l'indeterminisme radical?

2.5 La posició indeterminista

L'**indeterminisme** sosté que l'acció humana, que pot estar condicionada per factors materials, socials, psicològics, etc., manté, tanmateix, un reducte que no està determinat ni per aquests factors ni per cap altre, sinó que depèn de la **voluntat** humana mateixa.

La posició indeterminista sosté que la vivència de la llibertat és tan forta, que, en lloc de provar de reduir-la a una mena de causalitat, el més natural és, simplement, reconèixer-la i acceptar que, en l'estructura mateixa de la realitat i en la seva manera de donar-se'ns, el fenomen de la llibertat ja hi està inscrit.

Com hem vist, el determinisme fa problemàtica la noció de responsabilitat: si mai no soc jo qui decideix lliurement, sinó els altres — la naturalesa material, la pressió social, l'inconscient, Déu—, quin sentit té que algú em demani compte de les meves accions?

L'indeterminisme defensa millor la noció de **responsabilitat**. Veurem que això admet, tanmateix, plantejaments molt diversos.

2.6 Un cas peculiar: l'indeterminisme radical

Que l'indeterminisme reconegui la llibertat com una realitat del món, no vol dir necessàriament que negui la realitat d'altres tipus de causalitat, com l'empírica o la social.

Però hi ha un cas extrem: l'indeterminisme radical diu que la vida és, irreductiblement, indeterminació i que, per tant, sotmetre's a qualsevol limitació és degradar la pròpia vida. Segons això, l'ésser humà superior és un artista creador del món i de la pròpia vida.

Ja que no hi ha res que limiti o determini les possibilitats humanes, des de la indeterminació absoluta que soc puc viure en la gratuïtat de donar-me espontàniament a la vida, sense tenir en compte lleis ni normes.

Aquesta doctrina és el **nihilisme** teoritzat per **Nietzsche** (1844-1900). Hi ha posicions semblants, però més moderades, en totes les filosofies **existencialistes**, la tesi principal de les quals és que, *en l'home, l'existència —el fet de trobar-se llançat en el món— precedeix la seva essència*, de manera que la llibertat humana consisteix a mantenir la independència respecte de tota determinació.

Amb molts matisos segons els casos, els existencialistes acaben defensant una posició de resolució o heroisme davant la nàusea o l'angoixa que ens provoca la nostra indeterminació. Hi ha diversos tipus d'existencialismes:

- De tonalitat cristiana, com Soren Kierkegaard (1813-1855).
- D'inspiració neopagana, com Martin Heidegger (1889-1976).
- Manifestament ateus, com Jean-Paul Sartre (1905-1980).

3.1 Els elements immanents i transcendents del fenomen

El **fenomen** o l'aparició se'ns dona sempre segons certs elements estructurals. Sempre hi podem distingir 1 allò que es dona; 2 aquell a qui es dona; 3 la relació entre 1 i 2.

L'aspecte 3 i el concepte de *fenomen* són pràcticament dues maneres de dir el mateix, ja que el fenomen sempre és una relació entre 1 i 2.

Però tant allò que es dona, com aquell a qui es dona apareixen de manera *incompleta* en el fenomen; són, com hem dit anteriorment, *apuntats*, però no apareixen com una cosa.

Així, per exemple, en el fenomen de la percepció d'una taula, és perfectament correcte dir que veiem una taula, i no pas una cara de la taula. Però, en sentit estricte, la percepció sencera de la taula, la percepció de la taula des de tots els seus punts de vista simultàniament, no es dona ni es pot donar mai.

La taula és, doncs, una cosa pressuposada, *apuntada* en el fenomen, una cosa a la qual el fenomen apunta, però que en sentit estricte no es dona mai *dins* del fenomen. Es pot dir, doncs, que:

- El Tot de la taula és **transcendent** a la percepció de la taula mateixa: la percepció del fenomen de la taula *apunta* a alguna cosa que no es troba continguda en el fenomen mateix.
- Per contra, les "cares" de la taula, que sí que formen part del fenomen, són **immanents** a la percepció de la taula.

Observa les ratlles irregulars i lluminoses a sobre de l'església. Què hi veus? Un llamp, potser? Però és de debò això, el que se'ns mostra? Potser una persona d'una altra època, que ignorés la naturalesa de l'electricitat, pensaria que el que veiem és la ira de Déu o l'atac del dimoni. I, per cert, podem veure l'electricitat? La resposta és no i sí: no, perquè el que veiem és llum; sí, perquè el que veiem apunta a allò en què consisteix en el fons. L'element transcendent del fenomen és "visible" només a través de l'element immanent del fenomen. Al mateix temps, nosaltres, que ho veiem, però que no apareixem en l'escena, som d'alguna manera presents com a espectadors, i el fet de veure-hi apunta a la nostra presència com el que som.

3.2 La transcendència del món

La paraula *transcendència* ve del llatí TRANSCENDENS, format pel prefix TRANS-, que vol dir "d'un costat a l'altre", i el verb SCENDERE, que vol dir "escalar o grimpar": si *descendir* i *ascendir* signifiquen, respectivament, baixar i pujar pel vessant d'una muntanya, *transcendir* és creuar la carena: anar, del vessant on ens trobem, a l'altra banda, al vessant que mai no veiem si ens limitem a pujar i baixar per la cara visible de la muntanya. El món —com la taula— és sempre transcendent al vessant visible per on pugem i baixem, a allò que se'ns apareix en el fenomen.

1 Fes una llista de totes les coses que no apareixen ara, en aquest precís moment, en la teva vida i que, no obstant això, es podrien deduir del que apareix en la teva consciència.

2 Podríem sortir de casa nostra i anar a l'escola si no fos perquè, d'una manera o altra, confiem que les realitats que deixem enrere continuen existint? Com les arrosseguem amb nosaltres? On són? Justifica les teves respostes.

3.3 La transcendència del jo

I amb el subjecte perceptor passa el mateix: per bé que tot fenomen es dona a un receptor, el receptor (*jo*, que veig la taula) no apareix com a tal en l'aparició del fenomen. Així, cap de les cares percebudes de la taula no és pas el jo, per bé que sense jo no hi hauria percepció de cap d'elles en absolut. El jo és, com el món, un element transcendent de l'estructura de l'aparició.

Aquestes tres cares de l'actor americà John Wayne són realment del mateix actor? Ja que les tres fotografies presenten homes d'aspectes diferents, es tracta del mateix actor? Per a poder dir-ho, hauríem d'admetre que les tres aparicions apunten al mateix ésser humà, però això és precisament el que neguen els immanentismes.

3.4 Els elements immanents del fenomen

El fenomen té també aspectes immanents o interiors, que es poden trobar *en* l'aparició mateixa com a parts senceres.

Les cares que la taula em va oferint són parts immanents de la percepció de la taula: es troben senceres *dins* de l'aparició. Els elements que envolten la taula —el terra, les parets, les cadires, el gerro al seu damunt—, tot i no formar part del centre d'atenció de la nostra percepció, són igualment immanents a aquesta: es troben "en el rerefons" de la percepció i en formen part.

De *immanència*, que ve del llatí IMMANENS i vol dir "allò que roman dins", en provenen paraules com *romandre* o *masia*.

- És **immanent** al fenomen tot allò que pot ser descrit en les seves parts com a part de l'aparició.
- És **transcendent** al fenomen tot allò que només pot ser indicat com a estructura apuntada o suggerida en el fenomen.

Els continguts que es poden descriure com a coses són parts immanents o internes a l'aparició; el jo o el món, en canvi, són elements transcendents a l'aparició, tot i formar-ne part com a components estructurals necessaris.

3.5 Metafísiques transcendentalistes i immanentistes

- Una posició metafísica és **transcendentalista** quan concedeix cert tipus de realitat als elements estructurals apuntats en l'aparició. Aquests elements (món i jo) són, aleshores, considerats estructures transcendentals, dotades d'una entitat pròpia més enllà del fenomen mateix, i el fenomen passa a entendre's com el lloc on apareix la relació entre l'ésser humà i el que no és ell, és a dir, el lloc de lligam entre l'ésser humà i el món. Aquesta posició dona origen tant a teories del coneixement idealistes com realistes. (En parlarem en la unitat 11).
- Una posició metafísica és **immanentista** quan defensa que l'única cosa que té autèntica entitat, autèntica realitat, són els elements immanents: fora de l'aparició i del seu joc de desplegaments en el temps, *no hi ha cap tipus de realitat ni d'ésser*.

Ja que només concedim entitat a allò immanent del fenomen, la realitat es pot pensar prescindint absolutament dels conceptes de jo i de món. Ara, si jo i món en realitat no són res, com és que en parlem? Segons l'immanentisme, sembla que els fenòmens *apuntin* més enllà del visible només sobre la base d'hàbits lingüístics, costums i maneres de parlar històricament rebudes.

Així, per exemple, **David Hume** (1771-1776) i **Friedrich Nietzsche** (1844-1900) proposen prescindir de l'hàbit d'atorgar cap mena de realitat a conceptes com el de *Jo* o com el de *Tot*.

3 Els conceptes *immanent* i *visible* abasten el mateix? Tot allò que és immanent és visible?

ACTIVITATS

1 Fes una descripció detallada de l'activitat que fas mentre realitzes aquesta activitat, tot distingint els elements immanents dels transcendents.
- Pots trobar el sentit del que fas sense considerar els elements transcendents? Justifica la teva resposta.

4.1 El cosmos com a articulació del jo i el món

Hem vist que la investigació metafísica no es limita solament a investigar les estructures apuntades indirectament en el fenomen (el jo i el món), sinó que inclou també una investigació sobre l'articulació *entre* aquestes dues estructures, és a dir, entre l'ésser humà i el món com a elements d'una sola unitat.

Aquesta unitat tradicionalment s'anomena "cosmos", mot que designa, no la realitat aliena a l'ésser humà, i ni tan sols aquesta realitat incloent-hi l'ésser humà com un element més, sinó, de manera ben precisa, *l'encaix de l'ésser humà en aquest món*.

La metafísica és, per tant, la investigació sobre el cosmos, considerat des del punt de vista de la manera com l'ésser humà es troba en el món. Si considerem les dues possibilitats més extremes, podem dir que s'hi pot sentir ben encaixat, com a casa, o bé totalment desencaixat, com un estrany. En això, com veurem tot seguit, hi ha una diferència crucial entre la cosmologia antiga i la moderna.

Quin és el lloc de l'ésser humà al món? Som, com volien els antics, una part del món? O més aviat hi ha alguna cosa immunda, alguna cosa que ens fa fora del món i ens converteix en un "animal malalt" (Nietzsche), tal com volen alguns existencialistes del segle XX? Què és el món com a lloc on som i què és l'ésser humà com a ésser que pregunta pel seu lloc al món són preguntes de les quals s'ocupa la metafísica.

4.2 La cosmologia com a estudi del lloc de l'ésser humà al món

En grec, KOSMOS significa ordre, l'harmonia entre les parts i el Tot. El seu antònim és KHAOS, que en grec designa un abisme que tot ho engoleix i tot ho aniquila. La realitat té així, per als grecs, una dimensió tràgica i agònica, perquè l'ordre està sempre amenaçat pel caos com a força activa que duu les coses a la desfeta i a la mort.

Contra la lletjor de les coses en descomposició, el tret visible del món és la bellesa. I l'ésser humà, que contempla la bellesa del món, està marcat igualment per la seva condició tràgica: *en lluita per tenir una vida bella a imatge i semblança del cosmos, viu sempre amenaçat per les forces del caos i la destrucció*.

Per aquest motiu, la reflexió antiga sobre el món és, al mateix temps, reflexió sobre la possibilitat sempre precària de viure una vida bella. Per als grecs, un home *savi* és un *home de món*: algú que es troba ben encaixat en el món i que, per aquest motiu, viu en pau amb si mateix i amb el món.

I, tanmateix, la dels grecs no és pas la darrera paraula sobre la qüestió.

1 Creus que hi ha algunes "lleis", no en el sentit de lleis científiques, sinó en el de "maneres de viure", que ens vinculen tots els humans entre nosaltres i tots els humans respecte a la natura? Justifica la teva resposta. En cas que la teva resposta sigui afirmativa, intenta enunciar-ne alguna.

A l'antiguitat, la deessa Minerva –l'Atena dels grecs– simbolitzava la saviesa. I la saviesa consistia, sobretot, a viure en harmonia amb el cosmos, això és, correspondre amb la nostra acció a l'harmonia amb el tot.

4.3 La crisi de la cosmologia antiga

Als segles XV i XVI, en el Renaixement, conflueixen tres fenòmens que constitueixen una revolució decisiva en la història cultural europea. Són l'humanisme, la Reforma i la revolució científica.

Sense que puguem entrar-hi en detalls, diguem només que la crisi de la ciència aristotèlica en aquests segles dona lloc a una nova visió del món elaborada per la nova ciència, que comporta també una nova visió del lloc que ocupa l'ésser humà en el món.

Pertanyen realment tots aquests nens al mateix món? L'educació que reben els introdueix a tots al mateix món? Hi ha realment un món comú? O la visió de les coses que tindran estarà irreductiblement determinada pels costums, la llengua, els valors i el sentit de vida que els donarà el lloc on han nascut?

Situacions: educació, socialització, diversitat cultural, postveritat, coneixement, vida virtual.

2 Creus que un boiximà i tu viviu en el mateix món?

ACTIVITATS

1 La ciència moderna pot acceptar una pluralitat de punts de vista sobre la veritat del món? Creus que la ciència moderna és fruit d'una cosmovisió més o creus que és alguna cosa universalment vàlida? Justifica la teva resposta.

2 Creus que els diferents mons culturals i històrics formen part d'un sol món? O més aviat creus que no existeix cap perspectiva supracultural des de la qual es puguin comparar totes les cultures?

4.4 La cosmovisió mecanicista moderna

Per a la visió antiga del món, el cosmos és un organisme on tot es desplega en un moviment de realització i plenitud, com la llavor que es fa arbre.

En la visió de la ciència nova, el món passa a ser un mer mecanisme, com un rellotge mogut per forces cegues que no acompleixen cap fi. La naturalesa ara és concebuda com un espai buit on hi ha partícules materials entre les quals es donen relacions d'atracció i de repulsió purament mecàniques en un dinamisme en virtut del qual la matèria s'estructura en entitats cada cop més complexes.

En el món antic, l'ésser humà es mou com tots els éssers a la consecució del seu fi, que és la vida contemplativa. En el món modern, tot és moviment mecànic sense fi. Per això mateix, ara se sent fora de lloc: l'ésser que viu amb relació a fins se sent desencaixat en un món sense fins. O és que ens caldrà conformar-nos a ser meres peces d'un engranatge sord i cec?

Sigui com sigui, la visió moderna del món ens porta a experimentar que entre nosaltres i la resta de coses s'obre una escletxa, un abisme.

4.5 La filosofia de les cosmovisions com a problema

Acabem de dir que el cosmos ja no és model de vida harmònica: la naturalesa no apunta ja cap finalitat a la vida humana. Però si la finalitat no és natural, no deurà ser, doncs, cultural i, per tant, artificial?

Això és el que defensa **Wilhelm Dilthey** (1833-1911). Segons ell, tota visió de la totalitat és una cosmovisió, però de **cosmovisions** n'hi ha moltes, totes històricament i culturalment determinades i, per tant, contingents. Si la història europea s'havia entès ella mateixa, fins al segle XIX, com una aventura èpica a la conquesta de la veritat sobre el món, és a dir, d'una única i definitiva visió del món, la filosofia de les cosmovisions sosté que la **pluralitat de cosmovisions** és **irreductible**. Hi ha una pluralitat de representacions del Tot i són incommensurables entre si, en el sentit que cap afirmació que faci una no es pot jutjar des d'una altra.

Totes són imatges del món igualment legítimes. I defensar això equival a defensar el **culturalisme**, és a dir, un relativisme segons el qual els valors i les representacions d'una cultura tenen validesa només dins d'aquesta cultura i no poden ser jutjats des de fora. Per exemple, la visió que una cultura té de les relacions entre homes i dones no pot ser jutjada des d'una altra cultura.

Segons això, no hi ha un sol món, sinó tants mons com cultures. De manera que la pretensió de la metafísica per aclarir el món comú resulta vana. Caldrà, doncs, que aixequem l'acta de defunció de la metafísica?

5.1 Fenomenisme, culturalisme i el caràcter problemàtic de la metafísica

Com hem vist, ésser i fenomen tenen el mateix abast: *tot el que és, és fenomen*. Però, quan ho hem explicat, hem posat d'exemple només coses experimentades a través dels sentits, com la taula. Això pot dur a confusió, perquè seria un error pensar que per fenomen hem d'entendre *només* l'experiència sensible.

Si ens refiéssim *exclusivament* d'allò que es dona als sentits corporals, aleshores confiaríem *exclusivament* en els aspectes immanents del fenomen —i no pas en els transcendents—, perquè, per definició, els aspectes transcendents (la taula o l'amor *com a unitats*) s'escapen sempre d'allò explícitament donat en la recepció sensible.

Aquesta idea que considera reals només els aspectes immanents del fenomen (els accidents, i no pas les substàncies), que abans hem qualificat d'immanentista, es coneix amb el nom de **fenomenisme**.

Sense ser el mateix, el fenomenisme porta al **culturalisme**: ja que no és immanent a cap fenomen, el Tot només pot ser una mera imatge construïda segons maneres de representar la realitat totalment dependents de la cultura a què un pertany. No hi ha una representació vertadera del Tot, sinó que totes són sempre (per a les altres) meres aparences. La pretensió mateixa d'explicar la realitat com un tot resulta, aleshores, vana: *la metafísica esdevé un esforç inútil, una mera il·lusió*.

Sense negar el caràcter problemàtic de la metafísica, provem de considerar la noció d'experiència d'una manera que ens ajudi a entendre com és que, malgrat el que acabem de dir, es continuï fent confiança en la seva viabilitat.

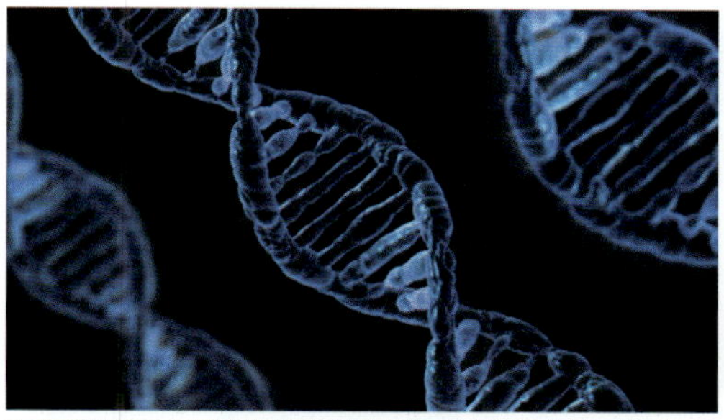

Per "fenomen" no entenem només una "experiència sensible". No tenim experiència sensible de l'ADN, però a través de la nostra voluntat d'escrutar la realitat podem "fer aparèixer" parts de la realitat que no apareixen "a primera vista", però que, d'alguna manera, hi han d'estar apuntades o ens deixen senyals. Per això, la realitat és el desplegament del fenomen en el temps: no allò que apareix en un moment donat, sinó allò que "va apareixent" en el temps. L'ésser humà descobreix noves zones de manifestació, com, per exemple, les de les coses minúscules o llunyanes, i fins i tot aquelles de les quals no tenim experiència sensible, com el nombre zero o la llibertat.

1 Fixa't en el bolígraf amb el qual estàs escrivint.

a D'aquesta percepció, què t'apareix a través dels sentits?

b Què forma part de la percepció, però no apareix a través dels sentits?

c Quina relació creus que es pot establir entre els elements de les dues llistes?

5.2 Ampliació de la noció d'experiència

La tesi fenomenista ens dona una realitat disminuïda; per exemple: "llibertat" o "nombre zero" resulten ser expressions buides. Ara bé, és evident que per a la major part dels éssers humans aquestes dues paraules anomenen coses reals. Així doncs, per a no haver d'admetre tan fàcilment que gairebé tothom s'enganya, provem d'ampliar l'extensió de la noció d'experiència.

Atenent l'etimologia del mot, per *fenomen* hem entès la realitat mateixa en el seu conjunt, en tant que se'ns dona sempre com un "sortir a la llum" des d'un fons de foscor. Així, per exemple, la taula *surt a la llum* a través de les seves cares, que la fan visible, encara que no sigui cap de les seves cares i ni tan sols la suma de totes.

Però què passa amb les realitats abstractes o transcendents com ara nombre, llibertat o Déu? Podem dir que hi ha experiències que *hi apunten*, de manera que les podem reintegrar en l'estructura de la realitat? O hem de dir que en realitat no són res?

Pensar és una cosa que es fa i discorre en el temps, i implica un esforç de comprensió d'allò que en cada cas es considera. La concentració que demana posar en joc tota la persona que pensa, fins al punt que la postura corporal o l'alternança de postures corporals entre moments de tensió i moments de distensió formen part de l'exercici de pensar. El dubte, la curiositat, la seguretat, la inseguretat, la confiança, la frustració, la sensació de veure-hi clar i l'ofuscació són alguns dels ingredients, entre molts altres, que poden formar part de l'exercici de pensar.

2 Pots trobar-te amb un nombre? Si fos possible, què voldria dir això? Pots trobar-te amb la teva llibertat? Si fos possible, què voldria dir això? Una resposta negativa a aquestes preguntes implica que aquestes coses "no són res" o que no existeixen?

5.3 El pensament com a experiència

Ja que el subjecte *a qui* apareix el fenomen és constitutiu de l'estructura del fenomen, és evident que en tot fenomen hi ha experiència per part del subjecte. Del fenomen, en fem experiència *sempre*.

Com que això és així, per *experiència* cal entendre, no solament la percepció sensible, sinó també la nostra captació del *qualsevol* fenomen, espacial, temporal, concret, abstracte, immanent o transcendent. Així, per exemple, en la captació del nombre zero, que òbviament no és sensible, hi ha d'haver experiència per força, perquè, si no, no hi hauria captació.

Així doncs, cal que ens preguntem a quines experiències remeten, si és el cas, les nocions de "Déu", "llibertat", "tot" o "nombres imaginaris".

Si per *realitat* entenem una presència sensible, és evident que no puc tenir experiència d'aquestes entitats, perquè totes es donen en el fenomen com a *entitats apuntades*, estructures possibles del pensament humà, però no com a coses davant dels ulls.

Ja que la realitat va més enllà de les coses percebudes sensiblement, també de les coses possibles hi ha d'haver fenomen i, per tant, experiència.

Considerem, per exemple, l'activitat intel·lectual. Ara mateix, mentre provem d'entendre el text que estem llegint, allò que es fa present —el fenomen— és el sentit de les paraules del text. Pot ser que, de moment, aquest sentit resulti encara confús per al lector, que encara no entengui bé el que el text vol dir, però, fins i tot així, l'esforç mateix de comprensió (que el lector orienta no cap a si mateix, sinó cap al sentit del text) apunta també al lector com aquell per a qui el text prova de treure a la llum el seu sentit.

Fer l'esforç d'entendre el que es llegeix és una forma de pensar. L'exemple ens mostra, així doncs, que també el pensament és una experiència: els continguts del pensament *apareixen* i *apunten*, d'una banda, al seu sentit i, de l'altra, al subjecte que pensa.

Tornem, però, a les nocions següents: nombre, llibertat, Déu, món.

Són aparences com vol el fenomenisme o apareixen de debò?

Sigui com sigui, parlem de totes i entenem aproximadament a què ens referim quan les pronunciem, de manera que formen part, sens dubte, de la realitat, ja sigui en un sentit vertader o com a mostres de la possibilitat d'engany pel que fa a les estructures de la realitat.

La segona possibilitat, que són meres aparences, és la que sostenen els fenomenistes. Mirem, per a cadascuna d'aquestes nocions, a quines experiències remeten els que les consideren com a parts vertaderes de la realitat.

5.4 L'experiència dels nombres

Considerem el nombre 4. El concepte "nombre 4" és totalment abstracte: no se'ns dona a través de "cares" que se'ns revelen en el nostre moviment, ja que no és un objecte espacial.

Si entenem l'"experiència" com a realitat efectiva en el sentit restringit (que sempre és espaciotemporal), no podem tenir cap experiència del nombre 4. Si emeto el judici "Aquí hi ha quatre pomes", del que tinc experiència sensible és de les pomes, però *no tinc experiència sensible del 4.*

Ara bé, tot i que el concepte "4" no forma part sensible del fenomen, sí que tenim en el pensament una ordenació o classificació de les pomes en virtut d'una entitat de la qual fem experiència *en el pensament*.

De fet, el concepte "4" és un fenomen fins a tal punt que té modalitats diferents de donar-se en el coneixement. Aquestes modalitats diferents no tenen res a veure amb les "cares" de la taula de l'exemple del fenomen perceptiu.

Les diferents "cares" dels nombres

Aquell que entén el concepte de "4" en el sentit que sap operar amb aquest nombre amb encert en els càlculs té una donació diferent que aquell que entén la seva definició aritmètica com un element dels nombres naturals: són dues donacions diferents del concepte "4".

Aquestes donacions consisteixen en *aproximacions* diferents en la meva comprensió de l'entitat abstracta "4": puc comprendre el concepte des d'una experiència merament utilitarista (quan l'utilitzo per a calcular sense preguntar què és), però també el puc comprendre des d'una experiència de comprensió completa (el dia que l'entenc amb plenitud com a element de la sèrie dels nombres naturals).

Es tracta, de fet, d'una experiència molt comuna en l'aprenentatge de les matemàtiques: sovint tenim, dels conceptes abstractes, una aproximació que ens permet usar-los sense comprendre'ls, i per això té tanta força l'*experiència de pensament* que fem el dia que, a més d'utilitzar-los, arribem a *entendre'ls*.

De la mateixa manera que la taula se'ns va donant a través de cares, els objectes abstractes se'ns donen en l'experiència del pensament a través aproximacions de la comprensió, que en filosofia anomenem **graus de compliment**: no solament passa que entenc o no entenc un concepte, sinó que, a més, quan l'entenc, el puc entendre més o el puc entendre menys.

Aquestes estructures de compliment permeten entendre totes les entitats que van més enllà del concepte de la realitat efectiva com a estructures apuntades en el fenomen, tot i ser transcendents a aquest.

Quants 8 veus en la imatge? Suposem, per un moment, que en veiessis 8 (que no és el cas). Tindríem, aleshores, tres sentits de la paraula *vuit*. El primer, les peces en forma de 8, que, en realitat, no són el nombre vuit, sinó (cadascuna) un objecte material que té la forma del símbol amb què ens referim al nombre 8 (el símbol podria ser VIII en comptes de 8 o un altre). El segon, la donació de les peces en forma de 8 com a essent de fet vuit, donació que ja no és experiència sensible (el que veiem són les peces), sinó experiència de pensament. I el tercer, tant les peces vistes com aquesta experiència de pensament apunten al nombre vuit, del qual podem dir que és parell, etc. Aquest darrer sentit també és una experiència de pensament, però diferent de la del fet que hi ha vuit peces amb aquesta forma. El vuit com a objecte abstracte presenta, doncs, dues "cares" diferents, per bé que no són cares sensibles.

3 Ha quedat clarament establert que els nombres i els conceptes abstractes matemàtics no són coses i que no poden ser entesos com a coses. Però què comparteixen amb les coses? Creus que això que comparteixen és un element suficient per a considerar-los elements d'allò que en la unitat hem anomenat "fenomen"? Serien parts transcendents o immanents?

En les societats democràtiques i liberals, les llibertats estan protegides per la llei. Una d'aquestes llibertats és la del dret de manifestar-se. Una altra, el dret al vot.

I, tanmateix, quan anem a votar o quan ens manifestem a favor de tant se val quina causa, és de debò que estem actuant lliurement? La resposta que donem és realment pròpia d'una voluntat lliure o acostuma a ser més aviat una resposta emotiva provocada sovint per la manera com els governants i els mitjans de comunicació posen els accents a l'hora de dirigir els seus discursos, o de construir els seus relats o de presentar les seves notícies a la consideració de l'opinió pública?

La visió de conjunt de la realitat que orienta les meves decisions és en veritat "meva" o més aviat m'arriba ja sempre manipulada per estructures de poder —personals o impersonals— que, sense que jo en sigui conscient, delimiten per endavant el marc mental estret en què convé a aquestes estructures que jo consideri totes les alternatives? Podem, doncs, exercir realment la nostra llibertat?

Situacions: educació, socialització, diversitat cultural, ciència, postveritat, coneixement, vida virtual, fake news.

4 Creus que ets lliure? En cas de resposta negativa, què et caldria per a ser-ho?

5 És equivalent el concepte de "llibertat" amb el concepte de "fer el que em dona la gana"? Tant en cas afirmatiu com negatiu, justifica la teva resposta.

5.5 L'experiència de la llibertat

En quines vivències experimentem la llibertat?

Tenim sensacions de plaer i de dolor, estats emotius i altres vivències que ens enfronten, per dir-ho així, a coses que ens passen. Però tenim també la vivència de *sentir-nos obligats* a fer coses que, tanmateix, estrictament parlant, *podem no fer*.

En efecte, pel que fa a les obligacions (personals, familiars, socials), sentim, d'una banda, que tenim un marge de joc, que *podem complir o no complir*, i això és una cara de l'experiència de la llibertat, però sentim, també, que alguna cosa ens ordena complir, que *hem de* complir, i això és una altra cara de l'experiència de la llibertat.

Aquestes dues cares —potser hi podríem afegir les vivències de la vergonya i del remordiment, entre d'altres— *apunten* a la llibertat com a realitat transcendent que constitueix una dimensió irreductible de la condició humana.

Ara bé, si neguem tota entitat a allò apuntat, aleshores l'única cosa que ens quedarà de la llibertat són les vivències o experiències sensibles (l'estremiment en el cas de la vergonya, la pressió a la gola en el del remordiment, etc.), que, com a tals, pertanyen del tot a l'ordre dels fenòmens naturals. En altres paraules: *si la llibertat a què apunten aquestes experiències no existeix, tal com pretén el fenomenisme, aleshores la llibertat no existeix en absolut, i el que anomenem "llibertat" és només una falsa aparença.*

La pregunta per la llibertat ens situa davant d'una tasca doble:

- La consideració de la naturalesa humana (en el dilema entre determinisme i indeterminisme).
- La reflexió sobre les normes morals i la possibilitat o no de trobar per a aquestes un fonament racional.

La llibertat i les estructures de compliment

Sentir-nos obligats a fer alguna cosa, quan sentim que, *de fet*, podem no fer-la, constitueix l'experiència del **deure**: l'imperatiu d'actuar contra certes inclinacions naturals que trobem en nosaltres mateixos —com la covardia o la mandra—, d'acord amb alguna cosa que és més alta que nosaltres i les nostres inclinacions.

Aquesta remissió a una possibilitat més alta, davant la indigència del moment present, és una estructura de compliment en el sentit explicat al final de l'apartat anterior.

Sentir-se lliure és sentir que:

- Hi ha alguna cosa en mi que encara està per decidir.
- És a mi a qui correspon realitzar-la.

Totes les experiències que remeten a Déu tenen aquesta mateixa estructura. Considerem-ne tres en l'apartat següent.

5.6 L'experiència de Déu

A Déu com a causa primera

L'experiència ens mostra que entre determinats fenòmens hi ha una relació de causa i efecte. Ja sigui perquè la forma com pensem les coses en general ens les fa pensar així, ja sigui perquè ens hem acostumat a veure-les d'aquesta manera, el cas és que les coses ens apareixen connectades segons relacions causals.

Sobre aquesta experiència, podem fer una altra experiència de pensament. La nostra experiència del món és parcial i incompleta, però el tros que en coneixem ens apareix al pensament com a desplegament segons causes i efectes. Podem remetre aquest desplegament al seu origen i preguntar per la causa primera de tot: una causa no causada per res anterior a ella, sinó la causa primera de tot.

Així, el caràcter incomplet de la nostra experiència ens fa sentir la possibilitat de completar-la, i la realització d'aquesta possibilitat en el pensament ens porta a la noció d'una Causa primera omnipotent i incondicionada: **Déu**.

B Déu com a perfecció

Descartes (1596-1650) comença la seva investigació metafísica amb l'*experiència de l'error*: moltes afirmacions que en el passat havíem considerat vertaderes, *ara* veiem que són falses. El que ara mateix tenim per vertader podria ser fals: si volem trobar un fonament segur per a les ciències, cal rebutjar totes les afirmacions que ofereixin un sol motiu per a dubtar-ne, amb l'esperança d'arribar a trobar-ne una del tot indubtable sobre la qual puguem construir l'edifici d'una ciència nova. És el camí del **dubte metòdic**.

Segons Descartes, hi ha motius per a dubtar dels sentits i les matemàtiques, motius que ara no analitzarem. En canvi, no podem dubtar de la pròpia existència: mentre dubto, no puc dubtar que dubto; indubtablement soc o existeixo, almenys en el sentit d'una cosa que dubta. Ara bé, si el meu pensament fos perfecte, no dubtaria; per tant, *sé* indubtablement que soc una cosa imperfecta.

Però *com puc saber que soc imperfecte*? D'una cosa, només puc saber que té alguna mancança si sé com seria si no li manqués res: només puc saber que una cosa és imperfecta si puc comparar-la amb la seva perfecció. Per tant: per força he de tenir en el meu pensament la **idea de perfecció**, per comparació a la qual em sé imperfecte.

És evident que aquesta idea no l'he adquirida a través dels sentits. L'ha creada la meva imaginació? Si fos així, seria fictícia; però, aleshores, la meva imperfecció, que conec per contrast amb aquesta idea, seria també fictícia, i això no pot ser, perquè soc *realment* imperfecte. Per tant, aquesta idea s'ha de correspondre *realment* amb un ésser perfecte: **Déu**.

Ni el Déu de qui parla Aristòtil (causa primera) ni el Déu de qui parla Descartes en la *Meditació III* no són pas el Déu del cristianisme. Fins i tot si acceptem que la raó ens força a afirmar una primera causa (absoluta) de tot o si acceptem que la raó ens força a admetre l'existència de la perfecció, encara no quedaria provat que Déu-perfecció-causa primera sigui, a més, un Déu personal que s'ha fet home i s'ha sacrificat per salvar tots els homes i dones. El Déu de la religió no és el Déu de la filosofia. Només la fe –i no pas la raó per si sola– permet als creients accedir al Déu de la religió.

6 En què s'assemblen el concepte de Déu dels filòsofs (Aristòtil o Descartes) i el concepte de Déu de religions com la cristiana? Fes una llista d'aspectes que els fan semblants i una llista d'aspectes que els diferencien. Té alguna mena de sentit pregar al Déu dels filòsofs?

7 Busca i llegeix la primera de les *Meditacions metafísiques*, de Descartes, i explica quins motius té per a desconfiar dels sentits i quin per a desconfiar de les matemàtiques.

Si la vida com un tot és incerta, si apareix fins i tot sovint com a atzarosa, no té raó Pascal quan prova de resoldre-la com qui juga i, per tant, quan se la juga? D'altra banda, tu apostaries com ho fa ell?

8 Et sembla convincent l'argument de l'aposta de Pascal? S'hi pot trobar alguna feblesa? Quina? Justifica les teves respostes.

9 Explica en quin sentit tota persona és miserable.

10 Creus que té sentit l'expressió "grandesa de l'ésser humà"? Quin?

11 Un personatge de Dostoievski (l'Aliosha d'*Els germans Karamàzov*) diu: "sense Déu tot seria permès".

- Què significa? Hi estàs d'acord?

C L'aposta de Pascal

Blaise de Pascal (1623-1662) afirma l'existència de Déu amb un argument curiós que parteix de l'experiència de la misèria i de la grandesa de l'ésser humà.

Desitgem la veritat i no trobem en nosaltres més que incertesa; busquem la felicitat i no trobem més que misèria i mort. En la incertesa, el dubte i l'error, experimentem la misèria del nostre pensament. En la malaltia, el dolor i la mort, experimentem la misèria del nostre cos. Arreu experimentem la nostra misèria.

I, tanmateix, també experimentem arreu que no podem deixar de desitjar la veritat i la felicitat, la perfecció de cos i de pensament. En realitat, aquest desig expressa la consciència mateixa de la nostra misèria: precisament perquè ens sentim miserables, desitgem deixar de ser-ho. Però com podríem experimentar que estem mancats, si no sentíssim que allò que ens falta pertany també a la nostra naturalesa? Qui ha perdut una cama la troba a faltar, però mai ningú no ha trobat a faltar un segon nas: només es pot sentir miserable qui se sap desposseït d'alguna cosa que en el fons li pertany. De manera que la nostra misèria no fa sinó recordar-nos la nostra grandesa.

El desig d'assolir la perfecció (la veritat i la felicitat) no pot ser, per tant, inútil. Però com que en aquesta vida les limitacions són invencibles, l'experiència d'aquest desig apunta cap a la plenitud de l'altra vida i, per tant, cap a Déu com Aquell que ens restituirà la veritat i la felicitat perdudes.

Certament, no coneixem l'existència de Déu. Però, segons Pascal, hem d'apostar per la seva existència. La jugada és aquesta:

- Si no existeix i trio que existeix, no hi perdo res.
- Si no existeix i trio que no existeix, no hi guanyo res.
- Si existeix i trio que no existeix, ho perdo tot.
- Si existeix i trio que existeix, ho guanyo tot.

Ja que en la jugada m'hi jugo la vida, he d'afirmar que existeix i he de viure d'acord amb aquesta afirmació, perquè, en efecte, si faig això, no hi tinc res a perdre i ho tinc tot a guanyar.

D Balanç: "poder ser sencer"

En la història del pensament hi ha encara més arguments a favor de l'existència de Déu, els quals tenen, amb variacions, l'estructura detectada en els casos considerats: l'estructura del compliment.

Ens experimentem com a imperfectes i, per això mateix, com a éssers que som perfectibles a l'infinit: és perquè ens experimentem incomplets que sentim que podríem arribar a ser complets o sencers. L'experiència de "poder ser sencers" és, en suma, la que apunta a la idea d'un ésser absolut o perfecte, món o Déu.

5.7 Conclusió: els tres grans temes de la metafísica i la metafísica com a problema

Déu, Ànima i Món són, en suma, com hem anat veient, els noms de tres realitats incondicionades:

- **Déu** com a causa primera (condició de tot que no se sotmet a cap condició prèvia) i com a perfecció (ésser com a plenitud, no mancat de res i, per tant, que no depèn de res).
- **Ànima** o **llibertat** com a possibilitat d'autodeterminació i, per tant, com a causa de la pròpia acció que no està causada per res abans de si mateixa.
- **Món** com a lloc de totes les coses sense que ell mateix no es trobi enlloc (perquè no és cap cosa).

En la seva conjunció, els tres noms anomenen la realitat en el seu conjunt i per això alguns autors entenen que la metafísica consisteix a explicar aquestes tres realitats que subsumeixen totes les altres.

- El món és l'àmbit de la necessitat fenomènica entès en la seva totalitat.
- L'ànima és l'àmbit de la llibertat com a segon ordre de la causalitat.
- Déu és el que produeix la unitat harmònica dels altres dos elements constitutius del Tot.

La metafísica és, així, l'intent d'explicar el Tot. Però, en aquest intent, *les dificultats amb què topa fan aparèixer la metafísica mateixa com a problema.*

Així, per exemple, i com hem vist a bastament, el fenomenisme nega l'entitat de tots tres objectes i clausura, d'aquesta manera, la metafísica des de dins mateix de la metafísica.

Assumir el que es deriva d'aquesta clausura no és tan fàcil com podria semblar:

- Si la llibertat resulta ser no res, com cal entendre l'acció dels éssers humans?
- Si el món resulta ser no res, com cal entendre el projecte d'arribar a explicar-lo completament per part de la ciència?
- Si Déu resulta ser no res, com cal entendre l'encaix de l'ésser humà en el món i, per tant, el sentit de la seva existència?

En les dues unitats següents, tractarem la qüestió de la llibertat.

El Tot, allò de què s'ocupa la metafísica, mai no compareix davant dels nostres ulls com a tal, sinó que topem sempre amb fragments, amb experiències parcials i limitades. Podem dir que aquestes experiències són *les petges* o *les empremtes* d'una plenitud –el tot de la vida humana, el tot del món i el tot en què es troben totes dues coses– que, de fet, és el que experimentem ara i aquí? En la mesura que ens sentim mancats o limitats, de quina plenitud desitjada ens ve aquest sentiment? Com hem d'entendre, doncs, el nostre pas pel món? Totes aquestes preguntes són metafísiques.

12 Fixa't que el sentit que la filosofia dona a la paraula *ànima* no és la que hi donen les creences religioses.

- Saps per què?

13 A l'hora d'actuar, hi ha alguna cosa que faries incondicionalment, fossin quines fossin les circumstàncies?

ACTIVITATS

1 Busca en el glossari els conceptes de Déu, d'ànima i de món. A partir de la lectura de les definicions corresponents, explica què tenen en comú aquestes tres nocions.

Fixa't en la imatge que es reflecteix en la superfície de la bombolla. Hi veiem un tros de món humà, que desapareixerà així que la bombolla exploti. El món humà és tan inconsistent com el tros que en veiem en aquesta bombolla, o hi ha una realitat humana consistent i distinta de la resta de coses?

PARAULES CLAU

absolut, ànima, arbitrari, cosmologia, cosmovisió, culturalisme, determinisme, Déu, dubte, fenomen, fenomenisme, immanent, inconscient, indeterminisme, llibertat, món, necessari, nihilisme, perfecció, racionalisme, responsabilitat, transcendent, voluntat

En aquesta unitat hem conclòs la investigació ontològica endegada en la unitat 3.

- Per a formular convenientment la pregunta per la realitat, primer hem hagut de fer un esforç molt considerable per a determinar amb una certa precisió els diversos sentits de les paraules *fenomen*, *experiència*, *realitat* i *ésser*.
- La realitat va més enllà d'allò donat immediatament a la percepció sensible: per a poder donar-ne compte, hem hagut d'ampliar la noció d'experiència, a fi de no quedar limitats per una noció tan estreta, que no ens permetés descriure de forma exhaustiva la riquesa immensa de la nostra percepció (sensible i no sensible) del món.
- En l'experiència compareix el fenomen, i el fenomen té una estructura triàdica: (1) allò immediatament present (les "cares" del fenomen), que apunta al mateix temps a (2) la cosa i (3) al pensament. En considerar tots aquests elements, han anat apareixent totes les apories amb què es baralla l'ontologia:
  - El pensament, és només una part del món, com voldrien totes les varietats de *monisme*? O pensament i món són més aviat irreductibles l'un a l'altre, com voldria el *dualisme*?
  - Existeix realment una realitat estable apuntada per les cares dels fenòmens, com voldria el *transcendentalisme* o, en realitat, l'única cosa que hi ha és la multiplicitat fluent de cares que no se sostenen en res, com voldria l'*immanentisme*? Els subjectes i les coses tenen una consistència més enllà del moviment constant de les aparences, com voldria l'*immobilisme*, o el que hi ha és flux permanent i res més, com voldria el *dinamisme*?
  - I pel que fa a l'ésser humà, és només una part homogènia de la realitat total, i està, per tant, lligat a les mateixes lleis necessàries que qualsevol altre fenomen, com voldria el *determinisme*, o està marcat per la llibertat, com voldria l'*indeterminisme*?
- La mateixa pluralitat de posicions metafísiques ens ha portat a considerar la filosofia de les cosmovisions i el culturalisme com a formes de relativisme cultural.
- La metafísica, lluny de resoldre el seu problema, ens ha aparegut al final, ella mateixa, com a problema. El resultat és, tanmateix, inquietant, perquè posa en perill la possibilitat de la ciència i de la llibertat.

En conclusió, la metafísica, quan esdevé problema, ens enfronta als problemes per als quals volia ser resposta. I per això ens cal considerar, a continuació, aquests tres problemes: pel que fa al jo, la llibertat (unitats 5, 6, 7 i 8); pel que fa al món, el coneixement (unitats 9, 10 i 11); i pel que fa a la unitat de sentit entre la llibertat i el món, el joc de la vida humana (unitat 12).

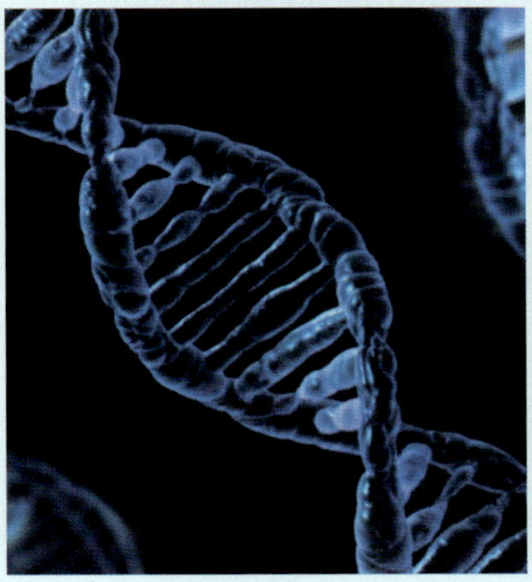

EN 8 IMATGES

ASSOCIACIONS La lliure associació permet relacionar imatges segons criteris de proximitat (ganivet i forquilla), però també per antagonisme (blanc i negre) o per molts altres criteris.

FES parelles diverses entre les fotografies de la columna de l'esquerra i les de la columna de la dreta que estiguin relacionades amb les temàtiques estudiades en la unitat.
Prova de fer tantes parelles amb sentit com et sigui possible.

EXPLICA, per a cada parella, què t'ha induït a fer-la.

Dossier d'activitats

LA REALITAT HUMANA. És específic de l'ésser humà el fet d'estar compromès d'una manera directa i necessària en la vetlla del seu propi ésser. No podem deixar de considerar el nostre propi "jo" i de prendre'n cura. Pensa-hi amb les dues primeres activitats.

1 Llegeix el text següent i respon les preguntes:

"L'ens l'anàlisi del qual constitueix la nostra tasca el som cada vegada nosaltres mateixos. L'ésser d'aquest ens és cada vegada meu... Els seus caràcters destacables no són 'propietats' que es troben allà, propietats d'un ésser que és allà amb aquest o aquell aspecte, sinó que són sempre maneres de ser possibles per a ell, i només això... Aquest caràcter de 'ser cada vegada meu' ha de connotar sempre l'ús del pronom personal: 'jo soc', 'tu ets', etc."

MARTIN HEIDEGGER (1899-1976), *Ésser i Temps*, paràgraf 9

a És possible desentendre's absolutament d'un mateix? Per què? Raona la teva resposta.

b Què ens indica que per a investigar l'ésser humà sigui imprescindible la pronominalització ("jo, tu...")? Fan ús d'aquesta pronominalització les ciències naturals quan investiguen l'ésser humà? I les ciències socials? Quina forma pronominalitzada predomina sobre les altres en els tractaments que les ciències naturals i socials fan de l'ésser humà?

c Imaginem que algú afirmés això: "Renuncio a la meva llibertat." Ho faria lliurement? Busca en què consisteix una "contradicció per autoreferència". Aquesta afirmació en pot ser un cas? Justifica la teva resposta.

2 Observa aquest quadre de Dalí i respon les preguntes següents:

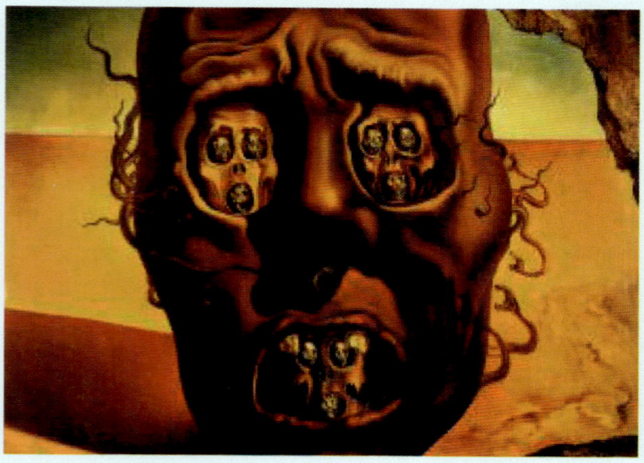

a Quants rostres pots distingir-hi?

b Què pot beure i menjar el rostre del quadre?

c Per què creus que el pintor fa que el nombre de rostres del quadre, malgrat que no es puguin reproduir, tendeixi a l'infinit? Quina connexió estableixes entre aquesta multiplicació de rostres i el caràcter descompost d'aquests?

d El quadre de Dalí, pintat l'any 1940, es titula *El rostre de la guerra*. Quina vinculació creus que estableix Dalí entre la guerra i allò que pot veure el rostre? Justifica la teva resposta.

e Busca informació sobre què és un fractal. Què té a veure aquesta estructura amb aquest quadre?

DETERMINISME I INDETERMINISME. En la consideració i la cura del "jo", podem preguntar si allò que el distingeix de qualsevol altre ésser és la llibertat. Quan fem aquesta pregunta, el problema de la llibertat queda circumscrit al camp de la metafísica, és a dir, de manera independent a la seva dimensió moral.

La llibertat és una condició de possibilitat de l'ètica, però el seu tractament metafísic es dedica simplement a investigar i qüestionar sobre la seva experiència; més concretament, sobre si hi ha experiència o no i fins a quin punt podem deduir l'existència d'aquesta experiència.

Els textos següents t'han d'ajudar a considerar aquesta qüestió des de perspectives diverses.

3 Llegeix els cinc textos següents i respon les preguntes que hi ha a continuació:

a "Així, l'embriac creu que diu per lliure decisió de la seva ànima les coses que, ja sobri, voldria haver callat, i així mateix el qui delira, la dona xerraire, el nen i molts altres d'aquesta mena creuen que parlen per lliure decisió de l'ànima, quan el fet és que no poden reprimir l'impuls que els fa parlar.

De manera que l'experiència mateixa, menys clarament que la raó, ensenya que els homes creuen que són lliures només perquè són conscients de les seves accions i alhora ignorants de les causes que les determinen."

SPINOZA (1632-1677), *Ètica II*, 2, escoli

b "Si està en les nostres mans crear qualsevol situació que sigui agradable a una persona o eliminar qualsevol situació que li desagradi, podem controlar-ne la conducta. Si volem que una persona es comporti de manera determinada, en tindrem prou de crear una situació que li agradi o d'eliminar-ne una que li desagradi. Com a resultat, augmentarà la probabilitat que es comporti de la mateixa manera en el futur. I això és precisament el que volem. Tècnicament s'anomena *reforç positiu.* La vella escola va cometre l'error increïble de suposar que el contrari era el correcte, que eliminant una situació del gust d'una persona o creant una situació desagradable —en altres paraules, castigant-la— era possible *reduir* la probabilitat que es comportés de la mateixa manera en el futur. Això, senzillament, no és veritat. Ara sabem com actua el reforç positiu i per què el negatiu no dona cap resultat: podem tenir més èxit en confeccionar el nostre esquema cultural. Podem establir una espècie de control sota el qual el controlat, encara que observi un codi molt més escrupolosament que abans, sota el sistema antic, tanmateix *se senti lliure.* Els controlats fan el que volen fer. No hi ha coacció ni rebel·lia. Per mitjà d'un acurat esquema cultural, el que controlem no és la conducta final, sinó la *inclinació* a comportar-se d'una manera determinada. Els motius, els desitjos, els anhels. És curiós que, en aquest cas, *el problema de la llibertat no sorgeix mai.*"

B. F. SKINNER (1904-1990), *Walden dos*

c "Tota la vida dels thelemites es regia, no per lleis, sinó segons la llibertat i el lliure albir. Es llevaven quan els semblava millor, bevien, menjaven, treballaven i dormien quan volien. Ningú no els despertava, ni els forçava a beure, menjar ni fer res. Així ho havia establert Gargantua, i la seva regla consistia en aquesta única clàusula: 'Fes el que et doni la gana', ja que les persones lliures, ben nascudes, ben instruïdes, que tracten amb gent honrada, tenen per naturalesa un instint i un agulló que sempre les estimula a ser virtuoses i deslliurar-se del vici, que anomenem honor. Aquestes mateixes persones, si per una vil subjecció i per constrenyiment són refrenades, desvien el seu noble instint, que les impulsava a ser virtuoses, i tracten de desfer-se d'aquest jou de servitud o d'infringir-lo. Ja que tots ens inclinem sempre cap a les coses prohibides i desitgem el que ens és negat."

F. RABELAIS (1494-1553), *Gargantua*

d "Imaginem-nos un home al carrer, que es diu a ell mateix: 'Són les sis de la tarda, he acabat la feina; puc fer un passeig; puc anar al club; puc pujar a la torre per veure la posta de sol; puc anar a teatre o visitar aquest o aquell altre amic; puc anar camp a través i no tornar. Puc fer tot això, en plena llibertat; tanmateix, no faig res d'això, sinó que me'n vaig a casa amb la dona, perquè ho vull.' És com si l'aigua digués: 'Puc formar ones immenses (ja ho crec!, el mar embravit); puc lliscar amb rapidesa (en el llit del torrent) o puc precipitar-me plena d'escuma (en la cascada); saltar lliure en l'aire (en una font); puc bullir i desaparèixer (als cent graus), però, al capdavall, prefereixo restar tranquil·la i clara en aquest rierol.' De la mateixa manera que l'aigua pot fer aquestes coses solament quan hi concorren les causes determinants de cadascuna, així, l'home d'abans no pot fer res del que s'ha proposat, si no hi concorren les causes corresponents. Li és impossible de fer res, mentre que no se li presentin les causes, però haurà de fer-ho quan es trobi en les circumstàncies corresponents, com li passa a l'aigua. [...]

D'aquí també que, com que es tracta d'una decisió difícil, la nostra resolució continua sent un misteri, com si fos la d'un altre, fins que no ha estat presa; ara pensem que ens decidirem per aquest costat, o per l'altre, segons quin motiu o quin altre el coneixement presenti la voluntat amb una més gran proximitat, i amb l'intent de forçar-la, que és quan aquest 'puc fer el que vull' produeix l'aparença de la llibertat, fins al moment en què la motivació més forta fa valer el seu poder finalment sobre la voluntat, i l'elecció és sovint completament diferent de la que esperàvem."

ARTHUR SCHOPENHAUER (1788-1860),
"Sobre la llibertat humana"

e "L'home posseeix el lliure albir, car sense ell serien vans els consells, les exhortacions, els preceptes, les prohibicions, les recompenses i els càstigs. Per a demostrar-ho fins a l'evidència, cal observar que hi ha éssers que obren sense judici, com la pedra que es precipita daltabaix; i això mateix esdevé a tots els éssers desproveïts de coneixement; altres obren amb judici, però no amb judici lliure, com ho fan els animals; car l'ovella, en veure el llop, jutja que ha de fugir, però aquest judici és purament natural i no lliure, per tal com no jutja a través de la comparació, sinó a través de l'instint natural, que és igual en tots i qualsevol dels altres animals. L'home, però, obra amb judici, ja que per la seva facultat cognoscitiva jutja que ha de fugir d'això o ha de procurar-se allò altre, i, per tal com aquest judici no és naturalment instintiu respecte a accions particulars, sinó racionalment discursiu, obra amb llibertat de judici, i pot decidir entre coses oposades, car, pel que fa a les coses contingents, la raó pot escollir entre els contraris, com podem veure en els sil·logismes didàctics i en la persuasió oratòria, i, com que les accions particulars són coses contingents, el judici de la raó pot optar entre resolucions oposades, sense que n'adopti una que exclou totalment la contrària. En conseqüència, i, necessàriament, com que l'home és un ésser racional, és, per això mateix, lliure en el seu albir."

SANT TOMÀS D'AQUINO (1225-1274), *Summa Theologica*, I, q. 83, a. 1

a Quin d'aquests textos defensa posicions deterministes? I quin no? Justifica la teva resposta.

b Pel que fa als textos que no defensen posicions deterministes, i que, per tant, defensen l'existència de la llibertat humana, és possible incloure'ls en el que en la unitat hem anomenat "posicions indeterministes"? Justifica la teva resposta.

c Pel que fa als textos que defensen posicions deterministes, en quin tipus de determinisme dels que hem vist en la unitat els inclouries?

Fes una redacció breu en la qual argumentis quin dels textos anteriors està més a prop de la teva manera d'entendre el problema de la llibertat. Justifica la teva decisió. Després, argumenta, si és el cas, què faltaria a aquesta posició per a identificar-se plenament amb la teva manera de veure el problema de la llibertat.

IMMANÈNCIA O TRANSCENDÈNCIA. Tant pel que fa al "jo" com pel que fa a la resta de coses, el que se'ns mostra, el fenomen, es dona de tal manera que les seves "cares" semblen apuntar a alguna cosa que està més enllà de les cares. Hi ha, aleshores, dues maneres d'interpretar les estructures del fenomen: (1) la posició immanentista sosté que allò que en el fenomen es troba només "apuntat" ha de ser eliminat o, en tot cas, no ha de ser considerat com a existent i (2) la posició transcendentalista concedeix algun tipus d'existència a allò que en el fenomen està apuntat.

4 Llegeix el text següent i respon les preguntes:

"El jo sembla ser aquí constantment, fins i tot necessàriament, i és ben patent que aquesta constància no és la d'una vivència estúpidament persistent, la d'una idea 'fixa'. Ans al contrari, és quelcom que pertany a tota vivència que arriba i transcorre; la seva 'mirada' es dirigeix, 'a través' de cada pensament actual, cap a allò objectiu. Aquest raig de la mirada canvia amb cada pensament, brolla de nou amb el nou pensament i desapareix amb ell. Però el jo és quelcom idèntic. Almenys considerat en principi, cada pensament POT canviar, anar i venir, tot i que podem dubtar de si cada pensament és quelcom necessàriament fugisser. Però davant d'això el jo pur sembla ser quelcom necessari per principi i, com a tal, quelcom absolutament idèntic enmig de tot canvi real, malgrat que no pot passar en cap sentit com un 'fragment' o contingut ingredient de les mateixes vivències."

EDMUND HUSSERL (1859-1938), *Idees I*, paràgraf 57

a Per què no podem tenir accés al nostre "jo" si no és "a través" dels pensaments actuals?

b Creus que el text defensa tesis fenomenistes? Justifica la teva resposta.

c Intenta descriure en quins fenòmens creus que algú podria sostenir que té "experiència del seu jo". Com es manifestaria el jo en aquests fenòmens? En què consistiria aquesta manifestació?

LA FILOSOFIA DE LES COSMOVISIONS. La metafísica pretén explicar la realitat. Però i si no hi hagués una sola realitat? I si hi hagués tantes realitats o tants mons com cultures diferents hi ha? I si cada cultura fos una perspectiva del món intraduïble al llenguatge de les altres cultures? Això és precisament el que sosté el culturalisme, que troba absurda la pretensió mateixa d'arribar a assolir una comprensió universalment vàlida de l'ésser humà i del món. L'activitat següent et permetrà pensar una mica més sobre aquesta doctrina.

5 Busca relats sobre l'origen del món en quatre cultures diferents i compara'ls.

a Hi trobes elements comuns?

b Et semblen més nombroses les diferències o les semblances? Justifica la teva resposta.

LA METAFÍSICA COM A PROBLEMA. Més enllà de la visió del món que ens inculca la pertinença a una determinada cultura, hi ha, potser, dimensions de la condició humana comunes a tots els homes i a totes les dones: l'experiència de la llibertat, l'experiència de ser en el món, l'experiència de les pròpies limitacions. Al llarg de les dues darreres unitats hem vist que la metafísica s'ocupa de tot això. Però què passa si neguem la possibilitat de la metafísica? Potser el que passa és que ens quedem amb interrogants essencials que cap disciplina no pot abordar. La vida humana esdevindria aleshores un misteri... La poesia de Joan Sales i la de Quevedo ens ajuden a pensar la condició enigmàtica de la nostra presència al món.

6 **Busca informació sobre dos intents diferents de demostració de l'existència de Déu i sobre dos arguments contraris a aquestes demostracions. Fes una exposició dels dos arguments i dels dos contraarguments i, finalment, respon aquesta qüestió:**

- "És possible demostrar a través de la raó l'existència de Déu?"

7 **Llegeix el poema de Joan Sales (1912-1983) i fes-ne un comentari reflexiu a partir de les preguntes:**

Pregària d'un descregut
De tot el que existeix única Causa i Solta,
¡únic de cert que hi ha! No sé com he vingut
en el fons d'aquest pou. ¿He caigut de la volta
o m'ha engendrat el llot d'aquesta aigua que put?

Sols sé que veig la nit pel trau, i no té terme,
i em puny una enyorança de coses que no sé.
Jo no m'he fet. ALGÚ m'ha fet. I qui em va fer
¿m'haurà fet solament per fer-me i per desfer-me?

Quan un nen innocent escanya poc a poc
un ocell, i se'l sent al palmell com palpita,
no s'afigura pas, abstret en el seu joc,
com sofreix una cosa tan viva i tan petita.

Així ens tens tu. ¿No ens sents glatir en el teu palmell?
Vivim, sentim, sofrim. Dia darrere dia
la vida ens va fugint. I la nostra agonia
al teu davant ¿no val més que la d'un ocell?

JOAN SALES, 1945

a Fixa't en el títol. Per què crida l'atenció?

b Quines dues alternatives planteja el poeta en la primera estrofa? Identifica-les amb posicions metafísiques estudiades en les dues darreres unitats.

c Què vol dir "una enyorança de coses que no sé"? Abans de respondre, explica per què és pertinent la pregunta.

d Com explicaries la comparació de les dues darreres estrofes?

e Què afirma el poema i què es limita a preguntar? Pot una persona atea identificar-se plenament amb el conjunt del poema?

f Quina era la situació personal de Joan Sales mentre escrivia la seva obra poètica? Relaciona-la amb el contingut del poema.

g Fixa't, ara, en la manera com acaba el poema. La pregunta, com totes les del poema, és metafísica. Creus que la vida de l'ésser humà val més que la d'un ocell?

8 **Llegeix aquest poema de Francisco de Quevedo (1580-1645) i fes-ne un comentari reflexiu a partir de les preguntes. Considera cada vers i cada estrofa:**

¡Cómo de entre mis manos te resbalas!
¡Oh, cómo te deslizas, Vida mía!
¡Qué muchos pasos traes, oh muerte fría,
pues con callado pie todo lo igualas!

Ya cuelgan de mi muro tus escalas,
y es tu puerta mayor mi cobardía;
por vida nueva tengo cada día,
que el tiempo cano nace entre las alas.

¡Oh mortal condición! ¡Oh dura suerte!
¡Que no puedo querer ver la mañana
sin temor de si quiero ver mi muerte!

Cualquier instante de la vida humana
es un nuevo argumento que me advierte
cuán frágil es, cuán mísera, y cuán vana.

Salm 19 (*Heráclito cristiano*, 1613)

a Què és el que rellisca de les mans del poeta en el primer vers? I per què diu (i a qui ho diu) que la seva porta més gran és la covardia?

b Què signifiquen aquests versos: "¡Que no puedo querer ver la mañana / sin temor de si quiero ver mi muerte!"?

c Què signifiquen els tres últims versos?

d Explica el significat del poema i respon: en quin sentit es pot dir que el poema parla d'una experiència metafísica?

e Per què creus que el poema pertany a un recull titulat *Heráclito cristiano*?

Drets humans, llibertat, necessitat, alienació, tràfic humà

Localitzen nou migrants ocults en dos camions a Santa Coloma i al Voló

Els casos de polissons ocults en camions no semblen tenir aturador i el 2022 ha començat ja amb dos casos detectats per la policia i amb un total de nou migrants irregulars detectats. Aquests són els coneguts per la policia, però els investigadors temen que n'hi pot haver més que mai no es coneixeran o perquè aconsegueixen arribar a la seva destinació o perquè els transportistes no n'informen per evitar-se problemes. Els primers fets són del dia 6 de gener a la tarda a Santa Coloma de Farners.

Els Mossos van rebre l'avís d'una empresa de transports de la capital de la Selva en què se'ls informava que un treballador havia sentit soroll que procedia de la zona del maleter del camió, una àrea que està situada fora de la zona de càrrega. Un cop a lloc, els Mossos van obrir aquest espai del tràiler i hi van trobar dos homes i una dona d'entre 25 i 38 anys procedents de la Costa d'Ivori i Mali. [...] Van explicar als agents que havien pujat al camió a Itàlia i que havien pagat per accedir-hi. Davant dels fets, els agents van traslladar els tres migrants a la comissaria de la Policia Nacional de la Jonquera, on es va comprovar que no se'ls havia identificat mai a Espanya i es va procedir a la seva readmissió. És a dir, van ser retornats cap a França tal com estableix l'acord bilateral entre ambdós països.

Diari de Girona (edició digital), 7 de febrer de 2022

PROBLEMA PER PENSAR

Quina responsabilitat tenim els habitants de les societats més benestants amb els que fugen de la guerra o de la misèria?

QÜESTIONS SUBORDINADES

1

Com hem de qualificar el tracte rebut per aquests immigrants? Són tractats com a éssers humans?

2

Hauríem d'acollir tothom que volgués venir a viure al nostre país sense restriccions ni condicions?

Unitats en què trobareu reflexions pertinents o relacionades amb aquesta situació:

1 • 2 • 3 • 4 • 5 • 7 • 8 • 10

PER ANAR MÉS A FONS

Els immigrants i el problema dels drets universals

Quines són les causes de la immigració? Els immigrants, són iguals que els habitants dels països de recepció? En quin sentit sí i en quin sentit no? Aquesta igualtat, els confereix drets, o els drets estan lligats al reconeixement de la ciutadania? Hi ha d'haver lliure circulació de les persones per tot el món? És possible? És desitjable? Els homes i les dones necessitem arrelar-nos? Què és l'arrelament? Quines polítiques ha de seguir un país per afavorir-lo? Cal respectar totes les diferències? És sempre compatible la defensa de les diferències culturals, religioses, etc. amb la defensa dels drets comuns? Existeixen, els drets comuns i, per tant, universals? O són un invent de la civilització europea?

Aquestes i moltes altres preguntes poden acompanyar una reflexió sobre el que els humans tenim de comú i de diferent sobre què és el que hem de defensar en primer terme.

Proposta de recerca

1. Catalunya és un país mestís, fet d'immigrants. Quina és la història de la seva formació des d'aquest punt de vista?
2. Existeix una humanitat comuna que fa que tots els homes i dones siguin posseïdors d'una mateixa dignitat i d'uns mateixos drets i deures? O la humanitat és ja sempre un constructe cultural i, per tant, hi ha tantes humanitats com cultures?
3. Econòmicament i socialment, és sostenible la recepció il·limitada d'immigrants? I èticament?

El món moral

5

El projecte filosòfic (unitat 1) consisteix a sotmetre a examen allò que habitualment donem per obvi. Hem dut a terme aquest examen per als casos del llenguatge (unitat 2) i de la realitat (unitats 3 i 4). En la realitat, però, hi ha una cosa que no és com les altres, perquè està marcada per una certa indeterminació irreductible. Aquesta "cosa" som nosaltres, els éssers humans.

Allò peculiar de l'animal humà és que, a diferència dels altres, està, en un sentit que haurem d'aclarir, inacabat, i per això mateix ha de decidir-se, ha d'acabar-se a si mateix. Aquest camp de l'autodeterminació és el camp de la llibertat, al qual dedicarem les dues unitats següents: primer, per a considerar la llibertat en l'individu, que és allò de què s'ocupa l'ètica (unitats 5 i 6), i, segon, per a considerar el règim de convivència en què és possible la llibertat, que és allò de què s'ocupa la política (unitats 7 i 8).

L'experiència de la llibertat, independentment de com la interpretem, ens porta a preguntar: *com he de viure*? Per a estudiar el sentit de la pregunta i les respostes possibles, examinarem:

- Quina és la nostra experiència original del món moral, que és un món d'obligacions fetes costums.
- El dilema entre el deure i la felicitat en la fonamentació de la moral.
- Quin és el sentit de la reflexió ètica.
- La multiplicitat de perspectives amb què els filòsofs han intentat abordar el problema.

En la unitat 6 es mostraran les respostes principals, o sigui, s'exposaran les doctrines ètiques més rellevants que s'han donat per a resoldre'l. Tancarem la nostra consideració de l'ètica amb un repàs de totes les apories o dificultats amb què s'enfronta la reflexió ètica, atenent allò que n'haurem après al llarg de tot el recorregut fet i provant, igualment, d'advertir-ne els perills i d'assenyalar-ne la fecunditat possible en la defensa de la dignitat de l'ésser humà.

Segons els psicòlegs cognitius **Keith Oatley** (anglocanadenc, nascut el 1939) i **Philip N. Johnson-Laird** (anglès, nascut el 1936), hi ha cinc emocions bàsiques: l'alegria, la por, el fàstic, la ira i la tristesa. Els guionistes de la pel·lícula de PIXAR *Insideout* (2015) es van inspirar, sens dubte, en aquesta teoria, fet que prova que les disciplines teòriques com la filosofia serveixen també per a fer guions intel·ligents per a pel·lícules destinades al gran públic. Convé advertir, tanmateix, que la tesi de la pel·lícula no és pas neutral, sinó que aposta per una determinada concepció de l'acció humana. Pot ser un exercici interessant sotmetre-la a examen crític.

Pensa, en tot cas, en la qüestió següent. Si fos cert –com suggereix la pel·lícula– que allò determinant en la vida humana són les emocions i no pas la raó, de quina manera hauríem de reformar els continguts que s'ensenyen a l'escola per fer-nos-en càrrec? Quin paper quedaria als coneixements i a la capacitat d'argumentació racional? Nenes i nens que rebessin *només* una educació emocional, serien aptes per realitzar qualsevol feina? I per ser ciutadans de ple dret? És innocent, així doncs, una educació que posa l'accent en les emocions i en les competències en detriment de la racionalitat i els coneixements? I una de signe contrari, és a dir, que posi l'accent només en la racionalitat i els coneixements?

Situacions: educació, socialització, ètica i política.

1 Fes una llista de coses que els pares i les mares diuen als seus fills per a fer-los creure.

2 Com creus que s'adquireix una actitud xenòfoba?

1.1 El paper dels sentiments en la formació de les persones

Naixem en un món que no hem fet nosaltres. De petits, pares, mares i educadors ens ensenyen com ens hem de comportar, i ho fan en virtut d'ordres: "No toquis això", "No mengis amb els dits", "Has de compartir les joguines", etc. De les ordres que ens donen, són especialment importants les que operen sobre els **sentiments**: "No t'has d'enfadar d'aquesta manera", "No siguis envejós", "No tinguis por de la foscor", "Ens hem d'estimar els uns als altres", "Ets massa atrevit", "Et poses massa nerviós", "Si aquest joc t'altera tant, no hi jugaràs més", "Has de ser més generós", etc.

Aquesta segona mena d'ordres no manen accions concretes, sinó una determinada actitud, i per això són potser més determinants que les altres, perquè contribueixen a crear una predisposició que condiciona per endavant la manera com interpretarem cada nova situació i hi donarem resposta. Una **actitud** és, com ja sabem, una manera d'estar en el món; ara podem afegir que ho és perquè consisteix en un sistema de producció de significats que ha estat escollit, almenys en un primer moment, pels educadors.

L'actitud tolerant, per exemple, ens predisposa a valorar cada nova situació d'una determinada manera, a atribuir-hi un significat determinat i a respondre-hi en conseqüència.

L'actitud bel·licosa, en canvi, ens predisposaria de tota una altra manera davant la mateixa situació.

Naturalment, les raons que porten els educadors a inculcar unes actituds i no pas unes altres poden ser perfectament racionals, però el mitjà per a transmetre-les no és l'argumentació lògica, sinó, com estem dient, la modulació dels sentiments, a través de la qual creem una predisposició o una altra.

Les ordres amb què eduquem són, en efecte, com ja sabem, actes de parla: enunciats que creen un estat de coses prèviament inexistent. L'habilitat que tenim per a posar límits a les nostres reaccions espontànies —com l'agressivitat— és un producte: alguna cosa creada en nosaltres pels nostres educadors quan érem petits.

Sens dubte, una part dels sentiments que tenim —l'alegria o la por, per exemple— tenen una base en la naturalesa humana mateixa, de manera que els trobem en els homes i les dones de qualsevol societat o cultura. Altres, en canvi, almenys en la seva concreció, són un producte cultural. Així, per exemple, el patriotisme potser no es dona igual a tot arreu, i la vergonya pren significats diferents segons les èpoques i les cultures.

1.2 Els sentiments, pulsions transfigurades

Els **sentiments** no són pas el mateix que les pulsions o les **passions**.

El desig sexual, la gana o l'agressivitat són passions: coses que patim, que ens dominen i que compartim amb els animals. Sens dubte, cadascuna té el seu paper en la supervivència de l'espècie. Però en el cas dels éssers humans, les passions se'ns donen ja sempre *transfigurades* per la intervenció de la intel·ligència: se'ns donen ja sempre interpretades.

En efecte, la intel·ligència humana transforma la sexualitat en companyia, la nutrició en gastronomia i l'agressivitat en esport. El desig, sense deixar de ser desig, és transformat en alguna cosa dotada d'un sentit humà, com ara tendresa el que era pulsió sexual, degustació el que era gana o indignació el que era impuls violent.

L'àmbit dels sentiments humans no és, per tant, l'àmbit de les passions, sinó l'àmbit de les passions transfigurades per la capacitat que tenim de dotar de sentit allò donat.

Més que la simple presència nua de les coses, allò que ens mou a actuar és el sentit de les coses.

Posem-ne un exemple ben senzill: un rellotge és només un rellotge, i com a objecte dotat d'un cert valor econòmic, em sabrà més o menys greu perdre'l en funció de quants diners m'hagi costat.

Ara bé, si es tracta del rellotge que em van regalar els meus pares en un dia assenyalat, aquest rellotge ja no serà només un rellotge, i la seva pèrdua em ferirà potser com un mal irreparable.

La pulsió o la passió m'empeny a acumular béns per instint de supervivència.

Però el que em lliga a *aquest* rellotge no és el seu valor d'utilitat ni tampoc el seu valor de canvi, sinó el seu *valor sentimental*.

L'exemple ens va bé per a fer encara un darrer advertiment amb relació a la noció de sentiment. Contra la versió sensiblera que hem rebut de la novel·la romàntica o de les pel·lícules de Hollywood, els sentiments no són l'expressió d'una expansió *merament* subjectiva.

Tornem al nostre rellotge: si me'l van regalar els pares perquè recordés un dia especial, que tingui valor sentimental no és pas fruit de la meva subjectivitat o de la meva emotivitat, sinó que respon a una realitat objectiva.

Certament, el *valor sentimental* el posem els humans en les coses (si els meus pares no me l'haguessin regalat, aquest rellotge seria un simple rellotge), i en aquest sentit és *subjectiu*; però, un cop posat, per a aquells que en som conscients (com els meus pares i jo) passa a ser un estat de coses *objectiu* i no pas emotivitat pura.

L'emoció o passió (com la ira de la imatge):

- És explosiva (apareix sobtadament).
- Està vinculada a un fet objectiu exterior que l'activa.
- És fàcilment observable pels altres.

En canvi, un sentiment com l'amistat:

- És difícil de determinar quan apareix o desapareix.
- És una tonalitat difusa, "cromàtica", del fons del món: el món és "rosa" quan estem enamorats i "gris" quan estem tristos, independentment de l'aparició de la persona estimada o del motiu, moltes vegades summament difús, de la tristor.
- No és fàcilment observable pels altres.

Noteu que no és fàcil posar exemples dient un sol nom, perquè un mateix nom pot referir-se a una emoció o a un sentiment. Ens pot fer estar tristos puntualment una cosa o podem estar-ho sense saber per què. En sentit estricte, les emocions de l'alegria i la tristor haurien de ser més exactament les seves expressions externes: el plor, el batec del cor, la desgana, etc.

3 Digues una passió i explica una situació en què ja no sigui solament una passió, sinó un sentiment.

4 Posa un exemple que mostri que per a les persones, més que les coses, el que importa és el sentit de les coses.

El segon relat del *Gènesi* bíblic presenta una paradoxa només aparent. Adam i Eva tenen prohibit menjar el fruit de l'arbre del coneixement de bé i del mal i desobeeixen la prohibició. La paradoxa és aquesta: per bé que desobeeixen Déu-Pare, és evident que, quan ho fan, no poden saber que fan mal fet, ja que, segons el mateix relat, encara no tenen coneixement del bé i del mal. Per què, doncs, és una falta?

La paradoxa es desfà si fem la consideració següent: Adam i Eva són, respecte de la moral que es deriva del coneixement del bé i del mal, com nens. No saben *per què* desobeir està malament, però saben que està malament simplement perquè Déu-Pare els ho ha dit.

No cal conèixer el bé per a saber que determinades coses estan bé i que altres estan malament. Només cal que ens hagi acollit un pare o una mare, algú que ha creat en mi el sentiment de tenir obligacions, sense que calgui donar compte d'aquestes obligacions. Quan estudiem l'ètica d'Aristòtil, veurem que això es pot dir així: la virtut ètica demana només acostumament, no pas necessàriament coneixement en primera persona del bé.

5 Per què creus que obeeixes les indicacions del professor? I si no les obeeixes, per què creus que no ho fas?

6 Creus que els pares i els professors entenen el sentit de totes les ordres que donen? Si la resposta és que no, posa algun exemple que la justifiqui.

1.3 L'obediència

El camp dels sentiments no és, doncs, ni el de les passions, ni el de la raó, sinó que es troba en l'entremig.

Hem vist que els sentiments s'eduquen en virtut d'ordres. Els adults que manen tenen raons per a fer-ho; els infants que obeeixen aprenen a posar límits a la seva impulsivitat.

La clau d'aquesta part de l'educació es troba, així doncs, en l'**obediència** que els infants manifesten respecte dels seus progenitors.

Notem que les ordres són sempre lingüístiques. La formació sentimental de l'infant té lloc dins l'àmbit del llenguatge, dins l'àmbit dels significats, i inculca als infants no merament informació sobre les coses, sinó sobretot un capteniment i una actitud respecte del món i les coses que té a veure, així doncs, amb el sentit que tenen per a nosaltres les accions i les coses.

Obeir és sotmetre's a alguna autoritat o a alguna cosa externa. Els infants obeeixen, sobretot, per motius sentimentals. "Si no li faig cas", es diu el nen o la nena, "la mare s'enfadarà; si li faig cas, estarà contenta."

És a través de la vida sentimental que els nens adquireixen la seguretat que necessitem tots per a enfrontar-nos al món, i per això, per a ells, els sentiments dels seus progenitors són la mesura que els permet actuar de forma confiada.

Així, per exemple, quan un nen o una nena cau i es fa mal, la valoració que farà del mal que s'ha fet dependrà, almenys en part, de la resposta dels pares: si els pares s'espanten, s'espantarà; però si mantenen la calma, respondrà d'una manera més tranquil·la.

Naturalment, a partir d'una certa edat els joves comencen a preguntar: "I per què ho he de fer, això?" La veritat és que els adults no sempre saben respondre bé d'on venen les obligacions que inculquen.

Hem dit que els adults tenen raons per a inculcar obligacions, però potser les raons que tenen són sentimentals, és a dir, que estan relacionades amb una família o una societat determinades, en una barreja d'intenció raonada i resposta emotiva.

En realitat, els infants en tenen prou amb un "si no ho fas, m'enfadaré" per a entendre que han de fer el que se'ls mana. Són els adolescents els qui comencen a qüestionar, si no el conjunt d'obligacions que els adults els han transmès, almenys algunes d'aquestes.

Però què són les obligacions?

1.4 Les obligacions

Quan preguntem per primer cop "Per què ho he de fer?", és perquè ens trobem ja en una xarxa d'**obligacions**, és a dir, de coses que *he de fer* forçosament.

En realitat, hi ha diferents menes d'obligacions. Considerem aquestes cinc:

1 Tinc l'obligació de menjar per a viure.

2 Tinc l'obligació de pagar els meus impostos perquè si no ho faig puc anar a la presó.

3 Tinc l'obligació de portar algun present quan em conviden a una festa per a quedar bé.

4 Tinc l'obligació de donar la mà quan em presenten una persona que no conec per a ser considerat amb ella.

5 Tinc l'obligació de complir la meva paraula quan he promès o quan he jurat que faria alguna cosa per a ser coherent amb mi mateix.

El primer que podem notar és que cap d'aquestes obligacions no és absoluta; que tingui obligació de fer una cosa no vol dir que la faci, perquè fer-la o no està en funció almenys d'una altra cosa:

- Menjar, però només si vull viure.
- Pagar els impostos, però només si vull evitar la presó.
- Portar un present a la festa, però només si vull quedar bé.
- Donar la mà, però només si vull ser considerat.
- Complir la paraula donada, però només si vull ser coherent.

Hi ha una cosa paradoxal: si cal explicitar les obligacions que tenim és precisament perquè som lliures de no complir-les. Jo puc entendre que he de fer una cosa determinada i, tanmateix, no fer-la.

Per exemple: puc entendre perfectament bé que si vull conservar la salut he de deixar de fumar i, tanmateix, continuar fumant amb la clara consciència del que estic fent.

L'àmbit de les obligacions no és l'àmbit de la necessitat: respon a una necessitat el que està subjecte a lleis naturals; són obligacions el que *sento* que he de fer, però *puc* no fer.

Una segona observació és que totes aquestes obligacions expliciten un lligam.

De fet, la paraula *obligar* etimològicament significa "lligar (*-ligar*) a alguna cosa externa (*ob-*)".

L'àmbit de les obligacions, que és l'àmbit de l'*ob-ediència* (de l'"escoltar el que ve de fora", *ob-audire*), és, per tant, l'àmbit de les coses que no som nosaltres (*ob-*) i que ens lliguen de formes distintes (*-ligacions*): l'àmbit dels meus lligams.

Les obligacions acostumen a fer referència als lligams socials. Però, de manera paradoxal, sovint és precisament el cultiu de determinades relacions socials el que porta la gent a desatendre les seves obligacions i desobeir normes bàsiques de convivència.

En la imatge, un noi i una noia reforcen el seu lligam mutu maltractant un altre noi. Segurament són alumnes d'un mateix institut, i la cosa té clarament una dimensió grupal, ja que la noia grava l'agressió a fi de poder compartir-la amb altres companys que ara mateix no hi són.

Quina lògica segueixen els membres d'un grup que participen, ja sigui activament o per inacció, en una violació o en un acte d'assetjament com aquest? Si els ho preguntéssim, probablement alguns dirien que no hi estaven d'acord, però *s'hi van veure obligats*.

D'altra banda, l'exposició de la humiliació a les xarxes socials confereix a l'acte una altra dimensió. Com és que espectadors que no tenen cap relació amb aquests nois, usuaris anònims de les xarxes, es delectaran amb la contemplació d'aquest acte de violència? Quines menes de societats imposen sobre els seus membres obligacions contràries a les obligacions de les societats que fomenten el respecte? I, si tots són membres d'una mateixa societat, com és que, dins del cos social, es formen subgrups o petites societats disruptives? No és un símptoma d'una patologia greu del cos social?

Situacions: socialització, violència, deshumanització, violència digital, drets digitals, poder, alienació, suïcidi, narcisisme.

7 Fes una llista de coses que et passen que són necessàries i una altra de coses que fas perquè és la teva obligació.

8 Com seria la vida d'algú que no tingués cap obligació en absolut? És possible? És desitjable?

Per als antics, la naturalesa, el cosmos era el model que calia imitar en la vida. Per als medievals, el model que calia imitar era Déu. Per als moderns, Déu pot ser totalment absent i la naturalesa té un caràcter matemàtic totalment dissemblant de la naturalesa humana. L'home ja no obeeix ni la naturalesa ni Déu. Haurem de dir que l'home ja només obeeix les lleis que ell mateix es dona?

9 Posa exemples de cada tipus d'obligació: natural, social, divina (només tindrà sentit per als creients) i lliure.

10 Creus que encara té algun sentit dir que l'home hauria d'obeir la naturalesa?

1.5 Tipus d'obligacions

De lligams, n'hi ha de diferents tipus. Segons els exemples anteriors:

- L'obligació 1 formula un lligam natural: és la meva pròpia naturalesa física que m'imposa la necessitat de menjar per a viure.
- L'obligació 2 formula un lligam social recollit en norma escrita: és la llei del meu país que m'imposa la necessitat de pagar impostos per a evitar les sancions corresponents.
- Les obligacions 3 i 4 tornen a formular un lligam social, però ara independent de tota norma escrita: són els costums de la meva societat els que m'imposen determinades pautes de conducta.
- Per fi, l'obligació 5 admet encara una doble interpretació: en la promesa, soc jo qui m'obligo a mi mateix a fer alguna cosa; en el jurament —en el sentit que té per a les persones creients—, també soc jo qui m'obligo a alguna cosa, però ara ho faig davant de Déu, de manera que a partir d'aquest moment és Déu qui m'obliga a alguna cosa per més que jo l'hagi escollit lliurement.

1.6 Quantes coses ens lliguen? Els contextos de la vida humana

Els diferents contextos on té lloc la vida humana donen diferents tipus de lligams. Vivim en la naturalesa, i la naturalesa obliga. Vivim en societat, i la societat obliga.

- En el món antic, la naturalesa —el cosmos— es considerava un model d'harmonia, i la saviesa consistia precisament a viure d'acord amb la naturalesa: imitar la seva bellesa a fi que la vida esdevingués un microcosmos ben harmonitzat a imatge i semblança del macrocosmos on vivim.
- A l'edat mitjana, les lleis del cosmos van ser reemplaçades per la llei de Déu: el criteri per a saber què hem d'obeir ja no és la realitat física, sinó el seu fonament metafísic, o sigui, Déu.
- Avui dia, la relació amb el món i amb Déu ha canviat.

  La naturalesa ja no és un model que cal imitar, sinó un poder que cal dominar. La ciència moderna, per exemple, ha dominat la força del llamp i n'ha obtingut l'enllumenat de les cases i de les ciutats. El domini tecnològic actual és el resultat d'una nova relació respecte de la naturalesa, que ara ja no és la nostra senyora, sinó la nostra serventa. Naturalment, tots els problemes mediambientals ens estan fent replantejar aquesta relació des del camp de l'ecologia, però, malgrat això, encara exercim de senyors de la naturalesa.

  Pel que fa a la llei de Déu, hi ha encara persones que hi creuen, però fins i tot aquestes persones entenen les creences religioses com un afer privat i no pas com una veritat universal.

  Ni la naturalesa ni Déu: quin és, aleshores, el nou context de la vida humana?

1.7 La noció d'autonomia com a ideal il·lustrat

Hem dit que una obligació és alguna cosa externa a nosaltres que ens lliga, però el darrer exemple posat ens presenta un cas extrem: soc jo mateix qui m'obligo a fer determinades coses.

Si, posem per cas, m'imposo a mi mateix l'obligació de fer una estona d'exercici cada dia per a tenir cura de la salut i trobar-me millor, aparentment no hi ha ningú que m'obligui a fer-ho fora de mi mateix.

Es podria dir que aquí l'ordre ve donada, almenys en part, per una cosa que és naturalesa i no pas decisió lliure, és a dir, el fet que el meu cos necessita fer exercici per a estar sa.

Considerem un altre cas. Jo m'obligo a anar a la universitat a estudiar per a ser advocat o metge. Qui m'obliga a ser advocat o metge? Ningú. Lliurement, jo m'imposo aquestes obligacions perquè decideixo com a projecte de vida arribar a ser metge o advocat.

Una acció d'aquesta mena, en què soc jo mateix qui em dono el criteri de la meva acció, és *autònoma*. Tornarem a tractar aquesta noció més endavant.

Ara, el que ens interessa deixar establert és que l'ideal de la nostra societat és, precisament, la realització plena de la llibertat, és a dir, d'una societat humana que és l'única senyora de si mateixa i, doncs, que construeix la seva convivència des de fonaments únicament i exclusivament humans.

El cas extrem de l'idiotisme

Un ideal com aquest es pot radicalitzar, com passa segons com amb la figura del bohemi o del rodamón. Si l'ideal il·lustrat és que l'home es lligui ell mateix d'acord amb un sentit de l'obligació que s'ha de fonamentar sobre una base exclusivament humana, una desviació d'aquesta idea diu que tot lligam és indesitjable i, per tant, que el que hem de voler és viure *deslligats* de qualsevol obligació: com el rodamón, que no s'ha de fer càrrec de res ni de ningú.

El deslligament, l'absència total de responsabilitats i d'obligacions —allò que els grecs clàssics anomenaven *idiotisme*— és, segons com, una posició que avui dia flota en la mentalitat de les nostres societats contemporànies.

Però no correm tant, i provem encara de pensar l'ideal que substitueix la naturalesa i Déu per la Raó. Viure sense reconèixer cap més autoritat que la raó o les facultats humanes —ni la de la naturalesa, ni la de Déu— és, en efecte, l'ideal il·lustrat que rebem com a herència en la nostra actitud natural (per bé que, com hem vist, segurament barrejat amb d'altres).

Reconsiderem encara com vivim el món social en aquesta actitud.

Si la ciència moderna ha sotmès la naturalesa al domini de la tècnica, l'ideal il·lustrat pretén posar la raó en el lloc que a l'edat mitjana ocupava Déu. La religió esdevé un assumpte privat i l'espai públic és concebut a partir d'ara com un lloc d'entesa i confrontació amb mitjans exclusivament humans. De vegades, aquest procés s'ha anomenat "secularització".

11 És possible viure reconeixent la pròpia raó com a única autoritat?

12 Posa algun exemple d'alguna cosa que compleixi aquestes tres condicions: (1) la creus fermament, (2) estrictament parlant no pots dir que la sàpigues i (3) n'estàs tan convençut, que de fet orienta alguna de les decisions que prens en la teva vida de cada dia.

Compara les noies que surten en aquestes dues imatges. Les societats respectives on viuen, tenen la mateixa moral? Què creus que pensaria cadascuna d'elles de l'altra? Si es tracta de dues morals diferents, creus que n'hi ha una que sigui millor que l'altra?

Situacions: educació, socialització, drets humans, alienació, gènere, estereotips, diversitat cultural, conflicte, ètica i política, postveritat.

13 Digues tres costums privats i tres costums que formin part de la teva moral.

14 Per què creus que segueixes una moral sigui quina sigui?

1.8 La força del costum. El món moral

El món social es conforma a través de l'educació, i l'educació ens inculca actituds que comporten l'acceptació de certes obligacions. La cosa no és tan dramàtica com podria semblar, perquè *la força del **costum*** fa que integrem d'una manera fàcil aquestes obligacions en la nostra vida de cada dia, fins al punt que algunes deixen d'aparèixer-nos com a obligacions.

Potser ens va costar adquirir l'hàbit de rentar-nos les dents cada dia, però un cop adquirit ens surt sense cap dificultat. Les coses que al principi ens oferien una certa resistència, a força de repeticions intencionades, les incorporem en el nostre fer quotidià de tal manera, que deixen d'oferir-nos cap resistència i flueixen d'una manera natural en el nostre comportament diari sense haver de pensar-hi expressament.

L'educació sentimental sedimenta hàbits o costums que esdevenen per a nosaltres com una prolongació de la nostra manera natural de ser, com una segona naturalesa.

En llatí, *costum* es diu MOS, MORIS, i d'aquesta paraula deriva la paraula *moral*. La **moral** és el conjunt de normes —hàbits o costums— que operen socialment, estableixen les obligacions dels membres d'aquesta societat i ho fan sota el supòsit més o menys explícit que són vàlides, és a dir, universals.

La moral és, per tant, el conjunt de costums que els nostres educadors, *com a membres de la societat a la qual tant ells com nosaltres pertanyem*, ens han inculcat a fi de predisposar-nos en el nostre capteniment. De manera similar al que passa amb la llengua, quan comencem a pensar sobre la moral, ens hi trobem ja dins: vivim ja sempre a l'interior d'un món moral.

Certament, hi ha costums privats, com el del jugador de futbol que entra al camp sempre amb el peu dret. Parlem de moral, però, només quan els costums constitueixen una realitat intersubjectiva, que compartim com a membres d'una mateixa societat i que encarnen el que aquesta societat considera bo i dolent, correcte i incorrecte.

Societats diferents donen moralitats diferents: les obligacions de les dones no són les mateixes a Suècia que a l'Afganistan. Fins i tot dins d'una mateixa societat, si és tolerant i oberta, hi ha diferències: un home pot cedir el pas a una dona amb la intenció de tractar-la bé i ella es pot sentir maltractada en interpretar el gest com un cas de masclisme.

Malgrat les pretensions d'universalitat de les morals, no totes són iguals, i entre aquestes hi ha sovint incompatibilitats manifestes.

Què hem de fer amb les diferències? Hi ha una moral millor que les altres que hagi de prevaldre per sobre de totes?

ACTIVITATS

1 Classifica els conceptes següents segons si es refereixen a sensacions, emocions o sentiments. Justifica la teva resposta.

calor • odi • alegria • mandra • riure
preocupació • gana • dolor • amor • fàstic

2.1 Naturalesa i llibertat. La vida humana en la cruïlla

Per a abordar la qüestió que acabem de plantejar, cal que prenguem una perspectiva nova. Fins ara hem tractat la socialització dels humans. Considerem ara la seva naturalesa individual.

Els éssers humans estem situats com en una cruïlla.

- D'una banda, una bona part de nosaltres estem sotmesos a la mateixa necessitat natural que domina sobre els altres éssers. Igual que els cossos inerts, si se'ns eleva a una certa alçada i se'ns deixa anar, caiem a terra per la llei de la gravitació universal. Com el de tots els vivents, el nostre organisme té tota una sèrie d'automatismes, com el batec del cor, que operen sense que hàgim de prendre'ls en consideració. Com la de la resta d'animals, la nostra conducta està lligada a una sèrie de tendències, impulsos i passions que ens lliguen a la vida. Res de tot això no és fruit d'una decisió lliure.
- D'altra banda, però, hi ha en nosaltres una possibilitat nova: la de projectar amb el pensament accions deliberades i executar-les. En aquest segon cas, la causa de la meva acció no és ja la necessitat natural, sinó jo mateix.

Entre tots dos àmbits, el de la fosca necessitat natural i el de la clara decisió lliure, hi ha, com sabem, una zona de grisos, una zona de barreja en la qual no sempre és fàcil determinar el que preval: l'àmbit dels sentiments com a pulsions —necessitat— transfigurades per la intel·ligència —llibertat.

Fa un moment aquest ratolí corria lliurement per la casa i ara ha estat capturat. En quin sentit de la paraula *llibertat* el ratolí era lliure? Per què no ho era en els altres sentits?

1 Pensa en tu mateix situat a la cruïlla de què hem parlat i fes una llista de coses que et determinen i de coses que tu mateix determines per a la teva vida.

2 Compara una persona i un cuc d'acord amb els cinc sentits de la paraula *llibertat*. Després, digues de quantes maneres es pot dir que un cuc és lliure.

2.2 La noció de llibertat

Podem parlar de llibertat en *cinc sentits* diferents:

1 Les persones no estem determinades a viure d'una manera prefixada. Hem d'escollir, per exemple, si volem ser arquitectes o actors. Som "l'animal inacabat": lliures en el sentit d'**indeterminats**.

2 Perquè som indeterminats, ens hem de decidir. I, en efecte, tenim la capacitat de donar-nos a nosaltres mateixos el criteri de la nostra pròpia actuació. En l'àmbit de la necessitat, les coses se sotmeten al que no són elles mateixes; però nosaltres som autònoms: **podem autodeterminar-nos** i decidir el que volem arribar a ser.

3 Un cop establert el fi, som lliures d'escollir els mitjans amb què el perseguim. La llibertat és també la **perseverança** amb què executem les accions que realitzen el projecte dissenyat.

4 En la realització del projecte de vida, les persones triem un cert estil de vida. La llibertat és també la tria i el cultiu d'un **estil**.

5 La llibertat, finalment, pot ser la mera **absència de coacció**. Aquesta llibertat, anomenada **llibertat negativa**, la compartim amb els animals: és la del lleó que viu fora de la gàbia per comparació al lleó engabiat.

RELACIÓ ENTRE ELS CINC SENTITS

Entre 1 i 5: la indeterminació (1) és llibertat respecte a mi mateix (llibertat interna), la llibertat negativa o absència de coacció (5) és llibertat respecte als altres (llibertat externa).

Entre 1 i 2: hi ha autodeterminació (2) perquè primer hi ha indeterminació (1).

Entre 2 i 3: en realitat, autodeterminar-nos de forma efectiva i, per tant, en l'acció, demana un primer moment d'autodeterminació (2), però, també, de forma imprescindible, la determinació de perseverar en l'acció per a posar tot l'esforç i tots els mitjans en el compliment dels fins que ens hem proposat (3).

Entre 2 i 4: l'aspecte creatiu de la vida humana, que és el que permet determinar en part el que volem ser, té dos vessants: podem escollir, per dir-ho així, el "tema", el que volem arribar a ser (2), però podem escollir, també, l'estil, la forma peculiar com expressarem la nostra pròpia vida –de forma enèrgica, tranquil·la, sòbria, expansiva, etc. (4).

Quan el dia 11 de març de 2011 va tenir lloc l'accident nuclear de Fukushima, al Japó, un equip de bombers es van quedar al lloc del desastre per a provar de controlar la situació, tot i saber que l'exposició a la radiació suposaria d'una forma gairebé segura la seva mort en pocs anys. Com cal entendre aquesta mena de decisions? Els movia el sentit del deure —la virtut— per sobre de la seva pròpia felicitat?

En general: es pot dir que som responsables de tots els altres éssers humans, incloent-hi els que encara no han estat concebuts? Tenim el deure de socórrer els necessitats encara que no hàgim tingut cap paper en la producció de la seva situació precària?

Situacions: sostenibilitat, cosmopolitisme, ètica i política, deshumanització.

3 Creus que tota persona busca sempre la felicitat? Com cal entendre les decisions abnegades o de sacrifici personal?

ACTIVITATS

1 Comenta les frases i indica amb quines estàs d'acord i amb quines no. Justifica la teva resposta.

a Com més llibres, més lliures.

b La llibertat consisteix a estimar i voler allò que ens succeeix.

c Aprofita el moment, perquè l'instant existeix ara: o l'agafes o després ja serà massa tard.

d El suïcidi és una expressió de la llibertat humana.

e La llibertat d'una persona acaba allà on comença la dels altres.

f No permeteu mai que algú us digui que no podeu fer una cosa.

- A quin sentit precís del mot *llibertat* es refereix cadascuna?

2.3 Projecte i vocació

Saber-nos en la cruïlla, determinats en moltes coses però al mateix temps inacabats, ens fa entendre que el que arribi a ser la nostra vida depèn en part del que decidim fer-ne.

Certament, les possibilitats que tenim estan sempre condicionades per l'educació. L'educació, en efecte, ens dona un impuls i un sentit inicials, de manera que podem fins i tot viure en la inèrcia i fer el que els altres —pares, educadors i societat— esperen de nosaltres. Tanmateix, fins i tot en aquest cas la manera com visc serà només una possibilitat entre d'altres.

Quan pensem en el nostre futur, dues lògiques diferents guien la nostra deliberació:

- D'una banda, pot resultar-nos atractiu un determinat estil de vida, fer ponts o escriure comèdies, i provar d'imaginar-nos la nostra vida futura exercint aquest ofici, amb família o sense, en *aquesta* o *aquella* ciutat, etc. Com un projectil imaginari, podem llançar-nos a nosaltres mateixos cap al futur i *projectar* la nostra vida sobre la imatge obtinguda. Podem fer **projectes** amb vista a la *felicitat*.
- Hi ha, però, una altra possibilitat. Sense renunciar necessàriament a la felicitat, podem sentir que s'espera de nosaltres alguna cosa important, que som cridats a fer una tasca determinada. Ja no es tracta del meu projecte, sinó de la meva **missió** a la vida. El jove que s'allista voluntari a l'exèrcit ho pot fer en defensa d'un ideal al qual sacrifica la vida. Sentir-se cridat a fer una cosa, a servir una causa més important que la pròpia vida és tenir una **vocació**.

2.4 La virtut i la felicitat. El dilema

Qui segueix una vocació sent l'obligació de lliurar la seva vida a alguna empresa més important que ell mateix; qui segueix un projecte de vida busca la felicitat. Tots dos desitgen tenir una vida bona. Però què és una vida bona? És una vida abnegada o és una vida feliç?

Les moralitats històricament donades acostumen a posar l'accent en l'un o en l'altre d'aquests dos aspectes. Quan afirmen el grup sobre l'individu, reclamen de cada individu que se sacrifiqui pel bé comú. Quan prioritzen els projectes inventius, reclamen del grup que respecti la iniciativa i els interessos de cada individu.

Però què va primer, la **virtut** —com a disposició al sacrifici en nom d'alguna cosa més alta— o la **felicitat**?

Si el dilema ens inquieta, no tenim més remei que endegar una tasca doble: examinar les morals existents i provar de posar els fonaments d'una moral que satisfaci les dues inquietuds formulades.

Si fem això, hem abandonat el terreny segur de les morals i avancem pel territori compromès de l'ètica.

3.1 Les morals i l'ètica

Acabem de dir que l'ètica és un territori compromès. Provem primer de justificar aquesta afirmació.

El pensador romà Ciceró va dir en una ocasió que Sòcrates (469-399 aC) va ser el primer filòsof que "va baixar la filosofia del cel a la ciutat": el primer que es va preocupar, no de la naturalesa ("el cel"), sinó de l'ésser humà ("la ciutat").

Sòcrates, en efecte, exhortava tothom a examinar racionalment la seva pròpia vida, per a veure si realment era digna de ser viscuda. El cas ens interessa perquè, precisament per fer això, Sòcrates va ser acusat de corrompre la joventut, va ser jutjat i condemnat a mort per la ciutat d'Atenes i va morir l'any 399 aC prenent cicuta en compliment de la sentència.

Com és que la pregunta "Com he de viure?" pot ser considerada corruptora de la joventut? Per què pot l'ètica posar-nos en una situació de perill? Què és, doncs, l'ètica?

L'**ètica** és l'examen racional de la moral i, també, la pregunta pels fonaments de la moral: l'ètica qüestiona tota moral vigent.

Ara, ja hem vist que la moral d'una societat és el que conserva i transmet el que té per bo i per dolent. De manera que, quan l'ètica qüestiona si el que tenim per bo és *realment* bo, el que fa és atacar la tradició i qüestionar la moral vigent.

Suposem, per exemple, una societat que ensenya als seus fills a obeir els pares en tot. Mentre tots els membres de la societat estiguin d'acord a seguir aquesta tradició, no hi haurà conflictes entre generacions... I aleshores intervé un Sòcrates qualsevol, el filòsof, i diu: "Examineu si el que feu està bé!"

La invitació a l'autoexamen és, per tant, revulsiva o revolucionària perquè atempta contra la **tradició**. I té, a més, un perill afegit. Si tota moral es troba dins d'una certa noció del bé i del mal, l'ètica ens situa fora de tota moral i ens convida a prendre una perspectiva que està més enllà del bé i del mal: aquella que busca precisament establir què hem d'entendre per bé i per mal. Òbviament, quan preguntem això pot ser que arribem a trobar una resposta més beneficiosa per a la vida individual i col·lectiva. Però i si no trobem res?

El territori de l'ètica és compromès perquè el qüestionament ètic posa sota sospita les nocions de bé i de mal heretades, sense que, de moment, sigui segur que ens pugui oferir res millor a canvi.

I si l'examen racional és incapaç de distingir clarament el bé del mal? I si ens porta a concloure que tot —fins i tot la tortura i l'assassinat— és permès? En aquest cas, l'ètica portaria a la destrucció dels fonaments de la convivència. Així ho van pensar, en efecte, els jutges de Sòcrates.

La mort de Sòcrates (1787), de Jacques-Louis David

D'acord amb la data i el país en què va ser pintat, quin significat creus que li dona el pintor?

1 Què és el llenguatge "políticament correcte"? Per què és incorrecte parlar d'una altra manera?

2 Creus que l'ètica, com a part de la filosofia, és, doncs, en cert sentit incorrecta?

MORAL, IMMORAL, AMORAL

L'ètica és una disciplina teòrica, és una part de la filosofia i, per tant, podem decidir fer-ne o no ferne. La moral, en canvi, és com un medi en què tota persona necessàriament s'ha format, i no pas fruit d'una elecció.

Què volen dir, aleshores, els adjectius *immoral* i *amoral*? Immoral pot tenir dos sentits: (1) Immersos en un món moral, diem que és immoral el que atempta contra les normes de la moral vigent. (2) En el camp de l'ètica, diem que és immoral, o immoralista, la posició dels qui afirmen que tota doctrina moral és una pura ficció i, doncs, que l'home superior és el qui s'atreveix a viure al marge de tota moral.

També *amoral* té dos sentits: (1) Immersos en un món moral, és amoral tota acció que és moralment neutra, és a dir, que ni compleix cap norma moral ni atempta contra cap norma moral. (2) En el camp de l'ètica, és amoral la posició dels immoralistes, perquè, en negar que el bé i el mal existeixin, totes les accions esdevenen aleshores neutres.

Ara bé, ja que tots ens formem necessàriament dins d'una moral, es pot viure de debò fora de tota moral? Potser només poden fer-ho els psicòpates: l'amoralitat és, aleshores, un dels símptomes d'una psicopatia greu.

En la pel·lícula *Endevina qui ve a sopar* (1968), els pares de Joanna (interpretats per Katharine Hepburn i Spencer Tracy) veuen com és posada a prova l'educació liberal que han donat a la seva filla quan aquesta els anuncia que té intenció de casar-se amb John Prentice (interpretat per Sidney Poitier), un metge afroamericà. Els pares han ensenyat a la seva filla, ben sincerament, a menysprear el racisme; però ara, quan han d'acceptar un home negre a la família, ells mateixos tenen dubtes. La incoherència i els dubtes formen part de la manera com vivim les nostres pròpies conviccions morals.

3 Posa un exemple d'algun tema que sigui polèmic en la nostra societat des del punt de vista de les valoracions morals.

- De quina manera creus que la societat ha de tractar els desacords d'aquesta mena que inevitablement sorgeixen?

4 A l'hora d'actuar, ets perfectament coherent amb el que creus o amb el que afirmes?

3.2 Per què l'ètica?

En realitat, el món moral no és ben bé com l'acabem de pintar. Hem suposat una societat homogènia, en què tots els individus comparteixen les mateixes creences morals i actuen en conseqüència. Però les societats reals són molt més complexes i confuses:

1 Primer, perquè dins d'una mateixa societat hi poden conviure moralitats diferents o modulacions diferents d'una mateixa moralitat. En la nostra societat no tothom valora igual la sexualitat, o la religió, o la propietat o moltes altres coses.

2 I hi ha un segon factor de complexitat, les contradiccions humanes. Quants personatges públics no s'han passat la vida predicant el que havíem de fer i, després, hem sabut que en la seva vida privada actuaven de forma deshonesta? Nosaltres mateixos, quantes vegades no som indulgents amb les nostres faltes (i les dels nostres) i implacables amb les dels altres?

La vida en societat és una vida d'aparences i d'interessos enfrontats. En la vida social, tot sovint justifiquem conductes nostres que no toleraríem en els altres. Mentim, fem trampes, dissimulem, i ho fem amb raons que presenten el nostre cas com a excepció justificada a la regla general que val per als altres. En el xoc d'interessos que és la vida social, fàcilment busquem raons i ens enganyem a nosaltres mateixos.

Podem dir que tota societat viu en una doble moral. Una cosa és el que es diu i una altra el que es fa. La corrupció de la joventut no és pas obra de Sòcrates, sinó d'una societat adulta degradada.

L'ètica serveix, en primer lloc, per a possibilitar una regeneració moral enraonada d'una societat més o menys decadent.

Però hi ha un altre cas. Suposem una societat que viu en la unanimitat plena pel que fa a les conviccions morals, una en què tothom admet, per exemple, l'esclavitud sexual, incloent-hi els esclavitzats. És aquesta una unanimitat admissible? Més enllà del consentiment de tots, hi ha un fonament superior que demani que ens revoltem davant d'una situació com aquesta?

Si una sola persona qüestionés aquest estat de coses, no seria l'única que tindria raó contra l'opinió de totes les altres?

L'ètica pretén arribar a comprendre què és una vida bona *de veritat*, més enllà de les convencions de cada moment històric, a fi d'orientar un canvi de conducta des de l'examen racional.

Hi ha, per tant, almenys dues raons per a fer ètica:

- Regenerar moralment les societats que no són a l'altura de les seves pròpies conviccions morals.
- Obrir els ulls dels qui consenten el que no es pot consentir —en el cas que hi hagi realment coses inadmissibles.

ACTIVITATS

1 Busca les diferències entre allò que defineix una acció com a moral, com a immoral i com a amoral. Posa dos exemples de cada.

- Pot una cultura humana estar basada en un tipus de conducta amoral? I immoral? Justifica la teva resposta.

2 L'"autenticitat" és un dels valors més reivindicats pels joves.

- Podem valorar l'autenticitat per si mateixa, sense tenir en compte en què s'és autèntic? Justifica la teva resposta.

4.1 Les diferents perspectives de la investigació ètica

La decepció sobre la moral heretada obre la recerca ètica, però autors diferents han avançat per camins diferents segons com hagin concebut, no ja la moral, sinó l'ètica mateixa. Això ha donat lloc a tantes distincions (ètiques descriptives i normatives, substancialistes i procedimentals, teleològiques i deontològiques, materials i formals, de mòbils i de fins) que és fàcil perdre-s'hi. Per aquest motiu, dediquem la recta final d'aquesta unitat a dibuixar una mena de mapa de posicions ètiques rivals per tal d'orientar-nos-hi.

4.2 Ètiques descriptives i ètiques normatives

Una **ètica descriptiva** és la que es limita a descriure els codis morals ja existents i determinar el que es considera moralment correcte en una societat determinada o en societats diferents. No busca establir una moral nova, sinó aclarir els codis morals: estudiar en què s'oposen, com interpreta cadascun les normes comunes (com la prohibició de l'incest), l'eficàcia de cadascun per cohesionar la societat, etc. Vol ser una ciència social més, donar compte del fet moral sense pretendre regular-lo.

Per contrast, una **ètica normativa** vol posar els fonaments d'unes normes morals definitives. No es limita a descriure les normes existents, sinó que vol trobar els fonaments racionals que permetin establir quines d'aquestes normes són legítimes i quines no, i, si cal, dictar noves normes ben fonamentades.

Considerades juntes, aquestes dues ètiques són les dues parts de l'ètica: l'examen racional de la moral —ètica descriptiva— i la fonamentació d'una moral racional —ètica normativa.

4.3 Ètiques substancialistes i ètiques procedimentals

Les **ètiques substancialistes** sostenen que el que fa que unes normes siguin bones és que el seu contingut (els fins que serveixen, les virtuts que fomenten o els béns que proporcionen) contribueix a la realització plena de la naturalesa humana. És el cas de l'ètica d'Aristòtil.

Les **ètiques procedimentals**, en canvi, afirmen que la bondat d'una acció radica en el criteri o procediment amb què es duu a terme. No importa el contingut —si busquem plaer o una altra cosa—, sinó que la norma amb què el defensem pugui ser vàlida per a tot ésser racional. Per al formalisme kantià, això significa que el criteri que seguim en actuar ha de poder ser volgut com a llei universal sense contradicció. Per a les ètiques dialògiques de Rawls, Apel o Habermas, com que el pluralisme és irreductible, i de fet, en una societat democràtica, el pluralisme és desitjable, això significa que tots els actors implicats en un conflicte han de tenir veu en igualtat de condicions que els altres perquè la solució final pugui tenir en compte de la mateixa manera tots els punts de vista.

Una ètica descriptiva es limitarà a constatar les diferències entre codis morals diferents, per exemple, pel que fa al cos de la dona. Si disposa de mitjans per a fer-ho, potser podrà fer estudis d'opinió o considerar altres factors constatables que ajudin a interpretar quina mena de moral dona societats més pròsperes, pacífiques i felices, però en cap cas no provarà de demostrar que un codi moral és millor que un altre segons arguments independents de l'experiència. Una ètica normativa, en canvi, mirarà d'esbrinar quin és el fonament veritable de la moralitat referent a la dona i sobre aquesta base provarà d'establir, de tots els codis morals de fet existents, quins són legítims i quins no, amb l'esperança de trobar el codi més just.

Què opines sobre la qüestió que hem posat d'exemple, és a dir, sobre els diferents codis morals referents a la dona? Creus que tots han de ser respectats dins el context cultural de cadascun? O creus més aviat que hi ha codis morals que no tracten bé les dones i, per tant, que caldria reformar? I si creus això segon, la teva posició es pot defensar tant per ètiques descriptives com per ètiques normatives? I si creus que una ètica descriptiva també la pot defensar, de quina manera ho pot fer?

Situacions: educació, socialització, drets humans, alienació, gènere, estereotips, diversitat cultural, conflicte, ètica i política.

1 En quins fets et fixaries a l'hora de provar de determinar quines moralitats són millors des del punt de vista dels seus efectes?

2 Hi ha autors que neguen la possibilitat de l'ètica normativa i defensen, així doncs, que només és possible l'ètica descriptiva.

- Quina visió del món de les estudiades en la unitat anterior creus que solen tenir aquests autors?

Hi ha una naturalesa comuna a tots els éssers humans, de tal manera que la virtut d'un individu consisteix a dur a la seva plenitud aquesta naturalesa comuna? O més aviat cadascú ha de fer el seu propi camí, sempre que el faci seguint certs criteris de respecte vers les formes? La primera posició és pròpia d'una ètica substancialista i la segona, d'una ètica procedimental.

3 Creus que podem dir que tots els humans compartim un mateix fi?

4 Creus que tenim els mateixos deures?

5 Creus que hi ha coses bones i coses dolentes, accions bones i accions dolentes o ni les unes ni les altres?

4.4 Ètiques teleològiques i ètiques deontològiques

Les **ètiques teleològiques** —del grec TÉLOS, que significa fi— parteixen d'una consideració de la naturalesa humana des de dues perspectives. Unes es pregunten quin és el fi natural de l'ésser humà, allò amb vista al qual es fa qualsevol altra cosa, i consideren bo tot allò que condueix a la seva consecució (ho veurem amb les ètiques d'Aristòtil i Epicur). D'altres es conformen a fer una constatació de fet: si admetem com un fet empíricament comprovable que tots els humans busquem el plaer, una acció serà bona en la mesura que el proporcioni (ho veurem amb l'utilitarisme). En tots dos casos, la bondat d'una acció es valora per allò que proporciona, pel seu fi.

Les **ètiques deontològiques** —del grec DÉON, que significa deure— sostenen, en canvi, que una acció bona ho ha de ser per si mateixa i no pel fi perseguit. Una acció és bona només quan no la fem per allò que n'obtindrem, sinó *per deure*. El sentit del deure m'obliga a fer el que és degut amb independència de les circumstàncies i de les conseqüències, és a dir, prescindint de tota determinació empírica i, per tant, *a priori*. És el que fa el soldat que manté la posició en una situació desesperada tot i saber que perdrà la vida: potser les circumstàncies —que són desesperades— aconsellarien abandonar la posició, i les conseqüències —una mort segura— no són pas desitjables, però, tanmateix, manté la posició. L'estudi de Kant ens permetrà aclarir en què consisteix el deure.

4.5 Ètiques materials i ètiques formals

Com que la decisió la pren *un subjecte* en relació amb *un objecte o matèria* de la decisió, segons on posem el pes de la decisió tenim dos tipus d'ètiques:

Les **ètiques materials** sostenen que el que determina la decisió és l'objecte. Per exemple: si identifiquem el bé amb el plaer, una acció bona és la que proporciona plaer. Una acció ha de ser jutjada, així doncs, per allò que en resulta, per les seves conseqüències. Allò *decisiu* és l'objecte.

Les **ètiques formals**, en canvi, entenen que quan l'objecte mana sobre la voluntat no hi ha llibertat ni, per tant, acció moral. En efecte, si la voluntat queda determinada per l'objecte, no és ella mateixa que es determina. Només hi ha llibertat quan la voluntat governa sobre si mateixa, s'imposa a si mateixa el criteri de la decisió sense deixar-se determinar ni per les circumstàncies ni per les conseqüències. Kant ho expressa dient que una acció és bona quan només està determinada per una *bona voluntat*, quan la voluntat es determina a si mateixa d'acord amb la seva naturalesa racional. Allò *decisiu* és la forma racional. Quan estudiem Kant ho podrem aclarir.

4.6 Ètiques de mòbils i ètiques de fins

Les **ètiques de mòbils** atenen el que mou *de fet* els éssers humans a actuar. A partir d'una ètica descriptiva, assenyalen les normes sobre les quals hi ha de fet *unanimitat*. Així, per exemple, de la constatació purament empírica que tots els humans desitgem tenir una vida tranquil·la i plaent, en podem derivar un principi ètic que identifica la bondat amb la utilitat entesa com allò que proporciona plaer. Epicur i l'utilitarisme defensen aquest plantejament.

Les **ètiques de fins** entenen que *el que som de fet* no és encara *el que estem cridats a ser*. L'estudi de què seria una ésser plenament humà, o *un humà perfecte*, ha de permetre establir *el que hem de ser i, doncs, el que hem de fer*. És bona, així doncs, tota acció que acompleix els fins *inherents a la naturalesa humana*. Aristòtil representa el cas paradigmàtic d'aquest plantejament.

4.7 L'actitud de la política davant l'ètica

Podem considerar també l'ètica, no en relació amb la legitimitat de les normes morals, sinó en relació amb l'actitud que el polític pren respecte d'aquesta. Si ho fem així, podem distingir encara, amb Max Weber (1864-1920), dues actituds diferents:

L'**ètica de la convicció** defensa una actitud de màxims pel que fa a l'acció: sempre i en qualsevol circumstància cal fer allò moralment bo, independentment de les conseqüències.

L'**ètica de la responsabilitat** sosté, en canvi, que qui actua s'ha de fer responsable de les conseqüències de la seva acció i, per tant, de vegades ha d'avenir-se a embrutar-se les mans, és a dir, a dur a terme determinades accions amb la clara consciència que són èticament reprovables. Per exemple: tot i admetre que tenim l'obligació moral de dir la veritat, sosté que hi ha circumstàncies excepcionals en què cal mentir.

Suposem que els serveis d'intel·ligència d'un país tenen indicis de la imminència d'un atemptat terrorista en una gran ciutat del país. Èticament, tothom admetrà que tot individu té dret a saber els perills que l'amenacen, per poder actuar en conseqüència. Qui governi segons una ètica de la convicció decidirà informar immediatament la ciutadania. Però potser el seu assessor principal, des d'una ètica de la responsabilitat, l'advertirà del perill que una informació com aquesta pot despertar reaccions de pànic que portin a desordres públics incontrolats. Què farà?

En desentendre's de les conseqüències, l'ètica de la convicció pot conduir al desastre en nom d'una suposada elevació moral, però l'ètica de la responsabilitat pot portar a justificar qualsevol acció, incloent-hi l'assassinat, en nom de les raons d'estat.

Considerem tot seguit, en el proper capítol, com han abordat aquesta i altres problemàtiques els diferents sistemes ètics.

Merkel, Putin, Poroshenko i Hollande, governants, respectivament, d'Alemanya, Rússia, Ucraïna i França, en una trobada a l'octubre de 2015 per a parlar de la crisi d'Ucraïna. Com podrien posar-se d'acord si cadascun d'ells es mantingués rígidament enrocat en una ètica de la convicció? Però, d'altra banda, quins pactes mantindran en secret, perjudicials per a molta gent, escudant-se darrere una ètica de la responsabilitat? El problema no es resol triant una o altra actitud amb relació a l'ètica.

6 Quina diferència hi ha entre un mòbil i un fi? Mentre resols aquesta qüestió, què et mou a actuar? Amb quina finalitat?

7 Creus que és possible fer coses sense finalitat i sense motius?

ACTIVITATS

1 Llegeix aquesta deliberació ètica i respon la pregunta següent:

"La meva mare no vol que vagi a la universitat i vol que em quedi a ajudar-la a treballar a la botiga. Diu que serà només durant uns quants anys, però jo sé que és una excusa perquè està molt sola (el pare va morir fa anys) i el que vol és que jo no marxi a la universitat, que és a molts quilòmetres del poblet on vivim. Al poble no hi ha cap futur per a mi. Sé que la meva mare és egoista i injusta, perquè no pensa gens en el meu futur, només pensa a no quedar-se sola. La meva relació amb ella, a més a més, no és bona (en el fons no l'estimo). Malgrat aquests condicionants, decideixo renunciar a anar a la universitat."

- La decisió de no marxar a la universitat: l'he pres seguint una ètica material o formal? De mòbils o de fins? Teleològica o deontològica? Justifica la teva resposta.

Recapitulació

Fixa't en la seguretat i l'alegria que transmet aquest nen enmig de dues persones adultes. Amb quina part de la unitat relacionaries aquesta imatge? Per què amb aquesta i no amb les altres? Creus que aquest nen ja està en disposició de fer ètica?

PARAULES CLAU

actitud, axiologia, costum, deontologia, deure, diàleg, emoció, ètica, felicitat, fi, llibertat, material, mòbil, moral, obligació, projecte, responsabilitat, sentiment, virtut, vocació

Fins aquí hem examinat:

- Primer, la nostra experiència habitual del món moral i el motiu pel qual pot tenir lloc l'ètica com a examen racional d'aquest món moral.
- I segon, les perspectives diverses i els camins diferents que aquest examen racional pot prendre.

D'altra banda, hem vist igualment que aquest examen pot tenir encara dues formes:

- Descripció del món moral.
- Intent de fonamentació del món moral.

Amb això, tenim dibuixat el mapa de tots els camins per on pot avançar l'ètica i, tanmateix, encara no n'hem recorregut cap.

La nostra consideració de l'ètica es troba, per aquest motiu, just a mig camí. A fi que tot el que ja hem dit prengui sentit, ara ens cal allargar el nostre estudi amb una consideració de les posicions ètiques més representatives que s'han donat al llarg de la història del pensament.

Amb el mapa a la mà, sortim, doncs, de viatge, per veure si la consideració de doctrines ètiques concretes omplen de sentit el quadre amb el qual hem acabat aquesta unitat.

EN 8 IMATGES

RECOMPOSICIÓ Tens aquí vuit imatges presentades per parelles. Cada parella evoca una part concreta de la unitat, i, de dalt a baix, la successió de les quatre parelles dibuixen l'itinerari d'una dissertació possible sobre l'origen i el sentit de la filosofia.

EXPLICA, per a cada parella, quina relació hi ha entre les dues fotografies i què ens donen a pensar considerades juntes.

REDACTA, a partir d'aquesta primera resposta, un discurs que, seguint l'ordre de les fotografies o bé canviant l'ordre de les parelles, tracti sobre la naturalesa del projecte filosòfic.

L'EDUCACIÓ SENTIMENTAL. Com hem vist la nostra entrada en el món té molt a veure amb els sentiments. És a través de l'educació sentimental que ens incorporem a la societat a la qual pertanyem i fem nostres els costums que li són propis. La dificultat per a pensar aquesta entrada consisteix en el fet que tendim a entendre els sentiments com alguna cosa contrària a la raó. En realitat, els sentiments no són simplement racionals, però tampoc no són simplement irracionals, sinó que es troben en un punt intermedi. El primer text t'ajudarà a aprofundir en aquesta idea.

1 Llegeix el text i respon les preguntes:

"L'enginyós Isaac Asimov va proposar una ètica per a robots, que es componia de tres lleis. Primera: un robot no pot ferir un ésser humà ni pot permetre, per inacció, que cap ésser humà es faci mal. Segona: un robot ha d'obeir les ordres emeses pels éssers humans, excepte quan aquestes ordres puguin entrar en conflicte amb la primera llei. Tercera: un robot ha de protegir la seva pròpia existència mentre això no entri en conflicte amb les dues primeres lleis. Tots els robots seran, sens dubte, virtuosos, perquè no tindran cap motiu per a no complir aquest programa moral. Privats de sentiments, també estaran privats de motius.

Als homes, en canvi, les coses, les accions i el resultat de les accions no ens són indiferents. Quan somiem la felicitat, somiem un estat sentimental. Lluís Vives va recomanar l'estudi d'aquests 'trasbalsos anímics' per a 'posar remei a tants mals i proporcionar medecina a malalties tan cruels com produeixen'. Però no hi ha remei: qui vulgui parlar d'ètica ha de saber què cal fer amb aquests hostes trasbalsadors de la consciència. [...]

Els animals mostren unes conductes d'apropament o de fugida que des de fora interpretem com a experiència de plaer i dolor, com a desitjos i aversions. Coneixem bona part dels mecanismes neuronals que determinen aquests successos. Fa anys que Olds, Milner, Rodríguez Delgado i altres neuròlegs van descobrir els centres cerebrals del plaer, el dolor i l'agressivitat. L'home no és una excepció i posseeix estructures cerebrals anàlogues. Al seu torn, els desitjos són l'elaboració cognitiva de les necessitats. És difícil fer un catàleg de les necessitats humanes, perquè n'inventem de noves sense parar. [...]

Per a la nostra qüestió, en tenim prou de saber que la intel·ligència provoca una sentimentalització de la vida afectiva. Els mecanismes afectius decauen i els continguts significatius adquireixen progressivament preponderància. La nostra vida emocional es fa cada cop més i més semàntica. Deixem de ser golafres i ens convertim en gurmets. Una prova és la sentimentalització de la sexualitat. L'impuls a la unió genèrica —qualsevol mascle amb qualsevol femella— s'integra en un moviment de direcció contrària, extremament personalitzador: aquest mascle o aquesta femella. L'instint, transfigurat per la intel·ligència, es converteix en sentiment."

JOSÉ ANTONIO MARINA, *Ética para náufragos*, 1995 (adaptació)

a Creus que els robots de què parla el text tindrien un comportament pròpiament moral? Per què?

b És possible actuar moralment sense sentiments? Per què?

c Quina diferència hi ha, segons el text, entre instints i sentiments?

d Què significa que "la nostra vida emocional es fa cada cop més i més semàntica"?

CARÀCTER SOCIAL DELS SENTIMENTS. Els sentiments tenen molt, així doncs, de construcció de la intel·ligència i, per tant, de construcció social. Per a prendre'n consciència, és revelador veure en quines dates va apareixent el vocabulari corresponent al camp semàntic d'un sentiment. Per exemple, si es tracta de la tristesa, quan apareixen els termes *moix*, *ensopit*, *compungit*, *malenconiós*, *enyorat*, etc.

2 Tria cinc termes del camp semàntic d'un sentiment i prova d'esbrinar, amb l'ajut d'un diccionari etimològic, quines són les seves aparicions documentades més antigues.

- El resultat obtingut et diu alguna cosa sobre si els sentiments són innats o construïts?

LES OBLIGACIONS. Els lligams socials —començant pels familiars— ens donen seguretat precisament perquè estableixen el que hem de fer, és a dir, perquè determinen a què tenim dret en les relacions socials i quines són les nostres obligacions. Si et disposes a fer les activitats següents, aprofita el teu cas per a pensar una mica més sobre el caràcter que tenen les obligacions.

3 **Explica si estàs obligat a fer aquesta activitat?**

- Si creus que no, per què la fas? I si creus que sí, de quina mena d'obligació es tracta? En aquest segon cas, explica per què és una obligació moral (si creus que ho és) o per què no ho és (si creus que no ho és).

4 **Posa sis exemples de coses a les quals estàs obligat: dues d'imposades per la llei, dues imposades per les normes no escrites de la teva societat i dues a les quals t'hagis obligat tu mateix/a lliurement.**

5 **Explica per què creus que els ciutadans en general obeeixen les lleis.**

- Simplement perquè són "la llei"? Per por del càstig? Perquè creuen que són justes? Per algun altre motiu? Explica quina és la teva posició.

L'HETEROGENEÏTAT DEL MÓN MORAL. Parlem de la moral o dels costums d'una societat. Però de vegades els mateixos comportaments socials signifiquen coses diferents dins d'una mateixa societat. En altres paraules, el món moral no és homogeni, sinó heterogeni i fins i tot contradictori.

6 **Observa aquestes imatges i respon:**

a En les dues imatges el gest és el mateix. Significa el mateix en tots dos casos? Per què?

b Què ens ensenya la resposta de la pregunta anterior sobre els costums de la nostra societat? Creus que hi ha alguna societat (present o passada) en què tots els gestos tinguin un sentit unívoc?

Digues un costum de bones maneres que tinguis i explica per què creus que el tens i com l'has arribat a adquirir.

Busca informació sobre costums socials de bona educació de cultures diferents i compara'ls amb els teus.

- Quines són les diferències? Hi ha cap semblança? És accidental o essencial? Justifica-ho.

EL DINAMISME DEL MÓN MORAL. Que la moral no és un tot homogeni que s'imposa de forma definitiva sobre tots els components d'una societat ho prova el fet que no és pas extraordinari que una persona educada en una religió o en una ideologia determinada es converteixi, malgrat la força de la seva educació, a un altre credo o a una altra ideologia.

7 **Prova de fer una descripció versemblant de com una persona que ha estat educada en una determinada moral pot convertir-se a una posició contrària.**

- Aquesta mateixa possibilitat de canviar de costums i de valors, què ens diu de la moralitat?

ESTIL I LLIBERTAT. L'activitat anterior ens fa prendre consciència del paper que té la llibertat en la vida social. Hem vist, però, que la paraula *llibertat* és polisèmica; pot significar: indeterminació, autodeterminació, perseverança, estil i absència de coacció. Dels cinc sentits, potser el més difícil d'entendre és el de l'estil. Per a veure-ho més clar, et proposem l'activitat següent.

8 **Observa les imatges i respon les preguntes:**

Aquests dos còmics, Groucho Marx i Charles Chaplin, representen dos estils d'humanitat totalment diferents.

a Com descriuries allò que caracteritza cadascun d'aquests dos estils?

b Fins a quin punt, i de quina manera, podem escollir el nostre propi estil, és a dir, en quin sentit l'estil forma part de la nostra llibertat?

ÉS PERILLOSA L'ÈTICA? Tenen raó els qui, adherits amb rigidesa a un codi moral, veuen el pensament lliure com un perill?

9 **A partir de les consideracions que hem fet sobre la raó de ser de l'ètica, fes una dissertació sobre el tema següent: "Cal posar límits al lliure pensament?"**

Gènere, estereotips, violència, llenguatge

Revisió de la tradició del tió

És una tradició del país que els nens i les nenes, per Nadal, facin cagar el tió. Diferents cançons populars acompanyen el ritual de clavar cops de bastó a una soca perquè vagi "cagant" torrons, llaminadures, etc.

En els darrers anys, la revisió feta per certs col·lectius d'aquesta tradició ha desfermat a les xarxes socials fortes polèmiques.

La primera, arran de la decisió de l'Ajuntament de Sentmenat, el Nadal del 2020, de crear la figura de la tiona per mantenir la paritat de gènere amb el tió, en defensa del llenguatge inclusiu i no sexista.

La segona, arran de la decisió d'una escola, el Nadal de 2021, de fer que els alumnes no peguessin al tió, sinó que piquessin amb els peus a terra. L'escola entén que picar el tió implica violència i, doncs, que la defensa de la cultura de la pau demana desterrar una tradició com aquesta o, en tot cas, modificar-la.

PROBLEMA PER PENSAR

El foment del llenguatge inclusiu és eficaç per combatre el masclisme? La seva imposició a les escoles seria legítima?

QÜESTIONS SUBORDINADES

1

Busca informació sobre la polèmica que va desfermar l'ús del terme *tiona*. Cerca altres casos semblants.

2

La imatge triada per simbolitzar la igualtat és prou inclusiva o continua sent injusta?

3

Busqueu arguments a favor i en contra del llenguatge inclusiu defensats per persones que fan militància feminista i discutiu-los.

4

Tenen dret les autoritats a imposar una novollengua, encara que sigui amb finalitats nobles?

5

Tenen dret institucions reglades de modificar les tradicions populars, o és el poble qui lliurament pot o ha de fer-ho?

Unitats en què trobareu reflexions pertinents o relacionades amb aquesta situació:

1 • 2 • 4 • 5 • 6 • 7 • 8

PER ANAR MÉS A FONS

Les paraules fan la cosa?

La utopia del llenguatge inclusiu pretén transformar el món, suprimint-ne les injustícies, canviant la manera habitual de parlar i trencant amb la tradició. Quins són els fonaments filosòfics d'aquesta utopia? És legítim imposar una manera determinada de parlar ni que sigui amb fins nobles? És eficaç? És cert que la nostra manera de parlar sovint porta de forma inadvertida pel parlant prejudicis discriminadors amb les dones?

Aquestes i moltes altres preguntes poden acompanyar una reflexió sobre les herències culturals i l'actitud que convé tenir envers aquestes.

Proposta de recerca

1. Les filosofies del llenguatge i del poder que fonamenta les teories defensores del llenguatge inclusiu.
2. El feminisme clàssic i el feminisme postmodern. El pensament feminista i el diàleg entre corrents oposats.
3. El problema de la revisió de les tradicions. Arrelament i desarrelament.

Sistemes ètics

6

La descripció del món moral i del seu caràcter problemàtic ens ha portat, en la unitat anterior, a considerar les múltiples possibilitats d'investigació que es poden realitzar en l'examen de la llibertat humana.

A fi que els camins esbossats ens mostrin què ens poden aclarir sobre la vida humana, ara convé que concretem una mica més i examinem algunes de les doctrines ètiques de la història del pensament.

En fer això, simplement continuem una tasca que havíem deixat a mig fer. En aquesta unitat, estudiarem doctrines ètiques diverses.

L'interès d'atendre aquesta pluralitat de perspectives no és altre que guanyar una visió carregada de matisos sobre el tema d'aquestes dues unitats: la llibertat humana.

Precisament aquesta pluralitat de perspectives ens permetrà, al final d'aquesta unitat, formular les tres o quatre dificultats perennes amb què s'enfronta qualsevol investigació ètica seriosa.

Som a la meitat del nostre curs d'ètica. Mirem què podem aprendre de la tradició a fi de poder plantejar al final del recorregut, si no una teoria ètica definitiva, almenys una formulació adequada de les problemàtiques inherents a la vida humana, que tota teoria ètica ha de voler resoldre.

Com si fóssim nens petits davant la immensitat de la vida, ens disposem a escoltar la veu dels grans a fi d'anar guanyant, a poc a poc i de manera progressiva, la nostra pròpia mirada sobre el camp d'estudi de l'ètica.

1 Creus que és possible pensar per un mateix sense atendre en absolut el que pensen o diuen els altres?

2 Quin paper té el diàleg en l'elaboració de les pròpies opinions?

3 Les teves opinions, en quin sentit són "teves"?

1.1 Perspectives diverses per a comprendre'ns

A diferència de la ciència, la filosofia no progressa. Quan es tracta de ciència, tot sovint els darrers descobriments fan obsoletes, o fins i tot refuten, tesis científiques defensades en el passat. La filosofia prova d'aclarir la situació de l'ésser humà en el món; però la condició humana, en allò que té de llibertat, no és determinable matemàticament i, per aquest motiu, admet una pluralitat de perspectives diferents.

Això no vol dir que totes les perspectives possibles siguin igualment vàlides. Però sí que vol dir que tot sovint, quan es tracta d'arribar a tenir una visió una mica clara sobre la pròpia situació en el món, no hi ha cap posició, per més que ens sembli equivocada, que no ens obri un punt de vista interessant digne de ser considerat.

Amb aquest esperit, estudiarem vuit doctrines ètiques. No ens mou un interès merament històric: si les considerem, és perquè cadascuna ens pot aportar un punt de vista interessant sobre nosaltres mateixos i sobre la possibilitat d'orientar les nostres vides.

No són les úniques doctrines que s'han defensat al llarg de la història del pensament, però el seu conjunt ens ofereix una vista panoràmica prou àmplia perquè hi puguem trobar tots els elements necessaris per a dur a terme una reflexió personal pròpia.

Dividim el nostre estudi en tres moments:

- Les ètiques de quatre pensadors antics: Sòcrates, Aristòtil, Epicur i els estoïcs.
- Les ètiques de dos pensadors moderns: Hume i Kant.
- Les ètiques de diferents pensadors contemporanis: l'utilitarisme de Bentham i Mill i les ètiques procedimentals de Rawls, Apel i Habermas.

La nostra intenció no és pas "desempatar": no es tracta d'arribar a determinar "qui té raó". Es tracta d'arribar a formular, a través de la consideració d'aquesta pluralitat d'intents d'aclarir la decisió humana, totes les apories o dificultats amb què es troba qualsevol persona que decideixi plantejar-se seriosament, ni que sigui un sol cop a la vida, aquesta pregunta: *Com he de viure?*

Aqüeducte de Segòvia

El romans van construir aqüeductes per a transportar aigua d'un lloc a un altre, i traduïren els grecs per a transportar la saviesa d'uns temps a uns altres. També nosaltres, com els romans, estudiem els clàssics per a recollir-ne la saviesa.

ACTIVITATS

1 Fes una dissertació en què responguis aquesta pregunta: "Té algun sentit estudiar el passat?"

2.1 Sòcrates: l'intel·lectualisme moral

Segons Sòcrates (469-399 aC), quan es tracta del bé, tothom distingeix l'aparença de la realitat: ningú no vol tenir una vida que sembli bona però que en realitat no ho sigui. Però, si tothom vol el bé, com és que tan sovint actuem malament? Resposta: per ignorància.

Així, per exemple, el lladre, quan roba, es pensa que el que n'obté és un bé per a la seva vida i ignora que allò que fa amb si mateix quan actua així és un mal que no queda compensat pels béns materials que obté. Creient que es proporciona una vida feliç, s'està procurant tot el contrari: es contradiu a si mateix.

Una vida bona és, per tant, una vida coherent, una vida racional. Sòcrates ho expressa de manera lapidària: "una vida no examinada no és digna de ser viscuda".

2.2 Aristòtil: el bé de l'ésser humà

A El fi últim de l'home: el bé summe

Segons Aristòtil (384-322 aC), tot art, tota recerca, tota acció i tot propòsit tendeixen vers algun bé. Tota vida és tendencial. Així, per exemple, *l'ésser* de la llavor és *arribar a ser* planta, i una *bona* llavor és precisament aquella que té prou força per realitzar plenament la seva tendència natural. El bé de cada cosa consisteix així en la consecució del seu fi, en la seva plenitud.

Però quan parlem de l'ésser humà, quin és el fi al qual tendim, el bé de la vida humana? Arribar a ser *plenament humà*, realitzar plenament la naturalesa humana. Però què vol dir això exactament?

Si busquem menjar és per conservar la vida, si dediquem la vida a l'art de guarir és per procurar salut, si recerquem la salut és per poder tenir una vida plena. Però què vol dir "una vida plena"?

Com es veu, cada fi que ens proposem, el recerquem amb vista a un fi superior. Però quin és el fi últim en aquesta cadena de fins, quin és el **bé summe?**

Aristòtil respon: "Gairebé tothom hi està d'acord, tant el poble com la gent culta l'anomenen **felicitat**, perquè tothom admet que viure amb plenitud i actuar plenament bé són el mateix que ser feliç."

No hi ha demostració, sinó constatació: tothom confirma que el bé suprem és la felicitat. Si busquem la riquesa, o la fama, o la salut, o el plaer, etc., no és perquè siguin fins en si mateixos, sinó amb vista a la felicitat. Així, per exemple, el metge, quan guareix, en darrer terme el que busca és la pròpia felicitat i la del pacient. La felicitat, en canvi, no es busca per cap altra cosa, sinó per ella mateixa: només ella és el bé summe, el fi suprem.

Ara bé, en què consisteix *concretament* la felicitat? Quina és **la tasca més pròpia de l'ésser humà**, màximament adequada a la seva naturalesa, aquella amb què la vida humana es realitza plenament?

Quina imatge tenim avui dia de la plenitud humana? Què és per a nosaltres un triomfador, algú que ha reeixit a ser un model per als altres? La resposta no és senzilla, perquè vivim en una societat plural, però no hi ha dubte que, almenys entre els adolescents, els *youtubers*, els personatges que aconsegueixen milers —de vegades milions— de seguidors i marquen tendències, apareixen precisament com a models a seguir, per exemple —com en el cas de la fotografia— en l'ús del maquillatge.

Tanmateix, tenir milers o milions de seguidors et converteixen en algú poderós, en un model autèntic de vida exemplar, o més aviat et converteix en un servent dels teus seguidors, en la mesura que, com que vius del teu èxit a les xarxes, has de mantenir-los sempre fidelitzats?

Pot ser una vida que s'exhibeix i fa de l'exhibició el mode de vida un model de virtut? O la virtut té més a veure amb coses més profundes, en el sentit de coses que no són pura aparença? És fàcil treballar la teva pròpia humanitat —tant si ho diem en el sentit de Sòcrates, com si ho diem en el sentit d'Aristòtil, com si ho diem en qualsevol altre sentit— quan la societat et reclama un cert exhibicionisme, és a dir, una certa aparença de plenitud i felicitat?

Situacions: socialització, estereotips, llenguatge, deshumanització, indiferència, violència digital, drets digitals, postveritat, vida virtual, aïllament, exhibició, alienació, narcisisme, suïcidi.

1 Creus que és possible fer el mal sabent que el fas?

2 Si no és possible, amb quin dret creus que perseguim els qui anomenem "criminals"?

Com mostren els nens de la primera fotografia, tots els éssers humans desitgem per naturalesa saber. El desig de saber, que es pot satisfer gràcies al fet de disposar de llenguatge articulat, assenyala una activitat pròpiament humana.

També sentim desig de companyia, de tenir amics. En Aristòtil, l'amistat és una virtut. És el punt mitjà entre dos extrems: l'animadversió o hostilitat, com a defecte d'amistat, i l'adulació, com a excés. En el grup de la segona fotografia, potser alguna d'aquestes noies en detesta una altra, però ho dissimula, i potser una altra, a fi de fer-se acceptar pel grup, es mostra servil i es recrea en mostres d'admiració forçada amb què prova de guanyar-se la líder del grup.

El cas d'aquestes noies que semblen amigues però que no ho són ens alliçona sobre aquest fet: encara que la contemplació de la veritat i l'amistat són fins naturals de l'ésser humà, els mitjans amb què els recerquem poden no ser virtuosos.

Què fa que uns mitjans siguin legítims i uns altres no? Per què l'adulació no servirà a la noia de l'exemple per fer amigues genuïnes? I per què el sol fet d'aprendre de memòria un text no servirà per comprendre el que s'estudia? O generalitzant: quins mitjans són útils o legítims, i quins no ho són, per erradicar la pobresa, per revertir el canvi climàtic, per defensar la igualtat entre dones i homes, etc.?

Situacions: socialització, violència, deshumanització, drets humans, ètica i política.

B La virtut com a perfecció

Com tots els vivents, els humans ens nodrim. Com tots els animals, a més, hi sentim. Nodrir-se, veure-hi, escoltar o olorar són capacitats que compartim amb els animals. Quina és, doncs, l'activitat pròpia de l'ésser humà?

Només la part racional és específica de l'ésser humà, i aquesta part té dues capacitats:

- La de prendre decisions (part volitiva).
- La de contemplar la veritat (part intel·lectiva).

La **virtut ètica** és la perfecció de la voluntat i la **virtut intel·lectual** és la perfecció de l'intel·lecte. Centrem-nos, de moment, en la virtut ètica.

Viure com a humans plenament realitzats, fer la tasca que ens és pròpia és viure racionalment. La felicitat no és, per tant, una sensació subjectiva, sinó una situació objectiva i plenament assolible (ja que és una tendència natural): la de l'home que viu d'acord amb la seva naturalesa racional. És un activitat, no un estat de coses. Qui viu així posa de relleu la seva humanitat, excel·leix com a ésser humà: és excel·lent o virtuós. La **virtut** és aquesta *vida que es viu d'acord amb la raó en la plenitud de la pròpia humanitat*.

C La virtut com a habitud d'escollir el terme mitjà

No hi ha accions virtuoses, sinó vides virtuoses. La virtut no és una cosa passatgera, sinó una situació permanent, la d'aquell que té l'**habitud de conduir-se racionalment**. La virtut és, doncs, un **costum** que imprimeix **caràcter**, una determinada manera de fer i de ser.

Una persona no pot esdevenir coratjosa només estudiant el coratge, sinó que només ho pot esdevenir forçant-se ella mateixa, *des de la voluntat*, a respondre amb valor davant les situacions de perill. Si persevera en aquesta decisió, a partir d'un cert moment la resposta coratjosa ja és un hàbit i la persona del cas, coratjosa. Una sola acció no et fa valent; només te'n fa l'hàbit.

La virtut és, per tant, l'*habitud o el costum d'escollir* d'una determinada manera. Però de quina manera? Què escollim, quan escollim per costum la resposta que ens fa virtuosos?

Segons Aristòtil, l'objecte específic de la virtut és un **terme mitjà** entre dos extrems igualment aberrants o aviciats. Aquest terme mitjà no té res a veure amb la mediocritat, com si fos millor ser mig valent que ser valent i que ser covard. Tot el contrari: és el punt en què cada virtut excel·leix precisament com allò que ella és, sense quedar curta per defecte ni degradar-se per excés.

Per exemple: el coratge és el just mig entre la covardia i la temeritat (i no cal dir que la temeritat és tan perjudicial com la covardia).

D Virtuts ètiques i virtuts intel·lectuals

En suma, la **virtut ètica** consisteix en l'habitud d'escollir el terme mitjà entre l'excés i el defecte.

- En tant que habitud, s'adquireix per acostumament: el qui actua de forma justa acaba sent just, el qui actua de forma coratjosa acaba sent coratjós, etc.
- En tant que adquirida, no és natural, però marca la nostra vida com una segona naturalesa, perquè imprimeix caràcter i conforma així la nostra manera de ser.

Les virtuts ètiques són, per tant, aquelles habituds que es refereixen a la **part volitiva** de la vida humana que configuren el caràcter de la persona. *El desig és virtuós si se sotmet per acostumament a la raó.*

Enfront d'aquesta, la **virtut intel·lectual (dianoètica)** és la pròpia de l'ànima racional, i consisteix en *la disposició que ens porta a posseir la veritat*. Aquesta disposició vers la veritat és efectivament una virtut, no solament perquè ens encamina a obrar rectament, sinó també, i sobretot, perquè realitza plenament allò més propi de la nostra naturalesa.

Si la virtut ètica ve de l'acostumament, la virtut intel·lectual s'origina i es desenvolupa mitjançant la *instrucció*, raó per la qual *necessita experiència i temps*. Algunes virtuts intel·lectuals —que tenen com a objecte la contemplació i el coneixement— són la prudència, la ciència, l'art, la saviesa i la intel·ligència.

Ja que la virtut ètica implica deliberació, la persona virtuosa ha de participar de la virtut intel·lectual. Però això pot passar per dues raons:

- Perquè ella mateixa posseeix la virtut intel·lectual.
- Perquè segueix l'exemple d'una altra persona que la posseeix.

E La prudència

La virtut intel·lectual que il·lumina l'ètica és la **prudència**: la facultat de determinar l'acció correcta en cada circumstància. *No és virtut ètica*, perquè la seva tasca no és escollir, sinó comprendre; *però tampoc no és ciència*, perquè no s'ocupa de l'universal i necessari, sinó del contingent. La prudència prova de comprendre cada situació en la seva singularitat a fi de veure el que convé fer amb vista al fi últim recercat: delibera o calcula sobre el que convé en cada cas i dirigeix la conducta.

La part purament intel·lectual de la prudència és insuficient: puc entendre, per exemple, que cal fer una determinada cosa i, tanmateix, no fer-la per covardia. *La persona plenament virtuosa ha de ser, al mateix temps, èticament virtuosa i prudent*. Qui reuneix totes dues virtuts esdevé un exemple per als altres: la seva vida esdevé l'arquetip universal del capteniment humà, el *model visible de saviesa en què es concreta la norma universal*.

En un moment en què, davant la política bel·licista d'Adolf Hitler (1889-1945), a Anglaterra es feia sentir la veu dels pacifistes contraris a entrar en guerra amb Alemanya, Winston Churchill (1874-1965) va tenir la lucidesa d'entendre que el més prudent era declarar la guerra. La prudència no és tebior o mitges tintes. La persona vertaderament prudent ha de ser també valenta per a fer el que la comprensió de la situació li diu que cal fer.

3 Creus que hi ha un fi natural comú a tots els homes i dones?

4 Com és que de vegades, per a denunciar que un determinat comportament no està bé, es diu que és "antinatural"? És aquesta una bona objecció?

5 Estàs d'acord amb Aristòtil que tothom busca sempre la seva felicitat?

6 Creus que la felicitat es troba en el coneixement?

7 Creus que podem tenir virtuts intel·lectuals sense tenir virtuts ètiques (en el sentit d'Aristòtil)?

8 Entre quins dos extrems creus que és una virtut la moderació? I la generositat?

9 En el peu de foto hem fet notar que no es pot ser prudent sense ser valent. I al revés: creus que es pot ser valent sense ser prudent?

10 Quin paper té el temps en la decisió d'un home prudent? Fins a quin punt decideix amb coneixement? Quina mena de coneixement?

Per a Aristòtil, la vida contemplativa és la més plaent i perfecta.

11 Es pot dir que hi ha persones d'acció i persones de coneixement? Una sola persona pot viure una vida plenament activa i plenament contemplativa?

12 Estàs d'acord amb Aristòtil quan diu que la vida plena només es pot assolir en el si d'una comunitat política?

F La contemplació i la felicitat intel·lectual

La **felicitat moral**, que consisteix en l'habitud d'escollir el terme mitjà, és la perfecció de la part desiderativa de l'home. Però aquesta part no és la més pròpiament humana. La felicitat plena demana la perfecció de la naturalesa humana com a tal, de manera que la *felicitat superior* serà la *perfecció de l'activitat intel·lectual*, allò per naturalesa més pròpiament humà.

La felicitat no és res subjectiu ("sentir-se feliç"), sinó un estat de plenitud perfectament objectiu, que només es pot assolir amb temps i experiència. La plenitud del meu ésser demana:

- Primer, que les circumstàncies afavoreixin les condicions materials de la meva vida (maduresa de la part nutritiva de la vida humana).
- En segon lloc, que l'acostumament afavoreixi la virtut ètica de la part volitiva o desiderativa de la meva vida (un desig dislocat em farà forçosament infeliç).
- Finalment, la maduresa de la part intel·lectiva de la meva vida.

Al capdavall, per a Aristòtil, només és plenament feliç qui realitza l'activitat intel·lectual pròpia d'una vida contemplativa. La contemplació de la veritat és l'ocupació més plaent i més perfecta a què es pot dedicar l'ésser humà, el fi últim de la vida humana. En virtut d'aquesta, els humans transcendim el que és contingent i contemplem el que és universal i necessari i, per tant, diví. La vida contemplativa resulta ser la més divina de les formes de vida a què pot aspirar l'home. Només el filòsof és pròpiament feliç, plenament feliç.

2.3 Epicur: l'hedonisme

A Viure bé és fàcil

Segons **Epicur** (341-270 aC), el bé suprem de la vida humana és la felicitat, que consisteix en el benestar que dona la salut de l'ànima. Per a ser feliços, ens cal alliberar-nos de les falses opinions que ens fan tenir falsos temors. Ni els déus ni la mort no són temibles:

- Els déus, perquè, si existeixen, no és raonable pensar que es preocupin de nosaltres.
- La mort, perquè quan nosaltres hi som ella no hi és i quan ella hi és nosaltres no hi som.

L'única cosa que ens ha de preocupar és, doncs, no pas viure eternament, sinó viure bé, perquè no hi ha altra vida que aquesta d'ara.

Viure bé és fàcil. Només cal *viure segons la naturalesa*. Quan vivim de conformitat amb la naturalesa, els àtoms que ens componen flueixen bé, es mouen amb harmonia, i això ens dona un estat d'ànim plaent. L'angoixa i la inquietud ens provoquen un nus a la gola o a l'estómac; la serenitat, la quietud fan que ens oblidem del cos i de l'ànima perquè tenim un benestar natural.

B El plaer i l'ataràxia

La felicitat consisteix, doncs, en una vida plaent. I com que el plaer és l'estat natural de l'home i el que és natural és senzill, tenir una vida feliç és a l'abast de tothom.

El plaer de l'ànima consisteix en l'absència d'ansietat, en l'**ataràxia**, terme grec que significa "impertorbabilitat". El plaer no és, doncs, una experiència positiva, sinó l'absència de dolor.

- Pel que fa al cos, el plaer és el seu estat natural, aquell en què ens oblidem del propi cos perquè ni ens el sentim. No es tracta de buscar experiències intenses, sinó de viure de forma natural de manera que el cos ni te'l sentis.
- Pel que fa a l'ànima, de manera semblant al cos, el dolor que sentim quan estem angoixats ens fa enyorar, no un moment d'eufòria momentània que de seguida ha passat, sinó, simplement, aquell estat de calma i repòs en què podem viure tranquils sense que res no ens torbi. Aquest és el plaer de l'ànima.

Cal, en suma, escoltar les necessitats del cos i de l'ànima i conformar-nos-hi. Per sort, la naturalesa ha unit les necessitats al plaer, de manera que, per a ser feliç, només cal escoltar la naturalesa i conformar-s'hi. Així, per exemple, la nostra naturalesa fa que la ingestió del que convé al nostre cos se'ns assenti bé, però allò que el perjudica (com menjar en excés) se'ns assenti malament.

La vida feliç és, per tant, la vida saludable, la vida tranquil·la que desitja només allò que necessita, que en té prou de cobrir les necessitats genuïnes i, doncs, que es conforma a menjar sense excessos i a tenir els vestits i l'aixopluc mínim per a no passar fred.

De vegades, cal saber prioritzar: és millor suportar un dolor determinat per a gaudir després d'un plaer més gran o privar-se d'un plaer en concret per a no patir dolors més penosos. La moderació i el domini sobre si mateix són, així, la clau de la vida feliç o virtuosa.

Per cert, ni l'amor carnal ni el triomf polític no proporcionen felicitat: totes dues coses són font d'inquietud i infelicitat. El savi no busca el plaer ni en l'amor ni en la política. Però el que sí necessita són amics: qui no té amics viu en una situació d'ansietat envers el futur, mentre que l'amistat calma i desangoixa perquè ens fa sentir segurs.

Si el benestar del cos ve d'obeir les necessitats del cos, el benestar de l'ànima ve de viure entre amics sense buscar problemes. L'home epicuri viu en la tranquil·litat de saber que les coses són senzilles, que el gaudi d'allò que tot just cobreix les nostres necessitats és tot el que hem d'esperar, i que això és fàcil de reconèixer i de realitzar en una vida moderada entre amics.

En grec, "plaer" es diu HEDONÉ: d'aquí que a Epicur i els seus se'ls anomeni *hedonistes*.

El plaer de què parla Epicur no té res a veure amb les emocions que proporcionen el tabac, l'alcohol o les experiències intenses derivades de les activitats extremes com el *bungee* o salt de pont. Totes aquestes experiències són emocions en el sentit explicat en la unitat anterior: causades per alguna cosa externa, efímeres i passatgeres. L'home o la dona lliurats a aquestes passions n'és esclau, i els moments puntuals d'intensitat deixen pas a la ressaca i a una insatisfacció que domina la major part del temps. La felicitat genuïna es troba en un altre lloc, en la vida senzilla d'aquell a qui res no sobreexcita ni pertorba de cap manera.

13 Creus que ser apassionat és un mal?

14 Per què la recerca compulsiva del plaer pot ser un mal? Ho és perquè el plaer no és bo? I si aquesta no és la resposta, per què ho és?

Luci Anneu Sèneca (4 aC-65 dC), filòsof estoic, va viure en l'època de Calígula, Claudi i Neró. Va participar en una conspiració contra aquest últim, i Neró el va condemnar a veure cicuta. Durant un dels seus exilis, en època de Claudi, va escriure les *Consolacions*, en què explica com la filosofia és un consol per a la persona que passa tribulacions. Sèneca ensenyava a mantenir la quietud interior malgrat la violència d'uns temps convulsos.

2.4 L'estoïcisme

L'**estoïcisme** és una escola de pensament hel·lenística, contemporània de l'epicureisme. Per als estoics, ser savi és ser autàrquic, amo de si mateix. Ara bé, segons ells totes les coses, incloent-hi l'ésser humà, es troben sota el domini de la llei (LÓGOS) de la naturalesa. Què vol dir, aleshores, ser autàrquic?

Per bé que tots els humans estan sotmesos al **lógos**, no tots ho saben. Els qui no ho saben, s'hi resisteixen, però, com que el lógos és irresistible, l'única cosa que fa aquesta resistència és fer dolorós el seu domini. Les passions ens porten a afirmar-nos nosaltres sobre totes les coses, però com que la realitat és irresistible, això només ens provoca frustració, dolor i desesperació. El savi estoic és el que, gràcies al bon ús de la raó, ha entès que només podem reconciliar-nos amb la realitat si l'acceptem tal com és.

El domini sobre si mateix és el domini de la raó sobre el desig, les expectatives i les passions. Quan acceptem les coses tal com són, aconseguim que les coses no ens afectin. Aquest estat és l'**apatia** o serenitat (APÁTHEIA) pròpia del savi.

L'única llibertat que tenim respecte a la força irresistible de la realitat és, per tant, conèixer-la i "posar-nos-hi bé": viure de conformitat amb la naturalesa, viure de conformitat amb el coneixement de les coses.

La virtut consisteix, doncs, a familiaritzar-nos amb el món; els estoics en diuen OIKEÍOSIS (del grec OIKOS, "casa"): no podem canviar res del lloc on vivim, però podem conèixer-lo millor per tal de sentir-nos-hi "com a casa".

En l'època moderna, els racionalistes defensaran una posició semblant.

15 Per a ser feliç, cal ser desapassionat?

16 Creus que l'estoïcisme és conformista?

17 Per què creus que l'estoïcisme durant l'imperi Romà va esdevenir la filosofia de molta gent, incloent-hi molts emperadors, com Marc Aureli, i senadors, com Ciceró?

L'actitud vital que ensenya l'estoïcisme, disciplina, autocontrol, abnegació, domini de les passions i de les emocions, lleialtat al món, acceptació del lloc que el destí t'ha donat en el món, va fer que esdevingués la moral pròpia de tota societat amb mentalitat militar. Per això, sense ser estoics, podem trobar punts de coincidència amb l'estoïcisme en els antics espartans o en els samurais.

ACTIVITATS

1 Busca informació sobre les següents agrupacions de virtuts del món antic:

a Virtuts cardinals
b Virtuts teologals
c Virtuts romanes personals
d Virtuts romanes públiques
e Virtuts celestials

D'entre totes aquestes virtuts, tria'n cinc que consideris imprescindibles per a la teva vida. Afegeix-ne, després, dues més que no hagis trobat en cap de les llistes.

3.1 Hume: l'emotivisme

A La fal·làcia naturalista

Segons **Hume** (1711-1776), el coneixement és l'experiència. La raó, com a facultat de coneixement, només dona fets contingents i no pas prescripcions necessàries; és a dir, les coses tal com són, però no com han de ser. Els homes *de fet* roben, però *la norma* moral diu que no s'ha de robar. L'intent de fer derivar les normes morals de la naturalesa de les coses (l'*haver de ser* del *ser*, a la manera d'Aristòtil) cau, així, en una fal·làcia: la fal·làcia naturalista.

B L'emotivisme moral

D'on surten, aleshores, les normes morals? Com podem distingir les accions bones de les dolentes?

> És un *fet* que hi ha pares que maltracten els seus fills. Que maltractar els fills està malament no és pas un fet, sinó la *valoració* d'un fet que ens portaria a establir la norma que persegueix els pares que maltracten els fills. Quina és la base d'aquesta valoració?

Segons Hume, la base d'aquesta valoració no és cap raonament, perquè fàcilment trobaríem arguments que justificarien qualsevol cosa o la seva contrària. El que ens fa veure que l'acció d'aquest pare està malament és un sentiment: el sentiment espontani de malestar i de rebuig que experimentem quan tenim coneixement del fet. Semblantment, diem que una acció és bona quan la seva contemplació provoca en nosaltres un sentiment d'aprovació.

La base de la moral no és, per tant, la raó, sinó el sentiment: el sentiment d'aprovació o de rebuig que experimentem quan tenim coneixement d'un fet o altre del món. Per això, es diu que la moral de Hume és **emotivista**: la base de la moral és subjectiva i no pas objectiva, passional i no pas racional. *La moralitat se sent; no es jutja.*

C Una ètica descriptiva, però amb una vacil·lació

L'ètica en Hume no pot pretendre, així doncs, ser normativa, perquè els judicis descriptius amb què descriu el fet moral (*el que és*) no podran mai donar com a resultat judicis prescriptius (que ordenin *el que ha de ser*). L'ètica de Hume és, per tant, descriptiva.

Ara bé, l'emotivisme pot derivar en nihilisme. Pensem-ho així: si "això està bé" significa "em fa sentir bé", quines normes morals obtindríem en una societat de sàdics? Potser per a evitar aquesta deriva, Hume afegeix que, malgrat la seva base subjectiva, hi ha en la moralitat un consens molt ampli a causa d'un sentiment benvolent que *de fet* trobem en la major part de les persones: es tracta un sentiment desinteressat que fa que el benestar dels altres ens faci sentir bé i el seu malestar ens faci sentir malament. Amb això, sense abandonar del tot el relativisme, el de Hume resulta ser un relativisme moderat.

L'any 2010 **Stéphane Hessel** (diplomàtic francès) va escriure el llibre *Indignez-vous!*, traduït ben aviat a més de vint idiomes. Sota la inspiració d'aquest llibre, arreu d'Europa van sorgir moviments de protesta que es qualificaven a si mateixos "els indignats" i que denunciaven les injustícies provocades pel sistema capitalista, especialment en temps de crisi. En la imatge, un dels manifestants indignats porta la careta de l'heroi antisistema de la pel·lícula *V de Vendetta* (2005). Noteu que en tots dos casos s'apel·la, no pas a la raó, sinó als sentiments o les emocions: d'indignació i de revenja. Sens dubte, les emocions tenen un paper important en els nostres judicis de valor. Ara bé, això vol dir que aquests judicis es basen —com vol Hume— només en les emocions?

No és més aviat cert que la indignació ens fa perdre la distància i la serenor en el judici? No podem fomentar més aviat linxaments mediàtics en nom dels nostres sentiments morals suposadament elevats? Pot la defensa del que és just tenir el seu únic fonament en les emocions?

Situacions: educació, socialització, drets humans, alienació, fenòmens socials, conflicte, postveritat, despotisme, democràcia, ciència, coneixement, poder, fake news.

1 Pensa en les campanyes polítiques del teu país i digues si et sembla que els discursos polítics, que volen influir en el judici de la gent, parlen més a la raó o a les emocions. Posa'n exemples.

Tota ètica material (en el sentit de Kant) posa la causa de la decisió en la matèria o contingut que es vol assolir, ja siguin diners, les coses que aquests poden proporcionar, el plaer o qualsevol altra cosa.

2 Creus que és cert, que de vegades decidim actuar fins i tot contra la nostra pròpia felicitat?

3 Creus que podem actuar sense cap objecte, és a dir, sense matèria de la decisió?

3.2 Kant: el deure com a expressió de la llibertat

A El punt de partida de l'ètica kantiana: l'evidència de les accions morals

Per a **Kant** (1724-1804), la raó té dos usos: un de teòric o cognoscitiu, i un de pràctic.

Això vol dir, contra Hume, que la conducta pot ser governada per la raó i no solament motivada per les inclinacions i les passions.

Que això és així ho prova el fet que, si bé persones i cultures diferents conceben de maneres diferents les normes amb què cal actuar, totes tenen, tanmateix, unes normes o altres. Fins i tot els delinqüents tenen normes de conducta per a tractar amb els seus! En altres paraules: tot ésser humà té el sentit de tenir obligacions, encara que hi hagi discrepàncies sobre quines són aquestes obligacions. L'acció humana es dona sempre amb referència a regles i deures.

Hi ha ocasions en què fins i tot som capaços d'actuar contra la nostra pròpia felicitat, com ara el cas del soldat que manté la posició en una situació absurda i desesperada. Quan busquem el plaer, o l'honor, l'emoció que es deriva de la seva obtenció explica per si sola per què el buscàvem. El cas que fa pensar és aquest altre: quan sentim l'obligació d'actuar contra allò que les emocions ens manarien, quin principi d'actuació estem obeint en aquest cas?

Si no són les emocions —el plaer o la victòria—, en aquest cas mana la raó. Però quin és el criteri racional, independent de l'experiència, que la raó ens imposa quan ens determina a actuar contra la pròpia felicitat? Quin és, en suma, el fonament o el principi de la moralitat?

B Crítica de les ètiques materials: en defensa de la llibertat, en defensa de la moralitat

Certament, el fonament o principi de la moralitat no pot ser la matèria o el contingut de la decisió. Les ètiques materials, com la d'Epicur, afirmen un objecte com a criteri per a determinar les accions bones. D'aquesta manera, el pes de la decisió rau en l'objecte —per exemple, en el plaer— i no pas en el subjecte: no soc jo qui decideixo, sinó que és el plaer el que decideix per mi.

Ara, dir que totes les meves accions estan motivades pel seu objecte és tant com dir que en realitat no hi ha llibertat ni, per tant, moralitat. Si se'ns emporta l'emoció, no som pas nosaltres qui decidim; si l'única cosa que ens mou és el plaer, ens comportem com ho fa qualsevol altra espècie animal.

La moralitat és l'àmbit de la llibertat i constitueix, per tant, un nou tipus de causalitat, en què soc jo com a ésser racional —i no pas cap objecte— qui em dono ordres a mi mateix i les obeeixo. Per a distingir aquestes dues menes de causalitat, Kant proposa distingir entre *heteronomia* i *autonomia*.

C Voluntat autònoma i voluntat heterònoma

La voluntat, la facultat amb què decidim, es pot determinar a actuar segons dos criteris oposats. Quan allò que la determina és alguna cosa externa, la seva determinació és **heterònoma**. Quan es determina a si mateixa, la seva determinació és **autònoma**.

En grec, NOMOS significa "regla o llei". La pregunta és: qui imposa el criteri o la llei amb què la voluntat pren decisions? Ho pot fer *ella mateixa* o bé *una altra cosa*. En grec, "si mateix" o "un mateix" es diu AUTÓS, i "un altre" es diu HETERÓS. Per això, quan la regla o la llei que regeix sobre la voluntat és la voluntat mateixa, parlem d'*autonomia* ("govern d'un mateix sobre si mateix"), i quan la regla o la llei que regeix sobre la voluntat és una altra cosa, parlem d'*heteronomia* ("govern d'una altra cosa sobre un mateix").

No cal dir que quan hi ha heteronomia la voluntat no és lliure: és una altra cosa —l'objecte o la matèria de la decisió, ja sigui el plaer, el poder, la felicitat o el que sigui— el que mana sobre ella. Per tant, només podem parlar amb propietat de decisió moral, d'una decisió que es pren en llibertat i de forma responsable, quan tenim una determinació autònoma de la voluntat.

Actuar de forma autònoma significa prescindir dels nostres interessos i dels nostres desitjos, perquè cedir a aquests equivaldria a deixar-se governar pels objectes que ens interessen o que desitgem. La decisió lliure o moral és, per tant, la decisió desinteressada: aquella que no té en compte les conseqüències empíriques de l'acció, sinó que es determina a fer el que cal fer fins i tot amb independència de la pròpia felicitat. Kant ho expressa dient que *l'acció autònoma és la que es fa per deure.*

Quan actuem per **deure**, de forma autònoma, l'acció ja no és un mitjà, sinó un fi en si mateixa. I ja que la bondat de l'acció en cap cas no pot venir donada per l'objecte, Kant conclou que l'única cosa bona sense restriccions és una *bona voluntat*.

D Reformulació de la pregunta inicial

Preguntàvem pel *principi de la moral* al final de l'apartat 3.2.A. Ara podem formular aquesta mateixa pregunta en aquests termes: Com és possible actuar per deure? Com és possible la determinació autònoma de la voluntat?

La resposta ens ha de donar un criteri o un principi d'actuació que sigui totalment independent de la matèria de la decisió, és a dir, que governi sobre la nostra voluntat de forma independent de tot contingut empíric. Respondre la pregunta ha de consistir, per tant, a formular quin és aquest principi que obeeix la nostra voluntat quan actuem de forma autònoma.

Ja que quan actuem així obeïm una ordre, el principi de la moralitat —de la llibertat— haurà de ser una ordre i, per tant, haurà de tenir la forma d'un **imperatiu**.

El que ens mou a actuar són, tot sovint, coses externes a nosaltres mateixos, siguin materials (com els gelats) o ideals (com el físic que voldríem tenir). Els impulsos i els motius són forces que ens governen. Kant sosté que, per damunt d'aquesta causalitat fenomènica, hi ha un ordre superior de causalitat: aquell en virtut del qual jo em governo a mi mateix, amb total independència de qualsevol cosa externa a la meva voluntat.

4 Creus que mai ningú no pot actuar d'una manera absolutament autònoma (en el sentit de Kant)?

5 Com cal entendre els qui viuen de forma abnegada, fins al sacrifici, per amor a Déu? La seva actuació és autònoma o heterònoma? Justifica la teva resposta.

Si la mare d'aquest nen ho està veient, potser ja corre cap a ell per dir-li: "Que et mulles!"

La seva exclamació és una ordre, que equival a "Surt d'aquí!".

Tanmateix, en la primera formulació l'imperatiu és només hipotètic, perquè el que diu és "Si no et vols mullar, surt d'aquí!".

El nen podria respondre: "És que sí que em vull mullar. És divertit!"

I aleshores potser la mare respondria: "Sortiràs d'aquí perquè ho dic jo!"

L'arbitrarietat de la nova formulació ("faci's la meva voluntat!") és categòrica. Podem, aleshores, preguntar: hi ha cap imperatiu que sigui categòric (incondicional) sense ser arbitrari? Això és precisament el que sosté Kant.

6 Ja que sovint actuem sense pensar explícitament en el criteri que apliquem, d'on creus que surten —o com creus que operen, si és que en veritat operen en la nostra decisió— aquests criteris?

7 Quin criteri has seguit quan has respost la pregunta anterior?

8 Quan ara has respost, has pensat l'argument abans o després d'haver respost la primera pregunta?

E Imperatius hipotètics i imperatius categòrics

- Un **imperatiu** és **hipotètic** quan la necessitat de la decisió està sotmesa a una condició prèvia: "si vols B, fes A". L'acció aquí és un mer mitjà per a assolir un fi, i l'imperatiu no ens obliga incondicionalment, de forma necessària, sinó que es limita a informar del que hem de fer *si* volem obtenir una cosa determinada.
- Un **imperatiu** és **categòric** quan l'ordre que dona no es vincula a cap circumstància condicionant: "fes A". En aquest cas, l'acció mateixa, fer A, és el fi recercat, de manera que cal obeir-la necessàriament, independentment de les circumstàncies del cas.

F El principi *a priori* de la moralitat: l'imperatiu categòric. Una ètica formal

El principi de la moral —l'ordre que obeïm quan actuem lliurement, és a dir, amb independència dels nostres gustos i inclinacions— ha de complir dues condicions:

- *Materialment*, no ha de posar cap objecte particular com a fi, perquè només així pot ser vàlid per a tothom, o sigui, **universal**.
- *Formalment*, ha de ser un imperatiu categòric, perquè només així evitem caure en l'heteronomia pròpia de les ètiques materials. Kant ens en dona l'enunciat:

"Obra —forma imperativa— de tal manera que la màxima de la teva voluntat —autonomia— pugui valer al mateix temps com a principi d'una legislació universal —universalitat."

Mirem què ens mana aquest imperatiu.

Una **màxima** és allò pel qual fem una determinada cosa. Sempre que actuem, ho fem seguint alguna màxima, algun criteri. Doncs bé: el que demana l'imperatiu categòric és que la màxima o el criteri amb què actuem pugui ser considerat com a llei universal de la conducta humana, pugui ser formulat com a llei universal sense que això suposi cap contradicció. En l'apartat següent examinarem més en concret què suposa aquesta restricció.

De moment, limitem-nos a fer notar que el requisit que s'exigeix no és cap contingut material (buscar una cosa i no pas una altra), sinó que és *la forma d'universalitat*: facis el que facis, diu la llei ètica, no importa quin sigui el contingut material de la teva acció —no importa la matèria de la decisió—, sinó només *que la teva acció sigui susceptible de ser expressada com a llei universal sense caure en contradiccions*.

Ja que el principi moral no imposa un contingut o una matèria, sinó una forma, es diu que l'ètica kantiana és una *ètica formal*.

El que demana l'imperatiu és universalitat, com si digués: fes el que vulguis, actua com vulguis, sempre que puguis reconèixer als altres el dret d'actuar de la mateixa manera en circumstàncies anàlogues. Considerem-ho més en detall.

G La coherència racional

L'imperatiu categòric determina la nostra voluntat amb independència de tot contingut empíric i, per tant, *a priori*. Quina mena d'accions desautoritza? Vegem-ne un exemple:

Tots podem mentir; però podem *voler* viure en un món en què la regla general sigui "menteix"?

Òbviament, no. Primer, perquè no es pot mentir si el mentider i la seva víctima no donen per suposat que la norma general és no mentir, condició necessària perquè la mentida sigui eficaç. I segon, perquè instituir com a norma universal "mentir" suposa en realitat la destrucció del llenguatge: mentir consisteix a dir coses que no són la realitat (sense que l'altre se n'adoni); però si establim que tot el que diem es desentén de la realitat, aleshores el llenguatge ja no diu res i deixa de tenir cap sentit. Un món en què la llei fos mentir seria un món sense llenguatge: un món sense humanitat.

Per tant, qui menteix no pot voler que el que fa sigui llei universal, perquè seria tant com voler deixar de ser: seria tant com negar-se a si mateix en negar la pròpia humanitat. Així mateix, el lladre pot robar, però no pot voler viure en un món en què robar sigui llei universal (perquè es desposseiria de tot), etc.

L'acció immoral construeix un món que destrueix la humanitat. *L'imperatiu categòric és un imperatiu de coherència racional*: estableix la necessitat per al pensament racional d'acordar-se amb ell mateix, d'afirmar-se ell mateix, de no destruir-se a si mateix.

Ara, a diferència dels gustos i les inclinacions, la voluntat d'un ésser racional és comuna a tots els éssers humans. Prescindir del contingut i atendre només la forma de la decisió equival a prescindir de les meves inclinacions personals.

H El deure

Una acció moral és, així doncs, una acció desinteressada, sense mòbil egoista: en termes de Kant, una acció que es fa per deure. Per a aclarir-ho, Kant distingeix tres tipus d'accions:

- Són *contràries al deure* les accions que desobeeixen l'imperatiu, com mentir o robar.
- Són *conformes al deure* les accions que aparentment obeeixen l'imperatiu, però ho fan per motius egoistes, com ara per no anar a la presó: l'acció sembla moral, però el qui la fa no la considera un fi en si mateixa, sinó només un mitjà per a obtenir algun benefici.
- Són *per deure* les accions que es fan com a fins en si mateixes en compliment de l'imperatiu categòric, i no pas per motius egoistes. Només qui actua així ho fa moralment.

L'ètica kantiana és, per tant, deontològica. L'única cosa bona sense restriccions és una *bona voluntat*, la que es determina ella mateixa a actuar *per* deure.

Aquests soldats es mouen per deure? Ho fan pel sou que cobren? Ho podem saber en realitat? Ho poden saber ells mateixos? Tot el que podem dir és que, si estan determinats a donar la seva vida per una causa justa, actuen *conforme al* deure. El que passi en el seu fur intern és alguna cosa que se'ns escapa: mai no sabrem si ho fan *per* deure.

9 Posa algun exemple, que no hàgim esmentat en el text, d'accions que queden deslegitimades per l'imperatiu categòric. Explica per què queden deslegitimades.

10 Posa tres exemples d'accions moralment neutres.

11 Posa un exemple d'una acció moral.

Que no podem fer ús de la humanitat dels altres, mai ni en cap cas, com un mer mitjà, ens commina a respectar l'home i la dona que hi ha en cada nen i en cada nena. En cert sentit, els fills no són (propietat) dels seus pares, perquè la humanitat que hi ha en ells, com a fi que cal preservar, està per sobre de qualsevol projecte que els adults ens plantegem respecte dels nostres fills i filles. En altres paraules: l'ètica de Kant ens recorda l'obligació d'educar els nens i les nenes en llibertat i per a la llibertat. És això compatible amb el fet de dir-los el que han de fer sense donar-los els coneixements necessaris perquè puguin jutjar pel seu compte?

Situacions: educació, socialització, responsabilitat cívica, estereotips, utopia, drets dels infants.

12 Posa tres exemples de casos en què utilitzem els altres com a mitjans i no pas com a fins.

ACTIVITATS

1 Llegeix les argumentacions i contesta:

- "Els drets humans no responen a la naturalesa humana real, ja que en el 80% de països del món no es compleixen."
- "Encara que els drets humans no es complissin en el 100% dels països del món, això no qüestiona la seva validesa, ja que aquesta no es fonamenta en fets."

a Quina de les dues argumentacions fa servir la fal·làcia naturalista?

b Quina de les dues es basa en una concepció "formal" de la moral?

c Amb quina et sents més identificat?

Indica un punt feble i un punt fort de les dues maneres d'argumentar.

I La possibilitat de la vida lliure o autònoma

Queda així contestada la pregunta per la possibilitat de l'acció moral. Dèiem que com era possible actuar de forma autònoma.

Hem respost: la moralitat és possible perquè el principi *a priori* de la voluntat, l'imperatiu categòric, determina la conducta de tal manera que:

- Exigeix la submissió de la conducta a normes universals: *obligatorietat*.
- Però ho fa de tal manera que no imposa cap contingut concret: *autonomia*, *llibertat*.

Si les accions morals són possibles, és perquè els éssers humans no estem sotmesos únicament a la necessitat natural pròpia de totes les altres coses, sinó que obeïm també una legislació superior, la que la raó es dona a si mateixa. Aquest és el camp de la llibertat.

J Conclusió. L'ésser humà a la cruïlla: la humanitat com a fi

Els éssers humans som, diu Kant, com en una cruïlla. En moltes coses estem sotmesos a la determinació espaciotemporal que domina sobre tots els altres éssers, com les inclinacions i les passions. Però la moralitat obre un camp nou de determinació, el de l'autodeterminació del subjecte que es fa a si mateix un ésser moral a través de l'acció.

Aquesta dualitat que ens travessa fa que tota dona i tot home es trobi davant d'una alternativa. Podem viure en la inèrcia, deixar-nos lligar submisament a les nostres inclinacions, cedir a la por i a les altres passions, atendre només mòbils egoistes. Quan fem això, deixem que els objectes ens governin i renunciem a la possibilitat més elevada de ser nosaltres mateixos els qui governem sobre les nostres vides: ens degradem en animals o coses.

Però hi ha una altra possibilitat. La persona que pren cura de la humanitat que hi ha en ella, que no es deixa determinar per les inclinacions i els motius egoistes, sinó que prova de viure d'acord amb la possibilitat més elevada de la vida humana, aquesta persona es determina ella mateixa a actuar en llibertat i esdevé, així, lliure.

En aquest segon cas, el fi de l'acció és l'autodeterminació com a ésser humà lliure, de manera que l'acció preserva la humanitat que hi ha en mi, i no solament la que hi ha en mi: ja que com a éssers racionals compartim una mateixa voluntat, preserva igualment la humanitat que hi ha en els altres. Per aquest motiu, l'imperatiu categòric encara es pot formular així:

"Obra de tal manera que usis la humanitat, tant en la teva persona com en qualsevol altra, sempre *com un fi* al mateix temps i mai només com un mitjà."

Així, com anunciàvem en la unitat 5, tot i ser una ètica formal, l'ètica kantiana es pot considerar també una *ètica de fins*.

4.1 Bentham i Mill: l'utilitarisme

Per a l'**ètica utilitarista**, deutora de l'emotivisme de Hume, l'acció moralment correcta és la que proporciona el major grau de felicitat per al nombre més gran possible de persones. Per a actuar moralment, cal, doncs, atendre les conseqüències de les pròpies accions, i, ja que l'acció serà més moral com més gent en surti beneficiada, cal fer un càlcul dels plaers que es produiran amb cada acció.

Jeremy Bentham (1748-1832) va proposar el terme **utilitat** per a explicar-ho: és bo el que produeix plaer i evita el dolor, i és útil el que produeix més benestar o plaer per a més gent. Les lleis s'haurien d'elaborar en funció d'aquest càlcul del plaer produït.

Davant l'objecció que aquest principi d'utilitat iguala la vida dels homes a la dels porcs (perquè els porcs també experimenten plaer i dolor), **John Stuart Mill** (1806-1873) va introduir la noció de plaers qualitativament diferents. Per la seva naturalesa, els humans som capaços de gaudir d'uns plaers que no són a l'abast dels animals, com ara el gaudi estètic. "Més plaer" no s'ha d'entendre, doncs, només quantitativament, sinó també i, sobretot, qualitativament: plaers *de més qualitat*.

L'experiència ens mostra, en efecte, que una persona que ha tingut accés als plaers superiors —com tenir converses amb els amics o escoltar música de Mozart—, per al gaudi dels quals cal una certa formació, mai de la vida no hi renunciaria per a poder tenir més plaers merament sensuals. "Prefereixo ser un home desgraciat que un porc satisfet", escriu lapidàriament Mill en algun lloc.

A més, per a Mill forma part dels plaers superiors fer feliços els altres. A causa d'un sentiment universal de benvolença, totes les persones experimentem plaer quan veiem feliços els altres i dolor quan els veiem patir. Aquest sentiment fa que la vida abnegada, de generositat amb els altres, resulti ser màximament plaent, màximament feliç: egoisme i altruisme coincideixen feliçment en la vida de la persona moralment bona.

Utilitarisme de l'acció i utilitarisme de la norma

En el seu desplegament, l'utilitarisme es desplaça des de la posició que sosté que la moralitat ho és de l'acte (Bentham) cap a la que sosté que ho és de la regla o de la norma (Mill i els utilitaristes posteriors): l'**utilitarisme de la norma** defensa que allò que facilita que tothom pugui actuar per a la satisfacció de les seves preferències no són les accions, sinó les normes. L'**utilitarisme de l'acció** tendeix a ser abandonat a favor de l'utilitarisme de la norma, que ha d'orientar l'acció legisladora dels governants. Ja que la utilitat demana que cada individu pugui actuar lliurement a la recerca de la pròpia felicitat, el sistema polític que se'n deriva és el liberalisme o la socialdemocràcia.

Arribar a dominar el llenguatge que permet llegir partitures i interpretar i compondre música demana, sens dubte, una tasca àrdua i plena de dificultats. Tanmateix, el plaer que experimenta la persona formada quan escolta un quartet de Mozart, el desconeix totalment la persona que no s'ha format musicalment; un plaer, a més, que qui ha descobert Mozart ja no canviaria per plaers més fàcils d'obtenir, però també més efímers. Això és, almenys, el que defensa Stuart Mill quan sosté que cal distingir entre plaers qualitativament inferiors i plaers qualitativament superiors.

1 Creus que hi ha plaers de mala qualitat?

2 Creus que és útil la filosofia utilitarista? Per què? Si la resposta és que no, com queda aquesta filosofia quan la jutgem des de la seva pròpia posició?

EL PRAGMATISME

El pragmatisme, creat als Estats Units per **Charles Sanders Peirce** (1839-1914), **William James** (1842-1910) i **John Dewey** (1859-1952), és una escola de filosofia que beu de la tradició empirista i utilitarista. La tesi principal és que només és veritat el que funciona. Només podem valorar la veritat d'una proposició o la bondat d'una acció atenent les seves conseqüències.

El pragmatisme rebutja la possibilitat de donar fonaments *a priori* de la moralitat. Ja que no podem jutjar *a priori* quines normes morals són millors, cal observar la realitat social sense prejudicis, atendre els efectes de les decisions preses i introduir les correccions pertinents tantes vegades com calgui.

Què cal fer perquè l'examen imparcial i enraonat de les coses prevalgui sobre l'ús de la força? Aquest és el problema que intenten resoldre les ètiques procedimentals.

3 Creus que és factible prendre la perspectiva del vel d'ignorància de què parla Rawls?

4 Creus que deixar que tothom parli és equivalent a prendre en consideració totes les opinions? Pensa, per a enriquir la resposta, en els programes de ràdio o televisió que conviden l'audiència a participar.

ACTIVITATS

1 Imagina't que en un estat, i seguint procediments escrupolosament democràtics, una majoria aclaparadora vota el programa d'un partit que ha proposat l'expulsió de tots els gitanos del país. Tenint en compte aquesta situació, respon:

a Quina de les teories ètiques que has estudiat et sembla que pot respondre millor aquest desafiament?

b Quina de les teories ètiques et sembla que tindria més dificultats per a respondre aquest desafiament?

c Intenta descriure breument com cadascuna de les posicions estudiades fins ara intentaria respondre aquest desafiament.

d Per què una situació fictícia com aquesta no podria donar-se en un estat democràtic de dret?

Busca exemples en els quals s'han produït, en la història, situacions similars a la descrita.

4.2 Rawls, Apel i Habermas: tres ètiques procedimentals contemporànies

A Com es poden fer lleis justes segons Rawls

En una societat igualitària, pluralista i complexa com és la nostra, de quina manera el legislador pot atendre els interessos de tothom, ser just amb tothom? **Rawls** (1921-2002) formula aquesta pregunta així: quines condicions han de complir-se per a poder dir que les normes que regeixen la nostra societat són justes?

Una norma serà injusta quan defensi els interessos d'una part de la població en detriment de la resta. El criteri principal de justícia és, per tant, la imparcialitat.

Suposem que tots els membres d'una societat poguessin reunir-se i consensuar les normes de convivència. Com procedirien?

En aquest cas hipotètic, cap dels individus encara no tindria assignada una posició i un rol en l'estructura social, de manera que hauria d'acordar amb els altres les lleis que cal establir sota un *vel d'ignorància* respecte de la ubicació que cadascun d'ells ocuparia en el cos social. Rawls demana més i tot: ens hem d'imaginar que els individus no solament desconeixen la seva classe social i el seu estatus econòmic, sinó que ni tan sols coneixen el seu sexe, la seva ètnia i qualsevol altre tret que els distingeixi dels altres.

Ja que em pot tocar qualsevol posició, buscaré unes lleis que defensin de manera igual els interessos de tots, unes lleis imparcials.

Unes lleis elaborades en aquesta **posició originària** i sota un **vel d'ignorància** tendiran a protegir els més desfavorits, d'acord amb un principi d'igualtat de drets i un principi de dret a la diferència (sempre que la diferència sigui beneficiosa per al conjunt).

B Les ètiques dialògiques (o de la comunicació) d'Apel i Habermas

Apel (1922-2017) i **Habermas** (1929) defensen una ètica que es basa en el consens que es pot arribar a establir en virtut del diàleg. La defensa del diàleg entre tots els membres d'una societat imposa unes condicions formals que es tradueixen en drets.

El diàleg serà fecund si inclou totes les perspectives i intervenen totes les parts afectades per allò sobre el qual es dialoga en cada cas. Una norma és justa quan és acceptada per tots els afectats.

Naturalment, el procés de diàleg ha d'estar obert a tots els interessats, hi ha d'haver llibertat de pensament i d'expressió, cal respectar el torn de paraula i respondre en el moment adequat amb paraules i sense cap coacció, etc. Quan tot això passa, quan tothom pot intervenir en les deliberacions i en les decisions col·lectives en un pla d'igualtat i simetria, ens trobem en una **comunitat ideal de diàleg**, que és el millor procediment per a vetllar per una societat justa.

5.1 La constel·lació de problemes amb què s'enfronta l'ètica

Hem començat l'estudi de l'ètica, en la unitat anterior, considerant l'àmbit de la moral com a àmbit de les obligacions transmeses per l'educació i viscudes de manera intersubjectiva.

La moral és una realitat social, però ens pot decebre a títol individual, i aquí comença la reflexió ètica.

L'estudi de la naturalesa de l'ètica i del seu desplegament ens ha enfrontat a una sèrie de preguntes o problemes, que podem resumir en els quatre punts següents:

- La tasca de l'ètica —descripció de les morals vigents i fonamentació de les normes que permeti discriminar des d'un punt de vista superior— troba un primer escull: hi ha moralitats diferents, fins i tot dins de la mateixa societat, de manera que no sembla possible trobar una unanimitat que es doni simplement de fet. El consens cal produir-lo.

  Què hem de fer amb la pluralitat de codis morals? Com podem arbitrar entre normes morals incompatibles? Amb quin criteri objectiu podrem distingir racionalment el que està bé del que està malament?

- La descripció preliminar del fet moral ens permet constatar que dues coses semblen moure en darrer terme tots els éssers humans: la felicitat i la virtut o el deure. En la primera consideració d'aquestes nocions (vegeu l'apartat 2.4 de la unitat 5), pot semblar que aquesta dualitat ens enfronta a un dilema entre dues possibilitats irreconciliables: o bé actuar a la recerca de la pròpia felicitat o bé sacrificar la pròpia felicitat en nom d'alguna cosa superior. Què hem de dir, des de l'ètica, d'aquest dilema?
- En realitat, a l'inici mateix de la tasca, l'ètica apareixia com un terreny compromès: què farem si l'examen racional de la moral ens porta a concloure que no hi ha cap moral superior a les altres i, per tant, que no disposem de cap criteri en absolut per a preferir unes normes morals que no pas unes altres?
- En fi, la descripció preliminar de la moralitat que orienta la reflexió ètica podria ser errònia. En la vida de cada dia, ens sembla poder distingir entre unes accions que fem moguts per impulsos o tendències i unes altres que estan sota el control de la nostra voluntat. Existeixen realment aquestes accions pretesament autònomes? La llibertat —i, per tant, la responsabilitat i la moralitat— existeix realment o és només una il·lusió?

En grec "dificultat" es diu APORIA, i una *aporètica* és la constel·lació de problemes amb què s'enfronta una determinada disciplina. Aquests quatre punts recullen el nucli del que podem anomenar l'**aporètica ètica**.

Acabem la unitat tractant breument cadascuna d'aquestes apories.

Diògenes amb la seva llanterna buscant un home honrat (1642), de Jacob Jordaens

El quadre ens mostra el filòsof cínic Diògenes, deixeble de Sòcrates, com un captaire, com un home pobre que va gairebé nu, dotat només de la llum de la seva raó, enmig d'un món opulent. La pobresa és, des de Sòcrates, un dels símbols de la filosofia: si les persones que viuen en actitud natural tenen resposta per a tot, el filòsof és aquell que entén les dificultats enormes que suposa provar de donar una bona resposta a determinades preguntes. En grec, "mitjà", o "recurs" o "bé" es diu PÓROS, de manera que qui està *mancat de recursos* —pobre de recursos, ple de dificultats— per a resoldre un problema, es diu que està en un estat d'*aporia*. Com que determinades qüestions no tenen una resposta fàcil i unívoca, l'esforç per aclarir-se esdevé una *aporètica*: una comprensió de la naturalesa dels problemes als quals ens enfrontem.

1 Quines assignatures trobes que són més difícils d'estudiar? La dificultat que experimentes, creus que és deguda a les teves limitacions o a la naturalesa de la matèria estudiada?

2 Quin sentit creus que pot tenir provar de comprendre problemes aparentment irresolubles?

En la imatge, converses de pau a l'Afganistan. Per a pensar les conseqüències del relativisme portat a l'extrem, prova d'imaginar com seria la conversa si cadascun dels participants en l'acord pensés que la seva idea és *absolutament* legítima perquè tot és qüestió d'opinions i ningú no pot estar equivocat. Si fos així, quin és l'únic cas en què cedirien coses als seus enemics?

Considera ara la hipòtesi contrària, és a dir, que un dels dos bàndols creu que només ell està en possessió absoluta de la veritat. Quines serien les conseqüències?

En aquests dos casos extrems –tothom té raó perquè no hi ha veritat, només jo tinc raó perquè només jo estic en possessió de la veritat–, hi ha la possibilitat d'una recerca conjunta d'un acord basat en evidències raonables, o estem en tots dos casos sotmesos a un pensament únic que s'imposa com a relat o, en tot cas, en la confrontació de dos pensaments que es volen únics i que pretenen imposar-se com a relats? Hi ha, doncs, la possibilitat d'una recerca conjunta de la veritat? Si la resposta és que no, això significa que s'imposa el domini de la postveritat.

Situacions: llenguatge, diversitat cultural, ètica i política, ciència, conflicte, postveritat, despotisme, democràcia, coneixement, poder, fake news.

3 D'acord amb la hipòtesi plantejada en el peu de foto, creus que en les relacions humanes preval la raó?

5.2 Primera aporia: la pluralitat de codis morals. El relativisme

La descripció de les morals vigents ens fa topar amb el fet innegable de l'absència d'unanimitat pel que fa al que els humans considerem en general bo i dolent. La moralitat sexual dels afganesos és palesament diferent de la dels suecs i la de les famílies conservadores, de la de les famílies hippies. Més i tot: la lectura de l'apartat 4 en el seu conjunt ens fa constatar que entre els pensadors que han intentat trobar criteris que garanteixin l'acord universal no hi ha pas unanimitat: ni tan sols els partidaris d'arribar a criteris universals no són capaços de posar-se d'acord entre ells!

Podria semblar, així doncs, que l'única veritat que la nostra raó ens pot donar pel que fa a les normes morals és que no hi ha normes morals universalment vàlides. "Just" o "bo" seria simplement el que una determinada comunitat considera que ho és en un moment donat, i deixaria de ser-ho en aquesta comunitat quan l'opinió de la gent canviés. Segons això, no hi ha normes morals objectives, sinó que tot és qüestió d'opinions.

Aquesta actitud, que conclou que les normes morals són purament convencionals i que la seva validesa dura només el temps que dura el consens de les persones particulars que conviuen sota aquestes, es coneix amb el nom de **relativisme moral**.

El relativisme diu, així doncs, que la bondat de les normes morals és relativa: està en funció de les societats i de les èpoques.

Perills del relativisme i prevencions

Aquesta doctrina no atén les coincidències que, de fet, hi ha entre tots els codis morals, com la prohibició de l'incest i de l'assassinat. I si no hi ha cap objectivitat en la validesa de les normes morals, d'on surt aquesta unanimitat? Però hi ha un motiu més greu de preocupació: el relativisme dut a l'extrem porta a justificar qualsevol acció, perquè un cop ha establert que totes les perspectives són igualment defensables, ja no pot deslegitimar la dels qui opinen que la tortura o l'esclavitud són admissibles.

Potser per això, les doctrines que defensen que la pluralitat de perspectives en moral és irreductible assenyalen, al mateix temps, factors que moderen el relativisme:

- **Hume** i els **utilitaristes** remeten com a qüestió de fet a un sentiment de benvolença que en general experimenta tot ésser humà.
- **Rawls, Apel** i **Habermas** dissenyen procediments de legislació o arbitri que, a falta de poder desempatar amb un criteri objectiu, almenys donin veu a totes les perspectives dels agents socials implicats.

Tot relativisme acaba sent un **relativisme moderat**, llevat que degeneri en nihilisme, del qual parlarem més endavant.

5.3 Segona aporia: la felicitat i el deure. Entre el projecte i la vocació

Aquestes dues nocions ocasionen un problema només si les entenem d'una manera determinada.

- Si la felicitat fos una sensació purament subjectiva, com una emoció intensa continuada, certament hi hauria conflicte. De fet, aquesta felicitat no existeix: qui viu pendent de tenir experiències d'aquesta mena es troba en un estat constant d'ansietat. Qui viu així es mou només per mòbils egoistes i desconeix l'abnegació i el sacrifici propis del deure.
- També la felicitat epicúria sembla incompatible amb el deure, o almenys amb els deures socials, ja que defensa que qui assumeix responsabilitats públiques no pot ser feliç de cap manera. Per a **Epicur**, la vida política no és natural: si ho fos, fer política ens faria feliços, perquè ser feliç és viure d'acord amb la naturalesa.
- En **Aristòtil**, virtut i felicitat harmonitzen: per a ell sí que som polítics per naturalesa i, per tant, assumir responsabilitats i complir el deure formen part de la plenitud en què consisteix la felicitat.
- Amb la noció de sentiment benvolent, l'**emotivisme** i l'**utilitarisme** proven de reintroduir l'abnegació i el sacrifici com a elements de la felicitat superior, tot i mantenir que cada persona troba satisfacció en objectes de plaer diferents.
- Pel que fa a **Kant**, la seva ètica prescindeix de la noció de felicitat, que associa a les ètiques materials. Però la felicitat de què parla és la del gaudi dels plaers del cos i de l'ànima. La darrera formulació de l'imperatiu categòric, que identifica el deure amb la vida encaminada a realitzar plenament la humanitat, ens pot fer dubtar si realment està gaire lluny d'Aristòtil.

Hi ha raons per a defensar cadascuna d'aquestes posicions, potser fins i tot d'altres. Més que tancar la qüestió, enfoquem-la des d'una altra perspectiva.

El tret diferencial de l'ètica de Kant és que reconeix una autoritat que està per sobre de la naturalesa. L'imperatiu categòric, que ens exhorta a tenir la humanitat —la meva i la dels altres— com a fi, ens *crida* a realitzar un projecte comú de construcció d'un *món moral*, que transcendeixi la mesquinesa pròpia de la nostra naturalesa empírica.

El punt clau és si la fita més alta de la vida humana consisteix en la realització plena de l'individu o en el servei a alguna cosa més alta, a la qual ens sentim cridats, i amb relació a la qual cadascú de nosaltres és només un mitjà per més que la nostra humanitat —com la de tots— sigui un fi en si mateixa.

Quina lògica ens aclareix més? La de la realització personal o la de la vocació? La del projecte personal o la del servei a una causa comuna que ens transcendeix?

Forma part del projecte d'aquesta noia perdre pes, presumiblement perquè ella entén que la pèrdua de pes la farà més feliç. Són, doncs, els projectes a la recerca de la felicitat, els que ens han de donar el criteri de les nostres decisions? Tanmateix, és realment un projecte *seu*, aquest d'aprimar-se? O més aviat són els estereotips de bellesa que s'imposen a la nostra societat els que l'han forçada a desitjar una altra figura? Aquest projecte, doncs, és expressió de la seva decisió lliure o de la coacció que pateix per part d'una societat masclista que imposa una determinada visió de la figura femenina?

Tanmateix, potser ens equivoquem, i el seu desig de perdre pes és per passar unes proves físiques per ser bombera, una dedicació que ningú no li reclama, sinó que ha triat lliurement perquè s'hi sent cridada per protegir la gent. Si fos el cas, la imatge tindria un sentit diferent pel que fa a la qüestió moral?

Els qui defensen la vocació diuen que és una crida a servir alguna cosa que sentim com a més important que la pròpia felicitat. Però seguir la pròpia vocació no és font de felicitat? I les vocacions, existeixen realment, o ens són inculcades exactament igual que els ideals de bellesa que turmenten aquesta noia?

I els nois, són també víctimes d'aquests ideals? La nostra societat fomenta una relació sana amb el propi cos? I amb nosaltres mateixos considerats en conjunt?

Situacions: educació, socialització, gènere, estereotips, violència, deshumanització, diversitat, aïllament, narcisisme.

4 Si penses en els teus estudis superiors, en quins termes ho fas? Què busques? Penses només en tu o també en alguna altra cosa?

5 Creus que existeixen les vocacions? Vol dir res "sentir-se cridat" a fer una cosa?

Si tot és permès, com vol el nihilisme, per què no podem donar armes als nens petits? Per què no podem robar? Per què no podem mentir? Per què no podem matar? Si tot és permès, res no té sentit, o, millor encara, les coses tenen només el sentit que els vulguem donar de forma arbitrària. Quina mena de món deriva d'una situació en la qual ningú no és responsable de res perquè ningú no ha de respondre de res? I si el sentit de les coses és pura ficció, la creació de les persones més influents, hi cap la distinció entre la veritat i la mentida? No quedem sotmesos a la violència i al domini dels relats més mediàtics?

Situacions: educació, socialització, alienació, llenguatge, violència, conflicte, postveritat, política, fake news, vida virtual.

6 En quin sentit les situacions en què una part de la humanitat en tracta una altra com si no fossin humans són situacions amb un cert component nihilista? Posa'n un o dos exemples i explica per què responen a això que diem.

7 Creus que, realment, es pot viure sent nihilista de forma coherent fins a les darreres conseqüències?

5.4 Tercera aporia: el nihilisme com a perill de la reflexió ètica

En l'apartat 3.1 de la unitat anterior hem explicat per què l'ètica pot ser un terreny compromès. Fer ètica és posar sota sospita tot codi moral i sembla situar-nos, així, més enllà de tota noció del bé i del mal. Quan fem ètica, ens atrevim, en efecte, a preguntar de forma clarament escandalosa: "L'esclavitud és legítima en algun cas? I la tortura? I l'assassinat?..."

Confiem en la raó perquè ens assisteixi en la nostra decepció respecte de la moral heretada. Però i si la raó no dona per a tant? I si descobrim que la moralitat no té res a veure amb la raó, que totes les normes morals són meres ficcions?

Això mateix és el que sosté **Nietzsche** (1844-1900). Per a ell, la moral heretada és només un invent que els febles van crear per a sotmetre els forts. En el seu origen, tota moral no és res més que un instrument de domini; no hi ha normes morals objectives, sinó que tota norma moral és expressió de la voluntat de poder d'una classe sobre la resta. Com que, en definitiva, el que diu és que *no hi ha res* que fonamenti cap ordre moral, aquesta doctrina es coneix amb el nom de **nihilisme**, del llatí NIHIL, que vol dir no-res.

Nietzsche no lamenta pas que les morals siguin instruments de poder. Només diu que el poder de legislar ha d'estar en mans dels nobles, dels homes superiors, perquè inventin noves taules de valors favorables a la vida.

Aquests artistes legisladors són **immoralistes**: com a fundadors d'una moral nova, parteixen de la destrucció de la moral precedent; com a legisladors, se situen en el punt zero en què encara no hi ha cap moral, més enllà del bé i del mal.

Quan tot és permès

Ara bé, si tota moral és no-res, una mera ficció interessada, aleshores l'única posició desinteressada que queda és no obeir *cap* moralitat. Això, però, equival a dir que *tot és permès*.

Si, més enllà de la ficció literària, provem d'imaginar les conseqüències de la seva aplicació pràctica, entendrem fàcilment per què el nihilisme resulta inquietant i temible. En efecte, si tot és permès, ens queda cap argument contra la pederàstia, la discriminació racial, els atemptats terroristes...?

La reflexió ètica comença dins del món moral i, quan es posa en marxa, farà bé de retenir la distinció cartesiana entre les exigències pròpies de la meditació i les exigències pròpies de la vida. En la meditació, hem de gosar pensar allò que, tanmateix, no ens podem permetre en la vida de cada dia. Els sentiments, en el sentit explicat en començar la unitat 5, seran una bona brúixola per a no perdre el nord. Considerem per acabar els límits de l'ètica.

5.5 Quarta aporia: ètica i metafísica. La dignitat de l'ésser humà

És la llibertat només una il·lusió? La nostra vida està, en realitat, governada per poders que ens sobrepassen?

La resposta dependrà de si reconeixem o no l'existència d'un ordre de realitat que estigui més enllà de la naturalesa. Perquè si tot, incloent-hi la vida humana, està tancat dins els límits de les lleis que governen la naturalesa, aleshores és evident que només hi ha llibertat negativa (hem estudiat aquesta noció en la unitat 5). Només hi ha llibertat positiva si podem actuar de forma independent de la causalitat fenomènica; si, per tant, no som només *física*, sinó que hi ha també en nosaltres una dimensió *metafísica*.

Sòcrates, Aristòtil i Kant en parlen. Tots tres afirmen la humanitat de l'home com a dotada d'un *valor intrínsec*, com a dotada de *dignitat*.

El terme *valor* és ambigu. El *valor* d'una cosa és el sentit o el significat que la cosa té per a nosaltres. Quan són el producte d'una valoració subjectiva, els valors no poden fonamentar cap dret; per exemple: que el gust d'una època valori més les persones rosses no pot portar a reconèixer-los més drets que a les persones morenes. Però què vol dir que una realitat té un valor *intrínsec*, inherent a la seva essència i, per tant, *objectiu*?

Qualsevol ésser humà té un valor intrínsec?

Si per ésser humà entenem cada individu tal com és *de fet*, l'afirmació és problemàtica. La tortura i l'assassinat en sèrie són tan humans com el voluntariat i la cervesa. Vol dir això que el torturador i l'assassí mereixen el nostre respecte? És clar que no. No tots els individus tal com són *de fet* són respectables: en això tindrà raó Hume quan diu que *del que és* no podem derivar *el que ha de ser*.

Ara bé, si per ésser humà entenem no l'home o la dona que soc, sinó l'home o la dona que puc arribar a ser, si parlem, doncs, no de com som de fet, sinó de la humanitat comuna que trobem com a possibilitat en tots i cadascun de nosaltres —incloent-hi els torturadors i els assassins en sèrie—, aleshores, *ésser humà* resultarà ser una *vocació*, i aquesta dimensió no fàctica —és a dir, metafísica— que ens crida a créixer serà l'única cosa en nosaltres de la qual podrem dir amb propietat que té un *valor intrínsec*: serà d'això que vindrà la nostra *dignitat*.

L'última paraula en totes les apories ètiques vindrà de la consideració de la condició humana. Si aclarim si som o no capaços d'actuar més enllà de tota determinació empírica, podrem finalment decidir si som capaços, no ja de conduir-nos amb rectitud, sinó de donar-nos *gratuïtament* a les coses i a les persones que estimem, al treball i als nostres projectes.

Hi ha una diferència qualitativa entre els éssers vius de la primera fotografia i els de la segona? Realment l'ésser humà té una dignitat especial, o més aviat cal denunciar aquesta pretensió com un acte de supèrbia i defensar que els animals, o almenys alguns animals —aquells més sensibles—, tenen la mateixa dignitat i, per tant, són subjectes de drets de manera semblant als éssers humans?

Si la resposta és que els humans tenen una dignitat especial, dues qüestions. Primera: què és el que ens dona aquesta dignitat? I segona: quins deures continuem tenint en relació amb els animals?

Si la resposta és que tenim la mateixa dignitat, haurem de concloure, com fa **Peter Singer** (1945) —autor del llibre *L'alliberament animal*—, que és èticament més desitjable fer experiments científics amb humans malalts que amb animals sans?

Situacions: sostenibilitat, responsabilitat cívica, drets humans, drets dels animals, especisme, ciència, coneixement, postveritat.

8 Creus que és possible donar-se gratuïtament a alguna cosa o a algú?

9 Quina noció de llibertat es deriva de la resposta que has donat en la pregunta anterior?

ACTIVITATS

1 Fes un resum de les quatre apories ètiques explicades en el capítol 5 d'aquesta unitat. Després, fes una breu redacció en la qual justifiquis per quina de les opcions que les apories proposen et decantaries i per què.

Recapitulació

En la imatge veiem una fita: una pila de pedres que els qui han passat per aquí abans que nosaltres han deixat com a senyal que anem per bon camí. Per què creus que l'hem triada per a encapçalar aquesta unitat?

PARAULES CLAU

apatia, aporètica, ataràxia, autonomia, bé, categòric, costum, deure, emotivisme, estoïcisme, felicitat, habitud, hedonisme, heterònoma, hipotètic, immoralisme, imperatiu, prudència, relativisme, utilitarisme, virtut

Les preguntes que aborda l'ètica, tal com anunciàvem en començar, són aquestes: Què he de fer? Com he de viure?

Però l'ètica no és com altres disciplines. Encara que la seva reflexió s'enfronta a conceptes abstractes i nocions generals, només cadascú en primera persona pot respondre aquesta pregunta. Si val la pena pensar en els altres –començant per tots els autors de la tradició filosòfica–, no és perquè en el mercat de les ètiques podré anar a comprar el producte acabat que m'agrada més, sinó perquè la qüestió és tan difícil, que conèixer la pluralitat de perspectives i de respostes que els altres ja ens han donat ens assisteix en la nostra pròpia aventura personal per a provar de guanyar una visió aclarida sobre l'orientació de la vida.

Seria absurd, ara, tornar a fer un resum o una síntesi de les respostes principals estudiades. Recordem, simplement, dues claus per a obrir el sentit de tota meditació ètica:

- La primera: contra el fals dilema entre la felicitat i la virtut, entre la satisfacció personal i el sentit de servei, entre el gaudi dels plaers de la vida i l'abnegació en nom de les causes nobles, cal pensar –com hem fet a bastament al llarg de la unitat– si la plenitud humanament assolible que proporciona satisfacció no té precisament a veure, almenys en part, amb l'abnegació d'una vida que es dona a les coses que té com a més importants, més que no pas als plaers fàcilment assolibles en la nostra societat.
- La segona: no hi ha vida humana sense creativitat, i els projectes que tenim ens permeten ser com els artistes de les nostres vides. L'artista tria el tema de les seves creacions, però també l'estil. Amb tot, el projecte de cadascú potser no ho diu tot de l'orientació dels homes i les dones, perquè tot sovint els nostres projectes són alimentats per les nostres vocacions. Potser la pregunta no és què esperem de la vida, sinó què espera la vida de nosaltres, o potser són pertinents totes dues preguntes.

N'hem parlat ja molt. Ara et toca a tu prendre la paraula i decidir.

EN 8 IMATGES

EMPARELLAMENTS Aquestes fotografies no estan col·locades en cap ordre en especial, però es poden endreçar per parelles segons diferents criteris.

IDENTIFICA cada parella que compleixi cada un d'aquests criteris:

- **a** N'hi ha dues que ens conviden a pensar el contrast entre el que uneix les persones i el que uneix els animals.
- **b** N'hi ha dues que ens fan pensar en la diferència que hi pot haver entre una vida lliurada al deure i una vida lliurada al plaer personal.
- **c** N'hi ha dues que evoquen el que per a Aristòtil és la tendència més pròpiament humana.
- **d** N'hi ha dues que ens fan pensar en el contrast entre l'interès i el joc desinteressat com a dues dimensions distintes i complementàries de la vida humana.

JUSTIFICA la teva resposta i explica què volen dir els enunciats de cada un dels criteris.

LES MORALS ANTIGUES. Els sistemes ètics grecs que hem estudiat relacionen coneixement i moralitat. La primera activitat pretén ajudar-te a pensar-hi.

1 Llegeix el text següent i respon les preguntes:

Eco

–Explica'm, tu, què és el sol. –El sol.
–Explica'm què és la lluna. –La lluna.
–I per què en Pere plora amb desconsol?
–Perquè en sa vida no ha tingut fortuna.

–I les muntanyes que són? I els estels?
–No són més que els estels i les muntanyes.
–I aquestes canyes? I aquestes arrels?
–Doncs no són més que això: arrels i canyes.

–I aquesta taula? I aquest balancí?
 I aquestes mans que fan l'ombra xinesa?
 Digues: i el món? I l'home?
–Heus aquí l'última forma de saviesa:
 Mira't a fons, afirma sempre el que és
 i aprèn amb seny que no pots fer res més.

JOAN BROSSA (1919-1998)

a De quina escola de pensament de l'antiguitat creus que és pròpia la tesi que defensa?

b Com queda definida aquí la llibertat?

c Quin paper té el coneixement segons aquesta doctrina? Fes-ne una crítica.

LA RAÓ EN LA DECISIÓ. Podem mantenir que l'ordre de la decisió és independent de l'ordre del coneixement i, tanmateix, continuar defensant que, en la decisió, el que mana és la raó. Aquesta és la posició de Kant.

2 Llegeix el text següent i respon les preguntes:

"La representació pura del deure i, en general, de la llei moral, sense cap mescla amb motivacions empíriques, té sobre el cor de l'home, pel sol camí de la raó —la qual, a través d'aquella representació, s'adona per primera vegada que pot ser per ella mateixa una raó també pràctica—, un influx tan superior a tots els altres ressorts que poguessin treure's del camp empíric, que, conscient de la seva dignitat, menysprea aquests darrers i pot, de mica en mica, transformar-se en senyora de si mateixa; en canvi, una teoria de la moralitat que estigui barrejada i composta de ressorts trets dels sentiments i de les inclinacions i, al mateix temps, de conceptes racionals ha de deixar l'ànim en una oscil·lació entre causes determinants diverses, irreductibles a un principi i que poden conduir al bé de forma contingent però també al mal. [...] Cada cosa, en la naturalesa, actua segons lleis. Només un ésser racional posseeix la facultat d'obrar d'acord amb *la representació* de les lleis, és a dir, d'acord amb principis; posseeix una *voluntat*. I com que per a derivar les accions de les lleis cal *raó*, resulta que la voluntat no és res més que la raó pràctica. [...] La voluntat és una facultat de no escollir res més que allò que la raó, independentment de la inclinació, coneix com a necessari des d'un punt de vista pràctic, això és, bo."

KANT (1724-1804), *Fonamentació de la Metafísica dels Costums*, II

a Quina diferència hi ha entre les inclinacions i la raó?

b Quina diferència hi ha entre raó teòrica i raó pràctica?

c En què consisteix la dignitat de l'ésser humà?

SER I HAVER DE SER. Segons Hume, al contrari que Kant, la naturalesa humana està marcada per les inclinacions, les motivacions i l'egoisme i no pas per la generositat i la rectitud en el compliment del deure. De manera que cal pensar el fonament de la moral d'una altra manera.

3 Llegeix el text següent i respon les preguntes:

"En tot sistema moral del qual jo tingui notícia fins ara, sempre hi he pogut observar que l'autor segueix durant una bona estona la manera de parlar ordinària, bo i establint l'existència de Déu o realitzant observacions sobre les ocupacions dels homes, i, de sobte, em trobo amb la sorpresa que, en lloc de les còpules habituals de les proposicions: *és* (*is*) i *no és*, ja no veig cap proposició que no estigui connectada amb un *hauria* (*ought*) o un *no hauria*. Aquest canvi es fa sense cap avís explícit, però resulta, tanmateix, de la major importància. En efecte, en tant que aquest *haver de* o *no haver de* expressa alguna nova relació o afirmació, cal que aquesta novetat sigui remarcada i explicada i al mateix temps que es doni raó d'una cosa que sembla del tot inconcebible, a saber: com és possible que aquesta nova relació es dedueixi d'altres de completament diferents? Però com que els autors no prenen en general aquesta precaució, gosaré recomanar-la als lectors: estic segur que una petita reflexió sobre aquest punt subvertiria tots els sistemes corrents de moralitat i els faria veure que la distinció entre vici i virtut ni està basada merament en relacions d'objectes ni és percebuda per la raó.

El curs de l'argumentació ens porta així a concloure que, atès que el vici i la virtut no poden ser descoberts simplement per la raó o per la comparació d'idees, només mitjançant alguna impressió o sentiment que es produeixi en nosaltres podrem assenyalar la diferència entre tots dos. Les nostres decisions sobre la rectitud o la depravació morals són evidentment percepcions, i com passa amb totes les nostres percepcions, siguin impressions o idees, l'exclusió de les unes constitueix un argument convincent a favor de les altres. La moralitat és, doncs, més pròpiament sentida que jutjada, malgrat que aquesta sensació o sentiment sigui en general tan dèbil i suau que ens inclinem a confondre-la amb una idea, d'acord amb el nostre costum de considerar totes les coses semblants entre si com una mateixa cosa."

HUME (1711-1776), *Tractat de la naturalesa humana III*, primera part, seccions I i II

a Com respondria Kant a la posició que defensa aquest text?

b Com respondria Hume a la resposta de Kant?

4 **Compara les tesis referents a la naturalesa de l'acció moral implícites en aquests dos textos:**

a "Quan algú perd diners en el joc, pot *empipar-se* molt amb ell mateix i amb la seva lleugeresa, però quan és conscient d'haver fet trampes (tot i que així n'hagi guanyat), s'ha de *menysprear* a si mateix tan bon punt es compara amb la llei moral. Per tant, aquesta ha de ser una cosa diferent del principi de la pròpia felicitat. Ja que, perquè algú pugui dir-se a si mateix 'soc *indigne* encara que hagi omplert la bossa', cal que tingui un criteri diferent del que tindria per a poder-se felicitar tot dient-se: 'mira que *prudent* que soc, ves com he omplert la caixa'."

b "Si un viatger, en tornar d'un país llunyà, ens portés un report d'homes completament diferents de tots els que hàgim conegut, d'homes que no tinguessin gens d'avarícia, ni d'ambició, ni de desig de venjança, que no trobessin un altre plaer que l'amistat, la generositat i l'esperit social, de seguida en detectaríem la falsedat i provaríem que ell és un mentider."

DILEMES MORALS. Les situacions concretes que es donen en la realitat ens enfronten sovint a dilemes en què no és fàcil determinar com cal actuar. Quan pensem en aquests termes, de seguida descobrim una dimensió social o comunitària del fet moral, que ens enfronta al mateix temps de forma concreta amb la dignitat de cada ésser humà. Les activitats següents t'hi faran pensar.

5 **Llegeix aquest dilema moral i contesta:**

Suposem que necessites diners per a salvar un hospital en funcionament i que algú te n'ofereix una quantitat molt important, però tu saps que ell els ha obtingut amb el negoci de la prostitució infantil.

- La tesi utilitarista, quina manera d'actuar aconsellaria en aquest cas? (En la resposta, hauries de considerar versions diferents de l'utilitarisme.)

6 **Segons Michael Sandel (professor d'ètica a Harvard), la dignitat d'un poble rau en allò de què és capaç de renunciar en nom de la justícia. Compara aquesta noció de dignitat amb la formulada en el text de l'activitat 2.**

7 **Inventa't un altre dilema moral (pots buscar informació a internet) i explica quina creus que seria la resposta que hi donarien cadascun dels autors estudiats.**

8 **Busca informació sobre el comunitarisme i compara aquesta posició ètica amb la de Rawls. Després, respon:**

- Com es defensa millor la justícia, sabent i assumint qui soc, o amb un vel d'ignorància?

Problemes segle xx, deshumanització

El fotògraf suís René Robert va morir el 19 de gener als vuitanta-cinc anys a causa d'una hipotèrmia, segons ha explicat a France Info el periodista Michel Mompontet. Robert havia sortit a passejar després de sopar al carrer Turbigo, al centre de París. Eren les nou del vespre quan va perdre el coneixement i va caure a la plaça de la República. Van passar les hores sense que ningú s'adonés que necessitava ajuda, fins que cap a quarts de set del matí un indigent va avisar una ambulància. Els sanitaris el van trobar encara viu, però amb ferides greus al cap i una hipotèrmia greu. René Robert no va sobreviure.

En saber la notícia, Mompontet, amic de Robert, va ser contundent: "Assassinat per la indiferència", va etzibar alhora que es demanava què deia de nosaltres mateixos "aquest tràgic final".

Ara (edició digital), 27 de gener de 2022

PROBLEMA PER PENSAR

Al fil de la frase de l'amic de René Robert, què diu la notícia de "nosaltres mateixos"?

QÜESTIONS SUBORDINADES

1

Els vianants tenien cap obligació de socorre'l? Per què?

2

Com que ningú no ho va fer, quines són les possibles causes?

3

Això ens diu alguna cosa de les societats avançades? O més aviat de la vida a les grans metròpolis? O és un fet francès? O, en suma, què cal dir sobre aquest fet?

Unitats en què trobareu reflexions pertinents o relacionades amb aquesta situació:

1 · 2 · 3 · 4 · 5 · 6 · 7 · 8 · 9 10 · 11 · 12

PER ANAR MÉS A FONS

La indiferència com a fenomen social

Almenys tres novetats defineixen la vida en les societats més avançades: la massificació i l'individualisme, l'exhibició de les vides privades com a espectacle i objecte de consum, de forma especial a través de les xarxes socials, i la informalitat de les relacions socials que han desactivat els codis que abans funcionaven.

· Quin és l'origen i quins són els efectes de la conjunció d'aquests tres fenòmens?

· Per què ens escandalitzem per la gana que passen els infants d'un país africà i passem de llarg del sensesostre ajagut en un carrer cèntric de la nostra ciutat?

Aquestes i moltes altres preguntes poden acompanyar una reflexió sobre les patologies de la vida social, amb especial atenció a la de l'aïllament i la indiferència.

Proposta de recerca

1 Què diuen els sociòlegs sobre el que dona consistència a la vida social? Per què un d'ells, concretament Zygmund Bauman, sosté que la vida social s'ha tornat líquida?

2 La vida al camp és més humana? O això és un prejudici dels habitants de les grans ciutats? Què ens diu la literatura –com *Cims borrascosos* o *Solitud*– sobre aquest tema?

3 A què ens obliga en relació amb els altres el reconeixement de la dignitat humana? Què n'han dit corrents ètics diferents?

Fonaments de la política

7

Unes obligacions provenen de la nostra naturalesa física (com menjar), altres de la vida social (com pagar impostos) i unes terceres ens les imposem a nosaltres mateixos en l'exercici de la nostra capacitat d'autodeterminació.

L'ètica, en el seu conjunt, ens ha fet atendre, sobretot, el joc entre les obligacions que ens venen donades per la naturalesa i les que tenen el seu origen en la nostra voluntat autònoma. De moment, no hem considerat les obligacions socials, sobretot les que se'ns imposen des de les lleis escrites i van acompanyades de sancions materials —com la presó— en cas d'incompliment.

Cal, per aquest motiu, que allarguem ara la nostra investigació sobre la llibertat i que fem una transició de l'ètica a la política. Com veurem tot seguit, l'exercici de la llibertat està sempre situat en un context de coacció, i volem comprendre per què això és així i en quin sentit la política n'és la resposta.

Caldrà, doncs, que ens plantegem aquestes preguntes: Amb quin dret les institucions de l'estat limiten la nostra llibertat? Quin és l'origen i la funció de l'estat? No seria millor viure sense estat? Què és, en suma, el poder polític?

Per a començar a abordar totes aquestes qüestions, en aquesta unitat examinarem:

- Quina és la nostra experiència original en el món polític, que és el de les aliances i les coaccions.
- La filosofia política antiga i la seva crisi en la modernitat.

Pel que fa al segon punt, cal tenir present que les diferents maneres d'abordar el problema polític estan molt lligades a les circumstàncies històriques a les quals es vol respondre en cada cas. Si tractem primer el pensament antic i la seva crisi, és per abordar per ordre els problemes fonamentals de la filosofia política: la relació entre l'ètica i la política i l'origen i la fonamentació de l'estat. En la unitat 8, estudiarem la filosofia política contemporània i els reptes que troba plantejats en l'actualitat.

Les lleis de discriminació racial exclouen certs individus d'àmbits determinats del joc social. Fins a finals de la dècada de 1960, les lleis dels Estats Units establien restriccions gravíssimes a les llibertats de les persones negres: no podien votar, ni seure als autobusos al mateix lloc que els blancs, ni beure de les mateixes fonts, ni entrar als mateixos locals, etc. La commoció que va provocar l'assassinat de **Martin Luther King**, l'any 1968, va fer que dècades de lluita pels drets civils per part de molta gent donessin per fi pas a una reforma legislativa que reconeixia la igualtat de drets dels ciutadans afroamericans. Tanmateix, la qüestió racial continua sent encara avui un dels problemes més greus de la societat americana. Com és que al país amb una tradició democràtica molt forta hi és present encara la lacra del racisme? A quines altres comunitats s'estén avui dia aquesta lacra en la societat nord-americana? I en la nostra? Per què?

Situacions: socialització, racisme, drets humans, tràfic d'humans, estereotips, violència, llenguatge, deshumanització, indiferència, conflicte, postveritat, alienació.

1. En el text, hem parlat d'un nen que exclou un company i d'un adult que l'inclou al grup. Però també pot passar al revés: pensa i explica un exemple en el qual els infants incloguin algú i sigui l'adult qui l'exclou.
2. Fes una llista dels grups socials als quals pertanys i dels grups socials dels quals ets exclòs.
   a. Dels segons, en quins casos l'exclusió és forçada.
   b. D'aquests, en quins casos creus que, a més, és injusta.
3. En els grups als quals pertanys, admeteu a tothom?

1.1 Inclusions i exclusions: "Tu no jugues!"

Imaginem els alumnes de 3r de primària d'una escola. Un nen surt al pati i uns quants companys s'ho passen bé jugant a fet i amagar. S'adreça al grup i els diu: "Jo també jugo!" Però un dels nens que juga respon de forma imperativa: "No! Tu no jugues!"

Alguns dels nens se'l miren i arronsen les espatlles: amb el gest li fan saber que el deixarien jugar, però no hi poden fer res. No cal dir que sí que hi podrien fer alguna cosa, però s'arriscarien a quedar també ells exclosos, i el temor els frena. Uns altres continuen jugant sense que aparentment els importi gens l'exclusió del company. Només una nena comença a dir tímidament alguna cosa a favor del nen rebutjat, però calla de seguida en notar la mirada recriminadora del grup.

Si el nen té sort, tot això ho arreglarà la persona que vigila al pati, però si no, quedarà marcat com un dels dos o tres que, pel que sigui, han estat vetats pel grup dominant.

L'escena que acabem de descriure és habitual al pati d'una escola o, en tot cas, ho seria si els adults que vigilen no fessin ús del seu poder per a forçar a tothom a acceptar els altres.

Quan parlàvem d'ètica, consideràvem la decisió des del punt de vista de les nostres obligacions, projectes i vocacions. Ara bé, fins i tot en aquells casos en què jo m'he resolt en un sentit o en un altre, *els altres* poden impedir-me de realitzar allò que m'havia proposat.

En el cas del nen de l'exemple, la decisió de jugar no es pot fer efectiva perquè és rebutjat *per la força*.

La vida social, tal com la vivim en la vida de cada dia, comporta sempre un joc d'inclusions i exclusions, de pertinença a determinats grups i rebuig per part d'altres.

Amb l'educació —l'adult que vigila al pati—, les societats avançades proven de reconduir els conflictes a una via pacífica. Però això no anul·la una realitat que és pròpia de la vida social: que la nostra posició dins d'aquesta ens porta sempre a pertànyer a determinats grups i a rebutjar-ne altres.

De moment, per a començar a pensar en la vida social com a problema, el que ens interessava fer notar és que els nostres projectes i vocacions es veuen sovint limitats per aquest joc social d'inclusions i exclusions.

En determinats països, qui no té el carnet del partit governant no pot tenir accés a una carrera professional determinada. I, gairebé a tot arreu, pertànyer al grup dels rics dona avantatges dels quals són exclosos els que no hi pertanyen.

Els exemples posats fan evident que en tot això hi ha un punt d'arbitrarietat i, per tant, d'injustícia.

1.2 La institució de les societats

Prenem ara una altra perspectiva i provem d'imaginar de quina manera es constitueixen les societats.

Si considerem un individu humà aïllat, de seguida ens adonarem que té moltes necessitats i molt pocs recursos naturals per a satisfer-les.

El que la naturalesa no dona als humans, ells s'ho procuren de manera artificial. Si no tenen pell gruixuda ni pèl abundós que els protegeixi de les inclemències del temps, els humans transformen amb el seu treball el pèl d'un altre animal en una segona pell pròpia. Si no tenen urpes ni altres armes naturals, transformen la fusta i el sílex en armes artificials. I així amb totes les coses.

El fet de la natalitat, amb la immaduresa extrema amb què neixen els cadells humans, exigeix una primera col·laboració entre mascles i femelles. És la base biològica del que podem anomenar "família".

Però la possibilitat de comprendre la situació i comunicar-se en virtut del llenguatge simbòlic n'obre una altra, aquella en què dos individus humans, dirigint-se l'un a l'altre, es poden dir: "Femho junts!" O potser aquella en què un individu més fort diu a un altre: "Junts ens anirà millor: jo mano i tu obeeix-me!" Fos com fos, notem com *un acte de parla crea una institució*: els individus no van sols, sinó que s'agrupen amb la finalitat de garantir millor la supervivència de tots.

Evidentment, ja que un acte de parla com aquests s'ha de fer cara a cara, aquests agrupaments primitius no uneixen tots els individus de la mateixa espècie, sinó que responen a circumstàncies d'atzar com la coincidència en un mateix territori o l'ajut espontani que una família presta a una altra.

Unes quantes famílies s'ajunten en una tribu, i segurament la conveniència de coordinar les accions amb vista a la supervivència fa que sorgeixi de seguida una jerarquia espontània, en virtut de la qual els dos o tres individus més persuasius o carismàtics fan valer les seves decisions amb violència o sense.

La fesomia de la comunitat es complica en funció de la divisió del treball que té lloc segons les habilitats de cadascú i pensant en una eficàcia més gran en la salvaguarda de tots.

Podem imaginar que grups d'altres territoris, caçadors i recol·lectors, es desplacen quan els recursos naturals de les seves terres s'exhaureixen, de manera que, quan diferents tribus coincideixen al mateix territori i aspiren als mateixos aliments, apareixen el conflicte i la violència. Potser això porta a buscar aliats, i el que primer eren tribus entren, les unes amb les altres, en un joc d'aliances que es fan i es desfan segons els moments i les circumstàncies.

Així sorgeixen comunitats encara més grans que les tribus.

En la imatge, un ceramista. Fixa't que, si uns altres homes —agricultors, caçadors, comerciants, constructors, teixidors, etc.— no produïssin els béns que aquest home necessita per a viure a part dels gots de ceràmica, no podria dedicar el seu temps a produir peces de ceràmica per a tota la comunitat. Els homes i les dones s'ajunten perquè cap no és autosuficient i, per tant, es necessiten els uns als altres. Un cop associats, la vida social demostra tenir una eficàcia tan gran per a protegir millor la vida de tots, que la comunitat s'organitza en formes socials cada cop més complexes i elaborades.

4 Creus que els humans haurien disposat de temps per a estudiar astronomia, matemàtiques o filosofia si cadascun hagués viscut tot sol enmig de la naturalesa salvatge?

Malgrat els beneficis que comporta, l'agrupació dels éssers humans en comunitats també esdevé problemàtica. Les danses rituals dels zulus, d'una banda, i la sofisticació de les armes actuals, de l'altra, ens donen notícia que el conflicte —ja sigui la confrontació civil o la guerra entre comunitats diferents— no coneix fronteres, ni espacials, ni temporals ni culturals.

5 Descriu una situació problemàtica, de conflicte, que ara mateix tingui lloc en la teva societat.

a Creus que corre perill d'acabar en guerra civil?

b I d'acabar en guerra amb una altra societat? Per què?

1.3 Els enllaços. Els no lligats, els exclosos i els deslligats

Les societats es formen, així doncs, quan diferents individus estableixen entre ells llaços o lligams amb vista a un objectiu comú. L'enllaç o el lligam és la primera experiència de la vida social.

El sol fet que un cert nombre d'individus s'aliïn entre ells determina dos espais simbòlics: l'interior i l'exterior del grup.

D'entrada, l'espai exterior no es defineix per cap exclusió o rebuig, sinó simplement pel fet que no tots els individus han esdevingut part de la societat acabada de formar. En el mateix moment que un grup d'individus s'associen, apareix la distinció entre els **lligats** i els **no lligats**.

Ara bé, un cop el grup ja funciona com a tal i es fan visibles els beneficis de formar-ne part, pot ser que algú que no hi pertany vulgui formar-ne part. I pot ser també que el grup mateix no l'admeti.

- És el cas dels que fugen de la guerra i, quan arriben als països on voldrien viure, són expulsats per les autoritats perquè no els reconeixen com a refugiats. Aquests són els **exclosos**.
- I hi ha encara un segon cas d'exclusió: el d'aquell que formava part del grup i n'és expulsat (quan li retiren els drets de ciutadania o el condemnen a l'exili).

En l'exclusió, l'espai interior del grup (simbòlic en molts casos, físic en el cas de les fronteres dels estats) és vist com un lloc de protecció i de prosperitat: excloure'n algú és, com diu el mot llatí EXCLUDERE, tancar-lo (-CLUDERE) fora (EX-).

Finalment, la pertinença al grup es pot viure com a opressiva, i aleshores algú —persona o poble— pot voler-se'n deslligar. **Deslligar-se**, però, no és tan fàcil, perquè el grup pressent la sortida d'uns quants com a perill d'una desfeta definitiva.

La paradoxa és, així, que les societats, que han nascut a benefici dels seus membres, marquen amb la seva sola existència espais simbòlics dels quals és difícil sortir o als quals és difícil entrar i acaben definint un conflicte entre els inclosos i els exclosos, però també entre els que lliguen i els lligats. *La vida de les societats és, per tant, problemàtica*.

La paraula *societat* ve de la paraula llatina SOCIUS, que vol dir "company o aliat". És aliat o company el qui té coses *en comú* amb mi, i per això una "societat" també es pot anomenar "comunitat".

Una **societat** és un grup de socis, una aliança d'individus units per unes afinitats i uns interessos comuns. Ara bé, com hem vist, és una *experiència quotidiana de la vida social el fet que no tots som socis*: la humanitat no forma una sola societat agermanada, sinó que està dividida en societats entre les quals —i dins de les quals— hi ha conflictes.

1.4 Ser lliure i tenir llibertat

El conjunt d'éssers humans no és, doncs, homogeni, sinó que s'ordena segons afinitats i interessos en un joc d'inclusions i exclusions que, com en el cas d'algunes bandes, pot arribar fins a la lluita a mort. Aquest fet incorpora un grau important de complexitat en l'exercici de la llibertat de què hem parlat en les unitats 5 i 6.

Només pregunta "Què he de fer?" qui està en disposició d'escollir. Però no sempre ens trobem en aquesta disposició. Un esclau, per exemple, no pregunta això, perquè la seva vida la decideixen uns altres, exclòs com està dels grups socials en què els individus disposen de la seva llibertat.

Hem de distingir, per tant, entre ***ser lliure*** i ***tenir llibertat***.

Els nens que exclouen els companys, els individus que acaparen collites, els exèrcits que s'apropien de pobles envaïts, els amos que compren esclaus són només exemples d'aquest fet: hi ha moltes circumstàncies concretes en què la força o la violència del qui té més poder fan que els individus no puguin exercir la seva llibertat. Quan això passa, en el nostre interior encara *som lliures, però no tenim llibertat*.

1.5 Les coaccions

La paraula *coacció* és un compost a partir del substantiu *acció* i el prefix *co-*, que significa "conjuntament". Hi ha **coacció** quan en la meva acció no soc jo sol qui decideixo, sinó que hi ha una altra font de decisió que decideix conjuntament amb mi.

Les coaccions poden ser lleus o fortes, poden simplement matisar la meva decisió o gairebé anul·lar-la, però en qualsevol cas impliquen que:

- Jo continuï tenint un cert marge de llibertat, perquè si no, no seria una acció meva.
- Aquesta llibertat, però, estigui sotmesa a una pressió externa que la vulgui conduir en un determinat sentit, sigui quina sigui la meva voluntat inicial.

Hi ha diferents tipus de coaccions. Considerem aquests exemples:

- Soc lliure de no fer la declaració de renda, però, si no la faig, pagaré una multa o aniré a la presó.
- Soc lliure de tenir casa pròpia, però, si no tinc diners, hauré de treballar o robar per a adquirir-la.
- Soc lliure de quedar-me al meu país, però, si aquells que manen volen eliminar els qui són o pensen com jo, puc perdre-hi la vida.
- Soc lliure d'anar a viure a l'estranger, però al país d'acollida no tindré determinats drets de ciutadania.
- Soc lliure de pensar el que vulgui, però m'exclouran de determinades societats si faig públiques determinades idees.

Tres nens caminen per un camp de refugiats a Shinkiari (el Pakistan). Com ells, centenars de milers de famílies viuen avui dia en camps de refugiats arreu del món, moltes dins les fronteres europees. A altres famílies —com està passant ara mateix, mentre escrivim aquestes línies, amb les procedents d'Ucraïna—, que són reconegudes com a refugiades, se'ls permet incorporar-se i refer la seva vida en les societats d'acollida.

La política és aquest joc d'exclusions i d'inclusions. Vist des del punt de vista ètic, és legítim discriminar entre éssers humans que incloem en les nostres comunitats i éssers humans que excloem de les nostres comunitats? Aquests últims, els tractem en la seva humanitat —com demanava una de les versions de l'imperatiu categòric kantià— com un fi en si mateix, o més aviat queden rebaixats en la nostra consideració com a mers objectes que convé mantenir allunyats?

I si aquestes preguntes ens incomoden, com és que la política continua fent distincions i discriminacions? Som realment responsables dels homes i de les dones i dels nens i de les nenes que no pertanyen a la nostra societat? Els nostres deures, són sempre en relació amb les societats a les quals pertanyem, o s'estenen a tota la humanitat?

Situacions: socialització, racisme, drets humans, cosmopolitisme, tràfic d'humans, alienació, violència, deshumanització, indiferència, ètica i política, despotisme, democràcia.

6 Observa la foto i respon:

a Aquests nens, són lliures o no ho són?

b Quants factors creus que coactuen —i, per tant, són coaccions— en el seu comportament?

En la fotografia, **Emmeline Pankhurst** (Manchester 1858 - Londres 1928), una de les fundadores del moviment sufragista britànic, que va lluitar pel dret a votar de les dones, en el moment de la seva detenció. El seu nom està relacionat amb la lluita pel dret a votar de les dones en el període just anterior a la Primera Guerra Mundial. Quan es tracta no ja de pensar en la llibertat, sinó d'exercir les llibertats (com ara la de vot), entrem en el camp de la política. Fixa't, en efecte, que en la fotografia el representant de l'estat és el policia, que exerceix la força per reprimir una reivindicació contrària a la llei aleshores vigent.

Creus que hi cap la possibilitat que el policia de la fotografia simpatitzi amb la causa sufragista i, tanmateix, hagi de reprimir-la? Si fos el cas, i com que ell representa una força de coacció, quines obligacions creus que està obeint?

I pel que fa a Emmeline Pankhurst, creus que les seves reivindicacions anaven a favor o en contra del seu país? Pots anar contra la llei del teu país a favor del teu país?

Situacions: educació, socialització, gènere, drets humans, violència de gènere, democràcia, poder, ètica i política.

7 Creus que tothom ha de gaudir de les mateixes llibertats? Pensa en els casos dels infants, dels discapacitats, dels drogoaddictes, dels delinqüents, etc.

1.6 Tipus de coaccions. Les llibertats

En cadascun dels casos anteriors, jo soc lliure; ara bé, hi ha un però: un poder actiu (com l'estat) o una realitat (com la manca de recursos) que decideixen per mi el que puc fer o el que he de fer.

- En el primer cas, allò que em coacciona és la llei escrita, que m'adverteix que, si no faig determinades coses, les forces de seguretat i l'administració de justícia de l'estat m'imposaran *per la força* unes sancions determinades.
- En el segon cas, ningú no em mana el que he de fer, però les meves condicions materials de vida m'impedeixen realitzar els meus projectes. Ara la coacció és material.
- El tercer cas ens recorda que, en la lluita entre enemics, hi podem perdre la vida. Aquí la coacció és l'exclusió i l'amenaça de mort.
- El quart cas ens fa veure que, per a exercir la llibertat, hem de ser reconeguts com a subjectes dotats de drets. No és solament un problema d'estrangeria. Els esclaus no tenen cap dret, i fins a principis del segle XX a les dones no se'ls reconeixien els drets de ciutadania (com passa encara en molts països) i, per tant, no podien votar.
- El darrer cas ens adverteix que l'opinió pública pot ser també una forma de violència. Tenir determinades opinions, considerades "políticament incorrectes", pot fer que determinats grups m'excloguin: en el lloc de treball, en la vida social, en les associacions o clubs, etc.

Coaccions legals, materials, d'exclusió i persecució, de reconeixement o d'opinió són potser només algunes formes de coacció que limiten l'exercici de la llibertat.

Però els exemples ens basten per a fer notar tres coses:

- Que calgui coaccionar els individus ens recorda que els individus *de fet* poden actuar d'una altra manera. Si els estats dicten lleis que persegueixen l'assassinat, és perquè, *de fet*, hi ha individus que cometen assassinats.
- L'exemple ens va bé per a advertir que coaccionar no és necessàriament una cosa rebutjable. Certament, quan el lladre em coacciona amb una pistola a la mà perquè li doni la cartera, la coacció és lesiva. Però, precisament per això, quan l'estat coacciona els lladres per dissuadir-los de fer ús de la violència, aquesta coacció em pot semblar ben desitjable.
- Ja que tenim tipus diferents de coaccions, hi ha diferents maneres com la nostra llibertat pot quedar retallada. La llibertat de reunió, de pensament, de circulació, etc. són àmbits diferents d'exercici de la llibertat, i un determinat estat pot ser permissiu en un àmbit i restrictiu en un altre. Per això, quan parlem de les condicions concretes en què exercim la llibertat, el singular ha de deixar pas al plural: el que està en joc ara no és, simplement, la llibertat, sinó les llibertats. Aquest és el camp de la política.

1.7 El poder absolut. El terror i l'arbitrarietat, formes extremes de coacció

Hi ha un cas extrem de coacció que es produeix en la guerra, les tiranies i els estats totalitaris.

Per més restrictives que siguin les lleis d'un país, si l'ordre polític se sosté sobre la llei escrita, l'individu almenys coneix les regles del joc i sap a què atenir-se.

Si, per exemple, la llei prohibeix les manifestacions, és injust, però, si el règim se cenyeix a la llei, el ciutadà sap que, si no es manifesta, no ha de témer cap represàlia.

Per contra, la tirania, l'estat totalitari i la guerra són el domini de la pura arbitrarietat.

Aquí no cal que hagis fet res en concret per a ser perseguit o executat. Si el poder —ja sigui tirà, estat, cap de màfia o soldat enemic— vol imposar el terror, no dubtarà a exercir la violència contra dones, homes, nenes i nens que ni tan sols havien gosat fer cap acció que es pogués interpretar de resistència.

S'esdevé, aleshores, la destrucció de la raó i s'imposa *l'imperi de la violència*: una violència del tot gratuïta o, si es vol, exercida amb una sola raó: *afirmar el poder com a poder per sobre de tot.*

Si no hi ha humanitat sense racionalitat, aquests estats de pura violència són el mal pitjor que podem patir, perquè destrueixen literalment la humanitat que hi ha en cada individu: no solament la de les víctimes, sinó també la dels botxins.

1.8 El xoc d'interessos

En la vida social apareixen sempre relacions de poder.

En qualsevol grup de qualsevol institut, un subgrup més fort o carismàtic domina les dinàmiques dins i fora de l'aula. En el mercat, la competència entre professionals d'un mateix camp genera dinàmiques de confrontació. En societat, els individus afirmen la seva identitat en contrast amb la dels altres (com en l'esnobisme). Entre els adolescents, música i vestit esdevenen els símbols de la seva situació en el joc d'inclusions i exclusions.

La divisió segons grups ens porta a defensar els interessos *dels nostres* contra *els altres*. Si defenses des d'un partit els "top manta", ataques el petit comerç de la zona. Si defenses des d'una associació antitabac la prohibició del consum de tabac, ataques els interessos de les famílies que viuen d'aquesta indústria. Cal remarcar el paper del grup: posicionar-se demana sempre pertànyer a un grup que tingui notorietat davant l'opinió pública, l'única manera de fer-se visible.

El lloc que ocupo en la vida social em porta, doncs, a prendre partit pels uns i contra els altres de forma inevitable, sense que això tingui res a veure amb bons o mals sentiments.

Aquest és un exemple del que es pot veure al Tuol Sleng Genocide Museum, a Phnom Penh, capital de Cambodja, dedicat a fer memòria del genocidi que el règim roig de Pol Pot va dur a terme. L'edifici on es troba el museu va ser un institut de secundària que el règim de terror de Pol Pot va convertir en una presó de seguretat entre els anys 1975 i 1979. Allà, més de vint mil persones (entre elles, les que veiem en la foto) hi van ser torturades i assassinades de la forma més brutal i arbitrària. Videla, Pinochet, Hitler, Stalin i Kim Jong-un són només alguns dels molts altres exemples que podem trobar en la història recent de la humanitat de règims que han seguit polítiques d'extermini. El poder absolut produeix règims polítics terribles. Per què creus que es produeixen aquests règims? Com pot l'ésser humà arribar a estar tan segur de la seva causa que de vegades s'ho permet en la seva defensa?

Situacions: drets humans, racisme, deshumanització, fenòmens socials, violència, despotisme, poder, postveritat, fake news.

8 Els homes que pensen que tenen dret a fer qualsevol cosa en defensa de la seva causa (fins i tot construir camps d'extermini), creus que ho pensen perquè són immorals o per un excés de moralitat?

A les *póleis*, l'àgora era el centre de la vida política: allà on tenien lloc els intercanvis de mercaderies, però també els intercanvis d'idees.

9 Els polítics parlen sovint del poble, com si fos una sola voluntat homogènia. Creus que és correcta aquesta visió del poble? Per què?

1.9 Primera aproximació a la noció de política: la *pólis* grega

La vida política és precisament, no la vida d'una consciència que en el lleure i la distància decideix el que ha de fer, sinó el lloc de la defensa dels propis drets i interessos, el lloc de la confrontació i el compromís: el lloc de la lluita per la vida. Comencem atenent primer la paraula mateixa: *política*.

Política prové del grec i significa "les coses relatives a la *pólis*".

Una ***pólis*** era una ciutat estat (a la Grècia dels segles VII a IV aC): tenia les dimensions d'una ciutat, però l'autonomia d'un estat. La ciutat estava dividida en dems o barris. Els ciutadans lliures de cada dem assistien a l'assemblea de la ciutat, que tenia lloc a l'***àgora***. Cada ciutadà tenia dret a intervenir a l'àgora en les mateixes condicions que la resta de ciutadans (*isegoria*) i provar de convèncer-los de la bondat dels seus propis punts de vista.

Tots els ciutadans eren, per tant, iguals els uns als altres. Vivien en un règim d'*isonomia*; és a dir, literalment d'"igualtat davant la llei".

1.10 L'estructura social de les *póleis*

Només eren ciutadans lliures de les *póleis* els caps de família: no ho eren ni els menors d'edat, ni les dones, ni els esclaus, ni els estrangers (XENÓS, els no-grecs) ni els forasters (*metecs*, grecs d'una altra *pólis*).

De fet, cada cap de família governava de forma absoluta a casa seva, fins al punt que en els possibles delictes comesos pels seus servents —robatoris, furts i, fins i tot, assassinats— no havia de lliurar el delinqüent a les autoritats de la ciutat, sinó que podia impartir ell mateix justícia dins del seu domini.

Els caps de família eren homes lliures: iguals entre ells i amb el dret d'intervenir en les decisions que afectessin no pas els afers domèstics, sinó els assumptes concernents a la ciutat.

Naturalment, en aquests assumptes, barris o dems diferents tenien interessos diferents. Un productor que comerciés amb una ciutat determinada tenia bons motius per a voler evitar la guerra amb aquesta ciutat; un constructor de vaixells tenia bons motius per a preferir que la ciutat orientés la seva vida econòmica cap al comerç marítim i no pas cap a l'agricultura; un dem dominat per comerciants podia tenir interessos enfrontats a un altre que estava dominat pels propietaris de terres.

En l'**assemblea**, es tractava precisament de resoldre aquest xoc d'interessos per mitjà de la paraula i no pas per mitjà de l'ús de la violència. Un home pròpiament lliure era, segons això, el que no s'ocupava exclusivament dels seus afers privats, sinó que participava activament en els afers públics, comuns a tots els ciutadans.

1.11 Tres característiques de les *póleis* gregues

No descriurem amb detall l'estructura jurídica d'una *pólis*. Ens limitarem a assenyalar els trets que té en comú amb la vida política de totes les èpoques:

- La paraula **democràcia** neix al segle V aC a Atenes per a referir-se a la vida política que acabem de descriure. No significa, com de vegades es diu, "govern del poble", sinó "govern dels dems". *La vida política no lliga directament els individus en una unitat, sinó que pressuposa una estructura prèvia de divisió en grups i*, sovint, com en el cas dels dems, *en divisions territorials*. Ciutadans ho eren només els caps de família: la paraula *poble* es troba aquí fora de lloc.
- Amb les dimensions d'una ciutat, les *póleis* eren prou petites perquè tots els ciutadans poguessin participar en el seu govern: la *pólis*, com a institució que dona nom a la política, es caracteritza pel fet que *tots els ciutadans participen en les decisions col·lectives*.
- A diferència dels imperis (un oceà immens on els súbdits són peixos molt petits), una *pólis* era com un llac molt petit on qualsevol ciutadà podia arribar a ser un peix gros: ja que tots podien prendre la paraula a l'àgora, els més hàbils a parlar tenien el poder *efectiu* d'influir sobre les decisions col·lectives. La vida comunitària estava marcada decisivament, així doncs, pel poder de la paraula, fins al punt que l'artesà, si parlava bé, podia tenir més poder que el gran propietari.

Fins i tot quan ens trobem sols, la nostra situació al món no es pot concebre sense l'existència dels altres. De la convivència obtenim avantatges, però la convivència pot ser font de conflictes. La política constitueix la possibilitat enraonada de gaudir dels primers posant sota control els segons.

10 Creus que és cert que "parlant la gent s'entén"? Què ha de passar perquè l'ús de la paraula sigui realment pacificador?

1.12 La política com a possibilitat de convivència pacífica

Què forma part, tot sumat, de la vivència de la realitat política?

- Primer, la *pertinença a grups com a clau de la nostra identitat social*. Per exemple: ser navarrès dins Espanya, més enllà de posicions ideològiques, situa l'individu en una situació diferent que si és extremeny.
- Segon, *estar afectat per coaccions diverses*, algunes viscudes com a desitjables i altres com a indesitjables, però sempre limitadores de l'exercici de la llibertat.
- Tercer, *si vivim en un estat i un temps que mantenen un grau elevat de pau social*, l'experiència d'una certa *seguretat* respecte als actes de violència dels altres.
- Quart, *si vivim, però, en un estat i un temps en què l'estat ja no atura la violència* dels grups en conflicte, o ell mateix és protagonista d'actes arbitraris de violència, l'experiència de *la fragilitat de la convivència pacífica i la por d'una mort violenta*.

La **política** és el nom d'una possibilitat que mai no es realitza a la perfecció i que, en una mesura o altra, viu sempre en una situació de precarietat: la *possibilitat de reconduir els conflictes a la via pacífica de la paraula, amb la participació de totes les parts*.

ACTIVITATS

1. Esbrina en quines dates les dones van poder votar per primer cop a Anglaterra, els Estats Units, França, Alemanya, Suïssa i Espanya.
2. Busca la diferència, d'acord amb la història del constitucionalisme de l'Estat espanyol, entre el sufragi censatari, el sufragi universal i el sufragi universal masculí. Fes una breu cronologia sobre les seves dates d'implantació, superació i desaparició fins als nostres dies.
   - a Quines persones quedaven en cada cas excloses del dret de ciutadania?
   - b Per quins motius creus que es feia aquesta exclusió?
   - c Qui en queda exclòs actualment?

2 La meditació històrica com a mètode per a pensar la política

Així com la geologia ens permet estudiar les diferents capes de sediments que constitueixen una formació geològica o com l'arqueologia ens permet reconstruir el nostre passat i resseguir els rastres del paper que les diferents èpoques i cultures han tingut en la forma definitiva d'una realitat actual, la perspectiva històrica ens ha de permetre reconèixer, en els problemes polítics que tenim plantejats i en la manera com els comprenem i provem de resoldre'ls, els elements constitutius que són fruit d'un debat de segles. Si interroguem la història, és només, així doncs, per a reconstruir el nostre present.

2.1 Configuracions de la política

Quan l'objecte d'estudi és la política, un bon mètode per a abordar-lo és considerar les diferents doctrines que s'han donat al llarg de la història.

Com que la política tracta, en cada cas, d'una realitat social concreta (la coetània del filòsof polític, en cada cas), les diferents configuracions que el pensament polític pot prendre segueixen el ritme de les variacions que es van produint en les diferents èpoques històriques.

No ens interessa fer història, sinó aprofitar la perspectiva històrica per a meditar sobre els problemes perennes que troba plantejats la convivència política.

En aquesta unitat, considerarem la concepció antiga de la política i la crítica que la primera modernitat va fer d'aquesta concepció. Fent això, podrem pensar a fons sobre dues problemàtiques que són ben actuals:

- La relació entre l'ètica i la política.
- La fonamentació de la societat civil amb relació al problema de la legitimitat de la llei i de l'estat.

En la darrera modernitat (alguns historiadors en diuen "època contemporània", del segle XIX cap endavant) té lloc un fenomen polític nou. Si fins al segle XVIII el problema polític es tracta des de la dada bàsica de la feblesa de l'estat, a partir d'ara l'estat pren unes dimensions i una capacitat de coacció que forcen a reformular les relacions entre la política i la llibertat (la unitat 8 està dedicada a aquest tema).

La meditació històrica que haurem desplegat al llarg d'aquestes dues unitats ens permetrà considerar, finalment, alguns problemes fonamentals i algunes apories actuals.

1 Creus que es pot parlar pròpiament de política en les relacions que tenen entre ells els membres d'una tribu de l'Amazones?

2 Què creus que és anterior, la política o la filosofia política? Podem datar l'origen de la política amb alguna mena de precisió? Podem datar aproximadament l'origen de la filosofia política? Segons quin mètode?

ACTIVITATS

1 Si, al llarg del curs, has anat llegint amb atenció els peus de fotografia que hi ha en els marges del llibre, deus haver observat que explicar coses abstractes a partir dels exemples concrets que ens proporcionen les imatges és una bona manera de pensar, perquè obliga a ser un bon observador de la realitat i també a entendre les coses particulars sota l'òptica dels conceptes abstractes (i al revés).

En grups de tres o quatre, elaboreu un relat filosòfic en imatges sobre qualsevol dels temes estudiats durant el curs, en què les imatges siguin eloqüents i permetin desplegar un sol discurs.

Finalment, exposeu el vostre discurs davant dels vostres companys i companyes.

3.1 Règims de vida i règims polítics en Plató

Els antics concebien la política en estreta relació amb l'ètica. L'expressió paradigmàtica d'aquest vincle la trobem en la classificació platònica dels règims polítics:

- La ciutat perfecta seria aquella en què els homes es regissin per la racionalitat: això és, l'**aristocràcia**, és a dir, el govern dels millors, entenent per "millors", no la noblesa de sang, sinó els homes vertaderament virtuosos, és a dir, els que regeixen la seva vida per la prudència.
- En l'ordre teòric de la bondat dels règims, el següent és la **timocràcia**, govern de l'animositat (THYMÓS). En aquests règims, allò que mou els homes és el desig d'obtenir honors i victòries. Quan els homes aristòcrates deixen la filosofia, perquè la pràctica d'aquesta requereix un esforç enorme que difícilment es transmet de generació en generació, hereten almenys un cert sentit de l'honor, propi de la virtut guerrera. L'autocontrol propi de la por vers el deshonor dona a la ciutat una certa mesura, un cert ordre, el de l'home timocràtic, que, tanmateix, ja no té la bondat de l'ordre aristocràtic.
- Quan l'honor no va lligat al bé i a la veritat, un acaba conformat a guanyar reconeixement a qualsevol preu. Això passa quan els homes de la timocràcia, que excel·leixen per la seva valentia, s'adonen que obtenen el reconeixement públic del sol fet de posseir riqueses. Encara els mou l'honor, però és un honor degradat perquè es basa en la distinció que atorga la força simbòlica de la riquesa. Ara manen els pocs que són rics. Es tracta, doncs, d'una **oligarquia**, a mig camí entre l'honor i el desig: es desitja la riquesa, però per tenir distinció. Apareix, doncs, la desmesura del desig, però continguda encara pel prestigi social com a versió decadent de l'honor.
- La **democràcia** sorgeix quan els pobres, conscients de la seva superioritat numèrica, maten els rics més poderosos, s'apropien de la ciutat i concedeixen als rics que no han mort tots els drets de ciutadania. La democràcia, que és el govern de la multitud, es caracteritza per la llibertat: tothom pot fer i pot dir el que vulgui, sense cap mesura. És, doncs, el règim propi de la desmesura, del desig sense control. Però queda encara una petita contenció, perquè els desitjos d'uns limiten els dels altres.
- Per fi, de l'extrema llibertat sorgeix l'**esclavitud**: el desordre i el crim, el caos i la inseguretat ciutadana que es deriven de la llibertat sense mesura fan que els ciutadans mateixos se sentin incòmodes en aquesta situació. Quan ja no es pot ni anar pel carrer sense témer per la pròpia vida, el poble atorga lliurement el poder a un sol home, el tirà, a qui concedeix l'exercici de la mà dura per tal que redreci la situació. És la **tirania**, el domini del desig sense mesura d'un de sol —desmesura que, ara sí, ja no té cap límit—, i, segons Plató, es tracta del pitjor dels mals.

La pel·lícula *L'últim samurai* (2003), amb Tom Cruise de protagonista, ens dona una visió de l'ordre social propi dels samurais molt propera al que Plató entén per *timocràcia*: un ordre social jeràrquic i dominat per les virtuts guerreres, com la sobrietat, l'honor, l'abnegació i l'autodisciplina. És digne de ser pensat que una pel·lícula feta als Estats Units, un país que passa per ser model de vida democràtica, faci un elogi tan gran com fa aquesta de la vida timocràtica. És incompatible creure fermament en la democràcia i admirar al mateix temps els valors de la timocràcia?

1 Considera la classificació platònica dels règims polítics.
   a Què passaria si donéssim tot el poder als suposadament millors i, després, resultés que no són els millors (en el sentit de Plató)?
   b Quin règim estaríem fundant?

Què distingeix els ruscos de les cases? Potser que els ruscos són, certament, un prodigi que pot despertar l'enveja dels enginyers i els arquitectes humans, però, malgrat això, les abelles estan determinades a fer les seves construccions sempre de la mateixa manera; les construccions humanes, en canvi, han existit en la ment de l'arquitecte abans que els constructors hagin començat a materialitzar-les. El llenguatge, amb el poder que ens dona de distanciar-nos del que està immediatament donat, no solament obre la possibilitat de transformar el medi (això també ho fan les abelles i molts altres animals), sinó fins i tot la possibilitat de transformar, sense fi, la nostra manera de transformar el medi. El mateix distanciament respecte de l'immediatament donat és el que fa possible la vida social.

Paradoxalment, és aquest mateix poder de distanciament i d'inventiva el que ens fa capaços de posar en perill la vida dels altres i del planeta tot sencer. La vida humana és problemàtica. Es pot dir el mateix de la dels animals?

Situacions: símbols, sostenibilitat, llenguatge, utopia, fenòmens socials, ciència, coneixement, especisme, drets dels animals.

2 A quins animals creus que ens assemblem més, als lleopards, als llops o a les abelles?

3 Què penses que és més cert: que la vida en societat corregeix la naturalesa o més aviat que la compleix?

4 Fes una llista de totes les coses que el do de la paraula ens permet fer.

3.2 Aristòtil. L'ètica i la política. La sociabilitat natural

A L'animal polític

Per a Aristòtil (384-322 aC), viure en comunitat no és accidental, sinó essencial a la condició humana: l'ésser humà és per naturalesa un animal polític, perquè només en la perfecció de la polis es pot donar la perfecció de l'individu.

En efecte, l'individu que viu fora de tota comunitat viu esclau de les seves necessitats primeres i, per tant, com que ha de dedicar tot el seu temps a sobreviure, no disposa del lleure necessari per al cultiu de les activitats més pròpiament humanes.

Només la vida política proporciona temps lliure per al cultiu de la pròpia humanitat, només en aquesta es pot assolir la virtut d'una forma plena. D'aquesta manera, el bé de la comunitat resulta ser més noble que el de l'individu, perquè aquest no és possible sense aquell.

I ja que la vida política ve exigida per la naturalesa humana, l'ésser humà és, per naturalesa, l'*animal polític*.

B La sociabilitat de l'ésser humà: una tesi comuna del pensament antic

Això implica que la **sociabilitat**, o la capacitat humana de viure en comunitat, no és res separat de la naturalesa humana, sinó que n'és la culminació.

Es podria pensar que la sociabilitat és una cosa artificial, el resultat d'un pacte que modifica la condició natural dels éssers humans. Contra això, tota teoria de la sociabilitat natural dels humans, com la d'Aristòtil, sosté que la sociabilitat dels individus desplega la naturalesa pròpia dels individus i la culmina, i és, per tant, una cosa natural.

Les teories polítiques dels autors del període clàssic de la filosofia antiga acostumen a ser d'aquest tipus i, per aquesta raó, veuen aquell que és incapaç de viure en comunitat com un ésser humà incomplet, incapaç de desplegar totes les seves potencialitats, que viu com una bèstia: un ésser animalitzat.

Cal entendre-ho bé: el fet que la política sigui inherent a la naturalesa humana (a través del llenguatge, LOGOS) no vol dir que sigui una cosa fàcil, immediata o absent de problemes, ni tampoc que les comunitats humanes apareguin en la realitat de la mateixa manera com els roures surten de les seves llavors o com les estacions se succeeixen harmònicament les unes a les altres segons els ritmes del cosmos.

Vol dir que la política no ve a redreçar una naturalesa humana problemàtica, sinó que ve a completar-la, per a culminar el que aquesta naturalesa humana ja és per si mateixa: una naturalesa lliure a través de la virtut de qui viu en comunitat amb els altres.

C La paradoxa de la llibertat

La llibertat humana és, tanmateix, paradoxal, perquè podem escollir fins i tot la nostra pròpia degradació. En efecte —diu Aristòtil—, de la mateixa manera com l'home, realitzat en la seva perfecta naturalesa, pot arribar a ser el millor de tots els animals, així també, apartat de la llei i de la justícia, és el pitjor de tots, perquè no hi ha res més terrible que un home injust que disposi d'armes i poder.

D La política, ciència principal o arquitectònica

La política és, aleshores, la ciència principal perquè només aquesta pot evitar que l'home sigui pitjor que les bèsties. Per a fer-ho, legisla, i per a legislar, fa ús de totes les ciències pràctiques a fi de regular la vida humana amb vista al cultiu i la conservació del que considerem una vida humanament millor: la vida contemplativa.

La política és, doncs, la ciència principal o arquitectònica perquè contempla l'edifici de tots els sabers humans, els endreça i estableix quins són necessaris a les ciutats i quins —i en quin grau— ha d'aprendre cadascú.

Evitar la barbàrie com el pitjor dels mals demana, doncs, l'educació de tots els ciutadans perquè cadascun, d'acord amb les seves capacitats, cultivi al màxim el coneixement com a activitat més pròpiament humana.

E Els règims polítics: formes de govern rectes

La política fa bé la seva funció quan la seva forma de govern és recta. Un govern és recte quan busca l'interès comú, el cultiu de la humanitat comuna.

Hi ha tres formes rectes de govern:

- **Reialesa**: quan el sobirà o legislador és un rei.
- **Aristocràcia**: quan el sobirà són uns quants. És el "govern dels millors", que busquen el millor.
- **Ciutadania** (ara en diríem "democràcia"): quan el sobirà és la majoria, quan governa la multitud.

Les dues primeres pressuposen que els governants (un o uns quants) siguin virtuosos. La virtut, com a capteniment racional, és el que permet, des de la lucidesa, comprendre el que convé més a la humanitat de tots.

I, tanmateix, difícilment tota una multitud serà virtuosa. És per això que Aristòtil no considera pas possible una democràcia bona. En el seu lloc, proposa un **règim mixt** que combinaria la participació dels interessos dels pocs i la dels interessos dels molts a la recerca d'un bé comú.

La política, diu Aristòtil, és una ciència arquitectònica perquè és la que mou les diferents peces que conformen el saber humà. Ho fa en defensa de la comunitat, com a defensa d'una vida bona.

5 Creus que la política és una ciència? Per què?

6 Com creus que els laboratoris o les administracions determinen on cal invertir diners per a fer investigació científica? Quin criteri segueixen? És científic, aquest criteri?

7 Què seria un criteri merament científic (i no polític)? Hi ha un criteri científic per a preferir un camp d'investigació i no pas un altre?

Relaciona cadascuna d'aquestes icones amb un dels règims de què parla Aristòtil. L'equivalència és perfecta? Hi ha cap règim aquí que Aristòtil no tingui en compte? Hi ha cap règim segons Aristòtil que aquí no sigui inclòs?

8 Els anarquistes creuen que tota estructura de poder comporta l'opressió d'uns homes sota uns altres: sostenen que, quan no hi hagi estat, la convivència entre les persones serà fraternal. Creus que el dibuix anterior els fa justícia?

9 Quina de les dues afirmacions creus que és més certa: que la societat ha de servir l'individu o que l'individu ha de servir la societat?

ACTIVITATS

1 Repassa què s'entén en política per "ètica de la responsabilitat" i justifica si les decisions polítiques han de sotmetre's sempre a principis ètics, independentment de les circumstàncies.

2 Podem reflexionar sobre el mateix en termes kantians: els criteris amb què es prenen decisions polítiques són imperatius categòrics?

3 Fes una breu redacció en la qual donis la teva opinió sobre les afirmacions següents:

a Una dictadura pot funcionar si els governats i els governants són bons.

b És més important que un governant sigui eficaç que no pas que sigui bo.

c Les notícies sobre els casos de corrupció són un senyal que el sistema polític funciona, perquè només no funcionaria si hi hagués corrupció i no en tinguéssim cap notícia.

F Formes de govern desviades

Aquells tres règims es degraden o es desvien quan els governants obliden l'interès comú i procuren només pels *interessos particulars* dels governants, ja sigui d'un de sol (el monarca), d'una minoria (els benestants) o de la majoria (els pobres). Quan això passa:

- La reialesa degenera en **tirania**.
- L'aristocràcia degenera en **oligarquia**.
- La ciutadania degenera en **democràcia** (ara en diríem "**demagògia**").

Cap d'aquestes formes de govern no mira el profit de la comunitat, de manera que ja no tots els individus són ciutadans: el trencament de la unitat comporta la inestabilitat i la inseguretat.

En el quadre següent hi ha recollides totes les possibilitats:

	Segons la forma		
Segons la rectitud	D'un	De pocs	De molts (la majoria)
Règims rectes	Reialesa	Aristocràcia	Ciutadania (Democràcia)
Règims degradats	Tirania	Oligarquia	Democràcia (Demagògia)

Cal fer una parell d'aclariments terminològics sobre l'esquema:

- La paraula grega *monarquia* significa "el govern d'un de sol". Aristòtil reserva el nom de *monarca* tant per als reis com per als tirans. I, tanmateix, en el pensament polític antic sovint la paraula *monarca* s'ha fet servir com a sinònima de *rei* en contraposició amb el tirà.
- La parella de nocions que fa servir Aristòtil és *ciutadania* i *democràcia*, la primera per a la forma recta i la segona per a la forma degenerada del govern de molts. Per a entendre bé l'ús dels termes, és útil posar al dia la terminologia i expressar-la amb les paraules actuals, que s'aproximen més al que l'autor vol dir: la ciutadania significa una cosa semblant a la nostra paraula *democràcia* i la democràcia de què parla Aristòtil és més aviat el que nosaltres anomenaríem ara *demagògia*.

G Política i vida contemplativa. El "realisme" aristotèlic

Aristòtil no creu en les receptes ni en les solucions finals. No desempata entre els tres règims rectes. Per a ell, el fi de la comunitat és la perfecció de l'ésser humà, però les circumstàncies concretes són sempre fràgils, de manera que convé no tancar la porta a cap règim que tingui la possibilitat de realitzar la vida humana millor.

El millor règim polític és, en suma, qualsevol en què tingui cabuda la vida filosòfica, la vida contemplativa, com a forma superior de vida.

4.1 Un nou plantejament: Maquiavel

A El "realisme" polític: la pràctica del poder

Per a **Maquiavel** (1469-1527), la subordinació aristotèlica de la política a l'ètica és un error: cal anar directament a les coses tal com són de veritat, més que no pas a les coses tal com ens les imaginem. De manera que el centre de la reflexió política ja no és la virtut o el millor règim possible, sinó el poder tal com és exercit de fet.

Cal pensar el **poder**, no perquè sigui una força irresistible, sinó precisament per tot el contrari: per la seva fragilitat. No és fàcil governar els humans, perquè, de fet, som mesquins, violents i tramposos, de manera que tota política que ens volgués virtuosos simplement s'enganyaria.

La reflexió política no ha de buscar ingènuament la bondat, sinó l'eficàcia. Amb un plantejament a mig camí entre l'heroi-cavaller antic-medieval i el poder modern, Maquiavel medita sobre la pràctica del poder que convé al príncep per a garantir la supervivència de l'estat.

B La pàtria com a fonament de la comunitat

Si ja no és l'ètica, quin és ara el fonament de la comunitat? L'amor a la pàtria. L'atenció a la Florència natal de Maquiavel, una ciutat estat amenaçada tothora per poders exteriors i lluites intestines, fa evident que la salvació de la pàtria és, literalment, la salvació de la llibertat: la seva destrucció equivaldria a la mort o la servitud dels seus súbdits. La referència a la pàtria permet a Maquiavel:

- Inscriure la qüestió de la llibertat no en ideals metafísics, sinó dins la història concreta d'una ciutat.
- Sense fer-se la il·lusió que els humans puguem deixar de ser egoistes, establir un valor que ultrapassa els interessos individuals.

Quan la pàtria es troba en perill de mort, tot s'hi val: no s'ha de tenir cap consideració sobre la justícia i la injustícia, sobre la pietat i la crueltat, sobre la glòria o el deshonor.

C La secularització de la política

Aquest deslligament respecte dels valors religiosos i metafísics (en clara oposició al poder de l'Església) i la definició del món polític en termes estrictament concrets i materials, forma part del que s'ha anomenat la *secularització del poder*.

Secular és el que pertany al "segle": el que es troba dins el temps històric, i religiós el que pertany a Déu (fora del temps històric). La secularització de la política porta a concebre el món polític com el món concret i canviant del temps històric. El poder serà ja només cosa dels éssers humans.

Si considerem els éssers humans no com hauríem de ser, sinó tal com som, de fet, en realitat, haurem de reconèixer que en general ens comportem de forma violenta, egoista, covarda, intransigent, mesquina i canviant. Si som així, té cap sentit que un poder que se sap feble (com era el cas del de la Florència de l'època de Maquiavel) esperi dels seus súbdits que siguin lleials, enraonats, pacients i coratjosos? El governant que esperi això —ens diu Maquiavel— farà un mal servei a la pàtria que té el deure de defensar.

1 Creus que la massa respon irracionalment i, per tant, que els qui tenen la responsabilitat de govern han d'abstenir-se d'informar-la de determinades coses?

L'ADJECTIU *MAQUIAVÈL·LIC*

En la seva obra *El príncep*, Maquiavel dona al governant una guia pràctica sobre com cal conservar el poder. Els seus consells inclouen la mentida i l'assassinat quan la pàtria està en perill. Per això s'atribueix a Maquiavel l'afirmació que "els fins justifiquen els mitjans".

I per això diem que una persona és maquiavèl·lica quan mostra talent per a l'engany i la manipulació amb vista als seus fins.

En realitat, Maquiavel no diu que tot sigui permès, sinó que prova de pensar en la supervivència d'un estat molt petit en una època plena de perills. En una baralla de carrer, només els forts es poden permetre el luxe de ser "francs o nobles"; els febles, si volen conservar la integritat física, no tenen més remei que ser astuts o "maquiavèl·lics".

L'abril del 2012, el govern espanyol va aprovar una amnistia fiscal: les empreses i els particulars que haguessin defraudat Hisenda podien blanquejar el seu diner negre (en molts casos quantitats multimilionàries) amb una penalització de només el 10%, molt per sota del que haurien hagut de pagar si haguessin fet la declaració en el moment oportú. Moltes grans fortunes van estar ben contentes. No cal dir que els evasors d'impostos milionaris que es van acollir a l'amnistia van tornar a estar dins la legalitat vigent. Tot i ser legal, és just això? I és legítim?

Situacions: ètica i política, poder, postveritat, despotisme i democràcia.

2 Creus que és perillós separar la política totalment de l'ètica?

3 Creus que és perillós qüestionar la legitimitat de la legalitat vigent?

4 Creus que la fal·làcia naturalista es pot aplicar a la pretensió de derivar la legitimitat de la naturalesa humana?

4.2 La sociabilitat qüestionada

A La pregunta per la legitimitat del poder polític: el fonament prepolític de la política

Si, com acabem de veure amb Maquiavel, la política s'independitza de l'ètica, que la política sigui alguna cosa bona deixa de ser una obvietat. El centre de la reflexió política deixarà de ser la pregunta per la millor forma de govern i passarà a ser una qüestió encara més fonamental: per què n'hi ha d'haver, de poder polític? Quina és la seva raó de ser?

Aquest pas enrere pressuposa l'abandonament de la teoria de la sociabilitat natural. *El poder polític no és natural, sinó que és el resultat d'un procés de construcció*; la política no és la culminació de la naturalesa humana, sinó que és una realitat sobrevinguda o incorporada *sobre* aquesta naturalesa.

Això vol dir que la naturalesa humana és prepolítica, i la política és una cosa artificial la bondat de la qual cal justificar. La pregunta fonamental és aleshores aquesta: quina és la **legitimitat** del poder polític?

"Legitimitat" vol dir "justificació" o "raó de ser". És molt important no confondre-la amb el concepte de **legalitat**, que fa referència a allò que és conforme a les lleis escrites. Certament, les lleis escrites poden ser legítimes, poden tenir una raó de ser en virtut de la qual queden justificades; però també poden ser il·legítimes, si no els trobem cap justificació convincent. En efecte, si *legítim* i *legal* fossin sinònims, aleshores els súbdits estarien obligats a obeir *sempre i en tot cas* la llei, i tota resistència seria per definició il·legítima: Gandhi i, Martin Luther King o Nelson Mandela haurien estat, segons això, homes injustos, i el colonialisme o l'apartheid mai no s'haurien abolit.

Feta la distinció, allò important és que la pregunta per la legitimitat pot ser plantejada al poder polític com a tal: només tindrem obligació de seguir el poder polític que sigui capaç de respondre a la seva justificació, que sigui capaç de mostrar-se com a ben fonamentat racionalment.

Aquesta és la gran novetat moderna: la font d'aquesta justificació no pot provenir de cap altre lloc que *de la naturalesa humana*. El poder polític és una deducció pura a partir d'aquesta naturalesa prepolítica.

Això vol dir que caldrà mostrar com l'estat —la comunitat política— sorgeix a partir de la seva no-existència prèvia: caldrà mostrar la *gènesi* de l'estat. **Hobbes** anomena **estat de natura** la situació de la humanitat prèvia a l'existència de poder polític, tot i que a vegades fa servir també una altra expressió: "condició natural de la humanitat".

B Legal i legítim: quatre plantejaments possibles

Abans de considerar Hobbes, dibuixem un mapa conceptual que ens serveixi per a orientar-nos en el camp de totes les respostes possibles al problema de la legitimitat de la llei. Quan una llei és legítima?

Hi ha, almenys, quatre respostes possibles:

- **Iusnaturalisme**. La legitimitat de la llei deriva del seu origen: l'estat de naturalesa i el dret natural. Estudiarem els detalls d'aquesta posició quan considerem **Locke**. La seva feblesa és aquesta: com que es basa en una concepció determinada de la naturalesa humana, quan el relativisme nega l'existència d'una naturalesa humana comuna a totes les èpoques arruïna els seus fonaments.
- **Positivisme jurídic**. No hi ha dret natural. L'única font de legitimitat és la llei escrita, el dret positiu: la llei rep la seva legitimitat de la norma fonamental d'un estat, la seva constitució. **Hans Kelsen** (1881-1973), principal defensor d'aquesta doctrina, afirma la total autonomia de l'ordre jurídic respecte de tota autoritat ètica, natural o religiosa: la font de legitimitat no és la veritat (referent a la naturalesa humana), sinó només l'**autoritat**, *el fet* que el poder sigui ja reconegut com a tal. La feblesa d'aquesta doctrina és que els moments constituents resulten ser il·legítims: si la legitimitat deriva de la llei vigent, quan no hi ha llei vigent (perquè s'està elaborant) no hi ha legitimitat. Semblaria, així, que l'única font de legitimitat en el moment de la constitució d'un estat és la pura força.

Considerem, aleshores, el problema: quan el dret positiu espanyol feia legal empresonar homosexuals amb el pretext que eren "vagos y maleantes", hem de dir que l'homofòbia era en aquell moment legítima?

- **Convencionalisme**. Per a evitar aquest resultat, la redacció de les constitucions sol remetre a la voluntat del poble sobirà: és legítim tot allò sobre el qual el poble s'ha posat d'acord, tot el que és producte del pacte i la convenció. Com veurem, l'antecedent d'aquest desplaçament cap a la voluntat del poble es produeix amb **Rousseau**.
- **Absència de tota legitimitat (o anarquisme)**. Si suposem que l'intent de fonamentar el dret positiu en la raó (dret natural) ha fracassat i afirmem que el dret positiu es té a si mateix com a única font de legitimitat, som a un sol pas de dir que el dret és fruit d'un acte arbitrari de la voluntat i, per tant, que en veritat no té cap legitimitat.

Així, el mateix argument que porta al convencionalisme pot portar a l'anarquisme. **Michel Foucault** (1926-1984) defensa precisament aquesta tesi: la política no és res més que la continuació de la guerra per uns altres mitjans i, per tant, també és l'imperi de la força i de la violència.

Tenen dret aquestes noies a manifestar en públic el seu amor homosexual? Podem plantejar, al voltant d'aquesta pregunta, quatre qüestions més: a) Si ho trobem antinatural, estem legitimats per a prohibir-ho?; b) Que sigui legítim o no depèn només de la llei positiva del país?; c) Per a determinar si és o no legítim, ens hem de posar d'acord tots els ciutadans del país on viuen aquestes noies? d) Hem de dir, simplement, que l'amor homosexual en si mateix no és legítim ni il·legítim i que el que toca a cadascú és entrar en la confrontació —física o de paraula— en defensa de la posició que cadascú trobi bé fent ús de la coacció i la violència?

Situacions: educació, socialització, drets humans, responsabilitat cívica, gènere, estereotips, violència de gènere, llenguatge, conflicte, ètica i política.

5 Hi ha d'haver una altra opció, a més de les quatre que hem apuntat? Com argumentaries la legitimitat o la il·legitimitat d'una llei discriminadora?

L'ANARQUISME

Anarquia significa "absència (*an-*) de poder (*-arquia*)". L'anarquisme defensa una societat sense estat: ni govern, ni lleis ni jerarquies. I això es pot entendre de dues maneres:

- La vida sense estat —ni ambicions artificials ni necessitats supèrflues— és harmònica. Les jerarquies de poder són l'origen de tota injustícia: per a construir una societat justa, només cal destruir l'estat.
- Si bé és ingenu pensar que la violència gratuïta desapareixerà, l'estat representa la versió més terrible de la violència. Cal viure, doncs, amb la vocació de ser sempre un contrapoder, en l'exercici permanent de la violència antisistema contra la violència del poder.

En la imatge, un guerrer maori en plena dansa d'intimidació de l'enemic. Per què cal intimidar els enemics? No som, com volia Aristòtil, sociables per naturalesa? La guerra, doncs, és un producte de la civilització o pertany a l'estat de naturalesa dels éssers humans? Com veurem, Hobbes considera la resposta a aquesta pregunta determinant per a establir en quines condicions l'estat de dret és legítim.

6 Creus que, immersos ja en el món de la cultura humana, podem tenir indicis d'allò que defineix el nostre estat de natura?

C La noció d'estat de naturalesa. La pregunta per l'origen de l'estat com a pregunta per la legitimitat

La noció d'**estat de naturalesa** pot tenir dos sentits, que no es corresponen amb dues realitats "diferents", sinó amb dues perspectives d'una mateixa realitat:

- Estat de natura en **sentit històric**: si la convivència política no és inherent a la naturalesa humana, hi va haver un temps en el qual hi havia éssers humans que vivien amb formes de vida prepolítiques.

Des d'aquesta perspectiva, l'estat de natura seria la manera com vivien els humans prèviament a la constitució dels estats. **Hobbes** gairebé mai no usa l'expressió en aquest sentit. Una perspectiva com aquesta podria interessar a les actuals ciències paleoantropològica i arqueològica, que en temps de Hobbes eren poc significatives.

- Estat de natura en **sentit jurídic**: Hobbes es remet gairebé sempre a aquest. Si el poder polític és el poder pel qual les lleis d'un estat són de compliment obligat, fins i tot a través de l'ús d'una força coactiva, podem demanar-nos què succeiria (hipotèticament) si suprimíssim aquest caràcter coactiu.

Així, l'estat de natura passa a ser una construcció intel·lectual que intenta descriure en quina situació es trobaria la humanitat si suprimíssim el caràcter coactiu i punitiu de les lleis (la seva capacitat de castigar tothom que no les segueix). L'estat de natura seria el *resultat* d'aquesta supressió.

És obvi que el sentit històric i el jurídic haurien de coincidir, ja que allò que sortiria a la llum en suprimir el caràcter coactiu i punitiu de la llei seria la naturalesa humana prepolítica. I, certament, aquesta naturalesa actua ja sempre, però dins la societat està moderada per les construccions polítiques i jurídiques que hi hem muntat a sobre a través de lents processos històrics.

En realitat, del segon sentit també en podem tenir una certa experiència. La guerra civil anglesa del segle XVII, per exemple, dona als seus testimonis, entre ells Hobbes, mil exemples de situacions en què l'absència de la llei comporta el domini de la violència i la brutalitat.

Ja que els sentits històric i jurídic són dues maneres de referir-se al mateix, respondre a la pregunta per la legitimitat del poder polític equival a respondre la pregunta sobre el seu origen: sabré per què he d'obeir el poder polític quan sàpiga la raó per la qual aquest poder polític va començar a existir.

El canvi d'enfocament obre la política moderna i contemporània a possibilitats inèdites. Per exemple: si arribem a la conclusió que tot poder polític és il·legítim, l'única opció política legítima serà la destrucció de l'estat, tal com vol l'**anarquisme**.

ACTIVITATS

1 Fes una redacció breu en la qual donis la teva opinió raonada sobre les afirmacions següents:

- **a** Són les lleis les que són fetes per a l'ésser humà i no pas l'ésser humà per a les lleis.
- **b** Si una llei és injusta, és legítim desobeir-la.
- **c** Per a canviar una llei, l'únic mètode legítim de fer-ho és a partir de la mateixa llei i de les regles que aquesta té en compte per al seu propi canvi.
- **d** La realitat és el que diuen les lleis. La resta no existeix ni jurídicament ni políticament.

5.1 El pensament polític de Hobbes. El càlcul racional com a origen de l'estat

A Política i geometria. La regla de construcció de l'estat

Segons **Hobbes** (1588-1679), coneixem el que construïm. El model de saber perfecte és la geometria genètica: els geòmetres tenen un coneixement exacte de les figures perquè coneixen la seva regla de construcció.

Seguint aquest model de racionalitat, la política també és una ciència exacta, perquè som els humans els qui construïm les figures polítiques (els estats).

Explicar l'estat és donar la seva regla de construcció: considerar la seva formació des del seu origen. En el cas dels estats, els elements a partir dels quals es formen són els éssers humans. Quina regla els mou a fundar estats?

B Els orígens: l'estat de naturalesa

Tot els humans som per naturalesa lliures i iguals els uns als altres. Tots tenim, per naturalesa, dret a la vida. I, per tant, en estat de naturalesa, tot individu té dret a fer tot el que calgui per a conservar la vida. En efecte, en estat de naturalesa tenim dret a *tot allò que el nostre cos ens demana i és capaç de proporcionar-nos*.

Si el meu cos desitja menjar més, ja que és la natura del meu cos la que posa en mi aquesta passió, és legítim menjar més. Tinc, per tant, el dret natural de buscar més menjar. Pot el meu cos proporcionar-me'l? Puc, per exemple, treballar més: treballar més és una de les maneres com el meu cos pot respondre al meu desig de menjar més. Però no és l'única: també puc prendre el menjar a un altre que l'ha obtingut com a fruit del seu treball. És legítim fer això? Aquesta pregunta, de fet, equival a aquesta altra: pot el meu cos prendre per la força el menjar a un altre? Si pot, el procediment és legítim, ja que concorda perfectament amb el dret natural que estableix que "tinc dret a tot allò que el meu cos em demana i és capaç de proporcionar-me".

Notem que és del mitjà, que diem que és legítim. El desig en si mateix no és ni legítim ni il·legítim: els desitjos i les passions no són mai ni legítims ni il·legítims, sinó que simplement es donen o no es donen.

Per tant, segons Hobbes, els desitjos i les passions no són ni bons ni dolents: aquí l'ètica no hi pinta res. I tampoc no hi pinta res respecte de la realització dels desitjos i les passions: si la naturalesa ha dotat un individu d'un cos més fort que el d'un altre, és la naturalesa la que legitima la seva imposició per la força.

Podem afirmar, així doncs, que el dret natural és la llei del més fort. Per bé que de seguida veurem que no solament es tracta de força física.

Per a Hobbes, com per a molts altres filòsofs posteriors al segle XVII, coneixem bé només allò que fem nosaltres mateixos. Per això, de la mateixa manera com el matemàtic té un coneixement perfecte de les figures geomètriques perquè en coneix la regla de construcció i és ell mateix qui les fa, semblantment –diu Hobbes–, el filòsof té un coneixement perfecte de les figures polítiques perquè som igualment els humans els qui en coneixem la regla de construcció i les fem.

1 Creus, com Hobbes, que som nosaltres, els humans, els qui fem (com si fóssim terrissaires, o artesans de la mena que sigui) les comunitats en les quals vivim?

2 És correcte dir que en cas de vida o mort tinc dret de matar o de robar?

Estàtua del rei David a la ciutadella de Jerusalem (Israel).

Segons Hobbes, que els homes som tots iguals per naturalesa significa que el més feble és prou fort, o prou astut, per a matar el més fort. El jueu o el cristià potser dirà que el cas del rei David no demostra això, perquè el sentit del relat bíblic és que Déu és amb ell. Però el que ens interessa fer notar en aquest context és que, si som ateus, ens negarem a creure que Déu hagi tingut res a veure en aquesta història i, tanmateix, admetrem la possibilitat que un noi sigui capaç, si té l'astúcia i l'habilitat suficients, de vèncer un soldat corpulent.

3 Creus que és cert que tots som iguals per naturalesa? Si no ho creus, explica per què. Si creus que sí, explica en què consisteix, segons tu, la igualtat de tots els homes i dones.

a Si has contestat que no som iguals, creus que hi ha cap aspecte en què ho siguem? Si has contestat que som iguals, creus que hi ha cap aspecte en què no ho siguem?

b Hagis respost el que hagis respost, hi haurà un aspecte essencial i un altre d'accidental o secundari. Digues quin és quin.

C Força i misèria humanes. La guerra de tots contra tots

Cal fer dues observacions sobre els conceptes de força o poder:

- Seria un greu error confondre el poder amb la força física. En una baralla, una persona feble amb un ganivet té moltes més possibilitats que una altra de molt musculosa desarmada. El concepte de "força" inclou totes les facultats humanes del cos que poden ser aprofitades en la lluita per la vida: l'astúcia, la intel·ligència emocional, la mentida, la traïció, etc.
- Es pot pensar que aquesta força o poder es pot veure frenat per sentiments morals. Per exemple: que el meu cos m'impulsés a robar, que tingués la capacitat de fer-ho i, tanmateix, que des d'alguna consideració moral ("això no està bé") reprimís aquest impuls. Doncs bé: segons Hobbes, en estat de naturalesa l'ésser humà no té limitacions morals i, si un individu se'n posa, és només per la seva feblesa corporal. Per naturalesa l'ésser humà és egoista. Hobbes ho expressa amb la frase clàssica: *Homo homini lupus* ("L'home és un llop per a l'home").

L'estat de naturalesa és, en suma, un estat de guerra de tots contra tots: en aquest estat, els individus viuen en una por constant de patir una mort violenta.

D Una guerra que no pot guanyar ningú

Si hi hagués entre els individus una desigualtat natural, podríem pensar que la violència imposaria per la força un ordre que posaria fi a la guerra de tots contra tots. Però els humans són tots iguals per naturalesa. Això vol dir, en paraules de Hobbes, que el més feble és prou fort o prou astut per a matar el més fort.

El dret natural, que fa que tots tinguem dret a tot, i la igualtat natural, que fa que cap individu (i cap grup d'individus) no pugui guanyar de forma definitiva la guerra de tots contra tots, condemna els humans a una vida precària i violenta. L'estat natural constitueix, així, una situació obertament contradictòria.

E El càlcul racional. L'autorització del poder, la creació de l'estat

Si tots els individus calculessin bé les seves forces, tots entendrien que cap d'ells no pot guanyar la guerra d'una forma definitiva i veurien la conveniència per a tots de fundar un nou estat que superés el de naturalesa: l'estat civil o la comunitat política.

Així neixen els estats, quan els individus que seran els seus súbdits fan com si es diguessin tots els uns als altres: "Renuncio al meu dret de fer ús de la violència i autoritzo a fer ús d'aquest dret el poder al qual em sotmeto, a condició que tu facis el mateix i que el poder així autoritzat faci ús del monopoli de la violència per a garantir de manera igual la seguretat de tots."

Aquest nou poder, autoritzat per un acte de parla, és l'**estat**.

F El monopoli de la violència. La salvaguarda de la seguretat

Si hem entès bé les raons per les quals es crea la comunitat política, resulta evident que la primera institució de l'estat és la força concentrada, o el que avui en dia anomenaríem forces i cossos de seguretat de l'estat. En virtut del contracte establert entre tots els ciutadans, aquests són els únics que tenen dret a l'ús de la violència.

D'aquí se segueixen dues observacions:

- L'estat és, per definició, la institució que ostenta el monopoli de la violència, la concentració de tota la violència legítima.
- El concepte fonamental, que legitima l'existència de l'estat com a poder polític legítim, és la **seguretat**. Per tant, la primera prioritat d'un estat consisteix a salvaguardar la seguretat dels ciutadans. Tota la resta de consideracions (com la llibertat o el benestar) són secundàries respecte d'aquesta.

G Quatre consideracions finals

- Primera: l'origen de l'estat no són els bons sentiments ni la consciència ètica, sinó el càlcul racional de les pròpies forces. Un individu que tingués una força irresistible no tindria cap por d'una mort violenta i, per tant, no tindria cap necessitat d'autoritzar cap poder al qual sotmetre's. Com en el cas de Maquiavel, el fonament de la política ja no és ètic.
- Segona: de vegades es diu que Hobbes defensa un estat absolut. En realitat, la seva filosofia no fonamenta cap règim polític en particular, perquè es baralla amb una qüestió prèvia, la de l'origen mateix de l'estat. Cal recordar el context: testimoni de la Guerra Civil anglesa, Hobbes veu el poder civil com una realitat fràgil que convé defensar, perquè la seva absència equival als horrors de la guerra.
- Tercera: de fet, lluny d'afirmar un poder absolut, Hobbes diu que l'obediència a l'estat és condicionada. Quan l'estat deixa de protegir els seus súbdits, aquests ja no li deuen cap obediència i recuperen la llibertat pròpia de l'estat natural. Això té la seva contrapartida: quan un súbdit declara la guerra a un estat, el súbdit se situa fora de la llei i en estat de naturalesa, de manera que l'estat passa a tenir el dret de fer amb ell tot el que calgui —sense excepció— en defensa pròpia.
- Quarta: la igualtat que es dona entre individus no es dona entre els estats. No és cert que qualsevol estat sigui prou fort o prou astut per a destruir-ne qualsevol altre. Per més que calculin les seves forces, els estats més poderosos no tenen raons per a autoritzar un poder superior per a fundar un estat universal. Això ens informa d'un dels problemes més espaordidors de la política internacional: quan es tracta d'estats, la guerra de tots contra tots podria ser la situació definitiva.

Només les forces de seguretat de l'estat estan autoritzades a fer ús de la força en defensa de la legalitat vigent: és el que s'anomena el monopoli de la violència. Estem acostumats, en efecte, a veure imatges com aquesta a les nostres ciutats. Però si l'home i la dona que van armats, i que mostren als ciutadans les seves pistoles d'una manera ostensible, no anessin vestits amb uniformes de policia, estaríem tranquils en veure que s'apropen cap a nosaltres?

4 Creus que és just que només uns quants tinguin el monopoli de la violència?

5 Està ben formulada la pregunta anterior? És a dir, afirmar que el monopoli és de les forces de seguretat de l'estat equival a dir que és només d'uns quants?

BEHEMOT I LEVIATAN

De vegades, una imatge té una força simbòlica especial. És el que passa amb Leviatan, la imatge amb què Hobbes simbolitza l'estat.

Hobbes va escriure dues obres que portaven el títol de dos monstres bíblics: en *Behemot* (1668) estudia la Guerra Civil anglesa del segle XVII i en *Leviatan* (1651), l'origen de l'estat.

Behemot i Leviatan són dos monstres que apareixen en la Bíblia, en el *Llibre de Job*: els horrors de la guerra són un monstre (Behemot) que ens omple de sofriments, i per a aturar un monstre, cal la força d'un altre monstre, l'estat-Leviatan. Monstruós i tot, per a Hobbes l'estat és benèfic, perquè és l'únic que pot combatre un monstre encara pitjor.

Retrat d'un cap indi de la tribu Sioux el 1899

Els indis desconeixien el concepte de propietat: per a ells, la idea de posseir un riu, o un arbre o unes terres era del tot absurda. Pobles caçadors i recol·lectors, no treballaven grans extensions de terra. D'això, en van treure profit els negociadors blancs: apel·lant a la concepció lockeana de la propietat natural ("és meu el que és fruit del meu treball") i aprofitant la incomprensió dels indis de la noció de propietat, els blancs van obtenir avantatges enormes en els pactes amb ells a l'hora de determinar de qui era cada tros de terra. Aquest fet històric ens mostra dues coses: que les idees tenen el seu efecte pràctic sobre el curs de la història i que una idea ben intencionada pot tenir un ús pervers.

Situacions: racisme, símbols, drets humans, alienació, llenguatge, ètica i política, diversitat cultural, postveritat.

6 Com pots demostrar que els teus llibres són teus?

7 Com pots demostrar que la teva casa és teva? O més ben dit: és teva, la teva casa?

5.2 Locke. Dret natural i poder polític: el iusnaturalisme

A L'estat natural segons Locke. La llei natural

Locke (1632-1704), a la manera de Hobbes, pensa la constitució de l'estat des del seu origen i atén, primer de tot, l'estat de naturalesa de l'ésser humà, que caracteritza d'aquesta manera:

- L'estat natural és un estat de **llibertat perfecta** per a ordenar els propis actes i disposar de les pròpies propietats, sense demanar permís ni dependre de la voluntat de cap altre home.
- En estat natural hi ha **propietat**, i el seu fonament és el **treball**: el que és fruit del meu treball és meu. Això suposa una diferència rellevant respecte de Hobbes: allò a què tinc dret ja no és allò que vol i pot el meu cos.

> Si vull menjar més, tinc dret a fer-ho, però només segons la capacitat de treball del meu cos i no segons la seva capacitat d'exercir la violència. La limitació de l'ús de la força és natural: robar és il·legítim *per naturalesa*, no perquè nosaltres hàgim arribat a un acord segons el qual ho considerem així.

Per tant, per a Locke, la propietat privada és anterior a qualsevol contracte social, i no sorgeix a partir d'aquest.

- L'estat de naturalesa és també un **estat d'igualtat**, on tot el poder i la jurisdicció són recíprocs i ningú no en té més que els altres.
- Si bé aquest és un estat de llibertat, no és, però, un estat de llicència. Encara que l'home hi tingui una llibertat incontrolable per a disposar de la seva persona i dels seus béns, l'estat de naturalesa té una **llei natural** que el governa i obliga a tothom. Aquesta llei és la **raó**, i ensenya que, com que tots som iguals i independents, ningú no ha d'atemptar contra la vida, la salut, la llibertat ni les possessions d'un altre.
- Si tots els homes es comportessin d'acord amb la seva natura racional, l'estat natural seria un estat de *convivència pacífica*, un estat que aspira a la pau i a la defensa de tot el gènere humà. Contra Hobbes, l'estat de natura no és de guerra de tots contra tots.
- Atesa la igualtat natural, en estat de natura l'execució de la llei natural està a les mans de tots els humans: tothom té dret a castigar els transgressors en grau suficient per a prevenir-ne la violació. En estat natural, *tothom és jutge*.
- L'únic cas en què uns homes poden adquirir poder sobre uns altres és, en suma, aquest: quan els segons transgredeixen la llei. Aquest poder no pot ser absolut o arbitrari, sinó que ha de ser proporcional a la infracció comesa, i amb vista a la **reparació** i la **repressió**, les dues úniques raons per les quals un home pot legítimament fer mal a un altre. En defensa de la humanitat de tots, tot home té dret a castigar el malfactor i a ser executor de la llei natural.

B La inestabilitat de l'estat natural. L'estat de guerra

Que tots els homes siguin jutge i part en les seves causes fa que la pau natural sigui fràgil, perquè tendim a jutjar amb indulgència els nostres i amb severitat els altres. Així, l'estat de naturalesa pot degenerar fàcilment en un estat de guerra, aquell en què de paraula o d'acció algú manifesta la seva intenció de fer mal a un altre.

C L'administració de justícia

El perill que degeneri en una dinàmica de venjances fa que l'estat de natura resulti millorat si es constitueix un poder judicial: uns tribunals que garanteixin que la restitució de la justícia no depengui del sentiment de revenja.

Es tracta d'una *millora* que les comunitats humanes poden realitzar de forma voluntària; però, contra Hobbes, no és en absolut una *necessitat* per a evitar la guerra de tots contra tots.

El que se cedeix primer al poder de l'estat és l'**administració de justícia** (no el monopoli de la violència, que és derivat). Però tal cessió demana una organització: un poder legislatiu que organitzi i gestioni el judicial. Com s'institueix?

D L'origen de l'estat i el dret de resistència

Quan un grup d'individus entén la fragilitat de l'estat natural, i tots consenten a delegar el poder en uns representants que l'exerceixin en defensa de tots, apareix la **societat política**.

Per llei natural, ningú no pot ser sotmès a cap poder sense el seu consentiment. Només cada individu es pot desprendre de la seva llibertat natural, acordar amb altres d'unir-se en comunitat i establir els límits de la societat civil per a conviure amb benestar, pau i seguretat, gaudir tranquil·lament de les seves propietats i protegir-se d'aquells que no formen part d'aquesta societat.

La comunitat civil es constitueix, així, en un sol cos polític i, per tant, ha d'actuar segons una sola voluntat: la de la majoria. Cal filar prim: la fundació de la comunitat exigeix el consentiment unànime, de tots *sense excepció*, i aquí cada individu conserva la seva voluntat. És un cop constituït l'estat que els individus s'avenen a sotmetre la seva voluntat a la de la majoria.

El consentiment, per cert, no és incondicional. Em sotmeto al poder civil en la mesura que aquest em protegeix. Però, quan pretén ser absolut, entenc que vol disposar absolutament de la meva vida i treure-me-la quan li convingui: un poder així m'ha declarat la guerra. Quan això passa, els súbdits tenen dret per llei natural a rebel·lar-se contra tal poder. És el **dret de resistència**, que va ser invocat pels revolucionaris de la Gloriosa Revolució d'Anglaterra (1688) i també pels rebels de les colònies americanes durant la guerra d'independència (1776).

Monument nacional del mont Rushmore (Keystone, Dakota del Sud, EUA)

En la foto, els rostres de George Washington (1732-1799), general i comandant en cap durant la guerra de la independència dels Estats Units, i de Thomas Jefferson (1743-1826), redactor principal de la Declaració d'Independència del 4 de juliol de 1776. La declaració invoca el dret de resistència, tal com l'entén Locke, per a legitimar la rebel·lió contra el poder anglès. Una nova mostra de com les idees il·luminen, orienten o legitimen les accions.

8 Els "pares de la pàtria" americans, com ara Washington o Jefferson, com haurien estat qualificats si les colònies haguessin perdut la guerra? Que siguin considerats homes justos o traïdors depenia només de com acabés la guerra?

En l'Assemblea constituent de 1789, que va elaborar la constitució del nou règim polític que deixava enrere l'***Ancien Régime***, els diputats reunits no solament defensaven tesis, sinó que aportaven arguments en defensa de les seves tesis. La lectura de les actes permet comprovar com, en la fonamentació de les lleis elaborades allà, es va anar imposant la concepció rousseaniana de la legitimitat, és a dir, l'apel·lació a la voluntat del poble.

9 Creus que la noció de "voluntat del poble" és clara? Què significa? Ha de prevaldre sempre i en tot cas?

10 És legítim en algun cas actuar contra la voluntat de la majoria?

11 El procediment democràtic per si sol garanteix la justícia?

5.3 La crisi contemporània del iusnaturalisme

El **iusnaturalisme** fonamenta el dret i la política sobre tres principis:

- **Principi de racionalitat**: la llei no es justifica ni a partir de consideracions històriques ni sobre el comentari de textos sagrats, sinó només sobre la raó natural.
- **Principi de juridicitat**: el dret no és el fet. No tot poder és poder polític, no tot poder és poder legítim. El fet que algú tingui el poder no equival al dret d'exercir-lo. Al contrari: el súbdit té dret a resistir-se a qui exerceix el poder contra el dret natural. El iusnaturalisme s'oposa, així, a la doctrina de la raó d'estat.
- **Principi de normativitat**: el dret natural és superior al dret positiu (a les lleis escrites d'un estat) en dos sentits: (1) és el fonament de la constitució del dret positiu i (2) assegura una regulació que posa límits a la voluntat del sobirà que governa de fet.

Ja hem vist que aquesta solució permet distingir netament la llei de la seva legitimitat, tal com mostra la formulació lockeana del dret de resistència. La feblesa de la solució rau en el fet que els tres principis cauen l'un darrere l'altre a partir del moment en què pensem que la raó només ens pot enfrontar a fets del món:

- Contra el principi de racionalitat: si la raó humana ens dona fets però no drets, aleshores la raó no pot fonamentar el dret.
- Contra el principi de juridicitat: pel mateix motiu que abans, ja no podem distingir el fet del dret.
- Contra el principi de normativitat: no hi ha, doncs, dret natural que pugui ser el fonament del dret positiu.

El convencionalisme de Rousseau podria ser una alternativa.

5.4 Rousseau. La convenció com a fonament de l'ordre social

Per a **Rousseau** (1712-1778), l'estat natural és d'harmonia, i la guerra és un producte de la cobdícia nascuda amb la creació de la propietat privada dins les societats civils. Tanmateix, fer marxa enrere és impossible: el que cal és refundar la societat mitjançant un pacte.

El fonament de l'ordre social no és ni la por d'una mort violenta (Hobbes) ni la llei natural (Locke), sinó la **convenció**. En efecte, ha de manar la voluntat general, allò que el poble vol en cada moment. El problema polític és, aleshores, de procediment: per quins canals cal donar cabuda a l'expressió d'aquesta voluntat.

Hi ha, doncs, un desplaçament: *si Hobbes i Locke apel·laven a la raó, Rousseau apel·la a la voluntat.* L'opinió de la majoria intervé ja des del primer moment (i no en un segon moment, com en Locke). El principi democràtic preval així sobre el principi liberal de defensa de la llibertat individual.

5.5 Iusnaturalisme i contractualisme: una discussió terminològica amb relació a Hobbes, Locke i Rousseau

Les semblances i les diferències entre els tres últims autors considerats generen sovint moltes confusions terminològiques entre els estudiosos, fins i tot en els estudis especialitzats. Així doncs, creiem convient fer les dues observacions següents:

- De vegades es considera que Hobbes és, com Locke, un pensador **iusnaturalista**, i en cert sentit pot ser considerat així, ja que parla de dret natural. Ara bé, com que la seva caracterització d'aquest dret equival a dir que en estat de naturalesa tots els individus tenen dret a tot, en realitat el que diu és que allò propi de l'estat de naturalesa és l'absència de dret o l'absència de llei. Per tant, en Hobbes el fonament de la legitimitat no es troba pas en els drets naturals, sinó més aviat en el contracte que es deriva de la por d'una mort violenta. Per això en els apartats anteriors hem reservat el concepte *iusnaturalisme* per a Locke, que és l'autor en qui trobem exemplificada aquesta posició d'una manera més neta. Ja hem vist, en efecte, que per a ell la propietat és un dret natural que precedeix la institució de la comunitat política. Dels tres autors estudiats, només en Locke hi ha una llei natural pròpiament dita que precedeix i fonamenta la llei positiva.
- D'altra banda, tots tres situen l'origen de l'estat en un contracte. Per això, de vegades, es diu que tots tres són **contractualistes**. Ara bé, això és cert només en un sentit ampli o feble. Perquè si, interpretant el terme en un sentit fort, entenem que el contractualisme estableix que l'única font de legitimitat és el pacte o la convenció, aleshores, dels tres autors, l'únic pròpiament contractualista és Rousseau. En efecte, la primera font de legitimitat en Hobbes no és pas el pacte mateix, sinó el càlcul racional de les pròpies forces i la por d'una mort violenta. I, pel que fa a Locke, la font de legitimitat tampoc no és el contracte, sinó, com acabem de dir, el dret natural.

Trobem l'emprempta del contractualisme o del convencionalisme rousseaunià en les ètiques dialògiques de què hem parlat en la unitat 6 (Apel, Habermas i Rawls).

Dues monedes: una pesseta encunyada l'any 1953 i cinc-centes pessetes encunyades el 1989. Entremig hi va haver un canvi de règim que va donar lloc a la constitució de 1978, encara vigent.

Segons diuen alguns partits polítics, la constitució del 1978 és "el marc de convivència que ens hem donat tots els espanyols a nosaltres mateixos per viure en pau". És evident que l'argument no és pas iusnaturalista –no remet a cap dret natural– sinó contractualista: és el consentiment de tots els espanyols, el pacte que han consensuat, el que atorga legitimitat a aquesta constitució.

Però és això cert? La frase expressa una veritat, una veritat a mitges o una ficció? I si fos una ficció, és una ficció necessària? En altres paraules: creus que pel bé de la convivència pacífica és bo que les societats creguin en uns relats legitimadors de la situació vigent encara que siguin, en part o totalment, fictícis?

Situacions: educació, socialització, símbols, llenguatge, utopia, ètica i política, postveritat, poder, vida virtual.

ACTIVITATS

1 Dues pel·lícules, almenys, semblen força relacionades amb el concepte d'estat de natura prepolític: *El senyor de les mosques* (Harry Hook, 1990) i *The purge* (James DeMonaco, 2013). Busca'n la sinopsi i digues quina relació estableixen amb el concepte d'estat de naturalesa.

a Quines diferències en l'enfocament de la situació hi ha entre les dues pel·lícules?

b Coneixes alguna pel·lícula més en la qual es tracti aquesta temàtica?

Recapitulació

Unes columnes gregues presideixen la unitat dedicada als fonaments de la política. Sabries dir per què?

PARAULES CLAU

autoritat, ciutadania, contractualisme, convenció, convencionalisme, dret, dret natural, dret positiu, estat, estat de dret, estat de guerra, estat de natura, iusnaturalisme, justícia, legalitat, legitimitat, llei, llibertat, poder, *pólis*, política, positivisme jurídic, propietat, societat, treball

En aquesta unitat, els propòsits eren quatre:

- Fer una primera aproximació a la vida política atenent el fenomen de les coaccions.
- Establir una primera caracterització de la comunitat política a partir d'una consideració de les característiques pròpies de les *póleis* gregues.
- Justificar la meditació històrica com a mètode adequat per a estudiar els fonaments de la vida política.
- Estudiar tres moments en la configuració de les realitats polítiques: la dependència de la política respecte de l'ètica en el pensament antic, la separació d'ètica i política amb Maquiavel i l'intent de trobar un nou fonament a la comunitat política atès que el seu fonament ja no és l'ètica.

En el desplegament del darrer punt, hem vist com l'intent de fonamentar la política en la naturalesa humana vacil·larà en el mateix moment en què la mentalitat europea ja no tingui gaire clar què cal entendre per "naturalesa humana".

En aquesta crisi del iusnaturalisme, el convencionalisme (o afirmació que la base de tot ordenament jurídic just és l'acord entre tots els membres de la comunitat) apareixerà com una alternativa aparentment més sòlida.

Tots aquests esforços teòrics es fan des d'una percepció de la feblesa dels poders polítics vigents en els diferents moments en què els autors estudiats reflexionaven. Entre els segles XIX i XX, aquesta percepció canviarà, i també ho farà la concepció de la política.

Cal, doncs, que en la unitat següent continuem la meditació sobre la política.

EN 8 IMATGES

RECONSTRUCCIÓ Si les quatre primeres imatges ens donen a pensar el problema del reconeixement en relació al joc d'inclusions i exclusions que es dona tota societat, les quatre segones enfoquen de maneres diverses la sociabilitat humana i la funció de l'estat.

EXPLICA amb detall el problema polític del reconeixement d'individus i col·lectius a partir de les quatre primeres imatges, i la seva relació amb el problema de la legitimitat del poder.

ELABORA un text en què els elements que hi ha en les quatre últimes imatges siguin metàfores d'aspectes diferents de la societat civil en relació als seus orígens.

Dossier d'activitats

INCLUSIONS I EXCLUSIONS. La vida social es viu des del primer moment com un joc d'inclusions i exclusions. El text següent del professor Ramon Valls ens ajudarà a aprofundir en aquesta constatació.

1 **Llegeix el text següent i respon les preguntes:**

"*Llei i muralla*. Llegim en un text d'Heràclit: 'cal que el poble lluiti per les lleis com si fos el mur de la ciutat'. Aquesta equació: lleis = mur, assenyala la cesura inaugural i constitutiva de la nostra civilització, que s'origina a Mesopotàmia. El mur (= les lleis) delimita asimètricament dos espais amb qualitats diferents i fins i tot oposades. L'espai intramurs defineix un estil de vida humana, un *ethos* o conjunt de pautes de conducta col·lectiva. L'exterior o extramurs resta indefinit, si més no relativament a l'interior. Tot allò que resta fora és natura salvatge i en ella el ciutadà hi considera inclosos els altres pobles perquè els costums diferents es perceben com estranys. A més, l'espai interior resulta segur, en comparació de la inseguretat que regna a l'exterior: l'interior és la civilització i l'exterior, la barbàrie.

L'interior ciutadà és l'espai de la *convivència reglada* i amb ella l'aixopluc, no solament respecte de les inclinacions naturals, sinó igualment respecte del perill que signifiquen els humans que viuen fora. La seguretat intramurs es consolida mitjançant diferents institucions públiques ben significatives: l'enllumenat públic nocturn, per exemple, o la ronda de 'serenos'. Ara bé, amb els de fora s'hi estableix una relació doble. Com a selvàtics, bàrbars, o simplement aliens, la relació és *d'exclusió*: potencialment bèl·lica. Ells no viuen ordenadament, no parlen la nostra llengua, són estranys, i el sol contacte amb ells ens desnaturalitza. Per contrast, la vida col·lectiva del propi grup es percep com la 'natural', com una mena de 'segona natura'. Així, la dualitat primària interior/exterior es tradueix en termes de població en nosaltres/ells. El mur, però, té portes que de nit o en situacions de perill es tanquen. Això vol dir que amb els altres, de dia, pot haver-hi relació pacífica, tractes de barata o de comerç: l'embrió del 'dret internacional'."

RAMON VALLS (1928-2011), "La ciutat i la llei"
(Col·loquis de Vic I. *La ciutat*, 1997)

a L'aforisme d'Heràclit que comenta el text, creus que es va formular en un moment en què la vida política es percebia a si mateixa forta o feble?

b El text parla de fronteres exteriors. En quin sentit es pot dir que hi ha també, dins de cada societat, "fronteres interiors"? Posa'n dos exemples i descriu-los detalladament.

c A partir de la tesi del text, què suposa posar-se "fora de la llei"?

d El text, de forma implícita, parla almenys de dues realitats que tenen com a fonament el llenguatge. Quines? Comenta-les.

e Respecte al grup de gent amb qui fem un "nosaltres", en quin sentit el text diu que "els altres" formen una sola unitat amb la naturalesa? És, aquesta, una naturalesa amable, com un jardí?

f Quin és, segons el text, el fonament del dret internacional? L'existència de lleis o costums que regulen relacions internacionals, què ens diu del joc d'inclusions i exclusions que defineix tota societat?

g És sempre, la llei, un lloc de seguretat? Fes servir exemples històrics o actuals per a justificar la teva resposta.

LA RELACIÓ ENTRE ÈTICA I POLÍTICA. Segons el text que acabes de treballar, l'interior de la comunitat política és un lloc civilitzat. Els pensadors antics concebien l'estat just com aquell en què els homes són justos: ètica i política es necessitaven mútuament. És Maquiavel el primer que denuncia la ingenuïtat d'aquesta posició:

2 **Llegeix el text següent i respon les preguntes:**

"De tot això neix una qüestió: si és millor ser estimat que temut o al contrari. La resposta és que caldria ser l'una i l'altra cosa, però com que és difícil de tenir-les plegades, quan ens n'hagi de mancar una d'ambdues és molt més segur ser temut que no pas amat. Perquè dels homes, en general, es pot dir això: que són ingrats, volubles, falsos, que defugen els perills, àvids de guany, i mentre els afavoreixes són tots teus, t'ofereixen la sang, les riqueses i la vida, els fills, quan la necessitat és lluny; però quan se t'acosta, se't giren d'esquena. Així, el príncep que ho ha fonamentat tot en la paraula d'ells, si no té un altre suport, s'enfonsarà. [...] Els homes tenen menys mirament a fer mal a un que es faci estimar, que no pas a un que es faci témer, car l'amor se sosté pel vincle de l'obligació, el qual, com que els homes són dolents, es trenca per qualsevol motiu d'utilitat pròpia. En canvi, el temor se sosté en la por d'un càstig que no ens abandona mai. Tanmateix, el príncep ha de fer-se témer de manera que, si no guanya l'amor, almenys allunyi l'odi. I ho aconseguirà sempre que respecti els béns i les dones dels seus ciutadans i dels seus súbdits; i si alguna vegada li cal procedir contra la vida d'algun d'ells, que ho faci quan hi hagi justificació convenient i causa manifesta; però, sobretot, que respecti els béns d'altri, car els homes obliden més aviat la mort del pare que la pèrdua del patrimoni."

MAQUIAVEL (1469-1527), *El príncep*, XVII

a De quina manera el contingut d'aquest text respon a la concepció política d'Aristòtil? Com hi respondria Aristòtil?

b Quin paper té el coneixement en la política de Plató i Aristòtil? I en la de Maquiavel?

c A partir del text, per què creus que Maquiavel acaba assenyalant la pàtria com l'únic fonament sòlid de la comunitat política?

d Creus encertada la concepció maquiavèl·lica de la naturalesa humana?

L'ESTAT DE NATURALESA I EL FONAMENT DE L'ESTAT. Una manera de pensar la legitimitat de la llei, per tal que el mur que delimita l'espai de la convivència sigui sòlid, és provar de derivar-la de la situació anterior a la institució de l'estat. Les dues activitats següents ens permeten pensar aquest intent.

3 **Llegeix el text següent i respon les preguntes:**

"El DRET NATURAL és la llibertat que té cada home de fer ús del seu propi poder com li plagui, per a la preservació de la seva pròpia naturalesa, és a dir, de la seva pròpia vida; i, en conseqüència, de fer qualsevol cosa que, d'acord amb el seu judici i la raó, sigui concebuda com la més apta per a assolir aquest objectiu.

S'entén per LLIBERTAT, l'absència d'impediments externs, impediments que poden treure a un home part del seu poder per a fer el que vulgui, però que no li impedeixen fer ús del poder que li quedi segons els dictats del seu judici i la seva raó.

Una LLEI NATURAL, *lex naturalis*, és un precepte o regla general, descobert mitjançant la raó, en virtut del qual a un home se li prohibeix de fer allò que sigui destructiu per a la seva vida o que elimini els mitjans de conservar-la. Cal distingir, així doncs, *dret* i *llei*. El DRET consisteix en la llibertat de fer o de no fer, mentre que la LLEI determina una de les dues coses i hi obliga. De manera que la llei i el dret difereixen entre si en la mateixa mesura en què difereixen l'obligació i la llibertat, les quals no poden coexistir amb relació a una mateixa cosa.

I com que la condició de l'home és una condició de guerra de cada home contra cada home, en aquesta condició cada home té el dret a tot, fins i tot a disposar del cos dels seus semblants. I, per tant, mentre duri aquest dret natural de cada home sobre cada home, no hi pot haver seguretat per a cap d'ells, per més fort o savi que sigui, ni garantia que pugui viure el temps al qual els homes estan ordinàriament destinats per naturalesa. Com a conseqüència, és un precepte o regla general de la raó que *cada home ha de procurar la pau fins allà on tingui esperança d'aconseguir-la; i quan no pot assolir-la, aleshores pot buscar i utilitzar tots els avantatges i ajuts de la guerra*. La primera part d'aquesta regla conté la llei natural primera i fonamental: *cercar la pau i mantenir-la*. En la segona part es resumeix el dret natural: *defensar-nos amb tots els mitjans que es trobin al nostre abast*."

THOMAS HOBBES (1588-1679), *Leviatan*, 14

a Què estableix la llei natural segons Hobbes? És això una llei?

b Hi ha moral, en l'estat de natura (segons Hobbes)?

c En quin sentit la cultura –l'artifici humà– supera i millora la naturalesa (segons Hobbes)?

4 **Busca la Declaració d'Independència dels Estats Units d'Amèrica, proclamada en el Congrés el 4 de juliol de 1776. Llegeix-la i, després, respon:**

a Com justifiquen les colònies americanes la seva rebel·lió? Sobre quin autor fonamenten els seus arguments? Per què apel·len "al judici d'un món sincer"?

b Segons la lògica hobbesiana, tenien dret a rebel·lar-se, les colònies? I segons el positivisme jurídic? I segons la posició defensada per Foucault? I segons Rousseau?

Exclusió, ciberassetjament, gènere, drets digitals, drets humans

Investiguen el suïcidi d'una jove arran de l'"infern" de l'assetjament en les xarxes durant sis mesos.

La Guàrdia Civil i un jutjat de La Carolina (Jaén) indaguen la suplantació d'identitat de la noia i el ciberbullying que va denunciar quatre vegades. El passat 28 de desembre, la família de N. L. F. va trobar la jove sense vida a casa seva, on vivia pràcticament reclosa des de feia mesos fugint d'un "infern" d'assetjament dut fins a l'extrem a les xarxes socials, on haurien arribat a suplantar la seva identitat. [...]

Tot va començar el mes de juliol de l'any passat, quan van aparèixer cartells impresos i enganxats a diferents carrers del municipi amb la fotografia de la noia i qualificatius injuriosos, entre d'altres el de "lladre". En aquest moment es va interposar la denúncia, però quan els cartells van desaparèixer va començar l'infern digital i el ciberbullying. [...] Primer van aparèixer publicacions amb imatges de N. L. F. en diferents pàgines web i anuncis en diferents portals i després va arribar la suplantació de la seva identitat amb la creació d'un compte fals a Instagram des del qual es van apropiar de fotografies personals i familiars, algunes de menors d'edat, i les van difondre al mateix temps que es feien passar per ella i contactaven i atacaven terceres persones.

Sobre l'origen del ciberassetjament no hi ha res clar i ni tan sols la condició sexual de la jove es pot vincular directament amb aquests fets, encara que algunes de les publicacions que es van fer amb la seva identitat hi feien referència.

El Mundo (edició digital), 3 de gener de 2022

PROBLEMA PER PENSAR

La manera com les xarxes han transformat les relacions socials, ens enforteix o ens fa més vulnerables? Afavoreix la democràcia o el totalitarisme?

QÜESTIONS SUBORDINADES

1

Què són els drets digitals en el context dels drets humans? Investiga-ho.

2

Les xarxes socials són un poder personal o impersonal?

3

Quin control caldria fer sobre les xarxes socials? Discuteix aquest punt des de concepcions ètiques i polítiques diferents.

4

En termes generals, quin creus que és l'origen de l'assetjament?

5

Creus que els personatges públics que intervenen en les xarxes són exemplars en el seu ús?

Unitats en què trobareu reflexions pertinents o relacionades amb aquesta situació:

1 · 2 · 5 · 6 · 8 · 10 · 11

PER ANAR MÉS A FONS

Els drets digitals i la violència de gènere

Quins avantatges i quins perills comporten els nous entorns digitals i el desenvolupament d'àmbits de realitat virtual cada cop més extensos? En aquests entorns, com en els no virtuals, tots hi som vulnerables de la mateixa manera, o hi ha col·lectius que ho són més? Quines mesures caldria prendre per prevenir les situacions de risc?

Aquestes i moltes altres preguntes poden acompanyar una reflexió sobre **la realitat virtual i els perills que comporta** en relació amb els drets humans, i especialment per als col·lectius més vulnerables.

Proposta de recerca

1 Estudi de l'ampliació progressiva dels drets humans considerant les noves situacions i els nous entorns generats per l'era digital.

2 Publicitat i privacitat en les xarxes socials. Reflexions filosòfiques sobre la noció d'intimitat i els drets que li són inherents.

3 Vulnerabilitat i col·lectius de risc. Violència digital i ciberassetjament.

Problemes de la política

8

Si Aristòtil i els pensadors antics en general veien la política com a àmbit propi de desplegament de la vida en llibertat, l'experiència política del segle xx ha fet que la nostra perspectiva hagi canviat, almenys en part.

El poder irresistible que alguns estats han exercit ha fet que alguns pensadors s'hagin preguntat, no ja quin tipus de poder és legítim, sinó fins i tot si hi ha cap tipus de poder que ho sigui, de legítim.

Les proporcions gegantines que alguns fenòmens polítics han adquirit, han fet més visibles alguns problemes vells, a la vegada que han posat de manifest alguns problemes nous que han aparegut amb les complexitats de la vida contemporània.

Per a acabar de tenir, així doncs, una visió panoràmica de la problemàtica política, cal, per tant, que allarguem la nostra meditació fins a considerar la realitat i el pensament polític dels nostres dies.

A això dediquem aquesta unitat. Al final del recorregut podrem formular algunes preguntes urgents que tot ciutadà responsable cal que es faci.

Monument als Descobriments

Situat al costat del riu Tejo al barri de Belem de Lisboa (Portugal), amb l'infant Enric sostenint una caravel·la i encapçalant el conjunt monumental... Les aventures transoceàniques són, per si soles, un senyal del poder tecnològic i polític de l'època i, al mateix temps, un símbol del nou ordre mundial que s'anirà constituint a partir del segle XVII i fins al XIX. Al segle XIX, la política i la tecnologia assoleixen uns mitjans mai vistos anteriorment, i el seu poder s'incrementa d'una manera abans insospitada. Amb la realitat política, també el pensament polític ha de canviar per a provar de comprendre la nova realitat.

1 Creus que la felicitat és el fi últim de l'ésser humà?

2 Creus que és fàcil determinar qui és civilitzat i qui és bàrbar? Justifica la teva resposta.

3 Creus que el fet que Stuart Mill fos súbdit de l'imperi Britànic pot tenir alguna relació amb la tesi que defensa amb relació a les societats bàrbares? Quina? Què defensa, així doncs, Mill: el liberalisme o el despotisme il·lustrat? Justifica la teva resposta.

1.1 Un canvi d'escena en la política del segle XIX

La història moderna canvia l'experiència política dels europeus. Les revolucions científica i industrial proporcionen als estats un poder tecnològic insospitat fins llavors, i les companyies comercials transoceàniques es consoliden com a noves formes de poder al marge dels estats. La política ja no es veu com una possibilitat fràgil de vida en llibertat, sinó que es mostra amb tota la virtualitat del seu poder. Els pensadors polítics de la darrera modernitat hauran de repensar les relacions entre l'individu i l'estat.

1.2 Mill. El liberalisme

A El principi utilitarista

El **principi utilitarista** estableix que les accions són correctes en la mesura que promouen la felicitat. Si coneguéssim el contingut concret de la felicitat, seria correcte obligar a tothom a actuar d'una determinada manera pel seu bé com fan els règims totalitaris. Però, segons **Mill** (1806-1873), no podem saber *a priori* quin és el contingut de la felicitat: cada individu ho ha de descobrir per si mateix en virtut de la seva experiència, i té dret a actuar de la manera que consideri més oportuna amb vista a la seva felicitat.

B El principi liberal

Per això, el principi polític fonamental diu així: "L'única finalitat per la qual el poder pot, amb ple dret, ser exercit sobre un membre d'una comunitat civilitzada contra la seva voluntat és evitar que perjudiqui els altres."

Les lleis positives han de ser, per tant, formals i no pas materials: no han de dir mai el que els individus han de fer (imposició d'un contingut), sinó que han de limitar-se a establir el que no poden fer, a fi de no perjudicar els altres.

Naturalment, puc provar de persuadir algú que fuma que s'equivoca, però no puc forçar-lo coactivament a deixar de fumar, perquè només es perjudica ell mateix (sí que l'he de perseguir si incita menors a fumar, perquè llavors sí que perjudica uns altres).

C Els límits del liberalisme. El despotisme il·lustrat

Mill restringeix el principi liberal als individus en la maduresa de les seves facultats: no s'ha d'aplicar als nens ni a les societats no civilitzades. El liberalisme té, doncs, uns límits: hi ha parcel·les, com l'educació, en què l'Estat ha de legislar per a dir el que s'ha de fer. Una d'aquestes parcel·les són les societats no civilitzades: els individus cultivats poden disposar de la seva llibertat, però als bàrbars cal educar-los primer abans no se'ls concedeixi la llibertat plena.

1.3 Locke *versus* Mill: liberalisme clàssic i liberalisme utilitarista

El liberalisme de Stuart Mill és, així, diferent del liberalisme clàssic de John Locke.

Per a **Locke**, la llibertat és un dret natural com ho són el dret a la propietat privada o el dret al treball: uns *continguts* determinats i positius que delimiten el camp d'acció dels individus al món. En canvi, per a **Mill**, la llibertat individual és una condició de possibilitat per a l'obtenció de la felicitat. No és, doncs, un dret natural, sinó un *interès* que tinc en la meva consecució de la felicitat.

El desplaçament és clar: mentre Locke pensa en la fundació de l'estat, Mill, un pensador del XIX, centra més la seva atenció en les potencialitats de l'individu. En Mill, els drets són només interessos que tenen els individus en la recerca de la felicitat.

Per exemple: si vull assolir la felicitat, cal que estigui alimentat, que tingui un sostre, etc. Però el sentit d'aquests interessos que s'han de preservar per a tothom és que són *mitjans* per a la consecució de la felicitat, no pas drets naturals en si mateixos.

A aquests tipus d'interessos que són mitjans per a la felicitat, Mill els anomena "drets", però en un sentit diferent del de Locke. Tota aquesta sèrie d'interessos o "drets" és una llista de mínims: respecte de la resta d'interessos que cada individu pot tenir per a assolir la felicitat, l'estat no solament no hi ha d'intervenir, sinó que més aviat el que ha de fer és facilitar una sana competència.

La diferència entre el liberalisme clàssic, d'arrel iusnaturalista, i el nou liberalisme utilitarista de Mill és significativa: el liberalisme clàssic posa la limitació de l'acció en una naturalesa humana compartida (en uns "continguts comuns" que són els drets naturals), mentre que el liberalisme de Mill la posa en una cosa molt més inconcreta: el respecte a la llibertat. Aquest respecte és inconcret, perquè la felicitat mateixa és plural i fins a cert punt indeterminable.

En Mill acabem trobant, aleshores, una certa ambigüitat:

- D'una banda, sembla dir que no hi ha una naturalesa humana compartida de la qual es puguin deduir uns drets en comú: l'única cosa que ens iguala és la possibilitat de trobar la felicitat (sense poder determinar gaire què és això) amb els nostres mitjans i esforços. El que ens fa iguals, segons això, és la possibilitat de ser absolutament diferents, i això és el que el sistema polític ha de preservar.
- Però el dret a la diferència corre el perill d'afeblir els lligams de la comunitat i derivar en relativisme. Potser per això, Mill, d'altra banda, remet a un suposat sentiment natural comú a tot el gènere humà: la **simpatia**, que fa que la nostra pròpia felicitat demani la felicitat dels altres.

Segons Mill, la determinació a ajudar els altres ens ve de la *simpatia*: un impuls natural, un instint que fa que necessitem que els altres siguin feliços per a assolir nosaltres mateixos la felicitat.

4 Creus que la cooperant de la foto, que cuida una nena refugiada, fa el que fa per instint?

5 Posa contraexemples que serveixin per a sotmetre a prova la tesi de Mill referent a la simpatia.

Al segle XIX, el sistema industrial prometia la llibertat i la prosperitat de tots. Era en realitat això, el que proporcionava? En la fotografia, un grup de nens treballadors davant la fàbrica. Guanyaven just el que necessitaven per a mantenir-se vius: en el millor dels casos, el seu futur era idèntic al seu present; en el pitjor, la substitució del seu treball per màquines els duria a la misèria. El sistema burgès capitalista, proporciona la llibertat i la prosperitat que promet?

6 Creus que la feina que estàs fent quan respons aquesta pregunta és alienant? Justifica la teva resposta.

1.4 Marx. Història i revolució: el paper secundari de la política

A La infraestructura econòmica i la superestructura ideològica

Segons **Marx** (1818-1883), la visió que tenim de la realitat està en funció de la manera com la societat a la qual pertanyem produeix els béns que tots plegats necessitem per a viure.

Les relacions entre els individus d'una societat estan determinades pel grau de desenvolupament de les forces materials de producció de béns, i són necessàries i independents de la nostra voluntat. El conjunt d'aquestes relacions constitueix la **infraestructura econòmica** de la societat, la base real sobre la qual s'aixeca una **superestructura política i jurídica**.

No és la nostra consciència la que determina la nostra identitat social, sinó al revés, és el nostre ésser social el que determina la nostra consciència. La **ideologia**, que és aquella visió que una societat té de si mateixa, no és mai lliure pensament, sinó que sempre és el reflex de les relacions de producció que es donen en aquesta societat. Expliquem-ho a partir del cas de la societat capitalista.

B La ideologia burgesa: la llibertat en la societat capitalista

La ideologia burgesa, tal com la recullen totes les constitucions dels països capitalistes, és una defensa de la llibertat. És això expressió de la consciència moral? Segons Marx, la resposta és que no: en realitat, aquesta defensa ve exigida, no per la consciència, sinó per les condicions materials de producció.

En efecte, el sistema econòmic capitalista demana que els propietaris dels mitjans de producció siguin lliures d'orientar l'activitat econòmica com vulguin i de contractar qui vulguin, però també, per això mateix, que els treballadors no estiguin lligats a la terra (com passava amb l'economia feudal), sinó que disposin de llibertat per a vendre la seva força de treball en el mercat. Lluny de tenir un origen moral, la lliure circulació dels individus ve exigida, així doncs, per l'estructura econòmica.

És cert, tal com vol la ideologia burgesa, que la societat capitalista moderna ha emancipat el treball de certes servituds anteriors: el treballador ja no és esclau (com a l'antiguitat) ni està lligat a la terra per a tota la vida (com amb el feudalisme), sinó que pot triar lliurement per a qui vol treballar a la recerca del salari millor.

I, tanmateix, diu Marx, no és en absolut cert que sigui realment lliure. En realitat, el treballador no és lliure de no vendre's en el mercat: si no es vengués, no podria sobreviure. Esdevé, així doncs, una mercaderia, amb la qual cosa li és negada la seva humanitat. Això és el que Marx anomena **alienació**: la situació en què l'ésser humà esdevé "una altra cosa", ja no ésser humà, sinó mera cosa.

C La contradicció inherent al sistema capitalista

En efecte, el propietari dels mitjans de producció va al mercat a comprar **treball** humà. El preu que ha de pagar és el que val qualsevol mercaderia: l'equivalent al temps socialment necessari per a produir-la.

En el cas del treball humà, produir la força dels braços de l'obrer demana només que continuï amb vida: amb una fracció petita del temps de treball, l'obrer produeix prou valor per a cobrir el seu salari, de manera que el valor produït la resta de la jornada laboral és valor excedent o **plusvàlua**, que passa a enriquir el capitalista.

Amb aquest valor excedent, el capitalista fa inversions per a millorar la producció (per exemple, en innovacions tècniques). El capitalista que no es posa al dia no pot competir: s'arruïna i engreixa les files de la massa de treballadors. El capitalista que té èxit substitueix una part del treball humà per màquines a fi de millorar la productivitat. D'aquesta manera, una quantitat cada cop més gran d'éssers humans sobren en el sistema i en són expulsats.

El capitalista no en té cap culpa. És la dinàmica pròpia del sistema de producció capitalista la que produeix, de manera necessària i sense que ningú ho pugui evitar, un nombre cada cop més gran d'homes i dones expulsats del sistema i, per tant, condemnats a mort.

Cada cop hi ha més pobres que són més pobres, i cada cop hi ha menys rics que es van fent més rics. Aquest procés, Marx l'anomena **pauperització**.

La causa, repetim-ho, és l'estructura econòmica mateixa. L'única sortida que queda a aquests homes i dones, si volen conservar la vida, és aixecar-se en armes contra el sistema. De manera que el sistema capitalista resulta ser contradictori, perquè genera *necessàriament* la força que el destruirà.

D La superació del sistema capitalista

Hi ha, per tant, una distància entre el que la societat burgesa *pretén ser* i el que *és* en realitat. La societat burgesa, tal com afirmen les seves lleis, pretén ser el regne de la llibertat. Ara bé: les condicions materials de vida, la infraestructura econòmica, han donat naixement a una nova forma d'esclavitud.

D'aquesta manera, per a realitzar el que la societat burgesa pretén ser, cal necessàriament superar el que és en realitat.

En efecte, quan els exclosos del sistema prenguin consciència que la causa de la seva exclusió és estructural (això és el que Marx anomena **consciència de classe**), s'aixecaran en armes per a transformar aquesta estructura. Aquesta revolució complirà l'ideal burgès de realització de la llibertat precisament perquè transformarà l'estructura econòmica burgesa.

És prou evident que en la nostra societat hi ha moltes persones que queden excloses del benestar que el nostre sistema polític i econòmic proporciona a molta gent. Aquesta exclusió, és culpa del sistema? I si el sistema no pot evitar-la, tenim el deure moral de transformar-lo? I mentre no el transformem, tenim alguna obligació amb relació als sensesostre o, en general, els que corren el perill de ser exclosos per la seva situació de marginalitat, pobresa, orientació sexual, etc.?

Situacions: drets humans, alienació, indiferència, deshumanització, fenòmens socials, ètica i política.

7 Creus que en la nostra societat s'està produint un procés de pauperització en el sentit de Marx? I en l'àmbit planetari? Si has respost que sí, on estàs situat tu, al costat dels rics o al costat dels pobres?

8 Quina responsabilitat tenim els ciutadans amb relació a les persones sense sostre?

La Llibertat guiant el poble (1830), d'Eugène Delacroix

Segons Marx, la Revolució Francesa constitueix un pas endavant cap a la llibertat, però l'ordre burgès, que, com ens recorda aquesta pintura, es vol encapçalat per la llibertat, es contradiu a si mateix perquè genera noves formes d'esclavitud. A fi de complir el seu propi ideal –el regne de la llibertat–, aquest ordre ha de ser superat en virtut d'una nova revolució. En la societat resultant, la comunista, ja no hi haurà contradiccions perquè hi serà defensada la humanitat de tots i cadascun dels individus: superarà l'ordre burgès, però precisament perquè complirà de forma definitiva l'ideal de llibertat propi de l'ordre burgès.

9 Creus que la història té unes lleis pròpies que fan que el seu desplegament sigui independent de la voluntat dels individus?

E La lluita de classes com a motor de la història. La dialèctica

En filosofia, un procés de canvi s'anomena **procés dialèctic** quan compleix aquestes característiques:

- És la realització plena d'alguna cosa.
- Té com a motor la negativitat, la contradicció o el conflicte.
- El seu compliment suposa al mateix temps (1) la superació i (2) la conservació de l'estadi precedent.

Marx té, en efecte, una **concepció dialèctica de la història**:

- És la realització plena de la llibertat.
- Aquesta realització no té lloc com a compliment d'un projecte que sigui fruit de la voluntat humana, sinó que té com a motor la contradicció inherent al sistema de producció capitalista.
- La nova societat, que Marx anomena **comunista**, serà (1) una *superació* del sistema capitalista, perquè substituirà la propietat privada dels mitjans de producció per la propietat col·lectiva d'aquests mitjans, però serà també (2) una *conservació* del que el sistema capitalista pretenia ser, perquè només així es realitzarà de veritat l'ideal burgès d'establir d'una manera definitiva el regne de la llibertat.

Com hem vist en l'apartat anterior, la contradicció inherent al capitalisme es concretarà en una **lluita de classes**: els proletaris, exclosos del sistema, s'aixecaran en armes contra els propietaris a fi de canviar les estructures econòmiques.

Segons Marx, els interessos de proletaris i burgesos no són equivalents: el burgès, defensant els seus interessos de classe (que comporten el manteniment del sistema de producció capitalista), està negant, ho sàpiga o no, la humanitat dels altres; el proletari, en canvi, com que lluita simplement per la seva humanitat (que és comuna a tots els homes i dones), defensa en aquesta lluita els interessos de tota la humanitat.

La història no avança en virtut d'una evolució contínua, sinó que ho fa a salts, perquè l'aparició d'una nova forma social corresponent a una nova infraestructura econòmica suposa sempre, necessàriament, la destrucció de la societat i de l'estructura econòmica precedents. Els passos endavant en la història els fan les **revolucions**.

La revolució definitiva serà la **revolució proletària**, que portarà, per fi, el regne de la llibertat. En efecte, ja que els interessos de classe dels proletaris són els de la humanitat, el triomf d'aquesta revolució constituirà l'alliberament definitiu de tots els homes i dones.

Com que, d'una banda, Marx concep el procés històric de manera dialèctica i, de l'altra, sosté que la realitat fonamental per a entendre aquest procés són les condicions materials de producció, la doctrina de la història de Marx es coneix amb el nom de **materialisme dialèctic**.

F Revolució i avantguarda de la humanitat

En la societat comunista, no hi haurà propietat privada dels mitjans de producció: cap individu no serà amo del treball de cap altre; tothom serà amo de si mateix i, per tant, lliure. Desapareixeran, així, les relacions de poder: ja no hi haurà classes ni estat. Serem, per fi, en el regne de la llibertat.

Ja que això respon a una dinàmica històrica que no depèn en absolut de la voluntat dels individus, això passarà necessàriament de totes maneres. Quin paper li queda, aleshores, a la política com a àmbit de la decisió?

La filosofia ens permet comprendre l'autèntica realitat històrica, i amb això orienta la pràctica revolucionària: els qui ja han entès quina és la llei dialèctica que governa la història poden actuar a fi que el procés que de totes maneres ha de tenir lloc s'acceleri.

Els ideòlegs comunistes apareixen, en efecte, com l'avantguarda de la humanitat: com que coneixen la llei de la història, poden treballar perquè els proletaris adquireixin consciència de classe i canalitzin de manera conscient la seva lluita en el sentit exigit per aquesta llei.

G El paper secundari de la política

Ara, com que la ideologia és reflex de les condicions materials de vida, en el moment de la revolució, quan el sistema anterior es trobi ja ferit de mort, però el sistema nou es trobi encara en fase de construcció, és molt fàcil que els individus s'enganyin i tinguin la temptació de tornar al sistema anterior.

El sistema anterior, aquest que la revolució combat, és la **dictadura de la burgesia**. Aquesta dictadura pretén ser democràtica, però és només una democràcia formal: afirma la llibertat en les lleis, però imposa a la majoria condicions materials de vida que suposen una nova forma d'esclavitud.

Ara: en la confusió de la ruptura, fins i tot els alliberats poden tenir por del canvi. Doncs bé: per a combatre les forces de la involució, entre la dictadura burgesa i el regne de la llibertat caldrà imposar encara un període de **dictadura del proletariat**. Aquesta dictadura farà servir el seu poder per a centralitzar tots els instruments de producció en mans de l'estat. La planificació de l'economia, amb la substitució de la competència per l'associació, farà desaparèixer les servituds anteriors i retornarà l'home a la seva humanitat.

Només quan hagi eliminat tot residu de les velles classes deshumanitzants, l'estat proletari podrà desaparèixer, i en el seu lloc tindrem només la lliure associació dels individus realitzats. Quan això passi, la política ja no serà mai més necessària.

Lenin (1870-1924), pseudònim de Vladímir Ilitx Uliànov, va ser un activista revolucionari i pensador rus. Encara que l'esclat de la Revolució de 1917 el va agafar fora de Rússia (concretament a Suïssa), en tornar al seu país va arribar a ser el primer dirigent de la Unió Soviètica. Membre de la branca bolxevic del partit socialdemòcrata rus, la seva interpretació de Marx el va portar a teoritzar el paper que els pensadors havien de tenir en l'acció revolucionària com a avantguarda de la humanitat.

10 Creus que la història de la humanitat la mouen uns quants individus que són com l'avantguarda de la humanitat?

ACTIVITATS

1 Digues en què creus que es tradueixen, concretament, una posició política liberal i una posició política comunista pel que fa a aquestes àrees de la realitat política:
- a Educació
- b Economia
- c Sanitat
- d Seguretat
- e Drets civils

2 Busca informació sobre els següents esquemes d'establiment de la pròpia posició política:
- a Gràfic de Nolan
- b Gràfic de Pournelle
- c Brúixola política

Intenta classificar el teu posicionament polític en aquests esquemes.
- Obtens el mateix resultat en tots?

2 Defensa de la política

Segons Hannah Arendt, la sola existència de la bomba atòmica canvia la nostra experiència política. Les bombes llançades sobre Hiroshima i Nagasaki, el 6 i el 9 d'agost de 1945, respectivament, no deixen lloc a dubtes sobre la capacitat destructora del poder nuclear.

1 Creus que la història de la humanitat europea és la història del progrés cap a un món cada cop millor?

OBSERVACIÓ SOBRE L'HISTORICISME

Hem dit que Arendt denuncia la devaluació de la política sota la influència d'una concepció historicista del món. Tanmateix, la paraula *historicisme* pot induir a confusió, perquè té almenys dos significats:

En un primer sentit, *historicista* és sinònim de culturalista, i és una forma de relativisme cultural. És el sentit que li dona Dilthey (1833-1911), però no el que hem donat al terme en el comentari de la filosofia d'Arendt.

En un segon sentit, l'historicisme diu que la veritat del món es desplega en el curs de la història. S'afirma, doncs, una veritat o una realitat objectiva, però aquesta veritat només es fa visible al final del procés. Cada època històrica seria, segons això, un moment en el desplegament de la veritat, i aquest desplegament és independent de la voluntat dels homes i de les dones. És aquesta mena d'historicisme el que fa dir a Marx que els burgesos afirmen honestament la llibertat de tots els individus al mateix temps que en sotmeten (sense saber-ho) la major part a una nova forma d'esclavitud.

Arendt no és historicista en cap dels dos sentits, però combat sobretot el segon sentit.

2.1 L'experiència política del segle XX: el descrèdit de la política

L'experiència política dels antics (com Aristòtil) els feia identificar la política amb la llibertat, i encara per als pensadors moderns fins al segle XIX la política és un mitjà per a assegurar la satisfacció de les necessitats vitals i el progrés de la societat.

Però al segle XX tot canvia. Les dues experiències polítiques fonamentals de la nostra època, observa **Hannah Arendt** (1906-1975), són els estats totalitaris i la bomba atòmica. Les guerres d'ideologies, laboratori per a les armes de destrucció massiva i els totalitarismes, mostren tràgicament com la **politització global** obre un procés d'autodestrucció imparable.

No ens parla això del caràcter bàrbar de la política? Després de tots els horrors viscuts, no caldrà anar a buscar la llibertat fora de la política? Caldrà, per tant, preferir l'apoliticisme?

La pregunta és encara més inquietant, perquè el desenvolupament monstruós de les capacitats modernes de destrucció posa en perill, no ja la vida humana, sinó tota vida sobre la Terra.

2.2 La devaluació historicista de la política

L'anàlisi d'Arendt ens mostra com la politització de tot és la *conseqüència terrible d'una devaluació de la política mateixa.*

Hem trobat aquesta devaluació en Marx, que veu la política com a mer mitjà al servei de la història. I, en efecte, la categoria fonamental del pensament social del segle XX, dins i fora del marxisme, ja no és la noció de política, sinó la d'història.

Sota aquesta perspectiva, la política ja no és l'àmbit de la llibertat enfront de la necessitat. Ara, l'oposició essencial passa a ser entre llibertat i arbitrarietat.

Això és així perquè la llibertat ja no és el fet d'actuar junts, ja no es predica dels éssers humans: l'únic pròpiament lliure és el procés històric, que segueix el seu curs de forma independent a la voluntat dels individus. Ser lliure equival ara a conformar-se al flux imparable del procés històric, i tot intent de resistir-s'hi és vist com un acte de pura arbitrarietat. El pitjor que et pot passar ara és "no estar al dia".

Si algun paper queda per a la política és el de sotmetre la voluntat capriciosa dels individus a la necessitat històrica, de manera que el sentit mateix de la política canvia: relegada a un paper secundari, li toca vetllar perquè la història segueixi el seu curs.

Però aquesta vigilància només es pot fer sotmetent a control tots els individus en tots els àmbits de la seva vida. I així és com la devaluació de la política porta a la politització totalitària de tots els àmbits de la vida.

2.3 La politització global. Els totalitarismes

En les ideologies historicistes, la llibertat de l'individu s'ha de sacrificar a la llibertat autèntica, la de l'evolució històrica. El model d'aquest concepte de llibertat és el del riu que flueix lliurement, i tota intervenció contra ell —el moviment capriciós i absurd dels individus— és un acte arbitrari que alenteix el seu curs. Aquesta visió historicista de la història, que posa el pes de la llibertat fora de la consciència i de la voluntat de les persones, domina poc o molt totes les ideologies contemporànies, i és el rerefons de tots els progressismes.

Però els règims totalitaris fan un pas endavant: descobreixen els mitjans polítics per a inserir els homes i les dones en el curs de la història, a fi que, lluny de ser un destorb, esdevinguin un element d'acceleració del seu flux. Els mitjans polítics necessaris d'aquesta inserció són la repressió i el terror exteriors, però també la repressió que neix a l'interior mateix del pensament ideològic (el "políticament correcte").

D'aquesta manera, i de forma brutalment paradoxal, en nom de la llibertat, els estats totalitaris forcen els individus a comportar-se i a pensar d'una manera determinada, tasca per a la qual els assisteix tot el poder tècnic modern: el cens burocratitzat de tots els habitants, les tècniques de propaganda, els *mass media*, enginys per a l'espionatge, armes i mitjans de coacció refinats, etc.

Ara, la política com a poder pretén dominar-ho tot. Però quan tot es politiza (els llibres que llegim, els acudits que expliquem, la música que escoltem o el vocabulari que utilitzem), la política deixa de ser l'àmbit de la llibertat.

2.4 El "miracle" de la llibertat

Vista des de la mentalitat historicista, la inèrcia històrica és irresistible. A fi de neutralitzar les seves tendències totalitàries, caldria alguna cosa així com una mena de miracle.

Un "miracle" seria aquí allò que irrompés de forma inesperada en la cadena d'esdeveniments calculables i que, d'aquesta manera, interrompés aquesta cadena i provoqués un nou començament. De forma provocadora, Arendt fa notar que, en la història, els miracles en aquest sentit existeixen i que, en realitat, són tan habituals que ja ni ens adonem que són miracles: el procés històric resulta en veritat d'iniciatives humanes i es veu interromput constantment per aquestes mateixes iniciatives.

És versemblant, en efecte, que la Segona Guerra Mundial hauria anat d'una altra manera sense la determinació de Churchill, i és segur que la població mundial —amb la repercussió decisiva que té sobre la realitat històrica— s'hauria configurat d'una altra manera si Fleming no hagués descobert la penicil·lina el 1928.

Encara que no vivim en un règim polític totalitari, en la nostra societat hi ha fenòmens que modelen i manipulen els nostres gustos i opinions. És, per exemple, el fenomen de *les tendències*, que no tenen res de lliures i espontànies, sinó que són planificades pels qui en fan negoci.

Hi tenen un paper important els tiktokers, que exhibeixen la seva vida i, quan aconsegueixen tenir prou seguidors, són contractats per les marques per mostrar productes com si ells els haguessin triat voluntàriament. En la imatge, no és evident que res no és casual ni espontani? La manera subtil d'aquest tipus de propaganda la converteix en una forma eficaç de manipulació, fins al punt que Putin ha arribat a ordenar la col·laboració dels influencers russos per propagar la seva versió de la intervenció armada a Ucraïna.

Tornant al nostre país, si som lliures, com és que de vegades ens sentim coaccionats a fer ús d'un llenguatge políticament correcte o a expressar en públic determinades opinions? Ara que la innovació és un ídol —n'hi ha prou amb dir "sembla mentida que en ple segle XXI afirmis..." per desprestigiar qualsevol opinió—, sentim la pressió d'"estar al dia". D'on ens ve aquesta coacció? I pel que fa als influencers, la vida que exhibeixen és realment *seva*? Són realment lliures?

Situacions: socialització, drets digitals, deshumanització, indiferència, postveritat, fake news, vida virtual, aïllament, exhibició, narcisisme, alienació, suïcidi.

2 Explica en quin sentit Arendt fa servir la paraula *miracle*.

3 Creus que la realitat humana es deixa estudiar i dominar com la realitat natural?

El cartell suggereix, en broma, que la política ha de tornar a la llar d'infants a fi de tornar a començar. La broma deixa de fer gràcia si, com sosté Arendt, la impossibilitat de tornar a començar suposaria, literalment, la destrucció de la política com a lloc de realització de la llibertat.

4 Existeix realment la política en la teva vida diària? En quin sentit sí i en quin sentit no?

EL PODER TOTALITARI

En un episodi de *La llista de Schindler* (1993), de Steven Spielberg, un oficial nazi d'un camp de concentració, des d'un balcó, dispara amb un fusell i abat uns presoners. Els presoners abatuts no destaquen per cap característica, no es distingeixen per res, no han fet res per a merèixer ser els escollits en aquest joc macabre. De forma totalment absurda i arbitrària, l'oficial els abat. Tampoc no el veiem gaudir com un sàdic: l'acte de sang no respon a una personalitat patològica. Tal com endevina Schindler en la conversa que tot seguit manté amb l'oficial, aquest acte és només expressió del poder pel poder; del poder absolut. Com si l'oficial digués: "No els mato per cap motiu: els mato només perquè puc!"

Disposar arbitràriament de la vida dels altres, jugar-hi sense motiu és jugar a fer de déu: el poder absolut és, per definició, poder que no reconeix cap límit i, per tant, tampoc el de les normes morals. Tal és el poder de tot estat totalitari.

ACTIVITATS

1 Busca informació sobre la tesi de Hannah Arendt referent a la "banalització del mal". Relaciona-la amb el concepte de politització total.

2 Posa un exemple d'una acció que no pugui ser considerada política des de cap punt de vista i un exemple d'una acció que sempre sigui política, des de qualsevol punt de vista.

2.5 L'acció com a poder-començar: la reivindicació de la política

L'**acció** trenca la inèrcia o l'automatisme dels processos socials i ens ofereix la possibilitat sempre present d'un nou començament. L'acció és, en efecte, la capacitat d'inaugurar alguna cosa nova, de prendre la iniciativa, de començar per un mateix una cadena nova d'esdeveniments.

Cada ésser humà, en virtut del seu naixement, entra en un món que el precedeix i que perdurarà després d'ell: cada ésser humà és ja sempre un nou començament. El miracle de la llibertat consisteix precisament en aquest **poder-començar**. Ja no es tracta només de la llibertat moral, com a escolliment entre el bé i el mal, sinó que es tracta, simplement, de voler que les coses siguin d'una altra manera. L'àmbit de la política en el sentit dels antics és precisament aquest àmbit en què les diferències són possibles perquè constitueix l'espai intersubjectiu de la llibertat.

D'aquest sentit de la llibertat ens en donen testimoni les llengües antigues. Dins el camp semàntic amb què anomenem l'acció política, el grec ARKHEIN vol dir al mateix temps "començar i comandar": ser lliure. I el llatí AGERE vol dir "posar alguna cosa en moviment, disparar un procés nou".

Si Marx posava l'accent en la producció (POIESIS), que té el fi de si mateixa fora de si mateixa, només la reivindicació de l'acció (PRAXIS) com a renovació constant del món salvaguarda la llibertat, perquè només l'acció constitueix sempre un poder-començar i no pas una solució final i definitiva.

La política com a lloc de realització de la llibertat

Si la inèrcia del segle XX sembla prendre un biaix totalitari, la defensa de la política com a espai de l'acció és l'única esperança de no deixar-nos portar estúpidament per aquesta inèrcia: contra la fatalitat de la inèrcia històrica, l'esperança de no sucumbir als perills que ens amenacen només pot venir de l'esfera política original.

La política, afegeix Arendt, no és de cap manera necessària, ni en el sentit imperiós d'una necessitat de la natura humana, com la fam o l'amor, ni en el sentit d'una institució indispensable per a la comunitat humana. Al contrari: comença precisament allà on cessen el domini de les necessitats materials i el de la força física, però també el de la necessitat històrica.

Com a tal, la política ha existit tan rarament i en tants pocs llocs, que, des del punt de vista històric, només algunes grans èpoques l'han coneguda i l'han practicada. Però si l'ésser humà no s'ha d'abandonar a la inèrcia de la necessitat històrica i ha de conservar la seva llibertat per a renovar el món tantes vegades com calgui, aleshores —conclou Arendt— caldrà defensar, de cap i de nou, l'acció política com a lloc de realització de la llibertat.

3.1 El pensament polític en situació. El caràcter pràctic de la teoria política

Cadascuna de les doctrines que acabem d'estudiar en aquesta unitat i l'anterior representa un esforç, per part de l'autor o l'autora que la defensa, de pensar la realitat del seu moment.

La pregunta pel millor règim polític en **Aristòtil** se situa en el moment històric de la crisi de la *pólis* (segle IV aC). **Maquiavel** pensa en els perills interns i externs que amenacen la Florència dels segles XV i XVI. El pensament polític de **Hobbes** i **Locke** s'entén des de l'experiència de la guerra civil anglesa del segle XVII. **Rousseau** viu la crisi de l'Antic Règim a França, i el seu convencionalisme inspirarà, després de la seva mort, l'assemblea constituent de l'Estat de la Revolució.

Pel que fa a **Mill** i **Marx**, viuen ja en un món marcat per l'economia capitalista. Mill veu les iniciatives individuals com a garantia de la vitalitat de la vida social, i defensa la llibertat de l'individu per sostenir el progrés material i científic. Marx, en canvi, considera que el sistema econòmic capitalista té uns problemes estructurals que el fan insostenible: el seu estudi científic és la seva contribució revolucionària a la transformació de la realitat que ha de portar al regne de la llibertat.

Hannah Arendt, finalment, repensa la realitat política des de les dues experiències polítiques fonamentals del segle XX: el totalitarisme i la bomba atòmica

Si el pensament anterior tenia com a problema la fragilitat de la política, la novetat és l'existència d'un poder irresistible que posa en perill, no solament la llibertat, sinó fins i tot la continuïtat de la vida sobre la Terra.

En tots els casos veiem, així doncs, que *la filosofia política és sempre un esforç de comprensió de la realitat política actual com a moment teòric de l'acció*: el moment d'un aclariment que permeti prendre decisions encertades en defensa de la vida en pau i llibertat.

Les variacions tenen, per tant, una causa doble: diferents autors poden dissentir els uns dels altres; però també pot passar que estiguin pensant realitats diferents. Aristòtil, per exemple, no diu res sobre el totalitarisme, pel simple fet que a la seva època no hi havia ni hi podia haver estats totalitaris.

Això fa que puguem distingir dos tipus de problemes polítics:

- Les qüestions perennes comunes a totes les èpoques.
- Les problemàtiques pròpies de l'actualitat de cada pensador.

Pel que fa a les primeres, hem tractat ja el problema de la relació entre ètica i política i el de la legitimitat del poder. A continuació, en considerem quatre més. Acabarem, en l'apartat 5, amb una consideració sumària de les apories que urgeix pensar en el nostre món actual.

Com aquests pescadors de Ghana en el seu vaixell, quan ens posem a pensar en la política ja hi estem embarcats. Si la ciència demana distingir l'objecte estudiat de l'investigador, la dificultat de la reflexió política és que ja sempre té lloc dins de la realitat política que tracta de pensar. Estem embarcats, i si la nau fa aigües, no tenim més remei que reparar-la en plena mar. Cada travessia té dificultats comunes a totes les travessies i dificultats pròpies.

1 Fes una llista de problemes polítics que creguis que són propis del moment present.

2 El poder polític actual, és fràgil o fort? La resposta seria la mateixa a tots els llocs del món?

Els estats, un cop constituïts, tenen tots el seu propi discurs de la justificació. Remeten a la voluntat dels déus (o de Déu), a la naturalesa, a la racionalitat, al consens o a la voluntat del poble. Però... i si aquests discursos fossin només la manera de persuadir els súbdits que allò que en realitat ha estat imposat amb un acte de violència és legítim? Pot ser just un ordre polític que va ser fundat per un acte d'injustícia?

3 Trobes bé que hi hagi lleis? Si és que no, justifica per què. Si és que sí, explica d'on creus que els ve la legitimitat.

4 La prohibició de l'assassinat, et sembla una llei merament convencional? És concebible una societat en la qual no hi hagués aquesta llei? Justifica la teva resposta.

5 Creus que hi ha un "dret de conquesta"? Per exemple, els països als museus dels quals hi ha peces que es van aconseguir amb l'ús de la violència en el curs d'una guerra, creus que haurien de tornar aquestes peces als països d'origen? I si fos el cas, a quin (d'aquests països) les haurien de tornar?

3.2 Qüestió 1: L'origen de l'estat

Un tema comú del pensament polític de tots els temps, com a mínim fins al segle XIX, és la pregunta per l'origen de l'estat.

Hi ha almenys cinc respostes possibles:

- Segons la primera, la llei és donada per Déu (o els déus) als homes a través d'un profeta, que esdevé per voluntat divina el cabdill de la tribu. És el cas de Moisès conduint el poble jueu pel desert sota la llei que Jahvè li va donar al mont Sinaí.

  Robert Filmer (1588-1653) sosté que el poder dels monarques té aquest origen diví, en una línia de filiació que va des d'Adam, el primer home, fins als Stuart actuals.

  Al segle XX, la propaganda franquista presentava el règim espanyol com el triomf d'una croada contra els enemics del catolicisme per voluntat de Déu.

- Segons la segona, la llei té com a origen **la naturalesa humana**. Així ho diu Aristòtil: l'ésser humà està dotat per naturalesa del do de distingir el just de l'injust, i en virtut d'aquest do elabora lleis justes, lleis que permeten la realització plena de la naturalesa humana, és a dir, que protegeixen el cultiu de la vida contemplativa.

- Segons la tercera, l'origen de l'estat és **el càlcul racional**, en virtut del qual els individus entenen la conveniència que cadascun d'ells renunciï a fer ús de la violència.

  En virtut d'un **pacte** s'instituеix un sol poder amb la capacitat de fer lleis i fer-les complir per la força, amb la condició que garanteixi la seguretat de tots. (Hem vist amb detall versions diferents d'aquesta doctrina amb Hobbes, Locke i Rousseau.)

- Segons la quarta, l'origen de l'estat és **el costum d'una comunitat instituïda en norma**. En una situació prepolítica, uns individus més dotats o carismàtics determinen amb les seves decisions allò que el grup va fent seu. *El caràcter exemplar d'uns quants fa que la seva manera d'actuar esdevingui norma, i així neix, pel costum, un ordenament jurídic basat en la tradició.* Per a Hayek (1899-1992), no té sentit buscar el seu fonament racional: l'única cosa que importa és la seva eficàcia històrica, guanyada a través d'un llarg procés d'assaig i error, que prova la seva bondat.

- Finalment, una cinquena explicació consisteix a dir que en l'origen de tot estat hi ha, simplement, **un acte de violència**. No mana ni la voluntat divina, ni la naturalesa, ni la racionalitat ni la tradició posada a prova. Mana la voluntat de poder, la decisió dels més forts. Per això aquesta posició de vegades s'anomena **decisionisme**. No cal dir que els forts escriuen la història: tota justificació de l'ordre dominant ve *després* d'haver-lo imposat per la força. Ho sostenen Pascal (1623-1662), Schmitt (1888-1985) o Foucault (1926-1984).

3.3 Qüestió 2: Qui ha de governar? El principi democràtic

Hem vist que la divisió del treball és pròpia de la vida social, i que aquesta divisió té a veure, entre altres coses, amb les aptituds que té cadascú. Val això també per al govern dels estats? Governar és de superdotats? És cosa d'experts?

- Segons una primera resposta, la perícia per a governar depèn, en efecte, de **qualitats innates** que es transmeten de pares a fills en una nissaga de senyors. Els nobles han de governar i els altres han de sotmetre-s'hi com a súbdits a canvi de protecció. Tenim, així, una forma o altra de monarquia o aristocràcia.

  Plató (427-347 aC) presenta una variació sobre aquesta primera resposta. Els éssers humans —diu— no som pas iguals: uns han nascut per a produir, altres per a defensar la ciutat i uns tercers per a governar. Ara bé, això no es transmet de pares a fills, de manera que una de les tasques de l'educació serà detectar quins individus faran millor servei a l'estat: són els filòsofs reis.

- Una segona resposta diu que l'expertesa per a governar depèn d'uns **coneixements científics i tècnics**. Així com ningú no confia a un qualsevol una operació a cor obert, sinó que exigeix la perícia d'un cirurgià, tampoc no hem de confiar a un qualsevol el govern de l'estat: cal una elit de polítics amb una formació sòlida en lleis i economia. Tenim, així, un despotisme il·lustrat.

- Una tercera i última opció diu que, si bé hi ha activitats que demanen la perícia de l'expert, com operar a cor obert, n'hi ha altres que són comunes a tots els humans, com mocar-se o educar els fills; governar és del segon tipus: una cosa que qualsevol ha de poder fer, perquè no concerneix cap especialitat, sinó a la vida humana en general.

Cal, per tant, confiar el govern a **un qualsevol** (en algunes *póleis* hi havia càrrecs que es repartien per sorteig). Que mani el sentit comú: aquest és el credo democràtic.

En època moderna, aquest credo s'embarca en un projecte universal: deixar enrere els herois i els dèspotes i realitzar *l'ideal de ciutadania universal*; és a dir, reconèixer de forma efectiva la igualtat i l'aptitud per a participar en el govern dels estats a tots els éssers humans sense excepció. Ja no hi ha d'haver súbdits, sinó només ciutadans.

Aquesta opció no nega que el governant necessita l'assessorament d'experts. Si, per exemple, es tracta de construir una infraestructura, els enginyers tindran molt a dir sobre els aspectes tècnics del projecte. Ara bé, que calgui construir-la o no, "aquí" o "allà", amb prioritat o sense, etc., tot això demana una visió de conjunt que ja no és pròpia de cap especialitat.

Hi ha coses essencials que cap expert no pot decidir per nosaltres, i per això governar és cosa de tots i no solament d'especialistes.

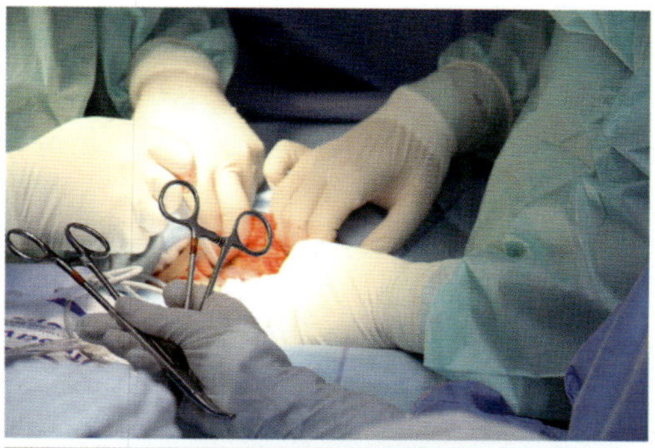

Hi ha accions que demanen la perícia d'un expert, com fer operacions quirúrgiques, i n'hi ha altres que qualsevol ha de poder fer tot sol, com mocar-se. A quin dels dos tipus pertany l'acció de governar?

6 Creus que educar els infants és cosa d'experts o una habilitat que pertany al comú dels homes i les dones? Si la resposta fos que és cosa d'experts, quines conseqüències polítiques tindria? Després de contestar la segona pregunta, mantens la teva resposta a la primera?

La primera imatge simbolitza la utopia d'un món fraternal i feliç. La segona imatge es titula *Big brother is everywhere*. L'expressió *Big brother* surt de la novel·la *1984*, escrita durant la Segona Guerra Mundial, en què el seu autor, **George Orwell**, denunciava els perills de les utopies feixista i comunista. El perill és aquest: a fi de dur a la pràctica el món feliç que un s'ha imaginat de forma independent de la realitat, el poder que tracta d'implementar-la no té més remei que sotmetre a vigilància tots els individus, per a obligar-los a comportar-se de la manera requerida perquè la utopia sigui viable. El món sobre el paper més feliç esdevé el més terrible quan es duu a la pràctica, perquè en nom de la llibertat s'imposa el totalitarisme.

Situacions: estereotips, llenguatge, utopia, deshumanització, postveritat, poder, fake news, vida virtual, ètica i política.

7 Creus que és del tot justa la crítica de les utopies que hem fet en el peu de foto?

3.4 Qüestió 3: És possible començar de zero? Les utopies

Atesos els desastres de la política, hi ha una altra possibilitat: buscar una illa deserta o una terra verge i fundar-hi una comunitat nova, partint de zero, aprofitant l'experiència acumulada per a acordar una llei nova que corregeixi els defectes de les anteriors. Els puritans que al segle XVII van viatjar a Amèrica a buscar la Terra Promesa es movien per aquest ideal. Eren utopistes.

Utopia, paraula inventada per Thomas More (1478-1535) a partir dels grecs OU, "no", i TOPOS, "lloc", significa: "lloc que no existeix", país imaginat a partir de zero. La idea mateixa pot portar els pensadors polítics a dissenyar ordres socials feliços, suposadament perfectes. Com que aquests dissenys poden no tenir en compte la naturalesa humana tal com és de fet, de vegades l'adjectiu *utòpic* s'ha fet servir en un sentit pejoratiu, com a sinònim dels adjectius *ingenu* o *irrealitzable*.

Però el sentit original no és aquest. L'ideal d'instituir la ciutadania universal, no té molt d'utòpic? No és, per tant, la utopia, com a ideal regulatiu, una dimensió necessària dels projectes polítics?

3.5 Qüestió 4: La Declaració Universal dels Drets Humans

A La Declaració Universal dels Drets Humans (1948)

Al final de la Segona Guerra Mundial, l'Assemblea General de les Nacions Unides va elaborar un document declaratiu en la seva resolució 212 A (III) del 10 de desembre de 1948 a París, que recull els drets humans bàsics: els que tot ésser humà té pel sol fet de ser humà, en virtut de la **dignitat** o valor intrínsec de tota vida humana, amb independència dels trets distintius de cadascú (raça, sexe, religió, etc.). Són, per tant, drets **universals**:

- **Inalienables**, perquè són inherents a la persona.
- **Inviolables**, perquè cap persona no en pot ser privada sota cap circumstància.
- **Imprescriptibles**, perquè no desapareixen ni caduquen.

La Declaració prova d'establir un consens universal referent a la base sobre la qual cal legislar en qualsevol país del món, a fi que tots els membres de la humanitat sense excepció vegin respectada la seva dignitat: pretén establir, per tant, les condicions de legitimitat de tota llei positiva.

Si bé no és vinculant, inspira diferents tractats internacionals que sí que obliguen els estats signants. A més, com a declaració de principis àmpliament acceptada, és invocada en les constitucions d'alguns països. La Constitució espanyola del 1978, per exemple, hi remet explícitament en el seu article desè.

B Els punts febles de la Declaració

Podem assenyalar quatre punts febles d'aquesta Declaració:

- **La seva universalitat és discutida.**

L'any 1948 només 58 països formaven part de l'Assemblea de les Nacions Unides i, d'aquests, només 48 van votar a favor: 2 eren absents i 8 es van abstenir, com Sud-àfrica, la Unió Soviètica i l'Aràbia Saudita.

La pretensió d'universalitat de la Declaració es va veure, així, compromesa des del seu mateix naixement, i encara més quan, l'any 1981, el nou representant de l'Iran a les Nacions Unides va sostenir que la Declaració era un producte de la cultura occidental europea d'arrel judeocristiana. El Consell Islàmic d'Europa, amb seu a Londres i afiliat a la Lliga Musulmana Mundial, va presentar aleshores la Declaració Islàmica Universal dels Drets Humans, que sotmet la Declaració Universal dels Drets Humans a la Llei islàmica. Alguns articles, com el de la llibertat religiosa (art. 18) o el de la llibertat de matrimoni (art. 16), queden compromesos.

- **El seu fonament és feble.**

Les Nacions Unides buscaven el consens universal. Ara bé, el consens com a font de drets inviolables, inalienables i imprescriptibles és un fonament feble, perquè aquells que han pactat una cosa en un moment donat després poden canviar d'opinió. De fet, com acabem de dir, aquest consens no s'ha donat mai.

- **La seva literalitat no aclareix quina política cal seguir.**

Com a principis orientadors, els drets humans són clars, però no ajuden a decidir una política concreta. Com es pot garantir, per exemple, el dret al treball (art. 23) en plena crisi econòmica? O com es poden fer compatibles el dret a la llibertat i el dret a la seguretat (art. 3)?

- **El seu compliment no pot ser obligat.**

La Declaració no és vinculant. Fins i tot si pretengués ser-ho, com que en tot cas no és la llei d'un estat, quina autoritat tindria dret a l'ús de la violència per a fer-la complir? Com que no hi ha estat mundial, qui té dret a fer ús de la força per a fer complir els drets universals? Si fem cas de Hobbes i Locke, tothom hi té dret. A la pràctica, determinats països s'atorguen el paper de "policia mundial", amb la qual cosa l'ambigüitat està servida: com es pot distingir quan aquests països actuen en defensa dels drets humans i quan ho fan per interessos particulars? D'altra banda, per bé que hi ha tribunals internacionals, com el Tribunal Europeu dels Drets Humans, que pretenen defensar els ciutadans que veuen vulnerats els seus drets al seu país, a la pràctica el poder real d'aquests tribunals és molt limitat.

En suma, el cas de la Declaració Universal dels Drets Humans constitueix un exemple concret de com el problema teòric de la legitimitat té conseqüències pràctiques d'abast universal.

A l'Afganistan, les dones són obligades a portar burca per a cobrir tot el seu cos, incloent-hi el rostre, de manera que només se'ls vegin els ulls. Ja que no som afganesos, tenim dret a opinar sobre aquest fet?

Situacions: socialització, drets humans, alienació, gènere, estereotips, violència, llenguatge, violència de gènere, diversitat cultural, convenis, poder.

8 Creus que hi ha drets universals inalienables? O penses que dir això equival a fer passar la nostra mentalitat occidental per universal?

ACTIVITATS

1. Amb quina de les tesis sobre l'origen de l'estat estàs més d'acord? Justifica breument la teva resposta.
2. Comenta la frase següent: "La democràcia és la menys dolenta de les formes de govern."
   - **a** Què diferencia el concepte de "la menys dolenta" respecte al de "la millor"?
   - **b** Si no hi ha cap diferència, per què creus que l'autor no diu simplement "la millor" i prefereix aquesta fórmula?
3. Una variació del concepte d'utopia és la distopia o antiutopia. Busca dos exemples de distopies literàries i dos exemples de distopies cinematogràfiques.
4. Busca informació sobre els drets humans de "primera generació", els de "segona generació" i els de "tercera generació". Defineix-los, explica'n breument el context històric i posa tres exemples concrets de cadascun.

4 L'aporètica política

Atena, deessa de la saviesa

Si els humans posseíssim la saviesa dels déus, potser trobaríem una solució definitiva a tots els nostres problemes. Però, com que no som déus, potser el millor que podem fer és aprendre a viure en la provisionalitat. Ara bé, fins i tot per a viure en la provisionalitat convé comprendre quins són els problemes perennes amb els quals ens enfrontem. Per això cal una aporètica.

1 Quina mena de problemes creus que poden tenir una solució definitiva? I quins no?

2 Tens la "solució final" per a assegurar que tindràs una vida feliç?

3 Viure en la provisionalitat equival a viure sense saber què estàs fent? Quin paper hi té el saber en les situacions de provisionalitat?

4.1 Complexitat i provisionalitat. La noció d'aporètica política

Tot pensament totalitari és partidari d'una "solució final". L'expressió sona de forma terrible. La va fer servir per primera vegada l'estat turc durant la Primera Guerra Mundial per a referir-se a la política d'extermini del poble armeni i la va fer seva l'Alemanya nazi per a referir-se a la política d'extermini del poble jueu.

La temptació d'establir per la força la solució definitiva a tots els mals que amenacen la vida dels éssers humans ha comportat tots els horrors de què han estat testimonis els homes i les dones del segle XX.

Només pot ser partidari d'una solució definitiva aquell qui confia plenament en el seu encert, tant en la visió que té de la realitat com en el remei que proposa per a guarir aquesta realitat de tots els mals d'una manera definitiva. Aquesta confiança plena és la pròpia de tots els fanatismes i és la base de tot projecte totalitari.

L'experiència política dels nostres temps i la memòria de l'experiència política de les èpoques pretèrites ens prevenen contra una confiança com aquesta:

- D'una banda, sovint hem vist com les decisions més benintencionades i (pretesament) més ben informades han acabat en desastres manifestos.
- D'altra banda, guardem la memòria de la decadència de les èpoques més felices i som testimonis de la tendència amb què la presència constant del desacord i el conflicte ens fan caure un cop i un altre en els horrors de la fam i la guerra.

Aquesta doble experiència, de la pròpia ignorància i del poder destructor del temps quan és deixat a la seva inèrcia, ens hauria d'advertir que mai no hem de jugar a ser déus en el govern dels estats.

La condició humana és problemàtica perquè no hi ha solucions definitives: ens cal, per tant, una **aporètica política**, això és, una comprensió dels problemes perennes amb què la vida en llibertat ens enfronta i que tenim la responsabilitat d'enfrontar.

Entendre que no hi ha solucions definitives és, aleshores, un guany, sobretot si assumim la necessitat de viure en cada generació el deure de tornar a començar: de tornar a pensar la nostra realitat per a comprendre-la en la seva complexitat i d'actuar a fi d'introduir correccions tantes vegades com calgui quan les coses es desajusten. Ens cal, en suma, *saber viure en la provisionalitat*.

Per a fer-ho, caldrà que els ciutadans assumim la responsabilitat d'exercir la nostra racionalitat en la comprensió de la realitat comuna a fi de prendre'n cura. En l'exercici d'aquesta responsabilitat, considerem succintament, per a acabar, cinc de les apories que avui dia ens urgeixen.

4.2 Aporia primera: poc o molt estat?

Fins a quin punt l'estat té dret a intervenir en la vida de les persones? Tres problemàtiques diferents i complementàries graviten al voltant d'aquesta pregunta:

La intervenció de l'estat

Un estat que intervé molt, fins a fiscalitzar la vida privada dels seus súbdits (suposadament amb vista a la seva felicitat) mata la llibertat. A l'altre extrem, un estat que intervé el mínim i dona un marge d'acció molt gran als seus súbdits no protegeix prou bé els febles davant les coaccions o els abusos dels forts. En termes econòmics, el primer tipus d'estat creu en la planificació centralitzada de la producció de tots els béns, mentre que el segon confia en la mà invisible que segons Adam Smith regula el mercat. Tots dos extrems, el comunisme totalitari i l'ultraliberalisme, porten conseqüències indesitjables. En quin punt es troba el terme mitjà? És determinable aquest punt? O l'estat ha d'intervenir més o menys segons les circumstàncies?

El control del poder

Sigui quin sigui el grau d'intervenció de l'estat, és evident que, si qui té el poder pot actuar amb tota impunitat, és fàcil que es corrompi o que acabi abusant del seu poder. Per això és necessari que hi hagi un control sobre el poder. D'entrada, cal, com demanava Montesquieu (1689-1755), que els poders legislatiu, executiu i judicial estiguin separats. La separació real, tanmateix, és difícil. Vegem, per exemple, el cas d'Espanya: el tribunal superior de justícia és el Tribunal Constitucional, però resulta que els membres d'aquest tribunal són nomenats pels partits polítics que formen part del poder executiu (el govern) i del poder legislatiu (el parlament). Als països anglosaxons, l'estructura de les institucions de l'estat tendeix a preveure que hi hagi sempre un contrapoder davant del poder de cada cas. Així, per exemple, en un judici, el poder del jutge és contrapesat pel poder del jurat. En qualsevol cas, l'aporia es pot formular així: quins controls cal posar a l'exercici del poder? De quina manera garantim els drets dels ciutadans contra els abusos de poder?

La descentralització del poder

Finalment, el poder es pot concentrar en el govern central o bé es pot descentralitzar a fi de procurar que els centres de decisió es trobin tan a prop com sigui possible del lloc on apareixen els problemes. La primera opció es defensa des d'un model de racionalització i coherència de l'estat i la segona, des d'una confiança en el bon ús que els poders locals faran de l'autonomia concedida. El primer model troba dificultats per a reconèixer les particularitats de cada territori o de cada localitat. El segon model corre el perill d'introduir greuges comparatius entre els súbdits d'un mateix estat. De quina manera cal repartir, així doncs, el poder de l'estat?

El senador John Kerry i el president Bill Clinton, respectivament, en campanya electoral. Al nostre país, com als Estats Units, les campanyes electorals tenen molt de màrqueting. En aquestes fotos, els dos polítics es mostren al mateix temps propers i paternals amb el seu electorat. A quin tipus d'estat (molt o poc intervencionista) creus que correspon la figura del pare com a símbol del poder polític?

D'altra banda, les figures tradicionals del pare, del pastor, del capità de vaixell per referir-se als qui piloten el destí d'un estat des del govern, et semblen merament descriptives o plenes de connotacions? Negatives o positives? Caldria inventar noves metàfores per referir-se als governants? Quines proposes tu i per què?

Situacions: educació, estereotips, símbols, gènere, llenguatge, utopia, política, poder.

4 Kant deia que la vida en llibertat és la majoria d'edat dels éssers humans.

a Creus que un poder paternalista és respectuós amb la llibertat?

b Creus, tanmateix, que cal posar límits a la llibertat dels súbdits? Per què?

En una societat desestructurada, el guany personal –d'individus o grups, incloent-hi els partits polítics– preval per sobre de qualsevol altre principi. La corrupció de la societat posa en perill la democràcia mateixa.

5 Comenta tres casos de corrupció que coneguis pels diaris.

4.3 Aporia segona: la crisi de la democràcia en la desestructuració de la societat

Hem vist que la formació de la comunitat política pressuposa una estructuració prèvia de la societat en grups i divisions territorials. La pertinença a determinats grups en funció de les afinitats i els interessos comuns estructura la societat i hi dona una fesomia determinada.

Entre l'individu i el poder hi ha, així, aquesta articulació de la vida social en societats i institucions que representen i defensen els interessos dels diferents grups i individus.

Però avui dia tenim indicis d'una certa desarticulació de la societat, que segons **Yves Charles Zarka** (1950) té a veure amb un doble fenomen de desarrelament:

- La **desterritorialització**, que dilueix les fronteres i afluixa el sentiment de pertinença a un lloc.
- L'**homogeneïtzació**, que fa que l'estil de vida d'una massa cada cop més gran d'habitants de la Terra es despersonalitzi i imiti un model virtual que ve del cinema i de les sèries americanes de televisió.

Els pobles i les nacions s'aplanen i perden la seva personalitat en un procés que, si portés la seva lògica fins al final, convertiria el món en un desert: un lloc de vida errant infinita per a poblacions humanes sense identitat; un lloc en què els individus viurien cada cop més aïllats, més impotents davant el poder, més incapaços de tenir projectes.

Un efecte d'aquest afebliment ja visible de la vida sedentària és que l'espai comú de la comunitat política es va esborrant de forma progressiva, i l'àmbit del que és públic es desdibuixa. En efecte, una vida fora de context i desarrelada acaba generant forçosament disfuncions en la vida democràtica. En tenim almenys tres símptomes:

- El sentit de l'interès públic es va perdent. Sota dues formes: a) La **corrupció** —l'ús del càrrec públic per a obtenir beneficis particulars— i b) la **partitocràcia** —ja que la societat queda desarticulada, les úniques estructures de representació estables són els partits, i aquests acaben actuant per interès del propi partit més que no pas de la cosa pública. No es parla a la intel·ligència dels ciutadans, sinó que es fa demagògia per a guanyar votants, i no es trien els més qualificats, sinó els més lleials al partit.
- En la mesura que augmenta el procés de desidentificació dels individus, aquests ja no exerceixen com a ciutadans, sinó com a mers súbdits.
- Apareix, en fi, una forma nova de marginalitat: sectors sencers de la societat creen noves formes d'estrangers de l'interior, que viuen al marge dels valors, la llengua, els costums i les normes socials del país que els acull. En perdre la força integradora de tots els components de la població, la democràcia es posa en perill a si mateixa.

4.4 Aporia tercera: la força dels poders supraestatals

La **globalització**, o el procés en virtut del qual la vida econòmica i la relació entre els individus té lloc en un àmbit que està per sobre de la sobirania dels estats, ens enfronta a l'existència de companyies i grups que tenen un poder econòmic i una capacitat de decisió molt per sobre del poder que tenen la majoria dels estats.

Aquests poders s'escapen de tot control polític i democràtic, de manera que la situació de l'individu respecte a aquests s'assembla a la del súbdit davant la força irresistible d'un imperi, més que no pas a la del ciutadà de les *póleis* respecte dels seus conciutadans.

És possible la fundació d'un estat mundial que ens fes a tots ciutadans d'una sola comunitat política? No sembla pas fàcil. No es veu com es resoldria el problema de la representació —de la participació de tots els humans— en un hipotètic parlament mundial. Podem, fins i tot, malfiar-nos d'una situació en què el poder del món es trobés en unes soles mans, per més que imaginem utòpicament aquest poder com un estat democràtic.

4.5 Aporia quarta: la doble moral i el problema del reconeixement

L'existència d'una pluralitat d'estats amb legalitats i circumstàncies diverses ens enfronta a una situació incòmoda. La Declaració Universal dels Drets Humans ens insta a protegir la dignitat de tot ésser humà pel sol fet de ser humà. Però la divisió del món en països fa que cada estat es responsabilitzi només dels drets dels seus súbdits. *La lògica dels drets universals xoca, així, amb la lògica de la protecció dels propis súbdits per part de cada estat particular.*

Dos factors fan el problema especialment visible i dolorós:

- El primer és demogràfic: el creixement de la població de certes parts conflictives del planeta anima una quantitat enorme d'homes i dones a emigrar a llocs on hi hagi més oportunitats.
- El segon és tecnològic: els mitjans de comunicació han fet el món més petit, i riuades de gent travessen mars i deserts per a arribar a terres més segures.

La lògica dels drets universals hauria de fer que els països amb més recursos acollissin aquests viatgers forçats, fugitius de la fam o de la guerra, en defensa de la seva dignitat. Però els recursos són limitats, i sovint es tendeix a protegir *els nostres* abans que *els altres*.

Alguns d'aquests emigrants són reconeguts com a refugiats i recomencen les seves vides, però d'altres, no. La **lluita pel reconeixement** és un dels nuclis de la política: no solament els esclaus, els pobres o les dones han hagut de patir durant segles el fet de ser ignorats com a ciutadans; també els pobles dominats lluiten per ser reconeguts com a pobles.

Malgrat la universalitat proclamada dels drets humans, fins i tot els mateixos països que diuen que els protegeixen posen fronteres, físiques o imaginàries, que exclouen bona part de la humanitat del gaudi d'aquests drets. La proclama diu que els drets en qüestió són inalienables, però la limitació dels recursos fa que tots ens avinguem a considerar-los més inalienables entre els nostres que no pas entre els altres. La lluita pel reconeixement és, doncs, un dels motors més importants de tots els conflictes polítics.

Situacions: drets humans, sostenibilitat, cosmopolitisme, responsabilitat cívica, ètica i política, poder, postveritat, despotisme i democràcia.

6 Coneixes casos de "marginalitat interior" (en el sentit que hem donat a l'expressió) en la teva societat?

7 Creus que les persones aïllades són més vulnerables que les que s'associen? Creus que a les grans ciutats de la nostra societat es viu amb un sentit de comunitat o més aviat hi ha molta gent que viu molt sola?

La Terra és el lloc on ha estat possible la vida dels éssers humans i de tota la resta dels éssers vius que conviuen amb nosaltres. L'acció dels humans l'ha posat en perill: el futur de la Terra està a les nostres mans. I no ja com a russos, nigerians, australians o mexicans, etc., sinó, pròpiament, com a humans. La responsabilitat de tenir-ne cura és cosa de tota la humanitat. Estarem a l'altura dels nostres deures cosmopolites?

Situacions: sostenibilitat, responsabilitat cívica, cosmopolitisme.

8 Creus que els països haurien de renunciar al benestar en defensa del medi ambient? Amb quines lleis? Proposa'n una.

ACTIVITATS

1. Hi ha dues maneres estereotipades de posicionar-se respecte als serveis públics:
   - **a** L'avergonyiment per haver de dependre de l'Estat i no poder valer-se per un mateix.
   - **b** L'orgull per una societat en la qual tots ens ajudem i tots ens impliquem en els problemes dels altres.

   Amb quina t'identifiques més? Raona-ho.
2. S'hauria de passar un examen per a tenir dret a vot? Què s'hi guanyaria? Quins perills tindria per a la democràcia?
3. Explica i digues si estàs d'acord amb aquesta frase de Paul Samuelson: "M'és igual qui redacti les lleis d'una societat, sempre que em deixin redactar els seus manuals d'economia."
4. El sexe, el color de la pell o la religió condicionen la tria dels representants polítics?

4.6 Aporia cinquena: el cosmopolitisme

Arendt parlava de la bomba atòmica, és a dir, de la possibilitat de destrucció de la vida a la Terra, com a experiència política pròpia del segle XX.

Al segle XXI l'escalfament del planeta i la consciència clara que els recursos que ens dona poden exhaurir-se ens enfronten a una nova experiència.

Els habitants del planeta en el seu conjunt tenim una responsabilitat respecte dels no-nascuts: no podem fer el que vulguem de la Terra, perquè la Terra també és dels no-nascuts i no solament nostra.

La responsabilitat dels humans respecte de la continuïtat de la vida a la Terra ens planteja un nou repte: sentir-nos ciutadans del món (cosmopolites) i comprometre'ns, al propi estat, però també amb tota la humanitat a través dels pactes internacionals, a actuar de forma responsable amb les condicions de vida de tota la humanitat futura.

La pol·lució, l'escalfament del planeta i l'exhauriment dels recursos naturals ens enfronten al perill d'un canvi climàtic. Sequera, ciclons i tornados, inundacions, aiguats, tsunamis són només alguns dels fenòmens climàtics que ens adverteixen que cal un canvi de polítiques mediambientals d'abast planetari.

5.1 La responsabilitat de ser humans

Quan forces impersonals dominen sobre la vida dels homes, corre perill la nostra **dignitat**. A l'edat mitjana, la dignitat de cada individu es fonamentava en l'afirmació bíblica segons la qual tots i totes som fets a imatge i semblança de Déu. A partir de Kant, però, la dignitat de l'ésser humà, el valor intrínsec i inviolable de tots i cadascun dels individus, consisteix en el fet que tots som persones; és a dir: éssers morals sotmesos només a la pròpia consciència. A diferència de les coses, que no tenen cap responsabilitat, les persones som responsables: de la Terra que ens acull i de la humanitat que hi ha en els altres i en nosaltres mateixos.

La temptació de ser cosa, de perdre la dignitat, és gran. Davant els problemes que sempre amenacen la vida dels éssers humans, ens pot temptar, si tenim la sort de gaudir d'una vida més o menys còmoda, d'anar fent sense pensar gaire. Si tenim aquesta sort, més valdria, tanmateix, que ens en féssim dignes, perquè no és el cas de bona part dels nostres congèneres. Fer-nos dignes de la sort que tenim vol dir assumir la responsabilitat de fer-nos càrrec dels béns que hem heretat i de provar d'entendre en la mesura de les nostres possibilitats la nostra situació al món a fi de donar respostes noves.

Si és just disposar del que se'ns deu, caldrà que vetllem perquè també els altres rebin el que els pertoca. Si és just disposar del que se'ns deu, caldrà igualment que procurem donar-nos el que ens devem a nosaltres mateixos: una vida digna. És només aquesta possibilitat el que fa de cada nou individu un nou començament.

Davant les dificultats que ens amenacen, exercir de ciutadans és saber-nos partíceps, malgrat tot, de la possibilitat, un cop més, de tornar a començar.

Davant les apories que reclamen la nostra atenció, tancar els ulls i pregar perquè tot vagi bé no sembla una resposta adulta. La reflexió política ens ha de dur a comprendre els problemes que urgeix afrontar. Però afrontar-los d'una manera o d'una altra és una cosa que només cadascú pot decidir per si mateix.

1 Com creus que caldria articular una acció conjunta de tota la humanitat amb relació a aquells temes que són globals?

ACTIVITATS

1 Fes una anàlisi crítica del concepte *valor*. Respon a partir d'aquesta reflexió:
- En quins sentits de la paraula *valor* podem dir que tot ésser humà té un valor intrínsec? En quins sentits no ho podem dir?

2 Hi ha algun sentit en el qual tot ésser humà sigui responsable de tots els altres éssers humans sense excepció?

3 Alguns autors comencen a parlar d'un "posthumanisme", basat en el fet que la barreja entre els éssers humans i la tecnologia permetrà la superació de moltes barreres que limitaven l'acció humana. Busca informació sobre el concepte de "posthumanisme" i reflexiona sobre fins a quin punt podria suposar algun problema respecte a la transformació del concepte de "dignitat humana".

4 Creus que les màquines (robots) podrien ser portadores d'algun tipus de "dignitat"?

Recapitulació

Malauradament, les tanques de filferro espinós han format part del paisatge habitual de l'Europa contemporània. Quina mena de coses t'evoca aquesta imatge i quina relació tenen amb el contingut d'aquesta unitat?

PARAULES CLAU

aporètica, ciutadania universal, comunitat, cosmopolitisme, decisió, decisionisme, dialèctica, dignitat, drets humans, historicisme, humanitat, ideologia, individu, interès, liberalisme, materialisme dialèctic, nihilisme, norma, persona, poder

Si l'ètica ens assistia en l'aclariment de les nostres vocacions i els nostres projectes, la reflexió política ens recorda que la resposta a aquestes vocacions i la realització d'aquests projectes topen a cada moment amb la realitat social concreta en la qual vivim. L'acció té lloc sempre en el context de les societats a les quals pertanyem i que fan possible la nostra presència activa dins la comunitat, però també en el context de les múltiples coaccions que rebem pel fet que la realitat humana està dividida en grups amb afinitats i interessos diversos i sovint contraposats.

No es tracta ara de refer tots els camins que hem transitat en l'exploració d'aquest laberint que és la política. Limitem-nos a recordar que, en la seva versió més noble, "política" és el nom d'una possibilitat: la possibilitat que tots els individus trobin les condicions adequades per a l'exercici de la seva llibertat.

Si s'entén això, la defensa de la comunitat política és perfectament compatible amb la crítica de la comunitat política.

Naturalment que, com a ciutadans, tenim el dret –i fins l'obligació– de conèixer i denunciar moltes coses: la corrupció, la partitocràcia, els abusos de poder, la politització de tot, les tècniques modernes de manipulació i tot el que es vulgui. Però convé, al mateix temps, recordar que si la crítica ens porta a desinteressar-nos de la política, si ens fa apolítics, esdevenim idiotes.

La paraula *idiota* és la que feien servir els grecs per a referir-se als individus particulars que s'ocupaven només dels seus afers particulars. Una societat d'idiotes, d'individus que viuen aïllats els uns dels altres, d'individualistes que només s'ocupen d'ells mateixos, és una societat d'homes i dones vulnerables a tota mena de manipulacions. Quan les circumstàncies els superin, els individus que han renunciat a exercir de ciutadans corren el perill de veure's immersos en una dinàmica d'abusos i violència.

La política, en el sentit més noble, és precisament la possibilitat d'evitar els abusos i la violència, la possibilitat de comprendre la realitat social present a fi de prendre les decisions col·lectives escaients a través del diàleg, en defensa de la pau i de la llibertat, la possibilitat, en suma, de fer front a la decadència: de fer realitat, en cada generació, el poder de tornar a començar.

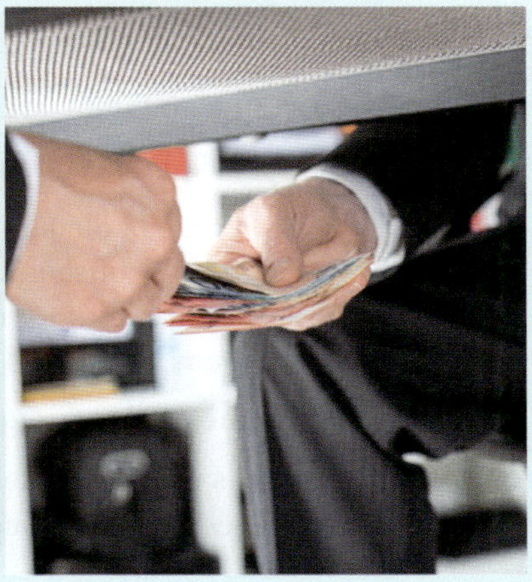

EN 8 IMATGES

ASSOCIACIONS La lliure associació permet relacionar imatges segons criteris de proximitat (taula i cadira), però també per antagonisme (alt i baix) o per molts altres criteris.

FES parelles diverses entre les fotografies de la columna de l'esquerra i les de la columna de la dreta que estiguin relacionades amb les temàtiques estudiades en la unitat.
Prova de fer tantes parelles amb sentit com et sigui possible.

EXPLICA, per a cada parella, què t'ha induït a fer-la.

LES NOVES DIMENSIONS DE LA POLÍTICA. A partir del segle XIX la política, i amb aquesta la reflexió política, pren unes dimensions noves. La idea d'una solució definitiva a tots els mals de la humanitat i la realitat d'un estat totalitari apareixen ara.

1 **Llegeix el text següent i, després, respon:**

"Només han persistit dues forces reals fins al nostre present: el partit del passat, el de la reacció, que inclou totes les classes posseïdores i privilegiades i que ara només busca refugi, sovint de forma explícita, sota la bandera de la dictadura militar o l'autoritat de l'Estat; i el partit del futur, el partit de l'emancipació humana integral, el partit del socialisme revolucionari, del proletariat. Hem de ser sofistes o completament cecs per a negar l'existència de l'abisme que separa actualment totes dues classes. Com passava en el món antic, la nostra civilització moderna —regida per una minoria relativament limitada de ciutadans privilegiats— té com a base el treball forçat (forçat per la gana) de la gran majoria de la població, condemnada inevitablement a la ignorància i la brutalitat...

A més, el comerç lliure no és pas la solució. És inútil dir amb els economistes que la millora de la situació econòmica de les classes treballadores depèn del progrés general de la indústria i el comerç en tots els països i de la seva completa emancipació de la tutela i la protecció estatals. La llibertat d'indústria i comerç és, per descomptat, una gran cosa i constitueix un dels fonaments bàsics per a la unió internacional de tots els pobles del món. Com que som amics de la llibertat a qualsevol preu, i de totes les llibertats, hem de ser també amics d'aquestes llibertats. Però hem de reconèixer, d'altra banda, que mentre l'Estat actual existeixi, mentre el treball continuï sent el servent de la propietat i el capital, aquesta llibertat, com que enriqueix una secció molt petita de la burgesia en detriment de la gran majoria de la població, produirà un bon resultat: afeblirà i desmoralitzarà més completament el petit nombre de persones privilegiades, incrementarà la pobresa, el ressentiment i la justa indignació de les masses treballadores i apropará, d'aquesta manera, l'hora de la destrucció dels estats."

MIKHAÏL A. BAKUNIN (1814-1876), *Escrits de filosofia política*, II

a A quin procés històric teoritzat per Marx fa referència el text? Explica'l.

b Hi ha alguna afirmació del text que coincideixi amb el liberalisme de Mill? Quina és, tanmateix, la crítica que Bakunin faria al liberalisme de Mill?

c En què se separa Bakunin de Marx?

d Quina diferència hi ha entre "llibertat" i "llibertats"?

e Creus que la destrucció dels estats portaria per si sola l'emancipació de tota la humanitat?

2 **Llegeix el text següent.** Es tracta d'una entrevista a Hyeonseo Lee, filla d'un dirigent nord-coreà caigut en desgràcia, que als disset anys es va poder escapar de Corea del Nord. Després d'explicar la seva fugida i de com va convèncer la seva mare i el seu germà perquè l'acompanyessin a Corea del Sud, l'entrevista continua així:

I avui viuen feliços a Corea del Sud?

La meva mare només va trobar feina de dona de fer feines i el meu germà trobava a faltar la seva vida com a contrabandista. Se sentien tan desplaçats, que el meu germà gairebé torna al nord.

Tornar a l'horror? Per què?

El seu motiu explica també que la dinastia dels Kim ja faci 60 anys que atemoreix els coreans: quan renuncies a la llibertat, la vida pot arribar a ser psicològicament molt còmoda, tot i les mancances. I, per al meu germà, era més fàcil continuar sent un privilegiat contrabandista en la dictadura que estudiar en l'exigent universitat sud-coreana.

Però a Corea del Nord es passa gana.

No sabem que hi ha una altra possibilitat —a mi em van fer creure a l'escola que l'*Estimat Líder* no necessitava ni anar al lavabo— i creixes convençut que tens la gran sort de ser nord-coreà.

Quan acabarà?

Això li pregunto jo. La fi no arribarà des de l'exterior, perquè Corea del Nord té armament atòmic, encara que no l'utilitzarem mai.

Per què n'està tan segura?

Perquè el dictador fill, Kim Jong-un, és un nen depravat i consentit, però mai no iniciaria una guerra atòmica que es carregués la seva vida regalada. Abans s'escaparia amb els seus diners.

Què és el més depravat del dictador?

Les esquadres del plaer de l'elit recluten les joves més guapes dels col·legis i els mesuren des de nenes fins els mugrons per brindar-les al seu entorn. I les seves famílies arriben a estar-ne orgulloses. Però el que li fa cometre els pitjors crims és la por: el poder absolut comporta por absoluta i el torna paranoic.

I les privacions: la fam i la por?

Com que tothom les pateix, fan menys mal. El teu sentiment de felicitat depèn de com de desgraciats vegis els altres i a Corea del Nord l'únic feliç de debò és l'*Estimat Líder*.

Viure així no és insuportable?

No tant. Ens ensenyen des del bressol a ser insolidaris, a menysprear els de casta inferior i a competir denunciant els teus companys.

La llibertat té un preu.

Per això als nord-coreans, acostumats des del bressol que els manin què han de fer en cada segon de la seva vida, els costa tant adaptar-se al món lliure com al meu germà. [...]

Corea del Nord i Corea del Sud tenen res en comú?

Encara compartim una moral molt exigent amb l'individu: el nostre màxim terror és fallar a la comunitat, per això el suïcidi és un greu problema a Corea del Sud.

Va pensar mai a suïcidar-se?

No, perquè a Corea del Nord el suïcidi està prohibit. Al suïcida se'l considera desertor davant l'enemic i tota la seva família és castigada.

Què era el pitjor de viure sota els Kim?

El més humiliant per a mi és que, per a sobreviure, has de fer-te l'idiota.

La Vanguardia, 14 de setembre de 2015

a Creus que és cert que "quan renuncies a la llibertat la vida pot arribar a ser psicològicament molt còmoda"? És possible, en una democràcia, viure també renunciant a la llibertat? Què passa si molta gent ho fa?

b Segons l'entrevista, quin paper té l'educació als estats totalitaris? En quines frases de l'entrevista ho veus?

c Per quin procés creus que "el poder absolut comporta una por absoluta"? Pretén ser literal, la noia, quan diu que l'*Estimat Líder* és l'únic feliç?

d Per què, en un règim de terror, "per a sobreviure has de fer-te l'idiota"?

3 Llegeix el text següent:

"El fet que la política i la llibertat estiguin estretament lligades i que la tirania sigui la pitjor forma de govern, la més antipolítica, travessa com un fil roig el pensament i l'acció de la humanitat europea fins a l'època més recent. Han estat per primer cop els règims totalitaris i les seves ideologies (però no encara el marxisme, que anuncia el regne de la llibertat i que considera la dictadura del proletariat, en el sentit romà, com una institució transitòria de la revolució) els que s'han arriscat a trencar aquest fil roig: la novetat i el que fa por d'aquesta empresa no és que negui la llibertat o que es vegi a si mateixa com a bona o necessària per als homes. Es tracta més aviat de la idea segons la qual la llibertat dels homes s'ha de sacrificar a l'evolució històrica, el procés de la qual només pot ser entorpit pels homes que es mouen amb llibertat plena. Aquesta perspectiva és comuna a totes les ideologies específiques dels moviments polítics. En el pla teòric, és decisiu que la llibertat no consisteixi ni a actuar junts ni en el fet que els homes es moguin junts [...], sinó que és transferida a un procés que té lloc damunt dels homes, que actua i fa la seva obra darrere de l'espai visible dels afers públics. El model d'aquesta llibertat és el riu que flueix lliurement, i tota intervenció contra el seu curs representa un acte arbitrari que l'alenteix. [...] En el lloc del concepte de política [...] hi trobem el concepte modern d'història; els fets polítics i l'acció política han desaparegut en l'esdeveniment històric, i la història és compresa, en el sentit més literal, com un flux històric. La diferència entre aquest pensament defensat ideològicament i els règims totalitaris consisteix en el fet que aquests últims han descobert els mitjans polítics d'inserir l'home en el curs de la història."

HANNA ARENDT (1906-1975),
Què és la política?

Explica la tesi principal que planteja Hanna Arendt en el text.

Posa exemples d'arguments que els polítics fan servir que il·lustrin de quina manera aquesta mentalitat "progressista" es troba en els discursos de tots els partits polítics.

PENSAR DES DE DINS LA REALITAT POLÍTICA. Les teories polítiques es posen a prova quan s'enfronten a casos concrets i reals. L'activitat següent et proposa pensar el conflicte palestinoisraelià. L'autor del text, Amos Oz, és un escriptor israelià, de l'esquerra israeliana, que viu compromès en la recerca d'una solució viable al conflicte.

4 Llegeix el text següent i, després, respon:

"Els europeus benintencionats, les esquerres europees, els intel·lectuals europeus, els liberals europeus sempre necessiten saber, primer i sobretot, qui són els xicots bons i qui els xicots dolents de la pel·lícula. En aquest sentit, al Vietnam era molt fàcil. Se sabia perfectament que els vietnamites eren les víctimes i els nord-americans, el bàndol dels dolents. L'*apartheid* era molt clar: es podia discernir amb facilitat que l'*apartheid* era un pecat, i la lluita per l'alliberament nacional, per la igualtat i per la dignitat humana, un dret. D'una banda, la lluita entre colonialisme i imperialisme i, de l'altra, víctimes del colonialisme i de l'imperialisme. És relativament simple: és fàcil dir qui són els bons i qui els dolents.

Quan es tracta dels fonaments del conflicte araboisraelià, en particular els conflictes palestinoisraelians, les coses no són tan simples [...], perquè el conflicte palestinoisraelià no és una pel·lícula del salvatge Oest. No és una lluita entre el bé i el mal, més aviat el considero una tragèdia en el sentit més antic i més precís del terme: un xoc entre dret i dret, entre una reivindicació molt convincent, molt profunda, molt poderosa, i una altra reivindicació molt diferent, però no menys poderosa, no menys humana.

Els palestins són a Palestina perquè aquesta és la seva pàtria, l'única pàtria dels palestins. Igual que Holanda és la pàtria dels holandesos o Suècia, la dels suecs. Els jueus israelians són a Israel perquè no hi ha cap altre país en el món al qual, com a poble, com a nació, puguin anomenar casa seva. Sí com a individus, però no com a poble, no com a nació. Els palestins han intentat, a contracor, viure en altres països. Van ser rebutjats, de vegades fins i tot humiliats i perseguits, per la suposada 'família àrab'. Se'ls va fer prendre consciència de la manera més dolorosa de la seva 'palestinitat'; no van ser acceptats com a libanesos, ni com a siris, ni com a egipcis ni com a iraquians. Van haver d'aprendre amb duresa que són palestins i que Palestina és l'únic país al qual poden agafar-se.

Curiosament, els jueus han tingut una experiència històrica una mica paral·lela. Van ser expulsats a puntades de peu d'Europa. Va passar així pràcticament amb els meus pares fa uns setanta anys. Igual que els palestins van ser expulsats primer de Palestina i després de gairebé tots els països àrabs. Quan el meu pare era un nen a Polònia, els carrers d'Europa eren coberts de pintades com 'Jueus, a Palestina!', i a vegades menys amables: 'Maleïts jueus, a Palestina!'. Quan el meu pare va tornar a Europa cinquanta anys més tard, les parets eren cobertes de pintades com 'Jueus, fora de Palestina!'.

Molts europeus continuen enviant-me invitacions fantàstiques per a passar un cap de setmana de somni en un centre turístic deliciós amb companys palestins, col·legues palestins, amics palestins, perquè aprenguem a conèixer-nos, a agradar-nos mútuament, a prendre una tassa de cafè junts [...], amb la finalitat que el problema desaparegui. Aquesta actitud es basa en una idea sentimental, molt estesa a Europa, que tot conflicte només és en essència un malentès. Una mica de teràpia de grup, un toc d'orientació familiar i tot el món viurà feliç. Doncs bé, porto notícies tristes: alguns conflictes són molt reals, molt pitjors que un simple malentès. I també porto notícies sensacionals: em temo que no hi ha cap malentès essencial entre jueus israelians i àrabs palestins. Els palestins volen la terra que anomenen Palestina. Tenen raons molt poderoses per a voler-la. Els jueus israelians volen exactament la mateixa terra per exactament les mateixes raons, cosa que comporta al mateix temps una entesa profunda entre les parts i una tragèdia terrible. Per més rius de cafè que beguem junts, no s'extingirà la tragèdia [...]. Cal arribar a un acord, a un compromís dolorós. [...]

He treballat durant molts anys per al moviment israelià Pau Ara. El moviment pacifista israelià no és germà bessó dels moviments pacifistes europeus. [...] El pacifista europeu manté que el mal suprem en el món és la guerra. En el meu vocabulari, la guerra és terrible, però el mal suprem no és aquesta, sinó l'agressió. Si el 1939 tot el món menys Alemanya hagués mantingut que la guerra és el fenomen més espantós del món, ara Hitler seria el senyor de l'univers. Quan un percep l'agressió, ha de lluitar-hi en contra, vingui d'on vingui. Però només per la vida i la llibertat.

Quan vaig encunyar l'expressió 'Fes la pau, no l'amor', òbviament no predicava en contra de l'amor.

Però sí que intentava posar fi d'alguna manera a l'escudella sentimental de pau i amor i germanor i compassió i perdó i concessió i més... que fa pensar a la gent que, si els xicots dolents deixessin les armes, el món es convertiria de forma immediata en un lloc adorable i meravellós. [...] Penso que un ésser humà, almenys pel que em diu la meva experiència, pot estimar deu persones. Si és generós, en pot estimar vint. Un ésser humà afortunat, molt afortunat, pot ser estimat per deu persones. Si és afortunat en un grau superlatiu, pot ser estimat per vint persones. Si algú em digués que estima Llatinoamèrica i el Tercer Món o la Humanitat, seria poc convincent per a ser real. Com es lamentaven els Beatles fa molts anys, no hi ha prou amor per a fer girar el món. No crec que l'amor sigui la virtut a través de la qual es resolguin els conflictes internacionals. Calen unes altres virtuts. Cal sentit de la justícia, però també sentit comú, imaginació, una habilitat extrema per a imaginar l'altre, per a posar-nos en la pell de l'altre. Cal la capacitat racional de comprometre'ns i, de vegades, de cedir, de fer sacrificis i concessions. [...]

[...] El contrari de la guerra és la pau. [...] Si veig en vida l'Estat d'Israel i l'Estat de Palestina viure l'un al costat de l'altre [...] sense vessaments de sang, [...] quedaré satisfet fins i tot si no preval l'amor. Estimaré en una altra banda. [...] Com deia el poeta Robert Frost, 'una bona tanca fa bons veïns'."

AMOS OZ, "Sobre la necessitat d'arribar a un compromís i la seva naturalesa", *Contra el fanatisme*

a Sobre la base del que l'autor explica, creus que l'apel·lació (a.1.) als drets naturals, o (a.2.) a les convencions, o (a.3.) a la simpatia o els sentiments morals o (a.4.) al curs de la història o (a.5.) la lluita de classes poden orientar una solució viable al conflicte? Es tracta d'una lluita de classes? Justifica les teves respostes.

b Quins fragments ens fan pensar en el problema del reconeixement com a problema polític central? Quina relació té amb el fenomen actual de l'èxode de gent que fuig de la guerra i de la fam? El conflicte en qüestió, és una guerra de religió? És un xoc de civilitzacions?

c Creus que els partits polítics i els mitjans de comunicació europeus tracten bé la qüestió quan en parlen?

d Quan Oz proclama "Fes la pau, no l'amor", contra quin lema ho fa? Qui va inventar aquest lema i amb relació a quin conflicte? Què els retreu l'autor?

LA RESPONSABILITAT COSMOPOLITA. Si la solució als conflictes concrets no és simple, potser cal que els habitants del món prenguin consciència de les seves responsabilitats i les assumeixin. Yves Charles Zarka ens hi fa pensar.

5 **Llegeix el text següent i, després, respon:**

"[...] es tracta de refundar aquesta noció [el cosmopolitisme] a partir de la reinscripció de l'home en el conjunt del món vivent, on hi ha una responsabilitat particular en la mesura que la seva existència no se circumscriu a la immediatesa del present, sinó que pensa i es pensa a si mateixa en funció del passat i del futur; i en la mesura que el seu saber i la seva tècnica li han donat una superioritat considerable susceptible de construir, però també de degradar i fins i tot de destruir les condicions mateixes de la seva existència terrestre, tant les de la humanitat present i futura com les del món dels vivents. [...]

[...] el cosmopolitisme [...] posa la qüestió de la seva relació amb allò polític, és a dir, amb els pobles, les nacions, els estats, l'existència dels quals és de cap a cap històrica. El cosmopolitisme no coneix fronteres, allò polític neix amb les fronteres. La gènesi d'allò polític és la gènesi de les fronteres per les quals es constitueixen els pobles i els estats: identitats col·lectives, costums, llengües nacionals, lleis, tradicions, etc. Però una frontera no és un mur, sinó que és la condició de la distinció entre els uns i els altres, però també el lloc del retrobament i del reconeixement. Cadascun dels dos nivells té la seva legitimitat [...]. No es poden confondre sense greus conseqüències. Simplement, cal que hi hagi subordinació d'allò polític a allò cosmopolític. És a partir d'aquí que esdevé possible jutjar, criticar i, fins i tot, resistir i intervenir contra un poder polític que malmet la seva responsabilitat envers el món vivent o envers la humanitat en el seu propi poble o en un altre."

Y. C. ZARKA, *Refundar el cosmopolitisme* (adaptació)

a De les apories amb què hem acabat la unitat, digues quines són polítiques i quines cosmopolites.

b Per què seria un error confondre el polític amb el cosmopolític? A quin tipus de règim portaria? Explica la distinció entre un mur i una frontera.

c Pot la política fer-se càrrec dels problemes cosmopolítics, o estem condemnats al desastre ecològic? Com justifica el text el dret de resistència?

Gènere, diversitat cultural, drets humans, convenció

Ursula von der Leyen viu un nou episodi masclista en una cimera europea

Episodi masclista en la cimera entre la Unió Europea i la Unió Africana. La presidenta de la Comissió Europea, Ursula von der Leyen, que és el càrrec més important de la Unió Europea, va haver de suportar el menyspreu de Jeje Odongo, ministre d'Exteriors d'Uganda, que es va negar a saludar-la.

El polític ugandès va passar per davant seu ignorant-la completament i sense ni tan sols mirar-la i va donar la mà només al president del Consell Europeu, Charles Michel, i al president francès, Emmanuel Macron. De fet, el ministre ugandès es va col·locar al lloc de Von der Leyen i va ser Macron qui el va haver d'avisar.

Després de rebre el toc d'atenció, el mandatari rectificà una mica i s'inclinà davant seu sense gaire atenció. Ràpidament, però, replicà la inclinació davant dels altres líders europeus i va marxar visiblement incòmode.

L'abril de l'any passat la mandatària europea ja va viure una situació semblant en una visita a Turquia, on van deixar-la sense cadira i la van fer seure en un sofà, a diferència de la resta de responsables polítics.

El nou episodi es va produir ahir a la Cimera a Brussel·les entre la Unió Europea i la Unió Africana.

RAC1 (portal d'internet), 19 de febrer de 2022

PROBLEMA PER PENSAR

La política ha de fer concessions ètiques en nom de la diversitat cultural?

QÜESTIONS SUBORDINADES

1

Esbrina què va passar exactament en els dos casos esmentats en el text i què estava en joc en cadascuna de les cimeres.

2

És admissible que els representants de la Unió Europea no reaccionessin davant els gestos masclistes?

Unitats en què trobareu reflexions pertinents o relacionades amb aquesta situació:

1 • 2 • 3 • 4 • 5 • 6 • 7 • 8

PER ANAR MÉS A FONS

Les relacions entre ètica i política

La política s'ha de sotmetre sempre a l'ètica? O hi ha moments en què una causa major legitima l'ús o l'acceptació de mitjans no ètics? És pot defensar un principi amb mitjans que contradiuen aquest principi?

Aquestes i moltes altres preguntes poden acompanyar una reflexió sobre la **relació problemàtica entre ètica i política**.

Proposta de recerca

1 Què ha dit la filosofia sobre la relació entre ètica i política? Dos casos paradigmàtics: Aristòtil i Maquiavel.

2 Casos concrets: podem pactar o negociar amb els qui al seu país torturen o sotmeten col·lectius a un estat d'esclavitud? Hem de fer concessions en nom de la diversitat cultural, com en el cas de la situació exposada? Té sentit aturar un conflicte amb el resultat que es consolidi una situació injusta?

2 Conseqüencialisme *versus* deontologisme. Tot el que acaba bé és legítim?

El problema del coneixement

9

La possibilitat de la llibertat té com a condició necessària disposar de lleure per a aclarir-se i orientar la decisió. Però només disposen de temps lliure els qui no han de dedicar tot el seu temps a treballar per a subsistir. Per això la filosofia i la ciència —el coneixement en general— s'han desenvolupat en el si de les civilitzacions que han tingut més temps lliure per a l'estudi de la realitat i de la pròpia condició humana.

D'aquesta manera, al costat dels homes i les dones d'acció que fan front a les urgències del viure, uns altres, alliberats d'aquesta responsabilitat, dediquen el seu temps a l'estudi. I el coneixement així cultivat, al mateix temps que es recrea en la satisfacció purament lúdica de comprendre el món, proporciona també, al seu torn, noves llums i nous mitjans per a orientar les decisions en la tasca comuna de construir una societat pròspera i justa.

D'aquesta manera, l'activitat repetida de producció de coneixement sedimenta generació rere generació en un munt de sabers que, amuntegats els uns sobre els altres durant segles, faciliten la presa de decisions. Totes aquestes capes de sabers estan sempre actuant de manera invisible sobre nosaltres, plenament integrats en el nostre tracte quotidià amb el món.

La part de la filosofia que interroga totes aquestes capes de saber acumulat, per distingir-hi les que són de fiar i les que ens porten a error, s'anomena teoria del coneixement (hi dediquem les tres unitats següents).

En aquesta unitat, considerarem:

- Els aspectes sobreentesos en el coneixement de què disposem ja sempre en el nostre viure quotidià.
- El dogmatisme i l'escepticisme com els dos moments -afirmatiu el primer, de suspensió del judici el segon- de tot esforç cognoscitiu.

Quina relació tenen Gutenberg, els turcs, l'any 1683 i Viena amb el que veus en la imatge? Les coses que vivim en la immediatesa de la vida quotidiana acostumen a ser producte d'un munt de mediacions que habitualment ens passen desapercebudes.

1 Quantes unitats de mesura del temps coneixes? Enumera-les de la més petita a la més gran.

2 Per què creus que el segon es diu "segon"? És la unitat que està en segona posició en la llista que has fet? Com s'hauria de dir si se seguís l'ordre lògic ordinal?

1.1 La densitat insospitada de les proposicions més anodines

Imaginem-nos una escena ben quotidiana i vulgar. Ens llevem al matí i, tot esmorzant, diem a la nostra parella: "Dimecres, a les quatre, et recullo a la feina." Es tracta d'una proposició purament informativa, insubstancial, en la qual no sembla que hi hagi cap tema especial que pugui ser objecte d'anàlisi.

Tendim a creure, en efecte, que hi ha oracions carregades de significats elevats o profunds, oracions "filosòfiques", que demanen anàlisis teòriques minucioses, mentre que les proposicions del dia a dia són tan òbvies, que l'únic que podem fer-ne és enregistrar-les. No obstant això, darrere la proposició més anodina s'amaga, en realitat, tot un procés d'acumulació de sentit que ha passat a ser invisible per a nosaltres.

Centrem-nos en la nostra proposició: "Dimecres, a les quatre, et recullo a la feina."

1.2 Les capes de sentit amagades en l'ús de les proposicions ordinàries

A "Dimecres..."

"Dimecres" és el dia de Mercuri, déu romà del comerç, els viatges i els oradors. L'associació entre els dies de la setmana i els planetes mòbils prové de Grècia, i és recollida pels romans.

Amb tot, el concepte de setmana és molt més antic, i prové de la divisió en quatre parts (compostes de set dies) de les fases del mes lunar: lluna plena, minvant, nova i creixent. Totes aquestes determinacions del significat són contingudes a l'interior de la paraula *dimecres*, de manera que, al mateix temps, s'hi conserven d'alguna manera invisibles. Fer servir el mot *dimecres* ens situa en el món, així doncs, com a *grecs* i *romans*.

B "...a les quatre..."

Però també dic que et recolliré a les *quatre*. Així, estic pressuposant el dia com una unitat de mesura composta de 24 hores. El primer poble que va dividir el dia en 24 hores iguals va ser l'egipci. El nombre 24 era la suma de les 12 hores diürnes i les 12 hores nocturnes. El regne de la nit i el del dia es mantindran per als egipcis com a regnes separats, ja que la xifra rellevant per a ells és la divisió en 12 hores, que és correlativa a la divisió de l'any en 12 mesos. Són els mesopotàmics, els primers que consideren el dia i la nit com un sol conjunt, però ells el divideixen tot sencer en 12 hores, de manera que una hora mesopotàmica dura com dues hores egípcies (o com dues de les nostres). Així, quan fem servir el sistema sexagesimal per a dir les hores del dia, ens situem en el món com a *egipcis* i *mesopotamis*.

C "...et recullo a la feina"

Però com podré passar-te a recollir dimecres a les quatre si, quan surti de la feina per passar-te a buscar, estaré a 30 quilòmetres de distància i tindré només 30 minuts de temps?

Quan dic la frase, estic donant per fet que disposaré d'un vehicle que em permet desplaçar-me a velocitats superiors als 100 km/h. I accepto que no és un inconvenient que pugui topar-me amb altres cossos a aquestes velocitats, ja que dono per suposada l'existència d'un codi regulador del moviment d'aquests cossos per l'espai, un codi eficaç que funcionarà adequadament.

1.3 Les capes de sentit acumulades

Quan emeto la proposició "Dimecres, a les quatre, et passaré a recollir" em revelo, així doncs, com a grec, romà, egipci, mesopotami i treballador posterior a la segona revolució industrial.

I revelo totes aquestes capes de sentit de la meva comprensió i del meu domini de la realitat quotidiana, amb total independència de si en soc conscient o no, de si sé o no de l'existència d'aquestes capes.

1.4 El principi de facilitat en l'acció

L'exemple senzill que acabem de posar ens mostra, per tant, que les nostres accions més quotidianes se sustenten sobre un gruix de capes de sentit, un sentit que s'ha anat guanyant per l'acció de la civilització de la comunitat en la qual hem aparegut en el món.

En actitud natural, totes aquestes capes de sentit mostren una eficàcia que és viscuda en termes de facilitat de moviment i d'orientació immediata, al preu de no aparèixer com a tals capes. De manera que podem enunciar el principi següent de la nostra acció en el món quan vivim en actitud natural:

La nostra facilitat per a moure'ns i orientar-nos en el món en actitud natural és inversament proporcional al grau amb què les capes de sentit que operen sota aquesta acció i la sustenten es manifesten de forma explícita.

Això vol dir que podem moure'ns i viure com a ja orientats en actitud natural sempre que allò que ens permet moure'ns i orientar-nos no apareix de manera excessivament manifesta com a component de la nostra acció.

Com més ens apareixen, com més conscients som de les capes de sentit que ens permeten moure'ns i orientar-nos en actitud natural en el món, amb menys facilitat i més confusament tendim a moure'ns i a orientar-nos en el món, perquè aquestes capes de sentit només ens poden aparèixer al preu d'abandonar l'actitud natural, que les pressuposa com a condicions invisibles de l'acció.

Observa les dues imatges: un nen que aprèn a nedar i un nedador de competició. Per a corregir el seu estil i perquè ho arribi a fer com el segon, l'entrenador haurà de donar moltes instruccions al nen: "ajunta els dits", "agafa l'aire per la boca i treu-lo pel nas", "aixeca més el colze", etc. Però el nedador de competició no pensa pas cada moviment que fa, sinó que ha interioritzat tots els moviments perquè surtin de forma aparentment espontània i natural. La vida social, en tots els seus aspectes, s'assembla a aquesta situació, amb la diferència que hem oblidat els moments en què els nostres antecessors es van "entrenar" a fer determinades coses que nosaltres hem heretat, enganyosament, com a naturals.

3 Intenta enumerar les capes de sentit que et permeten anar cada matí de casa teva a l'escola.

4 Podríem viure si totes les capes de sentit sobre les quals se sustenta la nostra acció se'ns manifestessin conscientment amb tot el seu gruix? Podríem actuar tan fàcilment? Què creus que passaria? Relaciona la resposta amb el cas del nedador de la imatge.

Si ara mateix algú camina sobre aquest pont, no pot veure l'estructura que l'aguanta. Semblantment, podem caminar per la nostra vida de cada dia en la total ignorància de les estructures mentals –precomprensions, prejudicis, coses ignorades, etc.– que sostenen els nostres judicis i les nostres decisions. L'esforç teòric de fer explícites les capes de sentit que ens sostenen ha de servir per a tenir una vida més sòlida: per a no caminar sobre terrenys mal assegurats.

5 Un jugador de tenis que, cada vegada que ha de picar la pilota, pensés conscientment en la posició del cos amb què ho ha de fer, podria jugar bé?

1.5 Els sabers en actitud natural

El mateix que passa amb les accions, passa també amb les nostres creences i opinions en la vida de cada dia: *com menys conscients som del seu origen, més fàcilment les defensem com a pròpies*.

La raó és que aquestes creences i opinions les hem anat incorporant al llarg dels anys de tal manera que ens arriben a semblar *confirmades per la seva eficàcia provada*, com si fossin evidents a tothom.

Així, per exemple, trobem natural circular per la dreta, o saludar donant la mà o mirar als ulls de qui ens parla; podem trobar obvi que la democràcia és el millor règim possible, o que cal lluitar per la igualtat entre homes i dones o que l'escola serveix en darrer terme per trobar un lloc de treball que ens permeti guanyar-nos la vida, i ens pot semblar evident que una vida feliç és una vida plaent, o que la ciència acabarà resolent tots els problemes, o que els experts són de fiar...

Els sabers en actitud natural —que, com acabem de veure, són ben diversos— *es viuen*, així doncs, *des de l'experiència de la seva eficàcia ja acomplerta*, exactament igual com hem trobat que passa amb les accions.

I, tanmateix, l'experiència de *la seva eficàcia es veu interferida* almenys de tres maneres diferents:

- En la meva inserció en entorns socials i contextos diversos, em descobreixo desdoblat de mi mateix, fent papers diferents i fins i tot contradictoris. Cada individu es comporta diferentment en funció del context o la situació, com si no fos un de sol, sinó molts. L'experiència desagradable de no ser prou fidel a mi mateix fa trontollar l'opinió que voldria tenir de mi mateix. *Qui soc jo en realitat?*
- Com que les capes de sentit que condicionen la meva manera de fer són múltiples i variades, no sempre són coherents entre si. Malgrat l'eficàcia que semblen tenir per separat, opinions diferents ens poden fer caure en accions incoherents. Com, per exemple, quan algú no tolera que li diguin el que ha de fer, perquè creu en la llibertat, però es mostra intransigent amb la manera de vestir de la seva parella, perquè creu en el bon gust. *Cadascuna de les opinions que prenem com a vertaderes, a quines accions ens indueixen? Hi ha coherència racional entre totes elles?*
- Finalment, el contacte amb altres formes de vida i amb altres cultures ens fa veure que, per més evidents que ens semblin, les nostres opinions i les nostres creences no són pas compartides per tothom. *Allò que en actitud natural hem pres per sabers, ho són realment?* O formulat amb un exemple especialment significatiu: *el saber científic, és realment objectiu —vàlid per a tothom per sobre de les diferències culturals— o és només un producte propi de la cultura occidental?*

ACTIVITATS

1 Llegeix el text següent i, després, respon:

"Així, en no saber creure en Déu i en no poder creure en una suma d'animals, em vaig quedar, com molts altres de l'orla de la gent, en aquella distància de tot que anomenem la Decadència, ja que la decadència és la pèrdua total de la inconsciència, perquè la inconsciència és el fonament de la vida. El cor, si pogués pensar, s'aturaria."

FERNANDO PESSOA, *Llibre del desassossec*

a Què vol dir la frase: "El cor, si pogués pensar, s'aturaria."? Hi estàs d'acord? Cal una certa dosi d'inconsciència per a poder viure?

b Per què creus que Pessoa situa la decadència (la impossibilitat d'actuar de manera inconscient) entre la impossibilitat de creure en Déu i creure en la humanitat com un conjunt d'animals?

2.1 La gènesi de la teoria del coneixement

Aquestes tres interferències, si arriben a interrompre d'una manera definitiva la nostra confiança en la pretesa eficàcia dels sabers heretats, mobilitzen la interrogació filosòfica a preguntar sobre la naturalesa del coneixement:

- Podem establir un cos de coneixements vàlids per a tothom, amb independència —o sigui, per sobre— de les diferències culturals?
- Podem vincular coneixement i acció d'una manera coherent?
- Ens podem conèixer a nosaltres mateixos?

La disciplina filosòfica que es baralla amb totes aquestes qüestions és la **teoria del coneixement**. Aquesta disciplina es mobilitza quan perdem la confiança en els sabers propis de l'actitud natural, és a dir, quan prenem consciència que els coneixements que operen en la vida quotidiana, inclosa la ciència, contenen pressupòsits que podrien comprometre precisament el seu caràcter de coneixements.

Aquesta presa de consciència activa una forma de preguntar ben peculiar, perquè vol saber sobre el saber mateix; com si diguéssim: *El que sabem, ho sabem realment?* De manera que, per sotmetre a examen els sabers dins els quals ens trobem immersos, el primer que hem de fer és sortir-ne, distanciar-nos-en, mirar-nos-els com *des de sobre* o com *des de fora*. Com que volem **saber sobre el saber**, cal que hi prenguem distància i el posem davant nostre.

Aquest **distanciament** que posa el saber al davant per a la seva dissecció és el que en la unitat 1 hem anomenat **actitud teòrica**. A Grècia, THEORÓS era el nom d'un càrrec institucional, un diplomàtic que, en nom de la seva polis, assistia a les festes de les ciutats veïnes i era testimoni dels seus costums. La mirada del filòsof és com la d'aquest ambaixador: contempla l'espectacle del món com si en fos foraster, com si el veiés per primer cop, amb l'admiració i la sorpresa de la primera vegada i com algú cridat a donar testimoni del que ha vist.

En el cas del coneixement, la seva consideració teòrica demana també que ens hi apropem d'aquesta manera, *venint de fora* i sense prejutjar el que hi trobarem, per a fer de testimonis veraços. I en començar el seu examen, ni tan sols podem donar per suposat que n'hi hagi, de coneixement veritable, perquè, com veurem tot seguit, si preguntem sobre la seva naturalesa és, *precisament en començar*, perquè el coneixement ja ens ha decebut.

En la tecnologia de la realitat virtual, la proximitat de les ulleres al ulls és el que fa possible la creació de la ficció creada. Si haguéssim nascut amb unes ulleres com aquestes, però tan lleugeres que no ens haguéssim adonat de la seva l'existència, tot allò que de petits hauríem pres com a real no seria més que una pura ficció.

Naturalment, la hipòtesi de l'existència d'aquestes ulleres no resulta versemblant. I, tanmateix, l'efecte que sobre nosaltres tenen el conjunt de prejudicis i mediacions que han configurat la nostra visió del món pot ser semblant a l'efecte d'aquestes ulleres hipotètiques. De fet, quan ens fem grans i prenem consciència del que pensem, trobem ja en nosaltres una determinada visió de les coses que s'ha configurat sense el nostre control i que tendeix a prendre com a fets evidents el que en realitat són interpretacions. Les interpretacions que confonem amb fets les hem rebut a través d'una pluralitat de canals tan propers a nosaltres, i tan interioritzats, que ens han passat desapercebuts.

La filosofia és la possibilitat de treure'ns les ulleres de realitat virtual, de prendre distància respecte de tot allò que fins ara havíem pres ingènuament per obvi. Des d'aquest punt de vista, i com que als centres de poder els interessa tenir-nos submergits en una realitat virtual a la seva conveniència, la filosofia és la possibilitat de realització de la llibertat.

Situacions: socialització, llenguatge, violència digital, postveritat, poder, fake news, vida virtual, alienació.

ACTIVITATS

1 En una festa hi podem participar activament o bé hi podem tenir un actitud passiva, contemplativa. Què podem guanyar d'observar una festa, en comptes de participar-hi? Si alguna vegada, en una festa, te n'has separat i l'has observada "a distància", descriu l'experiència amb les teves paraules.

1 L'actitud teòrica té un efecte immediatament paralitzador sobre la nostra acció. Però té efectes positius? Enumera'n tres.

3 Els tres problemes clàssics de la teoria del coneixement

Quan he passat el braç per sobre la tassa per a anar a agafar la calculadora, he calculat malament la distància del braç a la tassa. En la imatge, es poden veure les conseqüències del meu error. L'experiència d'aquest error, es dona en l'àmbit de l'actitud natural o de l'actitud teòrica?

1 Descriu breument dos errors grossos que has comès en la teva vida (no val referir-se a errors d'exàmens!). A què creus que es van deure?

2 Algun d'aquests errors et va conduir a qüestionar-te sobre la possibilitat de l'encert en general?

3.1 L'experiència doble de l'error

L'error en actitud natural

Partim ja sempre, en la nostra vida viscuda en actitud natural, d'una experiència molt clara de l'error.

Són constatacions òbvies el fet que ens equivoquem, que els errors formen part de la nostra vida, que l'acció i la reflexió poden prevenir-los i minimitzar-los, però que és impossible fer-ho de manera definitiva.

La mateixa experiència de cada dia ens fa veure que hi ha persones que s'equivoquen més i persones que s'equivoquen menys i, fins i tot, que en molts casos podem trobar alguna mena de lleis o de regles de funcionament que, un cop conegudes, ens permeten minimitzar les possibilitats d'equivocar-nos quan fem coses o quan opinem sobre la realitat.

Aquesta experiència de l'error es mou sempre en l'actitud natural: és l'experiència de l'error del sentit comú. En realitat, aquesta mena d'errors no se'ns presenten com uns errors insuperables que ens facin dubtar de la nostra capacitat d'encertar-la en el que fem i el que diem.

Si un dia he posat al cafè sal en comptes de sucre per error, això no em porta a qüestionar les meves facultats de discerniment de la sal davant del sucre. Simplement, m'ensenyarà a ser més curós la propera vegada, o a guardar la sal i el sucre en recipients molt diferents, o a tastar una punteta del que poso al cafè abans de posar-ho o, simplement, a procurar no fer tres coses al mateix temps mentre em preparo l'esmorzar.

No és, doncs, aquesta experiència de l'error pròpia del sentit comú la que activa l'actitud teòrica. Aquesta experiència de l'error en el nivell del sentit comú pot mobilitzar el pensament simplement a conèixer les causes de l'error amb l'objectiu de disminuir la seva aparició a la vida pràctica. Però, en aquest cas, en tot moment ens movem per interessos propis de l'actitud natural.

L'experiència de l'error que supera l'actitud natural

La teoria del coneixement —la interrogació filosòfica sobre el coneixement— prové d'una experiència molt més radical: l'experiència de la possibilitat d'error total, de la possibilitat que cap dels nostres judicis no guardi cap correlació vertadera amb allò que la realitat és. Una experiència així no solament posa en dubte la meva capacitat de distingir el vertader del fals, sinó que, com que decidim sobre la base del que sabem, fa problemàtica fins i tot la possibilitat de distingir les accions correctes de les incorrectes.

El primer nivell d'interrogació (com podem minimitzar l'error en l'actitud natural?) pot conduir al segon (podem distingir en cap cas l'encert de l'error?) si es generalitza, però estrictament parlant no és de cap manera necessari que l'un porti a l'altre.

3.2 Dues maneres de qüestionar el coneixement: natural i teòrica

Aquestes dues preguntes ens permeten distingir dues maneres de qüestionar el coneixement, una pròpia de l'actitud natural i l'altra, de l'actitud teòrica:

- **Qüestionament "natural"**: analitza i posa en dubte les proposicions ordinàries amb les quals funcionem diàriament, amb l'objectiu d'establir criteris de justificació i correcció.
- **Qüestionament "teòric"**: analitza i posa en dubte, no solament les proposicions ordinàries, sinó també aquelles proposicions que contenen conceptes referents al coneixement mateix.

Així, per exemple, tots nosaltres hem dubtat alguna vegada de si allò que percebem de lluny és una pedra o una persona asseguda, o, quan érem petits, hem pogut dubtar en una nit de tempesta si la silueta de sobre de la cadira era en realitat un monstre i no pas una pila de mitjons. Els continguts d'aquestes proposicions ("Allò és un home", "Això és un monstre") fan referència a fets i experiències concretes del món.

En canvi, una proposició del tipus "Els sentits ens enganyen" no és una proposició relativa a un fet concret del món, sinó que es tracta d'una proposició general que té validesa sobre un munt d'experiències del món, tant reals com possibles. Si dubto dels sentits *en general*, dubtaré en particular de la proposició "allò és un home", però dubtaré també de la proposició alternativa que en actitud natural es revelaria com a vertadera: "Allò no és un home, sinó una pedra."

El dubte general sobre els sentits es presenta com una esmena a la totalitat dels judicis formulats sobre la base de l'experiència sensible.

Quina és, en general, la causa de l'error? Hi ha tres possibilitats: a) ens falten els instruments intel·lectuals per a encertar els nostres judicis i les nostres decisions; b) tenim els instruments, però són defectuosos; c) com il·lustra bé la imatge, disposem de tots els instruments necessaris per a encertar-los, però no en fem un bon ús. Quan preguntem sobre l'encert i l'error d'aquesta manera, ens trobem ja en un qüestionament teòric.

3 Posa un exemple d'engany possible de cadascun dels sentits externs (vista, oïda, gust, tacte, olfacte) i descriu-los breument.

3.3 Els tres problemes clàssics de la teoria del coneixement

El primer problema clàssic en teoria del coneixement és precisament el que acabem de posar d'exemple:

- "Hi ha coneixement?" És el problema que estudiem en aquesta unitat.

Els altres dos problemes clàssics fonamentals són aquests:

- "Quin és l'origen del coneixement?"
- "Quin és l'objecte del coneixement?"

Aquests dos problemes els estudiarem en les unitats 10 i 11. Pel que fa al que ara ens ocupa, el ventall de totes les respostes possibles que podem donar es mou entre dues posicions extremes: l'**escepticisme** i el **dogmatisme**.

ACTIVITATS

1 Pensa en quatre pel·lícules que hagis vist en les quals es plantegi la possibilitat de l'error absolut. Escriu una sinopsi breu de cadascuna.
- Per què creus que hi ha tantes pel·lícules que tracten aquesta temàtica? Fes una breu reflexió sobre aquesta qüestió.

L'acudit gràfic ens fa adonar que l'escepticisme com a tarannà propi de l'actitud natural, en el que té de negacionisme, és tan poc crític com el dogmatisme propi d'aquesta mateixa actitud.

Els que es mostren escèptics sobre el canvi climàtic, o sobre la discriminació de les dones o sobre l'existència d'actes de naturalesa racista al propi país, manifesten d'aquesta manera una gran llibertat d'esperit? O més aviat palesen posicionaments molt rígids i interessats?

Situacions: racisme, drets humans, sostenibilitat, indiferència, deshumanització, gènere, postveritat.

LES PARAULES DOGMÀTIC I ESCÈPTIC

Les paraules *dogmàtic* i *escèptic* apareixen en un moment relativament tardà de la història del pensament. El primer text en què apareix la paraula *dogmàtic* diu: "Els dogmàtics afirmen sense vacil·lació i neguen sense perplexitat. Els pirrònics, en canvi, són aporètics, deslliurats de qualsevol afirmació. D'una manera general, el pirrònic no afirma res, tampoc no afirma que res sigui determinat. Els dogmàtics, en canvi, parlen de virtut i vici, bé i mal, vertader i fals, convincent i no convincent, existent i no existent, i donen moltes definicions segures." [Foci (820-893), *Biblioteca*, III, 169b].

Pirrònic és sinònim de *escèptic*. Ho diu el primer text en què apareix la paraula *escèptic*: "Els que anomenem filòsofs pirrònics, en grec s'anomenen escèptics, que significa recercadors i examinadors. Perquè no decideixen res ni estableixen res, sinó que sempre cerquen i examinen què pot decidir-se i establir-se". [Aulus Gelli (130-179 dC), *Nits àtiques*, XI, 5]

Per tant, al principi les paraules *dogmàtic* i *escèptic* distingien simplement els qui s'atrevien a afirmar i els qui suspenien el judici.

4.1 Escepticisme i dogmatisme

És possible el coneixement? Si responem que no perquè no és possible establir criteris per a distingir entre el vertader i el fals, ens trobem en la posició coneguda com a **escepticisme**.

La paraula ve del grec SKÉPSIS, que vol dir "vigilància, observació, suspensió". La posició escèptica defensa la "suspensió del judici": no pronunciar-se sobre cap qüestió perquè és impossible trobar cap base segura sobre la qual puguem assegurar les nostres afirmacions.

L'escepticisme s'oposa al **dogmatisme**, posició segons la qual tenim prou condicions per a afirmar amb seguretat, sobre la base de la realitat, judicis vertaders.

Els dogmàtics no es diuen a ells mateixos amb aquest nom, i es dona la paradoxa que algunes de les escoles de filosofia més antigues que eren escèptiques van ser anomenades dogmàtiques. Això no és un detall sense importància: sembla que la posició "normal", de la qual es partiria, és de la possibilitat d'afirmar, en la qual ens trobem ja sempre embarcats. Un escèptic no seria, segons això, una altra cosa que un dogmàtic decebut.

Per tant, l'oposició entre dogmàtics i escèptics pot ser presentada com l'oposició entre aquells que s'atreveixen a afirmar i aquells que no perquè no tenen prou condicions per a fer-ho.

4.2 L'escepticisme natural

Si apliquem el concepte d'escepticisme als dos qüestionaments sobre el coneixement que abans hem fixat, distingim un **escepticisme natural** i un **escepticisme teòric**.

L'**escepticisme natural** és un fre respecte a la inèrcia natural d'afirmar. La majoria de vegades no sabem de què parlem, però afirmar ens agrada perquè és com dir "soc aquí": ens col·loca socialment en el món i ens dona visibilitat. És per això que aquesta tendència natural a l'afirmació ha de ser contrapesada, antinaturalment, amb una defensa del silenci o, si més no, de no parlar més del compte.

Cal precisar el que diem. La posició escèptica natural defensa la suspensió del judici, no la negació dels possibles continguts de veritat de l'afirmació: no afirma pas que no es pugui afirmar res, sinó que s'absté de fer afirmacions sobre el que no sap.

Mantenir-se en la suspensió del judici no és pas negar la possibilitat de jutjar, sinó declarar la qüestió com a no resolta. Per això els primers escèptics van ser batejats com a **aporètics**, és a dir: problematitzadors, els que viuen *dins* del dilema sense resoldre'l.

En el món antic fins i tot Sòcrates, el defensor de la veritat davant l'escepticisme sofista, va ser considerat escèptic pel simple fet que en les seves converses mai no acaba d'oferir una definició segura del terme investigat en cada cas.

4.3 Les tensions de l'escepticisme teòric. L'escepticisme metodològic

L'**escepticisme teòric** fa un pas més endavant. La impossibilitat que, segons ell, tenim per a superar la situació d'indecisió o de suspensió del judici el porta a resoldre's en un sol judici, en una sola afirmació establerta com a tesi: *res no pot ser afirmat amb prou base*.

Ara ja no ens limitem a suspendre el judici —com passa amb l'escepticisme natural—, sinó que defensem un sol judici i fem, doncs, una sola afirmació. És sobre la base d'aquesta sola afirmació que cal suspendre el judici sobre tota altra cosa: tenim, sens dubte, el coneixement que no hi ha ni hi pot haver coneixement; sabem del cert que no sabem ni podem saber res del cert.

La tesi escèptica apareix així immediatament com a paradoxal o contradictòria, perquè aquesta afirmació enfonsa, de forma immediata, allò mateix que pretén deixar en peu.

En efecte, la tesi segons la qual no hi ha coneixement, o és coneixement o no ho és. Si ho és, no és cert que no hi hagi coneixement. Però, si no ho és, ni tan sols això pot ser afirmat, de manera que queda en peu la possibilitat que existeixi algun coneixement.

El refugi del metallenguatge?

L'escepticisme teòric pot intentar refugiar-se en l'argument del metallenguatge que hem examinat en un marge de la unitat 2 ("La paradoxa del mentider"). L'argument diu que les proposicions sobre el coneixement formen part d'un metallenguatge que no segueix les mateixes regles que els continguts expressats en aquestes. Però l'intent no sembla que pugui reeixir, perquè encara hauríem de preguntar: quines regles segueix aleshores el metallenguatge per a parlar del coneixement?

En altres paraules: el problema no quedaria resolt, sinó només traslladat del nivell del llenguatge al nivell del metallenguatge. D'aquesta manera, la sofisticació tècnica per a resoldre el problema l'única cosa que faria seria camuflar-lo en un truc d'il·lusionista en fer-lo fora del llenguatge i tancar-lo en un nivell superior.

Ara bé, encara que, com veiem, l'escepticisme teòric no és una tesi que es pugui deixar establerta sense problemes, continua tenint un efecte fecund per a l'exercici del pensament. En efecte, l'escepticisme teòric és exactament això, un exercici teòric. Els exercicis teòrics són importants perquè ens permeten explorar les condicions del pensament i les condicions de possibilitat de la veritat.

En aquest sentit, purament metodològic, Descartes utilitza l'escepticisme en la primera *Meditació metafísica*, a través del dubte metòdic, amb uns rendiments molt valuosos. Aquesta manera d'interpretar l'escepticisme s'anomena **escepticisme metodològic**.

El detectiu Sherlock Holmes i el seu ajudant i amic, el doctor Watson, personatges de l'escriptor anglès Sir Conan Doyle —en la imatge encarnats pels actors Basil Rathbone i Nigel Bruce—, al llarg de la seva carrera s'enfronten a un munt de casos misteriosos. El do d'observació i el talent per la lògica del genial detectiu fan que les mil trampes i maquinacions dels criminals brillants als quals s'enfronta no el portin a engany. El seu escepticisme metodològic li permet no deixar-se seduir pel que les coses semblen a primera vista.

1 Busca el significat no tècnic (de diccionari) de les paraules *escèptic* i *dogmàtic*.
   - De les persones del teu entorn, qui diries que té una actitud més propera a l'escepticisme i qui al dogmatisme pel que fa al coneixement? Justifica la teva resposta amb exemples concrets.

2 Pensa en totes les conviccions que hi ha en el simple fet de seguir tranquil·lament la classe sense tenir por que el sostre et caigui al cap i, després, respon:
   - Quan es tracta no de pensar, sinó d'actuar, és viable un escepticisme radical?

3 Prova de trobar una expressió en què un escèptic radical establís la seva pròpia posició.
   - Te'n surt cap? Dit d'una altra manera: és possible resoldre aquest exercici? Parleu-ne amb els companys de la classe.

4 És el silenci una resposta viable a aquesta aporia de l'escepticisme? Discutiu les vostres respostes.

Les Torres Bessones de Nova York després de l'atemptat terrorista de l'onze de setembre de 2001

Quan les teves conviccions et porten a considerar aquells que dissenteixen de tu com a moralment perversos, fins al punt de creure que mereixen morir, el dogmatisme ha deixat pas al fanatisme, un dels perills més greus per a la convivència pacífica. La reflexió filosòfica ha de ser també una vacuna contra qualsevol mena de fanatisme o un antídot quan el fanatisme ja s'ha escampat.

Situacions: socialització, drets humans, violència, llenguatge, ètica i política, conflicte, postveritat, despotisme, democràcia, coneixement, poder, fake news.

5 Per què creus que ha esdevingut gairebé un insult dir a algú que és dogmàtic? Què ens diu de la mentalitat dominant en la nostra societat?

6 Creus que discutir-ho tot és senyal de finor intellectual?

4.4 El dogmatisme

La paraula grega DÓGMA significa, simplement, "afirmació". En el seu sentit etimològic, és **dogmàtic** qualsevol que afirma alguna cosa amb seguretat. En altres paraules: si ens cenyim al sentit literal de la paraula grega, tothom és dogmàtic.

Per això no ens ha de sorprendre gaire que les primeres escoles escèptiques fossin qualificades de dogmàtiques. Perquè, en efecte, sí que feien una afirmació: que no hi ha coneixement.

Ara, si bé inicialment ningú no reclama per a ell mateix l'etiqueta de "dogmàtic", la paraula mateixa tindrà una evolució fins a arribar a designar una posició amb un contingut força més determinat.

En el camp de la religió, el concili de Trento (1545-1563) fixa l'ús de "dogma" amb el seu sentit religiós habitual, el sentit de "veritat directament revelada per Déu i reconeguda per l'Església i, per tant, objecte obligat de fe per part dels creients".

En filosofia, és amb Kant que el nom adquireix el seu sentit tècnic, que esdevé rellevant en teoria del coneixement. Kant reserva la paraula *dogmatisme* per a designar tota aquella filosofia que confia innocentment —de forma acrítica— en les possibilitats de la raó sense haver dut a terme una anàlisi exhaustiva de les seves limitacions. En aquest context, ja no és "dogma" qualsevol afirmació, sinó solament aquelles que fem donant per evident la seva validesa i sense sotmetre-les a examen crític.

4.5 Entre el dogmatisme i l'escepticisme

Negar el dogmatisme no suposa acceptar l'escepticisme. Quan Kant diu que cal evitar el dogmatisme, el que vol dir és que no hem de donar cap afirmació per vàlida si no l'hem assegurada en virtut d'una crítica de la raó. Es tracta, no de suspendre el judici, o de parlar sense solta, sinó de determinar de forma precisa els límits de la raó i establir uns fonaments segurs per a la ciència.

En suma, si l'escèptic no creu que hi hagi ciència, i si el dogmàtic no creu que calgui fonamentar la ciència, Kant —que encunya la noció de "dogmatisme"— considera evident la validesa de la ciència —contra l'escepticisme—, però entén la necessitat de mostrar com és possible aquesta validesa —contra el dogmatisme.

ESCEPTICISME I RELATIVISME

Segons l'escepticisme, no hi ha coneixement objectiu i, per tant, ens hem d'abstenir de jutjar. Però això només és possible en l'àmbit teòric, perquè en la vida pràctica només podem actuar fent judicis sobre les coses. Ara, com que no podem donar per fals cap enunciat, el resultat pràctic és just el contrari que el teòric: totes les opinions (i totes les formes de vida) són igualment defensables. D'aquesta manera, escepticisme i relativisme són com les dues cares d'una sola moneda: allò que és l'escepticisme en l'àmbit del coneixement ho és el relativisme en l'àmbit de la moral.

ACTIVITATS

1 Busca dos personatges del món de l'art (cinema, literatura, còmic, etc.) que et sembli que encarnen actituds escèptiques i dos personatges que et sembli que encarnen actituds dogmàtiques respecte al problema del coneixement i de la seva possibilitat. Justifica la teva elecció.

5.1 El significat filosòfic del dilema entre escepticisme i dogmatisme

En realitat, la disjuntiva entre escepticisme i dogmatisme probablement és *falsa*: la vida humana es mou sempre entre moments afirmatius forts —"dogmàtics"— i moments de dubte —"escèptics"— que condueixen a la suspensió del judici. En aquest vaivé, cal que la prudència o el sentit comú regulin la tendència espontània a jutjar a fi d'evitar l'error.

L'experiència filosòfica d'aquest moviment d'afirmació i de suspensió és la d'un moviment que desemboca en un guany. No es tracta, tanmateix, d'un progrés, a la manera com avancen les ciències, sinó que és un guany en la comprensió de nosaltres mateixos i del món que ens envolta, una comprensió que ens permet no certament assolir solucions definitives, però sí trobar-nos situats en la nostra vida d'una manera més lúcida i responsable.

Guanyar comprensió ja és un cert accés a la veritat. Per això la posició escèptica forta, que nega la possibilitat de tot coneixement, no és ni pot ser una tesi filosòfica. Quan algú la defensa, es tracta en tot cas d'una tesi antifilosòfica: la dels sofistes davant de Sòcrates.

Tradicionalment, el terme mitjà entre els excessos de l'escepticisme i els del dogmatisme s'atribuïa a la saviesa pròpia de les persones grans, que, ensenyades per l'experiència, saben mirar-se les coses amb el punt de tendresa que et fa estar en paus amb elles (contra l'escepticisme), però, al mateix temps, amb el punt d'ironia que te les permet veure amb un cert distanciament (contra el dogmatisme). L'actitud filosòfica prova de mirar-se el coneixement amb aquesta combinació d'admiració i llunyania.

5.2 La teoria del coneixement com a actitud

La teoria del coneixement ens ha aparegut com una actitud que es mou entre l'escepticisme i el dogmatisme: entre la suspensió del judici paralitzadora i l'emissió fàcil i ingènua del judici. La teoria del coneixement exerceix la difícil tasca de *parlar amb criteri*, de jutjar des de l'actitud crítica. Per això, la teoria del coneixement és, molt abans que un conjunt de tesis, una *actitud*.

Des d'aquesta actitud pròpia de la mirada teòrica sobre si mateixa, la teoria del coneixement examina la constitució del coneixement des dels seus fonaments cap a la captació fiable de la realitat.

Si l'admissió ingènua de la fiabilitat del que creiem saber és antifilosòfica per falta de crítica, la negació autodestructiva de la possibilitat d'establir res amb raó és antifilosòfica per excés de crítica (en el sentit de crítica exercida de manera poc detinguda amb si mateixa).

Contra les dues derives antifilosòfiques (una per defecte i l'altra per excés), provem de guanyar, en les dues unitat següents, i amb l'actitud reflexiva pròpia de la teoria del coneixement, alguna comprensió sobre l'origen i la consistència del coneixement.

1 Creus que la reflexió filosòfica progressa en el mateix sentit en què progressa el coneixement científic?

ACTIVITATS

1 Busca informació sobre el concepte filosòfic de l'abderitisme.
- Estàs d'acord amb la seva posició? Com es podria utilitzar el text de la pàgina per a refutar les tesis abderitistes?

Recapitulació

Imagina que et trobes en una habitació, davant d'una porta tancada, i que just a l'habitació del costat, darrere mateix d'aquesta mateixa porta, hi ha alguna cosa que estàs buscant... Saps dir per què hem pensat que unes claus serien una bona metàfora del contingut d'aquesta unitat?

PARAULES CLAU

actitud, actitud natural, actitud teòrica, aparença, certesa, coneixement, creença, dogmatisme, dubte, engany, error, escepticisme, falsedat, fonament, judici, metallenguatge, mètode, opinió, principi, problema, sentit, veritat

Al llarg d'aquesta primera unitat dedicada a la teoria del coneixement, hem vist:

- Que en la nostra comprensió quotidiana del món, en allò que habitualment prenem com a obvi, hi ha, en realitat, tot un gruix de capes de sentit sedimentades.
- Que la seguretat amb què afirmem coses i prenem decisions en la vida quotidiana deriva del fet que ens passin desapercebudes totes aquestes capes de sentit, és a dir, que les coses tal com les entenem habitualment se'ns representin com a coses donades de forma immediata i no, com és de fet la realitat, com a productes d'un nombre important de mediacions.
- Que la possibilitat de reflexionar sobre aquestes capes de sentit obre el camp de la teoria del coneixement.

Aquesta darrera possibilitat s'obre quan prenem consciència de la fal·libilitat humana i, per tant, de l'experiència de l'error. Que el coneixement m'hagi fallat en el passat ens pot fer preguntar si en realitat no falla sempre: hi ha, en realitat, coneixement?

Totes les respostes que es puguin donar a aquesta pregunta oscil·len entre l'escepticisme i el dogmatisme. Aquests dos extrems, però, són igualment (per raons diferents) antifilosòfics. La teoria del coneixement se situa entremig de tots dos, com a actitud abans que com a qualsevol doctrina determinada.

Des d'aquesta actitud, en les unitats següents haurem de veure encara com la pregunta per l'origen del coneixement (unitat 10) ens condueix a una teoria de les facultats cognoscitives (unitat 11).

EN 8 IMATGES

RECOMPOSICIÓ Tens aquí vuit imatges presentades per parelles. Cada parella evoca una part concreta de la unitat, i, de dalt a baix, la successió de les quatre parelles dibuixen l'itinerari d'una dissertació possible sobre l'origen i el sentit de la filosofia.

EXPLICA, per a cada parella, quina relació hi ha entre les dues fotografies i què ens donen a pensar considerades juntes.

REDACTA, a partir d'aquesta primera resposta, un discurs que, seguint l'ordre de les fotografies o bé canviant l'ordre de les parelles, tracti sobre la naturalesa del projecte filosòfic.

LES CAPES DEL SENTIT. Cadascuna de les decisions que prenem i cadascuna de les accions que fem se sostenen sobre un gruix de sentits acumulats històricament dels quals no som gairebé mai conscients. És l'establiment de l'actitud teòrica sobre l'actitud natural el que permetrà interrogar-los, qüestionar-los críticament i, també, valorar-los positivament. Però no sempre és fàcil copsar totes les capes de sentit que ja operen sobre la nostra actuació més quotidiana.

1 **Seleccioneu un dels conceptes de la llista següent i busqueu informació sobre la seva primera aparició en la història de la civilització i sobre els seus orígens:**

raspall de dents • llibre • ulleres • sistema mètric decimal
calculadora • lavabo • internet • xandall • mitjons • pinta
grapadora • bolígraf • ratolí (ordinador) • diners • ONG
persiana • rellotge de butxaca • seguretat social
termòmetre • vacances pagades • forquilla • mirall
llumins • Nadal • enterrament • treball assalariat

Feu una petita fitxa en la qual consti:

- Data aproximada d'aparició.
- Descripció del context històric de la seva aparició.
- Nom i breu ressenya biogràfica del descobridor/creador/fundador (en els casos en què sigui possible fixar-lo).

Exposeu a la classe la informació que considereu més rellevant.

2 **Busqueu informació sobre els sis calendaris que més persones fan servir al món. Feu una fitxa en què constin les dades següents:**

- Nom del calendari.
- Civilització a la qual s'associa.
- Breu història dels seus orígens.
- Distància en anys des del seu origen fins al dia d'avui.
- Parts que té el calendari com a tal (anys, cicles, setmanes, etc.).

3 **Investiga si avui dia hi ha cap calendari que es consideri absolutament universal. Busca informació, també, sobre els orígens del sistema de fusos horaris de Greenwich i sobre l'hora d'internet (Swatch Internet Time).**

- Quin dels dos sistemes et sembla més estès?

EL QÜESTIONAMENT FILOSÒFIC DEL CONEIXEMENT. Un cop hem entrat en l'examen reflexiu del que creiem saber, podem distingir dues experiències diferents de l'error: una de "natural", fruit de l'exercici sempre imperfecte de la nostra acció en el món, i una de "teòrica", basada en el qüestionament mateix del concepte d'"error" i, indirectament, en una investigació sobre les possibilitats mateixes del coneixement. La primera es refereix a qüestionaments concrets sobre els problemes del coneixement; la segona, a la qüestió general del coneixement i sobre la seva validesa. Les activitats següents et permetran reflexionar sobre totes aquestes qüestions.

4 **Llegeix el text i, després, respon les preguntes:**

"Ara bé, si m'abstinc de donar el meu judici sobre una cosa, atès que no la concebo amb prou claredat i distinció, és evident que en faig força bon ús, i que no soc gens enganyat; però si em determino a negar-la, o a afirmar-la, aleshores no faig un bon ús del meu lliure albir; i, si afirmo el que no és cert, és evident que m'equivoco; fins i tot també, encara que jutgi segons la veritat, això no s'esdevé sinó per atzar, i no deixo pas d'errar, i usar malament el meu lliure albir; car la llum natural ens ensenya que el coneixement de l'enteniment ha de precedir sempre la determinació de la voluntat. I és en aquest mal ús del lliure albir que es troba la privació que constitueix la forma de l'error. La privació, dic, es troba en l'operació, en tant que procedeix de mi."

RENÉ DESCARTES (1596-1650), *Meditacions metafísiques*, IV

a Quina és la causa de l'error segons Descartes?

b Pot una idea ser falsa? Pot una proposició (judici) ser fals? Pot un desig ser fals? Pot una pregunta ser falsa? Pot un dolor ser fals?

5 **Llegeix el text i, després, respon les preguntes:**

"Ja fa un temps que m'he adonat que, des dels meus primers anys, havia admès un munt de falses opinions com a veritables i que allò que he fundat des d'aleshores sobre uns principis tan poc assegurats no podia ser més que força dubtós i incert, de manera que em calia endegar seriosament un cop a la vida la tasca de desfer-me de totes les opinions que havia admès fins aleshores en la meva creença i començar-ho tot de bell nou des dels fonaments, si volia establir alguna cosa ferma i constant en les ciències. Però, com que em semblà que aquesta tasca era molt gran, m'he esperat a tenir una edat que fos tan madura que ja no se'n pogués esperar una altra després en la qual jo fos més disposat a executar-la; això és el que m'ho ha fet diferir tant de temps, que, en endavant, creuria cometre una falta si dediqués a deliberar el temps que em queda per a actuar.

Ara, per tant, que el meu esperit és lliure de tota cura, que m'he procurat un repòs assegurat en una solitud pacífica, m'aplicaré seriosament i amb llibertat a destruir totes les meves velles opinions en general. Però no serà necessari, per a arribar a aquest objectiu, provar que són totes falses, la qual cosa potser mai no arribaria a obtenir, sinó, com que la raó ja em persuadeix que no he de creure més les coses que no són del tot certes i indubtables, que aquelles que em sembla que són manifestament falses, el mínim motiu per a dubtar-ne que hi trobi serà suficient per a fer-me-les rebutjar totes. I per això no és necessari que les examini d'una en una particularment, la qual cosa fóra un treball infinit, sinó que, com que la ruïna dels fonaments comporta necessàriament la ruïna de la resta de l'edifici, m'adreçaré, primer de tot, als principis sobre els quals recolzaven totes les meves antigues opinions."

RENÉ DESCARTES (1596-1650), *Meditacions metafísiques*, I

a El qüestionament que es duu a terme en aquest text, diries que respon més a un qüestionament "natural" o a un qüestionament "teòric" sobre el coneixement? Justifica la teva resposta.

b Quines condicions, segons Descartes, s'han de dur a terme per a tirar endavant el projecte de dubte que s'està proposant? Enumera-les. Creus que en sobra cap o que n'hi ha alguna que no és estrictament necessària? Creus que en falta cap?

Segueix la metodologia que Descartes fa servir i intenta posar en dubte les proposicions següents:

a La suma dels quadrats dels catets d'un triangle rectangle és igual al quadrat de la hipotenusa.

b Durant la formació dels gàmetes, la segregació d'al·lels d'un gen és independent de la segregació dels al·lels d'un altre gen, ja que està determinada per l'atzar.

c Els solters són no casats.

d Ara estic fent un examen.

e Això que estic menjant és un gelat de maduixa.

f Els meus pares m'estimen.

g El planeta Terra té una forma esfèrica.

h Ahir vaig menjar espaguetis.

6 Troba exemples en els quals es manifestin com a nítidament diferents una actitud escèptica natural, una actitud escèptica teòrica, una actitud relativista, una actitud dogmàtica i una actitud teòrica respecte al coneixement.

- Hi ha cap cas en què, forçosament, l'exemple posat ho és de dues o més possibilitats de la llista? Per què?

7 Llegeix el text següent i, després, respon les preguntes:

"Pirró d'Èlide no ha deixat cap escrit, però el seu deixeble Timó afirma que qui vol ser feliç ha de considerar aquestes tres qüestions: primer de tot, com són les coses per naturalesa; en segon lloc, quina actitud cal adoptar respecte d'aquestes; finalment, què és el que passarà comportant-se d'aquesta manera. Ell diu que Pirró mostra que les coses són sense diferències, sense estabilitat, sense discriminació; per això ni les nostres sensacions ni les nostres opinions ni verifiquen ni falsegen. No cal, doncs, posar en aquestes la nostra confiança, sinó romandre sense opinions, sense inclinacions, sense decisions, dient sobre cada cosa: 'és no més que no és', o 'és i no és', o 'no és, ni no és'. Als que es trobin en aquesta disposició, Timó diu que obtindran com a resultat primer restar sense paraula, després sense torbació".

EUSEBI DE CESAREA (263-339), *Praeparatio Evangelica* XIV, 18,1-4

a Com definiries la posició que es defensa en el text respecte al coneixement? Justifica la teva resposta.

b Imagina't que adoptem una posició d'escepticisme metodològic, com la de Descartes, per exemple. Quina crítica es podria fer a aquest text des d'aquesta concepció?

c Si no jutgéssim mai, no ens equivocaríem mai. Però seria possible viure així? A quins problemes ens enfrontaríem a la vida pràctica si intentéssim dur a terme aquesta actitud?

Ciència, societat, conflicte, poder judicial

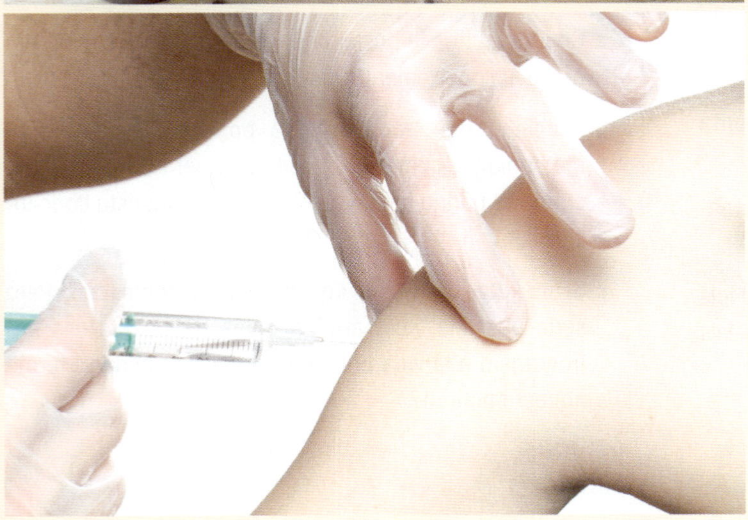

El jutjat de primera instància número 2 d'Icod de los Vinos (Tenerife) ha decidit desestimar la petició formulada pel pare d'un menor de quinze anys perquè s'autoritzés judicialment la vacunació de la covid al seu fill, davant el rebuig de la mare a inocular-lo. Aquest atestat, emès a finals de desembre, xoca frontalment amb la pràctica totalitat de les sentències judicials que han tingut lloc fins al dia d'avui a Espanya i en què els jutges es posicionen al costat del progenitor que està a favor de la vacuna.

La jutgessa ha decidit donar la raó a la mare i defensar el seu criteri de no vacunar el menor per la "incertesa científica" que existeix sobre la vacuna i les conseqüències a mitjà i llarg termini. La sentència se sustenta en el "principi de prudència" per posicionar-se al costat de la mare, que està divorciada del pare del menor.

El jove, que va comparèixer davant la jutgessa el dia 1 de desembre, va manifestar el seu desig de vacunar-se perquè entenia que la vacuna és "fiable" i que "els no vacunats ho passen pitjor si contrauen el virus".

La Vanguardia (edició digital), 14 de gener del 2022

PROBLEMA PER PENSAR

Amb quina autoritat un jutge pot decidir sobre una qüestió de salut?

QÜESTIONS SUBORDINADES

1

La ciència proporciona coneixements fiables o ha d'estar sotmesa al control d'altres instàncies?

2

Per què la jutgessa remet a un principi de prudència? Què és la prudència i quina autoritat ha de tenir davant la ciència?

3

Què cal fer quan dos progenitors no estan d'acord en temes crucials i ha d'intervenir la justícia?

4

Quina és la funció social del coneixement? De fet, la compleix, aquesta funció?

Unitats en què trobareu reflexions pertinents o relacionades amb aquesta situació:

1 • 2 • 3 • 6 • 7 • 9
10 • 11 • 12

PER ANAR MÉS A FONS

La justícia i la política són cosa d'experts?

Quina presència i quin paper té la ciència en la vida política? Quin ha de ser el paper dels experts en les decisions polítiques? Què fa que una decisió hagi de ser qualificada com a decisió política?

Aquestes i moltes altres preguntes poden acompanyar una reflexió sobre la naturalesa de la política en una societat il·lustrada que es vol democràtica.

Proposta de recerca

1. El despotisme il·lustrat *versus* la democràcia liberal: una reflexió sobre l'estudi de diferents posicionaments filosòfics.
2. Quins temes cal confiar al ciutadà comú i quins han de quedar en mans d'experts?
3. Quins són els límits del coneixement? Com podem decidir quan el coneixement no resol un dilema? Moral, ciència i política.

L'origen del coneixement

10

L'escepticisme i el dogmatisme, que a l'inici de la unitat anterior consideràvem que eren dues respostes oposades a la pregunta sobre la possibilitat del coneixement, han resultat ser, més aviat, dues posicions entre les quals ens movem habitualment en la vida de cada dia.

Tenim plena consciència, en efecte, que la nostra vida no té lloc a plena llum del migdia: sabem de sobres que no sempre podem prendre decisions amb coneixement de causa, i això ens porta en molts casos a preferir abstenir-nos de jutjar determinades coses o decisions.

D'altra banda, però, veiem també clarament que la nostra vida tampoc no es desplega en la foscor impenetrable d'una nit al bosc sense lluna: sabem igualment de sobres que molts dels nostres judicis són eficaços a l'hora d'aclarir-nos la realitat o la nostra orientació en aquesta.

L'experiència d'aquest vaivé entre inseguretats i seguretats, entre dubtes i afirmacions, entre foscors i clarors ens duu a preguntar amb quina autoritat podem afirmar el que afirmem quan no dubtem: ens duu a preguntar, així doncs, per l'origen del coneixement.

Ja que l'oscil·lació entre moment de seguretat i moment de vacil·lació ens permet distingir de forma habitual l'encert de l'error, és a dir, ja que la distinció entre el coneixement i l'error forma part d'una experiència ja viscuda, llavors té sentit preguntar-nos com distingim l'un de l'altre, com ha arribat i arriba el coneixement a nosaltres, què li confereix fiabilitat i quina és, en suma, la seva font.

La resposta no és simple, i la tradició filosòfica ens dona respostes molt matisades. Però totes cobreixen un ventall que s'obre entre dues posicions extremes:

- El coneixement té el seu origen en els sentits: **empirisme**.
- El coneixement té el seu origen en la raó: **racionalisme**.

A l'estudi d'ambdues posicions, i de les problemàtiques que comporta cadascuna, dediquem aquesta unitat.

1 Quin és l'origen del coneixement?

Què passa quan coneixem? Produïm el saber des de la nostra pròpia substància (la raó) a la manera de les aranyes, com volen els racionalistes, o acumulem material, que obtenim a través dels nostres instruments corporals (els sentits), a la manera de les formigues, com volen els empiristes? La pregunta per l'origen del coneixement (d'on surten els nostres coneixements) és, així, la pregunta sobre la naturalesa mateixa del coneixement.

1.1 La pregunta per l'origen del coneixement

Com hem anunciat en la unitat anterior, el segon problema clàssic de teoria del coneixement és aquest: *Quin és l'origen del coneixement*? La resposta que donem a la pregunta pot condicionar de manera decisiva la nostra manera d'entendre el coneixement, és a dir, la nostra resposta a la pregunta "Què és el coneixement?".

Si, tanmateix, preferim abordar aquestes dues qüestions —la de l'origen i la de l'essència del coneixement— separadament, és perquè, de fet, la segona va més enllà de la primera.

1.2 Primera resposta: l'empirisme

La resposta segons la qual l'origen del coneixement són els sentits es coneix amb el nom d'**empirisme**. Ara bé, aquest mot es pot entendre en dos sentits diferents, un d'ampli i un altre de restringit:

- En un **sentit lax** o **ampli**, són empiristes tots els autors que donen un pes important a l'observació de la realitat a través dels sentits. Si són autors anteriors al segle XVIII, cap no es va qualificar a si mateix d'aquesta manera. Més aviat passa això: en els debats entre empiristes i racionalistes moderns, els qui es barallen miren cap al passat en cerca d'aliats que reforcin la seva posició des d'un argument d'autoritat.

  I aleshores es diu, per exemple, que davant de Plató (que seria racionalista), Aristòtil és empirista. I de manera semblant se sumen al carro de l'empirisme Epicur (341-272 aC), Tomàs d'Aquino (1224-1274) i Guillem d'Occam (1295-1350), entre d'altres. En realitat, tots aquests autors defensen teories molt diferents entre si, i cap d'aquestes no és pas empirista en el sentit propi de la paraula.
- L'empirisme en **sentit propi** o **restringit** sosté que l'origen del coneixement condiciona decisivament la naturalesa del coneixement: només és coneixement el que procedeix de l'experiència sensible. Aquesta posició apareix entre els segles XVII i XVIII com a reacció a la teoria cartesiana de les idees innates, i constitueix, en realitat, un intent de *definició* del coneixement.

1 El mot *empirisme* és un terme format a partir del sufix *-isme*, que designa un corrent, una prevalença, èmfasi. Pensa en la seva etimologia i reflexiona.

- Per què creus que passa tant de temps entre que existeixen posicions que anomenaríem "empiristes" i que es forma un concepte tècnic per a designar-les?

ORIGEN DE LA PARAULA *EMPIRISME*

La paraula *empirisme* prové del grec EMPEIRIKÓS, que vol dir literalment "allò que ja s'ha tastat abans". El grec EMPEIRÍA (l'activitat de "tastar abans") es traduirà al llatí com a EXPERIENTIA, que donarà el nostre concepte d'experiència. Amb tot, com ja vam advertir en la unitat 3, el concepte també es pot interpretar d'una manera que vagi més enllà de la restricció a l'experiència sensible.

ACTIVITATS

1 Busca quatre mots formats a partir del sufix *-isme* que obeeixin al mateix esquema que el mot *empirisme* (designen moviments intel·lectuals, polítics, etc., ja existents des de molts segles en el moment de la seva formació) i quatre mots formats de la mateixa manera que designin realitats que passen a ser designades només a partir de la formació de la paraula mateixa. Per exemple:

a Socialisme

b Cubisme

2.1 Els principis de l'empirisme restringit de David Hume

David Hume (1711-1776) és el filòsof que ha defensat l'empirisme més pur. En ell trobem els principis que caracteritzen aquesta doctrina com a tal, per bé que és difícil trobar cap altre autor que els subscrigui tots. Són els següents:

- **Principi empirista**: Tots els materials del pensament es deriven de la nostra percepció sensible.
- **Principi d'immanència**: No és possible conèixer res que estigui fora de la nostra ment, i tot el que és a la nostra ment és percepció sensible.
- **Principi de còpia**: Totes les idees són còpies de les impressions. Quan naixem, la nostra ment és com un full en blanc i només l'experiència ens proporciona idees. Una idea no és res més que l'empremta que una impressió ha deixat en la nostra ment.
- **Principi d'associació d'idees**: Ja que només coneixem allò que rebem a través dels sentits, tot allò que la nostra ment construeix és fictici, sense validesa cognoscitiva. Ara bé, l'univers mental és anàleg a l'univers material, en el qual hi ha determinades forces d'atracció que fan que les idees simples (= els àtoms de coneixement) es combinin *totes soles* entre si per a formar idees complexes. Així, per exemple, la combinació d'una pluralitat d'idees simples (dur, suau, marró, etc.) dona la idea de la taula que tinc al davant. En suma: les idees simples no es mantenen desconnectades en la ment, sinó que es combinen espontàniament segons tres lleis associatives:
  - **Llei de semblança**: percepcions semblants tendeixen a ajuntar-se en la nostra ment. Així, per exemple, les impressions que provenen de la paret i les que provenen del full en què escric tendeixen a ajuntar-se en la meva ment. Al conjunt resultant l'anomeno "blanc": etiqueto amb un sol nom impressions semblants.
  - **Llei de continuïtat en l'espai i el temps**: les impressions que se'm donen habitualment al mateix lloc (les unes respecte de les altres) i al mateix temps o de forma successiva tendeixen a ajuntar-se en la meva ment.

Per exemple: la idea de cadira evoca espontàniament la de taula, i en un institut el so d'un timbre evoca espontàniament el final o el principi d'una classe.

  - **Llei de causalitat**: *Sempre* que experimento una percepció determinada (A) i, a continuació, n'experimento una altra (B), aquestes dues percepcions tendeixen a ajuntar-se en la meva ment i considero que la primera és causa de la segona (i que aquesta és l'efecte). De fet, no experimento cap connexió necessària entre totes dues, sinó que és només el *costum* el que em condueix a associar, per exemple, el moviment d'una bola de billar (B) al moviment d'una altra bola de billar (A) com a causa d'aquest.

Per a l'empirisme, la nostra ment, quan naixem, és com un full blanc que es va omplint de continguts a mesura que anem tenint experiències. Així, per exemple, no podríem tenir en la ment la idea de vermell, si no fos que alguna vegada hem vist tomàquets madurs com els de la fotografia, o impressions semblants a aquesta.

Significa això que quan naixem som buits i, per tant, que la nostra visió del món i de la vida i de nosaltres mateixos és un mer producte de les impressions que hem experimentat des que vam néixer? No ens converteix això en mers productes de les experiències que ens han procurat els nostres educadors? Ens en podem alliberar?

I si som només éssers que hi senten, en què ens distingim dels animals? Potser en la possibilitat de parlar i fer preguntes com aquestes? Com pot l'empirisme radical de Hume explicar el distanciament respecte a la realitat que ens proporciona el llenguatge? De fet, pot?...

Situacions: socialització, estereotips, llenguatge, especisme, coneixement.

1. Pensa dos exemples més de cadascun dels principis d'associació d'idees de Hume i descriu-los.
2. Podria una novel·la acabar-se si, d'alguna manera, no continués el temps dels seus personatges després que l'autor escrivís "fi"? I començar?
3. És possible obrir una porta i que no hi hagi espai? Diem "espai", i no pas "terra" o "sòl"...
4. Hi pot haver fum sense que s'hagi produït foc? Descriu una situació que respongui a això.

En aquestes imatges hi veiem objectes de formes, mides i funcions molt diferents que, malgrat les seves diferències manifestes, anomenem amb la mateixa paraula: *taula*. Tenint en compte que remet a coses tan diferents, com és que ens entenem quan diem la paraula *taula*? Una resposta possible és que la paraula remet a la idea abstracta de taula, respecte de la qual les taules particulars són només exemplars. Però això és precisament el que Hume nega: per a ell, no hi ha idea abstracta de taula, sinó només la pluralitat multiforme de taules particulars. Ara, ja que el nom *taula* no remet a una taula en particular, però tampoc no remet (segons Hume) a la idea de taula, a què remet?

5 Imagina una caixa de ferro dins la qual hi ha una foguera. Si un humà veu la caixa, veurà la caixa, però no la foguera. Ara bé, alguns animals, com les serps, tenen una percepció visual basada en la captació de fonts tèrmiques. Una serp veuria la foguera, però no copsaria la caixa de ferro.

a Qui dels dos, l'humà o la serp, percep adequadament la "realitat" en aquest cas?

b Creus que aquesta paradoxa ens aboca inevitablement a un plantejament psicologista?

2.2 Tres principis més. El psicologisme

- **Principi de discriminació d'idees (o criteri de certesa)**: Ja que totes les nostres idees deriven de l'experiència, directament o indirectament en virtut de les lleis d'associació, podem establir aquest criteri de discriminació d'idees: si un nom sembla remetre a una idea, però ens és impossible assenyalar de quina impressió deriva aquesta pretesa idea, aleshores hem de concloure que es tracta d'una falsa idea o pseudoidea, és a dir, d'un nom buit, sense cap significat i, per tant, sense validesa cognoscitiva. L'empirisme usa aquest criteri per a sotmetre a crítica les idees metafísiques. És el que es coneix com a *problema de la demarcació*, del qual parlarem més avall.
- **Principi de negació de les idees abstractes o generals**: Les idees generals o abstractes no existeixen. No existeix cap cosa com, per exemple, "la humanitat", sinó que amb aquesta paraula designem el conjunt d'individus particulars que anomenem "humans"; és a dir, el conjunt dels objectes existents que anomenem "humans" i que l'any 2015 contenia aproximadament 7.376.471.981 elements. Més amunt hem posat l'exemple de la paraula *blanc*, i tots dos exemples ens autoritzen a dir això: no hi ha objectes abstractes; només objectes concrets, particulars.
- **Principi geneticopsicològic**: L'ordre d'aparició (cronològic) i l'ordre de la fonamentació són el mateix: allò que es presenta en primer lloc en la ment té també prioritat cognoscitiva. Hume ho explica amb un exemple:

> Si volem fer saber a un nen què és el color vermell, serà inútil intentar fer-ho donant definicions abstractes; l'únic camí eficaç és mostrar-li una cosa vermella i dir "vermell"; en altres paraules: l'únic camí eficaç és procurar-li una impressió. Ningú no pot tenir la idea de vermell sense haver vist alguna cosa vermella: que la impressió vagi abans que la idea demostra que és també primera en l'ordre de la fonamentació, i d'aquí el principi de còpia.

És important saber que, segons Hume, les lleis associatives són lleis *psicològiques*: no depenen d'estructures del món, sinó solament de la manera com la ment humana obté una representació del món, que depèn de les condicions donades per una corporalitat existent al món.

En altres paraules: que les lleis de combinació de les idees simples siguin les que són és només una qüestió de fet, perquè podrien haver estat unes altres. En el món mental passa el mateix que en el món material: que les lleis que regulen les idees (món mental) o les partícules (món material) siguin les que són és una cosa que constatem, però de cap manera no és una cosa necessària.

Aquesta posició segons la qual les lleis d'associació d'idees són relatives a l'estructuració corporal perceptiva de la realitat es diu **psicologisme**.

2.3 Aplicació del criteri de certesa a una crítica de la metafísica

A La noció d'idea. El nominalisme

L'aplicació del principi de discriminació d'idees permet sotmetre la metafísica a una crítica molt severa. Per entendre-ho bé, cal tenir present que, en tant que còpies o empremtes, *les idees no són altra cosa que impressions afeblides*.

Una **impressió** és una percepció sensible que té lloc a l'instant present. La impressió, per tant, no inclou ni la percepció recordada (memòria) ni la percepció projectada (imaginació). Una **idea** és el senyal que la impressió passada ha deixat en la nostra ment. Entre impressió i idea hi ha només una *diferència de grau*, no de tipus.

Així, per exemple, l'única diferència entre el gust de la taronja que ahir vaig tenir a la boca (*impressió*) i el mateix gust recordat ara (*idea*) és de *força i vivor*, d'*intensitat*. L'origen de la percepció que en tinc (la idea) és, doncs, una percepció anterior més intensa (la impressió).

Ara bé, com que les idees són còpies de les impressions, i les impressions són sempre particulars (*això percebut ara i aquí*), d'aquesta noció d'idea se segueix que *no hi ha idees generals o idees abstractes, sinó que totes les idees són també particulars*. Per exemple, jo no percebo la taula general, sinó que, en cada cas, percebo sempre "*aquesta* taula d'aquí". Ara, si cada impressió deixa la seva empremta en la ment (la idea corresponent), aleshores resulta que *hi ha tantes idees de taula com impressions de taules hagi tingut*.

Però, aleshores, si resulta que hi ha una pluralitat d'idees particulars de taula, i cadascuna és l'empremta d'objectes de formes i funcions diferents, com és que a totes elles, que són diferents, les designem amb el mateix nom? Si no remet a una idea abstracta (tal cosa no existeix), a què remet la paraula *taula*?

Hume respon així: totes les idees semblants tendeixen a ajuntar-se en la nostra ment formant un conjunt d'idees particulars. Quan sento la paraula *taula*, la meva ment evoca una de les idees particulars d'aquest conjunt, per exemple, la taula de l'aula. En funció del que es digui, la meva ment, entrenada per l'experiència passada en virtut del costum de tractar amb moltes taules, salta fàcilment d'una idea particular a un altra per entendre el que es diu.

Per exemple, si es diu que a taula hi havia 25 comensals, automàticament la meva ment deixa d'evocar la taula de l'aula i n'evoca una altra que encaixi amb el que s'explica.

No hi ha, doncs, idees abstractes, sinó conjunts d'idees particulars ordenades segons semblances. Els noms no són res més que etiquetes amb què classifiquem idees particulars semblants. Com que no remeten a idees abstractes sinó que són només això, etiquetes o noms, aquesta tesi s'anomena **nominalisme**. En tornarem a parlar més endavant.

Un peu en particular ha deixat aquesta empremta concreta a la sorra: com que totes les idees són meres empremtes, no hi ha idees abstractes, sinó que totes són particulars.

Així, per exemple, no hi ha idea de poma, sinó només pomes particulars. Què anomena, doncs, el nom *poma*? Imagina't que enganxessis en el cistell de la fotografia un rètol que digués "poma". Això, i només això, són les idees generals segons Hume: etiquetes amb què classifiquem conjunts de coses semblants.

I si el cistell estigués ple d'éssers humans?... La paraula *humà*, és només una etiqueta amb què classifiquem coses semblants però diferents? Podem defensar uns drets humans de validesa universal si no creiem en una humanitat comuna? L'afirmació de Hume que no hi ha una naturalesa humana, ens allibera o ens esclavitza? Ens allibera perquè desautoritza tota idea d'home i de dona que orienti la nostra educació i, per tant, ens deixa ser el que vulguem? O ens esclavitza perquè ens lliga al que sentim *de fet* sense poder distingir el noble del baix, i, doncs, sense poder orientar-nos de manera raonable?

Situacions: educació, socialització, drets humans, alienació, gènere, estereotips, llenguatge, indiferència, deshumanització, ètica i política, diversitat cultural, vida virtual, aïllament, narcisisme.

6 Creus que les idees són imatges en la ment? Tens alguna imatge d'una figura regular de mil costats? En tens la idea?

Si he de dir *qui soc jo* ara, potser m'explicaré d'una manera semblant a aquesta: "Soc de Cambrils, tinc disset anys, tinc dues germanes deu anys més petites, estudio batxillerat, voldria ser arquitecte, jugo a tenis amb els amics, simpatitzo amb els partits d'esquerra, m'agrada el cinema, etc." Però quan, després, miro aquesta fotografia meva de quan era petit jugant a la platja, m'adono que la llista que he fet no diu gens qui és (o "era") "ell"; ni tan sols el seu cos és el meu. Què m'autoritza, aleshores, a dir que "ell" és jo? Veiem en algun lloc el "jo" comú al nen de la foto i a mi? Ho sabria, que es tracta de mi, si els meus pares no m'ho haguessin dit?

7 Prova d'explicar amb diferents exemples per què, si no creguéssim en la identitat dels objectes, no podríem donar compte de la propietat.

8 Qui ets tu? Fes-ne una breu descripció.

9 Tots els elements que has fet servir en la descripció de l'exercici anterior, remeten a coses invariables o a coses que sempre han estat així i sempre ho seran? I les que no canvien (per exemple, "nascut a Barcelona"), diuen realment qui ets o estableixen condicions que de fet valen per a un nombre indefinit de persones? Realment la teva descripció dona compte de la teva identitat?

B Crítica de la noció de món o d'objecte

Considerem una bola de neu. És blanca, rodona i freda. La posem en un recipient rectangular que apropem al foc. Al cap d'una estona ja no és blanca sinó transparent, ja no és rodona sinó rectangular i ja no és freda sinó calenta. Podríem pensar que continuem tenint la mateixa cosa, *la mateixa* aigua, però en un nou estat. Però això no és el que se segueix del principi de discriminació d'idees.

Com que les úniques idees vàlides són les derivades d'impressions, de l'objecte inicial només tenim coneixement de *rodó*, *blanc* i *fred*. Com que aquestes qualitats es donen juntes, *suposem* que hi ha un suport invisible de qualitats que les manté unides, una *substància* (literalment, "el que està a sota") que va prenent determinacions diferents. Però, precisament perquè aquest suport és invisible, no és pas objecte de coneixement! La idea de substància és una pseudoidea.

Per tant, no tenim coneixement ni de la unitat ni de la identitat dels objectes: en coneixem només les qualitats sensibles (els *accidents*). Si creiem que això blanc, rodó i fred és un sol objecte (una bola de neu), i que el líquid final és el mateix, és només perquè, com que estem acostumats a veure que aquestes qualitats es donen juntes en un flux continu d'impressions, *creiem* que pertanyen al mateix objecte; ho creiem, però *no ho sabem*.

C Crítica de la noció de jo o d'identitat personal

El mateix passa amb la noció de jo. No tenim pas cap impressió d'una substància invariable al llarg del temps que m'identifiqui, sinó que rebo contínuament impressions internes canviants. Com que aquestes impressions les rebo en un flux continu, *crec* que es corresponen amb la meva identitat, com si jo no canviés, però la veritat és que el que percebo és precisament una successió contínua d'impressions sempre diferents. Així doncs, *de la identitat personal tampoc no en tenim cap coneixement*.

I, tanmateix, *hi hem de creure*: primer, perquè si diem que aquest que ahir va matar una persona no és el mateix que tenim davant, no li podrem demanar responsabilitats; i segon, perquè si no creiem en la identitat dels objectes i dels subjectes, no podem fonamentar la propietat ni, per tant, la convivència pacífica.

D Crítica de la noció de Déu

Com que, per definició, Déu es troba fora de l'espai i del temps i és, doncs, invisible, no en podem tenir cap impressió. "Déu" és, per tant, un significant sense significat, una paraula buida. Segons uns autors, aquesta afirmació fa de Hume un ateu. D'altres, però, entenen que el que vol dir és que l'accés a Déu ha de ser inspirat per la fe i no pel coneixement, de manera que, lluny de ser un ateu, Hume hauria obert la porta a la revelació. Sigui com sigui, la tradició filosòfica que deriva de Hume i s'allarga fins als nostres dies és més aviat agnòstica o atea.

E Els criteris de demarcació

Un **criteri de demarcació** és un criteri que ha de permetre establir de forma nítida la frontera entre el que és coneixement científic i el que no ho és. El *principi de còpia de Hume* és una primera versió d'aquesta criteri. En el deixant de Hume, cal destacar els criteris proposats per Friedrich Waismann (1896-1959) i Karl Popper (1902-1994).

El criteri proposat per **Waismann**, semblant al de Hume, és el **criteri de significació**: *si no és possible determinar si un enunciat és vertader, aquest no té cap significat, ja que el significat d'un enunciat és el mètode de la seva verificació*. Un enunciat té significat només si tenim alguna manera de saber si és vertader o fals.

Com que no tenim cap mètode per determinar si la proposició "Déu existeix" és vertadera o falsa, aquesta proposició no vol dir res; ni tan sols pot ser falsa.

Popper denuncia la inviabilitat del criteri de significació de Waismann, perquè —diu— no resol el **problema de la inducció** (o "problema de Hume"), que es pot formular així: com podem establir lleis generals (universals) a partir d'un cert nombre d'observacions de casos particulars?

Si apliquem el criteri de significació com a criteri de demarcació, totes les proposicions que tenen la forma de lleis universals queden fora de la ciència, perquè no poden ser verificades per l'experiència. Així, per exemple, la verificació empírica de la proposició "Tots els cossos s'atrauen" demanaria comprovar-ho amb tots els cossos sense excepció, comprovació que, òbviament, no és possible. El criteri de demarcació de Waismann, que pretén desautoritzar la metafísica, acaba desautoritzant igualment la física.

No podem establir lleis generals inductivament perquè, per més casos particulars que observem, sempre queda oberta la possibilitat que una observació ulterior desmenteixi el que havíem observat fins ara. La solució de Popper a aquest problema és el **falsacionisme**. *Per més observacions que fem, no podem verificar una llei general, però una sola observació pot refutar una llei general*.

Així, per exemple, no puc verificar de cap manera la proposició "Tots els cignes són blancs", perquè mai no puc arribar a observar tots els cignes; però n'hi ha prou amb observar un sol cigne negre perquè aquesta proposició quedi refutada.

Doncs bé: per a Popper, *el que fa que una proposició sigui científica no és pas que sigui verificable, sinó que sigui falsable, és a dir, refutable*. Una proposició és científica quan podem imaginar en quin cas —amb quina observació empírica— es demostraria que és falsa. Com més intents de refutació hagi superat, més *corroborada* estarà una llei científica, però mai definitivament verificada. El que no pot ser falsat, no és científic.

En la imatge, un pacient en una sessió de psicoanàlisi. Segons aquesta branca de la psicologia, fundada per **Sigmund Freud** (1856-1939), la major part del nostre comportament no es deu a decisions conscients, sinó que està governat per l'inconscient. Ara bé, no podem imaginar cap conducta que, en cas de produir-se, desmentís aquesta hipòtesi: sigui quin sigui el comportament observat, sempre es podrà dir que la seva causa profunda és inconscient. Com que no es pot falsar, per a Popper la psicoanàlisi és una pseudociència.

El mateix passa amb el marxisme. Segons aquesta doctrina, tots els fenòmens socials tenen una causa econòmica. Per exemple, si la burgesia defensa la llibertat, no és per raons morals sinó econòmiques: el capitalisme necessita que els obrers siguin lliures de vendre la seva força de treball en el mercat. Tot fenomen social es pot interpretar així. La teoria és irrefutable i, per tant, pseudocientífica.

I què cal dir de la neuropedagogia, o de la teoria del patriarcat o de l'animalisme? D'acord amb el criteri de falsació, són teories científiques? En podem salvar alguna dels atacs de Popper (que era un pensador liberal)? Com?

Situacions: educació, ciència, gènere, especisme, ideologia, postveritat, coneixement.

ACTIVITATS

1. Hi ha una definició del concepte de *ciència* universalment acceptada? Raona la resposta. Què és més rellevant a l'hora de delimitar un coneixement científic: l'explicació del seu funcionament o els seus resultats?
2. Popper sosté que la psicoanàlisi no és cap ciència. Per què creus que el seu criteri de demarcació desautoritza una ciència de l'inconscient?

3 El problema dels universals

En les disputes medievals sobre els universals, la rosa tot sovint va ser l'exemple triat per a elaborar els arguments. La novel·la d'Umberto Eco (1932-2016) *El nom de la rosa* (1980), de títol ben filosòfic, il·lustra les disputes teològiques i metafísiques –com la de si Jesús va riure alguna vegada– en el seu context històric, en una trama d'assassinats que tenen lloc en un monestir. Es tracta d'una lectura molt recomanable. Si la llegeixes, pregunta't sobre el significat del títol i, també, en què es veu la simpatia de l'escriptor italià pel nominalisme d'Occam.

1 Llegeix acuradament les possibilitats 2, 3, 4 i 7 de les posicions de Pere Abelard. Intenta il·lustrar-les a través d'un dibuix. Una vegada tinguis les posicions esquemàticament dibuixades, justifica quina et sembla més raonable.

2 Creus que les dues posicions moderades (explicades en la pàgina 261) en realitat estan molt allunyades l'una de l'altra?

3.1 El problema dels universals al segle XII

El nominalisme de Hume enllaça amb algunes respostes a un problema que havia estat plantejat amb molta anterioritat i de manera especialment intensa durant l'edat mitjana. Els filòsofs medievals, en efecte, ja havien tractat la qüestió en el marc de controvèrsies marcadament teològiques i havien anomenat "universals" les idees abstractes o generals.

Si bé no amb aquest nom, el problema té una presència embrionària en l'obra d'Aristòtil, i rebrota amb força al segle XII arran de la divulgació de la traducció comentada al llatí que Boeci (470-525) havia fet de l'obra d'un comentarista d'Aristòtil anomenat Porfiri (232-304). És en aquests moments que el problema dels universals és presentat amb una claredat exemplar. Segons aquesta tradició, el problema consisteix a respondre les preguntes següents:

- Els universals, existeixen en la realitat o només en el pensament?
- Són corporis o incorporis?
- Existeixen en les coses o separats d'aquestes?

Observa que, en aquesta polèmica, la paraula *realitat* té el sentit de *realitat efectiva*. A aquestes tres preguntes del plantejament tradicional, el filòsof **Pere Abelard** (1079-1142) n'afegeix una quarta, que és una variant de la tercera:

- Tindrien encara alguna existència els universals en el pensament si deixessin d'existir els individus als quals corresponen? Per exemple, tindria sentit la paraula *rosa* si ja no existís cap rosa al món?

Les tres primeres preguntes ens deixen exactament vuit combinacions de respostes possibles:

	PREGUNTA 1	PREGUNTA 2	PREGUNTA 3
1	Existeixen efectivament	Són corporis	Separats de les coses
2	Existeixen efectivament	Són corporis	Es troben en les coses
3	Existeixen efectivament	Són incorporis	Separats de les coses
4	Existeixen efectivament	Són incorporis	Es troben en les coses
5	Existeixen només en el pensament	Són corporis	Separats de les coses
6	Existeixen només en el pensament	Són corporis	Es troben en les coses
7	Existeixen només en el pensament	Són incorporis	Separats de les coses
8	Existeixen només en el pensament	Són incorporis	Es troben en les coses

D'aquestes combinacions, descartem la 5 i la 6, ja que allò que només existeix en el pensament no pot ser corpori (les idees no tenen propietats espacials, com pes o extensió). Descartem també la 8, perquè allò que existeix *només* en el pensament no pot existir en les coses, i la 1, perquè la idea de pedra, per exemple, en la nostra ment no pot ser una pedra, sinó només la seva determinació. Així doncs, queden només quatre possibilitats: la 2, la 3, la 4 i la 7.

3.2 Les posicions en el debat sobre els universals

Sobre aquestes quatre posicions es debat considerablement al segle XIII, segle de la gran batalla sobre el problema dels universals, tot i que algunes teories ja arrencaven d'abans.

Aquestes teories es poden classificar en quatre corrents:

- **Realisme**: És defensat per autors del segle anterior, com, per exemple, Guillem de Champeaux (1070-1121) o Anselm de Canterbury (1034-1109). Afirma que els universals existeixen realment com a coses i es troben en els individus que participen d'aquesta naturalesa universal. Corresponen a aquest plantejament les posicions 2 i 4 anteriors.
- **Antirealisme**: Roscelin de Compiègne (1050-1122) defensa la inexistència dels universals, fins i tot en la ment humana.

  Els universals no són altra cosa que paraules, simple aire (*flatus vocis*) al qual no correspon res en la realitat. Les conseqüències teològiques (les tres figures de la Trinitat no poden compartir una sola substància, cosa que dona peu a una interpretació politeista de la Trinitat) li van ocasionar greus problemes.

  Aquesta posició és una novetat respecte de les anteriors, ja que nega tota existència als universals. És l'origen del *nominalisme*.
- **Realisme moderat**: Les posicions més fortes al debat del segle XIII són posicions que matisen els radicalismes anteriors.

  Un realisme moderat el trobem en Tomàs d'Aquino (1224-1275), que concedeix certa existència a l'universal, i distingeix entre l'universal *ante rem* (l'universal tal com el pensa Déu abans que la cosa particular existeixi al món), i l'universal *post rem* (l'universal tal com l'enteniment humà el coneix abstraient-lo de la matèria de la cosa).

  Segons Tomàs d'Aquino, l'universal no existeix mai en la cosa, sinó que és posat per l'enteniment diví abans d'existir la cosa particular (*ante rem*) i abstret per l'enteniment humà a través d'una operació a partir de la cosa particular existent (*post rem*). Aquesta tesi troba variacions en les posicions 3 i 7 anteriors.
- **Antirealisme moderat** o **nominalisme**: El contingut de l'universal consisteix en l'acte de *significar*, i només en el context d'aquest acte pot tenir algun tipus d'existència.

  L'universal no és un ésser, sinó "allò gràcies al qual podem predicar". Però "allò gràcies al qual podem predicar" és el nom, que ara no és interpretat com a simple aire (a diferència dels antirealistes), sinó com una funció de la manera humana de comprendre el món i dir-lo.

  Aquesta posició influenciarà molt en la filosofia de **Guillem d'Occam**, el primer nominalista rellevant.

  En tant que suposa una novetat d'enfocament, no es correspon amb cap de les posicions del debat clàssic del segle XII.

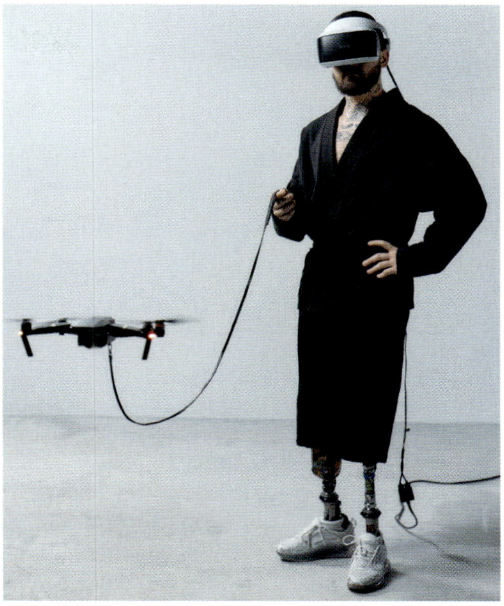

Les pròtesis tecnològiques poden canviar profundament la nostra percepció de la realitat. Si les cames artificials permeten que un home sense cames camini, els artefactes productors de realitats virtuals ens permeten sortir d'*aquest* món on som tancats, el que veiem a través dels sentits, i accedir a altres mons. L'aparició de les xarxes socials també ha creat un àmbit nou de realitat, en el qual un ja no es fa present en persona sinó a través dels seus avatars, que poden ser múltiples i canviants. Els usuaris corren el perill de perdre la seva integritat, de fragmentar-se...

Els psicòlegs detecten, no ja problemes d'addicció, sinó problemes derivats d'una percepció distorsionada de la realitat. L'exposició habitual a *actes virtuals de violència* pot produir insensibilitat davant la *violència real*. La impunitat amb què es presenten les dones com a objectes sexuals genera noves formes de masclisme. La vida social es dissol per la tendència de molts a aïllar-se i a tancar-se en mons virtuals...

Trobes que és exagerat, tot això? O estem realment perdent el sentit de la realitat? I si és així, quines en poden ser les conseqüències?

Situacions: socialització, gènere, estereotips, violència, llenguatge, indiferència, deshumanització, violència digital, drets digitals, violència de gènere, postveritat, poder, vida virtual, aïllament, exhibició, narcisisme, alienació, suïcidi

3 Un antirealista radical pot deliberar i prendre decisions racionals? I un realista radical?

Considera les quatre frases següents: "Les ulleres serveixen per a veure-hi", "Les ulleres són el complement perfecte per a arrodonir el seu glamur", "El volant, de color verd, combina amb la resta del cotxe", "La ràdio permet escoltar música". Quines es refereixen a conceptes i quines a objectes? N'hi ha d'ambivalents?

4 Creus que la realitat és un conjunt de coses o un conjunt de relacions entre aquestes coses?

5 Observa la teva aula.

a Quin conjunt de distribucions entre els objectes que la formen permet parlar-ne precisament com una aula?

b Quins conjunts no?

c Què se n'extreu, d'aquesta resposta per al plantejament de la pregunta anterior?

3.3 El problema dels universals i la distinció entre sentit i referència

L'anomenat "gir lingüístic" que algunes escoles filosòfiques adopten a finals del segle XIX i principis del segle XX va fer que el debat sobre l'existència dels universals se situés en el marc de la nova distinció entre sentit i referent, que hem analitzat en la unitat 2.

Aquesta resituació implica que l'universal no es pensa ja en termes de "realitat" (de si pertany o no a l'ésser), sinó que ara el situem en el context de l'acte d'emetre oracions, és a dir, en l'acte de *jutjar*.

Gottlob Frege (1848-1925), el pare de la distinció entre sentit i referent (unitat 2), enuncia dos principis que tendeixen, fins a cert punt, a desplaçar el problema dels universals des de la teoria de la realitat (metafísica) fins a la teoria del llenguatge:

- Mai no ens hem de preguntar pel significat d'un terme aïllat, sinó que s'ha d'investigar sempre el seu significat en el context d'una proposició.
- Mai no hem de perdre de vista la distinció entre concepte i objecte.

Efectivament, la unitat mínima del llenguatge, *quan l'utilitzem*, és l'oració, no pas la paraula.

Amb les expressions lingüístiques comuniquem informació, desitjos, ordres, interrogacions, etc. Això no ho fem a través de paraules separades, sinó d'oracions o de paraules que es presenten sempre articulades com a *parts* d'oracions.

Tot el plantejament tradicional de la qüestió dels universals sembla haver oblidat aquest principi, que s'ha de combinar amb els significats nous que Frege dona als termes *concepte* i *objecte*.

Els **objectes** són els referents cap als quals apunta la proposició en el cas dels noms propis o de les descripcions definides (Aristòtil, el mestre d'Alexandre, el deixeble de Plató). Però si la proposició parla de noms comuns (casa, riu, cavall), aleshores els referents de la proposició són **conceptes**, no pas objectes.

Els conceptes són pensats per Frege, i per bona part de la filosofia després d'ell, com a entitats que només tenen realitat en l'acte de predicar.

Per a Frege, aquestes entitats són reals, però mai no ho poden ser en el sentit en què ho són els objectes.

Aquesta posició pot anomenar-se **conceptualisme**. En el fons, el problema no es resol, perquè podem interrogar-nos, un altre cop, sobre quin tipus de realitat tenen aquestes entitats que anomenem "conceptes".

En tot cas, hem desplaçat el problema des de la metafísica fins a la teoria de la predicació lingüística i l'hem fet tema d'una investigació de *filosofia del llenguatge*.

ACTIVITATS

1 Escriu quatre frases els subjectes de les quals tinguin com a referents objectes i quatre frases els subjectes de les quals tinguin com a referents conceptes.

2 Quina tesi sobre el "problema dels universals" es deriva del fet de no ser gaire conscients de la diferència entre conceptes i objectes? Justifica la teva resposta.

4.1 Racionalisme ampli i racionalisme restringit

Entenem per **racionalisme** aquella teoria que defensa que l'única font de coneixement fiable és la raó.

Amb aquesta noció passa el mateix que amb la d'empirisme: per bé que apareix al segle XVII per a anomenar una posició amb relació a l'anàlisi d'un tipus determinat d'idees, s'aplica retrospectivament a tot un conjunt de filosofies que mai no es van anomenar a si mateixes amb aquesta etiqueta.

Podem distingir, així doncs, de manera anàloga tal com vèiem que passava amb l'empirisme, un racionalisme ampli i un racionalisme restringit.

- **Racionalistes en un sentit ampli** són totes aquelles filosofies que privilegien el paper del raonament i l'argumentació en l'adquisició del coneixement i subordinen la participació de la percepció i dels sentits en la seva definició.
- El **racionalisme en sentit restringit** s'aplica, en canvi, a les doctrines que defensen l'existència d'*algunes* idees que es resisteixen a un procediment de derivació, directe o indirecte, a partir dels sentits i que consideren que aquestes idees són les més fiables des del punt de vista cognoscitiu.

El racionalisme ampli inclou autors com Plató o els neoplatònics, que privilegien el raonament i subordinen els sentits.

En la foto, una nena busca alguna cosa entre la palla. Un pur observador extern de l'escena no entendria què està buscant ni podria ajudar-la en la cerca. Només podem buscar una cosa si ja sabem què estem buscant.

Per l'aspecte festiu del cistellet que sosté a la mà dreta, qualsevol persona que pertanyi a una cultura cristiana suposarà, amb raó, que busca ous de Pasqua. Qui ho sabés podria, si la nena volia, ajudar-la en la cerca.

I, tanmateix, sabem encara què significa la paraula *Pasqua*? I sabem encara què simbolitzen els ous de Pasqua, i per què en tants països d'origen europeu és una tradició que els grans els amaguin i els menuts els busquin? No podria passar, i de fet ja passa en molts llocs, que una cultura *oblidés* les seves pròpies tradicions? En termes generals: una comunitat, pot conservar el seu sentit de vida —incloent-hi la seva concepció de la festa— si perd la memòria històrica? Què passaria si durant cinc generacions s'eduqués els nens i les nenes amb un menyspreu del passat i, doncs, amb un menyspreu de la història que ens ha portat on som ara? Quin sentit té una educació que menyspreï la memòria i la història?

Situacions: educació, socialització, símbols, sostenibilitat, drets humans, democràcia.

4.2 Racionalisme ampli. Plató i el coneixement de les essències

A Com és possible adquirir coneixements? La "paradoxa de Menó"

Un exemple clàssic de racionalisme ampli el trobem en la doctrina platònica de la **reminiscència**. Segons aquesta teoria, presentada en alguns fragments d'alguns diàlegs de Plató (427-347 aC), com el *Menó* o el *Fedó*, conèixer és recordar.

Aquesta concepció del coneixement pretén ser una solució al que la tradició ha anomenat la "paradoxa de Menó", que mostra la dificultat per a justificar el fenomen de l'aprenentatge o de l'adquisició de coneixement.

La paradoxa es pot formular en aquests termes:

> Sobre un tema qualsevol, o bé en tenim coneixement o bé no en tenim. Si en tenim coneixement, aleshores ja no l'hem d'anar a buscar, perquè ja el tenim. Si no en tenim coneixement, aleshores no el podem anar a buscar perquè, com que no sabem el que estem buscant, se'ns plantegen dos problemes.
>
> Primer: on anirem a buscar una cosa que no sabem en absolut com és o què és? I segon: en el cas que el trobem, com el reconeixerem?

1 Intenta pensar exemples en els quals es faci manifesta la "paradoxa de Menó" (que no surtin en el text de la unitat).

2 Si la paradoxa de Menó fos incontestable, estaríem en disposició d'aprendre mai alguna cosa?

Què ho fa que, tot i escoltar les mateixes explicacions i fer les mateixes activitats, uns copsin de què es tracta abans que uns altres? Ja que les paraules i les activitats amb què s'intentava transmetre un aprenentatge eren les mateixes per a tothom, què fa la diferència? On té lloc l'aprenentatge genuí?

És possible aprendre alguna cosa sense estar atent i guardar en la memòria allò que et van explicant? Per aprendre alguna cosa, n'hi ha prou amb això?

Situacions: educació, socialització, coneixement.

3 Intenta descriure amb les teves paraules la sensació que tens quan un coneixement difícil se t'ha fet finalment entenedor. Posa un exemple molt concret: descriu què et semblava aquell saber abans d'entendre'l i què et sembla ara, que ja l'has entès.

a S'assembla, efectivament, l'experiència d'entendre al record d'alguna cosa que feia temps que tenies oblidada?

b O s'assembla més al descobriment d'alguna cosa totalment nova?

B La solució platònica: la reminiscència

Considerem aquest exemple:

> Si, en un dels seus llibres, em demanen que busqui Wally, per a poder trobar-lo, l'he de conèixer, perquè si no, no sabré qui he de buscar i, per tant, no el podré anar a buscar. D'altra banda, si me'l mostren assenyalant-lo perquè el conegui, precisament perquè ja l'he vist no l'he d'anar a buscar, perquè ja l'hauré localitzat.

Suposem, doncs, que mirem de conèixer què és la virtut. Si no sé en absolut què és, no sé què busco i, per tant, no la puc buscar. Però si ja sé què és, no cal anar a buscar-la. La conclusió de Menó és que aprendre —adquirir nous coneixements— és impossible.

Per a resoldre aquesta aporia, Plató suggereix que conèixer és recordar: tots els coneixements són ja en la nostra ànima —en la nostra ment—, i el que anomenem "aprendre" no és res més que fer memòria d'allò que ja sabem, però que tenim oblidat.

Abans de mirar de comprendre què vol dir això, veiem que, en efecte, la proposta resol la paradoxa de Menó: sabem el que hem d'anar a buscar i, per tant, *podem* anar-ho a buscar perquè ja ho coneixem; però ho *hem* d'anar a buscar perquè, tot i saber-ho, ho tenim oblidat.

C Un exemple per a il·lustrar la reminiscència

Per a entendre què vol dir Plató, podem remetre a una experiència que tots hem fet: la vivència del que anomenem "aprenentatge".

Suposem un grup d'alumnes en una classe de filosofia. El professor els parla del concepte de coneixement i ells escolten amb atenció. El professor argumenta, posa exemples, reconsidera la mateixa qüestió des de perspectives diverses. Tots escolten el mateix i, mentre escolten, proven de retenir mentalment, amb l'ajut de la memòria, les diferents explicacions, que apunten a alguna cosa que el professor els vol fer entendre.

Des del punt de vista perceptiu o receptiu, tots els alumnes veuen el mateix i senten els mateixos sons. Però, de sobte, uns quants alumnes ja han entès el que el professor vol dir i la resta encara no.

Què ha passat? Pel que fa al que es pot veure dins l'aula, ha passat el mateix per a tothom. La diferència es troba en el que no es pot veure, en el que ha passat "a l'interior" de cada alumne.

Els alumnes que ja ho han entès, han adquirit aquesta comprensió en virtut del seu esforç. Que la comprensió adquirida no es troba merament en les paraules del professor, ho prova el fet que altres alumnes que han escoltat el mateix amb atenció encara no hi han arribat. El professor assisteix l'alumne en el seu aprenentatge, però és l'alumne qui, amb una activitat "interior", ha de trobar *per si sol, en si mateix*, allò de què es tracta.

D Una segona il·lustració, matemàtica

L'exemple ens il·lustra que, quan aprenem, busquem en nosaltres mateixos la solució a allò que ens estem preguntant. L'estudi de les matemàtiques —que és l'exemple típic de Plató— ho mostra d'una manera especialment clara.

Considerem una noia que prova de resoldre un problema de matemàtiques. Mai ningú no li ha ensenyat la solució. A la taula de la seva habitació, escriu en un full provant de trobar el camí per a resoldre'l. Suposem que no està sola, sinó que un company ha anat a casa seva per fer els deures junts. Després d'estripar dos o tres fulls en què han quedat escrits intents fallits de resolució, aquesta vegada la noia ha fet dos o tres passos que li semblen bons. El noi i la noia miren junts el que hi ha escrit, però estan encallats. De sobte, ella diu: "Ostres! Ja ho veig!" El noi, que està veient (amb els ulls) exactament el mateix, no hi veu res de res. La noia li demana que calli perquè no se li escapi el que ha vist, i comença a escriure frenèticament. Quan posa el punt final, exclama triomfant: "Ho tinc!"

En efecte, ha trobat la solució correcta. Qui la hi ha dit? Ningú. D'on l'ha tret? Ja que ningú no la hi ha donat, només la pot haver tret d'ella mateixa: en cert sentit, la solució es trobava ja en la seva ànima (ara diríem "ment"), i l'única cosa que ha hagut de fer és anar a buscar-la.

E Els graus de coneixement

Aquests dos exemples ens permeten distingir almenys tres moments en l'adquisició del coneixement: (1) El professor parlant del coneixement sens dubte ha posat exemples i ha remès a experiències que han tingut els alumnes. (2) A partir d'aquestes experiències, segur que ha reflexionat i ha mostrat allò que hi és implícit en virtut de raonaments. (3) Per fi, a través de l'evocació de les pròpies experiències i amb l'assistència dels discursos del professor per a aclarir tot el que contenen, alguns alumnes han vist de què es tractava.

L'adquisició de coneixement comporta, per tant, aquests tres moments:

- **Coneixement sensible**, que encara no és coneixement pròpiament dit, sinó només opinió (DÓXA).
- **Pensament discursiu** (DIANOIA), que enfoca la mirada per a detectar i analitzar tots els elements que hi ha implícits en allò que estem considerant i, també, la manera com es combinen.
- **Visió intel·lectual** (NOESIS), el coneixement pròpiament dit, que s'assoleix a través dels discursos, però que no és pas discursiu, sinó intuïtiu. Es tracta d'una intuïció no sensible, d'una intuïció intel·lectual, com aquella que ha assolit l'alumna que ha resolt el problema de matemàtiques quan ha dit: "Ho veig!"

Com Arquimedes en fer el seu descobriment, no és sempre l'accés a la veritat com una il·luminació, com una revelació que ens fa veure alguna cosa que era ja "allà", però que ens passava desapercebuda? I, ja que veient les mateixes coses, no tothom veu la seva veritat, no és aquesta visió reveladora de la veritat una visió no sensible, sinó intel·lectual? Per a dir-ho amb el nostre exemple: quants centenars de milers de persones no hauran vist una pila de vegades l'aigua i el seu propi cos nu dins la banyera, sense haver vist en absolut el principi d'Arquimedes? L'expressió que va pronunciar i que ha esdevingut famosa, *Eureka*, és el perfet del verb EURISCO, *trobar*, i vol dir literalment "he trobat". Avui s'associa a l'alegria d'un esdeveniment o una troballa.

4 Respecte de l'exemple que has descrit en la pàgina anterior: descriu-lo ara en els seus nivells de coneixement segons Plató (sensible, discursiu i intel·lectual).

Com els artesans humans, el demiürg diví manipula la matèria per donar-hi una forma determinada. Per a Plató, la realitat és aquesta mescla de determinació i indeterminació.

5 Creus que hi ha una essència de la intel·ligència? I de la bondat? I de la maldat? I de la bellesa?

6 Els conceptes anteriors són conceptes dels quals es pot establir una generalitat.

a Hi ha una essència de cada persona considerada individualment?

b Amb quin problema ens podem trobar segons la resposta que donem a aquesta pregunta?

LA NOCIÓ D'IDEA EN HUME I PLATÓ

En grec, EIDEIN vol dir "mirar", i EIDOS, idea, és la *figura* o *l'aspecte* que m'ofereix una cosa. Plató tria aquesta paraula per referir-se a la realitat mateixa, a l'essència mateixa de les coses, i en aquest autor la idea té, doncs, un caràcter extramental. En Descartes (segle XVII), una idea és un contingut mental, però admet la possibilitat que n'hi hagi d'innates. Amb Hume, les idees són empremtes que les impressions deixen en la nostra ment i, per tant, només poden ser continguts mentals adquirits de l'experiència. La història de la noció d'idea és, per tant, curiosa: si en Plató les coses sensibles són còpies de les idees, que són extramentals, en Hume les idees són còpies de les impressions, que són —tant les idees com les impressions— continguts mentals.

F Les essències (idees)

Això que veiem quan comprenem l'essència del que estem considerant, Plató ho anomena "idees". Considerem tres escenes:

> Primera: una noia ajuda espontàniament un avi a creuar el carrer.
>
> Segona: un ciutadà que té l'oportunitat de fer trampes i estalviar-se impostos prefereix respectar la llei i declarar tot el seu patrimoni.
>
> Tercera: una mare de família, asseguda a taula amb el marit i els fills, diu unes paraules solemnes en memòria dels familiars morts i en agraïment als déus pels aliments que es disposen a menjar.

La descripció de cadascuna d'aquestes escenes ens mostra que, des del punt de vista de contingut sensible, són completament dissemblants les unes de les altres. Si jutgem pel que veiem amb els ulls, són escenes completament diferents entre si. I, tanmateix, totes són casos d'accions pietoses: la pietat, en efecte, no és altra cosa que el respecte que devem als qui són més que nosaltres (els grans, els pares, els avantpassats, les lleis i els déus).

Així, tot i ser escenes completament dissemblants des del punt de vista sensible, reconeixem alguna cosa idèntica en totes que ens fa dir que són del mateix tipus, és a dir, exemples de pietat.

Això comú a totes, que reconeixem en virtut d'una visió intel·lectual, i que és el que fa que siguin el tipus d'acció que són, és el que Plató anomena "essències", en grec, *idees*.

G Els principis còsmics

En el *Timeu*, Plató comenta que tota la realitat s'explica a partir de tres principis. En les escenes que acabem de considerar, hi ha elements canviants (allò sensible en cada cas) i un element fix de determinació (l'essència o idea). La realitat tal com l'experimentem és ja sempre una barreja de tots dos elements.

La realitat té, per tant, un cert gruix, una dualitat. I, per tant, només pot ser pensada a partir d'aquests tres principis:

- **Principi de determinació:** són les idees, allò que fa que les coses siguin precisament el que són, la seva determinació o essència. Doten d'intel·ligibilitat la realitat. Són immaterials i immutables.
- **Principi d'indeterminació:** és la dimensió material de la realitat, caracteritzada pel seu moviment constant i per la seva força de dissolució.
- **Principi de combinació:** el demiürg o artesà diví, que ordena la realitat tot mesclant els dos elements anteriors.

El que es mou constantment —allò sensible— no és susceptible de ser conegut, precisament per la seva mobilitat. L'objecte propi de coneixement són les idees, que estan totalment despullades de corporalitat i, per tant, estan més enllà de l'espai i del temps (i en aquest sentit són transcendents).

H Una altra volta a les essències. El triangle impossible

Imaginem aquest cas:

Un professor demana a un alumne que surti a la pissarra a dibuixar un triangle. Les seves instruccions són les següents: "Vull que dibuixis un triangle, però vull *només* un triangle. Si a més d'un triangle m'hi afegeixes alguna cosa més que jo no t'he demanat, no donaré el dibuix com a vàlid." L'alumne surt a la pissarra i fa el dibuix 1.

El professor corregeix l'alumne: "Jo t'havia demanat *només* un triangle, i tu m'has donat un triangle isòsceles. No el dono, per tant, com a vàlid, perquè m'has donat *més* del que jo et demanava. Dibuixa'm *només* un triangle." L'alumne, sorprès per la correcció, ara fa el dibuix 2.

Però el professor torna a corregir-lo: "Ara m'has dibuixat un triangle rectangle. Insisteixo que vull *només* un triangle, un triangle *a seques*." L'alumne, atabalat, ho prova per tercera vegada i fa el dibuix 3.

El professor insisteix: "Això tampoc no és *només* un triangle: és un triangle escalè."

1

2
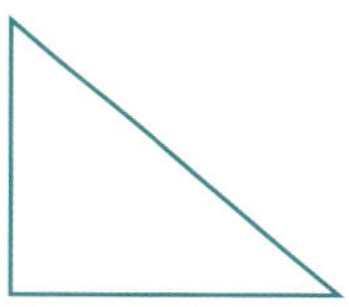
3
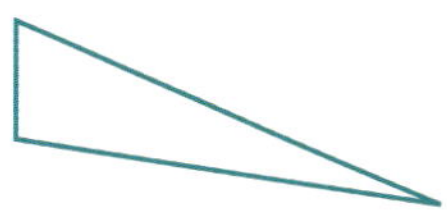

Un alumne que tingués una concepció platònica del coneixement es podria haver escapat perfectament del parany responent això: "No es pot dibuixar *només* un triangle. Una demanda d'aquest tipus és una demanda per l'*essència* del triangle. Però les essències de les coses no es poden dibuixar, perquè les essències no són coses!"

L'essència d'un triangle es correspon amb la seva definició com a polígon de tres segments que determinen tres punts del pla no col·lineals, els angles del qual sumen 180°. Aquesta definició és vàlida per a tots els triangles possibles, però allò que defineix els triangles no és (no pot ser) un triangle entre els triangles. Per això, l'essència del triangle no és una cosa representable: és una *idea* que cal comprendre.

Evidentment, tots els triangles que veig són exemplificacions o casos particulars de la idea de triangle. Però la idea no és un cas particular, és una essència o definició.

En sentit estricte, "definir" les coses de la realitat (comprendre les essències de les coses, en vocabulari platònic) és tan difícil, que ni tan sols la definició donada de l'essència del triangle no és tampoc universalment vàlida: és aplicable només en el cas de les geometries euclidianes, però no en el de les no euclidianes. L'accés a l'essència, ja ho hem dit, no és una definició (DIANOIA), sinó una visió intel·lectual (NOESIS).

Els triangles són comestibles? Són fets de nous i xocolata? Són dolços? Marrons? Tenen pes? I volum?... És, doncs, un triangle això que tenim al davant? D'altra banda: a un nen de quatre anys que afirmés que és un triangle, a diferència d'una pilota que és una rodona, li diríem que ho diu malament? Potser ens cal, aleshores, formular d'una altra manera la nostra pregunta: en quin sentit el que veiem en la imatge és un triangle i en quin sentit no ho és?

7 Fes el mateix exercici que el del peu de la fotografia, però ara imagina't que parlem del dibuix d'un triangle fet amb guix a la pissarra.

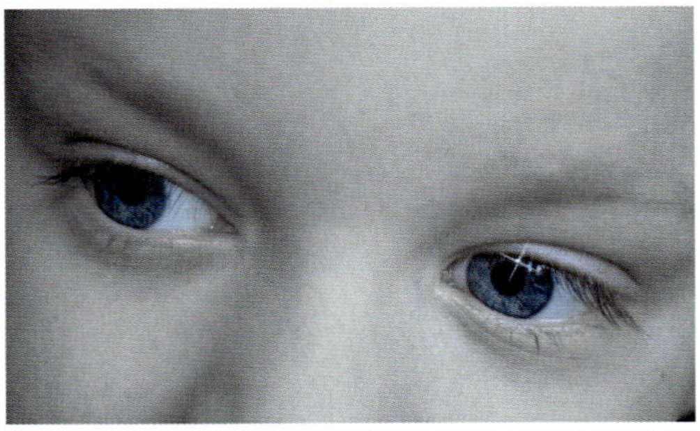

El nen que mira i aprèn es limita a reconèixer el que ja era "dins" seu? Tenim, ja d'entrada, tot el món en la nostra ment –Plató diria ànima– en el moment mateix en què sortim al món? El món ens conté a nosaltres, o som nosaltres que tenim en nosaltres –que comprenem– el món? Què respondrem si ens considerem com a cos? I què respondrem com a éssers dotats de coneixement?

Conèixer és recordar. L'enigma de la presència de les idees en l'ànima

Tot passa, doncs, segons Plató, com si les idees fossin ja en la nostra ment, però amagades; com si l'adquisició de coneixement no fos altra cosa que fer patent el que sempre tenim de forma latent; com si conèixer no fos res més que portar a la llum de la raó el que era en l'ànima en la foscor de l'oblit.

La vivència del coneixement és la d'un retrobament més que no pas la del descobriment d'una invenció o la percepció d'una novetat.

Conèixer és reconèixer el que ja sabíem: conèixer és recordar.

Com pot ser, aleshores, que les idees es trobin ja en la nostra ànima? Com que són principis de determinació que es combinen amb la matèria fluent, *les idees no són pas continguts mentals, sinó determinacions objectives, separades de la ment, que es troben en la realitat mateixa*.

Per tant: ja que són separades de la nostra ment, com hi han anat a parar?

Plató no resol aquest problema. Quan el tracta, oscil·la entre dues estratègies diferents:

- De vegades remet a històries que ha sentit dir a experts en temes religiosos. Aquests diuen que la nostra ànima és immortal, que quan morim torna a l'àmbit més enllà del cel i després s'encarna en un altre cos, i així successivament. Segons això, també nosaltres som un compost de sensible (cos) i no-sensible (ànima).

  En el moment del naixement, l'ànima, que ha vist les idees abans d'encarnar-se, queda reclosa en la presó del cos i oblida les essències, perquè el contacte amb el sensible tapona les vies d'accés de la raó cap a la comprensió de les essències. Per això l'ànima ha de fer un esforç per a recordar el que ja porta amb ella: el coneixement es produeix quan l'ànima s'allunya del cos i pot començar a reconèixer el que duu amb ella i recordar. Així doncs, el **dualisme antropològic** proporcionaria la solució al problema.

  L'explicació grinyola, primer, perquè es posa en boca de religiosos i no de filòsofs, i segon, perquè en altres passatges Plató diu que l'ànima és desitjosa (eròtica) per naturalesa i que és ella, per la seva pròpia naturalesa, que es lliga al cos (el qual, per tant, ja no és vist com una presó).

- La segona estratègia consisteix, aleshores, a remetre a la NOESIS com una facultat de veure les idees de les quals les coses participen. Evidentment, si jo reconec una persona, és perquè ja la coneixia. Semblantment, si reconec la pietat en l'acció d'una noia que ajuda un avi a creuar el carrer, forçosament ha de ser perquè ja la coneixia.

  D'aquesta manera, **la remissió a la noesis** *no explica com és que les idees són ja en la meva ànima, però mostra que les coses passen com si efectivament fos així.*

8 Quina diferència hi ha entre afirmar que les idees són presents en la nostra ànima des que naixem i afirmar que en el coneixement és com si les idees fossin en l'ànima des que naixem?

9 Et convenç l'explicació platònica sobre la relació entre l'ànima i el cos tal com s'explica en el dualisme antropològic? Justifica la teva resposta.

S'ASSEMBLEN L'AMOR I LES MATEMÀTIQUES?

Hem vist que l'estructura del coneixement, i en particular del coneixement matemàtic, no és la del descobriment, sinó la del compliment: la de recuperar una cosa que ja posseíem, però que havíem oblidat o perdut.

En Plató també l'amor (*eros*) té aquesta estructura. L'enamorament no és viscut, segons aquest model, com un descobriment de quelcom nou, sinó com el *compliment* (vegeu la unitat 4) de quelcom que abans era buit. L'amor ens omple, ens completa, però això només pot voler dir que *abans* érem buits o incomplets. Per tant, la condició inicial, anterior a l'amor, és la d'incompletesa, condició que l'amor substitueix per la condició *originària*, no inventada o descoberta.

Per més diferents que ens puguin semblar les matemàtiques respecte de l'amor, almenys en aquesta estructura d'"incompletesa inicial –compliment final", comparteixen semblances descriptives.

J La dialèctica, via superior cap a la comprensió de les essències

Quan hem parlat dels graus del coneixement, hem vist que l'accés al coneixement comença amb l'experiència sensible (DÓXA), però consisteix precisament a anar més enllà d'aquesta experiència per a elevar-se a l'àmbit de les essències o idees, és a dir, a l'àmbit intel·ligible.

A aquest procés que deixa enrere l'àmbit confús de les opinions per a accedir a la claredat pròpia del coneixement de les essències, Plató l'anomena dialèctica.

La **dialèctica** és, per tant, el coneixement pròpiament dit, com a procés en virtut del qual l'ànima s'eleva per sobre del sensible cap a l'intel·ligible. La paraula *dialèctica* significa literalment: "a través o en virtut de" (*dia-*) "els raonaments o els discursos" (*-lèctica*).

En efecte, com il·lustra bé l'exemple del professor de filosofia que hem posat més amunt, a partir de les vivències i de les experiències (DÓXA) de qui s'esforça per arribar a conèixer alguna cosa, és a través i en virtut dels raonaments i els discursos que fem (DIANOIA) que podem arribar a assolir una visió intel·lectual (NOESIS) de la veritat del nostre assumpte.

La veritat no habita en el discurs, sinó que és alguna cosa a la qual accedim a través o en virtut dels discursos, però que ella mateixa no té una presència discursiva, sinó intuïtiva (aquell "Ara ho veig!" de l'alumna resolent un problema de matemàtiques).

El diàleg de l'ànima amb si mateixa

El punt de partida del coneixement en Plató és l'opinió o l'experiència sensible. Els discursos ens permeten enfocar millor la mirada, a fi d'arribar a veure allò a què apunten. Els discursos en Plató són com les ulleres: del tot imprescindibles per a veure-hi bé, però d'una manera que, per a veure-hi, no ens hem de quedar en les paraules (o en les ulleres), sinó que hem de dirigir la mirada *a través* d'aquestes, però *més enllà d'aquestes*.

Així com el camí del coneixement exigeix sempre aquesta mediació del discurs per a enfocar la mirada, el coneixement pròpiament dit és, com ja hem dit, la dialèctica.

Per això *Plató defineix el pensament com un diàleg de l'ànima amb si mateixa*, i per això en les seves obres la recerca pren sempre la forma de diàleg entre dos o més personatges. Sovint, en aquests diàlegs, no es troba una definició adequada d'allò que es busca. I, tanmateix, podria ser que, també sovint, el lector actiu pogués assolir la visió intel·lectual de la cosa de què es tracta més enllà de les paraules.

La veritat, doncs, no es troba ni en els exemples sensibles concrets ni tan sols en les definicions generals, sinó —en un camí que passa per aquests dos moments— més enllà dels uns i de les altres.

En *La república*, Plató compara l'ascensió que deixa enrere les meres opinions (les ombres) per a assolir una visió de l'autèntica realitat, o sigui la dialèctica, amb l'escapada d'un presoner que surt fora d'una cova.

10 Es poden tenir molts coneixements matemàtics i molta facilitat per a la matemàtica, i ser, en sentit platònic, un mal dialèctic? Es pot tenir molta habilitat per a la dialèctica i tenir moltes dificultats per a la matemàtica? I què passaria si, en aquesta darrera pregunta, canviéssim "dialèctica" per "retòrica"? Justifica la teva resposta.

ACTIVITATS

1. Investiga per què la definició de triangle que hem donat abans no seria vàlida en el cas de les geometries no euclidianes.
2. Busca informació sobre el dualisme antropològic de Plató i sobre la seva relació amb la teoria de la reminiscència.
   - Quina influència tindrà la concepció platònica sobre la relació entre l'ànima i el cos en les concepcions filosòfiques durant l'edat mitjana? Fes-ne un breu resum i descriu breument les idees de tres autors importants de la història de la filosofia que hagin estat influïts per l'antropologia platònica.

Recapitulació

Si la ment fos, no un full en blanc, sinó la sorra d'una platja verge, què serien segons Hume les idees?

PARAULES CLAU

abstracte, anàlisi, analogia, ànima, antirealisme, causalitat, certesa, ciència, concepte, conceptualisme, demarcació (problema de la), dialèctica, empirisme, esperit, essència, evidència, idea, identitat personal, impressió, inducció, intuïció, mètode, nominalisme, objecte, principi, psicologisme, racionalisme, realisme, reminiscència, síntesi, subjecte, universal

Hem estudiat els conceptes d'empirisme i de racionalisme ampli com a possibles respostes a la pregunta sobre l'origen del coneixement. Si la primera posició privilegia els sentits, la segona assenyala la raó com a única font fiable de coneixement.

La consideració dels diferents principis defensats per la versió més pura de l'empirisme ha complert una missió doble:

- La primera, descriure amb un cert detall tots els aspectes d'una filosofia sòlidament empirista com la de Hume.
- La segona, exposar, amb tota la seva profunditat, els diferents problemes que apareixen quan provem d'explicar l'origen del coneixement remetent només als sentits, amb especial atenció al problema dels universals.

La consideració de Plató, com a cas il·lustratiu d'una posició racionalista en sentit lax, en comptes de permetre'ns resoldre els problemes detectats en l'empirisme, el que ha fet és permetre'ns veure aquests mateixos problemes "des de l'altre cantó". En efecte, les solucions elegants de Plató al problema del coneixement arriben amb una certa ambigüitat, perquè la seva formulació literària ens deixa la sensació que l'autor ens vol dir que les coses passen *com si* fossin d'aquesta o d'aquella manera, però es mostra incapaç de dir com són *en realitat*.

L'estudi d'aquestes dues posicions ha obert, així doncs, una aporètica. I, tanmateix, encara no hem considerat el racionalisme en el seu sentit restringit ni les teories del coneixement que deriven de la consideració crítica de l'alternativa entre empirisme i racionalisme.

Quan, en la unitat següent, fem aquestes dues coses, trobarem l'ocasió per a descriure amb un cert detall les diferents facultats que intervenen en el coneixement, com a primer pas per a superar la simplificació excessiva que consistiria a posar el mèrit o la responsabilitat del coneixement en una de sola.

Ens cal, per tant, allargar la nostra teoria del coneixement en una teoria de les facultats cognoscitives. Ho farem en la unitat 11.

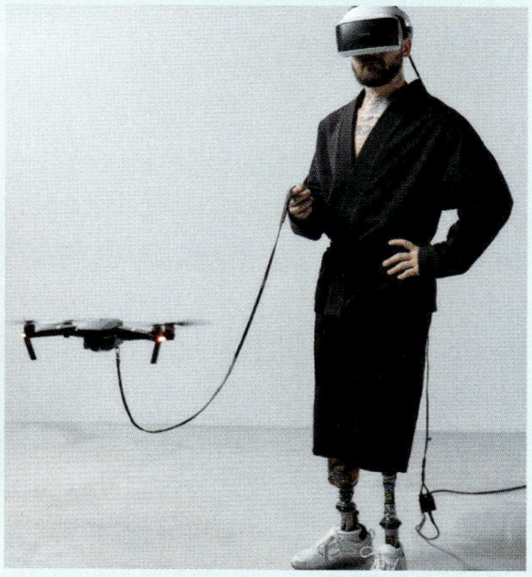

EN 8 IMATGES

EMPARELLAMENTS Aquestes fotografies no estan col·locades en cap ordre en especial, però es poden endreçar per parelles segons diferents criteris.

IDENTIFICA cada parella que compleixi cada un d'aquests criteris:

a N'hi ha dues que ens fan pensar en els límits de la realitat i de la ciència.

b N'hi ha dues que ens fan pensar en la diferència entre l'empíric i el racional pur, és a dir, entre el que només podem conèixer pels sentits i el que, encara que ho aprenguem a través dels sentits, té una naturalesa no sensible.

c N'hi ha dues que evoquen el problema dels universals i dels noms abstractes.

d N'hi ha dues que són bones metàfores de la ment i les idees en l'empirisme.

JUSTIFICA la teva resposta i explica què volen dir els enunciats de cada un dels criteris.

L'EMPIRISME. L'empirisme és la concepció del coneixement segons la qual aquest té el seu origen en els sentits. Amb la primera activitat, podràs considerar la versió més radical d'aquesta tesi, que és la de Hume.

1 **Llegeix el text següent:**

"Quan busco fenòmens que provin aquesta proposició en trobo de dues menes [...]. Primer, [...] que tota impressió simple va acompanyada per una idea corresponent, i tota idea, per una impressió. D'aquesta conjunció constant de percepcions semblants concloc immediatament que existeix una gran connexió entre les nostres impressions i les nostres idees, i que l'existència de les unes té una gran influència sobre l'existència de les altres. Una conjunció constant com aquesta, amb el nombre infinit d'exemples com té, mai no pot sortir de l'atzar; sinó que, al contrari, prova que les impressions depenen de les idees, o les idees de les impressions. Per a poder saber de quin costat es troba aquesta dependència, considero l'ordre de la seva *primera aparició*, i trobo per experiència constant que les impressions simples precedeixen sempre les idees corresponents; i, en canvi, mai no apareixen en l'ordre invers. Per donar a un nen la idea de vermell o de taronja, de dolç o d'amarg, li presento els objectes o, en altres paraules, li faig tenir aquestes impressions, però mai no procedeixo de forma tan absurda que m'esforci a produir les impressions tot excitant les idees mitjançant paraules. Les nostres idees no produeixen en la seva primera aparició impressions corresponents, ni percebem cap color ni sentim cap sensació simplement pel fet de pensar-hi. Trobem, d'altra banda, que tota impressió és seguida constantment per una idea que s'assembla a aquesta impressió i que en difereix només pels graus respectius de força o vivor. La conjunció constant de les nostres percepcions semblants és una prova convincent del fet que les unes són causa de les altres, i aquesta prioritat de les impressions constitueix una prova igualment convincent del fet que les nostres impressions són causes de les nostres idees, i no pas les nostres idees de les nostres impressions."

DAVID HUME (1711-1776), *Tractat de la naturalesa humana I*

Prova d'expressar amb les teves paraules què entén Hume en aquest text per "idea" i per "impressió".

Subratlla els fragments en què apareguin de forma explícita alguns principis de l'empirisme de Hume i digues quins són.

- Es pot deduir cap altre principi a partir d'alguna altra oració? Justifica la teva resposta.

Digues si estàs d'acord amb l'afirmació del text que les nostres idees no són causes de les nostres impressions. Justifica la teva resposta. Si no hi estàs d'acord, proposa un contraexemple, és a dir, un cas en què les idees són causes d'impressions i comenta com poden ser-ho.

LA DEMARCACIÓ EMPIRISTA DE LA CIÈNCIA. Els qui ataquen l'empirisme assenyalen que aquesta posició epistemològica dona una concepció molt pobra de la ciència. En el text següent, Russell la defensa.

2 **Llegeix el text següent:**

"En la pràctica, l'experiència ens porta a generalitzacions, tals com 'els gossos borden'. Com a punt de partida de la ciència, n'hi ha prou que aquestes generalitzacions siguin vertaderes en la gran majoria dels casos. Però encara que l'experiència de gossos que borden és suficient per a *causar la creença* en la generalització 'els gossos borden', per si mateixa no dona cap fonament per a creure que això és veritat per als casos no experimentats. Per tal que l'experiència doni un fonament, ha de ser complementada amb principis causals que facin prèviament plausibles certs tipus de generalitzacions. Aquests principis, si se'ls dona per obvis, porten a resultats que estan de conformitat amb l'experiència, però això no basta des del punt de vista lògic per a fer-los ni tan sols probables.

[...] Els principis són 'coneguts' en un sentit diferent d'aquell en què són coneguts els fets particulars. Són coneguts en el sentit que generalitzem d'acord amb ells quan usem l'experiència per a convèncer-nos de la veritat d'una proposició universal tal com 'els gossos borden'. A mesura que la humanitat ha progressat en intel·ligència, els seus hàbits inferencials han concordat cada cop més amb les lleis de la naturalesa que han fet de tots aquests hàbits una font d'expectacions més freqüentment vertaderes que no pas falses. La formació d'hàbits inferencials que porten a expectacions vertaderes és part de l'adaptació a l'ambient de què depèn la supervivència biològica.

Però encara que d'aquesta manera els nostres postulats puguin adequar-se a un marc que té el que podem anomenar un 'aire' empirista, és innegable que el nostre coneixement d'ells, en la mesura que els coneixem, no pot basar-se en l'experiència, encara que totes les seves conseqüències verificables siguin confirmades per l'experiència. En aquest sentit, convé admetre que l'empirisme com a teoria del coneixement ha demostrat ser inadequada, tot i que menys que qualsevol altra teoria del coneixement anterior a ell. En veritat, els errors que hem cregut trobar en l'empirisme han estat descoberts per l'estricta adhesió a una doctrina que ha inspirat la filosofia empirista: la que diu que tot coneixement és incert, inexacte i parcial. No hem trobat cap limitació a aquesta doctrina."

BERTRAND RUSSELL (1872-1970), *El coneixement humà*, cap. X

Identifica quins principis de l'empirisme pots trobar en aquest text. Justifica la teva resposta.

Subratlla les frases del text en què surt el que Karl Popper anomenava "problema de Hume" o problema de la inducció. Explica'l amb les teves paraules.

- Quina solució proposa Popper per a superar-lo?

Comenta la frase següent:

a "Tot coneixement és incert, inexacte i parcial. No hem trobat cap limitació a aquesta doctrina."

b Què en diria un racionalista? Amb quina de les dues posicions estaries d'acord?

LES COSES PARTICULARS I LES IDEES. Definir un concepte no és donar-ne un exemple. Per a Plató, aquesta observació tan senzilla ens hauria de fer veure que el coneixement no és mai de les coses particulars en la seva particularitat, sinó de les idees.

3 Llegeix el text següent:

"SÒCRATES: En tot cas, és evident que tu hi entens més. Tanmateix, bon amic, reflexiona: ell no et pregunta què és bell, sinó què és la bellesa.

HÍPIES: Entesos, bon amic, ja li respondré què és la bellesa i no tindrà manera de refutar-me. Tingues-ho per ben entès, Sòcrates, la bellesa, si s'ha de dir la veritat, és una noia bella.

SÒC.: Molt bé, Hípies, pel gos, vet aquí una famosa resposta. Així, si jo li faig aquesta resposta, ¿li hauré respost la pregunta i no em podrà refutar?

HÍP.: Com fóra possible, que et refutés, quan tothom ho creu així i els presents donaran fe que tens raó?

SÒC.: Sigui, perfectament. Permet-me ara, Hípies, que jo prengui pel meu compte el que dius. Aquest home em posarà el següent problema: 'Vine'm aquí, Sòcrates, i respon: totes aquestes coses que tu dius que són belles, ¿serien belles perquè hi ha una bellesa en si que les hi fa?' Jo li respondré, al meu torn, que si una noia és una bellesa, hi ha alguna cosa per la qual aquestes coses serien belles.

HÍP.: Et penses, doncs, que després d'això encara intentarà refutar-te que això que dius sigui bell, i que si ho intenta no es posarà en ridícul?

SÒC.: Que ho intentarà, admirable amic, n'estic segur; ara, si en intentar-ho es posarà en ridícul, ets tu qui ho ha de demostrar. Però el que dirà, ara t'ho explicaré.

HÍP.: Parla, doncs.

SÒC.: 'Que ets deliciós, Sòcrates', dirà. 'Però ¿una bella egua per ventura no és una bellesa, tant que àdhuc el déu la va lloar en un oracle?' ¿Què li direm, Hípies? ¿Podrem dir altra cosa sinó que també l'egua, una bella egua, s'entén, és una bellesa? Perquè, ¿com gosaríem negar que allò que és bell sigui bell? ¿I què direm d'una olla bella? ¿No serà cosa bella, aleshores?

HÍP.: Oh, Sòcrates, ¿quin home és aquest? ¿Tan mal educat és, que gosa barrejar uns mots tan baixos en una qüestió tan elevada?

SÒC.: És una mena d'home sense poliment, Hípies, un home grosser, que no es preocupa de res més que de la veritat."

PLATÓ (427 aC-347 aC), *Hípies major*, 287d10-288d5

Digues si et sembla una bona definició la primera que ofereix Hípies: "La bellesa és una noia bella." Explica l'estratègia que segueix Sòcrates per a refutar-la i assenyala per què es pot qualificar d'irònica.

Fes servir l'exemple del text, la bellesa, per a explicar el procés dialèctic que porta a la seva captació.

- En quin sentit es pot dir que Sòcrates prova, en el text, de fer un exercici dialèctic?

Coneixement, especisme, animal

Les darreres dècades, corrents diferents del pensament contemporani han resituat l'estatut de l'ésser humà i han afirmat que els humans no tenen una dignitat superior a qualsevol altre ésser sensible. Aquesta mentalitat impregna poc o molt tota la nostra societat i es fa palesa fins i tot en les recerques científiques.

Primer exemple: els estudis del biòleg Frans de Waal (1948) sobre els bonobos porten molts especialistes (fins i tot, en part, el mateix de Waal) a sostenir que, mentre les societats humanes han estat fins ara fetes a imatge i semblança de la dels ximpanzés, patriarcals i violentes, més aviat hauríem d'imitar les societats dels bonobos, matriarcals i pacifistes.

Segon exemple: fa pocs anys un equip de científics japonesos va fer l'experiment següent amb un peixos petits d'esculls, els làbrids netejadors. Van pintar una marca marró en un lloc del seu cos que només podien veure indirectament en el seu reflex i els van situar davant d'un mirall. Dels quatre animals amb els quals es va realitzar l'experiment, tres van tocar o van rascar el senyal després de nedar cap al mirall, de manera que es confirmava la seva capacitat per a l'autoreconeixement. La conclusió que en van treure és que aquests peixos tenen consciència.

PROBLEMA PER PENSAR

Hi ha cap diferència qualitativa, i no només quantitativa, entre els animals i l'ésser humà?

QÜESTIONS SUBORDINADES

1

Les societats animals ens poden ensenyar coses de les societats humanes? Allò que les constitueix, és el mateix en tots dos casos?

2

L'experiment amb els peixos demostra realment que aquests tenen consciència en el mateix sentit en què tenim consciència els humans? Què cal entendre per consciència? Hi ha diferents nivells de consciència?

3

Les conclusions extretes se cenyeixen als camps respectius? O el científic salta d'un camp a un altre (de la biologia a la sociologia o a la psicologia)? I si hi ha un salt, és legítim des del punt de vista metodològic?

Unitats en què trobareu reflexions pertinents o relacionades amb aquesta situació:

3 • 4 • 6 • 7 • 10 • 11 • 12

PER ANAR MÉS A FONS

Pot la ciència concloure que no som res més que animals?

Hi ha naturalesa humana o som no res més que animals sofisticats? Les comunitats humanes poden ser compreses en el mirall de les diferents comunitats animals? I la psicologia humana, pot ser estudiada en la psicologia animal? Fer això és ciència o és literatura? La frontera entre totes dues coses és sempre clara?

Aquestes i moltes altres preguntes poden acompanyar una reflexió sobre **la vulgarització del saber científic en les societats contemporànies i el seu paper en la producció d'opinió.**

Proposta de recerca

1. Origen filosòfic del moviment animalista. Les seves arrels en l'emotivisme moral de la tradició anglosaxona.
2. Les nocions d'especisme i d'antiespecisme. El supòsit metafísic de l'antiespecisme i el debat sobre la dignitat dels animals i dels éssers humans.
3. Les confusions de llenguatge. La divulgació científica i el perill de la degradació de la ciència en mera opinió quan s'expressa en un llenguatge que no li és propi. La *dóxa* contemporània i la versemblança de les afirmacions pseudocientífiques.

La crítica del coneixement

11

Després de caracteritzar la teoria del coneixement com una actitud (unitat 9), hem entrat en una qüestió nuclear d'aquesta disciplina en abordar el problema de l'origen del coneixement (unitat 10).

Amb relació a aquest problema, hem considerat dues respostes contraposades amb l'estudi de l'empirisme de Hume i del racionalisme (en sentit ample) de Plató. Si l'empirisme posava l'èmfasi en els sentits, el racionalisme ho feia en les idees tal com són trobades en la ment com a productes ja "acabats".

Si hem deixat per a la unitat que ara comença la consideració del racionalisme propi del segle XVII (el que més amunt hem anomenat "racionalisme restringit"), és perquè el seu estudi ens permetrà, tot seguit, aprofundir en una *teoria de les facultats de coneixement*.

En un sentit estricte o "restringit", els conceptes de racionalisme i empirisme no s'incorporen en el vocabulari de la filosofia fins al segle XVII. En efecte, és a partir del "mapa de les idees" que Descartes elabora en la seva obra *Meditacions metafísiques* que s'obre la possibilitat d'una teoria de les facultats que expliqui aquestes idees. El coneixement es configura, aleshores, com un joc lliure de combinació entre tres facultats:

- La *sensibilitat*, facultat que ens proporciona les idees *adventícies*.
- La *imaginació*, facultat que ens proporciona les idees *fictícies*.
- La *raó*, facultat que ens proporciona les idees *innates*.

A continuació, estudiarem aquest joc entre aquestes tres facultats en l'elaboració del coneixement i veurem com l'estudi del procés de gènesi del coneixement ens permet aclarir la qüestió de la seva definició: si el coneixement és una construcció del subjecte (idealisme) o si és una captació de l'estructura de la realitat (realisme).

Tancarem la sèrie de les tres unitats dedicades al coneixement amb una reflexió sobre el paper que la teoria del coneixement té respecte a l'adopció d'una posició *crítica* davant la vida i davant els problemes amb què ens haurem d'enfrontar.

1 El racionalisme de Descartes. Les facultats

La característica amb què se'm presenten les idees adventícies és la seva força i vivor, que fa que em colpegin, que em caiguin al damunt, que s'imposin a la meva voluntat com si fossin causades per alguna cosa externa a la meva ment.

1 Identifica quins dels verbs següents indiquen accions i quins indiquen passions. Justifica la teva classificació.

a Constipar-se
b Enamorar-se
c Cantar
d Fer-se amic
e Gratar-se
f Somniar
g Pensar
h Adormir-se

SENSIBILITAT

La nostra paraula *sensibilitat* ve del llatí SENSIBILE, que, al seu torn, prové del verb SENTIRE, que significava originàriament només "escoltar" (el català *sentir* conserva en bona part aquesta significació originària). En la seva arrel indoeuropea, *sent-* s'associa a prendre una direcció, anar endavant, posicionar-se, orientar-se en el món amb qualsevol dels sentits o amb tot el cos en general.

"Sensibilitat" és la facultat de rebre a través dels sentits informació sobre el món exterior (sentits exteroceptors: vista, oïda, olfacte, gust) o sobre estats del meu propi cos (sentits interoceptors i propioceptors: cinestèsies, orientació en l'espai, etc.) Pensa on queda el tacte.

Com hem indicat, el seu tret descriptiu fonamental és la passivitat: podríem continuar parlant de la sensibilitat com a receptora d'idees de manera independent al problema sobre l'existència o la inexistència del món exterior a la nostra ment (problema realisme/idealisme).

1.1 La sensibilitat com a facultat passiva. Les idees adventícies

Per a Descartes, les idees són continguts de la ment. N'hi ha de tres tipus:

- Adventícies
- Fictícies
- Innates

Les **idees adventícies** són aquelles que són viscudes "com si vinguessin des de fora de la meva ment".

> Així, si percebo una taula, m'apareix immediatament amb un caràcter de realitat que la distingeix perfectament d'una taula simplement imaginada. La taula imaginada no és viscuda "com venint de fora", sinó com havent aparegut en la meva ment a través d'un acte de la meva voluntat o com "venint de dins".

Per què Descartes no diu simplement que les idees adventícies "venen de fora"? En l'exercici de l'escepticisme metodològic, Descartes s'adona del fet que durant l'experiència del somni les coses són viscudes "com si vinguessin de fora" malgrat que són produccions de la ment i, per tant, "venen de dins".

> Hi ha una diferència radical entre el fet d'imaginar-me un assassí que em vol atacar i el malson en què un assassí em persegueix per un carreró fosc i estret. Si el somni és profund, tot i ser un producte de la meva ment, visc l'assassí *com si vingués de fora*. Ho prova la mala estona que he passat i el fet que em llevo suat i espantat.

Davant del dubte de si hi ha realment món exterior, diguem que són idees adventícies les que coneixem *com si hi hagués un món exterior i com si els objectes d'aquest món fossin coneguts a través dels sentits*. Vist així, la "percepció sensible" denota simplement que no puc canviar les coses *segons la meva voluntat*: una taula o un paisatge imaginats poden variar segons la meva voluntat, canviant la taula de color o "posant" un avet on hi havia un roure, però aquesta modificació a voluntat no és possible en les idees adventícies.

Per això podem dir que la **sensibilitat**, com a facultat de rebre les idees adventícies, és una facultat **passiva**: les idees que ens proporciona només poden ser *rebudes* tal com venen, però *no modificades* segons la meva voluntat. La passivitat és, doncs, el tret més característic de les idees adventícies. La taula o la meva mà, en tant que les veig a través de la percepció visual, són idees adventícies.

La passivitat és el tret definidor de la sensibilitat, no de la seva realitat o irrealitat: on hi ha passivitat, hi ha sensibilitat, tant si el món "exterior" existeix *realment* com si no.

Ja que tota idea adventícia pot ser descomposta en parts més petites (en porcions d'extensió en l'espai, angles, color, etc.), distingim entre idees adventícies simples i compostes.

1.2 La imaginació com a facultat activa. Les idees fictícies

Les **idees fictícies** són totes aquelles idees presents en la meva ment que no tenen aquest component de resistència a la modificació que presenten les adventícies. Per tant, no són viscudes "com si vinguessin de fora".

Una taula imaginada pot ser modificada a plaer, dins dels límits de la meva capacitat de representació, d'infinites maneres. El tret més definitori d'aquestes idees és precisament la seva mal·leabilitat a la modificació de la **imaginació**. Això ens presenta la facultat de la imaginació com una facultat eminentment **activa**.

Però les idees fictícies no són solament aquelles que, a través de la imaginació, poden rebre infinites modificacions a voluntat, sinó que, a aquesta capacitat de modificar allò ja representat, s'hi ha de sumar la capacitat de *crear* noves idees a partir de la combinació amb altres.

Per exemple:

> Un cavall percebut (*idea adventícia*) es diferencia d'un cavall imaginat (*idea fictícia*) en el fet que el primer mostrarà resistència a la seva modificació, resistència que, en canvi, no mostrarà el segon. Però hi ha encara una altra diferència entre un cavall percebut i imaginat i un pegàs: mai no ha existit la idea d'un pegàs que se'm presentés com oferint una resistència a la meva capacitat de representació.

Així, a la capacitat activa de la imaginació, cal afegir-hi una capacitat **creativa**. Tot i que en el fons no són dues capacitats diferents (un pegàs no deixa de ser una de les infinites possibilitats de modificació de la imaginació sobre la idea d'un cavall representat), és legítim assenyalar la creativitat, ja que algunes d'aquestes modificacions creen noves idees que mai no són conegudes a través de la facultat de la sensibilitat i que tenen un grau considerable d'autonomia respecte a les idees inicials de les quals serien modificacions: les idees de la **fantasia**.

Així, els ciclops, les quimeres, els grius, etc., són idees que, tot i que mai no hagin pogut ser viscudes com "venint de fora" (amb l'excepció de l'experiència dels somnis), sempre poden ser descompostes en idees adventícies més simples (idees de la sensibilitat). D'aquesta manera, un ciclop és un home més gros amb un sol ull; un pegàs és un cavall amb ales; una quimera és una composició de lleó, cabra i serp, i un griu és una barreja d'àliga i lleó.

Un cas peculiar el constitueixen les ficcions que l'art converteix en coses percebudes. Posem per cas un drac, o un trol, o un centaure. Certament, es tracta d'idees fictícies. I, tanmateix, els efectes especials de les arts escèniques i visuals ens n'han proporcionat percepcions.

El Quixot, de tant llegir novel·les de cavalleries, va perdre el sentit de la realitat i va emprendre l'aventura de viure la vida d'un noble cavaller. La facultat que el va portar al seu destí no és la imaginació, en el sentit de capacitat de captar imatges, sinó la fantasia. El seu poder en determinades circumstàncies és tan gran que pot produir una percepció distorsionada de la realitat, quan allò virtual es fa present en la vida quotidiana. És el mateix que li va passar a Madame Bovary: la lectura compulsiva de novel·les romàntiques va fer que posés en el seu matrimoni unes expectatives que després no es van complir. La diferència és que el Quixot, d'alguna manera, va realitzar el seu destí, mentre que l'esposa del doctor Bovary es va veure condemnada a la infelicitat.

La imatge que tens de la vida amorosa, o de l'amistat, o de la vida en parella, o de l'exercici d'una professió, o de viatjar o de la vida adulta en general, creus que té alguna cosa de fantasia o de realitat virtual? La nostra vida, com pot condicionar les expectatives que la imaginació ens fa tenir?

Situacions: educació, socialització, estereotips, llenguatge, postveritat.

2 Com podem saber que una idea és fictícia?

3 Els somnis, els formen idees fictícies o idees adventícies?

IMAGINACIÓ

La nostra paraula *imaginació* ve del llatí IMAGO, que vol dir "còpia", "retrat", i dona la nostra paraula *imatge*. "Imaginació" és la facultat de produir imatges, representacions mentals de les coses. Així, IMAGO s'aplica al nostre reflex en un mirall (no som nosaltres, sinó una imatge nostra), però també a les representacions mentals imaginades o a les representacions impossibles de la fantasia.

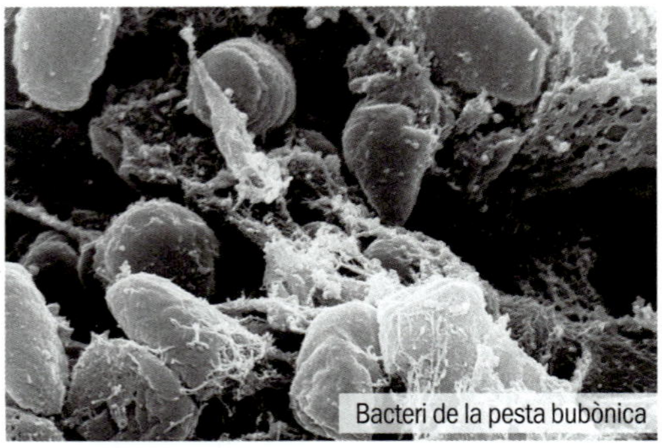

Bacteri de la pesta bubònica

L'existència de dimensions minúscules de la realitat que s'escapen de l'ull humà i de realitats llunyaníssimes que se n'escapen igualment, per no parlar del caràcter forçosament finit i parcial de tota visió de què sigui capaç l'ésser humà, ens informa del fet que la idea de Tot no la podem haver obtingut a través dels sentits. Queden dues opcions: o bé és innata o bé –com diria Hume– no té cap validesa cognoscitiva. La segona opció presenta el problema següent: com podríem percebre els trossos de realitat que percebem com a parts d'un tot, si no disposéssim ja de la idea de Tot? Un humeà radical insistiria: considerar els fragments de realitat que veiem com si fossin cares d'un sol tot torna a ser un excés que ens porta més enllà del que, de fet, podem conèixer. La nostra experiència del coneixement, amb quina de les dues posicions s'adiu més?

4 Fes una llista de les característiques que ha de tenir una idea per a ser considerada "innata", en contrast amb les adventícies i les fictícies.

5 Fes una llista, el més llarga possible, de les idees que alguns autors racionalistes han considerat com a innates.

- Quines d'aquestes et semblen que ho podrien ser? Quines descartaries? Justifica la teva resposta.

1.3 La raó com a facultat irreductible a les altres dues. Les idees innates

Les **idees innates** es defineixen en termes negatius com aquelles que no poden ser derivades de cap de les altres dues facultats ni de l'exercici de la seva combinació. Per tant, podem afirmar que no deriven de cap recepció sensible ni tenen la mal·leabilitat pròpia de les idees fictícies.

- **Primer cas: la idea de jo**

Posem per cas la idea de jo. Amb Hume, ja hem vist que aquesta idea no pot derivar de l'experiència sensible i, per tant, dit amb el vocabulari de Descartes, no és pas una idea adventícia, ja que no prové de l'exterior; a més, la idea de jo no la puc modificar a voluntat tal com passa amb les fictícies.

Suposem per un moment que no em fio dels sentits i, per tant, que poso en dubte tota afirmació que s'hi basi. Puc, per aquest camí, posar en dubte fins i tot la meva pròpia existència? Certament no, perquè, mentre dubto, no puc posar en dubte que soc alguna cosa, almenys en el sentit d'una cosa que dubta. Per tant, la idea de jo no és pas adventícia, perquè la tinc fins i tot quan rebutjo l'autoritat dels sentits. Però tampoc no és fictícia, perquè no em puc imaginar de cap manera com a no existent. És, així doncs, *innata*, és a dir, una idea que podem trobar ja sempre en el nostre pensament.

- **Segon cas: la idea de Tot**

El fet que tota visió ens presenta sempre només un tros de realitat, ens porta a considerar el que veiem com una part del Tot. Ara bé, la idea mateixa de Tot no la podem haver obtingut a través dels sentits. Així doncs, establim que la idea de Tot ha de ser una *idea innata*.

- **La llum natural o raó com a facultat**

La facultat que ens permet captar les idees innates és, segons Descartes, la raó o llum natural. Ara bé, si són innates, com és que quan els nadons neixen no comprenen ja aquestes idees?

De la mateixa manera que la taula del menjador continua sent allà íntegrament encara que, en la nit més fosca, jo no la vegi, les idees innates són també íntegrament "allà", en el pensament, fins i tot quan encara no hi hem pensat de forma explícita.

No hi ha una posició unànime entre tots els autors racionalistes a l'hora d'establir quines són en concret aquestes idees. Algunes són aquestes: substància, essència, absolut o infinit.

Però n'hi ha tres que tots aquests autors admeten com a idees innates, que són les idees metafísiques per excel·lència: Jo, Déu i Món (entenent per aquesta paraula una idea que avui en dia anomenaríem més exactament amb la nostra idea de Totalitat).

1.4 Un exemple d'idea innata: la idea d'infinit

A La sensibilitat i la imaginació reproductora no poden explicar l'infinit

Analitzem, per exemple, la idea d'infinit: ha pogut arribar a la meva ment a través d'una percepció sensible? Això és impossible, perquè la facultat de la sensibilitat és finita.

Un exemple senzill de la finitud de la nostra capacitat de percebre el tenim en la nostra impossibilitat de percebre a ull nu la diferència entre un quiliògon i un cercle de dimensions semblants. Un quiliògon és un polígon de mil cares.

La representació següent ens mostra un quiliògon regular i una ampliació de la seva secció, augmentada 200 vegades, amb marques en els vèrtexs per a fer-los visibles:

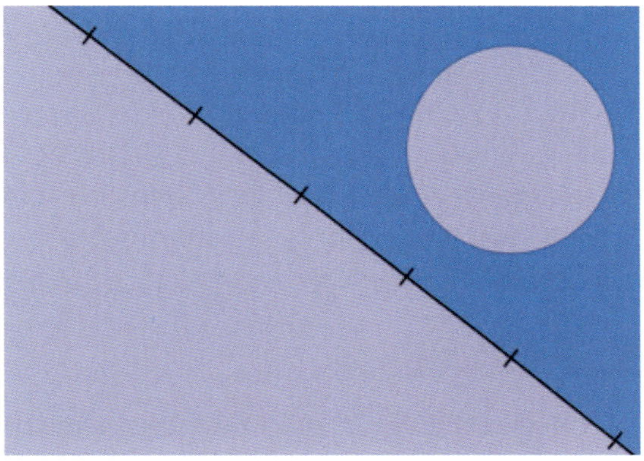

Un quiliògon regular és, doncs, una figura perfectament possible i reproduïble. Els seus angles interiors (invisibles per a l'ull humà) són de 179,64°. Ara bé, l'ull humà no pot captar de cap manera la diferència entre la percepció d'un cercle i la d'un **quiliògon** regular.

Aquesta limitació no ho és solament de la facultat de la sensibilitat, sinó també de la facultat de la imaginació. Ni a través de la percepció ni a través de la representació imaginativa, no puc distingir un cercle d'un quiliògon. Com tampoc no podria distingir un quiliògon d'un polígon que en comptes de tenir 1.000 cares en tingués 854.

Aquests exemples basten per a mostrar que la idea d'infinit no pot haver estat posada en nosaltres per unes facultats que són finites.

De totes maneres, l'argument no és encara prou concloent: és cert que la percepció sensible humana és finita, però la facultat de la imaginació té la capacitat, no solament de modificar activament els materials donats per la sensibilitat, sinó també de *crear* idees noves.

Els fractals són objectes matemàtics la característica principal dels quals és que les seves parts tenen la mateixa forma o estructura que el tot. El triangle de Sierpinski es construeix de la manera següent: partim d'un triangle equilàter amb un triangle invertit a dins els costats del qual uneixen el punt mitjà de cadascun dels costats del triangle més gran. Si fem el mateix dibuix un cop i un altre en els triangles que queden amb la base a la part inferior, podem repetir l'operació tantes vegades com es vulgui, amb la peculiaritat que –suposant que es repeteixi el procediment fins a l'infinit– cadascuna de les parts és idèntica al tot. Però podem preguntar: és el dibuix per si sol una bona representació de l'infinit? Què cal, a més del que el dibuix mostra de forma explícita, perquè ho sigui? L'estudi sobre els fractals té el seu origen en els treballs matemàtics del filòsof Gottfried W. Leibniz (1646-1716), i avui dia és molt útil en multitud de camps, com ara la cardiologia i la sismologia.

6 Posa dos exemples, del tipus de la idea del quiliògon regular, que il·lustrin la finitud de la nostra facultat sensible i imaginativa.

7 Intenta pensar com seria una facultat sensible infinita.

- Podria aquesta facultat estar situada en un cos o estar-hi vinculada?

Per més gran que sigui una col·lecció de coses, mai no arriben ni tan sols a apropar-se a l'infinit. En realitat, l'infinit no és pas cap nombre i, per tant, no guanyem res d'afegir més i més flors al camp que tenim davant. Per més que n'hi afegíssim, el resultat continuaria sent un nombre determinat de flors; és a dir, un nombre finit: precisament allò que *no* és l'infinit.

8 Fes una llista de substantius dels quals es pugui predicar l'adjectiu *infinit*. Justifica la teva resposta.

- És una llista llarga? Intenta que hi hagi un mínim de tres substantius.

9 Per què ens veiem obligats a sostenir que el nombre 4 no està més lluny que el googolplex del concepte d'infinit?

RAÓ

La nostra paraula *raó* ve del llatí RATIO, que significa "càlcul", "proporció", "mesura", "determinació". La raó és la facultat a través de la qual fixem els conceptes i obtenim coneixement de la realitat a través de la precisió d'aquests conceptes. Quan Kant parla de "raó pura", es refereix a les possibilitats que té aquesta facultat sense l'ajuda de la sensibilitat i de la imaginació.

ACTIVITATS

1 Classifica les idees següents segons si poden ser considerades adventícies, fictícies o innates:

a Torre Eiffel	**e** Immortalitat
b Colós de Rodes	**f** Mort
c James Bond	**g** Espai
d Tristesa	**h** Tiranosaure Rex

B La imaginació creadora tampoc no pot explicar-lo

Així doncs, podríem pensar que, de la mateixa manera que la imaginació pot crear idees de la fantasia com un pegàs, ajuntant la idea d'un cavall i unes ales, també podria crear la idea d'infinit ajuntant idees numèriques de quantitats enormes.

Per exemple, un googol (res a veure amb el cercador) és un nombre natural que s'acostuma a representar amb aquesta expressió:

$$1 \text{ googol} = 10^{100}$$

I representat amb una notació convencional, seria així:

10^{100} = 10.000.000.000.000.000.000.000.000.000.000.000.000.000.000.000.000.000.000.000.000.000.000.000.000.000.000.000.000.000.000.000.000.000

A més, aquest nombre natural enormement gran pot tenir encara més extensions. El googolplex, extensió més coneguda del googol, s'anota de la manera següent:

$$1 \text{ googolplex} = 10^{\text{googol}}$$

I així successivament.

Tota aquesta escalada no té res a veure amb aproximacions a la idea d'infinit. Si sumem quantitats enormes de nombres, obtenim quantitats encara molt més enormes, però no obtenim *infinits*.

C Conclusió: l'especificitat de la raó

Així doncs, el concepte d'"infinit" no es pot obtenir a partir de generalitzacions de quantitats enormes, generalitzacions que només poden donar idees de quantitats encara més grans. I no obstant això, amb el concepte d'"infinit" (∞) ens referim a alguna cosa perfectament definible: hi operem quotidianament a classe de matemàtiques, i és un concepte cabdal en un munt d'àrees de les ciències formals sense el qual aquestes no es podrien desenvolupar.

Per tant, la idea d'infinit és una candidata perfecta per a ser entesa com a *resultat o producte de la facultat de la raó*.

Amb l'expressió "resultat o producte", cal anar amb molt de compte: no estem suggerint que la facultat de la raó creï les seves idees, com fa la imaginació amb les idees de pegàs o de ciclop. Hem atribuït aquestes idees a la raó per un procediment eminentment *negatiu*: des de la impossibilitat de derivar-les a partir de les facultats anteriors.

I així hem conclòs que la **raó** és la facultat que troba aquestes idees en la ment després que nosaltres hàgim intentat explicar-les a través de les altres facultats i ens hagi estat impossible. Com que la raó no pot derivar-les a partir de la sensibilitat o de la imaginació, hem de postular que han existit sempre en nosaltres, és a dir, les hem de postular com a **innates**.

2.1 Les nocions de coneixement *a priori* i *a posteriori*

De la impossibilitat de derivar les idees innates de la resta de facultats (sensibilitat i imaginació), sorgeix la possibilitat de parlar d'un coneixement que obtenim de manera independent dels sentits o de la capacitat de representació imaginativa humana.

Si diem que una idea és *a priori* quan és impossible derivar-la dels sentits o de la imaginació, de manera semblant, afirmem que un coneixement serà *a priori* quan la veritat o la falsedat de les proposicions no requereixi una justificació que remeti als sentits o a la capacitat de representació imaginativa humana. En altres paraules i de manera més resumida: un coneixement és ***a priori*** quan és independent de l'experiència.

Tota la resta de coneixements (els que s'expressen en proposicions la justificació de les quals necessita alguna comprovació a través dels sentits o la capacitat humana de representació imaginativa) són *a posteriori*. Els coneixements ***a posteriori*** són, així doncs, els que depenen de l'experiència.

Hem vist que els autors racionalistes distingeixen entre idees *a priori*, com "infinit" o "substància", i idees *a posteriori*, com "cavall" o "taula". De manera paral·lela, podem establir també una distinció entre proposicions *a priori*, com "el tot és més gran que les parts", i proposicions *a posteriori*, com "Napoleó va perdre la batalla de Waterloo".

Fins aquí hem tingut en compte la possibilitat que hi hagi coneixements *a priori* a partir de l'afirmació que hi ha idees *a priori*. Però, en realitat, són dues qüestions diferents (el fet que hi hagi coneixement *a priori* i el fet que puguem parlar d'idees *a priori*) i és important distingir l'una de l'altra. Sobretot perquè, com veurem tot seguit, hi ha filòsofs que afirmen l'existència de coneixement *a priori* i, no obstant això, neguen l'existència d'idees *a priori*. Els filòsofs partidaris d'aquesta posició intermèdia ja no són anomenades racionalistes.

Si veig que el vidre de la finestra és ple d'aigua, puc concloure que a fora plou: argument *a posteriori*, de l'efecte a la causa. Si sé que plou, puc deduir que se'm mullarà la roba que tinc estesa: argument *a priori*, de la causa a l'efecte. En tots dos casos els coneixements que em permeten argumentar són *a posteriori*, basats en l'experiència.

De vegades donem a l'expressió *a priori* un sentit que pot induir a error. Mentre trien la pel·lícula, potser la noia del jersei blanc diu a l'amiga: "*A priori* aquesta pinta més bé." Segurament basa la seva afirmació en l'experiència (potser n'ha vist un tràiler). *A priori* té aquí un sentit temporal; equival a "abans de [veure-la]". En filosofia, però, l'expressió no té aquest sentit temporal, sinó que, quan es refereix al coneixement, significa "independent de l'experiència".

1 Per què els autors que defensen que podria donar-se coneixement *a priori* sense l'existència d'idees *a priori* no són considerats com a racionalistes? De quin dels tres problemes del coneixement depèn la classificació dels autors en racionalistes i empiristes?

ARGUMENTS *A PRIORI* I *A POSTERIORI*

La distinció *a priori* / *a posteriori* s'aplica a dues menes d'idees i a dues menes de coneixements, però també a dues menes d'arguments:

- Un argument és *a posteriori* quan va de l'efecte a la causa (anàlisi).
- Un argument és *a priori* quan va de la causa a l'efecte (deducció).

És important no confondre els diferents sentits. Es pot fer un argument *a posteriori* amb idees *a priori*, com quan Descartes parteix de la certesa de la seva pròpia imperfecció per a demostrar l'existència de la perfecció (Déu) com a condició de possibilitat (causa) d'aquella certesa: argument *a posteriori* amb idees *a priori* (jo, Déu). I també es poden fer arguments *a priori* amb coneixements *a posteriori* (vegeu la foto del vidre mullat).

Desconeixem que en la decisió de Juli Cèsar de creuar el Rubicó hi hagués cap causa necessària: pel que sabem, Cèsar podria no haver creuat el Rubicó, i aleshores la història hauria estat una altra. Qualsevol contingut de coneixement la negació del qual sigui possible sense contradicció, es diu que és contingent: de fet, és com és, però podria haver estat d'una altra manera. Segons Leibniz, en la ment de Déu no hi ha distinció entre necessitat i contingència, perquè Ell sí que coneix les causes de tot.

Però, de fet, podem concebre la nostra pròpia vida com a dominada per una necessitat que ignorem? Si, com vol Leibniz, fos cert que hi ha una cadena de causes que determinen totes les decisions que jo prenc, però jo no puc conèixer-la de cap manera, fa cap diferència quant a la meva vida de cada dia? Puc dir que *soc lliure* o és més precís dir que visc *com si fos lliure*? Si fos el segon cas, no tindria la vida alguna cosa de realitat virtual?

Situacions: educació, socialització, drets humans, alienació, llenguatge, indiferència, deshumanització, ètica i política, vida virtual, aïllament, narcisisme.

2 Imagina per un moment que totes les proposicions poguessin ser considerades finalment "veritats de raó", com Leibniz afirma que succeeix quan aquestes proposicions són enteses per Déu.

- Quines conseqüències tindria això respecte de la idea de llibertat humana?

3 Intenta pensar des de la posició de Leibniz (és a dir, acceptant que des de la perspectiva divina totes les proposicions són veritats de raó) i contesta:

a Per què la teoria de Leibniz demana que el món en el qual som sigui "el millor dels mons possibles"?

b Creus que es podria defensar que aquest és el millor dels mons possibles?

2.2 La concepció leibniziana de les veritats de fet i les veritats de raó

Gottfried Wilhelm Leibniz (1646-1716) distingeix nítidament entre dos tipus de coneixement proposicional, que ell anomena "veritats":

- **Veritats de raó**: Proposicions el contingut de les quals és necessari i el contrari de les quals no es pot pensar. Exemples: "La suma de dos angles rectes fa 180º" o "El tot és més gran que la part". És impossible per a la ment pensar aquestes proposicions com a falses.
- **Veritats de fet**: Proposicions el contingut de les quals és contingent i el contrari de les quals es pot pensar. Exemples: "Juli Cèsar va creuar el Rubicó", "En Pere es va casar amb la Joana", "Avui he menjat macarrons". Poden ser vertaderes o falses.

Segons Leibniz, el coneixement de les veritats de raó no implica cap mena de participació dels sentits o de la imaginació, només requereix l'anàlisi lògica dels termes que la formen. Si entenc adequadament què vol dir "tot" i què vol dir "part", entendré que la proposició "El tot no és més gran que la part" implica una contradicció. Les veritats de raó, quan no són primitives (sinó que són derivades), es poden demostrar remetent-les simplement al **principi de no-contradicció** ("No és possible A i no-A").

Les veritats de fet, en canvi, només les podem establir com a vertaderes *a posteriori*. Això és així només a causa de la limitació del nostre enteniment. Un enteniment infinit podria descompondre totes les causes que donen raó del fet que jo "avui he menjat macarrons": deduir, en la recomposició de la sèrie total d'esdeveniments, la necessitat d'aquest fet aparentment contingent.

Leibniz expressa aquesta concepció en el **principi de raó suficient**, que estableix que mai no passa res sense que hi hagi una causa o almenys una raó determinant, és a dir, una cosa que pugui servir per a donar raó *a priori* del motiu pel qual alguna cosa existeix i del motiu pel qual existeix d'aquesta manera i no pas d'una altra. Tots els esdeveniments que a primera vista semblen contingents tenen, en realitat, una explicació suficient, de manera que una anàlisi infinita podria acabar determinant la necessitat de tot el que passa. En suma: les veritats de fet són, en el fons (per a l'enteniment diví), veritats de raó, encara que el nostre enteniment finit no ho pugui veure.

Això dona una versió de la realitat hiperracionalista, segons la qual hi ha una *harmonia preestablerta*: els esdeveniments que passen al món han de ser els esdeveniments del millor dels mons possibles.

La llibertat humana no queda, tanmateix, compromesa: no hi ha *determinisme* perquè la diferència abismal entre les perspectives humana (finita) i divina (infinita) és suficient per a salvaguardar el sentit de la nostra llibertat.

2.3 Transició. Qüestions de fet i relacions d'idees en Hume

David Hume manté la distinció de Leibniz entre veritats de fet i veritats de raó, però amb un sentit nou. Ell parla de qüestions de fet i relacions d'idees.

Una relació d'idees és una proposició en què el predicat es limita a explicitar el que està implícit en el concepte del subjecte: té validesa *a priori*, perquè deriva de la pura lògica, però no proporciona cap coneixement del món.

Per exemple: "els angles d'un triangle sumen 180°" és una proposició necessària, però no parla del món, sinó del que pertany a la idea mateixa de triangle en virtut de l'estructura de la nostra ment.

Que la veritat depèn de l'estructura física i biològica de la nostra ment és una tesi psicologista. El psicologisme de Hume sosté que hi ha coneixement *a priori*, però no idees innates.

2.4 L'estatut afeblit de la ciència en el psicologisme de Hume

Amb tot, l'estatut del coneixement *a priori* queda fortament rebaixat: hi ha, certament, coneixement *a priori*, però és buit, no diu res del món. Es limita a fer explícites relacions que es donen entre continguts mentals ateses les lleis que regeixen *de fet* en l'univers mental. El que tenen de coneixement fa que siguin constatacions de fet: el coneixement pròpiament dit és *a posteriori*.

Per tant, els coneixements *a priori* no són *a priori* de manera absoluta, sinó que depenen de les estructures mentals, perceptives i biològiques que es donen *de fet* en l'ésser humà. Un individu d'una civilització extraterrestre, dotat d'una estructura perceptiva diferent, podria tenir unes matemàtiques per a les quals els nostres principis fossin falsos: les proposicions matemàtiques no parlen de la realitat, sinó solament dels nostres límits a l'hora de pensar-la.

Juntament amb l'atac seriós que això suposa contra el prestigi de la matemàtica com a model de coneixement sòlidament fonamentat, també la física, que al segle XVIII oferia uns resultats espectaculars per obra d'Isaac Newton (1643-1727), queda rebaixada.

Per a Hume, la física tracta sobre veritats de fet o *a posteriori*. No coneixem en absolut que hi hagi connexions necessàries entre esdeveniments, sinó que les relacions de causa-efecte es basen exclusivament en el costum. La capacitat de la ciència per a fer prediccions exactes queda, doncs, sota sospita. L'efecte del psicologisme resulta, així, més devastador per a la física que per a la matemàtica: passa de ser una ciència destinada a revelar amb certesa els secrets de l'Univers a ser un saber merament probable basat en el costum.

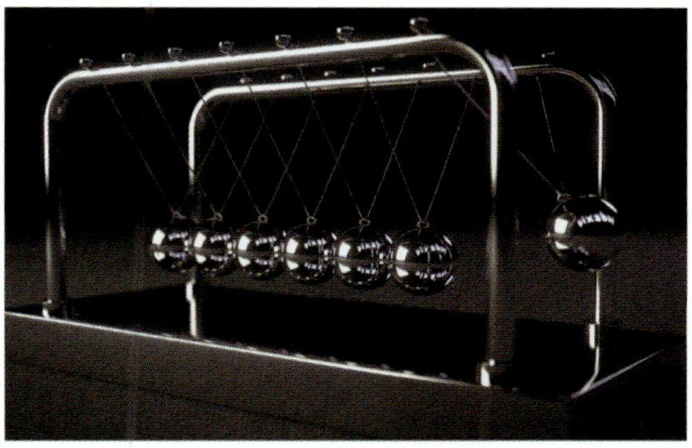

Què passarà quan la bola baixi i piqui la bola contigua? Segons Hume, no ho podem saber amb certesa absoluta, perquè no tenim coneixement de cap connexió necessària entre el fet que la primera bola piqui la segona i el comportament del conjunt de boles a partir d'aquest xoc. Per a Hume, no hi ha pas veritats de raó. L'única cosa que podem dir és que les altres vegades que hem provat de fer el mateix o coses similars, el que acostuma a passar és que el moviment es transmet a la resta de boles i que la de l'altre extrem es desplaça. Podem esperar, doncs, basant-nos en el costum, que ara passarà el mateix. Malauradament, com que la foto és fixa, ja no sabrem mai el que va passar; no, almenys, amb seguretat absoluta: ens haurem de conformar a dir el que ens sembla més probable. La ciència, segons Hume, ha de tenir la modèstia de no aspirar a més que a això.

4 Pot un físic definir què és un nombre? Correspon a la seva àrea de problemes?

5 La idea de nombre és adventícia, fictícia o innata? Com respondrien aquesta qüestió un racionalista i un empirista?

David Hume (1997), de Sandy Stoddar Blake

Aquesta estàtua ha desfermat una polèmica divertida. Resulta que l'escultor va fer que el dit gros del peu dret de la figura sobresortís del pedestal. La temptació era massa gran: de forma espontània, els estudiants de filosofia que visiten Edimburg peregrinen fins a l'estàtua per a tocar el dit gros de Hume, sota la pretensió que els donarà sort de cara als exàmens. I aquí ve la polèmica: els empiristes actuals, que consideren Hume com el pensador que ens va alliberar de les supersticions, lamenten amargament que el seu filòsof hagi esdevingut... l'objecte d'una superstició!

Creus que les incoherències formen part de la condició humana? Que, per més que ens esforcem, caiem còmicament en contradiccions com aquesta?

Situacions: educació, socialització, conflicte, alienació, llenguatge.

6 Quines són, segons el teu parer, les febleses del racionalisme? I les de l'empirisme?

ACTIVITATS

1 Per què la física clàssica moderna s'ha de presentar sempre amb l'adjectiu *matemàtica*? Des de quin segle es considera que la física ha de ser sempre matemàtica?

2 Quin dels llenguatges següents, si és que algun de la llista t'ho sembla, seria més universalment vàlid? Ordena'ls segons la teva jerarquització:

- **a** El matemàtic
- **b** El de les emocions
- **c** El musical
- **d** L'esperanto
- **e** El de la lògica
- **f** L'anglès
- **g** El Klingon

2.5 Balanç: racionalisme *versus* empirisme

La filosofia de Kant fa la síntesi entre racionalisme i empirisme. Preparem-ne l'estudi amb aquest quadre comparatiu:

RACIONALISME	EMPIRISME
L'única font de coneixement fiable és la raó pura, o sigui, el coneixement que la ment construeix per si mateixa sense la intervenció de res empíric: el coneixement *a priori* (= independent de l'experiència).	L'única font de coneixement és l'experiència, o sigui, allò *a posteriori* (= basat en l'experiència).
Les idees amb què treballa el coneixement són, doncs, les idees innates, o sigui, aquelles que tenim per la constitució mateixa de la nostra ment, no per adquisició empírica.	No hi ha idees innates, sinó que tota idea l'hem adquirida en virtut de l'experiència.
El coneixement *a priori* és el coneixement matemàtic: la ment es condueix seguint les seves pròpies lleis, sense deixar-se contaminar per elements empírics, quan construeix objectes ella mateixa seguint lleis logicomatemàtiques. El camí o mètode de la ment és el mètode logicomatemàtic.	Quan perdem la referència de les idees a allò empíric, ens pensem que coneixem alguna cosa, però, en realitat, fem servir paraules buides. Per a evitar l'error i l'autoengany, cal, doncs, un estudi genètic dels nostres continguts mentals. El mètode de la investigació és, per tant, el mètode geneticopsicològic.
L'ordre de l'ésser i l'ordre de l'enteniment són equivalents. És possible, doncs, una determinació purament racional de la realitat; podem construir *a priori* el sistema o estructura del món. Hi ha, doncs, una fe racional en el dogma que ser i pensar són el mateix.	L'ordre de l'ésser no és comprensible en la seva globalitat, perquè la raó humana està limitada per l'experiència; així doncs, pel que fa a moltes coses, s'ha de moure en l'àmbit del merament probable. Hi ha, per tant, un cert escepticisme gnoseològic: no ho podem saber tot.
La raó és, per tant, entesa com a raó matemàtica, capaç de conèixer el Tot.	La raó és, per tant, entesa com a raó limitada per l'experiència.
L'empresa racionalista és teòrica: consisteix en el projecte de reduir tot el saber empíric a saber *a priori* (a la manera com la física matemàtica proporciona coneixement segur de la trajectòria d'un projectil precisament en trobar la funció que ens dona la llei *a priori* –matemàtica– del seu moviment). En l'àmbit polític, això significa l'intent que una raó directiva i omniabastadora fonamenti l'Estat.	L'empresa empirista és pràctica: ja que la ment humana no ho pot entendre tot, ens hem de defensar de la supèrbia dels qui voldrien governar les nostres vides des d'una pretesa raó universal i absoluta. Com que de les coses transcendents no hi ha saber, hem de ser tolerants. És l'home qui legisla i elabora lleis; la societat no té un origen diví ni racional sinó un origen humà i passional.

3.1 Les nocions de crítica i d'investigació transcendental

La filosofia d'**Immanuel Kant** (1724-1804) prova de superar l'alternativa entre empirisme i racionalisme des d'una posició que, d'una banda, expliqui la ciència sense rebaixar la seva dignitat, com passa amb Hume, però, de l'altra, no hagi de postular la racionalitat de la realitat experimentada sense donar-ne raó, com passa amb el racionalisme.

Kant, com Hume, sosté que la raó humana està limitada per l'experiència. Però, d'acord amb els racionalistes, accepta com a evident que la ciència (newtoniana) ens proporciona coneixement universal i necessari.

La pregunta kantiana és aleshores aquesta: *atès que el coneixement és l'experiència, com és possible assolir un coneixement universal i necessari* (*a priori*)?

Preguntant així, Kant se situa en una posició intermèdia entre l'escepticisme de Hume i el racionalisme de Leibniz: contra l'escepticisme, és evident que hi ha coneixement *a priori*; contra el racionalisme, aquesta evidència demana fonamentació.

Doncs bé: aquesta manera de preguntar, que parteix d'una validesa constatada i avança cap a les seves condicions de possibilitat —cap a allò que la precedeix i la fa possible—, rep el nom d'**investigació transcendental**: és *transcendental* —diu Kant— tot coneixement que s'ocupa, no dels objectes, sinó de *la nostra manera de conèixer-los*, en tant que aquesta manera ha de ser possible *a priori*.

Ja que la pregunta parteix de l'evidència que ens donen les matemàtiques i la física de Newton, la seva resposta ens ha de permetre aclarir com poden ser possibles aquestes dues disciplines.

Ara bé, la tradició racionalista troba que també la metafísica és coneixement universal i necessari, mentre que Hume creu haver demostrat que no té cap validesa. Se'ns obre, així doncs, una nova pregunta: és possible la metafísica com a ciència?

En la seva obra *Crítica de la raó pura* (1781), Kant es proposa resoldre definitivament la pregunta sobre quines són les condicions de possibilitat del coneixement científic i, en particular, sobre si, ateses aquestes condicions, la metafísica pot arribar a ser considerada una ciència.

Per a respondre, cal aixecar una nova ciència, una ciència dels límits del coneixement humà, que porti la raó davant del tribunal de la raó. Doncs bé: aquest procés en què la raó ha de sotmetre's al judici de la raó mateixa, Kant l'anomena **crítica**.

Es tracta, en suma, d'investigar *les condicions de possibilitat del coneixement*. I, per a fer-ho, cal dur a terme una *anàlisi crítica de les facultats de coneixement*.

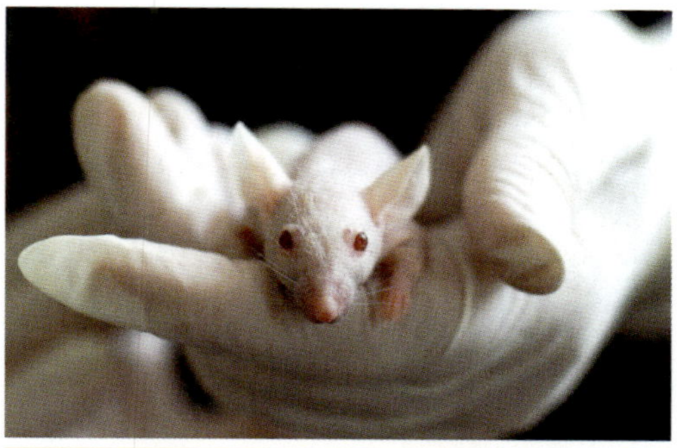

La noció de crítica pren sentits diferents dels de Kant. Així, per exemple, el filòsof australià **Peter Singer** (1946), en el seu llibre *Animal Liberation* (1975), denuncia l'ús preferent d'animals en les investigacions científiques. Segons ell —citem literalment!—, "els animals no humans, d'una banda, i els infants amb retard mental, de l'altra, pertanyen a la mateixa categoria; i si utilitzem aquest argument [=*que l'experimentació amb animals salva vides*] per justificar una certa experiència amb els animals no humans, ens hem de preguntar si no hem d'estar disposats a autoritzar aquesta mateixa experiència amb infants o amb adults humans amb retard mental". *En The Animal Liberation Movement* (Nottingham, Old Hammond Press, 1987), després d'un fragment idèntic a l'anterior, el remata així: "[...] i, si fem una distinció entre els animals i aquests humans [=*els discapacitats*], sobre quina base podrem fer-la, que no sigui una altra cosa que una preferència desvergonyida, i moralment indefensable, a favor dels membres de la nostra pròpia espècie?" (pàg. 8)

La posició de Singer en fer la crítica a la investigació científica amb animals és *antiespecista*. Creus, com Singer, que experimentar amb nens i nenes discapacitats equivaldria a fer-ho amb animals sans?

Situacions: drets humans, deshumanització, ciència, coneixement, especisme, drets dels animals.

1 Kant utilitza la paraula *crítica* en un sentit força diferent d'aquell amb el qual fem servir aquesta paraula habitualment. Diferencia'l dels tres sentits següents:

a En Pep treballa com a crític d'art.

b Cal fomentar el pensament crític.

c La Maria mai no està d'acord amb res; sempre ho critica tot.

Veus el reflex de la casa taronja? Està a sota mateix de la casa taronja, just a la dreta de la teulada vermella que té dues xemeneies, i la distingiràs també perquè la finestra del mig té penjada com una esfera blanca, que segurament és una antena de televisió. "A sota", "a l'esquerra", "a la dreta", "al mig": per a dirigir la mirada –perquè hi hagi mirada–, cal remetre-la a un lloc concret de l'espai. Fixa't, a més, que quan giris el full del llibre, o simplement en el moment en què miris cap a una altra banda, deixaràs de veure la casa taronja. No podem veure res si no és en un moment donat en una regió determinada de l'espai. Espai i temps acompanyen tota visió possible.

2 Podem percebre l'espai? Podem percebre dos metres? Una corda que fa dos metres? Raona les teves respostes.

3 Què diries a algú que et digués que ha vist una girafa, però que no l'ha vista enlloc? I què li diries si et digués que l'ha vista al zoo de Barcelona, però que no l'ha vista mai? De les dues respostes a les preguntes anteriors, quina conclusió treus sobre el fet de veure un cosa en general?

L'ESTÈTICA TRANSCENDENTAL

En grec, AÍSTHESIS significa "sensació", d'aquí que "estètica" sigui la doctrina de la facultat de rebre sensacions. I quan estudiem les condicions de possibilitat de la sensibilitat en general, ens trobem en el camp de l'estètica transcendental.

3.2 Els elements del coneixement: sensibilitat i enteniment

Per a Kant, tot el nostre coneixement comença amb l'experiència, però no tot procedeix de l'experiència: el nostre coneixement es compon d'allò que rebem mitjançant les impressions i d'allò que la facultat de conèixer produeix a partir de si mateixa.

En efecte, coneixem una cosa, per exemple, aquesta taula, quan unifiquem totes les dades sensibles que en provenen (colors, textures, etc.) d'una determinada manera. La mera juxtaposició de dades sensibles ens proporciona un caos de sensacions, no pas cap objecte. Quan, per exemple, veiem una taca a l'horitzó sense poder dir si es tracta d'un núvol o d'un vaixell, certament veiem alguna cosa, però no sabem què: la nostra intuïció no sap què veu, és cega. D'altra banda, si tenim un concepte que no té cap aplicació a cap contingut empíric (com els conceptes d'identitat personal, de no-res o de Déu), aleshores aquest concepte és buit. El coneixement és l'experiència, però l'experiència té *per la seva pròpia constitució* dos elements: una facultat que rep sensacions (la **sensibilitat**) i una facultat que crea conceptes (l'**enteniment**).

L'estructura d'aquestes dues facultats determina *a priori* la forma com es dona tota experiència possible.

3.3 Primera facultat: la sensibilitat. L'estètica transcendental

A La forma *a priori* de la sensibilitat

La **sensibilitat** és la facultat passiva que rep les sensacions. Quines condicions ha de complir aquesta recepció? Quines condicions són necessàries perquè tingui lloc una intuïció en general?

Dit molt planerament, per a veure (o sentir) una cosa, cal que la cosa percebuda i el perceptor coincideixin (1) *en el mateix lloc* (2) *al mateix temps*. De qualsevol cosa vista, sempre tindrà sentit preguntar: quan i on l'has vista? Si algú respon "enlloc", o "mai", la conclusió que traurem és que no l'ha vista en absolut: *perquè la intuïció tingui lloc, ha d'estar situada espaciotemporalment*.

En tota intuïció, hi ha un contingut empíric, la *matèria de la intuïció*, que canvia d'una intuïció a una altra: si miro la paret, la matèria cromàtica és "blanc", i si miro la taula, és "marró". Ara bé, totes les intuïcions, sigui quin sigui el seu contingut, es donen de la mateixa manera, tenen una *forma* de donar-se que constitueix la intuïció mateixa: *totes es donen en unes coordenades espaciotemporals*, totes s'estructuren en l'espai i el temps.

Ja que totes les sensacions sense excepció tenen necessàriament aquesta forma, **espai** i **temps** són, doncs, no pas coses, sinó les formes com es donen les coses en general, les f**ormes *a priori* de la sensibilitat**.

B Espai i temps com a intuïcions pures

Espai i temps són, doncs, les condicions que ha de complir tota intuïció possible i, per tant, no depenen de cap contingut empíric: *no procedeixen de l'experiència, sinó que la precedeixen i la fan possible.*

Notem, a més, que l'espai i el temps són singulars: no són conceptes, sinó intuïcions. Ara bé, no són pas intuïcions particulars, d'*aquest* o *aquell* objecte, sinó intuïcions que estan suposades en qualsevol intuïció particular, sigui quina sigui la matèria de la sensació actual. Són, per tant, intuïcions sense contingut, coordenades buides sobre les quals s'endrecen les impressions sensibles (colors, sons, gustos, etc.). Com que la paraula *pur* significa precisament això, buit de tot contingut empíric, podem concloure que espai i temps són **intuïcions pures** o, com també es pot dir, **intuïcions *a priori***.

El que defineix l'espai i el temps és una pluralitat pura de punts juxtaposats i instants successius. Com que això és el que estructura *a priori* la nostra facultat receptiva, la sensació és sempre una pluralitat d'impressions, i aquestes impressions són en si mateixes caòtiques: atès que entre dos punts de l'espai o del temps no hi ha cap diferència —ja que són buits—, allò que endreça el contingut sensible no pot venir de la sensibilitat mateixa. El treball de síntesi i ordenació, com veurem més endavant, el fa una altra facultat: l'**enteniment**.

C Fenomen i noümen

L'objecte tal com apareix a la sensibilitat és el **fenomen**, que en Kant té un significat força més tècnic i limitat que el que nosaltres hem fet servir en la unitat 3, en la qual l'enteníem com un equivalent de l'ús del verb *ésser*. *Fenomen* en Kant és allò que es dona *dins* del marc de les formes *a priori* de la sensibilitat, o sigui, el que es dona espaciotemporalment.

El que no es dona en l'espai i el temps, Kant ho anomena **noümen**, terme que es tradueix per "cosa en si": no la cosa tal com és *per a nosaltres* (segons les estructures d'una subjectivitat que posa les seves condicions), sinó *en si mateixa*. Es tracta d'un concepte límit: la cosa en si és, precisament, allò de què *no* podem tenir cap coneixement, perquè coneixem només dins els límits de l'experiència.

Kant no és, tanmateix, psicologista: les condicions de possibilitat no són les d'una espècie animal determinada existent al món, sinó que són vàlides per a qualsevol ésser racional, ni que fos (per a dirho amb l'"experiment mental" de Hume) extraterrestre.

Pel que fa a l'objecte de la sensibilitat, no hi ha identitat plena entre *fenomen* (la cosa coneguda) i *noümen* (la cosa en si). Espai i temps no són res fora del subjecte humà: són reals en el fenomen, però irreals respecte a la cosa en si.

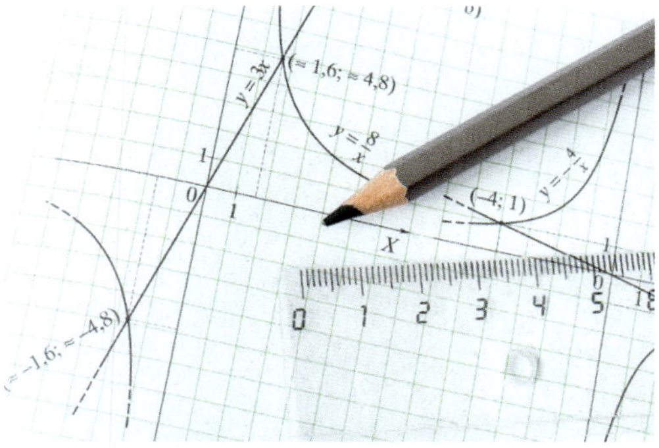

Els eixos de coordenades (que van ser inventats per Descartes i per això es diuen cartesians) representen l'espai: la pluralitat pura de punts, amb un sistema de referència per a poder situar cada punt amb relació als altres. Espai pur i temps pur són això: pluralitat pura (de punts o d'instants), allò que queda de qualsevol intuïció un cop prescindim dels continguts empírics concrets.

4 El sentit de "fenomen" que fa servir Kant és diferent del que hem fet servir abans nosaltres en el llibre. Compara'ls i explica'n la diferència.

5 Creus que el coneixement humà té algun tipus d'accés a la realitat tal com seria independentment d'una ment que la pensés? Quina dificultat insalvable (metafísica) es troba en el plantejament d'aquesta pregunta?

3.4 Segona facultat: l'enteniment. L'analítica transcendental

A El coneixement com a referència del fenomen al concepte

L'*estètica transcendental* ens ha mostrat quines condicions ha de complir tota sensació, en quines condicions podem rebre sensacions. Ara bé, la sola recepció de sensacions encara no és coneixement, perquè cal també comprendre el que veiem: sense un concepte que ajunti en una unitat la pluralitat de sensacions, no hi ha coneixement. Doncs bé: comprendre o recollir aquesta pluralitat de sensacions en un concepte és propi de l'enteniment. *L'**enteniment** és, doncs, la facultat que genera espontàniament conceptes per tal d'articular i pensar unitàriament la pluralitat sensible.*

***Conèixer** és, per tant, referir els fenòmens (el contingut empíric rebut per la sensibilitat) als conceptes (la unitat posada per l'enteniment).* Això mateix es pot dir així: el coneixement sempre té lloc en el judici, ja que, per definició, un judici és la referència d'un fenomen a un concepte, i té sempre la forma "S és P". Per exemple:

"Això és una taula", en què "això" remet al contingut empíric i "taula" és el concepte amb el qual reunim la pluralitat sensible procedent d'"això" i, d'aquesta manera, l'entenem, la coneixem.

En suma: quan experimentem una cosa, no ens limitem a rebre-la passivament, sinó que el nostre enteniment treballa sobre els continguts empírics amb unes unitats —els conceptes— que posa ell mateix, i aquests continguts, en síntesi amb les sensacions, ens permeten conèixer.

B Les condicions que ha de complir tot judici

Aquest treball d'unificació, l'enteniment no el fa de qualsevol manera, sense seguir cap criteri, sinó que hi ha unes certes condicions que ha de complir tot judici —tota síntesi, tot coneixement—, sigui quin sigui el seu contingut empíric. Per a dir-ho d'una forma gràfica: quan experimentem una cosa, no ho fem amb les mans buides, sinó que disposem d'uns certs criteris de classificació del material que hem de rebre que són independents de la recepció empírica mateixa. Es tracta d'uns criteris d'ordenació i enllaç del contingut sensible que l'enteniment es dona a si mateix *a priori*, com qui disposa de tres sacs diferents per a endreçar pedres i petxines que anirà a recollir a la platja i decideix, d'entrada —abans de saber què trobarà exactament—, que endreçarà les peces trobades només segons la seva mida.

Aquesta il·lustració ha de ser presa òbviament amb moltes precaucions, perquè els criteris que segueix l'enteniment humà no els decideix ningú, sinó que pertanyen a la constitució de l'enteniment, i és precisament per això que són *a priori*.

Com que espai i temps, com a formes *a priori* de la intuïció, són pluralitat pura, la intuïció sense concepte no sap el que veu. Perquè hi hagi coneixement, cal recollir aquesta pluralitat en la seva unitat. La unificació de la pluralitat sensible correspon al concepte, que és produït per l'enteniment per pensar el que tenim en cada cas davant. No es tracta, però, *del meu* enteniment, sinó d'una facultat comuna a tots els éssers racionals.

Tanmateix, existeix aquesta facultat *comuna*? Si la resposta és que no, aleshores cada individu té la seva pròpia perspectiva del món i tota pretensió de coneixement objectiu és vana.

Ara bé, *si no hi ha objectivitat, per què hauríem de preferir la raó a la imaginació?* Si no hi ha concepció racional del món, tot és qüestió d'interpretacions, entre les quals s'imposa, no la més racional, sinó, simplement, la que disposa de més mitjans per imposar-se: la més poderosa.

Una societat que deixa de creure en la racionalitat es lliura a la postveritat, al domini de relats poderosos que condicionen per endavant la nostra manera de pensar. La filosofia és, precisament, ja des de Sòcrates, la lluita contra aquesta possibilitat. Quina és, així doncs, la seva funció política?

Situacions: educació, socialització, llenguatge, responsabilitat cívica, coneixement, ètica i política, democràcia, despotisme, conflicte, postveritat, poder, fake news, vida virtual, aïllament, alienació.

6 Estàs d'acord amb la posició de Kant que tot coneixement ha de poder ser expressat en judicis?

C Les categories

Així doncs, hi ha unes unitats que no depenen de l'experiència i que constitueixen la possibilitat mateixa de la facultat de jutjar.

Cal distingir, en efecte, entre dos tipus de conceptes:

- Són **conceptes empírics** aquells que unifiquen continguts empírics particulars, com ara "casa" o "gos". Aquests conceptes són *a posteriori*, és a dir, conceptes que corresponen a objectes donats sota les condicions *a priori* de l'espai i el temps. Si, per exemple, no haguéssim vist mai cap gos, el nostre enteniment no hauria format el concepte de gos.
- Són, en canvi, **conceptes purs** o **conceptes *a priori*** aquells que estan suposats en tot acte de judici, sigui quin sigui el contingut particular del judici, que, per tant, posa l'enteniment de forma totalment independent de l'experiència.

Vegem què passa, per exemple, amb el concepte d'**unitat**:

> Sigui quin sigui l'objecte que pensem (independentment del contingut empíric), tant si es tracta d'*una* taula, com d'*un* arbre, com d'*un* sentiment, com d'*una* arrel quadrada etc., no podrem pensar-lo en absolut si, abans d'atendre allò que el particularitza, no el podem pensar com una unitat.
>
> El concepte d'unitat, doncs, no es produeix arran de l'experiència, sinó que és un concepte que l'enteniment ha de produir d'entrada per a poder comprendre qualsevol experiència possible.

Als conceptes *a priori* Kant els anomena **categories** (vegeu unitat 3). Partint de la forma del judici, Kant dedueix que hi ha dotze formes *a priori* distintes d'unificar continguts sensibles: unitat, pluralitat, totalitat, substància, causalitat, realitat, existència, etc. Aquestes són, per tant, **condicions universals** (perquè les pressuposa tot judici) i **necessàries** (perquè si no es donessin no hi podria haver judici) de l'enteniment: són les unitats o els conceptes que estructuren o endrecen el funcionament de l'enteniment en *totes* les seves operacions. Les categories de Kant són, doncs, la **forma *a priori* de l'enteniment**, la forma com pensem tot fenomen possible.

D Els judicis sintètics *a priori* de la matemàtica i de la física

La pregunta per la possibilitat de la síntesi cognoscitiva

Tenim, d'una banda, la forma *a priori* de la sensibilitat i, de l'altra, la forma *a priori* de l'enteniment. La pregunta que ens ha interessat és aquesta: Atès que el coneixement està limitat per l'experiència, com és possible el coneixement universal i necessari (*a priori*)?

Per a veure, a partir dels elements que ja tenim, com podem fonamentar aquest coneixement, considerarem ara el tipus de judicis en què aquesta mena de coneixement s'expressa.

Si mirem ara mateix (coordenada temporal) aquesta imatge (que segurament tens damunt la taula i en la pàgina per la qual tens obert el llibre (coordenada espacial) i no ens limitem a llançar una mirada sense fixar-nos-hi, sinó que intentem comprendre el que tenim al davant, podrem fer una llista de coses que veiem: una bicicleta, un ram de romaní, una cistella, una ombra, un radi, una roda, una paret, etc. Mentre repasso la llista que acabo de fer i ressegueixo els elements en la fotografia, la mirada centra l'atenció en punts diferents de l'espai que la imatge ocupa. Per exemple: quan, després de dir "ram de romaní", dic "cistella", els ulls han hagut de baixar un mica per a trobar el contingut sensible al qual escau el concepte "cistella". Ara bé, si rellegeixo la llista feta, veuré que, per bé que hi ha conceptes que han de canviar en funció d'allò que estic mirant, n'hi ha un que està present en la determinació de qualsevol —de tot— contingut sensible: *una* bicicleta, *un* ram de romaní, *una* cistella... En efecte, el concepte d'unitat és imprescindible per a pensar qualsevol cosa, sigui quin sigui el seu contingut sensible: és, per tant, un concepte independent de tota experiència particular (*a priori*), sense el qual no seria possible pensar res en absolut; és, així doncs, una categoria.

7 Llegeix les proposicions següents i assenyala en quin sentit respecten o violen algunes de les categories kantianes:

a M'he oblidat l'elefant a l'estoig.

b Vaig venir demà.

c L'atmosfera és ignorant.

d L'equació és agra.

En la fotografia, una manifestació a favor dels drets humans. Agenollats, hi ha homes i dones. És un fet que les societats discriminen determinats col·lectius. I, tanmateix, sovint, les mateixes societats que discriminen determinats col·lectius afirmen que creuen en la igualtat de tots els seus membres.

Atenent això, digues què en penses. La proposició "Tots els éssers humans són iguals", és analítica o sintètica? És *a priori* o *a posteriori*? És vertadera o falsa? O les respostes a totes aquestes preguntes depenen de com la interpretem? I si és així, com cal interpretar-la?

Situacions: educació, socialització, racisme, símbols, drets humans, cosmopolitisme, gènere, estereotips, violència, llenguatge, utopia, ètica i política, conflicte, democràcia, poder, alienació.

8 Explica raonadament per què no podria donar-se mai una proposició analítica *a posteriori*.

9 Poden, les persones invidents, estudiar geometria? Poden estudiar aritmètica? Poden fer barreges de colors per a pintar quadres? Raona la teva resposta.

Els judicis sintètics *a priori*. Les matemàtiques i la física

Per tal de demarcar les proposicions pròpiament científiques (les que proporcionen coneixement universal i necessari), Kant proposa la classificació dels judicis següents:

Segons la relació entre subjecte i predicat, les proposicions poden ser analítiques o sintètiques:

- **Analítiques**: Una proposició és analítica quan el seu predicat està ja inclòs en el seu subjecte.

> Per exemple, si dic "Els solters són no casats", la propietat "no casat" coincideix amb la definició mateixa de "solter"; per tant, en el fons és una reiteració. És perfectament equivalent a dir "Els solters són solters".

Aquestes proposicions, diu Kant, no són extensives, en el sentit que no són informatives: no proporcionen coneixement.

- **Sintètiques**: Una proposició és sintètica quan el seu predicat no està inclòs en la definició del subjecte.

> Si dic "La casa és verda" i descomponc el concepte "casa" en les seves notes constitutives, no trobo que la casa hagi de ser verda.

Per tant, la proposició em proporciona coneixement, m'informa; és extensiva.

Segons si el seu contingut de veritat és conegut amb la participació dels sentits o sense, les proposicions poden ser *a priori* o *a posteriori*:

- ***A priori***: Una proposició és *a priori* quan no necessita que els sentits participin a l'hora de comprovar si és vertadera o falsa.

> Per exemple, si dic "El cercle és rodó", puc certament comprovar que aquesta proposició és vertadera a través dels sentits, però la seva participació és absolutament innecessària perquè la seva veritat pot ser obtinguda a través de la descomposició de la definició "cercle": *lloc geomètric de tots els punts equidistants a un altre que anomenem centre*. Una figura que respon a aquesta definició cal que sigui rodona, i no ho serà pas perquè jo ho hagi percebut així, sinó per necessitat lògica, ja que el seu contrari implicaria contradicció (un cercle no rodó no és un cercle).

- ***A posteriori***: Una proposició és *a posteriori* quan necessita que els sentits participin a l'hora de comprovar si és vertadera o falsa. N'és un exemple la proposició "Ara plou".

Totes les proposicions analítiques ("els solters són no casats", "el cercle és rodó", "els elefants voladors volen") són ***a priori***, perquè es basen en la pura lògica, però no aporten cap coneixement.

A més d'aquestes, hi ha dos tipus més de proposicions: les **sintètiques *a posteriori*** ("la casa és verda" o "ara plou") i les **sintètiques *a priori***.

E La possibilitat de la matemàtica i de la física. La demarcació del coneixement científic

Analitzem primer un exemple matemàtic:

"La línia recta és la distància més curta entre dos punts." El judici és *a priori*: no s'obté experimentant amb distàncies i punts, i el seu contrari és impossible. I és *sintètic*: el concepte de línia recta no inclou cap referència a una distància o a una quantitat i, per tant, la proposició aporta coneixement.

La prova que és *a priori* és que estableix una propietat que han de complir *necessàriament tots* els punts de l'espai.

Així, al contrari que deia Hume, les matemàtiques sí que parlen del món. Per exemple:

Com que la punta del meu nas i la tecla "k" de l'ordinador es troben en l'espai, també per al meu nas i la tecla "k" ha de ser cert que la distància més curta és la línia recta.

Les matemàtiques estudien les propietats de l'espai (geometria) i del temps (aritmètica), de manera que: d'una banda, com que espai i temps són formes *a priori*, el coneixement resultant és també *a priori* (universal i necessari), i, de l'altra, com que són formes *a priori de tota experiència possible*, les propietats estudiades han de ser vàlides per a tot fenomen possible i, per tant, proporcionen coneixement del món.

Posem ara un exemple físic, el del principi de conservació de la matèria:

"La quantitat total de matèria de l'Univers és constant." De nou, es tracta d'un judici sintètic (el concepte de quantitat de matèria no inclou que hagi de ser constant) i *a priori* (no es pot obtenir en virtut de l'experiència).

Aquest principi és vertader i fa possible la física: sense aquest, la física no seria possible com a ciència, però el principi no surt de la física o de l'experiència, sinó que la precedeix i la fa possible.

Com són possibles, doncs, els principis de la física? Per a respondre, Kant demostra que les categories no són res més que l'expressió conceptual de l'espai i del temps. Per exemple: el **temps** és la pura pluralitat (d'instants) i és, per tant, una **pluralitat** d'**unitats** que es tanca en un **tot**. *Pluralitat, unitat* i *totalitat* són categories.

Així doncs, les categories, en tant que expressió conceptual de l'espai-temps, han de ser vàlides per a tota experiència possible (per a tot el que es dona en l'espai i el temps): han de poder ser aplicades a tot fenomen en general.

Per tant: els principis *a priori* de la física són possibles perquè deriven de les categories i, per tant, han de ser vàlids (necessitat) per a tota experiència possible (universalitat).

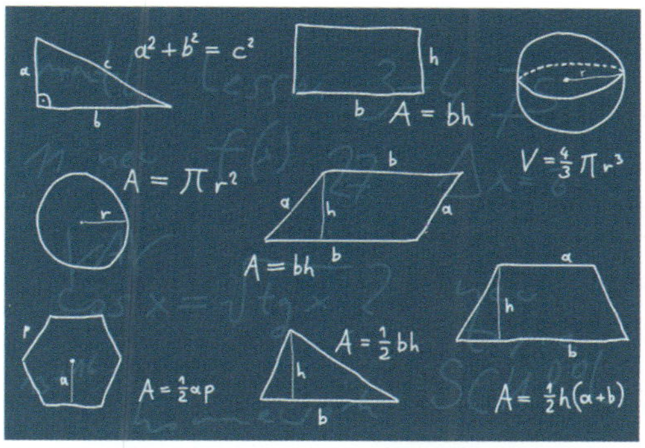

La geometria estudia les propietats de l'espai i l'aritmètica, les del temps. Com que espai i temps són intuïcions, proporcionen coneixement (aquestes propietats les ha de complir tota experiència possible), com que són *a priori*, aquest coneixement és *a priori*. Per això les proposicions matemàtiques són judicis sintètics (= coneixement) *a priori* (= independents de l'experiència).

10 El que costa de veure en el cas de l'exemple de la matemàtica és que sigui sintètic, i no pas que sigui *a priori*. En canvi, el que costa de veure en el cas de l'exemple de la física és que sigui *a priori*, i no pas que sigui sintètic.

- Per què hi ha aquesta diferència pel que fa a la dificultat?

11 Pot demostrar-se el principi de conservació de magnituds a través d'un experiment? O passa, més aviat, que podem fer experiments perquè ja pressuposem la validesa del principi de conservació de magnituds?

12 Imagina que el món hagués començat a ser a partir del no-res i hagués aparegut de cop i volta.

- Fins a quin punt suposaria això un contratemps respecte dels principis de la física matemàtica?

Què ha determinat els pares d'aquest nen a ensenyar-lo a resar? Es pot pensar la seva decisió sota la categoria de causa i efecte? Per a Kant, és una evidència que les decisions humanes no es poden pensar així. Ara bé, tot el que és coneixement ha de poder ser pensat en virtut de les categories. Així doncs, la decisió humana, la llibertat, és pensable tot i no ser objecte de coneixement. En els termes kantians estudiats, és noümènica i no pas fenomènica: sense ser coneixement, la idea de llibertat té una certa validesa pràctica. L'exemple val per a establir això: tot i no ser coneixement, la metafísica té una certa validesa.

13 Quina relació creus que hi ha entre metafísica i moral? I entre metafísica i art?

ACTIVITATS

1 Coincideixes amb la idea de Kant que d'allò que més ens preocuparia (les preguntes de la metafísica) és del que tenim un coneixement menys segur?

Compara aquesta posició amb la de Descartes.

2 Explica si creus que algun dia l'ésser humà deixarà de fer-se preguntes metafísiques.

a Penses, com diuen alguns filòsofs de l'actualitat, que els humans han deixat de fer-se preguntes metafísiques?

b A què creus que podria obeir aquesta sensació?

F La metafísica, impossible com a ciència

Si el coneixement està dins els límits de les formes *a priori* de la sensibilitat i de l'enteniment, què passa amb la metafísica? És possible la metafísica com a ciència?

La resposta ara és òbvia: *la metafísica és impossible com a ciència*. En efecte, els seus tres objectes (ànima, món i Déu) queden fora de les estructures *a priori* del coneixement: cap no es dona en l'espai i el temps, cap no és un fenomen i, per tant, no és possible fer judicis científics sobre cap.

G La validesa de la metafísica, malgrat tot

Kant fa una defensa final de la metafísica com a *tendència inevitable i positiva en l'ésser humà*. En virtut de la seva pròpia naturalesa, diu Kant, la raó té una *tendència inevitable a traspassar els límits de l'experiència a la recerca d'un fonament incondicionat*: d'allò que dona justificació de tot sense demanar més explicacions. Així, la raó acaba afirmant la idea de **Déu** com a perfecció plena o causa primera de tot, la de **món** com a totalitat, i la d'**ànima** o **llibertat** com a causa primera de les accions pròpiament humanes.

Aquestes idees no són fenòmens, sinó noümens, però, per bé que no són objecte de coneixement, orienten la raó cap a la realització plena dels seus objectius, amb la qual cosa asseguren el progrés de la ciència i de la moral. Tenen, per tant, una certa validesa com a **ideals regulatius de la raó**.

En suma: ànima, món i Déu no són conceptes de l'enteniment, sinó **idees de la raó**. De fet, diu Kant, en el fons són les idees que més interessen a l'ésser humà: quin ús hem de fer de la pròpia llibertat, quina és la nostra situació en el món com un tot, a què estem destinats.

La ciència obté així la seva exactitud al preu d'abandonar les qüestions que, com a éssers lliures, més ens concerneixen i ens interessen. Ja que aquests objectes estan *fora de les estructures transcendentals amb què es donen els fenòmens*, la ciència no hi pot dir res: no és que la ciència no estigui encara prou desenvolupada per a donar respostes a les qüestions metafísiques, sinó que, per motius estructurals, mai no podrà donar tals respostes.

La metafísica pren, aleshores, protagonisme en la filosofia pràctica. Com ja vam veure en la unitat 6, segons Kant l'home és en una cruïlla, entre la necessitat fenomènica i la llibertat. Ara això ho podem reformular així: l'home té una doble naturalesa, fenomènica i noümènica, de manera que en la seva decisió es pot deixar determinar per allò que hi ha de naturalesa en ell o bé determinar-se ell mateix noümènicament i fer de la humanitat sempre un fi en si mateix i mai un mer mitjà. Des de l'ètica kantiana, les idees de la metafísica es recuperen, per tant, com a **postulats de la raó pràctica**.

4.1 Realisme i idealisme. Veritat com a adequació i com a coherència

Tota la discussió sobre l'origen del coneixement, entre les facultats de la sensibilitat, la imaginació, l'enteniment i la raó, no ens ha resolt encara una pregunta que ja s'ha anat prefigurant al llarg de les teories estudiades: el coneixement humà arriba a la realitat o està condemnat a conèixer-se només a si mateix en les estructures de la ment? Podem conèixer la realitat tal com és o ens veiem limitats a conèixer-nos només a nosaltres mateixos? Són el món i la realitat, tal com són, objectes possibles del coneixement o estan més enllà del nostre abast?

Aquest és, en el fons, el problema de la **veritat**, el problema de si el coneixement de la realitat és possible més enllà de les capacitats humanes de representació d'aquesta.

Fonamentalment, hi ha dues respostes possibles, que ja ens han anat apareixent discontínuament (per exemple en la consideració de les diferents posicions en el problema dels universals —recordem les denominacions de cadascuna— o en la distinció kantiana entre fenomen i noümen). El motiu pel qual ja ens han aparegut és que el problema de l'origen del coneixement i el de l'objecte del coneixement estan molt vinculats. Les dues possibles respostes són aquestes:

- **Realisme**: Una posició sobre l'objecte de coneixement és realista quan defensa l'existència d'un món real independent del subjecte i de les seves representacions i sosté que l'ésser humà, almenys parcialment, pot arribar a conèixer aquest món.
- **Idealisme**: Una posició sobre l'objecte de coneixement és idealista quan defensa que el coneixement que tenim del món és indestriable del coneixement de les estructures que el possibiliten i que aquestes configuren activament l'objecte que coneixen. Per tant, no hi ha món real que sigui totalment independent de la meva manera de representar-me'l.

Adequació o coherència

El realisme entén la **veritat com a adequació**: una proposició és vertadera quan es correspon fidelment a la realitat objectiva tal com és fora de la meva ment.

Si, en canvi, defensem que una tal adequació no és possible, perquè el coneixement no pot anar més enllà de la realitat posada per la seva mateixa estructura, aleshores entendrem la **veritat com a coherència**: és vertader allò que és coherent amb les estructures de coneixement considerades com un tot.

Si la concepció de la veritat com a adequació ens enfronta al problema de com el llenguatge pot ser còpia fidel de la realitat, la concepció de la veritat com a coherència, per la seva banda, té la dificultat d'explicar com la sola coherència d'una construcció racional pot garantir que es tracti d'una veritat referent al món.

Mesquita de Còrdova

Sovint, per a parlar de les estructures del coneixement, s'ha fet servir una metàfora arquitectònica: l'edifici de la ciència que s'eleva damunt dels seus fonaments. Aprofitant la metàfora, podem preguntar: És la coherència amb l'estructura global del coneixement, el que caracteritza la veritat? O, més aviat, és l'adequació als fets del món, externs i independents d'aquesta estructura?

1 Imagina la situació següent: la teva parella et truca des de París (el prefix així ho indica, i t'envia una foto des de la torre Eiffel amb una hora determinada). Hi ha anat per motius de treball. Però sortint de la teva feina, te la trobes al carrer amb una altra persona, prenent un cafè. Resulta que, sense tu saber-ho, la persona que veus és bessona de la teva parella i la teva parella ni sap que existeix perquè la van separar en el moment de néixer. Tu te l'has trobada en un cafè amb la seva parella habitual, però no saps res d'això. El teu judici immediat és: "La meva parella m'enganya".

- Qui està més ben preparat per a justificar la validesa del judici erroni: un autor realista o un autor idealista? Justifica la teva resposta.

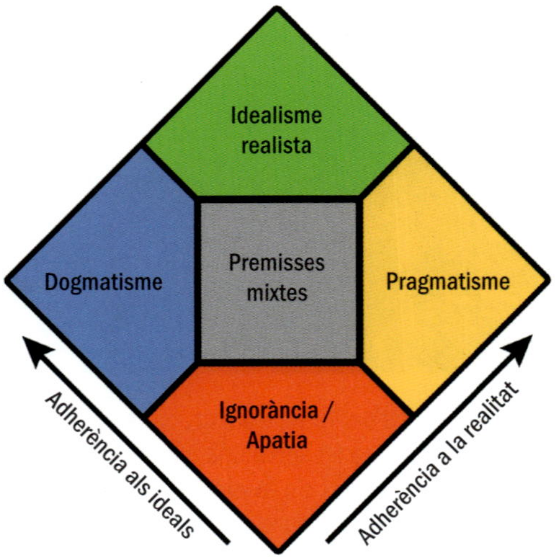

Fixa't que en aquesta imatge "idealisme" i "realisme" no tenen el sentit que hem donat a aquestes paraules en la unitat. Fes l'exercici següent: prova d'explicar les diferències entre els dos sentits de cadascuna de les paraules. Per exemple: té sentit, des d'un punt de vista idealista (en el sentit que hem donat nosaltres a la paraula), la distinció que fa el quadre entre l'adherència a les idees i l'adherència a la realitat? I encara: l'àmbit al qual fa referència el quadre, és el de la teoria del coneixement? L'exercici et servirà de recordatori d'una qüestió metodològica que hem advertit en diferents moments: els mateixos mots poden significar coses diferents en contextos i autors diferents.

2 Creus que podem conèixer la realitat tal com és en ella mateixa?

3 Creus, com diu la dita popular, que tot depèn del color del vidre amb què t'ho miris?

4.2 Les posicions intermèdies entre realisme i idealisme

De fet, entre les dues posicions extremes que acabem de definir, hi ha un munt de possibilitats intermèdies.

- Pel que fa al realisme:
  - **Realisme ingenu**: El món és tal com el coneix la nostra experiència quotidiana segons el nostre "sentit comú". És el realisme propi de l'actitud natural ingènua.
  - **Realisme científic**: El món real és aquell que ens proporciona el coneixement científic, i tota la resta d'informació sobre la realitat és indestriable de manipulacions subjectives de la meva capacitat de representar-me la realitat. És el realisme propi de l'actitud natural científica.
  - **Realisme crític**: La realitat conté una noció de cosa en si, però allò que podem conèixer és només algunes de les qualitats que se'ns poden donar d'aquesta cosa en si. És el realisme propi de l'actitud teòrica pròpiament dita.
- Pel que fa a l'idealisme:
  - **Idealisme subjectiu**: Defensa la tesi que "ésser vol dir sempre ésser percebut". Les coses no existeixen fora de la ment de manera independent a la percepció en la qual són conegudes. Defensa aquesta posició extrema l'empirista George Berkeley (1685-1753).
  - **Idealisme transcendental**: El subjecte pot tenir coneixement de la realitat només sota les condicions que ell mateix posa per a durlo a terme. Però existeix alguna cosa fora d'aquestes condicions (cosa en si). És la posició de Kant, que s'acosta força al realisme crític, però vist des del costat del subjecte.
  - **Idealisme absolut**: Si el subjecte ha de conèixer el món (objecte), ha de poder donar-se una certa identitat entre ambdós. Això no vol dir que aquesta identitat entre ésser i pensament sigui una identitat estàtica, sinó que, en un desplegament incessant, adopta formes de representació subjectives i formes de constitució objectives, i alhora és moviment de la totalitat de la naturalesa i de la història humana (esperit absolut). Defensa aquesta posició Georg Wilhelm Friedrich Hegel (1770-1831).

El problema realisme-idealisme és un exemple clàssic de problema de teoria del coneixement que frega la frontera amb els problemes metafísics i que, per tant, presenta sovint un caràcter aporètic.

ACTIVITATS

1 Són gaire diferents el realisme crític i l'idealisme transcendental? Raona-ho.

2 Fes una breu redacció en la qual argumentis quina de les posicions anteriors et sembla més sòlida i per què.

5.1 El desplegament final de la teoria del coneixement en la seva funció teòrica i pràctica

Més enllà de les troballes concretes d'aquesta o d'aquella teoria del coneixement, l'empresa de sotmetre a judici el coneixement ens parla d'un sentit de vida determinat, que ha conformat la civilització europea.

Aquesta empresa consisteix a provar de fonamentar la vida individual i col·lectiva en la sola autoritat de la raó. I, per a fer-se mereixedora d'aquesta autoritat, la raó ha de comparèixer davant el tribunal de la raó i sotmetre's a crítica.

La paraula *crítica* ve del grec KRÍNEIN, que significa "separar". Ja sabem que les afirmacions més anodines ens arriben carregades de diferents estrats de sentit, dels quals habitualment no tenim consciència: allò que de primer se'ns presenta com a racional sovint està carregat de prejudicis que difícilment es poden sostenir sobre la sola autoritat de la raó. Sotmetre la raó a crítica significa, aleshores, separar (KRÍNEIN), d'allò que ens apareix com a racional, el que realment és racional del que no ho és (n'hem vist un exemple amb la demarcació kantiana del que mereix el nom de coneixement).

La crítica té, aleshores, un paper d'orientació de la vida: d'una banda, contra l'excés de seguretat que porta als fanatismes, però també contra l'excés de dubitació que porta a la paràlisi de la indecisió, la crítica del coneixement ens dona les seguretats necessàries per a conèixer i actuar, però al mateix temps ens recorda les nostres limitacions i ens crida a la prudència.

En aquest propòsit de govern racional de la pròpia vida, la raó es mostra:

- **Autònoma**: es basta a si mateixa i no admet res que demani una fe cega.
- **Reflexiva**: ja que la raó és l'única cosa que mereix el seu propi crèdit (és autònoma), se sotmet a examen per tal de comprendre els propis límits i el poder exacte de què disposa.
- **Crítica**: separa allò que cal ser obeït perquè és racional d'allò que ens volen imposar els prejudicis i la superstició sense cap base racional.
- **Analítica**: distingeix els elements que conformen la seva experiència i examina com estan enllaçats, en un esforç per a assegurar el que posseeix.
- **Secular**: desfà la dependència que segons el racionalisme té la legitimitat de la raó respecte de la veracitat divina i exclou, així, tota autoritat que sigui externa a la raó mateixa.

La crítica del coneixement és, així, el moment teòric de l'acció: els seus resultats no s'acumulen com els de la ciència, sinó que cal exercir-la cada vegada a fi d'aclarir la situació i encaminar l'acció, perquè la filosofia no és una mera ciència, sinó una forma de vida.

Què farem, com a adults, amb els nostres nens que ens miren?

Sotmetre'ls a prejudicis incommovibles, perquè facin el mateix amb els seus fills, és formar-los en el fanatisme. Declarar-nos desconcertats i impotents és abandonar-los a la seva sort sense recursos per créixer. Entre el *fanatisme* i el *nihilisme tou* cal que revisem, precisament com a adults, en què creiem realment. Una **actitud crítica** del qui se sotmet a examen però no deixa d'assumir les seves responsabilitats, és, potser, el millor llegat que els podem deixar.

Aquest és, sens dubte, un dels sentits de la crítica del coneixement i de l'ideal il·lustrat que la sustenta. Des d'assumpció d'aquesta herència, la filosofia constitueix la possibilitat de **pensar les situacions concretes** amb què ens les hem d'heure des de l'amplitud de mires dels homes i de les dones que tenen l'hàbit de reflexionar.

Situacions: educació, socialització, llenguatge, utopia, ètica, política.

1 Creus que la raó pot ser realment autònoma?

- Què caldria fer per a respondre de forma rigorosa aquesta pregunta?

ACTIVITATS

1 La crítica del coneixement s'ha especialitzat en el coneixement científic i en els problemes de justificació de la validesa dels judicis.

- Però creus que la crítica del coneixement s'ha de restringir a aquests àmbits o s'ha d'estendre a tot allò que una societat dona com a vàlid sota la categoria de "coneixement"?

Recapitulació

Descartes parlava de la *llum natural* per a referir-se a la facultat que ens permet copsar les veritats evidents. La *llum artificial* és un guany de la tecnologia. Ara mira la imatge: de quantes coses estudiades en aquesta unitat pot ser una metàfora?

PARAULES CLAU

activitat, adequació (veritat com a), analític, *a posteriori*, *a priori*, categoria, coherència (veritat com a), concepte, contingent, contradicció (principi de no), crítica, enteniment, facultat, fantasia, fenomen, fet, forma, idea, idealisme, imaginació, intuïció, judici, necessari, noümen, particular, passiu/va, possible, probable, racionalisme, raó, raó suficient (principi de), real, realisme, sensibilitat, síntesi, sintètic, tot, transcendental, unitat, universal, veritat, veritat de fet, veritat de raó

El fet que l'estudi dels problemes que ens ha presentat la teoria del coneixement ens hagi deixat encara més perplexos que en començar la nostra investigació no és pas un inconvenient si comencem a entendre la densitat del projecte filosòfic.

La teoria del coneixement és sempre crítica del coneixement. En el coneixement estem ja embarcats. Cadascun dels nostres gestos quotidians i de les manifestacions de creences i opinions més senzilles en van carregats. L'efecte d'aturar-nos i distanciar-nos respecte d'allò que ja està actuant sobre nosaltres només pot ser benigne. Així, la crítica del coneixement (el projecte filosòfic sencer) es planteja com a forma de vida i en algunes zones del planeta ha constituït en bona mesura un fonament civilitzatori d'una manera d'estar al món (la filosofia com a fonament de la civilització europea).

Estem deixant de fer això? Estem deixant de ser europeus en aquest sentit? Una civilització plenament centrada en l'obtenció de resultats i en el consum acumulatiu de veritats, seguretats i experiències pot donar l'esquena a l'actitud teòrica que alguna vegada la va fonamentar.

Qüestionar-ho tot, estar amb un peu dins la realitat, però també amb un peu fora per a guanyar perspectiva, vol dir pensar la teoria del coneixement com a crítica del coneixement.

La vida en llibertat consisteix a fer ús del propi enteniment sense la direcció d'un altre. Com a ideal, la proposta és estranya: si totes les altres civilitzacions s'esforcen a protegir la seva tradició per evitar entrar en crisi, la tradició pròpia de la civilització que ha fet de la filosofia el seu fonament ha estat, paradoxalment, triar coratjosament d'estar permanentment en crisi.

La crítica del coneixement és, aleshores, un moment culminant de l'esforç teòric com a possibilitat d'orientació de la vida dels homes i les dones.

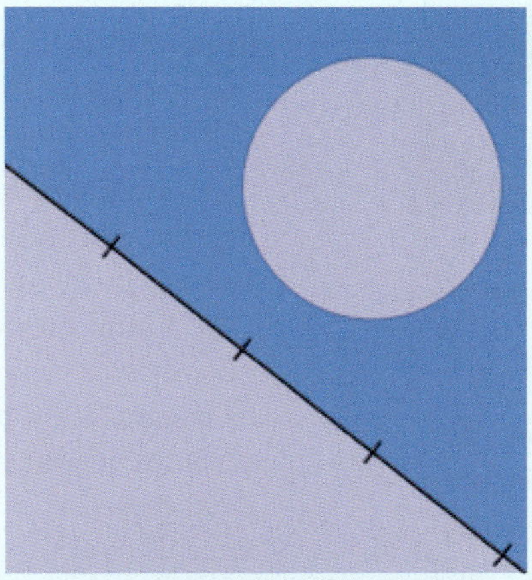

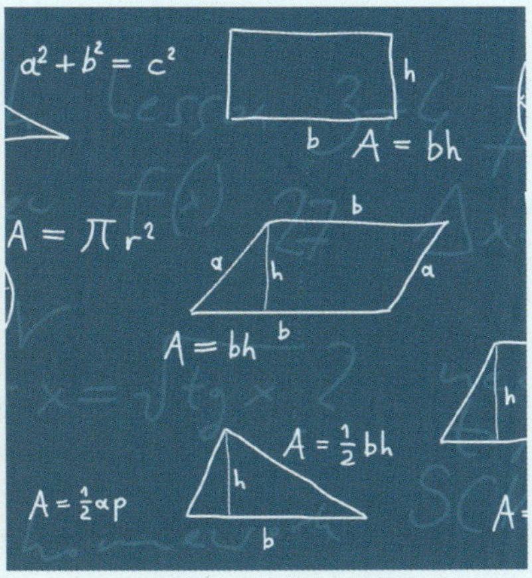

EN 8 IMATGES

RECONSTRUCCIÓ **Si les quatre primeres imatges ens permeten comprendre que hi ha nocions amb una pretesa validesa científica que no es poden reduir a experiència sensible, les quatre segones (una de les quals apareix a la unitat 3) poden ser considerades metàfores dels diferents elements que constitueixen el coneixement segons Kant.**

EXPLICA amb detall, a partir de les quatre primeres imatges, per què la noció d'infinit, o altres de semblants, no poden obtenir-se directament de la percepció sensible.

ELABORA una redacció en què facis servir les quatre segones imatges com a elements del coneixement tal com l'entén Kant, de tal manera que puguis donar compte de les relacions de causa i efecte. Aprofita l'explicació per donar la refutació kantiana de Hume pel que fa a aquestes nocions.

LES FACULTATS COGNOSCITIVES. La polèmica entre l'empirisme i el racionalisme ens prepara per a una teoria de les facultats de coneixement. A l'estudi d'aquestes facultats van dirigides les dues primeres activitats.

1 **Llegeix el text següent i, després, respon les preguntes que hi ha a continuació:**

"Comencem per la consideració de les coses més comunes, i que creiem comprendre més distintament, a saber, els cossos que toquem i veiem. [...] Prenem, per exemple, aquest tros de cera que acaba de ser tret del rusc: encara no ha perdut la dolçor de la mel que contenia, té encara alguna cosa de l'olor de les flors de les quals fou recollit; el seu color, la seva figura, la seva grandària són clarament visibles; és dur, és fred, hom el toca i, si li doneu un cop, farà algun so. En fi, totes les coses que poden fer conèixer un cos distintament, es troben en aquest.

Però heus aquí que, mentre jo parlo, hom l'apropa al foc: allò que li restava de gust s'exhala, l'olor s'esvaeix, el seu color canvia, la seva figura es perd, la seva grandària augmenta, esdevé líquid, s'escalfa, hom no pot a penes tocar-lo, i per més que hom el copegi, no farà cap so. Roman la mateixa cera després d'aquest canvi? Cal reconèixer que roman i ningú no ho pot negar. Què coneixia hom, doncs, amb tanta distinció d'aquest tros de cera? Certament no pot ser res de tot això que hi he observat mitjançant els sentits, puix que totes les coses que queien sota el gust, o l'olfacte, o la vista, o el tacte, o l'oïda, es troben canviades, però la mateixa cera roman.

Potser era això que penso ara, a saber, que la cera no era pas ni aquesta olor de la mel, ni aquesta agradable olor de les flors, ni aquesta blancor, ni aquesta figura ni aquest so, sinó solament un cos que una mica abans se m'apareixia sota aquestes formes i que ara es fa observar sota unes altres. Però què imagino, parlant amb precisió, quan la imagino d'aquesta manera? Considerem-ho atentament, i allunyant totes les coses que no pertanyen a la cera, vegem què en resta. Certament, no hi resta res més que quelcom extens, flexible i mudable. Però què és això: flexible i mudable? No és que jo imagini que aquesta cosa, essent rodona, és capaç d'esdevenir quadrada, i de passar del quadrat a una figura triangular? No, certament, no és això, puix que la concebo capaç de rebre una infinitat de canvis semblants, i no sabria, tanmateix, recórrer aquesta infinitat amb la meva imaginació, i, per consegüent, aquesta concepció que tinc de la cera no s'obté per la facultat d'imaginar.

Què és ara aquesta extensió? No és pas tan desconeguda, puix que la cera que es fon augmenta, i es troba encara més gran quan està completament fosa, i molt més encara quan la calor augmenta. I no concebria pas clarament i segons la veritat què és la cera, si no pensés que és capaç de rebre més varietats segons l'extensió que les que jo hagi imaginat mai. Cal, doncs, que acordi que no podria ni tan sols concebre què és aquesta cera per a la imaginació, i que no és més que el meu enteniment sol qui la concep. Dic aquest tros de cera en particular, car per a la cera en general és encara més evident. Ara bé, quina és aquesta cera, que no pot ser concebuda més que per la ment? Certament és la mateixa que veig, que toco, que imagino, i la mateixa que coneixia des del principi. Però cal notar que la seva percepció, o bé l'acció per la qual hom la percep, no és pas una visió, ni un tacte ni una imaginació, i no ho ha estat mai, per més que ho semblés abans, sinó solament una inspecció de la ment tota sola, la qual pot ser imperfecta i confusa, com era abans, o bé clara i distinta, com és ara, segons que la meva atenció es posi més o menys en les coses que són en ella i de les quals és composta."

RENÉ DESCARTES (1596-1650), *Meditacions metafísiques*, Segona meditació, AT IX, 223-25

a Si l'única font de coneixement fiable fossin els sentits, podríem fer judicis d'identitat? En aquest cas, algú podria dir d'alguna cosa "això és meu" amb coneixement de causa?

b Per què, segons el text, la imaginació tampoc no ens permet afirmar que la cera líquida no és "el mateix" que la cera que teníem abans d'apropar-la a una flama?

c Segons el text, quina facultat ens permet, en suma, fer judicis d'identitat?

d Segons el text: quin paper creus que tenen la sensibilitat, la imaginació i el pensament en el coneixement dels cossos?

e L'argument de Descartes per al tros de cera, val igualment per al nostre propi cos? Coneixem el nostre propi cos de la mateixa manera que coneixem tota la resta dels cossos? (Si trobes diferències, descriu-les breument.)

2 **Observa les imatges següents i respon les preguntes:**

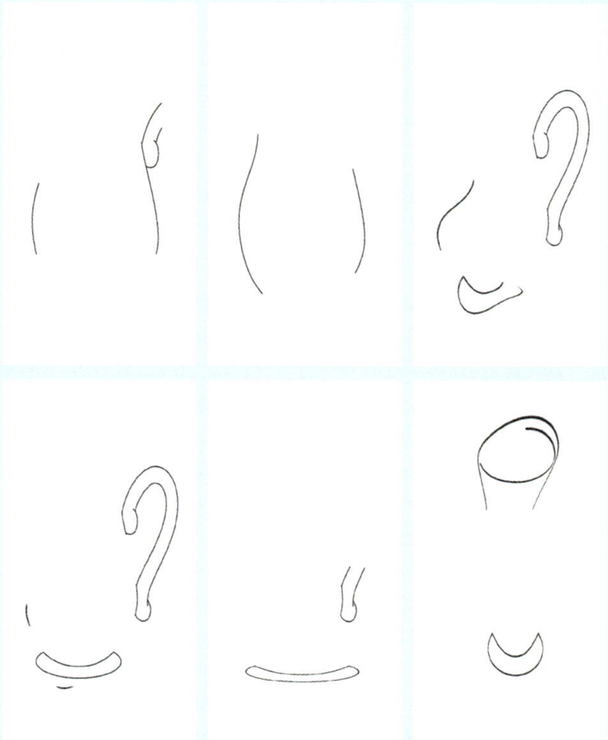

a Què creus que estàs veient a través d'aquestes imatges? Són imatges d'una sola cosa i la mateixa cosa? Com ho saps?

b A través de quines facultats has pogut respondre la pregunta anterior?

c Quines imatges soles i aïllades et permetrien identificar la cosa? I quines no?

Dibuixa la cosa de la qual aquests dibuixos serien trossos (els que ho són).

LA POLÈMICA ENTRE EMPIRISME I RACIONALISME. Ja que, com acabem de veure, sensibilitat i imaginació no sembla que ens puguin donar coneixement de determinades idees (com substància, jo o totalitat), els racionalistes afirmen l'existència de coneixement *a priori*, però els empiristes rebutgen aquesta afirmació. Podràs aprofundir en la polèmica si compares els textos de les activitats següents.

3 **Llegeix el text següent i, després, contesta les preguntes que hi ha a continuació:**

"28.- Els homes actuen com els animals quan la resposta a allò que perceben es realitza només en virtut de la memòria, i aleshores actuen com els metges empírics, que tenen una simple pràctica sense teoria; i no som més que empírics en les tres quartes parts de les nostres accions. Per exemple, quan esperem que tornarà a sortir el sol l'endemà perquè això és el que ha passat fins al dia d'avui. Només l'astrònom és el qui jutja *amb raó*.

29.- Però el coneixement de les veritats necessàries i eternes és el que ens distingeix dels simples animals i ens fa tenir la *raó* i les ciències, elevant-nos al coneixement de nosaltres mateixos i de Déu. I això és el que anomenem ànima raonable o *esperit*.

30.- També és pel coneixement de les veritats necessàries i per les seves abstraccions que som elevats als *actes reflexius*, que ens fan pensar en el *jo* i considerar que això o allò es troba en nosaltres; i passa que, pensant en nosaltres, pensem en l'ésser, en la substància, en el simple i en el compost, en l'immaterial i en Déu mateix; tot concebent que el que és limitat en nosaltres en Ell no té límits. I aquests actes reflexius subministren els principals objectes dels nostres raonaments.

33.- Hi ha dues menes de *veritats*: les de *raonament* i les de *fet*. Les veritats de raonament són necessàries i el seu oposat és impossible, i les de fet són contingents i el seu oposat és possible. Quan una veritat és necessària, es pot trobar la raó mitjançant l'anàlisi, tot resolent-la en idees i veritats més simples, fins que s'arriba a les idees i les veritats primitives.

34.- Així és com els matemàtics redueixen els *teoremes* d'especulació i els cànons de pràctica mitjançant l'anàlisi a partir de les definicions, els axiomes i les preguntes.

GOTTFRIED WILHELM LEIBNIZ (1646-1716), *Monadologia*

a Quin paper tenen els sentits, segons Leibniz?

b Com caracteritza el text les veritats de fet i les veritats de raonament?

Subratlla les idees del text que, segons Leibniz, serien innates. Selecciona'n dues i prova d'explicar la seva presència en la nostra ment tal com ho faria un autor empirista.

Fes una dissertació sobre l'enunciat següent:

"Coneixem els conceptes matemàtics a través dels sentits? Arguments a favor i en contra."

4 **Llegeix el text següent i, després, contesta les preguntes que hi ha a continuació:**

Heus aquí una bola de billar quieta sobre la taula i una altra que es mou ràpidament en direcció a aquesta. Ambdues topen i la bola que anteriorment estava en repòs es posa ara en moviment. Aquest és un exemple tan perfecte de la relació de causa i efecte com qualsevol altre que puguem conèixer, sigui per sensació, sigui per reflexió. Però examinem-lo: és obvi que totes dues boles van entrar en contacte abans que fos comunicat el moviment i que no hi ha hagut cap interval entre la topada i el moviment. La contigüitat en el temps i en el lloc és, per tant, una circumstància exigida per a l'actuació de totes les causes. També és evident que el moviment que en fou la causa és anterior al moviment que en fou l'efecte. La prioritat en el temps és, per tant, una altra circumstància exigible a tota causa. Però això no ho és tot. Fem el mateix amb altres boles del mateix material i que estiguin en una situació semblant i veiem sempre que l'impuls d'una bola produeix indefectiblement el moviment d'una altra. Heus aquí, per tant, una tercera circumstància: una conjunció constant entre la causa i l'efecte. Tot objecte semblant a la causa produeix sempre algun objecte similar a l'efecte. Més enllà d'aquestes circumstàncies de contigüitat, prioritat i conjunció constant, res més no puc descobrir en aquesta causa. La primera bola en moviment toca la segona, i immediatament la segona es posa en moviment; i quan provo l'experiment amb boles iguals o semblants, en circumstàncies iguals o semblants, veig que el moviment i el contacte d'una bola segueix sempre el moviment de l'altra. Per més voltes que hi faci, a aquesta qüestió, i per més que l'examini, jo no hi veig res més.

Aquest és el cas en què tant la causa com l'efecte són presents en els sentits. Vegem ara en què es fonamenta la nostra inferència quan concloem a partir de l'una que l'altra ha existit o existirà. Suposem que veig una bola que es mou en línia recta cap a una altra; concloc, tot seguit, que toparan i que la segona es posarà en moviment. Aquesta és la inferència de la causa a l'efecte i d'aquest tipus són tots els nostres raonaments en el capteniment de la vida: en això es fonamenta tota la nostra creença històrica, i d'aquí prové tota la filosofia —amb les úniques excepcions de la geometria i l'aritmètica. Si podem explicar aquesta inferència a partir de la topada d'ambdues boles, podem retre compte d'aquesta operació de la ment en tots els casos. [...]

D'això es desprèn que tots els raonaments referents a la causa i l'efecte es basen en l'experiència i que tots els raonaments que es dedueixen de l'experiència es basen en el supòsit que el curs de la naturalesa continuarà sent uniformement el mateix. Concloem que causes semblants, en circumstàncies semblants, produeixen sempre efectes semblants. Ara val la pena d'aturar-se a considerar què és allò que ens determina a treure una conseqüència tan important. [...]

Estem determinats, només pel costum, a suposar el futur d'acord amb el passat. Quan veig una bola de billar que es mou en direcció a una altra, la meva ment és moguda de manera immediata per l'hàbit cap a l'efecte acostumat i anticipo la meva visió en concebre la segona bola en moviment. No hi ha res en aquests objectes, considerats en abstracte, i independent de l'experiència, que em porti a una conclusió semblant; i, fins i tot després d'haver tingut l'experiència de molts efectes d'aquest tipus repetits, no hi ha cap argument que em determini a suposar que l'efecte estarà d'acord amb l'experiència passada. Les forces mitjançant les quals operen els cossos són totalment desconegudes. Nosaltres en percebem només les seves qualitats sensibles. I quina raó tenim per pensar que les mateixes forces hagin d'estar sempre connectades amb les mateixes qualitats sensibles? Així doncs, no és la raó la guia de la vida, sinó el costum. Només ell determina la ment, en tots els casos, a suposar que el futur estarà d'acord amb el passat. Per més fàcil que pugui semblar aquest pas, la raó no podria dur-lo a terme ni per tota l'eternitat.

DAVID HUME (1711-1776), *Tractat de la Naturalesa Humana*

a Segons el text, podem dir que un fet és la causa d'un altre amb coneixement de causa? Per què? Què ens autoritza, així doncs, a afirmar que entre dos fets hi ha una relació de causa i efecte?

b Quina visió de la ciència es deriva del text?

c Quina resposta donaria Hume a les respostes del text de l'activitat 1?

d Què diria Leibniz a Hume amb relació al coneixement?

e Si Hume té raó, tenim coneixement de la nostra identitat personal?

f Hume pot tenir coneixement de la seva pròpia identitat? Com justificaria, aleshores, el fet que signi els seus llibres?

LA SÍNTESI KANTIANA. El projecte de Kant intenta establir d'una manera definitiva el poder i els límits de la racionalitat científica. Al seu projecte dediquem les últimes activitats.

5 **Classifica les proposicions següents en judicis analítics, sintètics *a posteriori* i sintètics *a priori*. Justifica la teva classificació:**

a Dos triangles són semblants quan els seus angles són semblants i els seus costats són proporcionals entre si.

b L'aigua bull als 100 °C.

c Si penso, aleshores existeixo.

d Un judici i el seu contrari no poden ser vertaders alhora.

e Els solters són no casats.

f Els hiverns cada any són més calorosos.

g La quantitat total de matèria de l'Univers és constant.

h El quadrat té quatre costats.

i L'oferta i la demanda són dues variables que, en coincidir, estan en equilibri.

j El bé consisteix a no desitjar als altres el que no voldries que et fessin a tu.

6 **Llegeix el text següent i, després, respon les preguntes que hi ha a continuació:**

"Quina és aleshores la raó per la qual la metafísica no ha trobat encara el camí segur de la ciència? Que potser és impossible? Per què, en tal cas, la naturalesa ha castigat la nostra raó inscrivint-hi el desig inassolible de seguir aquest camí com una de les qüestions més importants? [...] Potser l'única cosa que passa és que hem triat el camí equivocat fins al dia d'avui [...]. Els exemples de la matemàtica i de la ciència natural, que s'han convertit en el que són gràcies a una revolució sobtada, són prou notables com per a fer-nos reflexionar sobre l'aspecte essencial d'un canvi de mètode [...]. Fins ara hom ha suposat que tot el nostre coneixement s'ha de regir pels objectes. Tanmateix, tots els intents realitzats sota aquest supòsit amb vista a establir *a priori*, per mitjà de conceptes, alguna cosa sobre aquests objectes —alguna cosa que ampliés el nostre coneixement— ha acabat en fracàs. Provem, doncs, per una vegada, si no anirem molt més enllà en les tasques de la metafísica si suposem que els objectes han de conformar-se al nostre coneixement, cosa que concorda molt millor amb la desitjada possibilitat de guanyar un coneixement *a priori* d'aquests objectes, un coneixement que pretén establir alguna cosa sobre ells abans que ens siguin donats [...].

Si la intuïció hagués de regir-se per la naturalesa dels objectes, no veig com podríem conèixer res *a priori* de la naturalesa. Si, en canvi, és l'objecte (en tant que objecte dels sentits) el que es regeix per la nostra facultat d'intuïció, aleshores puc representar-me fàcilment aquesta possibilitat.

Ara bé, com que, si les vull convertir en coneixements, no puc pas aturar-me en aquestes intuïcions, sinó que les haig de referir a alguna cosa com a objecte seu i determinar aquest objecte mitjançant aquelles, puc suposar una d'aquestes dues coses: o bé els conceptes amb els quals realitzo aquesta determinació es regeixen també per l'objecte, i aleshores em trobo, un cop més, amb el mateix escull a l'hora de saber-ne alguna cosa *a priori*, o bé suposo que els objectes o, el que és el mateix, l'experiència, única font del seu coneixement, [...] es regeix per tals conceptes. En aquest segon cas, veig de seguida una explicació més fàcil, ja que l'experiència mateixa constitueix un tipus de coneixement que requereix enteniment i aquest posseeix unes regles que jo haig de suposar presents ja en mi abans que els objectes em siguin donats, és a dir, regles *a priori*. Aquestes regles s'expressen en conceptes *a priori* als quals es conformen, així doncs, necessàriament tots els objectes de l'experiència i amb els quals han de concordar. Pel que fa als objectes que són merament pensats per la raó —i, a més, com a necessaris—, però que no poden ser donats en l'experiència (almenys no tal com la raó els pensa), [...] les temptatives per a pensar-los [...] proporcionaran una magnífica pedra de toc del [...] nou mètode del pensament, a saber, que només coneixem *a priori* de les coses el que nosaltres posem en elles."

IMMANUEL KANT (1724-1804), pròleg a la 2a edició de *La crítica de la raó pura*

a Quina és la tesi principal del text? En quin sentit corregeix el racionalisme? I l'empirisme?

b Quina concepció del coneixement científic busca Kant: *a priori* o *a posteriori*? Justifica la teva resposta.

c A quines idees *a priori* que no poden ser donades en l'experiència, però sí pensades, es refereix Kant en el text? Enumera'n tres.

Postveritat, els relats que interpreten els fets per endavant

Els dies 5 i 6 de gener de 2021, partidaris radicalitzats del president dels Estats Units, Donald Trump, es van traslladar a Washington DC per protestar pels resultats de les eleccions presidencials del 2020. Inicialment, els manifestants es van concentrar sota el lema "Save America" a The Ellipse, el parc situat al davant de la Casa Blanca, on els assistents van escoltar els discursos de Trump i Rudy Giuliani. Abans que acabessin els discursos, una multitud de manifestants van marxar cap al Congrés i van assaltar l'edifici.

Un any més tard, l'opinió pública americana es debat entre dos relats diferents d'aquells fets: per a uns, un acte criminal; per als altres, l'acció d'uns patriotes.

PROBLEMA PER PENSAR

Els relats que pretenen explicar la realitat es construeixen amb fets o més aviat interpreten per endavant els fets?

QÜESTIONS SUBORDINADES

1

Tot és qüestió de perspectives? Tot depèn del color amb què es mira?

2

Com podem saber quins relats dels que corren per les xarxes socials són vertaders —per exemple, en relació amb els perills reals de les vacunes?

3

Se sol dir que som a l'era de la postveritat. Esbrina què significa i descriu alguns funcionaments de l'opinió pública en l'era digital.

4

Els polítics del nostres país, se solen contradir ells mateixos? Si ho fan, ho reconeixen? Busca exemples concrets de militants de partits diferents.

5

Què diria Karl Popper dels relats amb què ideologies diferents presenten la realitat?

Unitats en què trobareu reflexions pertinents o relacionades amb aquesta situació:

1 • 2 • 3 • 4 • 6 • 7 • 8 • 9 • 10 • 11 • 12

PER ANAR MÉS A FONS

Les fake news i la postveritat

Quina diferència hi ha entre la postveritat i la mentida a seques? Com cal distingir els fets de la seva interpretació? Existeixen els fets en brut, o el que anomenem "fet" és ja sempre una interpretació? I si els fets són ja sempre fets interpretats, per quins mecanismes una interpretació s'imposa sobre una altra? Existeix la veritat o és inevitable caure sota el domini de la postveritat?

Aquestes i moltes altres preguntes poden acompanyar una reflexió sobre **la veritat i la postveritat en la vida contemporània.**

Proposta de recerca

1. La relació entre política i opinió des de Plató. Les reflexions contemporànies sobre aquesta qüestió des de plantejaments platònics i antiplatònics.
2. Qui són avui dia productors d'un discurs socialment influent? Com han canviat la situació els mitjans digitals i les xarxes socials? L'exemple de les campanyes de comunicació com a il·lustració.
3. Què pot fer un ciutadà normal i corrent per destriar el gra de la palla en el corrent de discursos que pretenen donar fer de la realitat?

L'espectacle de la vida

12

De l'experiència de la decepció (unitat 1) a la inspecció del llenguatge (2), del llenguatge a la realitat (3 i 4), de la realitat a la condició humana individual (5 i 6) i col·lectiva (7 i 8) i, d'aquesta, al coneixement de la realitat per part de l'ésser humà (9, 10 i 11), al llarg del curs hem recorregut un camí ple de dificultats que, no sense una certa èpica, ens ha portat fins al punt on som ara. En l'esforç d'aclariment desplegat fins aquí, ens hi jugàvem coses molt serioses: el sentit de les paraules, la consistència de la realitat, la rectitud de les accions, la legitimitat amb què regulem la vida col·lectiva o la fiabilitat del coneixement. I, tanmateix, la vida teòrica no té a veure només amb els beneficis que l'aclariment de la realitat pot aportar-nos amb vista a l'acció.

En aquesta unitat, volem portar el curs a la seva conclusió provant d'explicitar ara, d'una manera més clara, la naturalesa de la filosofia com a activitat lliure, com a lliure expressió de la vida humana i, per tant, com una activitat que es busca per si mateixa i no solament, ni principalment, pels beneficis pràctics que pugui reportar.

Perquè la vida no és pas tota ella tràgica, sinó que –per dir-ho com Plató– consisteix en una barreja de tragèdia i comèdia –un drama!–, no entendrem del tot la mirada filosòfica sobre la vida si no considerem també, amb la mateixa seriositat amb què hem abordat les qüestions més greus i més urgents, el seu caràcter de joc, la seva dimensió còmica o lúdica.

Per a mostrar-ho:

- Considerarem en quin sentit la vida mateixa és un joc.
- Provarem de situar aquest joc en el seu context irreductiblement enigmàtic.
- Veurem com el joc de la vida s'expressa i troba el seu camp de realització en el treball, en la producció artística i en l'amor.

Quan, per acabar, fem balanç de les coses dites, tindrem l'ocasió d'arrodonir el nostre retrat de la filosofia.

Demòcrit (1630), de José de Ribera

Ribera representa així el filòsof: amb parracs, amb un compàs a la mà i somrient. Els parracs representen la pobresa de la filosofia, que no s'interessa pels béns materials que preocupen la majoria dels mortals. El compàs indica la manera peculiar com el filòsof mira les coses, provant de mesurar-les i de treure'n l'entrellat. El somriure, finalment, ens mostra l'alegria que proporciona la mirada filosòfica, perquè treu a la llum les meravelles que la realitat amaga a la majoria de gent. La filosofia té, en efecte, molt de joc i de gaudi en la contemplació.

1 Que l'herba sigui verda i no pas lila, per exemple, és un fet necessari?

2 En termes generals, el món podria ser diferent de com és? Hi ha alguna cosa que no pogués ser diferent de cap manera?

1.1 L'espectacle de la vida

Ciceró (106-43 aC) atribueix a Pitàgores (569?-475? aC) la imatge següent. La vida dels homes —hauria dit Pitàgores— s'assembla a un festival celebrat amb els millors jocs de tot Grècia. Dels qui acudeixen als jocs, uns hi van per exercitar els seus cossos, competir i guanyar la glòria, i uns altres hi van per a fer negocis i enriquir-se. Però hi ha uns tercers, afegeix, que no busquen ni els aplaudiments ni la riquesa, sinó que hi van només a contemplar què s'hi fa i com es fa.

Els éssers humans venim a la vida com si fóssim forasters que hem arribat per a assistir a uns jocs —els de la vida mateixa— en una ciutat estranya: uns viuen per a la fama i l'honor i uns altres per a enriquir-se. Només uns quants viuen per a examinar amb atenció els jocs, la vida mateixa i tot el que l'envolta: aquests són els filòsofs, que es limiten a mirar atentament (THEOREIN) l'espectacle de la vida.

1.2 El joc del pensament

Per poc que hi pensem, la nostra vida s'assembla, en efecte, a la d'aquell personatge de novel·la que es va adormir en una taverna després d'haver begut massa i que, de sobte, quan es va despertar, es va trobar a bord d'una galera sense saber com hi havia anat a parar. Estem embarcats en la nostra vida, sense que la manera com hi hem pujat sigui gaire clara i sense tenir tampoc gaire clar quin és el port al qual ens dirigim.

Si ens mirem les coses des d'aquesta perspectiva, la realitat ens apareixerà dotada d'un misteri habitualment inadvertit. Els nens petits ens donen bons exemples d'aquesta mirada. Un noi adolescent potser se sorprendrà quan, en desenroscar el tap d'una ampolla que conté un líquid transparent, comprovi que desprèn una olor que no esperava (si es tracta, per exemple, d'algun licor exòtic i no pas d'aigua). Però al nen petit el que el sorprèn de veritat és que el tap de l'ampolla es desenrosqui, i potser, si l'ampolla és buida, es passarà una llarga estona enroscant i desenroscant, contemplant i admirant el caràcter meravellós dels taps d'ampolla.

La mirada del filòsof s'assembla a la d'aquest nen: conserva la capacitat de sorprendre's per allò que el tracte continuat amb les coses fa que a la majoria de les persones ens acabi semblant banal. Com el nen petit amb el tap de l'ampolla, el filòsof enrosca i desenrosca la realitat per a examinar al detall què és i com és feta. La recerca filosòfica pregunta per les coses més profundes i per les més banals, perquè sap veure la profunditat que hi ha en les coses més banals i aprecia el repte de submergir-se en el misteri de les més profundes.

L'aventura del pensament és també un joc, un de fonamental en el joc de viure.

1.3 La vida en joc. La comèdia humana

Qui soc jo? En les unitats 5 i 6 vam veure que l'ésser humà és lliure i està marcat per un cert grau irreductible d'indeterminació. Per això en la unitat 8 cada ésser humà nou ens ha aparegut, sota la mirada lúcida de Hannah Arendt, com una possibilitat de poder començar sempre de nou. Cada individu humà és, així, una nova oportunitat de poder començar, un feix de possibilitats noves.

Que cadascú de nosaltres sigui un feix de possibilitats ens fa entrar en una relació problemàtica amb nosaltres mateixos.

Pensem, per exemple, en el moment en què hem hagut de lluitar per a fer-nos un lloc en el món i arribar a ser alguna cosa determinada. Sentir per primer cop, quan deixava de ser un nen, que la meva vida està per decidir, desperta en nosaltres sentiments contradictoris: d'una banda, saber-me obert a un munt de possibilitats i sentir que realitzar-ne una depèn sobretot de les decisions que prengui sobre la meva existència és certament emocionant i una crida a l'aventura. De l'altra, abandonar el camí segur per on em portaven els pares quan era petit i adonar-me no solament que el meu camí està per decidir, sinó també que soc jo qui ha de jugar-se-la, resulta igualment una font d'inquietuds. La llibertat humana comporta, al mateix temps, l'emoció i l'angoixa de viure.

Ens cal, doncs, quan ens enfrontem a la nostra pròpia vida, fer-nos forts i guanyar confiança per a poder decidir i per a poder avançar.

Tanmateix, la força interior i la confiança depenen en bona part del **reconeixement** que obtinguem per part dels altres. Ja que no soc un objecte, em conec malament a mi mateix, i només em reconec en allò que veuen de mi els altres. Per això, quan en l'adolescència entrem en la vida social, estem preocupats de fer un paper, d'aparentar, de fer que els altres vegin i reconeguin els nostres mèrits, ja sigui en els estudis, l'esport, les aficions, l'amistat o en qualsevol altre àmbit. I ja que arribem a saber de la nostra vàlua a través de la mirada dels altres, el resultat és que la vida té molt d'exhibició, de teatre, de representació, de joc i de comèdia.

1.4 La dualitat originària

La vida, diem, necessita els altres, i és per això que necessita expressar-se, fer-se visible i comunicar-se.

Existir és, aleshores, trobar-se ja sempre en un moviment doble:

- Aspirem a persistir i, per tant, a salvar-nos.
- Però aspirem així mateix a comunicar-nos amb els altres: per la nostra mateixa vitalitat, aspirem també a salvar els altres.

Hi ha, per tant, en nosaltres, dues tendències antagonistes: mentre l'una ens fa el centre de totes les coses, l'altra ens porta a transmetre, desbordar-nos i comunicar.

De manera paradoxal, per a trobar la nostra identitat necessitem mostrar-nos als altres, i això ens fa triar símbols externs –com el pentinat, la roba, la música que escoltem o els locals que freqüentem– que projecten una imatge determinada de nosaltres mateixos. Les persones que s'obsessionen per agradar als altres, poden arribar a ser esclaves de la mirada dels altres (com en els casos extrems d'esnobisme). Però, al mateix temps, passar totalment desapercebuts als altres ens faria dubtar de la nostra pròpia consistència i qualitat com a éssers humans.

Situacions: socialització, símbols, estereotips, llenguatge, indiferència, deshumanització, fenòmens socials, diversitat, vida virtual, aïllament, exhibició, narcisisme, alienació.

3 Si una persona que acabes de conèixer et pregunta qui ets, què dius habitualment? De la llista de coses que expliques, quines diuen de veritat qui ets tu en el fons?

4 Les coses que saps de tu mateix o de tu mateixa, com les saps? Per exemple, una persona simpàtica, com sap que és simpàtica?

5 T'importa l'opinió que els altres tenen de tu? Què et passaria, si tothom sense excepció et digués –de paraula o amb la seva actitud– que no tens cap gràcia?

6 Es podria viure prescindint de manera absoluta del reconeixement dels altres? Es podria viure tenint en compte només el reconeixement dels altres? Descriu breument amb quins problemes es podrien trobar aquestes dues posicions a la vida.

1.5 L'expressivitat de la vida

Cadascun de nosaltres és, en suma, un **centre de difusió**. Com a *centre*, cadascú mira per ell: en tancar-se en un individu, la vida pren el partit d'esclatar en una multitud de pols, i cadascun exerceix una força centrípeta; de fora a dins. Però, com a centre de *difusió*, cada individu sent el desig d'unir-se als altres per a reproduir-se, i se sotmet a l'espècie fins a l'abnegació i el sacrifici: l'individu troba el sentit en els altres i la força és centrífuga, de dins a fora.

Allò propi de la vida és, doncs, tancar-se en un individu per a difondre's.

L'existència se salva perquè es recull en cada individu, però l'espècie se salva perquè cada individu existent tendeix a reproduir-se i a difondre's.

Ens omplim de vida per a comunicar-la. És per això que en tot vivent hi ha dues tendències:

- Una d'egoista, que fa que l'individu consideri totes les coses amb relació a si mateix.
- Una altra d'extravertida, que atén els interessos de l'espècie.

La vida d'estudi és una bona imatge del que estem dient:

> Formar-se demana moltes hores de solitud de qualitat, en què un treballa pacientment la seva intel·ligència i s'enriqueix de coneixements i habilitats. Però aquest moment de la formació només pren sentit en el diàleg amb els altres —en la relació entre membres d'una comunitat científica—, o amb el retorn sobre els altres —en l'exercici d'una professió— o amb la comunicació als altres —en la relació de pares a fills i de mestres a deixebles.
>
> Ens omplim només per a donar, i és per això que només en la donació les hores de cultiu de la pròpia riquesa poden omplir-se de sentit.

La vida és, així, segons Nicolas Grimaldi (1933)*, no la persistència d'una reclusió, sinó el dinamisme d'una expansivitat.* La vida és, essencialment, expressivitat. I per això ens sentim viure, sobretot, quan ens desbordem en els altres. El millor que podem esperar de la vida és, aleshores, tot allò que haurem pogut donar.

1.6 La vida com a donació

La vida, en suma, no es dona per cap altra cosa, sinó perquè és essencialment donació. I ja que el sentit d'aquesta donació es troba en la vida mateixa i no pas en cap fi ulterior, la vida està marcada de forma essencial per la gratuïtat i el joc.

Igual que es juga només per a jugar, tot sovint la vida s'expressa només per a expressar-se. I en tots dos casos sovint es tracta de les hores més felices.

Que la vida és comunicació, ho prova el fet que fins i tot les coses aparentment més solitàries, com gaudir d'un menjar deliciós, són molt més plaents quan les fem acompanyats, quan les compartim. Per això tot sovint, quan tastem un menjar que ens agrada, el donem a tastar a la persona que ens acompanya. Fent-lo partícip del nostre plaer, el plaer arriba a ser satisfactori de veritat. La vida no és la reclusió en un mateix, sinó l'expansió en la qual allò de què ens hem omplert en el temps de la formació es desborda i es dona als altres. Per això mai no ens sentim més realitzats que quan podem fer partícips als altres del nostre talent, de les nostres possessions o de les nostres qualitats.

Atenent això, creus que els sensesostre tenen només un problema en relació amb les necessitats materials?

Situacions: educació, socialització, drets humans, alienació, llenguatge, indiferència, deshumanització, ètica i política, vida virtual, aïllament, narcisisme.

7 Creus que l'egoisme i l'altruisme són incompatibles? En quin sentit sí i en quin sentit no?

8 Expressa la nostra vida, en el seu exercici, coses que s'escapen de nosaltres mateixos?

9 Pensa en una persona important a la teva vida i intenta descriure allò que la seva vida expressa per a tu, tot i que potser ella no és ni tan sols conscient d'això.

ACTIVITATS

1 Busca l'origen de la paraula *esnob*. Defineix-la i explica en quin sentit tots ho som una mica, d'esnobs.

2 Descriu quatre situacions de la vida social que il·lustrin bé aquesta estructura de centre de difusió pròpia de la vida.

2.1 El caràcter enigmàtic del context de la vida humana

Ja que allò propi de la vida és el **dinamisme** i la **mediació**, cada moment present està marcat per la memòria del passat i l'espera del futur. Com que som conscients del fet que la nostra existència està sempre en joc —encara no som el que podem arribar a ser—, vivim en una tensió vers el futur.

En aquesta espera, tenim expectatives concretes com viatjar o exercir una professió determinada. Però la consciència humana, que sap que tenim un temps limitat per a viure, experimenta una tensió que té a veure, no ja amb aquesta o aquella afició o professió, sinó amb la pròpia existència en el seu conjunt. Descobreixo en mi l'anhel de tenir una vida plena o plenament satisfactòria; però cap on m'orienta, aquest anhel?

L'horitzó de la vida humana té, així, un caràcter irreductiblement enigmàtic: ja que vivim en la precarietat del que és temporal i relatiu, com podem donar sortida al desig del que és definitiu i absolut?

Observa aquesta escena. Si ho penses bé, t'adonaràs que el seu sentit se'ns escaparà del tot si no la situem en el temps; és a dir, si no provem d'imaginar-nos les circumstàncies passades que han fet que aquest soldat sigui ara mateix aquí i si no provem d'imaginar-nos els temors i les expectatives que deu tenir amb relació al que encara no ha passat.

2.2 La tensió temporal de la vida humana

Respondre pel sentit de les nostres accions concretes és fàcil quan les nostres accions estan circumscrites en un marc o en un context determinat a través del qual les podem comprendre:

> Si la meva vocació era fer història de l'art i he acabat estudiant medicina, puc donar les raons que el context familiar i social m'imposen: les pressions familiars, el fet de venir d'una família de metges, la incertesa laboral, etc.

Ara bé, quin sentit té preguntar, no per aquesta o aquella acció concreta, sinó per la totalitat d'accions de què consta la meva vida? Apareix per alguna banda algun sentit global de les meves accions i dels esdeveniments que m'han succeït? Tracen una cosa així com una "història" amb plantejament, nus i desenllaç? Apunten les parts de la meva existència temporal a alguna cosa semblant al "tot" de la meva vida?

Com a éssers que vivim en el temps, aquesta pregunta pren sentit, com hem vist, des de l'estructura del temps: retinc o arrossego amb mi un passat, a través de la memòria, i m'avanço al meu avenir o me'l represento, a través del projecte i de l'espera. No em puc viure més que com venint d'algun lloc i anant a algun altre lloc, i aquests dos pols temporals són estructures del fenomen de la meva vida, estructures que es poden donar de manera més o menys imperfecta i boirosa, però que condicionen en una mesura o altra la meva acció. Vivim ja sempre temporalment tensats entre el nostre passat i el nostre avenir.

1 Prova de dir en poques paraules quin pot ser el sentit de l'escena que veiem en la fotografia.
   a Quin és el sentit del fet que acabis d'explicar el que acabes d'explicar?
   b O quin és el sentit de l'explicació que un company teu acaba de fer?
   c Quina relació té amb el passat i amb el futur?

   Observa que, segons la perspectiva que prenguis, el sentit pel qual t'hem preguntat pot fer referència a un futur immediat, a un futur més llunyà o al futur en general. Explica en poques paraules què volem dir.

2 Traça la teva vida, a dia d'avui, algun tipus de projecte? En cas de resposta negativa, descriu per què creus que no i relaciona aquesta resposta a la pregunta sobre per què fas les coses que fas. En cas de resposta afirmativa, intenta descriure el projecte breument.

3 És possible una existència amb un grau zero de projecte? És possible una existència en la qual tot el que succeeix estigui previst dins del nostre projecte? Justifica la teva resposta.

En el tercer relat del *Gènesi* bíblic (*Gn* 3,19), després que Adam i Eva hagin menjat del fruit prohibit, Jahvè diu a Adam: "Perquè tu ets pols i a la pols tornaràs." Som això, pols i res més? La consciència de la nostra pròpia humilitat, juntament amb el desig de ser com Déu (*Gn* 3,5.22), és a dir, d'assolir una plenitud que no és pas la nostra condició actual, constitueixen el sòl sobre el qual floreixen la metafísica –quan ens guia la raó– o les religions –quan la fe preval sobre la raó.

4 Explica si consideres que la teva vida tal com és ara mateix és perfecta, ja és la vida feliç que desitges tenir la resta de la teva vida.

Si la resposta és que no, prova de descriure en quines circumstàncies consideraries que la teva vida ja està ben feta del tot.

a És fàcil dir-ho de manera concreta?

b Sabem, en realitat, què seria una vida plenament realitzada?

5 Què diferencia l'experiència del *poder ser* viscuda des de la fe de l'experiència viscuda des de la metafísica? Creus que és més el contingut o la manera d'aproximar-s'hi?

ACTIVITATS

1 Escriu una redacció en què evoquis moments o experiències de la teva infantesa en què recordes que vas ser molt feliç.

2 Quan has fet l'exercici anterior, les diferents edats del teu passat se t'apareixen en una successió lineal o més aviat formen una mena de paisatge? Si és el segon cas, prova d'explicar, a partir de la consciència d'aquest fet, quina diferència hi ha entre el temps del rellotge i el temps viscut.

3 De quina manera es fa present el passat? I el futur?

2.3 Temps i projecte: el poder ser sencer

Una vida sense tensió entre l'origen i el destí —sense projecte— és una vida flàccida, una vida suspesa que tendeix a interpretar-se ella mateixa només com a tros.

I, tanmateix, la fita última a què la vida ens llança resulta enigmàtica, perquè, mentre vivim, som sempre "a l'entremig": no podem distingir el marc de la vida *com a totalitat*. De manera que l'experiència del pensament que s'enfronta a aquesta totalitat com a marc absolut de la vida apunta a la possibilitat d'un sentit total.

A aquest absolut que queda apuntat en la consciència de la tensió final de la vida, l'anomenen *el poder ser sencer (individual i col·lectiu) de l'ésser humà*. Ja que hi apunta l'estructura temporal de la vida, no podem deixar d'interrogar aquest absolut. La religió ho ha fet abans que la metafísica.

2.4 La religió i la metafísica davant l'absolut

Ja que ens vivim com a éssers inacabats i ens decidim contínuament a través de la mediació i el tracte amb les coses i els altres, la possibilitat humana de ser sencers respon idealment a la pregunta sobre el sentit de la llibertat.

El **poder ser sencer** és l'experiència fonamental, tant de l'experiència religiosa de Déu, a través de la fe, com de la seva experiència metafísica, que personifica en Déu la racionalitat universal i dona raó de la realitat en el seu conjunt:

- Des de l'**experiència de la fe**, hom experimenta el poder ser sencer a través de l'esperança en una completesa que és aliena a la vida efectiva (terrenal) dels éssers humans. La fe és una confiança en una transcendència absolutament invisible i restauradora a la fi dels temps: ofereix un consol davant l'experiència de la misèria humana i té un ancoratge esperançador en el fet empíric que ens vivim com si haguéssim estat creats per a ser complets. La doble vivència de la nostra indigència i de la nostra pròpia set de plenitud pot nodrir la fe com a confiança en la resolució final d'aquesta irresolució dolorosa.
- Des de l'**experiència metafísica de la raó**, constatem una tendència a l'absolut de la raó: si trobem el fenomen de la racionalitat justificadora aplicable a molts fenòmens de la vida humana, podem tendir a desplaçar aquesta racionalitat justificadora no ja a aquest o aquell fenomen, sinó a la totalitat dels fenòmens. Ho veiem en el moviment d'Aristòtil cap a la causa primera o en l'argument de l'existència de Déu de Descartes a partir de la presència en nosaltres de la idea de perfecció. Aquests arguments han estat criticats pels empiristes, tal com hem vist en la unitat 10.

Si la plenitud és inaccessible, podem, tanmateix, participar-ne en virtut del treball.

3.1 El treball

Treballar és, per definició, utilitzar-se físicament o mentalment amb un esforç sostingut en l'execució d'alguna cosa.

El treball és, en conseqüència, produir més del que hi havia al principi. Ara, com que la matèria fa una certa resistència —tant si és el vímet que treballa el cisteller, com si és el problema que treballa el matemàtic—, no hi ha treball sense esforç. El **treball** és, doncs, en un primer sentit, tot esforç que porta a la presència alguna cosa que es resisteix a venir.

El treball sorgeix de la necessitat i, per tant, no podem pas viure sense treballar. Ara bé, tampoc no podem pas treballar tots sols. Fins i tot l'activitat productiva de l'escriptor, que treballa sol al seu despatx, no seria possible sense la taula damunt la quan escriu. Però la presència de la taula no hauria estat possible sense el treball de molts: llenyataires, transportistes, fusters, venedors, etc. Perquè cadascú pugui fer la seva feina, cal el treball de tots els altres: el treball constitueix, així doncs, el que podríem anomenar la **fisiologia del cos social**.

A més, com a realitat social, el treball és solidari del seu medi social i, per tant, ha de tenir sempre una funció social. La funció del treball és produir mercaderies, objectes amb un valor d'ús i un valor de canvi que els fa susceptibles de ser consumits en el mercat.

3.2 Patologies del treball

Ja que ocupa la major part del nostre temps, en el treball ens hi juguem el sentit de la nostra vida. Un metge rep el reconeixement de tota la societat perquè el seu treball incrementa la vida dels altres. En el lloc de treball, el metge pot sentir créixer la seva vida gràcies a la valoració que el seu treball rep per part dels altres.

Atesa aquesta estructura de reconeixement, el treball assalariat pot generar dues patologies:

- La primera és l'anivellament de les tasques, que manlleva el valor propi de cadascuna: qui paga, veu en cada hora de treball només una hora de salari i prescindeix de la qualitat de la feina feta.
- La segona és l'arbitrarietat de la remuneració, que dona contrastos que no tenen res a veure amb la dignitat: un futbolista pot arribar a cobrar quantitats desorbitades al costat del sou (en comparació) modest d'un cirurgià.

Al costat de les patologies, la forma social que pren avui el treball genera també un malentès. S'identifica treballar a tenir una feina, quan, en realitat, molts que treballen no tenen feina (com molts membres d'una família en una explotació agrícola familiar) i, al seu torn, molts que tenen feina no treballen (com aquells que cobren comissions sense més motiu que ser qui són).

En les fotografies, un escombriaire i l'actriu Scarlett Johansson. La primera feina sembla monòtona, en comparació de la de l'actriu, que sembla creativa. Són en realitat així, les coses? Sobre aquesta qüestió, val la pena recordar les paraules del clergue **Martin Luther King** (1929-1968), activista en favor dels drets dels negres, que en el seu discurs "Manteniu-vos desperts durant la Gran Revolució" deia: "Si un home està cridat a ser escombriaire, hauria d'escombrar els carrers com Miquel Àngel pintava, o com Beethoven componia o com Shakespeare escrivia poesia. Hauria d'escombrar els carrers tan bé, que tots els habitants del cel i de la terra s'aturessin per dir: 'Aquí va viure un gran escombriaire que va fer bé la seva feina.'"

Creus que Martin Luther King té raó? O creus més aviat que hi ha feines que són alienants per més que hi posis tot el teu compromís? Una repartidora d'Amazon o de Glovo, posem per cas, pot sentir que els àngels hi canten per com fa la feina o se sentirà irremeiablement alienada?

Situacions: educació, socialització, símbols, ètica i política, indiferència, deshumanització, fenòmens socials.

1 Com ens expressem els éssers humans a través de la nostra feina? Intenta posar un exemple d'algú que s'expressa a través de la seva feina i descriu breument què expressa a través d'aquesta (evita posar exemples de l'art).

2 Posa un exemple d'algú que fa molta feina, però no treballa, i un exemple d'algú que treballa, però fa poca feina.

- Alguna de les dues situacions et sembla injusta o inadequada? Quina? Justifica la teva resposta.

El fuster treballa amb concentració per deixar ben acabada i bonica la seva obra. És com si una part d'ell s'incorporés a la taula que està fent. Quan la taula sigui acabada i uns altres homes i dones en facin ús, la vida del fuster haurà enriquit, de fet, la vida dels altres, i el sentit de la seva feina diària es veurà acomplert. El treball es compleix, així, en societat: la plenitud que no podem tenir com a mers individus, l'arribem a experimentar com a membres lliures d'una societat, a través del treball. Per això l'atur no és solament un problema econòmic, sinó vital.

3 Si respons aquesta pregunta per escrit en un full, el treball que estaràs fent serà productiu o formatiu? Justifica la teva resposta.

4 Si es tracta de pujar l'Everest, quin pas és més important, el primer o l'últim? Formen tots dos part de *la mateixa* plenitud d'haver pujat l'Everest?

5 Trobes encertat tenir com a aspiració viure sense treballar? En quin sentit la idea pot ser atractiva? En quin sentit és avorrible?

L'ALIENACIÓ DEL TREBALL

Ja que el treball és expressió de la vida lliure, ara podem veure fins a quin punt és greu la seva alienació, tal com s'ha descrit en la unitat 1. Un text de Marx en el dossier ens permetrà aprofundir en aquest aspecte.

3.3 Treball productiu i treball formatiu

Ja que consisteix a produir un objecte o procurar un servei, el treball suposa una formació prèvia a través de l'estudi i la pràctica.

El **treball productiu** transforma la vida laboriosa del treballador en un objecte exterior. El **treball formatiu**, en canvi, fa del treballador el seu propi objecte: en esdevenir capaç de fer el que no podia fer, adquireix noves aptituds i noves propietats. En el treball formatiu, soc jo qui em treballo i esdevinc la meva pròpia obra.

Ara bé, tot treball productor és també formatiu: per a adaptar-se a la tasca, el productor es troba modificat per allò que produeix.

Les mans del pintor o les del cirurgià, per exemple, adquireixen unes habilitats que no tenien abans. Tot treball ens transforma.

3.4 El treball com a expressió de la vida lliure

Tot treball és, així doncs, una apropiació de la vida per part de la voluntat. En efecte, allò que en la vida d'una llavor és espontani —la tendència a produir una planta— en el treball demana la determinació conscient d'un objectiu: el treball compleix una finalitat externa allà on la vida en compleix una d'interna.

En el treball, doncs, cal fixar un objectiu i aportar el mitjans i les operacions necessaris per a obtenir-lo. I això és cosa de la voluntat, o sigui, de la llibertat.

Així doncs, en virtut del treball poso la meva vida al servei de la meva voluntat: a aquesta vida que jo he rebut i em determina, el meu treball la determina en donar-hi un objectiu; la vida que he rebut *per l'atzar*, en virtut del treball la faig meva *per la llibertat*.

Quan treballo, el temps dedicat s'incorpora a la cosa produïda. I, d'aquesta manera, ja que el temps viscut sedimenta i es conserva en el producte, en virtut del treball el subjecte es reuneix amb si mateix: la seva voluntat s'objectiva en allò que produeix, el hiatus entre subjecte (esperit) i objecte (natura) s'aboleix i el treball humanitza la natura i la transforma creativament en món humà.

Així, com que els objectes que produïm absorbeixen la vida que hem dedicat a produir-los, quan els altres en fan ús o els consumeixen, la nostra pròpia vida s'incorpora a la vida dels altres.

La vida de tots és feta de la vida de cadascun: el treball prolonga i acompleix el sentit de la vida.

El resultat és notable. Ja que el context global de la vida ens resulta irreductiblement enigmàtic, treballar és la manera humanament possible de prendre part, ja en el present, d'una vida plena.

Si la vida és un joc, es tracta en tot cas d'un joc seriós i d'un joc d'equip. És la suma entre allò que fem i donem, el que omple de sentit la vida.

3.5 El rendiment de la vida lliure: tècnica i tecnologia

Cada nou ésser humà neix en un món que és ja sempre producte del treball de totes les generacions que el precedeixen. Allò natural és transfigurat per la **tècnica**: l'art o l'habilitat (en grec, TEKHNÉ) de transformar la naturalesa a benefici de l'ésser humà, en virtut del coneixement i el domini d'una sèrie de regles pràctiques que permeten operar amb les coses.

Per exemple: ja que tenim un cos mal protegit contra els rigors del clima, la tècnica del teixit ens permet fer-nos una segona pell a partir de productes naturals com la llana.

Les tècniques s'adquireixen a través d'una pràctica reiterada que requereix determinades destreses i es transmeten de generació en generació, a la manera com veiem en l'estructura dels gremis medievals. Però la ciència moderna, amb la seva capacitat d'explicar la naturalesa, ha donat lloc a una tècnica d'un poder enorme. Aquesta tècnica derivada de la ciència és la **tecnologia**.

L'impacte de la tecnologia en el món actual és tan gran, que ens hi trobem immersos i en depenem a totes hores. Els trens, els cotxes i els avions van fer que el món es fes més petit. Però les noves tecnologies han transformat la vida social en tots els seus ordres. La competència digital esdevé imprescindible, no ja per a exercir un ofici determinat, sinó, simplement, per a ser un ciutadà normal d'una societat avançada. Els beneficis són immensos, i els experts anuncien meravelles sempre noves i revolucionàries.

La pregunta per la tècnica

I, tanmateix, no falten veus que adverteixen del perill que les velles i noves tecnologies no siguin com aquells poders irresistibles que un aprenent de bruixot va despertar i després ja no va saber aturar.

L'amenaça nuclear, l'escalfament del planeta, les possibilitats que el poder té de controlar els seus súbdits fins en els detalls més íntims de la seva vida privada, l'empobriment de la llengua, la dependència patològica dels aparells electrònics, entre altres perills, provoquen que la tecnologia sigui vista també com alguna cosa davant la qual val la pena que ens posem en guàrdia.

Més enllà dels perills materials —com la pol·lució o la guerra química—, convertir la tecnologia en ídol afecta igualment el sentit de vida de les persones: ja que el valor suprem de la tècnica és la utilitat, el domini de la mentalitat tecnològica porta inevitablement a un menyspreu de tot el que és inútil. Però, aleshores, què haurem de fer de Mozart, de Shakespeare o de Velázquez? No és l'art alguna cosa sense cap valor d'utilitat? Quines conseqüències tindrà en les nostres vides —en els plans d'estudi, en la recerca de sentit, en la vida cultural— el triomf de la mentalitat tecnocràtica?

Els habitants de les societats avançades tendim a veure el món a través de les tecnologies. La manera com treballem en xarxa, comprem, viatgem, estudiem o ens relacionem amb els altres troba tot sovint l'aparell electrònic com a medi interposat. No deixa de ser, aleshores, una paradoxa que es parli de la immediatesa amb què suposadament els aparells electrònics ens permeten contactar amb la realitat. Lluny de proporcionar immediatesa, el que porten és un munt de mediacions. Repassa, pel que fa a això, el que hem explicat sobre les capes de sentit en una de les primeres unitats del curs. Quantes capes hi ha en la simple contemplació del paisatge de la fotografia!

6 Què passaria si, de cop, tots els aparells electrònics deixessin de funcionar? Com afectaria la teva vida? I l'economia del teu país?

7 Creus que no t'haurien de fer estudiar el que no serveix per a res? Justifica la teva resposta.

8 T'ha servit per a alguna cosa respondre la pregunta anterior? Justifica la teva resposta.

ACTIVITATS

1 Repassa el que en la unitat 1 vam explicar del treball alienat i respon:
- Quines condicions s'han de complir perquè el treball sigui expressió de la llibertat humana?

2 Explica per què treballar pot ser equivalent a participar ja ara de la plenitud de la vida. Per a fer-ho, explica què vol dir que el context global de la vida humana és enigmàtic.

3 Busca informació sobre el mite de Prometeu.
- Quina concepció de l'ésser humà i de la tècnica hi trobem?

L'art contemporani porta al límit l'obra d'art en un sentit molt determinat. Tot sovint, en comptes de crear tot un món, fa ús d'objectes quotidians del nostre món, i això pot generar una certa confusió sobre el seu caràcter artístic. És el que va passar el 7 de març de 2022 al Museu Picasso de París. L'artista Oriol Vilanova hi exposava l'obra *Old masters*. Es tractava d'una instal·lació de la qual formava part una jaqueta de treball blava penjada a la paret. El museu la va trobar a faltar i va denunciar el robatori a la policia. Revisant les càmeres de seguretat, van poder localitzar el lladre: era un dona jubilada de 72 anys que, pensant que era una simple jaqueta vella, se l'havia enduta i l'havia portada a la cosidora perquè li fes la vora...

Aquesta anècdota, de què ens parla exactament? De la ignorància de la dona o del caràcter ambigu de l'art contemporani? Penses que la jaqueta de la fotografia és la de l'exposició? Si l'haguessis vista exposada en un museu o n'haguessis llegit el comentari fet per un crític d'art, segurament diries que és una obra d'art. Però de veritat t'ho sembla? Què fa que ho sigui? I com és que, per formar les nostres opinions —sobre art, política, sèries de televisió o el que sigui— som tan crèduls davant dels pretesos experts o dels influencers?

Situacions: socialització, estereotips, coneixement, postveritat, exhibició, drets digitals, vida virtual.

1 Un objecte de decoració, és art o artesania? I el disseny? Justifica la resposta.

2 Què creus que volem dir quan diem que l'art no és útil? Estàs d'acord amb aquesta afirmació? Creus que pot haver-hi coses molt importants, però que no són útils? Justifica la teva resposta.

4.1 Art i artesania

La paraula *art* (en grec TEKHNE) designa en principi una habilitat, un ofici, el domini d'una matèria particular en virtut de les tècniques apropiades. Un artista era, abans que res, un artesà.

Ara bé, hi ha tres aspectes que podem assenyalar i que diferencien l'art de l'artesania:

- Com testimonien els gremis medievals, allò propi de l'artesà és arribar a fer les coses igual de bé que el seu mestre: un artesà fa tan bé com pot un objecte tal com s'ha fet fins aleshores. En canvi, allò propi de l'artista és precisament fer descobrir, en virtut de la seva obra, el que encara no havia estat vist —o sentit o escoltat— mai.

  El talent de l'artesà consisteix a perpetuar el talent de la tradició. Ara bé, amb el mateix talent tècnic que l'artesà, el geni de l'artista consisteix en la seva **originalitat**: fer-nos experimentar en virtut de la seva obra un tipus d'emoció que mai no havíem experimentat.

- Els artesans produeixen objectes útils. Per contrast, les obres d'art *no serveixen per a res*.

  Seria un error entendre les obres d'art com a objectes decoratius que serveixen la necessitat social de distingir els seus propietaris pel seu bon gust. Certament, una obra d'art pot fer aquesta funció, com pot fer també la funció d'estalviar impostos quan els rics hi inverteixen, però aquestes funcions no les té com a obra d'art que és.

  L'experiència que fem de l'art desmenteix la lectura que en faria un útil social: l'art per si sol, fins i tot quan no és de la nostra propietat, ens plau sense satisfer cap necessitat, i ens satisfà més com més ens remou.

- Les propietats que fan de l'objecte d'artesania un objecte útil són inseparables de l'objecte mateix. La qualitat estètica, en canvi, és només intermitent. Per a mostrar-ho, només cal recordar l'experiment social que es va fer al metro de Nova York el 12 de gener de 2015: el violinista Joshua Bell, virtuós del violí, es va posar a tocar al metro de Nova York i la gent que passava pel seu costat no va parar més atenció en ell que en qualsevol altre músic de carrer. La percepció estètica *depèn*, així, tant *de l'experiència del subjecte* com de les característiques de l'objecte.

  Altres casos ho il·lustren també bé: quadres que en el passat havien estat admirats ara ja només són relíquies històriques, i màscares de combat japoneses que abans es percebien merament com a útils ara poden ser admirades com a obres d'art. En aquest segon cas, ha calgut que l'objecte perdés l'ús que tenia en el món: abans es percebia com un objecte més del món; ara l'espectador, a partir d'allò que hi percep, imagina tot un altre món que aquest en el qual transcorre habitualment la nostra vida.

4.2 Què fa que un objecte sigui una obra d'art?

No hi ha, doncs, criteris objectius de l'art. Però sí que podem assenyalar almenys cinc condicions subjectives que ha de complir tot objecte per a poder ser una obra d'art:

- **Una obra de la llibertat.** La primera és que es tracti d'una obra, i no pas d'un simple objecte que per atzar ha adquirit de forma natural una forma suggestiva. Ens hem de trobar, com diu Kant, davant d'una **obra de la llibertat** i no davant d'un simple producte de la natura:
  - a Un objecte que no podria haver existit sense una **intenció expressiva explícita**.
  - b La perfecció tècnica del qual ha demanat **virtuositat**, és a dir, una atenció curosa, una tria conscient dels mitjans utilitzats i un domini expert del procés de producció.
- **L'originalitat.** El que admirem de l'obra no és, tanmateix, el talent del creador, sinó una altra cosa: cal que sigui molt diferent de tots els diversos objectes que percebem habitualment. És l'**originalitat** el que fa l'art.
- **L'estranyesa.** Però no hi ha originalitat sense distanciament o separació. La bellesa de l'art és, en paraules de Baudelaire, sempre una cosa estranya.

  En poesia, per exemple, una imatge és més forta com més gosa prendre distància i obrir un abisme sense deixar de ser justa. Perquè hi hagi experiència estètica, cal, doncs, que l'obra mantingui una **distància infranquejable** respecte del món on vivim.

  > Així, per exemple, no podem esprémer les llimones pintades ni les podem observar des d'un altre punt de vista, com sí podem fer amb les que són a la fruitera.

  Sigui el que sigui allò que l'obra expressa o representa, la seva presència ens n'exclou pel mateix moviment amb què ens la promet.
- **Tot un món.** D'aquí, l'ambigüitat de l'obra. Com qualsevol altre objecte, l'obra d'art és present i la percebem. Però, igual que una imatge, ens fa pressentir una realitat que aquesta evoca i ens fa imaginar. Tot el que percebem d'una obra d'art és com un text els detalls del qual són expressius, però de tal manera que allò que expressa tan sols pot ser imaginat: el que l'obra designa, allò a què ens mou, només ho podem experimentar com a inaccessible.

  > Per això, tot sovint s'ha comparat el quadre amb una finestra: com qualsevol altre objecte, forma part d'aquest món, però l'art que hi ha en el quadre em fa descobrir un món a través d'aquest objecte. Aquest món separat i llunyà, sostret a tota intrusió i a tota acció possible, és immutable i inaccessible.

  Aquesta és, en suma, la quarta condició: allò propi de l'art és *fer-nos imaginar un món en un objecte*, mentre que tots els altres objectes (incloent-hi els decoratius) els percebem en el món.

La lectora (1771), de Jean-Honoré Fragonard

Comprenem que el món al qual ens dona accés cada obra d'art és un món separat i llunyà, immutable i inaccessible perquè ens adonem que aquesta noia mai no envellirà i que mai no passarà de la pàgina del llibre que ara mateix (i per sempre!) té oberta. L'obra com a objecte material és un objecte del nostre món, sotmès a totes les contingències d'aquest món, però els mons als quals l'art ens dona entrada s'ofereixen immutables per sempre més a la nostra mirada. L'art és també, per això mateix, una invitació al distanciament i a la llibertat propis de la vida contemplativa.

3 Quan contemples un paisatge al natural, ja sigui a la platja o a la muntanya, què ha de passar perquè en percebis la bellesa? En quines condicions creus que la naturalesa pot aparèixer com si fos una obra d'art?

4 El contingut d'una obra d'art pot ser transmès d'una forma completa a través de paraules? Justifica la teva resposta.

Nena de blau (1918), de Modigliani

Infanta Margarida (1660), de Velázquez

Quan estils diferents representen una mateixa cosa, com ara una nena, malgrat la coincidència en el tema, no simbolitzen pas el mateix sentit, ni tampoc la mateixa manera d'estar en el món. Aquestes dues representacions d'una nena constitueixen com dues finestres obertes a dos mons completament diferents. Per a acabar de convèncer-te, prova d'imaginar com hauria representat Modigliani el gerro amb les flors de sobre la taula i entendràs que, més enllà del tema —nenes, flors, arbres o avions—, és l'estil el que construeix el món —amb tots els seus objectes— que l'artista crea.

5 Per a definir els estils, tot sovint hem de fer servir el vocabulari dels temperaments i les emocions. Per a veure-ho, prova de descriure què t'evoca la nena de dalt, de Modigliani.

6 Digues un estil d'un artista (en la disciplina que prefereixis) que t'agradi molt. Intenta descriure amb les teves paraules què és el que creus que l'estil d'aquest artista aconsegueix plasmar i descriu-lo breument.

- **L'estil.** De l'obra, ens mou menys el tema, allò que evoca o expressa, que no pas els mitjans amb què ho fa, és a dir, el seu **estil**. Una obra no solament ha d'expressar coses, sinó que el més expressiu en aquesta és precisament la seva **expressivitat**, la manera peculiar com l'artista pren una posició davant l'existència. En efecte, l'estil es veu primer de tot en la manera que té cadascú de relacionar-se amb les coses i amb les altres persones, és a dir, en el seu tracte amb el món. I és per això que totes les característiques d'un estil semblen indicar un cert tipus d'humanitat i una certa relació amb el pas del temps.

Així, per exemple, les persones sòbries i lacòniques semblen mirar-s'ho tot des de la perspectiva de l'eternitat; les impulsives i energètiques semblen dominades per la força de cada instant.

Per quins trets un estil es distingeix dels altres? Aquí, noble i elevat; allà, relaxat i negligit; aquest, incisiu i net; aquell, tortuós i tou; de vegades definible per la seva simplicitat, la seva puresa, el seu despullament, i de vegades, per la seva sobreabundància, per la seva volubilitat, pel seu moviment; aquí, sobri i contingut; allà, impetuós i vehement.

És remarcable, així, que *l'estil estigui caracteritzat gairebé sempre per qualitats morals*. Perquè l'estil simbolitza precisament això: una actitud, un temperament, una manera de fer i d'estar davant la vida, un cert tipus de relació amb el món.

L'estil no s'ha de confondre pas amb un conjunt de recursos tècnics, que qualsevol artista podria tenir a mà: el que qualsevol pot fer seu no és estil. S'entendrà bé amb un exemple ben banal.

L'estil que té una persona en caminar, la manera peculiar com arrossega les cames o mou els braços, és allò que ens la fa reconèixer a la distància encara que no en distingim bé el rostre.

L'estil és, en cada cas, una manera peculiar i idiosincràtica, personal i intransferible, d'expressar-se, de manifestar la pròpia humanitat. En el caminar, com en l'art, la descripció remet, en efecte, a qualitats morals: un caminar enèrgic i altiu, o reposat i calmós, o tímid i retret, etc.

Entre l'expressivitat i allò que s'expressa, la diferència és tan fonamental que coses absolutament diferents poden ser expressades de la mateixa manera, amb un estil idèntic.

Així, per exemple, és el mateix rebrot de la matèria, la mateixa contorsió de les formes, la mateixa destresa i la mateixa fatalitat, el que simbolitza l'estil de Soutine, encara que els temes siguin tan dissemblants com un bou escorxat i un grum engiponat dins el seu uniforme vermell.

Quan els veiem, sabem que tots dos quadres ens fan mirar un mateix món.

Bou escorxat (1924), de Soutine

Grum (1925), de Soutine

4.3 L'art com a exploració de la nostra llibertat

Percebudes en l'espai i el temps, totes les coses apareixen amb relació a la diversitat de llocs des dels quals les podem observar i a la diversitat de moments en què poden aparèixer davant nostre. Però allò propi dels mons que l'art ens fa imaginar és que estan immutablement guardats en la plenitud de la seva singularitat.

Ja que no hi ha cap altra aparença possible, l'art no és una aparença de la realitat, sinó la seva aparició. Les *Meninas* de Velázquez no envelliran mai, i les flors de Manet mai no es pansiran.

El món que una obra d'art expressa és, doncs, tan absolut, que la seva essència és sostreta dels perills de l'existència. Un quadre es pot degradar, però l'art que hi ha en aquest no, perquè el que l'obra expressa no es pot reduir a la seva materialitat.

El cas de la música és especialment eloqüent. Una peça no existeix fins que no és interpretada. Però no n'hi ha prou que sigui interpretada perquè sentim que existeix. De vegades, ni tan sols la reconeixem si la interpretació que escoltem és dolenta.

Tot passa com si hi hagués **un món de l'obra** que l'obra té per funció revelar en expressar-lo, i com si aquest món consistís en una manera específica de sentir, en un ritme vital, en una certa vivència de la temporalitat, que l'obra té per missió transmetre'ns i fer-nos experimentar.

Per tant, en l'**experiència estètica** no és la sola percepció de l'obra el que ens mou, sinó la imaginació del món que evoca. Només quan ens afectem nosaltres mateixos d'aquesta imaginació, encenem la passió fingida que caracteritza l'experiència estètica. Però aquesta imaginació no representa cap objecte en concret.

Com fa evident la música, de la qual experimentem amb intensitat el sentit encara que no signifiqui res, es tracta d'**una imaginació sense imatge**, que consisteix a imitar interiorment els sentiments que l'obra sembla expressar.

Es tracta, per tant, d'un joc que demana la participació activa de l'espectador: juguem a suspendre la realitat del món en què vivim i a experimentar com a reals sentiments i situacions que els signes es limiten a evocar.

Però no podem jugar sense posar-nos en joc, ni ens podem posar en joc sense simular que no es tracta d'un joc.

De manera que l'art resulta ser la invitació a viure intensament, a través de la imaginació, una infinitat d'altres vides i d'altres mons possibles, la invitació a visitar i imitar totes aquestes existències de les quals hem estat privats per la simple tria de la nostra pròpia existència.

En invitar-nos a ampliar la nostra experiència i la nostra vida, *l'art és una exploració* —en imatges visuals o auditives— *de la nostra llibertat.*

Per a entrar en el món de Chaplin, no n'hi ha prou de veure de forma passiva les seves pel·lícules. Cal, també, que experimentem la seva gana com si fos la nostra i que assaborim en la nostra boca el gust del cuir brut de la sabata vella que es menja. Naturalment, això ho fem només en la imaginació. Però el que volem dir és precisament això: que la participació de la imaginació resulta del tot imprescindible per a entrar en el món que la pantalla ens ofereix com si fos una finestra. En la contemplació del cinema, com del teatre, com en l'audició de la música, accedim a l'obra només si ens posem nosaltres mateixos en joc. L'art és sempre una invitació a viure experiències que no hem viscut i visitar mons que no hem visitat: és sempre una invitació a fer més ampla la pròpia vida.

7 On podem dir que existeixen les obres d'art? Als museus? A les consciències de les persones que les reprodueixen? O en tots dos llocs alhora? És el segon lloc, estrictament parlant, un "lloc"?

8 És possible un art sense llibertat? Per què? Justifica la teva resposta.

ACTIVITATS

1 Busca tres quadres de temàtiques diferents del pintor Egon Schiele i tres quadres de temàtiques diferents del pintor Ramon Casas. Explica com són els mons creats per un pintor i per l'altre i compara'ls. Fes servir en la descripció els objectes o temes que surten en els quadres triats. Per a aprofundir en el tema, pots buscar informació de la vida i l'obra de tots dos pintors.

Contempla aquests nens que es llancen al riu. Segurament, mentre ho fan, no se saben observats ni pretenen comunicar res a ningú. I, tanmateix, despreocupats de tot, *expressen* sense ni proposar-s'ho l'amistat i l'alegria de viure. No et passa que la seva alegria se t'encomana, que gairebé sents el desig de sortir del teu aïllament i córrer al seu costat per a saltar a l'aigua amb ells? Aquest és, en efecte, un dels trets més característics de la vida: la vida, en la seva expressivitat sense paraules, es desborda i es comunica.

1 Quan algú ens adula o ens menteix, si ens n'adonem, com és que ens n'adonem? Aprofita la resposta per a intentar descriure diferents aspectes del llenguatge corporal que ens fa expressar coses sense ni adonar-nos-en.

2 És l'amor un pur procés fisiològic? Esgota, la fisiologia, tot el conjunt d'experiències que es poden arribar a sentir a través de l'amor? Justifica la teva resposta.

5.1 L'expressivitat més enllà de la paraula

Les respostes al *poder ser sencer*, el *treball* com a difusió de la vida i l'*art* com a exploració de totes les possibilitats són expressió de la condició *oberta* o *lliure* de l'home, amb la seva dualitat com a focus de possibilitats emocionant i com a punt d'indeterminació angoixant.

El fet mateix de viure en l'obertura és per si mateix *expressiu*. La vida humana, que és sempre un poder començar, *s'expressa des de si mateixa* més enllà —o més ençà— del que *diu de si mateixa*. La vida és expressió més enllà dels discursos amb què ella mateixa prova d'entendre's.

La noció d'*estil*, que acabem de considerar, il·lustra bé aquest fenomen que consisteix en el fet que una singularitat es manifesta: ja que les paraules expressen nocions universals i no pas singularitats, l'estil pertany a l'àmbit del que es mostra inequívocament i, tanmateix, s'escapa de tota formulació discursiva.

Si bé podem expressar-nos amb paraules, "expressar" i "parlar" no són pas la mateixa cosa, perquè l'expressió se situa també en el camp de l'inefable, més enllà de les paraules. Tot discurs és expressiu, però no tota expressió es deixa encabir dins d'un discurs. D'aquí les dificultats que tenim per a definir la bellesa, que és expressivitat pura. I d'aquí que l'experiència estètica constitueixi una ampliació de l'experiència humana que eixampla l'horitzó de la nostra pròpia humanitat.

Els homes i les dones, que tenim paraules per a dir les coses del món, sentim que ens falten paraules quan ens volem dir a nosaltres mateixos. Allà on el discurs analític, que és l'adequat per a dir les coses, ja no arriba, ens assisteix el llenguatge poètic i artístic.

Doncs bé: una de les experiències en què la nostra vida es posa en joc, i en la qual la nostra singularitat s'expressa de forma plena, és l'experiència de l'amor. Considerem-la.

5.2 Necessitat i desig

El meu cos té unes necessitats determinades (com menjar) que generen el desig de satisfer-les (com la gana). També experimentem impulsos naturals, com el desig sexual, que ens mouen de maneres diverses. La gana i el desig sexual formen part del que els grecs anomenaven EROS, l'**amor**, i que entenien com una força que em domina i m'empeny fora de mi mateix a la recerca d'allò que no tinc i que em fa falta per a viure o sentir-me satisfet.

En un sentit ampli de la paraula, potser sí que això forma part de l'amor entès com a apetit i desig. Però, fins i tot en aquest cas, la gana i el desig sexual són només imatges pàl·lides del que cal anomenar pròpiament "amor".

5.3 L'amor com a experiència d'una vida plena

Com la necessitat i el desig, l'amor és una marca de la nostra incompletesa. Però mentre el desig és contradictori i indeterminat, l'amor es dirigeix a una altra persona, i mentre el desig cessa quan queda satisfet (si he menjat ja no tinc gana), l'amor no queda mai saciat, perquè estimar porta sempre a estimar més.

L'amor és, primer, el sentiment que existeixo per a un altre, i segon, la vocació invencible d'existir per a l'altre, de donar la vida per l'altre.

- En la primera forma —**quan som estimats**— experimentem una mena de força sobrenatural: jo, que no soc pas més estimable que qualsevol altre, soc estimat per sobre de tots sense cap raó, de manera gratuïta.
- La segona forma —**quan estimem**— consisteix a donar a la vida de l'altre un valor superior a la nostra, i sentir en l'acompliment de la seva un desbordament de la pròpia. Per això els pares exulten amb els èxits dels fills.

L'amor pot ser, així doncs, tant una vitalitat aliena que ens dona vida, com la força de la pròpia vitalitat que s'acompleix només si l'altre la rep i en gaudeix. En tots dos casos, l'amor ens allibera de la solitud: **ser estimat** és saber-me un ésser complet als ulls de l'altre, i **estimar** és l'exaltació —l'elevació fora de mi mateix— de la pròpia vida, la consumació de l'alegria de viure en l'altre.

Si els amics estan units per una tercera cosa (una afició compartida, una mateixa circumstància, un mateix sentit de vida), els qui s'estimen estan units l'un a l'altre pel mateix corrent de vitalitat. L'estimat esdevé estimable per l'amor de l'altre, i el qui estima viu en l'exaltació de la pròpia vida en donar-la. Aquestes dues coses es poden donar separadament. Però quan hi ha reciprocitat, l'amor és l'experiència en el temps d'una vida plena.

5.4 L'eros filosòfic

L'amor a una vida plena és el ressort secret de la filosofia. Si en sentim el desig, és perquè la nostra situació en el món es troba marcada pel dolor, la mort i la desesperació (unitat 1). La filosofia és, aleshores, una resposta al desassossec i l'angoixa; una resposta que està a l'abast de tothom, perquè la filosofia no és res més que la vida viscuda amb plena consciència de si mateixa.

Per això, si bé no hi ha ningú tan solitari com el filòsof (quan un pensa, pensa sol), al mateix temps, no hi ha activitat que expressi millor la humanitat comuna a tots els éssers humans.

D'aquesta manera, si l'art és l'expressivitat de la vida, la filosofia és l'expressió d'una vida conscient sota l'impuls de l'amor a una vida plena i plenament conscient de si mateixa. És per això que la filosofia és sempre una combinació d'art de viure i anàlisi reflexiva.

Forma part de la nostra humanitat comprendre que cal evitar el sofriment animal tant com es pugui. Però el motiu d'això és —com volen Peter Singer i els seus deixebles— que no hi ha cap diferència qualitativa entre els animals no humans i els animals humans? L'amor a la vida que s'expressa en la *mirada contemplativa*, en l'*expressivitat*, en la recerca de *reconeixement*, en la vocació de ser *centres de difusió*, en la *generositat*, en la *comprensió de l'enigma que ens constitueix*, en l'experiència de *poder ser sencers*, en el *treball*, en la *creació artística*, en *l'amor en la seva forma més noble* i, en suma, en *l'amor al saber* que ens realitza en la contemplació i en la comprensió més enllà de tota utilitat, tot això, és de debò que ho compartim amb els animals no humans? O no deu ser que la filosofia és la forma de vida més pròpiament —i més exclusivament— humana?

Situacions: símbols, llenguatge, coneixement, especisme, drets dels animals.

3 Per què creus que els humans preguntem sobre el sentit de totes les coses, incloent-hi la pròpia vida?

ACTIVITATS

1. Busca fotografies que, sense contenir cap discurs, expressin dimensions diferents de la vida.
2. Fes una fotografia amb la intenció d'expressar, només amb la imatge, algun concepte, alguna emoció o algun contingut filosòfic.

La vida també és un joc i un espectacle. Quin paper té la filosofia en el joc de viure?

PARAULES CLAU

absolut, art, atzar, bellesa, circumstància, context, creativitat, desig, dinamisme, eros (amor), estil, estrany, experiència, expressivitat, joc, llibertat, mediació, món, necessitat, perfecció, *póiesis* (producció), projecte, sentit, tècnica, tecnologia, temps, totalitat, treball, vida

Chesterton (1874-1936) diu en algun lloc que, si bé les granotes només saben fer una cosa, que és saltar, resulta que saltar és la cosa que els agrada més del món. Els homes i les dones no som pas granotes i, per bé que també podem saltar, potser no és pas la cosa que en general —amb la possible excepció d'alguns atletes— ens agradi més del món. I, tanmateix, la broma de Chesterton sí que ens diu alguna cosa de la condició dels homes i de les dones.

Com a animals dotats, no pas d'anques de granota, però sí de paraula, una de les coses que podem fer com ningú és fer ús de la paraula per a provar de comprendre la realitat i la vida humana i també per a celebrar en l'amistat i el diàleg la realitat i la vida humana. No sabem si és el que agrada més a tothom, però és, sens dubte, una de les activitats en què totes les potencialitats humanes es posen en joc.

Perquè les coses no són sempre el que semblen i perquè la vida és problemàtica, l'aventura humana té sempre una dimensió tràgica. En allò que emprenem, i fins i tot en allò que no emprenem, tot sovint ens hi juguem literalment la vida.

Però la vida també té una dimensió còmica o lúdica, i la contemplació inquisidora de la comèdia humana amplia i expressa la nostra pròpia humanitat. Per això mateix, la filosofia, que busca l'assistència de la ciència quan es tracta de veritats científiques, és, al mateix temps, una disciplina que conrea l'expressivitat pròpia de l'art quan es tracta d'explorar totes les possibilitats humanes.

Com a activitat pròpiament humana, la filosofia és síntesi de comèdia i de tragèdia, de rigor científic i expressivitat artística, d'inspecció seriosa dels problemes que urgeixen la humanitat i de celebració lúdica de la pròpia humanitat.

Comprendre és un moment de plenitud de la vida, i a aquesta activitat un pot arribar a dedicar el seu treball, la seva feina de cada dia. Per això en els jocs, mentre els uns s'exhibeixen i els altres s'afanyen a obtenir el triomf, si observeu bé la grada potser hi veureu aquell home o aquella dona que, curós de no perdre's cap detall, comenta la jugada animadament, amb un somriure als llavis, amb qui té a la vora.

EN 8 IMATGES

ASSOCIACIONS La lliure associació permet relacionar imatges segons criteris de proximitat (mestre i deixeble), però també per antagonisme (parell i imparell) o per molts altres criteris.

FES parelles diverses entre les fotografies de la columna de l'esquerra i les de la columna de la dreta que estiguin relacionades amb les temàtiques estudiades en la unitat.

Prova de fer tantes parelles amb sentit com et sigui possible.

EXPLICA, per a cada parella, què t'ha induït a fer-la.

EL JOC DE VIURE I EL JOC DEL PENSAMENT. El pensament forma part de la vida i, així com ens assisteix en els moments de desemparament, també ens acompanya en els de resolució. En el poema següent, Pessoa medita en uns termes paradoxals sobre els límits del pensament i la donació franca i resolta de les coses i de la vida.

1 Llegeix el text següent i, després, respon:

Hi ha prou metafísica a no pensar en res

Què penso jo del món?
Què sé jo del que penso del món?
Si emmalaltís hi pensaria.

Quina idea tinc de les coses?
Quina opinió tinc de les causes i els efectes?
Què he meditat sobre Déu i l'ànima?
I sobre la creació del món?

No ho sé. Per a mi, pensar en això és tancar els ulls
i no pensar. És córrer les cortines
de la meva finestra (però no té cortines).

El misteri de les coses? Què sé jo el que és el misteri?
L'únic misteri és que hi hagi algú que pensi en el misteri.
Qui està al sol i tanca els ulls,
comença a no saber què és el sol
i a pensar moltes coses plenes de calor.
Però si obre els ulls i veu el sol,
i ja no pot pensar en res,
és perquè la llum del sol val més que els pensaments
de tots els filòsofs i tots els poetes.
La llum del sol no sap el que fa
i per això no s'equivoca i és comuna i és bona.

ALBERTO CAEIRO, heterònim de FERNANDO PESSOA (1888-1935), *O guardador de rebanhos*, poema V, (fragment)

a Per què diu el poeta que pensaria en el món "si emmalaltís"? Quina relació té la idea expressada en aquest vers amb l'origen de la filosofia?

b Per què diu el poeta que "l'únic misteri és que hi hagi algú que pensi en el misteri"? Què et suggereix això de la condició humana, de la vida humana?

c On rau el misteri? En les coses o en qui les mira? Però hi ha coses fora de la mirada dels homes i de les dones?

d On creu el poeta que la persona "emmalaltida" —la persona que pensa— pot trobar pau i repòs? Quina actitud denota aquest pensament amb relació a la vida?

e Per què creus que l'autor escriu poemes en general, i aquest poema en particular, si segons ell "la llum del sol val més que els pensaments de tots els filòsofs i tots els poetes"?

f Estàs d'acord que la llum és bona perquè no sap el que fa?

EL TREBALL I LA TÈCNICA. En la història del pensament, la noció de treball ha rebut tractaments diferents. El text de Marx et donarà una perspectiva complementària a la que hem donat al llarg de la unitat. Associades al treball en la societat contemporània, hi ha la tècnica i la tecnologia. Al mateix temps que alguns científics i enginyers anuncien que la tecnologia ens proporcionarà la immortalitat, molts la consideren una amenaça. El text de Morozov et permetrà aprofundir en la qüestió de la tècnica.

2 Llegeix el text següent i, després, respon:

"L'ús de la força de treball és el mateix treball. El comprador de la força de treball la consumeix en fer treballar el seu venedor. Així, aquest darrer esdevé en acte allò que abans només era en potència: força de treball en acció, treballador. Per a representar el seu treball en mercaderies, l'ha de representar primerament en valor d'ús, en coses que serveixen per a satisfer necessitats de qualsevol mena. Per tant, allò que el capitalista fa fer a l'obrer és un valor d'ús particular, un article determinat. La producció de valors d'ús o béns no en modifica la natura general pel fet que es realitzi per al capitalista i sota el seu control. El procés de treball, doncs, s'ha de considerar d'entrada independentment de qualsevol forma social determinada. [...]

Ara bé, el procés de treball desenvolupant-se com a procés de consum de força de treball pel capitalista presenta ara dos fenòmens peculiars. L'obrer treballa sota el control del capitalista a qui pertany el treball. El capitalista té cura que el treball es realitzi com cal i que els mitjans de producció es facin servir adequadament, és a dir, que no es malgasti cap matèria primera i que no es malmetin les eines de treball, és a dir, que es faci malbé només quan ho exigeixi la seva utilització en el treball.

Però en segon lloc, el producte és propietat del capitalista i no del productor directe, l'obrer. El capitalista paga, per exemple, el valor diari de la força de treball. El seu ús, com el de qualsevol altra mercaderia, per exemple un cavall que lloga per un dia, li pertany durant aquell dia. L'ús de la mercaderia pertany al comprador, i el posseïdor de la força de treball, en donar-li el seu treball, dona de fet només el valor d'ús que li ha comprat. Des del moment que ha entrat al taller del capitalista, el valor d'ús de la seva força de treball, és a dir, el seu ús, el treball, ha pertangut al capitalista. Amb la compra de la força de treball el capitalista ha incorporat el treball mateix, com a ferment viu, als elements morts del producte, que també li pertanyen. Des del seu punt de vista, el procés de treball no és més que el consum de la mercaderia (força de treball) que ha comprat, la qual, tanmateix, només es pot consumir afegint-li mitjans de producció. El procés de treball és un procés entre coses que el capitalista ha comprat, entre coses que li pertanyen. El producte d'aquest procés li pertany, doncs, d'una manera tan absoluta com li pertany el producte del procés de fermentació del seu celler."

KARL MARX (1818-1883), *El capital I*, secció tercera, cap. V, 1

a La distinció que hem fet en l'apartat 3.2 entre el treball i la feina, es correspon amb el concepte de treball de Marx? Justifica la teva resposta.

b Així doncs, creus que el lloc de treball és el lloc de realització de la persona o és un lloc d'alienació de la persona? En quines condicions és una cosa i en quines és l'altra?

Al final del text, Marx compara el producte del treball realitzat per l'obrer amb el producte del treball realitzat pel ferment en la fermentació del vi. Refés tot l'argument que porta a aquesta conclusió i explica què diu el text, en definitiva, del treball assalariat.

3 **Llegeix el text següent i, després, respon les preguntes:**

"Quan ens hàgim adonat que durant els darrers cent anys gairebé totes les generacions han cregut que eren al límit de la revolució tecnològica —ja sigui l'era del telègraf, la de la ràdio, la del plàstic, la nuclear o la de la televisió—, potser sigui més difícil mantenir el mite que la nostra pròpia època és única i excepcional. Potser això fins i tot aconsegueixi que els solucionistes no puguin recórrer a la retòrica revolucionària per a justificar els seus plans radicals per al futur. Quan passem al món postinternet hi haurà poques probabilitats que els nostres experts en tecnologia (i potser alguns acadèmics) continuïn proclamant que tal cosa és una revolució per a anar-se'n tan tranquils després, sense presentar cap prova empírica sòlida."

EVGENY MOROZOV, "La bogeria del solucionisme tecnològic", 2012

a Creus que l'autor està contra les noves tecnologies? Justifica la teva resposta.

b Com cal enfrontar la mort: com un fet natural o com un problema? Justifica la teva resposta.

c Creus que si l'ésser humà assolís tecnològicament la immortalitat encara podria entendre les obres mestres de la literatura, com *Romeu i Julieta* o el *Quixot*? Justifica la teva resposta.

LA CREACIÓ ARTÍSTICA I LA BELLESA. L'experiència estètica no evoca tan sols les coses que percebem en l'obra d'art, sinó el món tot sencer que aquesta percepció evoca. Reflexiona-hi mitjançant les dues activitats següents.

4 **Llegeix el text següent i, després, respon:**

"De tots els misteris de l'univers, cap no és més profund que el de la creació [...]. Cada vegada que sorgeix alguna cosa que abans no havia existit —quan neix un nen, o quan de la nit al dia germina el brot menut d'una planta entre terrossos—, ens venç la sensació que ha tingut lloc alguna cosa sobrenatural [...]. I el nostre respecte arriba a la seva màxima expressió [...] quan allò que apareix de sobte no és una cosa moridora. Quan no es panseix com una flor, ni mor com un home, sinó que té la força per a sobreviure a la nostra pròpia època i a totes les èpoques [...].

De vegades ens és concedit d'assistir a aquest miracle, i ens és concedit en una sola esfera: la de l'art. [...] És, aquesta, una idea subjugant. Mireu aquest home o aquesta dona. Tenen el mateix aspecte que qualsevol altre, dormen en llits que són com els nostres, mengen asseguts a taula, vesteixen com nosaltres. Els trobem al carrer, potser vam anar a la seva mateixa escola i, fins i tot, pot ser que seguéssim al mateix pupitre; exteriorment, aquest home o aquesta dona no es distingeix en res de nosaltres.

Però, de sobte, realitza alguna cosa que ens és negada del tot a tots els altres. No viu només en el temps de la seva pròpia existència, perquè el que crea i realitza sobrepassa l'existència de tots nosaltres i la vida dels nostres fills i dels nostres néts. Ha vençut la mortalitat de l'ésser humà i ha forçat els límits en què, habitualment, la nostra vida queda tancada de manera inexorable. [...]

Crec que no hi ha ningú que no s'hagi preguntat un cop i un altre, conscientment o inconscientment, com neixen tals obres immortals, ja sigui perquè en un museu hagi estat davant d'un Rembrandt, un Goya, un Greco, o bé perquè un poema hagi commogut les fondàries de la seva ànima, o perquè hagi escoltat amb l'ànima oberta una simfonia de Mozart o de Beethoven. [...]

Queda aleshores per saber si som capaços d'imaginar-nos com han nascut les grans obres d'art que commouen la nostra ànima. Podem imaginar-nos el que ha passat en l'ànima d'un Shakespeare, d'un Cervantes, d'un Rembrandt mentre creaven les seves obres immortals? Puc donar una resposta contundent: 'No, és impossible. No ens ho podem imaginar.' La concepció d'un artista és un procés interior. [...] No ens trobem en condicions de participar de l'acte creador artístic; només podem provar de reconstruir-lo. [...]

Ara bé..., per al jutge, el cas ideal és aquell en què l'autor —lladre o assassí— es presenta espontàniament davant del tribunal i reconeix el seu crim amb tots els detalls. Per al nostre problema —saber com l'artista va crear la seva obra d'art immortal—, la solució ideal consistiria també que l'artista ens exposés l'arqueologia de la seva creació amb totes les seves etapes i estats. [...] Però, per desgràcia, ens trobem davant d'un fenomen estrany, i és que els creadors, poetes, pintors i músics, gairebé mai no revelen el secret de la seva creació. [...] Com és que no ens expliquen l'experiència més important de la seva vida? Per què no ens descriuen la seva manera de crear?

Això ha de tenir la seva bona raó, i la raó és que l'artista no té temps ni espai per a observar-se a si mateix mentre es troba en l'estat apassionat de la creació. L'artista no és capaç d'observar la seva pròpia mentalitat mentre treballa [...]. Si tornem, així doncs, a la nostra comparació criminològica, l'artista s'assembla més al culpable d'un crim passional, és a dir, aquella mena d'assassí que comet la seva acció en un impuls de cec apassionament i que després diu la pura veritat quan en el jutjat al·lega: 'En realitat no sé per què ho vaig fer, ni puc descriure com ho vaig fer. M'hi vaig trobar sobtadament. No tenia els meus cinc sentits. Havia perdut el cap.'

Com, diran vostès, amable públic, l'artista ha perdut el cap? No és senyor dels seus sentits, quan produeix les obres més boniques? Impossible. I potser m'explicaré millor si dic que hi veu, però no amb els seus propis sentits, i que pensa, però no és amo de la seva pròpia raó; perquè tota creació vertadera només té lloc mentre l'artista es troba fins a cert punt fora de si mateix, quan s'oblida de si mateix [...].

Ara bé: si l'artista està fora de si mateix mentre produeix, on és? La resposta és molt simple. És en la seva obra. Mentre crea, no es troba en el seu món, en el nostre món, sinó en el món de la seva obra, i per això mateix és incapaç d'observar-se a si mateix. Un poeta, per exemple, que un dia fosc d'hivern descriu en els seus versos, assistit pels seus records, un paisatge primaveral il·luminat pels suaus rajos de sol i amb arbres que ja verdegen, en aquest instant no es troba amb la seva ànima dins de les seves quatre parets, ni al costat de la taula del seu escriptori. Davant dels seus ulls no hi ha hivern, sinó que amb la seva mirada espiritual veu la clara primavera i en sent els vents càlids. En el moment en què Shakespeare va escriure les paraules que fa dir a Otel·lo, no es trobava espiritualment a Londres, sinó a la Venècia d'un segle abans, i no vivia les seves pròpies emocions, sinó les d'un home inventat, les d'Otel·lo, el moro, i la seva gelosia. És, per tant, perfectament natural que un poeta s'oblidi totalment de si mateix mentre amb tots els seus sentits i pensaments viu en un personatge imaginari. I aquest estat de la concentració absoluta no és un element secundari de la creació, sinó que en constitueix l'element ineludible, la vertadera medul·la del nostre secret. L'artista només pot crear un món imaginari si s'oblida del món real."

STEFAN ZWEIG (1881-1942), *El misteri de la creació artística*

a Resumeix, en només quatre línies, l'argument i la tesi principal del text. Per què compara Zweig la creació artística amb un crim passional?

b Per què diu el text que, per a copsar el misteri d'una simfonia de Mozart o de Beethoven, cal escoltar "amb l'ànima oberta"? On cal situar la manifestació artística: en l'obra, en la "mirada" o entremig? Justifica la teva resposta.

Compara el que el text diu de la creació artística amb les característiques de l'obra d'art tal com les hem explicades al llarg de la unitat. Anota les frases o els fragment en què bases la teva comparació.

5 Llegeix el text següent:

"El més enigmàtic de la bellesa és la seva pròpia evidència: és una cosa tan òbvia que tothom la reconeix, però és una cosa tan enigmàtica que ningú no sap dir què és. I, tanmateix, la bellesa governa les nostres existències, no en el sentit que tot el que fem és bonic, sinó en el sentit que la idea que en tenim ha decidit la tria que hem fet de prendre tal actitud general i no pas tal altra, i, per tant, la major part de les tries que caracteritzen la nostra personalitat. És per això que, abans de constituir un ideal estètic, la bellesa caracteritza un model o un ideal moral. [...]

Com que en la natura no podem trobar, en una pila de fragments, més que els senyals o les empremtes d'una vida plena, només l'art, es diu, és capaç de reunir aquests fragments i donar una aparença natural a una harmonia que de fet no pot pas existir en la naturalesa. És per això que tants teòrics de l'art, com Dürer i Diderot, han cregut reconèixer en la bellesa el que hauria estat la naturalesa si hagués estat preservada de les vicissituds del temps. La bellesa apareixeria com una reconstitució d'allò que hauria estat la naturalesa abans que passés el temps, en el seu primer matí. [...] La forma triomfant sobre la matèria. Així com la vida confereix als cossos una energia que s'expressa en les seves formes, la bellesa fa la matèria, de cap a cap, l'expressió de la forma que s'hi realitza. D'aquí ve que, en literatura, sovint s'hagi definit la bellesa d'un estil per una adherència tan perfecta del sentit a la carn dels mots, que la materialitat i el moviment de la frase semblen irradiar el sentit que s'hi expressa. Perquè el sentit és sempre la unitat d'una sensibilitat i d'una idea. Però una identitat tan feliç, una adequació tan perfecta de la matèria a la forma, fascina en la mesura que sembla inhumana. Com més divina sembla la bellesa, més sembla excomunicar-nos per la seva perfecció. Baudelaire imagina el seu enigma incomprensible com un reialme fora del món.

Arriba així el moment en què un es cansa d'una vida unificada d'una manera tan perfecta, que humilia la nostra. Quan això passa, ja no es demana a l'art que faci comparèixer una existència amb una gràcia sobrenatural, sinó que se li demana que ens commogui en fer-nos experimentar més intensament la inquietud, les tensions, els turments de la vida. La bellesa ja no serà l'expressivitat d'una vida de les formes tan intensa que transporta la matèria. Pertorbadora, convulsiva, ara es regira, es cargola i es retorça com les esclaves de Sardanapale en el quadre de Delacroix. Ara ja no fa esperar, com en Botticelli, un món regenerat, invulnerable al temps, en què l'existència fos la celebració de la seva joventut eterna. Perquè a partir d'ara el més patètic serà el més bonic, els cants més bonics seran els més desesperats. Ja no s'espera de la bellesa una representació de la vida en la seva edat d'or, sinó separar-nos de l'entumiment ordinari en fer-nos sentir de forma vehement que existim. La bellesa havia estat la meravella de la representació. No importa el que expressi ni el que ens faci pressentir, ara és, més o menys, una exaltació patètica de la vitalitat. Ja no serà l'aparició d'un ideal que es contempla, sinó la intensitat i l'expressió pertorbadora d'emocions que més sentim com més les reproduïm i les simulem interiorment. [...] Perquè és la intensitat de l'expressivitat el que és bonic, i no allò que expressa. De manera que en la bellesa pressentim el que seria la vida si pogués no sentir res més que a ella mateixa en la seva pura intensitat."

NICOLAS GRIMALDI, "Bellesa", dins *Les idées en place*

Resumeix cada paràgraf del text amb una sola frase.

Busca els quadres que l'autor anomena per a entendre millor el canvi de sentit del que es considera bell en el camp de l'art recollit en el text.

Tot seguit, busca obres dels artistes següents: Miquel Àngel, Egon Schiele, Munch, Tiziano, Quevedo, Baudelaire.

- A quina de les dues concepcions s'adiuen més?

Finalment, contesta aquestes preguntes:

a A l'inici del text, l'autor parla de la paradoxa del fet que una cosa que tothom reconeix –la bellesa– tanmateix ningú no la coneix: ningú no sap dir què és. Per què creus que això passa?

b De vegades els professors de matemàtiques diuen que una demostració és bonica. Què volen dir? Dit d'una altra manera: creus que hi ha una dimensió artística en la recerca teòrica? Justifica la teva resposta.

Problemes segle XXI, la vida virtual, solitud, aïllament, narcisisme

La vida d'Àngela Mármol (Girona, 19 anys), potser com la de la noia de la fotografia, és dolorosament contradictòria. És una jove que transmet felicitat amb les imatges que publica per als 5 milions de seguidors que té a TikTok o per als 1,8 milions de persones que la segueixen a Instagram. Però darrere de la càmera del mòbil hi ha una dona en edat de formació que ha patit bulímia, depressió i assetjament. En l'entrevista, entre d'altres coses, explica aquestes:

"Quan arribo als 10.000 seguidors i començo a tenir clubs de fans, els meus pares no ho entenen. I un dia comencen a arribar-me correus del tipus: 'Si li enviem aquest llibre a l'Àngela, el podria promocionar i a canvi li donem uns diners.'"

"La meva vida l'haig de publicar d'una manera que sigui interessant perquè la gent no s'avorreixi, no t'odiïn i no generi sentiments negatius. Estàs venent la teva vida i et perds, perquè barreges el teu personatge amb la teva persona. El més complicat d'aquesta feina és no perdre't, que el personatge no passi a la persona."

"Em van començar a seguir perquè... feia una vida normal... però aquesta feina m'ha fet canviar la meva vida real. És molt complicat ensenyar una vida quotidiana sense tenir-la. Perquè ja no vaig a l'escola, no quedo amb els amics ni faig una extraescolar: m'aixeco, miro el correu, miro el que m'ha dit el meu germà [el seu representant], gravo les campanyes que haig de fer aquell dia, vaig a un rodatge, a un altre, vaig al gestor, a Hisenda... És molt difícil ensenyar una vida normal sense tenir-la."

"T'has acostumat tant que tot el que dius hi hagi gent que ho jutja que, quan coneixes algú, no t'atreveixes a ser com ets pel que puguin dir. Tornes a casa i penses si el que has dit ho poden interpretar malament o si del que has dit poden fer-ne un vídeo. Per estar amb aquesta ansietat quan conec algú, ja no vull conèixer ningú."

Entrevista a la influencer Àngela Mármol. *Quadern El País.cat*, 7 de novembre de 2021

PROBLEMA PER PENSAR

Es pot viure una vida exhibida a les xarxes socials que s'exposa com si fos una novel·la o una obra d'art?

QÜESTIONS SUBORDINADES

1

Busca informació dels influencers Miquel Montoro, ReSet i Celia Fuentes, per tenir una visió més àmplia del fenomen dels influencers.

2

Quins perills té el món virtual?

Unitats en què trobareu reflexions pertinents o relacionades amb aquesta situació:

1 · 2 · 4 · 5 · 6 · 8 · 9
10 · 11 · 12

PER ANAR MÉS A FONS

La mercantilització de la pròpia vida exhibida com un xou?

Quines són les causes que porten la gent a exhibir-se en les xarxes socials? Psicològiques? Econòmiques? Sociològiques? Aquesta exhibició, ens empodera o més aviat ens exposa? I per què la gent consumeix aquestes exposicions? Què té això a veure amb els fenòmens del dandisme i de l'esnobisme? Quin paper té l'emulació en la vida social?

Aquestes i moltes altres preguntes poden acompanyar una reflexió sobre **les noves formes de socialització en l'era digital i els seus perills.**

Proposta de recerca

1. Què diu la sociologia sobre la imitació en la vida social? Què té a veure això amb el que anomenem "tendències" i de quina manera aquestes s'imposen? És un fenomen espontani, dirigit o mixt? Quins interessos econòmics o d'altre tipus hi ha al darrere?
2. Què indueix una persona a exhibir la seva vida privada com a forma de guanyar-se la vida? Es tracta d'una feina productiva? Qui es dedica a això té tots els seus drets coberts?
3. És legítim permetre que nens i nenes s'hi dediquin? Quan ho fan, s'estan respectant tots els drets dels infants?

Índex de continguts

Índex de continguts

7 Fonaments de la política

8 Problemes de la política

9 El problema del coneixement

Glossari filosòfic

Xavier Ibáñez Puig
Joan González Guardiola

1 BAT

text

Absolut Paraula composta a partir dels termes llatins AB-, preposició que indica procedència, i SOLUTUM, que és el participi de SOLVERE, que significa “desnuar” o “deslligar”. SOLUTUM significa “deslligat” i AB-SOLUTUM, “deslligat de”. És absolut, així doncs, el que no està lligat a res, el que no depèn de res. Absolut és, per això mateix, un atribut de Déu com a causa primera de tot: ja que ell ho ha creat tot, però ell no ha estat creat per res, és totalment independent i tot depèn d'ell. En teoria del coneixement (per exemple, en Descartes o Kant), la noció d'un coneixement absolut constitueix un concepte límit per a pensar el coneixement humà tal com és en realitat: finit –dependent de moltes coses– i no pas absolut. Vegeu *finitud*. ▸

Abstracció Operació del pensament que consisteix a separar o aïllar un element d'una representació per tal de considerar-lo a part, encara que en realitat aquest element no es dona separat. Així, per exemple, quan identifico la meva mascota com un gat esquerp, “gat” o “esquerp” són els elements que separo mentalment del meu gat i que, en aquest cas, em diuen quina mena d'ésser és. “Gat” i “esquerp” són abstraccions.

Abstracte Producte de l'abstracció; el que tracto, no com una cosa concreta, sinó com un element purament mental separat per abstracció de la cosa o representació en la qual es dona. El color de la paret que tinc davant és blanc, però “blancor”, com a qualitat que aquesta paret comparteix amb tots els objectes del mateix color, és una idea abstracta. Els objectes abstractes tenen aquestes dues característiques: no existeixen en l'espai i no poden entrar en relacions de causalitat. Suposem el nombre “4”: no existeix en cap espai i no pot ser causa ni efecte de res, perquè no existeix en el món de les relacions causals de la naturalesa, sinó en el món de les relacions purament conceptuals i lògiques. El nombre “4” és, per tant, una entitat abstracta. *Abstracte* s'oposa a *concret*. ▸

Absurd El que és contrari als principis de la lògica, incoherent.

Accident Allò que, sense ser una substància, ▸ cau o es dona en una substància. Un accident és contingent ▸ quan es dona en un subjecte, ▸ però podria no donar-s'hi sense que el subjecte deixés de ser el que és, sense que el subjecte desaparegués com a tal. Així, per exemple, que en Joan tingui els cabells negres és un tret accidental d'en Joan, perquè quan a causa de l'edat passi a tenir-los blancs o a no tenir-ne, no per això deixarà de ser el que és –un ésser humà– i qui és –en Joan. Per a comprovar que també hi ha accidents necessaris, ▸ vegeu *accidental*. ▸

Accidental Es diu que és accidental respecte de la cosa en cada cas considerada allò que li pertany però no constitueix la seva essència. ▸ Els trets accidentals d'una cosa poden ser necessaris o contingents. Un *tret accidental necessari* de l'ésser humà és, per exemple, respirar: sense respirar, cap ésser humà no pot existir (i, per tant, és necessari), però respirar no forma part de la seva essència (i, per tant, és accidental). Un *tret accidental contingent* d'un individu humà en particular és tenir cabells, ja que, si arriba a quedar-se calb, no per això deixarà de ser humà.

Acció És tot comportament lliure dels homes, tota actuació en què es posa de manifest una intencionalitat i, doncs, una voluntat. ▸ L'àmbit de l'acció en filosofia s'anomena praxi, ▸ per contrast amb l'àmbit del coneixement, que s'anomena teoria. ▸ Vegeu *motivació*. ▸

Acte En un primer sentit, l'acte és el resultat d'una acció o una part d'una acció. Així, per exemple, si algú en defensa pròpia ha mort un agressor, l'acte realitzat és la mort de l'individu en qüestió, i l'acció és la pròpia defensa. O, amb un segon exemple, en l'esforç de comprensió d'un problema, l'acció són totes les operacions intel·lectuals o del tipus que sigui que intervenen en el treball de comprensió, i l'acte, haver comprès el problema (en determinats contextos, però, “un acte” i “una acció” s'utilitzen com a sinònims). En un segon sentit, concretament el que hi dona Aristòtil, diem que un cosa és *en acte* quan està plenament realitzada. En aquest sentit, l'acte és una modalitat de l'ésser, aquella en què l'ésser es troba plenament acomplert. Suposem una llavor. L'ésser de la llavor és arribar a ser planta; Aristòtil ho expressa així: la llavor és planta *en potència*. Si la llavor desplega la seva potencialitat, es transformarà fins a arribar a ser el que pròpiament era, és a dir, planta: la planta ja no és planta en potència, sinó *en acte*. Notem, en fi, que no qualsevol cosa pot arribar a ser planta, sinó només les coses del tipus llavor. En altres paraules: si bé una llavor no és (en acte) planta, i si bé una pedra no és (en acte) planta, la manera com la llavor i la pedra no són plantes és completament diferent, perquè la pedra ni ho és ni pot arribar a ser-ho, i, en canvi, la llavor, que no és planta (en acte), ho pot arribar a ser. El moviment en el sentit més fonamental (arribar a ser allò que pròpiament s'és) ha de ser pensat, així doncs, a partir de tres elements: la matèria ▸ (el que es manté al llarg del canvi i que només podem pensar per analogia), la forma ▸ (la planta en acte) i la *privació* (la llavor o planta en potència que, tot i no ser planta, és una determinada modalitat de l'ésser). Vegeu *causes* (*les quatre*). ▸

Acte de parla Enunciat que no constata un estat de coses, sinó que el crea o el modifica. Per exemple: quan una persona, en la cerimònia en què és nomenada ministre, declara: "Prometo pel meu honor que compliré els deures del meu càrrec", no està constatant un estat de coses prèviament donat, sinó que està assumint un compromís nou que l'obligarà des d'aquest mateix moment. Els actes de parla són, doncs, accions o emissions lingüístiques que produeixen realitats socials (com la institució del ministeri en l'exemple que acabem de posar). Ja que no diuen res del món, aquests enunciats no són ni vertaders ni falsos. Són actes de parla les preguntes, les ordres, les promeses i les declaracions,▸ entre d'altres. També es coneixen amb el nom d'*enunciats performatius*. Són fonamentals en la creació humana del món institucional (a través del tipus *declaratiu*).

Actitud Manera de ser o de trobar-se en el món, manera de mirar-se i d'enfrontar-se a la pròpia vida i a les coses.

Actitud natural Manera ingènua d'estar en el món, en què acceptem la visió de la realitat i de la vida que hem rebut de la societat com si aquesta visió fos òbvia i, en aquest sentit, natural. L'actitud natural es troba ja sempre dirigida per un conjunt d'interessos i motivacions en el món, que orienten la nostra acció en el món. L'actitud natural pot ser suspesa o trencada en l'actitud teòrica.▸

Actitud teòrica Actitud que trenca i substitueix l'actitud natural▸ per una d'aquestes dues vies: o bé perquè la vivència de la decepció▸ ens mostra el caràcter enganyós o irrealitzable del nostre desig o expectativa o bé perquè la vivència d'estranyament o de meravella davant la realitat fa que aquesta deixi d'aparèixer com una cosa ja coneguda i quedi restaurada com si fos la primera vegada que la contemplem. En la decepció o en l'estranyament, decidim mirar-nos atentament les coses i la pròpia vida a fi de comprendre-les en la seva veritat.▸ Doncs bé: com que en grec "mirar atentament" es diu THEOREIN, aquesta nova actitud, pròpiament filosòfica, rep el nom d'*actitud teòrica*.

Activitat Característica que defineix totes les facultats que tenen el seu origen en la voluntat.▸ Diem d'aquestes facultats –com la imaginació o l'enteniment– que són "actives". Fins i tot en la percepció, que és una facultat passiva, hi trobem aspectes actius, com l'atenció.▸

Adequació (veritat com a) Correspondència entre la cosa i la idea que jo en tinc. En teoria del coneixement, es debat si és possible demostrar aquesta correspondència o si ha de ser postulada. El realisme▸ sosté que podem afirmar-la i l'idealisme,▸ que no.

Alienació Estat de servitud en què no som amos de nosaltres mateixos i la pròpia vida ens és estranya; estat en què sentim que la nostra vida no és la nostra vida, que la nostra vida és d'un altre, que la nostra vida és una altra vida que la nostra, com si jo no fos jo mateix, sinó un altre. En llatí ALIUS, d'on deriva *alienació*, significa "altre": d'aquí el nom. N'hi pot haver de diferents tipus: l'*alienació natural*, quan se'm fa estranya la natura, ja sigui perquè la seva impenetrabilitat fa que no la comprengui i em porti al desconcert permanent, ja sigui perquè les limitacions del meu propi cos fan que el visqui com una cosa estranya a mi; l'*alienació social*, quan la societat se'm fa estranya perquè manifesta una indiferència absoluta respecte de la meva condició, la meva existència, els meus desitjos i els meus projectes; i l'*alienació vital,* quan la meva vida se'm fa estranya perquè la malaltia, la vellesa, la decrepitud i la mort em sostreuen el temps que em caldria per a satisfer els meus desitjos i realitzar els meus projectes. L'experiència de la finitud del meu temps de vida i la indiferència del món respecte a aquesta finitud em fan sentir que la meva vida es veu abocada al no-res.

Altres (els) *Allò altre respecte a mi* són totes les coses que no són pas jo: els objectes, els animals, els altres éssers humans. *Els altres* són aquella part d'allò altre que és constituïda per persones humanes, és a dir, per éssers que *no són jo*, però que *són com jo*: els altres són *alter egos, altres jos*. L'altre en aquest sentit és, per tant, al mateix temps, un altre *jo* i un *altre que jo*. Iguals i diferents que jo al mateix temps, la diversitat en la igualtat és el que proven de pensar l'antropologia filosòfica, l'ètica i la política: l'antropologia filosòfica i l'ètica, per a comprendre allò que tenim en comú; la política, per a pensar la igualtat de drets en l'heterogeneïtat dels individus humans. Davant la il·lusió de veure'm a mi mateix com un individu aïllat davant dels altres, cal fer les tres observacions següents: primera, la constitució del meu jo necessita els altres i, per tant, mai no som "jos" o individus totalment isolats, sinó que els altres formen part de la nostra pròpia humanitat; segona, els altres no m'apareixen com una pila indiferenciada d'individus, sinó que, considerats en el seu conjunt, formen ja sempre una ordenació en grups respecte als quals jo em situo (de manera que "els altres" pot remetre també als grups que m'exclouen o a aquells que els meus grups exclouen); i tercera, calen codis morals i cal la política precisament perquè no som individus isolats. Un cas interessant és, en fi, el del meu propi cos, ja que planteja el problema filosòfic de si *ell* és *jo* (o si es vol, si *jo* soc *ell*), o si, més aviat, és *una cosa meva* sense ser jo.

Amoral És amoral el que és moralment neutre, és a dir, el que no és ni moral▸ ni immoral.▸

Anàlisi Descomposició d'un problema, d'una realitat o, en general, d'un tot en els seus elements constitutius. Per a resoldre un problema, primer l'hem d'analitzar, és a dir, dividir-lo en tantes parts com contingui. Després, hem de resoldre cada part en l'ordre escaient, per tal de recuperar finalment en la síntesi▸ una visió clara del tot.

Analític Una proposició és analítica quan, per a conèixer la seva veritat, n'hi ha prou d'apel·lar als significats de les paraules que la formen i les relacions que s'estableixen entre aquestes. Així, per exemple, la proposició "Els oftalmòlegs són metges" no requereix cap percepció verificadora, sinó que només requereix la comprensió adequada de què vol dir el concepte *oftalmòleg* i què vol dir el concepte *metge*. Les proposicions analítiques no són extensives (no proporcionen informació sobre el món), sinó només explicatives (expliciten el contingut implícit en el concepte del subjecte). La proposició "Els elefants voladors volen", per exemple, és vertadera, però, òbviament, no parla del món. Com mostren bé els exemples, en les proposicions analítiques el predicat es limita a fer explícita alguna cosa que ja està dita implícitament en el concepte del subjecte: totes es basen en la pura lògica (no en l'experiència) i són, per tant, totes *a priori*.▸

Analogia Relació de semblança entre dues o més coses, que ens permet pensar o explicar l'una sobre la base del coneixement que tenim de l'altra. Així, per exemple, podem dir que les brànquies són en els peixos els òrgans anàlegs als pulmons dels animals terrestres, perquè en tots dos casos són els òrgans de la respiració. Un cas interessant és el de les analogies de diferents termes dos a dos, com quan diem: l'aigua és als peixos el que l'aire és als animals terrestres. En filosofia, alguns autors sostenen (de forma explícita o implícita) que hi ha coses que només les podem pensar per analogia. Així, per exemple, segons Aristòtil, ja que la matèria és l'element d'indeterminació pura (essent la forma l'element de determinació), per això mateix no podem pensar-la en si mateixa, sinó solament amb analogies del tipus següent: la matèria és a les coses el que la fusta és al llit. També en Plató trobem sovint analogies que no admeten un tractament ulterior més precís, com quan diu que aprendre alguna cosa és anàleg a recordar-la: les coses passen –diu, més o menys, Plató– *com si* (analogia) les idees fossin totes en l'ànima en el mateix moment de néixer, però les tinguéssim com oblidades. Encara Plató ens proposa una analogia que ha estat molt influent en tota la història del pensament quan diu que el saber és a la ignorància el que la llum és a la foscor.

Ànima *Anima* és la traducció llatina del grec PSYKHÉ, que significa "alè vital o principi de la vida". És allò que dona vida als cossos vivents i que es manifesta a través de diferents activitats: la nutrició, la sensació, el moviment i la intel·lecció. En què consisteixi aquest principi vital, és cosa debatuda. Per a Aristòtil, només una part de l'ànima és immortal –l'intel·lecte o *nous* actiu, una part de l'ànima intel·lectiva–; per als estoics i els epicuris, l'ànima té una naturalesa corporal; per a Descartes, l'ànima o esperit és allò que som pròpiament –allò que jo soc–, la seva naturalesa és pensar i, en tant que independent del cos –per bé que estretament unida a aquest–, és immortal. La paraula *ànima* designa igualment el que la filosofia moderna anomena *consciència*▸ (una paraula que no existia en l'antiguitat): la presència dels objectes en el meu pensament ("tenir consciència de"), però també la presència de mi mateix –els meus pensaments, els meus actes i els meus sentiments– en el meu pensament ("ser conscient"). L'ànima, en aquest sentit de la paraula, també s'anomena de vegades *esperit*,▸ per exemple en la definició que Descartes dona de la *claredat*▸ i la *distinció*▸. En termes d'experiència vital, experimento que el meu cos tot sovint se'm resisteix, com quan estudio un instrument musical i trobo que "el cos no em respon", que no obeeix prou bé les meves ordres; de manera que trobo en mi una certa dualitat. Els noms amb què expressem aquesta dualitat són cos▸ i *ànima*, i aleshores el problema és com cal pensar la seva composició o la seva unitat.

Antinòmia Mot format a partir dels grecs NOMOS, que vol dir "regla" o "llei", i ANTI, que indica oposició. Una antinòmia és l'oposició o la contradicció de dues proposicions generals, totes dues versemblants, i entre les quals no és possible decidir de manera concloent quina és la correcta. Suposem la tesi "El món no és engendrat, no té cap origen en el temps, sinó que existeix des de sempre" i l'antítesi "El món és engendrat, té un origen en el temps". Ja que ningú no ha estat testimoni de l'origen, totes dues afirmacions són defensables. Es tracta, segons Kant, d'una antinòmia: d'un dilema irresoluble. Altres antinòmies són: dinamisme/immobilisme, determinisme/indeterminisme, monisme/dualisme (o pluralisme).

Antirealisme Doctrina oposada al realisme. ▸

Antítesi Mot format a partir dels grecs ANTI-, "contra", i TESI, "posició". Significa afirmació o posició contrària. Una antítesi és una afirmació que s'oposa a una afirmació prèvia concernent a allò en cada cas examinat. Vegeu *tesi*, ▸ *síntesi* ▸ i *dialèctica*. ▸

Aparença L'aspecte amb què se'ns mostren les coses; les coses tal com apareixen o es donen a la nostra percepció habitual de la realitat; *el que les coses semblen* ser, però també el que les coses *ens* semblen a nosaltres. Aquesta visió de les coses ens pot arribar, per tant, doblement deformada: d'una banda, en la mesura que les coses no són en realitat el que semblen, és a dir, en la mesura que allò que posen de manifest a la superfície no és el que són en el fons, i, de l'altra, perquè nosaltres, amb els nostres prejudicis, podem veure les coses de forma distorsionada i no com aquestes es mostren en realitat. ▸ La filosofia comença quan prenem consciència ▸ que les coses no sempre són el que (ens) semblen. Cal no confondre l'*aparició* primera de la cosa, el fet que la cosa es mostri, amb l'aparença, que és el fet que la cosa es mostri com essent de tal i tal manera. L'*aparició* no és enganyosa; l'aparença ho pot ser. Sobre aquesta qüestió, vegeu *fenomen*. ▸

Aparició Vegeu *fenomen* ▸ i *aparença*. ▸

Apatia Paraula grega formada a partir del prefix de negació A- i del nom PATHOS, que significa "passió" o "patiment". L'apatia és, literalment, la falta total de passió, de patiment o d'afectació, l'absència total d'emocions. Per als estoics, l'apatia és l'ideal d'una vida virtuosa: allò propi del savi és que es manté impertorbable passi el que passi al seu voltant i passi el que li passi a ell. Per a dir una cosa semblant, els epicuris parlaven d'ataràxia. ▸

Apodíctic Necessari, amb referència a una proposició (la conclusió d'un teorema matemàtic és apodíctica).

Aporètica Hi ha problemes inherents a la condició humana que no tenen, que no poden tenir una solució definitiva, sinó que ens veiem obligats a afrontar-los un cop i un altre, instal·lats per sempre en una certa precarietat i en una certa provisionalitat. Tanmateix, encara que no tinguin solucions definitives, comprendre les dificultats o les apories pròpies d'un determinat camp d'investigació aclareix la nostra situació amb relació a aquestes i ens permet actuar de forma lliure i responsable dins la provisionalitat. Doncs bé: l'establiment del conjunt d'apories a les quals cal fer front dins d'un camp determinat d'investigació és una aporètica.

Aporia Mot grec format a partir del prefix de negació A- i el substantiu POROS, "recurs"; literalment significa "absència de recursos". Una aporia és una dificultat aparentment, o fins a cert punt, irresoluble.

A posteriori Dit del coneixement que depèn de l'experiència, però, també, dels arguments que parteixen dels efectes i remunten fins a les causes. El tret distintiu del coneixement *a posteriori* és, segons Kant, que és particular ▸ i contingent. ▸ Vegeu també *veritat de fet*. ▸

A priori Dit del coneixement independent de l'experiència, però, també, dels arguments que parteixen de les causes i descendeixen deductivament fins als efectes. El tret distintiu del coneixement *a priori* és, segons Kant, que és universal ▸ i necessari. ▸ Vegeu també *veritat de raó*. ▸

Arbitrari Del llatí ARBITRARE, que vol dir "decidir, jutjar, pensar"; arbitrari es diu d'allò que descansa en el lliure arbitri o franc arbitri, la facultat de decidir una cosa o altra segons el propi voler. Arbitrari és, així doncs, el que depèn de la pròpia voluntat sense dependre d'altri, i pot ser el cas que resulti capriciós. Com que de vegades el qui arbitra no dona raó de la seva decisió, sinó que apel·la a la seva voluntat sobirana, *arbitrari* significa també que no obeeix a raons i, per aquest motiu, injust. Així, es parla d'un poder arbitrari quan aquest s'exerceix sense trobar-se limitat per cap llei i actua, per això mateix, de forma més o menys imprevisible.

Argument En termes generals, és la prova adduïda a favor d'una afirmació, per a convèncer algú d'alguna cosa. En un sentit més restringit (dins el camp de la lògica formal), és la inferència ▸ d'una proposició, anomenada *conclusió*, a partir d'una sèrie de proposicions, anomenades *premisses*, d'acord amb certes regles formals. Diem que la conclusió *se segueix* de les premisses.

ARKHÉ En grec significa "principi", "origen", "predomini". Els primers pensadors grecs interrogaven sobre l'ARKHÉ de "totes les coses", sobre l'ARKHÉ de la natura (de la PHÝSIS), pregunta que implicava fins a cert punt interrogar-se per allò constant d'una realitat que es manifesta com a canviant. Així, ARKHÉ significa simultàniament "allà d'on venen totes les coses" (origen), "allò que predomina actualment sobre totes les coses" (allò que les coses efectivament són, com el seu "ésser") i "allà on tornaran totes les coses" (destí). Els filòsofs grecs solen respondre a la qüestió de l'ARKHÉ amb posicions pluralistes o monistes. Vegeu *pluralisme* ▸ i *monisme*. ▸

Art El llatí ARS, ARTIS traduïa el grec TEKHNÉ, que originalment significa "saber fer, habilitat, ofici, artesania". L'artista ha de dominar una tècnica o una habilitat, un ofici. Així, per exemple, el pintor ha de dominar el tractament dels pigments, el traç, el dibuix, la combinació de colors, etc. A l'edat mitjana, hom distingeix entre *arts mecàniques*, que reclamen una habilitat manual –i es consideren servils–, i les *arts liberals*, les arts pròpies dels homes lliures, que posen en joc les facultats superiors (són set: la dialèctica, la gramàtica, la retòrica, l'aritmètica, l'astronomia, la geometria i la música). En el seu sentit actual, *art* significa "bella art, creació artística". L'art, en aquest sentit, és encara, naturalment, una habilitat o un ofici, però la creació no té per finalitat cap utilitat, sinó representar la bellesa.▸ Notem, sobre això, que el virtuosisme de l'artesà no és encara art; perquè hi hagi art, a més de virtuosisme, hi ha d'haver una expressivitat▸ original, única i irrepetible: mentre l'artesà produeix amb precisió cent peces totes iguals, l'artista troba una expressivitat única, crea obres originals i irrepetibles. Per això Kant diu que, mentre el científic descobreix les lleis de la naturalesa, l'artista, quan crea, es dona a si mateix unes lleis noves, de manera que, a través de la seva obra, és com si ens fes entrar en un altre món.

Assertòric Es diu d'una proposició que enuncia una veritat de fet,▸ no necessària. S'oposa a *apodíctic*.▸

Ataràxia En grec significa "impertorbabilitat". Segons l'epicureisme, la vida feliç és la vida plaent. Ara bé, per plaer no entén una passió positiva d'alegria permanent, sinó la serenitat, l'absència de dolor, l'absència de passió, la tranquil·litat de l'ànim, l'equilibri constant: l'*ataràxia*. Els estoics diuen una cosa semblant quan identifiquen la saviesa –la plenitud del savi– amb l'apatia.▸

Atenció Tensió de la ment o de l'esperit cap als objectes que en cada cas considera, com a mode de presència de les coses presents. Quan no hi ha atenció, les coses presents passen desapercebudes i és, doncs, com si fossin absents: són *aquí davant*, però queden *en el rerefons*. L'atenció opera com un "focus" de la percepció▸: destaca i assenyala els objectes de la percepció, normalment en vista dels interessos perceptius.

Atribut En sentit metafísic, propietat▸ d'una substància.▸ En sentit lògic, sinònim de predicat.▸

Atzar El terme *atzar*, de procedència àrab, remet als daus, igual que el terme llatí ALEA, "dau", que dona la paraula catalana *aleatori*: "relatiu a la sort". Es parla d'atzar per a referir-se a qualsevol fenomen que té lloc sense causa aparent. Els filòsofs deterministes sostenen que, en realitat, l'atzar no existeix, sinó que anomenem atzar, simplement, les coses de les quals no podem conèixer les causes. Ja que donar raó d'una cosa és explicitar les seves raons o les seves causes, els filòsofs que sostenen que l'atzar té una presència efectiva i determinant en la realitat són *indeterministes*▸ i *irracionalistes*. Ja sigui alguna cosa dotada d'entitat o bé una aparença causada per la nostra ignorància, en tot cas el tret característic de l'atzar és el seu caràcter imprevisible.

Autònoma Es diu de la voluntat▸ que té autonomia.▸

Autonomia *Autònom* és un compost dels grecs AUTOS, "un mateix", i NOMOS, "llei": la voluntat és autònoma i, per tant, té *autonomia*, quan no es determina per res fora de si mateixa, sinó que s'autodetermina. Només una voluntat autònoma és lliure, de tal manera que, si neguéssim la possibilitat d'actuar autònomament, negaríem la llibertat. Com que és el cas que el subjecte es dona a si mateix la seva regla d'actuació, amb total independència de qualsevol objecte i de qualsevol circumstància, la determinació de la conducta és *a priori*. En suma: hi ha autonomia quan la regla d'actuació ve donada pel subjecte, per allò que li mana la seva consciència; quan el subjecte no és governat per cap objecte, sinó que es governa a si mateix. *Autonomia* s'oposa a *heteronomia*.▸ Vegeu també *voluntat*▸ i *llibertat*.▸

Autoritat En política, és l'atribució i l'exercici del dret o el poder de legislar i fer complir les lleis per la força. Per extensió, les persones a qui es reconeix aquest poder es diuen també "l'autoritat" o "les autoritats". Cal notar que hi ha una ambivalència: no sempre el qui exerceix aquest poder mereix el reconeixement dels altres, sinó que de vegades l'exercici del poder respon només a la força. En un sentit més restringit, té autoritat aquell que pels seus mèrits o pel seu carisma o pel que sigui rep el reconeixement dels altres sense que hi intervingui cap coacció. En aquest segon sentit, parlem dels acadèmics que són "una autoritat en el camp de la medicina", per exemple. Finalment, notem encara una segona ambigüitat: el reconeixement per part dels altres pot respondre als mèrits reals de la persona amb autoritat o pot ser simplement el producte de la persuasió o de la demagògia. Aquest joc de nivells de sentit de la paraula *autoritat* ens permet reflexionar a fons sobre la vida política, però també sobre totes les situacions en què es relacionen persones amb un estatut diferent, per exemple, les relacions entre alumnes i professors. Vegeu *poder*.▸

Axiologia Mot format a partir dels grecs AXIOS, "valor", i LOGOS, "ciència", *axiologia* significa "teoria dels valors". És la ciència que estudia els sistemes de valors (socials, morals o polítics), ja sigui descriptivament o d'acord amb la seva fonamentació. Vegeu *valor*.▸

Axioma És una proposició que no es dedueix d'altres proposicions, sinó que es dona per evident i que serveix de punt de partida per a fer deduccions. Un axioma és, per tant, un tipus de postulat,► el dels postulats que es donen per evidents. Un axioma matemàtic és, per exemple, aquest: "Tot nombre natural *n* té un successor, *n**": això no es demostra, sinó que es constata, i es fa servir en totes les deduccions iteratives. Podem notar, finalment, que tots els axiomes són postulats, però que no tots els postulats són axiomes.

Bé Allò que constitueix la perfecció o la plenitud o la versió més feliç de la cosa o de la vida. Segons com concebem la perfecció, la plenitud o la felicitat o segons si entenem que existeixen tals coses o que no existeixen, serem en una o altra doctrina ètica.►

Bellesa Qualitat del que produeix un gaudi estètic. Es podria pensar, a la manera dels relativistes, que això és purament subjectiu, en el sentit que, com que sobre gustos no hi ha disputes, en realitat no hi ha res que pugui ser considerat bell per si mateix o sense restriccions. Per a respondre aquesta posició, Kant distingeix entre el que és *bell* i el que és *agradable*: el que és agradable plau als sentits i respon als interessos de cadascú, en funció dels desitjos i els gustos de cadascú; el que és bell, en canvi, produeix un *plaer desinteressat*, perquè en la seva contemplació l'obra es manté a la distància, en un món que no és aquell que l'espectador pot consumir. Suposem, per exemple, que contemplem *L'astrònom* de Vermeer. Si ho fem amb atenció, el que veiem desperta la nostra admiració, se'ns emporta fins al punt d'oblidar el nostre propi món, ens deixa parats davant una obra única i irrepetible. Quin interès podem tenir personalment en l'activitat eternament exposada de l'astrònom del quadre? Cap. No és l'interès el que fa que ens recreem en la contemplació. Si ens preguntessin què fa que el trobem extraordinari, no sabríem pas dir-ho. Les paraules amb què donem raons són conceptes, i els conceptes, que són universals –nocions que es diuen de totes les coses del mateix tipus–, no serveixen per a expressar el que és únic en el seu tipus, el que és totalment original. Per això Kant conclou que allò bell és "el que plau universalment (desinteressadament) *sense concepte*". Precisament perquè aquest gaudi és sense concepte, només pot ser un gaudi estètic (del grec AISTHESIS, "sensació"), és a dir, que "parla" a la sensibilitat. Vegeu també *sublim*.►

Casualitat Qualsevol circumstància que advé a allò que estem considerant sense cap motiu o sense cap raó d'ésser, és a dir, sense causa; el que passa per atzar.►

Categoria Ve del verb grec KATEGORÉO, que vol dir "acusar algú d'alguna cosa" i, per extensió, "dir alguna cosa d'alguna cosa". Podem dir coses d'una cosa –predicar coses d'un subjecte– en sentits diversos. Així, per exemple, de Sòcrates podem dir que *és humà*, que *és de peu*, que *és un*, que *és aquí*, etc. No es tracta només de predicats diferents, sinó de *tipus diferents de predicació*: de Sòcrates (com de qualsevol altra persona o cosa) podem dir *què és* (*substància*), com és (*mode*), quants és (*quantitat*), on és (*lloc*), etc. Doncs bé: a les diferents maneres com podem predicar coses de coses, Aristòtil les anomena categories. El més important és notar que cada categoria constitueix una de les maneres possibles com en general podem dir d'una cosa que "*és...*": les categories no són solament tipus diferents de predicat, sinó també els diferents sentits de la paraula *ésser*. Aristòtil distingeix la substància► (categoria que diu *què és* la cosa) dels accidents► (els diferents atributs que pot prendre la substància). Com que el conjunt de categories és finit, la seva consideració ens permet comprendre l'estructura de l'ésser en el seu conjunt. Amb Kant, les categories que organitzen la realitat passen a ser concebudes com a estructures del coneixement humà: les categories són ara els conceptes *a priori* produïts espontàniament per l'enteniment per a pensar qualsevol cosa en general. Vegeu *crítica*.►

Categòric En Kant, s'aplica a les ordres o als imperatius, i significa incondicionat. Un imperatiu categòric té, doncs, la forma "Fes A", que afirma el caràcter absolut de l'ordre donada. Diu més o menys això: siguin quines siguin les circumstàncies, i, per tant, amb independència de quina sigui la situació concreta de cada cas, la meva voluntat m'obliga a fer A. Com que la decisió no està condicionada per les circumstàncies empíriques que l'envolten, l'imperatiu categòric constitueix una determinació *a priori* de la voluntat: el seu enunciat és aquest: "Actua de tal manera (necessitat), que la màxima de la teva voluntat pugui valer al mateix temps com a principi d'una legislació universal (universalitat)". Contra Kant, l'empirisme nega que hi pugui haver una determinació *a priori* de la voluntat: nega, doncs, l'existència d'un imperatiu moral categòric. Vegeu també *voluntat*,► *imperatiu*,► *hipotètic*,► *circumstància*► i *emotivisme*.►

Causa Allò que precedeix una cosa (a la qual anomenem efecte) i la produeix de forma efectiva. Causa és, doncs, la raó de ser, allò que explica l'existència efectiva d'una cosa (que és el seu efecte►). Que de forma regular una determinada cosa es doni just abans d'una altra, o simultàniament a aquesta, no significa necessàriament que la primera sigui causa de la segona. En un institut, el so del timbre precedeix i assenyala el final de cada classe, però és evident que el timbre no és pas la causa del final de la classe. En la investigació científica, això ens obliga a dissenyar experiments que aïllin el fenomen que volem estudiar. Suposem una persona que era fumadora i ha desenvolupat una malaltia determinada: aquest fet per si sol no demostra que el tabac en sigui la causa, perquè potser fa poc exercici físic, o no segueix una bona dieta, o dorm poc, etc. Hi ha, doncs, una sèrie de covariables que s'associen a la variable d'estudi, de manera que, si volem determinar la influència d'una variable en concret (en el nostre exemple el tabac), caldrà dissenyar un experiment que permeti fer desaparèixer les covariables. En filosofia, tenen especial interès les nocions de *causa primera* i de *llibertat*,▸ aquesta segona com a tipus de causalitat▸ diferent de l'ordre de la necessitat▸ natural. Pel que fa a la noció de causa primera, remet a una entitat incondicionada –tradicionalment anomenada Déu–,▸ que constitueix el primer motor immòbil, l'origen i, per tant, la causa que dona raó del món en la seva globalitat.

Causalitat El que estableix la relació de la causa a l'efecte.

Causes (les quatre) Segons Aristòtil, hi ha quatre tipus de causes: allò a partir de què la cosa arriba a ser (*causa material*), allò per a què la cosa arriba a ser (*causa final*), allò que la cosa arriba a ser (*causa formal*) i allò que mou la cosa a ser (*causa eficient*). Aristòtil ho explica amb un exemple que treu del camp de la producció d'un artista. Suposem un escultor que fa una estàtua del déu Apol·lo. En aquest cas, la *causa material* és el marbre amb què fa l'estàtua; la *causa formal* és la figura del déu Apol·lo; la *causa eficient* o motor és l'escultor; i la *causa final* és la bellesa. És remarcable, tanmateix, que en el cas de les coses naturals, encara que podem distingir en la definició aquestes quatre causes, de fet n'hi ha tres que coincideixen. Considerem una llavor que arriba a ser planta. En aquest cas, la causa final del moviment coincideix amb la causa formal, ja que el fi del moviment no és altre que arribar a ser planta; però, a més, aquestes dues causes coincideixen amb la causa eficient, ja que no hi ha cap motor extern a la llavor que la mogui a ser planta. Per això, quan es tracta de les coses naturals –com a oposades a les artificials–, tot i que conceptualment podem continuar distingint quatre causes, en el moviment n'hi ha només dues: la causa material i la causa formal (que coincideix amb la final i l'eficient). Com que *matèria* en grec es diu HYLE i *forma* es diu MORPHÉ, la concepció aristotèlica de la realitat es diu, per això mateix, que és *hilemòrfica*. Notem, per acabar, que la matèria, com allò que es manté al llarg del moviment que porta la llavor a ser planta, només la podem pensar per analogia▸: la matèria és a la planta com la fusta és al llit (de nou Aristòtil pensa la realitat natural amb una analogia amb la producció artesanal).

Certesa Estat en què la veritat▸ d'una afirmació se'ns imposa perquè no podem posar-la en dubte de cap manera. La certesa constitueix la seguretat subjectiva d'una proposició. "Jo estic cert d'això" significa "no en puc dubtar de cap manera". Vegeu *evidència*.▸

Ciència Coneixement exacte d'un ordre de coses o d'un determinat camp d'estudi; coneixement no aproximat, sinó rigorosament conforme a la veritat,▸ és a dir, a la realitat.▸ Valida la seva fiabilitat el control metòdic a què es troba sotmès per part de la comunitat d'estudiosos d'aquest camp. Hi ha tantes ciències com ordres de realitat susceptibles de ser estudiats metòdicament. Tota ciència dona com a obvis una sèrie d'elements: la realitat del seu objecte, la fiabilitat dels seus mitjans d'observació, la validesa del seu mètode i l'evidència de les seves nocions primitives i dels seus axiomes. Cap ciència, doncs, no pot donar raó de si mateixa. La filosofia és la disciplina encarregada de sotmetre a crítica i, si cal, fonamentar aquests pressupòsits, i com que, d'aquesta manera, la filosofia fa objecte d'estudi el saber científic, es diu que la filosofia és un *saber de segon ordre*.

Circumstància Literalment, significa: el que hi ha (*-stància*) al meu voltant (*circum-*). La circumstància és el conjunt de totes les condicions, els fets i els condicionants que constitueixen el context o la situació de l'individu a l'hora d'actuar o de prendre una decisió. Circumstàncies diferents donen a les accions sentits diferents. Per exemple, que una persona bufetegi una altra persona, quan són dos desconeguts que coincideixen fortuïtament al carrer, té un sentit diferent que si el context és el d'una situació de perill i la persona bufetejada pateix un atac d'histerisme. Naturalment, el primer cas respon també a una circumstància que no hem descrit: què porta l'agressor a pegar al desconegut? Per aquest camí, podríem tenir la temptació de concloure que són sempre les circumstàncies, les que ens mouen a actuar d'una manera determinada; però, a menys que comptem entre les circumstàncies la nostra pròpia decisió, aquesta temptació ens portaria a treure tota responsabilitat de l'individu (cauríem, doncs, en una mena de determinisme▸). En dret, de fet, les circumstàncies que concorren en un fet delictiu tot sovint modifiquen la responsabilitat original, atenuant-la o agreujant-la.

Ciutadania És l'estatus i la condició que es reconeix a un individu, que passa a ser així ciutadà, dins d'una comunitat política. Aquest reconeixement li atorga tots els drets propis de la pertinença a una comunitat política. En la mesura que la política és l'àmbit de desplegament de les llibertats, aquest reconeixement el fa, així doncs, un home o una dona lliure: li permet, per exemple, participar en el govern del seu país, ja sigui directament o indirectament a través del seu vot. És per això que, en alguns codis legals, una de les sancions més greus que es pot donar és l'exili forçat o, el que és el mateix, la retirada dels drets de ciutadania.

Ciutadania universal Encara avui, en el món, hi ha molts individus que són tractats com a mers súbdits —subjectes sotmesos al poder sense cap possibilitat de participar-hi o influir-hi i sense cap dret reconegut—, i no pas com a ciutadans. La *ciutadania universal* és, aleshores, un ideal: que tots els habitants del planeta vegin reconeguts els seus drets de ciutadania i, en aquest sentit, guanyin la llibertat.

Clar Ser clar és una de les dues condicions que, segons Descartes, ha de tenir una evidència▸ (l'altra és ser distint). Vegeu *evidència* (*regla d'*).▸

Claredat Qualitat de clar.▸

Codi moral Un codi moral és el conjunt de normes morals que regeixen en una societat▸ o en una comunitat▸ i que estableixen el que està bé i el que està malament. Una norma és un imperatiu, una obligació que cal complir. Si l'obligació deriva de la legislació per part de l'estat, que es concreta en lleis escrites, ens trobem en el camp de l'ordenament jurídic o del *codi legal*. Si l'obligació deriva de la consciència dels éssers humans, aleshores ens trobem en el camp de la moral i dels *codis morals*. Què fonamenta aquests codis és la pregunta clau de totes les *ètiques normatives*.

Cognoscitiu Relatiu al coneixement.

Coherència Qualitat d'un discurs consistent en el fet que cap de les seves parts no nega cap de les altres. Si faig referència a la meva vida, expressa l'ideal racional que res del que dic no contradigui el que he dit en altres moments, que res del que faig no contradigui el que dic i que res del que faig no contradigui el que en realitat vull. Una vida coherent és una vida de veritat.

Coherència (veritat com a) En la tradició idealista, l'estructura del món no es rep en la sensibilitat, sinó que és construïda per l'esperit▸ en el seu desplegament. La veritat del món no pot ser, així doncs, adequació▸ a alguna cosa externa a l'esperit, sinó només coherència▸ del món amb si mateix en el seu desplegament, que és alhora coherència de l'esperit amb si mateix.

Comprensió Etimològicament, *comprendre* significa literalment "agafar una cosa del tot, de principi a fi, en la seva globalitat". Si explicar és exposar allò de què es tracta de forma analítica i discursiva, comprendre pertany, en canvi, a l'ordre intuïtiu i sintètic. Comprenem una persona o una cosa quan copsem el sentit del que fa, fins i tot si no som capaços d'explicar com és que sabem que el sentit és aquell. Comprendre és copsar el sentit d'una cosa. Naturalment, quan la cosa té una estructura racional, el camí per a arribar a comprendre-la és explicar-la; però quan ens trobem en l'ordre humà, en què la llibertat i les incoherències poden tenir un paper, tot sovint la comprensió no encerta a concretar-se en una explicació. Les ciències naturals són explicatives; les ciències humanes, encara que també contenen explicacions, tot sovint remeten a fenòmens que només poden ser compresos, però no explicats. Vegeu *explicació*▸ i *descripció*.▸

Comunitarisme Corrent de pensament de la filosofia pràctica contemporània que sosté que l'individu és responsable de la comunitat que ha fet possible el seu naixement i a la qual pertany i que, per tant, la valoració dels drets i els deures dels individus, així com de les legislacions que es derivin d'aquesta valoració, han d'estar en funció de la comunitat i no solament centrades en el dret de cada individu a buscar la seva pròpia felicitat. S'oposa a liberalisme.▸

Comunitat El sentit etimològic del mot és "unitat que s'obté quan molts van junts". Referida als individus humans, la comunitat és la unitat que s'obté en la convivència entre una pluralitat d'individus, que no és la seva mera juxtaposició, sinó que consisteix en relacions recíproques de col·laboració i, al mateix temps, de competència. Hi ha comunitats de menys i de més complexitat, des de la família i la tribu fins a la societat▸ civil. En totes, ja sigui per motius biològics (com la protecció dels infants per part dels adults), o per la divisió del treball, per les necessitats derivades del creixement de la comunitat o pel que sigui, es donen jerarquies diverses en un joc d'inclusions i exclusions segons els subgrups als quals cada individu pertany dins la comunitat i la posició que cada subgrup ocupa en el conjunt.

Concebre Del llatí CONCIPERE, que significa al mateix temps "rebre" i "produir". En teoria del coneixement, concebre una cosa és apropiar-se-la amb el pensament, produir la noció en virtut de la qual comprenem allò que es dona (que rebem) per a ser pensat. Per això el que no pot ser de cap manera –el que no pot donar-se, el que no podem rebre de cap manera– diem que és inconcebible. El substantiu *concepció* (CONCEPTIO) en l'antiguitat s'atribuïa a la matriu femenina que rebia les llavors masculines i en feia un infant; el fetus es deia, per això mateix, (allò) *concebut* o *concepte* (CONCEPTUS). L'analogia amb la gestació ens enfronta al problema filosòfic de fons que hi ha en la comprensió de la naturalesa dels conceptes: sense recepció d'alguna cosa externa, no hi ha concepció; però sense elaboració interna d'aquest material extern, tampoc no hi ha concepció. El debat entre realistes, idealistes i conceptualistes té a veure amb el pes que cadascun dona a l'exterior (els objectes pensats) o a l'interior (l'elaboració de conceptes) en el fenomen del coneixement.

Concepte Generalització o abstracció de les característiques o notes essencials d'un element físic o ideal, que ens permet pensar les coses particulars segons tipus. Així, per exemple, per a dir el tipus de cosa que són un moble que hi ha al costat del meu llit, un que presideix el menjador de casa meva i un en què treballo al meu despatx, dic "taula": *taula* és el nom amb què assenyalo el *tipus* de cosa que són aquests tres mobles, així com molts altres existents al món. És a dir, és el nom del concepte que escau a tots aquest mobles particulars. Ja que allò que els conceptes representen de les coses no són els trets particulars de cada individu, sinó la seva determinació com a ésser d'un determinat tipus, és evident que els conceptes són generals o universals.▸ En teoria del coneixement es discuteix sobre el seu origen. Si tenim en compte l'etimologia del mot (vegeu *concebre*▸), els conceptes són *concebuts* per la nostra ment precisament en rebre allò sensible, per a comprendre-ho segons unitats tipus. Per això hi ha qui diu que és l'enteniment▸ el que produeix espontàniament els conceptes per a comprendre la realitat donada a la sensibilitat.▸ Aquesta opinió és, tanmateix, discutida per altres autors.

Conceptualisme Concepció filosòfica sobre els universals▸ segons la qual allò que expressen els universals no té cap realitat exterior a la ment, però és quelcom més que un simple nom o que una simple paraula. El conceptualisme se situa, doncs, en una posició intermèdia entre el nominalisme▸ i el realisme.▸

Conclusió És l'acció i l'efecte de tancar (CLAUDERE) un discurs o una acció en el seu conjunt (*con-*). Té el doble sentit de final i de resolució (d'una acció o d'un discurs argumentatiu). Una conclusió és la conseqüència▸ final d'un raonament, el que s'infereix d'un argument (ja sigui per inducció▸ o per deducció▸) i, d'aquesta manera, tanca la qüestió examinada.

Concret És cada cosa individual en la seva individualitat, com, per exemple, no un gat qualsevol, sinó *aquest*, el de la veïna. És concreta tota cosa que se'ns dona, per dir-ho així, "en persona", "en carn i ossos", com l'individu que és. En contrast amb abstracte,▸ les coses concretes existeixen espacialment i són capaces d'entrar en relacions de causalitat.▸

Coneixement Acte en virtut del qual el pensament copsa un objecte,▸ ja sigui a través dels sentits o a partir de la intel·lecció. De fet, i independentment de quines siguin les seves fonts (els sentits, l'intel·lecte o qualsevol altra), podem constatar que hi ha diferents modalitats de coneixement. No és el mateix "saber que" (tal cosa és així i així o que és un fet això i això), que "saber com" (anar pel món o construir un artefacte, etc.). La *teoria del coneixement* s'ocupa d'aquestes temàtiques (les fonts i la naturalesa del coneixement, però també les distintes modalitats del coneixement), entre d'altres.

Consciència Característica pròpia del pensament –o de la percepció, de la volició o de qualsevol estat de la ment– que consisteix a estar sempre dirigit o orientat cap a alguna cosa, ja sigui un mateix o qualsevol cosa del món. Per contrast, un subjecte que ara mateix no dirigeix la seva atenció cap a res –que no pensa en res, que no vol res, que no sent res, etc.– està, simplement, *inconscient*. Considerem, per exemple, el cas de la percepció. Jo percebo les coses del món, com ara el teclat amb el qual escric; però, en el mateix acte de consciència, em percebo a mi mateix picant damunt del teclat. La consciència és presència del subjecte davant de si mateix, però és sempre, al mateix temps, intencionalitat, "consciència de", presència de les coses del món per a un subjecte. És, així, al mateix temps subjectiva i objectiva, el lloc de la manifestació de l'objectivitat per al subjecte i el lloc de la manifestació del subjecte com a subjecte. Precisament perquè la consciència no és una subjectivitat aïllada, sinó oberta al món, la relació amb el món i amb els altres, i la manera com m'haig de comportar, esdevé un problema. Per això la consciència és, també, *consciència moral*. Vegeu *intenció*▸ i *sentit moral*.▸

Conseqüència El que se segueix necessàriament d'una cosa, el resultat necessari d'un fet o l'afirmació que es dedueix lògicament d'uns principis o d'unes premisses. Els fets o les circumstàncies que donen com a resultat una conseqüència determinada en són les causes.▸

Conseqüencialisme Doctrina ètica que nega que puguem jutjar la correcció o la incorrecció d'una acció amb arguments *a priori*,▸ i que, per això mateix, sosté que la bondat o la maldat d'una acció només la podem jutjar en virtut dels efectes que produeix (i, per tant, *a posteriori*▸), és a dir, en funció de les seves conseqüències. L'utilitarisme▸ és, per exemple, una ètica conseqüencialista, perquè sosté que són correctes les accions que produeixen –que tenen com a conseqüència–▸ la màxima felicitat.

Context Literalment, "el que acompanya el text (missatge)". És la circumstància o la situació que envolta l'acte comunicatiu, que condiciona la manera com s'ha d'interpretar el missatge i que no és estrictament lingüística. Per exemple: la frase "Ets terrible" significarà coses completament diferents depenent de si qui la diu és una mestra que parla en to sever a un alumne o és una persona que parla amb tendresa a la seva parella. Per a interpretar bé qualsevol emissió lingüística, sempre cal tenir en compte el context. Una frase repetida fora del seu context pot prendre un sentit completament diferent d'aquell que el seu emissor li havia donat. Pel que fa als actes de parla,▸ el context resulta determinant encara d'una altra manera: no ja per a interpretar-los bé, sinó perquè els actes de parla només es poden realitzar en el seu context. Per exemple: la frase "Us declaro marit i muller" només pot fer el seu fet, només pot funcionar com a acte de parla, en un context molt determinat.

Contingent Qualsevol característica que un individu o una cosa de fet té, però que podria no tenir sense deixar de ser el que és. El bigoti de Dalí, per exemple, és un tret contingent d'aquest personatge, perquè si se l'hagués afaitat no per això hauria deixat de ser el que era (un home) i qui era (Dalí). Vegeu *accident*.▸

Contractualisme Doctrina política segons la qual l'origen de l'estat no és la voluntat de Déu, ni la Naturalesa, sinó el pacte o el contracte entre tots els individus que entren a formar part de la societat civil. Segons això, l'única font de legitimitat és el pacte o la convenció. Rousseau defensa aquesta posició. També Hobbes i Locke solen ser considerats filòsofs contractualistes, però en el seu cas es tracta d'un contractualisme molt més atenuat, ja que tots dos reconeixen fonts de legitimitat més fonamentals que el pacte: Hobbes, el càlcul racional de les pròpies forces i la por d'una mort violenta; Locke, el dret natural.

Contradicció És l'oposició d'una afirmació i d'una negació. Un discurs que conté contradiccions és incoherent, i mostrar-ho fent explícites les seves contradiccions és refutar-lo.

Contradicció (principi de no-) Principi lògic segons el qual una proposició i la seva negació no poden ser totes dues vertaderes al mateix temps i en el mateix sentit. Es formalitza així: $\neg(p \wedge \neg p)$, en què p és una proposició. També pot ser un principi ontològic: no pot ser que un cosa sigui i no sigui al mateix temps i en el mateix sentit de la paraula *ser*. Leibniz considera part del principi de no-contradicció l'afirmació segons la qual no pot ser que una proposició no sigui ni vertadera ni falsa o que un ésser sigui i no sigui (principi del terç exclòs), raó per la qual en ell el principi de no-contradicció coincideix amb el principi d'identitat: "el que és, és".

Convenció Pacte, acord, sobre el que les coses són o sobre les normes que ens hem de donar per a conviure. La paraula, en filosofia, té la connotació següent: en aquelles coses sobre les quals no hi pot haver un coneixement objectiu, i que són, per tant, irreductiblement polèmiques, és sensat posar-nos d'acord sobre el que en direm o farem a fi de no barallar-nos. Vegeu *senyal*▸ i *símbol*.▸

Convencionalisme En filosofia del llenguatge, és la posició dels qui sostenen que l'origen dels signes lingüístics és arbitrari i no té el seu fonament en la natura: el llenguatge, diu aproximadament, és un mer conjunt de signes i de sons contingents, sense cap relació amb les realitats designades. En filosofia pràctica (ètica i política), és la doctrina segons la qual no és possible arribar a establir per la via del coneixement cap llei o norma moral universal i objectiva; de manera que l'origen de tota llei i de tota norma moral només pot ser la convenció. Així, per exemple, davant la pregunta de si és just que les dones participin en el govern del país en igualtat de condicions que els homes, el convencionalisme diria que no hi ha una resposta objectiva a la pregunta, sinó que és opinable; de manera que la resposta haurà de venir de l'acord que prenguin els ciutadans d'un país determinat en un moment donat. Es tracta, com es pot veure, d'una forma de relativisme▸ que confia només al pacte i a l'acord la solució dels conflictes i les diferències d'opinió. Tenint com a antecedents els sofistes grecs i el pensament de Rousseau, les *ètiques dialògiques* contemporànies prenen aquesta posició.

Cos És cos tot el que té una naturalesa material i, per tant, una presència efectiva en l'espai. La propietat essencial dels cossos és que ocupen una porció d'espai, és a dir, que tenen extensió.▸ En *antropologia filosòfica*, es discuteix si l'ésser humà és només cos (i aleshores allò mental seria la manifestació de fenòmens essencialment materials o corporals) o si és un compost de cos i ànima. La primera opció és materialista; la segona és dualista. La percepció del cos propi no és com la percepció dels altres cossos. Vegeu *propiocepció*. ▸

Cosa Etimològicament, la paraula *cosa* ve de la paraula llatina CAUSA. ▸ Aquest origen ens permet entendre que és cosa el que té una certa consistència, el que és d'alguna manera i té, per tant, el poder de causar algun efecte. Això ens indueix a pensar que les coses pròpiament dites són les substàncies. La pregunta per la cosa és la pregunta per l'ésser de les coses.

Cosmologia Etimològicament prové de la combinació de la paraula LOGOS (discurs) i COSMOS (ordre, harmonia). Cosmologia designa inicialment un discurs sobre l'ordre i l'harmonia que governa totes les coses. Són els primers filòsofs els que apliquen el concepte de l'ordre i l'harmonia a la totalitat de les coses, ja que la paraula *cosmos* vol dir inicialment "endreçament, ordre", fins i tot "higiene, abillament" (d'aquí que es conservi encara en la paraula *cosmètica*). Vegeu *cosmos*. ▸

Cosmopolitisme *Cosmopolita* significa "ciutadà del món", i *cosmopolitisme* és, per tant, la condició dels ciutadans del món. En l'estoïcisme, l'expressió remetia a la condició del savi: el qui entén la racionalitat del món i viu conforme a aquesta. En l'actualitat, l'expressió pren un sentit nou i urgent. En efecte, avui dia hi ha problemes referents al món on tots vivim –com ara els mediambientals–, que concerneixen tota la humanitat de la mateixa manera, dels quals tots som, per tant, igualment responsables, no com a ciutadans, sinó, simplement, com a humans o com a habitants del planeta. La dificultat, aleshores, és aquesta: afrontar aquests problemes demana mesures polítiques, però el seu abast està per sobre de la jurisdicció de qualsevol estat.

Cosmos En grec, "ordre". És el lloc on som, el món, en la mesura que se'ns dona ja sempre com un endreçament i no pas com un caos. A l'antiga Grècia, es parlava de tres ordres: la naturalesa, la PÓLIS i l'ànima. No eren, tanmateix, ordres desconnectats; al revés: per a la saviesa antiga, l'ordre natural és el model que han de seguir els savis, a fi que la seva ànima –el microcosmos– sigui un reflex de l'ordre còsmic global –el macrocosmos. En una altra perspectiva, l'Univers serà vist com un mecanisme que es mou seguint lleis purament mecàniques –és a dir, sense finalitat–, i, d'aquesta manera, l'acció humana –que es mou sempre amb vista a determinats fins– deixarà de poder ser pensada sota el model del cosmos. Si per a alguns antics el cosmos és el model que cal imitar, per a alguns moderns serà allò inhumà que cal dominar.

Cosmovisió Paraula que tradueix l'alemany *Weltanschauung*, "visió del món": manera de veure el món que respon a una representació humana, a una representació que una cultura o civilització fa del tot, i respecte a la qual és relatiu. Si només hi hagués cosmovisions, la unitat del món desapareixeria: en tindríem només imatges, una pluralitat inconnexa de representacions, cadascuna de les quals dependria del grup humà que l'ha feta seva, sense possibilitat de guanyar la perspectiva d'un món comú. Això és el que afirma la teoria de les cosmovisions, que esdevé així culturalisme, ▸ una forma de relativisme. ▸

Costum Hàbit, manera de ser adquirida, disposició permanent –bona o dolenta– que s'ajunta a la naturalesa de l'home, la modifica i hi confereix una aptitud per a actuar amb vista a un fi determinat. El costum o hàbit designa tot allò adquirit que perdura en el subjecte i que, per tant, pot ser reactualitzat en qualsevol moment. Els costums rebuts de la tradició són la base "natural" de tota moralitat (diem "natural" en el sentit d'"actitud natural"). ▸

Creativitat En un primer sentit, és la capacitat de la imaginació per a combinar continguts per a formar-ne un de nou. Si no obeeix a cap interès pràctic –si no respon a interessos i motivacions en el món quotidià–, sinó que és el resultat d'un joc lliure de la imaginació, aleshores és un contingut de la fantasia. ▸ La idea que dona origen al pal de fregar és la combinació d'un pal amb uns serrells absorbents, associats a un cubell escorredor, que possibiliten fregar dempeus. Era un objecte inexistent abans de la seva creació, però un objecte possible amb un sentit pràctic. Un pegàs o un ciclop, en canvi, són creacions de la fantasia humana sense cap altra motivació pràctica que estimular la facultat de la imaginació. En un segon sentit, la creativitat és la facultat dels artistes: la facultat de crear obres belles, originals, úniques i irrepetibles, que produeixen gaudi estètic sense concepte. Vegeu *art* ▸ i *bellesa*. ▸

Creença Creure consisteix a tenir per certa una cosa sense poder aportar-ne proves, a manifestar una convicció. Quin és el seu fonament? Considerem un exemple. Jo crec fermament que Austràlia existeix, però jo, que no hi he estat mai, no podria proporcionar cap prova concloent a algú que ho posés en dubte i, tanmateix, ho continuaria creient. Si crec que Austràlia existeix, és perquè a la base d'aquesta afirmació hi ha una creença més fonamental, una creença que potser mai no he recollit en un judici o en una afirmació, però que defineix el que jo crec d'una manera més decisiva que el fet que cregui en l'efectivitat d'un determinat fet del món. En efecte, si m'he cregut que Austràlia existeix, és perquè de ben petit, i sense haver-ho explicitat mai, he cregut i encara crec que el que m'expliquen la mare o el pare, o a l'escola, o determinats llibres, etc. és digne de confiança. La creença és, així doncs, sobretot, un sentit global de la realitat que condiciona els nostres judicis fins i tot abans d'haver-los formulat. És, per tant, una modalitat de la consciència més que no pas un conjunt d'afirmacions. Per això tot sovint descobrim en què creiem, només quan ens ho pregunten. Notem, finalment, que hi ha creences, com la que hem posat d'exemple, que fan referència a coses del món, però hi ha també creences religioses i creences ideològiques.

Criteri Norma per a jutjar una cosa.

Crítica Judici, operació del pensament en virtut de la qual s'estableixen la naturalesa i els límits de la realitat en cada cas considerada.

Criticisme Empresa de sotmetre a judici les facultats humanes o de portar la raó davant del *tribunal de la raó* per tal d'establir de forma reflexiva els seus límits i el seu poder.

Cultura Conjunt de tradicions, creacions i coneixements conreats i adquirits de generació en generació per una societat o per la humanitat en el seu conjunt i que eleva l'ésser humà del particular (allò que és privatiu d'un individu) al general (allò que és comú a tota la comunitat i, en darrer terme, a tots els éssers humans). El tret comú a totes aquestes tradicions, creacions i coneixements (el mite, l'art, la ciència, la història, la política, la religió, la filosofia) és que pressuposen el llenguatge simbòlic, el llenguatge articulat. Per això la cultura també es pot caracteritzar com la capacitat d'ampliació de l'*expressivitat*▸ *humana*. Vegeu *símbol*.▸

Culturalisme Concepció segons la qual totes les veritats del coneixement humà són relatives a la cultura que les ha produïdes i a la seva visió del món. El culturalisme és una versió del relativisme,▸ aplicat a la noció de cultura.▸ És també un desplegament conseqüent de la teoria de les cosmovisions.▸

Decepció Decebre és enganyar amb una falsa aparença, fent concebre esperances que no s'han de realitzar. Decepció és, per tant, el fet de sentir-se enganyat perquè la realitat no respon a les nostres expectatives.

Decisió Decidir és determinar-se d'una manera definitiva a fer alguna cosa. La decisió és, per tant, el camp de la voluntat. L'etimologia del mot remarca el caràcter concloent o definitiu del moment en què ens determinem a fer alguna cosa. Això ens indica que no tot comportament respon a una decisió: quan responem de forma impulsiva a les circumstàncies, no decidim res. Hi ha decisió quan hi ha examen i deliberació.▸ L'àmbit de la decisió és l'àmbit de la llibertat.▸

Decisionisme Doctrina referent a l'origen de l'estat. Contra els qui sostenen que l'estat té un origen diví i contra els qui sostenen que té un origen racional –en qualsevol de les seves variants–, el decisionisme afirma que el que funda tot estat és la voluntat –la decisió– dels més forts. Les raons que es donen per a haver fundat l'estat venen sempre després, i mai no diuen la veritat del que ha passat, sinó que constitueixen sempre un discurs de la justificació a fi que els súbdits de l'estat es conformin amb la seva situació.

Declaració Acte de parla▸ a través del qual fem que alguna cosa tingui lloc precisament perquè diem que tingui lloc. Les declaracions creen o inauguren un estat de coses inexistent fins al moment de la seva emissió. "Això és un euro", "Us declaro marit i muller" o "Queda oberta la sessió" són exemples d'actes de parla declaratius. El món institucional és creat a través d'actes de parla d'aquesta mena.

Deducció Raonament demostratiu que parteix d'una sèrie de proposicions donades (que anomenem *premisses*) i, a partir d'aquestes, enuncia noves proposicions que estaven implícites en el conjunt de les primeres i que, per tant, se segueixen de forma necessària (proposicions que anomenem *conclusions*). Segons Descartes, la validesa de les premisses inicials, que no podem haver obtingut per deducció, la podem afirmar en virtut de la intuïció,▸ que és també el que assegura la correcció de cada pas fet en la cadena de deduccions. Una deducció és vàlida quan respecta les regles de la lògica.

Deliberar Examinar i ponderar les raons a favor i en contra d'una decisió▸ que cal prendre. Amb la deliberació, la raó▸ assisteix la voluntat▸ davant d'un dilema.

Demarcació (problema de la) El problema és aquest: amb quin criteri podem establir quins coneixements són científics i quins no? Com que sovint hi ha doctrines que es presenten com a científiques quan en realitat són pseudocientífiques, cal establir les condicions que ha de complir tot coneixement per a ser pròpiament científic a fi de d'*establir nítidament la frontera* (demarcar) entre el que és ciència i el que no ho és. El problema és fonamental en *filosofia de la ciència*, i constitueix el fil conductor del desenvolupament de la metodologia científica. Els autors que se n'ocupen solen afirmar que tot coneixement científic ha de ser universalment vàlid (objectiu) i reproduïble, però fins i tot això ha estat motiu de controvèrsia. Vegeu *inducció* (*problema de la*)▸ i *falsació*.▸

Demostració Raonament en virtut del qual, partint de premisses que acceptem d'entrada com a vàlides i obeint en el desplegament de l'argument les regles de deducció,▸ arribem a establir la veritat d'una proposició.

Deontologia En grec, DEON significa "deure". Una ètica deontològica, com la de Kant, és la que identifica la virtut amb el compliment del deure. La deontologia és, en l'actualitat, la disciplina que estableix, per a cada ofici i per a cada professió, quines pràctiques són lícites i quines no: quins són els deures dels professionals de cada cas. En algunes professions, com en el cas dels oncòlegs, que s'han d'ocupar del dolor i la vida dels malalts terminals, la deontologia constitueix un ajut, des del camp de l'ètica, per a assistir els metges en les seves decisions. El secret professional, propi de tantes professions, és un principi deontològic. Vegeu *deure*.▸

Descripció En filosofia, descriure un fenomen és una operació intel·lectual que prepara l'explicació▸ i orienta la comprensió.▸ Descriure és aixecar acta del que podem observar d'un determinat fenomen, escriure les parts, els trets, les característiques i les articulacions d'allò considerat en cada cas. La descripció pressuposa, així doncs, l'observació pacient i atenta del que volem descriure, i en cert sentit és un exercici reflexiu per a portar a la consciència tots els elements que tenim "davant els ulls". Una descripció encara no és una explicació, perquè encara no dona raó d'allò que estem observant. Per això mateix, no és tampoc, encara, una comprensió. Vegeu *explicació*▸ i *comprensió*.▸

Desideratiu Relatiu al desig.▸

Desig Apetit, tensió o tendència cap a alguna cosa, moviment cap a allò de què estem mancats i que ens representem com a font de satisfacció.

Desinteressat/ada Persona o acció que no busca la utilitat o el benefici egoista.

Determinisme Doctrina filosòfica segons la qual no hi ha llibertat,▸ sinó que tot està subjecte a la necessitat.▸

Déu Ésser absolut,▸ caracteritzat per ser plenitud de perfeccions; un dels noms de l'Incondicionat.

Deure Obligació moral: *el que hem de fer de forma incondicionada*, amb total independència de les circumstàncies i de les conseqüències que fer-ho tingui per a nosaltres. El deure obliga tot ésser racional i, per tant, de forma universal, precisament perquè, en ser incondicional, consisteix a actuar de forma desinteressada i no per motius egoistes. Podem distingir, pel que fa a això, tres tipus d'accions: les que es fan *per deure*, les que es fan *conforme al deure* (però no per deure) i les *contràries al deure*. Vegem un exemple: robar és contrari al deure, però no robar es pot fer o bé per deure o bé per por de ser enxampat; en aquest últim cas, l'acció material és conforme al deure, però la motivació és egoista i no, per tant, per deure. Finalment, també hi ha autors que sostenen la impossibilitat d'actuar desinteressadament, que neguen la possibilitat d'actuar per deure: neguen la validesa de la noció de deure com a obligació moral. Vegeu *categòric*.▸

Dialèctica En una primera aparició del terme, la dialèctica és un diàleg en el sentit que la paraula pren en Plató (vegeu *diàleg*),▸ i que Plató aprèn del seu mestre Sòcrates. En el cas de Sòcrates, el diàleg és un mètode d'examen de les posicions defensades habitualment de forma precrítica i prereflexiva. El que motiva el diàleg és, en aquest cas, les pretensions de saber exercides ja sempre de forma pública, i es concreten en un joc de preguntes i respostes en virtut del qual Sòcrates porta l'interlocutor a contrastar el que diu saber amb el que en realitat sap, o el que pretén ser amb el que fa, de tal manera que l'examen no és solament d'unes afirmacions determinades, sinó també, i sobretot, de la forma de vida que l'interlocutor del cas representa en la seva connexió amb el tipus de saviesa que pretesament té. En Plató, la dialèctica és el coneixement: el procés en virtut del qual l'ànima, partint de les opinions pròpies del coneixement sensible i de la consideració prereflexiva de les coses (DÓXA), sotmet a examen aquesta precomprensió en virtut i a través de raonaments i argumentacions (*dianoia* o pensament discursiu), de tal manera que, en enfocar així la mirada a través dels discursos (dialèctica), guanya una visió intel·lectual (NOESIS) de la idea o essència d'allò examinat en cada cas. Ja en la modernitat, concretament amb Hegel i Marx, la paraula deixa de referir-se a un procés que porta l'esperit del sensible a l'intel·ligible i passa a referir-se a la realitat, entesa com un ordre dinàmic que es desplega al llarg de la història fins a la plenitud final, amb què acabarà la història del món. El motor del procés és la distància que en cada època es dona entre el que l'època pretén ser i el que en realitat és: el motor de la història és, per tant, la contradicció. La posició del que pretén ser és la *tesi*; la posició del que és en veritat és l'*antítesi*; la tensió entre totes dues demana un superació de la contradicció en una nova forma social que realitzi plenament el que la forma anterior pretenia ser (i en aquest sentit la conserva), però precisament perquè supera el que en realitat era. Aquest moviment de superació/conservació que dona lloc a una *síntesi* que subsumeix la tensió precedent entre la tesi i l'antítesi és el que pròpiament mereix el nom de dialèctica. En Hegel, el procés ho és de l'esperit. En Marx, ho és de les condicions materials de vida. Vegeu *materialisme dialèctic.* ▸

Diàleg Mot format a partir dels mots grecs DIA-, que indica mediació, i LÓGOS, "paraula", que literalment significa "per mediació o a través de la paraula". És una conversa entre dues o més persones. Segons Plató, el pensament és un diàleg de l'ànima amb si mateixa, en virtut del qual pregunta i respon, afirma i nega, argumenta i contraargumenta, fins que arriba a una posició sobre la qual ja no dubta, que és l'opinió que defensa en darrer terme. El que fa que ja no dubti amb relació a aquesta opinió és una visió intel·lectual (NOESIS). Fidel a aquesta concepció del pensament, les seves obres són diàlegs entre dos o més interlocutors, i n'és Sòcrates, habitualment, el conversador principal. És important notar que el prefix DIA-, que indica mediació, ens recorda que no es tracta de fixar unes paraules definitives –com ara una definició–, sinó de guanyar a través de les paraules, i per això mateix, més enllà de les paraules, una visió intel·lectual de l'assumpte en cada cas considerat. Vegeu *dialèctica.* ▸

Dignitat El respecte que mereix algú en funció de la seva condició. En la condició comuna de totes les dones i tots els homes com a persones, tots tenim la mateixa dignitat. La dignitat és, per tant, el valor▸ intrínsec de la persona, pel sol fet de ser persona. ▸ Vegeu *respecte*▸ i *drets humans.* ▸

Dinamisme En un primer sentit, la paraula *dinamisme* remet al moviment d'alguna cosa animada, i és, així, un dels trets característics de la vida. En un segon sentit, el dinamisme és una concepció de la realitat segons la qual el flux de totes les coses és constant i no es consolida o s'estabilitza mai en cap forma (o formes) que determini el seu ésser. La realitat no pot, segons això, ser designada, ja que es mou constantment, i no és dues vegades igual a si mateixa. En aquest segon sentit, s'oposa a l'immobilisme. ▸ Aquesta concepció de la realitat sembla comportar la impossibilitat del coneixement. Vegeu *escepticisme.* ▸

Distinció Qualitat de distint. ▸

Distint Ser distint és una de les dues condicions que, segons Descartes, ha de tenir una evidència▸ (l'altra és ser clar). Vegeu *evidència* (*regla d'*). ▸

Dogma Un dogma és una afirmació que fem sense fonamentar-la sobre una altra cosa, sinó tenint-la per veritat.

Dogmatisme Si el terme grec DOGMA significa afirmació, per dogmatisme s'entén qualsevol doctrina que fonamenta la seva posició sobre un conjunt d'afirmacions que es tenen per veritats i que, per tant, al seu torn no es fonamenten.

Dret El que és permès d'acord amb la llei. Pot tenir un sentit legal, ▸ si es remet al dret positiu, ▸ o moral, ▸ si es remet a la llei moral. ▸ Com a ciutadà, tinc una sèrie de drets reconeguts per l'ordre jurídic del meu país; com a persona, tinc uns drets que em són reconeguts fins i tot per sobre de tota restricció imposada per qualsevol llei positiva, és a dir, els que són recollits en la Declaració Universal dels Drets Humans. Una altra cosa és com es fonamenten aquests drets, problema que és abordat des de l'*ètica*▸ i des de la *filosofia política*. Vegeu *estat de dret.* ▸

Dret natural Els qui afirmen que existeix un dret natural sostenen que a tot ésser humà li són degudes una sèrie de coses, no en virtut de la llei escrita vigent en un país en un moment determinat, sinó en virtut de la seva pròpia naturalesa en tant que ésser humà. El dret natural seria, segons això, el conjunt de lleis que deriven, no de les constitucions dels diferents països, sinó de la naturalesa humana, de la condició mateixa dels homes i de les dones en estat de naturalesa. ▸

Dret positiu El conjunt de lleis escrites vigent en un moment donat en un país determinat. El iusnaturalisme▸ sosté que aquest dret s'ha de sotmetre al dret natural; ▸ el positivisme jurídic▸ (o iuspositivisme)▸ sosté que aquest dret és el fonament de si mateix.

Drets humans Els drets que un individu té pel sol fet de ser un ésser humà i, per tant, independentment del seu sexe, raça, religió, etc. Els drets humans en el seu conjunt són com una definició i una defensa de la dignitat▸ de la persona, ▸ del seu valor▸ intrínsec. Estableixen allò que hem de respectar de forma inalienable en tots i cadascun dels individus pel sol fet de ser persones. Vegeu *dignitat.* ▸

Dualisme Cas particular del pluralisme, ▸ el mot *dualisme* designa tota concepció de la realitat segons la qual la totalitat del real és constituïda per dues substàncies. ▸ En la història de la filosofia, el mot s'aplica sobretot a dues doctrines, la de Plató i la de Descartes. El dualisme platònic consisteix a dir que la realitat és una mescla d'indeterminació i determinació, de sensible i intel·ligible, de cosa sensible i idea. En alguns diàlegs, per exemple en el *Fedó*, Plató sembla defensar igualment una antropologia dualista, quan algun passatge suggereix que l'ànima es troba en el cos com en una presó; i, tanmateix, altres diàlegs sostenen que el desig de plaer és un dels components de l'ànima humana (els altres dos són el desig d'obtenir honors i el desig de saber), de manera que semblaria suggerir que l'ànima no es troba en el cos com en una presó, sinó que és ella mateixa, per la seva pròpia naturalesa eròtica, que s'hi lliga. Pel que fa a Descartes, quan parlem de dualisme cartesià ens referim ja sempre a la condició humana: jo soc ànima o pensament (substància pensant), però la meva ànima està íntimament lligada al meu cos (substància extensa), d'una manera que no podem acabar d'explicar, però que és molt més forta que la del pilot respecte de la nau. El problema de tot dualisme és explicar com substàncies de naturalesa diferents es donen juntes.

Dubte Incertesa, incapacitat per a assegurar o negar una determinada afirmació d'una forma definitiva. Ja que hi ha seguretats que són infundades, el dubte és *metòdic* (així en Descartes) quan prenem la decisió de sotmetre a examen totes les nostres velles opinions, fins i tot aquelles que d'una manera espontània continuem donant per certes.

Efecte La paraula *efecte* deriva del llatí EFFECTUS, participi del verb EFFICERE (acomplir), format a partir del prefix EX-, que indica exterioritat, i FACERE, que vol dir "fer". Un efecte és alguna cosa feta per una altra cosa, que és la seva causa. ▸

Emoció Es tracta d'una reacció afectiva, provocada per un factor extern (com una situació de perill) o pel pensament (com el record d'un fet agradable), que normalment va acompanyada d'una expressió corporal fàcilment identificable. Les emocions pertanyen a l'àmbit de les pulsions i les passions, allò que es manifesta de forma explosiva i mou a reaccionar d'una manera determinada. Literalment, la paraula significa "allò que ens mou": les emocions, en efecte, ens dominen, ens mouen. Però també és cert que l'educació sentimental ens ensenya a reconèixer-les i, fins a cert punt, a dominar-les. Vegeu *sentiment*▸ i *passió*. ▸

Emotivisme Doctrina ètica segons la qual el fonament de la moralitat no és la raó, sinó les emocions. Ja que la raó només ens pot dir com són les coses *de fet*, però no com *haurien de ser*, la raó no pot ser la base de les normes morals. Què ens porta a afirmar, per exemple, aleshores, que la tortura està malament? Quina és la base d'aquesta valoració? Segons Hume –el principal defensor de l'emotivisme–, la base és un sentiment o una emoció: el sentiment espontani de malestar i de rebuig que experimentem quan tenim coneixement del fet. Semblantment, diem que una acció és bona quan la seva contemplació provoca en nosaltres un sentiment d'aprovació. En suma: per a l'emotivisme, la base de la moral és el sentiment d'aprovació o de rebuig que experimentem quan tenim coneixement d'un fet o altre del món. Es tracta d'una base subjectiva i no objectiva, passional i no racional. Vegeu *haver de ser*. ▸

Empíric Referent a l'experiència. ▸

Empirisme En el camp de la teoria del coneixement, teoria que sosté que tots els nostres coneixements tenen el seu origen en l'experiència sensible i, per tant, que el nostre coneixement està limitat per l'experiència. ▸ En un sentit ampli, són empiristes tots els autors que sostenen que la ment és buida –una *tabula rasa*– si no s'omple de continguts en virtut de l'experiència. És comuna a aquests autors l'assumpció d'un criteri geneticopsicològic a l'hora de determinar què és el que fonamenta el coneixement: per a ells, allò que apareix per primer cop en la ment (prioritat cronològica) és també primer en la formació del coneixement (prioritat en l'ordre de la fonamentació). La pregunta per la naturalesa del coneixement equival, així, en els autors empiristes, a la pregunta per l'origen de les idees. Pel que fa a això, tots sostenen que no hi ha idees innates, sinó que totes les idees procedeixen de l'experiència, en oposició oberta al racionalisme. ▸ En el camp de la filosofia del llenguatge, al segle XX l'*empirisme lògic* (o neopositivisme) tracta d'adaptar la teoria empirista a l'anàlisi del llenguatge, especialment a l'estudi de l'estatut de les proposicions dotades de sentit.

Engany Enganyar és fer caure en l'error amb una falsa aparença; l'engany és l'efecte d'això.

Enteniment Facultat de comprendre. Una mateixa paraula (*understanding* en anglès, *Verstand* en alemany, *enteniment* en català) s'ha usat en la història del pensament en sentits diversos. En un primer sentit, enteniment, però de vegades també intel·lecte, s'ha fet servir per a traduir el terme grec NOUS, usat per Plató i Aristòtil per a anomenar la capacitat de coneixement superior, la que proporciona la NOESIS o visió intel·lectual. En l'empirisme, la paraula *enteniment* remet a la totalitat del procés cognoscitiu. En aquesta tradició, l'estudi de l'enteniment és l'estudi de com es formen les idees en la nostra ment per a formar coneixements, i es considera que aquesta formació comença sempre amb l'experiència, ▸ per bé que alguns empiristes, com ara Locke, reconeixen igualment un cert paper actiu a les operacions que la ment fa amb les idees rebudes en la sensació. Per la seva part, Kant, que manté la paraula per a anomenar la facultat de comprendre allò donat sensiblement –és a dir, com a facultat que realitza les síntesis cognoscitives–, ja no l'identifica, tanmateix, amb la raó,▸ sinó que afirma que la raó (*Vernunft*), que és sobirana, delega en l'enteniment el paper de la comprensió, però s'aventura més enllà del límits que l'experiència imposa al coneixement. En contrast amb la sensibilitat, que és pura receptivitat, l'enteniment és per a Kant l'*espontaneïtat* del pensament: la facultat de produir conceptes per a organitzar –i així comprendre com a objectes– els materials donats per la sensibilitat. El coneixement és, així, la síntesi d'intuïció▸ (allò donat en la sensibilitat,▸ referència immediata a l'objecte) i concepte▸ (allò produït per l'enteniment, referència mediata a l'objecte).

Enunciat Expressió lingüística d'una proposició▸ o d'un acte de parla.▸

Enunciat performatiu Vegeu *acte de parla*.▸

Epicureisme Vegeu *hedonisme*.▸

Epistemologia Disciplina filosòfica que estudia la naturalesa i els límits de la ciència. Es diu així perquè en grec *ciència* es diu EPISTEME. Encara que són disciplines semblants, que en part tenen el mateix camp d'estudi, no és ben bé idèntica a la *teoria del coneixement*. La raó és aquesta: només hi pot haver epistemologia si ja existeix una EPISTEME, una ciència de validesa reconeguda per tothom, que el filòsof dona per vàlida i es limita a estudiar. Quan, en canvi, la investigació sobre la naturalesa del coneixement es fa sense donar per suposat que hi ha una ciència vàlida, aleshores tenim *teoria del coneixement*, però no pas epistemologia. Com que en grec conèixer es diu GNOSCO, aquesta disciplina rep també el nom de *gnoseologia*.

Erística Del grec ERIS, "disputa", l'erística és una versió sofística de la dialèctica en la qual el diàleg i l'argumentació són utilitzats simplement amb l'objectiu de refutar la posició del rival, de destruir la seva argumentació. Els erístics, experts en l'art de la refutació, es vantaven de poder defensar i de poder destruir qualsevol posició. En el fons de la seva pràctica, hi ha la convicció que no hi ha veritat ni mentida i, per tant, que tot es pot defensar i tot es pot atacar. Ja que l'únic objectiu de l'erística és guanyar en la disputa, totes les armes són vàlides, i és per això que es val de paralogismes, sofismes, ambigüitats, malentesos i trampes lingüístiques de tota mena. Vegeu *argument*.▸

Eros Per als grecs, era el déu de l'amor, i era venerat com a déu de la fertilitat. Simbolitza el desig i la fecunditat. El desig▸ es pot dirigir a objectes de naturaleses molts diverses, des dels que tenen una naturalesa sensible, com ara un bon àpat o les relacions sexuals, fins als que es troben més enllà del sensible, com ara un coneixement perfecte o una vida plena. En el cas de l'eros que ens empeny a la plenitud o la saviesa, hi ha en l'experiència de la seva força un punt de misteri: com ens podem sentir atrets cap a una cosa –ja sigui el coneixement perfecte o una vida plena– que no coneixem? De vegades es diu que eros, com a desig, s'oposa al terme bíblic AGAPÉ, que anomenaria un amor desinteressat. La cosa no és, tanmateix, del tot clara, perquè en l'amor que sentim per una altra persona, també és la plenitud allò que n'experimentem. Segons Plató i Aristòtil, l'amor (eros) per la saviesa –la contemplació de la veritat i la vida plena– és el que ens funda com a éssers humans. Eros és, segons això, allò que caracteritza el dinamisme de la vida,▸ que esdevé fecunda precisament en tant que es dona al que no és ella, a la recerca del seu propi acompliment.

Error Consisteix a tenir per vertader el que es fals o a tenir per encertat el que és desencertat. Per a Descartes l'experiència de l'error▸ és l'origen de la filosofia.

Escepticisme Posició dels qui sostenen que no hi ha –que no hi pot haver– coneixement en absolut, que neguen, doncs, la possibilitat del coneixement.▸ Segons els escèptics, en darrer terme, si volem respectar la veritat tal com aquesta se'ns manifesta, l'única resposta que podem donar és reconèixer que no sabem res i, per tant, suspendre el nostre judici.

Espècie Determinació universal que expressa la naturalesa d'una cosa (per exemple, cavall o ésser humà) i que inclou el conjunt de trets essencials de la cosa. Una *espècie* es defineix sempre a partir d'una determinació més general, que anomenem *gènere*. Així, per exemple, per a definir l'espècie "ésser humà", partim d'una determinació més general, que és "animal", i assenyalem el tret essencial que distingeix l'ésser humà de la resta d'animals: "(animal) racional". En l'exemple posat, la definició de l'espècie ("home") s'obté a partir del gènere pròxim ("animal") i la diferència específica ("racional"). Aquestes distincions, proposades per Aristòtil, s'apliquen avui en el camp de la biologia, ara distingint entre famílies ("vertebrats"), gèneres ("mamífer") i espècies ("llop"). La distinció és interessant per a comprendre com el pensament de la realitat demana un trànsit constant del concret al general i del general al concret, en darrer terme de l'individu (particular) al concepte (universal) i del concepte (universal) a l'individu (particular), amb el benentès que els termes amb què comprenem un individu com a essent d'un cert tipus són ja sempre universals: l'espècie ínfima és ja un universal, per "sota" del qual hi ha l'individu en la seva individualitat.

Espera Confiança que allò que desitgem, però que encara no és una realitat, es complirà en el futur; previsió del que està per venir que ens permet situar-nos en el temps amb una determinada orientació i amb una determinada actitud. Si l'atenció▸ és la forma de presència de les coses presents i la memòria▸ és la forma de presència de les coses passades, l'*espera* és la forma de presència de les coses futures. La conjunció d'atenció, memòria i espera és el que ens permet tenir una vida conscient, una vida aclarida, una vida situada en el temps. *Espera*, en determinats contextos, pot ser sinònim d'*esperança* i d'*expectativa*, però no sempre: (1) *esperança* té sovint connotacions religioses, i anomena la confiança de l'home de fe en la seva salvació més enllà de la vida temporal, i (2) *expectativa* remet sovint a alguna cosa en concret de la qual esperem un resultat molt concret. *Espera*, en el sentit filosòfic del terme, en cert sentit diu menys que *esperança* i molt més que *expectativa*.

Esperit En filosofia, és sinònim de *consciència*▸ i d'un cert ús de la paraula *ànima*.▸ Quan trobem els mots *esperit* i *ànima* en els textos dels filòsofs, hem d'esforçar-nos per treure'n tota connotació religiosa, fins i tot quan els filòsofs que usen aquests termes són creients (com en el cas d'Agustí d'Hipona, de Tomàs d'Aquino, de Descartes o de Kant).

Essència Allò que fa que la cosa sigui precisament el que és, la naturalesa pròpia d'una cosa; ens diu el "què és" de la cosa.

Ésser Es diu en tres sentits, per a referir-se a la presència efectiva d'una cosa (a la seva existència),▸ per a referir-se a la seva determinació essencial (a la seva essència)▸ o per a referir-se a les qualitats que acompanyen les dues anteriors (els seus accidents).▸

Estat Conjunt organitzat d'institucions polítiques en un govern autònom i sobirà. Formen part d'aquesta organització (1) el fet de governar a) sobre un territori ben delimitat i b) sobre una població ben definida, i el fet de fer-ho (2) des d'un poder de legislar i d'executar el que les lleis disposen. Amb quina autoritat els qui tenen el poder poden reclamar que els sigui reconegut el dret de legislar i de fer complir la llei per la força és el punt clau en què es juga la qüestió dels diferents règims polítics. Si reclamem l'autoritat per als il·lustrats o els civilitzats davant dels bàrbars, defensarem el despotisme il·lustrat; si la reclamem per a l'home comú confiant en el sentit comú dels homes, defensarem un estat democràtic; etc. Vegeu *institució*▸ i *estat de dret*.▸

Estat de coses Concatenació possible d'objectes del món. Quan es correspon a una realitat efectiva, un estat de coses és un fet.▸

Estat de dret Parlem d'un estat de dret quan en un determinat estat es dona de manera efectiva l'imperi de la llei, cosa que només passa si tots els ciutadans, incloent-hi els qui en un moment donat governen, estan sotmesos a la legalitat vigent. L'estat de dret és el que garanteix el respecte dels drets dels ciutadans, almenys dels drets reconeguts per les lleis d'un país en un moment donat.

Estat de guerra En estat de natura,▸ és un estat d'enemistat i de destrucció, que es produeix quan algú declara, de paraula o d'obra, qualsevol intenció –no pas apassionada ni precipitada, sinó equànime i serena– contra la vida d'un altre ésser humà. Segons Hobbes, l'estat natural de l'home és la guerra de tots contra tots, però Locke i Rousseau ho neguen. Finalment, quan ja hi ha estats, és la lluita armada entre dos o més estats.

Estat de natura Estat de l'ésser humà abans d'entrar en la societat civil o l'estat. Es tracta d'un concepte límit, d'una ficció o d'una suposició, en virtut de la qual els filòsofs iusnaturalistes i contractualistes –especialment Hobbes, Locke i Rousseau– pensen la condició humana en una situació d'absència total de lleis positives. Es tracta de situar-se en el moment anterior a la fundació de l'estat, a fi de comprendre l'origen i la possible legitimitat de l'estat.

Estil És la manera com l'artista expressa allò que vol comunicar, els recursos expressius que atorguen originalitat a la seva obra. Quan artistes diferents pinten un mateix tema, per exemple, un arbre, allò que fa que cadascuna de les pintures sigui única –una obra d'art–▸ és, precisament, no pas el tema, sinó la manera peculiar com cada artista l'expressa, la seva expressivitat.▸ D'altra banda, en la mesura que tots podem ser en part artistes de nosaltres mateixos, l'estil és també un dels sentits de la paraula *llibertat*,▸ perquè podem treballar sobre la nostra pròpia expressivitat, sobre la nostra pròpia forma de relacionar-nos amb els altres i les coses. Sovint, els adjectius amb què descrivim un estil són del camp semàntic dels sentiments i de la moral: un estil melangiós, o energètic, o decadent, o viu, etc. No volem dir que en l'obra d'art s'expressi sempre la personalitat de l'artista –com si només un artista deprimit pogués expressar la depressió–, sinó més aviat que el món creat en l'obra es mostra sempre amb la seva personalitat pròpia.

Estoïcisme Escola de pensament hel·lenística, fundada per Zenó, que sosté que el *logos* –la Raó– governa sobre totes les coses, incloent-hi l'ésser humà, i que, en conseqüència, la saviesa consisteix a conèixer la llei que ho governa tot i a sotmetre-s'hi. Les passions i els desitjos ens porten a resistir-nos a la realitat tal com és, però la realitat és irresistible, i per això mateix deixar-se dominar per les passions i els desitjos comporta sempre dolor. La virtut consisteix, aleshores, en el domini sobre si mateix, en l'acceptació de la nostra condició, que proporciona serenitat o apatia▸ –absència de patiments– i, per tant, la felicitat.▸ L'única llibertat a l'abast de l'home és la llibertat d'acceptar resoltament la necessitat. En l'antiguitat, l'estoïcisme esdevé la moralitat dominant a l'Imperi Romà, i és una moral de soldats i d'homes d'estat: l'acceptació racional del propi destí.

Estrany Desconegut, estranger, inquietant, però, també, que ofereix quelcom d'extraordinari, d'inacostumat, d'inexplicable, que excita la curiositat, la sorpresa, l'admiració. En aquesta ambivalència –inquietant, admirable– rau l'ambivalència de l'estranyament que pot donar lloc al trencament de l'actitud natural.▸

Estranyament Fet d'esdevenir estrany▸ per a un mateix.

Estri Utensili. És la manera com ens apareixen les coses en actitud natural: en aquesta actitud, les coses són *allà*, a la nostra disposició, perquè en fem ús d'acord amb les nostres motivacions i els nostres interessos. Per això es diu que les coses apareixen aquí com a coses a la mà.

Ètica Disciplina filosòfica que té com a objecte la moral. Es pregunta pels fonaments de la moral.▸

Evidència El que s'imposa immediatament a l'esperit. Hi ha evidència quan allò que es posa de manifest ho fa sense cap problema i sense cap pressupòsit; és a dir, quan allò que es manifesta a la mirada, ho fa amb tal claredat i amb tal distinció que no ho podem posar en dubte de cap manera. L'evidència és, doncs, una intuïció clara i distinta, en la qual es dona un acord total entre la visió i allò vist com a tal.

Evidència (regla d') L'evidència, ¿garanteix sempre que ens trobem davant d'una cosa vertadera o de vegades ens indueix a creure coses falses? La paraula *evidència* deriva del llatí VIDERE ("veure-hi"): segons com entenguem aquest veure-hi, trobarem que hi ha coses evidents que, tanmateix, no són certes. Per exemple: jo puc veure com el sol surt cada matí i es pon a la tarda; i, tanmateix, si a partir d'aquesta evidència conclogués que el Sol gira al voltant de la terra, m'equivocaria. Els qui reconeixen validesa cognoscitiva a l'evidència, com ara Descartes, el que dirien sobre això és que no tota visió, per clara que sigui, constitueix una evidència. Cal tenir en compte, en efecte, que les coses no les veiem igual en la nostra mirada primera, pròpia de l'actitud natural, que quan hi parem atenció d'una manera més reflexiva. Per això Descartes, a fi de no donar per evident el que en realitat no ho és, estableix la *regla d'evidència* següent: "Totes les coses que concebem clarament i amb distinció són totes veritables." Què cal entendre per claredat i distinció? És *clar* tot allò que és present i manifest a un esperit atent: allò que es presenta amb una força tal, que no podem ignorar de cap manera la seva presència. Així, per exemple, la taula sobre la qual escric s'imposa amb tal força als meus sentits, que, mentre hi paro atenció, no puc pas ignorar la seva presència. Amb la claredat, però, no n'hi ha prou, sinó que cal que hi hagi, també, distinció: és *distint* allò que és tan precís i diferent de totes les altres coses, que no comprèn en si mateix res més que allò que es fa present de forma manifesta a qui ho considera com cal. La taula, per exemple, que és clarament present, no és pas distinta, mentre puguem pensar que es tracta, per exemple, d'una taula somiada. Notem, aleshores, el següent: el *videre*, el veure-hi que ens dona evidència, no és pas, en Descartes, la visió espontània de les coses en actitud natural, sinó una mirada enfocada en virtut de la meditació o de la reflexió. En Descartes, l'evidència ens la dona, no pas la visió sensible, sinó una visió intel·lectual, que ha de ser guanyada amb esforç en el camí de la meditació. Són casos similars la *noesis* de què parla Plató i la intuïció▸ de què parla Husserl.

Existència Existir és el simple fet de ser-hi, de trobar-se o de sorgir en el món. Tenir existència significa, doncs, tenir una presència efectiva en aquest món. Existència s'oposa a essència:▸ l'essència és allò que constitueix la naturalesa de la cosa, independentment de si existeix o no; l'existència és la presència efectiva.

Existencialisme Corrent filosòfic que sosté que l'home no té una naturalesa pròpia, no té una essència pròpia, sinó que simplement existeix, és allà, i depèn només d'ell que arribi a ser d'una manera o d'una altra. Per a aquesta posició filosòfica, la llibertat és això: no cap contingut, no cap essència, sinó precisament l'absència de tot contingut que obre totes les possibilitats a cada individu. Per això, per a l'existencialisme, cada individu és un cas únic, singular, irrepetible.

Expectativa Vegeu *espera*.▸

Experiència És el conjunt de totes les constatacions, de totes les observacions i de totes les vivències que ens permeten fer front a qualsevol circumstància o qualsevol dificultat que ens trobem a la vida. És, en un sentit més restringit, el conjunt de tots els coneixements adquirits a través dels sentits.

Experiència de l'error Vivència en què descobrim que en el passat havíem tingut per vertaderes afirmacions que ara veiem que són falses, de manera que comprenem que el que ara mateix tinc per vertader podria ser també fals. Per a Descartes, aquesta consciència de l'error és el punt de partida de la filosofia, si prenem la decisió de sotmetre a examen totes les nostres velles opinions a fi de no donar-ne per bona cap que trobem un sol motiu per a dubtar-ne.

Explicació Explicar significa exposar de forma analítica i discursiva l'estructura, la naturalesa o la raó de ser d'alguna cosa. En l'explicació, considerem el fenomen o la matèria de què es tracti dividint-la en les seves parts més petites (anàlisi) i exposant-les segons l'ordre de la seva composició. L'explicació ens fa intel·ligible la cosa explicada, explicita la seva racionalitat. Hi ha casos en què és possible explicar una cosa i, tanmateix, no comprendre-la: puc, per exemple, exposar per ordre tots el fets que han portat una persona al suïcidi i, tanmateix, encara no comprendre per què es va matar. Vegeu *comprensió*▸ i *descripció*.▸

Expressivitat El caràcter de la vida humana, que necessita el reconeixement dels altres i, per això mateix, necessita expressar-se, comunicar-se, expandir-se, dir-se, mostrar-se, donar-se als altres. D'aquí que l'art▸ i la bellesa▸ siguin expressió d'alguna cosa essencial per a la condició humana.

Extensió Porció d'espai que ocupa un cos. És perquè són en l'espai –perquè el caràcter espacial és inherent a la seva essència–, que els cossos tenen extensió. En una mateixa porció de l'espai no hi pot haver dos cossos alhora, de manera que cada cos ocupa el seu espai de manera específica. En Descartes, la *res extensa* (l'extensió) és una de les tres substàncies que existeixen, juntament amb la *res cogitans* (el jo que pensa, que té una naturalesa temporal) i Déu (que es troba més enllà de l'espai i del temps).

Facultat Capacitat o potencialitat o aptitud per a exercir una funció o realitzar una activitat. En el cas del vivent humà, reconeixem en nosaltres almenys sis facultats: de nodrir-nos (en tant que vivents), de sentir (en tant que animals), d'imaginar (en tant que animals), de moure'ns (en tant que animals dotats d'òrgans motrius), de decidir (en tant que animals racionals) i de conèixer (en tant que animals racionals). L'*antropologia filosòfica* tracta de pensar com s'articulen les diferents facultats. Notem que un filòsof determinista negaria l'existència de la facultat de decidir, exemple aquest que ens serveix d'il·lustració per a constatar que la polèmica entre escoles de pensament rivals té, també, la seva traducció en la manera com cal entendre cada facultat així com el conjunt de totes.

Fal·làcia Argument que sembla correcte, però que no ho és; fals argument.

Fal·làcia naturalista En un primer sentit, es cau en una fal·làcia▸ naturalista cada vegada que es pretén fonamentar una proposició ètica a partir d'una determinada definició del terme *bo* que l'identifiqui amb una o més propietats, com ara "agradable", "desitjable" o "més evolucionat". Contra aquesta manera de fer, Moore assenyala que el bé, en el sentit de valor intrínsec, és inefable i, per tant, no es pot caracteritzar: identificar-lo amb una propietat que determinades coses tenen *de fet*, és incórrer en un engany o en un error. Aquesta fal·làcia està relacionada amb el "*paralogisme*▸ *naturalista*" o el problema "ser-haver de ser"; és a dir, amb la falta lògica que consisteix a confondre un judici *de fet* amb un judici *normatiu*. La fal·làcia naturalista és, aleshores, també –i aquest és el segon sentit de l'expressió–, l'error de lògica que es comet en ètica quan es fonamenta un judici normatiu sobre un estat de fet: quan es passa del judici "*x* fa *y*" al judici "*x* ha de fer *y*". Segons Hume, això és el que fa l'ètica aristotèlica.

Falsació Criteri de demarcació proposat per Popper per a donar resposta al problema de la inducció.▸ Considerar que el que distingeix les afirmacions científiques és que siguin verificables, és a dir, confirmables en virtut de l'experiència ens portaria a un carreró sense sortida, ja que és evident que és impossible observar tots els casos del fenomen en cada cas estudiat. Per exemple: per més cignes que observem, mai no podrem verificar que *tots* siguin blancs, perquè sempre quedarà oberta la possibilitat que el següent cigne observat sigui no blanc, sinó negre o lila. Atenent això, Popper suggereix que el que fa que una afirmació determinada sigui científica, no és que sigui verificable, sinó que sigui *falsable*. Una proposició és falsable quan podem imaginar una situació empíricament comprovable en què seria falsa. "Tots els cignes són blancs" és, en efecte, una veritat científica, que es manté en peu mentre no sigui refutada per la troballa d'un cigne d'un altre color. En canvi, "Uns esperits invisibles provoquen els canvis d'humor de les persones" és una proposició no científica, no perquè puguem demostrar empíricament que és falsa, sinó precisament pel contrari: perquè no hi ha cap fet del món que no es pogués interpretar atribuint-lo a aquests esperits que ningú mai no ha vist ni veurà. Cal notar que podem fer hipòtesis científiques sobre fenòmens que no són a l'abast de la nostra observació, per exemple sobre els forats negres, no perquè puguem verificar el que diem (de fet, de moment no podem!), sinó perquè som capaços de dir quines observacions empíriques desmentirien les nostres teories. La situació en la qual la proposició esdevindria falsa s'anomena "falsador potencial", i obté la forma d'un experiment la comprovació del qual faria falsa la proposició. La bona teoria científica esdevé així aquella que explica molts falsadors potencials, però que encara en té que la podrien falsar. Com més experiments crucials superi una teoria, més corroborada quedarà, sense, tanmateix, poder-se considerar mai com a definitivament i absolutament confirmada. Això fa de la ciència quelcom per necessitat inacabat i incomplet, o, per dir el mateix des d'un altre punt de vista, en un estat de progrés constant.

Falsedat Falta d'adequació▸ o disconformitat entre el que es diu i el que es fa (i aleshores parlem d'una persona falsa) o entre el que es diu i la realitat (i aleshores parlem d'una proposició falsa). Quan la falsedat és intencionada, es diu que la persona menteix; quan és involuntària, es diu que la persona es contradiu a si mateixa sense adonar-se'n (si parlem de la persona) o que la proposició és errònia (si parlem del judici emès). Vegeu *mentida*▸ i *error*.▸

Fantasia Facultat de produir (el que els grecs anomenaven) fantasmes. Un fantasma és, per als grecs antics, un cert tipus d'imatge,▸ un reflex o una imatge que podem crear en la ment i que no guarda cap correspondència exacta amb cap objecte percebut a través dels sentits. La fantasia és, així doncs, la capacitat de la imaginació per a crear imatges i mons imaginaris, a partir d'altres imatges donades –procedents en primer terme d'*idees adventícies*–, de manera absolutament independent de qualsevol mena d'interès pràctic i sense cap pretensió d'actualització efectiva. Així, la creació de criatures mitològiques o de mons de la fantasia no té cap altra intenció que la del joc, el gaudi estètic o l'estimulació de la imaginació, tot i que de vegades pugui tenir també intencions pedagògiques, moralitzants o al·legòriques. Vegeu *idea*.▸

Fe Creença ferma en la veritat d'alguna cosa. En el camp de la religió, s'anomena fe a l'adhesió personal a Déu, des de la qual es funda el sentit últim de la pròpia existència. La fe és, així, una via d'accés a la divinitat diferent de la raó.

Felicitat En grec, *felicitat* es diu EUDAIMONIA, paraula formada a partir del prefix EU-, que indica bondat, i DAIMON, que significa ànim o esperit. Segons l'etimologia grega, una persona feliç seria la que té en bon estat el seu esperit, la que té un estat d'ànim saludable. No es tracta, per cert, d'un estat d'alegria permanent, perquè tal cosa no existeix. Més aviat es tracta d'un equilibri interior, d'una harmonia que fa que puguis mantenir-te en pau amb tu mateix i amb el món, passi el que passi i passi el que et passi, fins i tot en les circumstàncies més doloroses. L'etimologia llatina ens dona noves pistes per a pensar: FELIX, FELICIS significa "fèrtil o fecund", i la FELICITAS és, per tant, la qualitat d'aquell que és fèrtil o fecund. La fertilitat o la fecunditat, és a dir, la capacitat de desbordar-se i de comunicar-se, és allò més propi de la vida.▸ La felicitat és, aleshores, la qualitat d'una vida plena, d'una vida plenament realitzada que es desborda i es comunica, de tal manera que la persona feliç és reconeguda com a tal pels altres i és tinguda per model de vida virtuosa. No cal dir que, en la formulació que acabem de fer servir, l'expressió "vida plena" demana encara interpretació a fi de portar-la a la concreció. Les diferents ètiques poden ser vistes aleshores com maneres diferents d'interpretar què cal entendre exactament per "vida plena" o per "vida feliç". Hi ha, en tot cas, pel que fa això, una cosa sorprenent que cal ser advertida: la paradoxa de la vida humana és que tots desitgem la felicitat –una vida plena– fins i tot si no acabem d'entendre què és això que desitgem. L'eros▸ que caracteritza la relació de l'ésser humà amb si mateix i amb el món és desig de plenitud, desig d'arribar a tenir una vida no mancada, i aquesta força ens mou a viure fins i tot abans de saber què vol dir exactament "viure", "plenitud" o "vida no mancada".

Fenomen El que es mostra, el que surt a la llum. Un fenomen és qualsevol fet o cosa del món tal com se'ns apareix, tal com se'ns mostra. La paraula *fenomen* deriva del grec PHAINESTAI, derivat al seu torn de PHAOS, que vol dir "llum": PHAINESTAI és sortir a la llum, mostrar-se, manifestar-se, aparèixer, i d'aquest verb deriva PHAINÓMENON, fenomen, que significa, doncs, el que es mostra, el que surt a la llum, el que apareix. Aquest "sortir a la llum" implica que hi ha un fons que queda en la foscor. Al mateix temps que les coses se'ns mostren, hi ha alguna cosa que se'ns amaga. Per això el fenomen és al mateix temps *aparició* i *aparença*:▸ aparició, perquè constitueix la compareixença de la cosa, però també aparença, perquè la cosa ens mostra d'ella (almenys d'entrada) només una part. Val a dir que tota recerca teòrica només pot començar pel fenomen i, primer de tot, per la seva aparença: només podem anar al fons de les coses si comencem per la seva superfície; només podem avançar cap a l'autèntica realitat si atenem d'entrada allò que es mostra d'aquesta realitat. L'aparença, doncs, no és totalment enganyosa, sinó que ens mostra realment la cosa sota un determinat aspecte, i el que cal és comprendre en quin sentit aquest aspecte és parcial i què podem inferir-ne o deduir-ne. La tasca teòrica és reflexió ▸ perquè en cert sentit no pot escapar-se de l'aparença, però, en un altre sentit, consisteix precisament a corregir el primer aspecte de les coses amb noves mirades cada cop més amples i comprensives.

Fenomenisme Concepció del fenomen ▸ segons la qual tots els components que hi apareixen només apuntats són falsos components, són components mancats de la més mínima realitat. Els components apuntats del fenomen (els components que apareixen com a manifestacions de quelcom "transcendent") són mera aparença ▸, no aparició. ▸ El fenomenisme considera com a "reals" només els components del fenomen que apareixen de manera perceptiva, a partir de la facultat de la sensibilitat, i, per tant, té una concepció dels fenòmens segons la qual només són reals els components immanents, les "cares" que ens mostra el fenomen. Vegeu *immanent* ▸ i *transcendent*. ▸

Fet Mot procedent del llatí FACTUM, "fet", derivat de FACERE, "fer", que també ens dona la paraula *farina*. Un fet és alguna cosa que es dona en el món, constatable a través de l'experiència, però que és, al mateix temps, un producte, el resultat de coses que el precedeixen, i un element possible de nous fets (aquesta dualitat és la que ens ha portat a consignar que la paraula *farina* també deriva de FACERE, ja que resulta ser una bona metàfora d'alguna cosa que és alhora producte i ingredient de nous productes). D'aquesta manera, encara que tot fet és constatable per l'experiència, la seva objectivitat no està donada de forma immediata, sinó que demana sempre interpretació. En el camp de la ciència, això ens recorda que els fets no se'ns donen mai despullats, sinó que els interpretem ja sempre des d'una teoria científica. Vegem aquest cas: anem al laboratori i, després de fer reaccionar dues substàncies, comprovem que en la substància resultant hi ha menys quantitat de matèria que en la suma de les inicials. Podríem interpretar correctament aquest fet sense tenir en compte l'assistència d'una teoria?

Filosofia Empresa racional de comprendre el món a fi de situar-s'hi i d'orientar-s'hi. Vegeu *fonament*. ▸

Fi/finalitat Allò a què tendeix, com a objectiu o com a acompliment, un procés o una acció. En el cas de l'acció, la finalitat és intencionada. Una concepció finalista de la realitat, també dita *teleològica* (del grec TÉLOS, "fi"), afirma que totes les coses tendeixen per naturalesa a acomplir el seu fi. L'ètica de fins es pregunta, aleshores, pel fi últim de la vida humana, i considera com a bones totes les accions que contribueixen a acomplir-lo. Es retreu a aquest plantejament que, en realitat, no hi ha un fi últim de l'ésser humà (sinó que tot home i tota dona estan oberts a un munt de possibilitats) i, per tant, que imposar sobre tots els éssers humans un determinat fi és un camí que porta a tota mena d'abusos. La concepció de la realitat oposada al finalisme és el mecanicisme ▸, que nega que les coses tinguin un fi i que afirma que el moviment de la realitat és purament mecànic. En l'àmbit de la política, s'atribueix a Maquiavel la frase "El fi justifica els mitjans", com volent dir que quan el fi és noble tots els mitjans —incloent-hi l'engany o l'assassinat— són permesos (no és, tanmateix, aquest el sentit del pensament de Maquiavel). Altres noten que, quan el fi és la defensa de la dignitat d'una persona, no qualsevol mitjà és legítim, perquè la defensa de la dignitat d'una persona no es pot fer en detriment de la dignitat d'altres persones, ja que defensar la dignitat és defensar la humanitat comuna a totes.

Finitud Caràcter del que és finit, és a dir, que té límits, que està lligat a l'espai i el temps i, per tant, en depèn. En el cas de l'ésser humà, la finitud es concreta de dues maneres: primera, en la consciència que tenim un naixement i també un final (la mort), és a dir, en la consciència de la pròpia mortalitat; i segona, en la limitació o imperfecció de les nostres facultats, que ens deixa exposats a la caiguda i l'error.

Fonament Els fonaments d'un edifici són la part de l'edifici situada sota terra —i, per tant, no visible— sobre la qual se sosté tota l'estructura, de tal manera que si no hi hagués fonaments l'edifici cauria. El fonament és, així, la base sobre la qual s'aguanta alguna cosa. Ara, de la mateixa manera que algú que no ha vist com es construeix una casa, té experiència de la solidesa de la casa, però en desconeix els fonaments, ens pot passar igualment que reconeguem la solidesa de la ciència ▸ tal com és exercida pels científics o que reconeguem la solidesa de la moral ▸ tal com és viscuda pels homes i les dones, sense que, tanmateix, coneguem els fonaments sobre els quals s'aguanten una cosa i l'altra. En filosofia, així doncs, parlem de fonaments de la ciència per a referir-nos a allò que precedeix la ciència i la fa possible, i de fonaments de la moral per a referir-nos a allò que precedeix la moral i la fa possible. Tanmateix, hi ha una diferència important amb el cas de l'edifici: en les construccions, els fonaments formen part de l'edifici, però en el cas de la ciència –o en el de la moral– els fonaments no formen part de la ciència –o de la moral. Cap ciència no es té a si mateixa –els seus fonaments– com a objecte de consideració, de manera que la disciplina que interroga la possibilitat de la ciència no és la ciència, sinó la filosofia. És per això que la filosofia pot ser vista com una "ciència" dels fonaments o com un saber de segon ordre, que sotmet a examen el saber ja present amb una certa eficàcia en la vida de les persones.

Forma En Aristòtil, *forma* (MORPHÉ) és sinònim de *substància*▸ *segona* i significa, per tant, essència o determinació (el que ens diu *què és* la cosa que tenim en cada cas al davant). La forma és universal,▸ enfront de la matèria▸ (substància primera), que és sempre particular.▸ En Kant, la paraula pren un matís nou. La seva filosofia transcendental▸ interroga, no els objectes de coneixement, sinó la forma com els coneixem en tant que aquesta ha de ser possible *a priori*,▸ i la seva filosofia pràctica sosté que allò que és universal en la decisió no és ni pot ser cap matèria de la decisió (cap contingut de la decisió, com ara el plaer o la felicitat), sinó que només ho pot ser *la forma* de la decisió (l'imperatiu categòric).▸ En Kant, doncs, la forma (del coneixement o de la decisió) és l'estructura o la determinació *a priori* (del coneixement o de la decisió).

Formal Relatiu a la forma.▸ S'oposa a material.▸

Formalisme Tret propi de l'ètica de Kant. Kant anomena *ètiques materials* les que defineixen l'acció bona en funció de l'objecte o la matèria de la decisió (és bona l'acció que proporciona felicitat, o plaer, o poder, o el que sigui), i diu que aquestes ètiques no poden donar compte de la llibertat, perquè fan dependre la decisió d'un objecte extern a la voluntat. L'única cosa bona sense restriccions, diu Kant, és una bona voluntat: una voluntat que es determina a actuar amb independència de les conseqüències materials de l'acció. Ara, si no és l'objecte el que defineix una acció bona, només ho pot ser *la forma* com la voluntat decideix (formulada per l'imperatiu categòric).▸ Per això es diu que l'ètica de Kant és formalista. En suma: una ètica és formalista quan sosté que la bondat d'una acció no rau en l'objecte de la decisió, sinó en la seva forma.▸

Generalitzar Abstraure un element d'una representació i prendre aquest element com a tipus d'un conjunt (en principi infinit) de coses. Si, de cent cignes que he vist, he trobat que tots eren blancs, puc separar la qualitat "ser blanc" com a tret distintiu de tots els objectes del món d'aquest tipus, els cignes. Cal notar que en la vida de cada dia fer generalitzacions a fi de guanyar una certa comprensió de les coses i orientar-se és sovint ineludible; però, al mateix temps, pot ser també una font d'errors.

Gènere Vegeu *espècie*.▸

Gir lingüístic Tombant que fa el pensament a finals del segle XIX i principis del segle XX, que situa l'anàlisi del llenguatge i les seves estructures en el centre de la reflexió filosòfica. Es pot considerar que el centre d'atenció es desplaça, i ja no és l'estructura de la realitat (com en el cas de la filosofia antiga o medieval) ni l'estructura de la raó humana que coneix la realitat (com en el cas de la filosofia moderna), sinó el llenguatge. Tanmateix, seria més just dir que els filòsofs que protagonitzen el gir lingüístic no desatenen pas ni la realitat ni la raó, sinó que sostenen que les estructures del pensament han de ser analitzades a partir de les estructures del llenguatge i, doncs, que l'única manera d'accedir a la raó i a la realitat és en virtut de l'anàlisi del llenguatge, element central en el qual la raó troba els seus límits, el seu camp de joc i les seves regles i possibilitats.

Glossari En grec, GLOSSA significa "llengua" i, per extensió, tota paraula que demana un aclariment o una explicació. El llatí pren la paraula GLOSSA del grec per formar GLOSSARIUM. La terminació llatina -ARIUM indica un lloc on es guarden les coses. Un glossari és, així doncs, literalment, un lloc on es guarden les paraules que no s'entenen, a fi de glossar-les, és a dir, a fi d'interpretar-les i explicitar els diversos sentits que puguin tenir, de manera que el que era fosc esdevingui clar. No es tracta solament, així doncs, de donar una definició, sinó de fer un comentari que aclareixi el sentit de les paraules fosques, que és, per cert, el que provem de fer ara mateix amb la paraula *glossari*.

Gnoseologia Vegeu *epistemologia*.▸

Gust Sensibilitat estètica. La capacitat de gaudir de la bellesa, d'admirar el sublim o de trobar agradable el que afalaga els sentits. Sobre les coses que ens agraden, se sol dir que sobre gustos no hi ha disputes, és a dir, que el gust és merament subjectiu. Hi cap, tanmateix, una educació de la sensibilitat estètica, en virtut de la qual podem tenir accés a la bellesa i a la sublimitat de les obres d'art. La formació del gust, que passa per aprendre a mirar les pintures, o escoltar les simfonies, etc., és la formació d'una determinada sensibilitat estètica. Per a Kant, el gaudi de la bellesa ja no és particular, sinó universal. Vegeu *bellesa* ▸ i *sublim*. ▸

Hàbit Vegeu *costum*. ▸

Habitud Les habituds són el conjunt d'hàbits o maneres de fer que conformen la nostra manera de ser i estar. Es poden modificar en virtut de la reflexió, la decisió i la perseverança.

Haver de ser Hume fa servir l'expressió *haver de ser* (*ought*) per a distingir-la del que *és* (*is*). L'*haver de ser* és l'àmbit de les normes, l'*és* és l'àmbit dels fets. Contra la fal·làcia naturalista, ▸ Hume nega que les normes es puguin derivar dels fets.

Hedonisme Del grec HEDONÉ, "plaer", *hedonisme* és tota doctrina ètica que identifica l'acció virtuosa amb la que proporciona la felicitat, i la felicitat, amb el plaer. Són hedonistes les filosofies d'Epicur i Stuart Mill.

Heterònoma Es diu de la voluntat ▸ que té heteronomia. ▸

Heteronomia *Heterònom* és un compost dels grecs HETEROS, "altre", i NOMOS, "llei": la voluntat és heterònoma i, per tant, té heteronomia, quan la regla de la seva conducta no se la dona ella mateixa, sinó que està determinada per alguna cosa que és exterior a ella. Quan això passa, l'objecte de l'acció –que és exterior a la voluntat– domina sobre la voluntat i, per tant, no hi ha llibertat. Segons Kant, totes les ètiques que consideren bones les accions que proporcionen un bé determinat (el plaer, el poder, la riquesa, la felicitat), fent això, neguen la llibertat: la bondat no pot venir de l'objecte, sinó que, per a Kant, només és bona sense restriccions una bona voluntat. Heteronomia s'oposa a autonomia. ▸ Vegeu també *llibertat* ▸ i *voluntat*. ▸

Hipòtesi Suposició que es fa d'una cosa per a treure'n una conseqüència; teoria adoptada provisionalment per a explicar certs fets i guiar en la demostració d'altres. En ciència, calen les hipòtesis per a interpretar els fets dels quals encara no tenim explicació. Ara bé: una hipòtesi és científica només quan podem dir quines experiències la refutarien. Vegeu *demarcació*. ▸

Hipotètic En Kant, un imperatiu és hipotètic quan l'ordre que dona, és a dir, quan la necessitat de la decisió està sotmesa a una condició prèvia. Té, per tant, aquesta forma: "Si vols B, fes A." L'acció és un mer mitjà per a assolir un fi, i l'imperatiu no obliga incondicionalment, de forma necessària, sinó que es limita a informar del que hem de fer *si* volem obtenir una cosa determinada. Un imperatiu com aquest és un enunciat performatiu només per als qui es troben en les condicions establertes per l'antecedent. Per a tots els altres, és un enunciat merament informatiu. Vegeu *imperatiu* ▸ i *categòric*. ▸

Historicisme En sentit fort, l'historicisme és una forma de relativisme ▸ teòric que sosté que tot ha de ser entès en funció del context històric i, per tant, que no hi ha veritats objectives vàlides per a totes les èpoques històriques, sinó que la veritat és relativa a cada lloc i a cada moment històric. En sentit més lax, és historicista tota doctrina que entén que la realitat es desplega en el temps amb un sol sentit determinat, i, per tant, que la comprensió de la realitat demana sempre un plantejament històric. Dilthey és historicista en el primer sentit; Marx, en el segon. Vegeu *cosmovisió* ▸ i *materialisme dialèctic*. ▸

Humanitat Qualitat de l'ésser humà, naturalesa humana. Aristòtil ha donat la definició clàssica de l'ésser humà com a "animal racional", però la definició és objecte de discussió, ja que cal plantejar-se què cal entendre per "racional". La humanitat de cada individu humà seria allò que el fa precisament humà, i la dignitat de la persona rauria precisament en això. Que es digui d'algú que té humanitat quan es mostra compassiu o benvolent amb els altres ens indica ja una interpretació possible de què cal entendre per "humà". El més interessant d'aquest ús del terme és que, així com algú pot mostrar humanitat, un altre es pot mostrar inhumà. La paradoxa és, aleshores, que els éssers humans tenim la capacitat d'actuar contra allò que defineix la nostra condició humana. La humanitat seria, segons això, no pas el que d'entrada som, sinó allò que estem cridats a ser: allò que cadascú ha de cultivar en si mateix i en els altres. Per això Kant sosté que l'acció bona és la que té la humanitat, en la pròpia persona i en la dels altres, sempre al mateix temps com un fi i mai només com un mitjà.

Icona Tipus de símbol. ▸ Pot tenir dos sentits: (1) Símbol convencional, ▸ però no arbitrari, basat en una semblança o una analogia. ▸ Així, per exemple, la falç i el martell simbolitzen la classe treballadora, o una cigarreta ratllada amb una franja vermella simbolitza que no es pot fumar. (2) Símbol que fa comparèixer allò a què remet, que dona accés a un àmbit de realitat que sense aquest romandria ocult (és el cas de les icones religioses).

Idea Del grec EIDOS, participi del verb EIDEIN, que vol dir mirar o observar, *idea* significa figura, forma o aspecte. Plató usa la paraula per a designar, no l'aspecte sensible de l'objecte, sinó la seva essència, que constitueix segons ell l'autèntica realitat i que és accessible en virtut d'una visió intel·lectual (NOESIS) que assolim com a culminació d'un procés dialèctic. Segons això, les coses particulars són meres còpies de les idees, i aquestes segones constitueixen l'objecte pròpiament dit del coneixement. Les idees són, així, els principis còsmics d'ordenació de la realitat. En la filosofia moderna, les idees ja no són concebudes com a entitats objectives, sinó que passen a ser enteses (per exemple, en Descartes, Locke o Hume) com a continguts mentals en virtut dels quals pensem la realitat, i la pregunta passa a ser, aleshores, com han arribat aquests continguts a la nostra ment. Quan es consideren des d'aquesta perspectiva, les idees poden ser de tres tipus: *adventícies*, quan el seu origen és l'experiència sensible (extern a la ment mateixa); *fictícies*, quan són productes de la imaginació;▸ o *innates*, quan no són adquirides ni creades, sinó que es troben de forma immediata en la ment. Exemples: *cavall* és una idea adventícia, *unicorn* és una idea fictícia i *jo* (segons Descartes, encara que Hume ho negaria), una idea innata. Segons els empiristes, no n'hi ha, d'idees innates. Vegeu *categoria*,▸ *raó*,▸ *sensibilitat*,▸ *imaginació*▸ i *fantasia*.▸

Ideal En el sentit de "referent a la idea",▸ *ideal* s'oposa a *material*▸. La paraula té un segon sentit: un ideal és una idea regulativa, una certa noció del que seria la perfecció (una societat perfecta, una vida perfecta, etc.) que orienta les nostres accions (l'ideal d'un saber absolut orienta el progrés de la ciència, l'ideal d'una societat justa orienta l'acció política, etc.).

Idealisme En *teoria del coneixement*, posició que entén que el coneixement del món no pot ser distingit del coneixement de les estructures de la ment que el coneix, així com de les seves facultats, en tant que aquestes configuren sempre activament l'objecte que contribueixen a fer possible. Segons això, el món no és pas independent de la meva facultat de conèixer-lo i de representar-me'l. *Idealisme* s'oposa a *realisme*.▸

Identitat Qualitat del que és idèntic, és a dir, del que és igual, sense la més mínima diferència. En filosofia, té especialment interès la noció d'identitat personal.▸

Identitat personal Qualitat d'una persona▸ que fa que ella mateixa i els altres la reconeguin com una i la mateixa en diferents moments. Aquest reconeixement consisteix a atribuir totes les vivència de la consciència▸ a un jo que subsisteix en totes i les unifica en un sol corrent de pensament. Posicions ontològiques i epistemològiques diferents expliquen de maneres diferents la possibilitat i la consistència d'aquesta atribució. Un cas extrem és el de Hume, que nega tota validesa cognoscitiva a la idea d'identitat personal, ja que no hi ha cap impressió que s'hi correspongui.

Ideologia En Marx, una ideologia és la visió de la realitat que té una determinada classe social en funció del lloc que ocupa amb relació als mitjans de producció. Encara que no equival a la veritat objectiva, no és que els ideòlegs pretenguin enganyar ningú: la visió de la realitat política i social que donen, és realment –honestament– la seva; l'única cosa que passa és que el lloc que ocupen en la infraestructura econòmica no els permet tenir una visió de conjunt. Veure la veritat del procés històric és possible només quan ja estem arribant al seu final: com que els obrers del sistema capitalista, a qui el sistema nega la seva humanitat, resulten tenir, per això mateix, el punt de vista de la humanitat en el seu conjunt, la ideologia comunista és la primera que entén, per fi, de quina manera tots els conflictes històrics es resoldran definitivament en la societat comunista. Els detractors de Marx diran que, si té raó, la seva filosofia només pot ser una ideologia, sense el valor científic que pretén tenir.

Ignorància Estat del qui no té coneixement. Plató distingeix entre ignorància simple i ignorància doble. La ignorància simple és la d'aquell que no sap una cosa, però sap que no la sap. La ignorància doble és la ignorància d'aquell que, no solament no sap una cosa, sinó que ni tan sols sap que no la sap. El mestre ha de procurar trencar la ignorància doble per tal que l'aprenent estigui en disposició d'aprendre (aquell qui, no sabent una cosa, no sap que no la sap, no la buscarà).

Igual Que té en comú amb un altre individu o una altra cosa o amb altres individus o coses exactament les mateixes característiques, l'aparença o l'essència o una determinada qualitat o magnitud. Quan dos individus són iguals des de tots els punts de vista, sense cap excepció, diem que són idèntics.

Igualtat Qualitat d'igual.▸ En ètica, la igualtat és un principi moral que afirma que tots els individus tenen la mateixa dignitat▸ en tant que persones.▸ En política, el reconeixement de la igualtat de tots els individus pel que fa a la dignitat porta a defensar mesures o sistemes o règims que garanteixin d'una manera o altra el respecte i la defensa d'aquesta igualtat. Les mesures poden ser diverses, segons com s'interpreti quina és la millor manera de respectar i defensar la dignitat de tots: igualtat davant la llei, igualtat en l'accés a la sanitat i l'educació, etc. Una polèmica interessant sobre aquest tema és la que susciten les polítiques de discriminació positiva: si, en defensa de la igualtat entre homes i dones, s'estableix per llei que un nombre determinat de càrrecs públics han de ser ocupats per dones, els detractors d'aquesta mena de mesures apunten que, d'aquesta manera, les dones triades queden sota sospita de no tenir els mèrits requerits per al càrrec (de manera que la mesura perjudica les dones), però els defensors responen que canviar realitats culturals injustes demana mesures extraordinàries mentre la igualtat no s'hagi normalitzat.

Il·lusió Error que persisteix fins i tot quan l'hem reconegut com a tal. Així, per exemple, el fet que, mirant cap al cel, puguem tapar el Sol amb la mà constitueix la falsa percepció que el Sol és més petit que la nostra mà, i per bé que sabem que és molt més gros, això no treu que el continuem veient sempre més petit que la nostra mà. L'exemple posat és el d'una il·lusió òptica. Kant parla també d'il·lusions transcendentals: errors inevitables que deriven del fet de considerar el que són condicions subjectives del coneixement com si fossin realitats objectives independents de la nostra forma de conèixer. En aquest cas, el que és erroni és considerar el que es deriva d'aquest malentès –per exemple, la idea de Déu– com si fos objecte de coneixement; però això no impedeix que les il·lusions transcendentals no tinguin un paper legítim en el coneixement, com a ideals regulatius.

Il·lustració Corrent cultural del segle XVIII, conegut també com "el segle de les llums", que creu que la raó,▸ i només la raó, ens farà lliures. En la seva gestació, la Il·lustració es desplega en combat obert contra l'Antic Règim i contra el reconeixement que aquest feia de l'autoritat de l'Església o dels reis. Que només la raó ens pot fer lliures –éssers humans adults–, significa que ens hem d'atrevir a pensar pel nostre compte, sense reconèixer cap altra autoritat que la raó. Al segle XIX, el Romanticisme i l'irracionalisme assenyalaran els límits de la raó matemàtica i denunciaran la seva vocació limitadora sobre l'espontaneïtat d'una vida elevada o sana.

Imaginació Facultat que, d'una banda, reté en la memòria la figura o la imatge de les coses sensibles i, de l'altra, combina imatges retingudes així en la memòria (proporcionades per la sensibilitat) per a crear-ne de noves. En el seu aspecte creatiu, usa les idees adventícies com a materials de construcció per a elaborar noves idees que, en tant que productes de la imaginació, són fictícies. És una facultat activa. Vegeu *activitat*,▸ *creativitat*▸ i *fantasia*.▸

Imatge Procedent del llatí IMAGO, que significa "retrat, còpia o imitació", una imatge és la figura reflectida d'un objecte (per exemple, en un mirall) i, per extensió, aquesta figura retinguda en la memòria en virtut de la imaginació.▸ En principi, les imatges s'assemblen als seus originals, en conserven la figura. Quan això no passa –és a dir, quan no guarden les proporcions o les figures dels objectes amb què han estat dibuixades en la ment–, les imatges s'anomenen fantasmes (vegeu *fantasia*).▸ Així doncs, la imatge en sentit estricte és la forma (línies, colors, etc.) percebuda per la ment, que la nostra ment associa a l'objecte del qual procedeix (i que està merament apuntat en la percepció corpòria): encara que la percepció ho és de línies i colors, és impossible veure la imatge com un simple "conjunt de línies i colors", sinó que immediatament veiem la cosa representada. Notem, finalment, que la percepció d'imatges (per exemple, d'un unicorn en una pel·lícula) és molt difícil d'analitzar, perquè no és simplement percepció (passiva) de cossos, però no és tampoc creació d'idees fictícies, sinó que se situa com en un entremig entre la percepció i la creació imaginària.

Immanència Àmbit del fenomen que apareix *sencer* dins d'ell. Així, les parts del fenomen que són internes a ell i apareixen com a completes s'anomenen parts immanents del fenomen. La concepció de la realitat que reconeix validesa només als elements immanents del fenomen▸ és el fenomenisme.▸

Immanent Que és interior a l'acció o a la cosa considerada. Quan es tracta dels fenòmens,▸ l'element immanent és allò que es dona a la mirada. Això immanent, el que veiem, apunta, d'una banda, a l'objecte i, de l'altra, al subjecte. En efecte, no hi ha fenomen si no és com a manifestació d'alguna cosa (objecte▸) davant d'algú (subjecte▸), però el que veiem de la cosa és només les cares que dona a la mirada, de manera que la unitat de l'objecte no apareix com a tal, sinó solament com a cosa apuntada; i el mateix cal dir del subjecte que mira. L'objecte i el subjecte ja no són elements immanents del fenomen, sinó elements transcendents.▸

Immobilisme Concepció de la realitat segons la qual l'aspecte canviant de totes les coses al llarg del temps és inconsistent, una manifestació il·lusòria o falsa, ja que no hi ha una pluralitat de coses, sinó tan sols una sola cosa, i, per tant, tota aparició▸ és sempre aparença.▸ S'oposa a dinamisme▸ i defensa sempre una concepció monista de la realitat. Vegeu *monisme*.▸

Immoral El que s'oposa a la moral,▸ el que s'oposa als bons costums.

Immoralisme En els límits de l'ètica, doctrina que sosté que no hi ha cap moral objectiva, que totes les morals són, per la seva pròpia naturalesa, instruments de domini d'uns éssers humans sobre uns altres, i, per tant, que l'única posició que queda en defensa de la vida és combatre tota moral, des de més enllà del bé i del mal. L'immoralisme és la posició "ètica" que defensa el nihilisme. ▸

Imperatiu Enunciat performatiu, que dona una ordre.

Impressió En l'empirisme, l'acció i l'efecte de la pressió que alguna cosa exerceix sobre la ment a través dels sentits, és a dir, la sensació. ▸ Així, per exemple, si veig un tomàquet madur, a través de la vista això que veig –amb la pressió que exerceix sobre la meva ment– deixa una empremta en la meva ment que anomeno "vermell". Per a Hume, només les impressions són font de coneixement, i les idees no són res més que les empremtes que les impressions deixen en la nostra ment.

Inconscient En un primer sentit, designa el comportament que el subjecte té sense ser-ne conscient. Des del punt de vista filosòfic, però, el sentit més interessant és el que adquireix en el camp de la *psicoanàlisi*. En aquest segon sentit, l'inconscient és el lloc psíquic desconegut per la consciència i format per continguts reprimits, que són mantinguts al marge, però que exerceixen una influència efectiva i permanent sobre el subjecte. Inconscient no equival, per tant, a no conscient: jo puc ara mateix no ser conscient de certs fets del meu passat simplement perquè no hi penso, però puc accedir-hi en un altre moment en virtut de la memòria. Això no passa amb els continguts de l'inconscient, que es troben en un racó inaccessible del nostre psiquisme i que, tot i que no podem portar-los de cap manera a la consciència, determinen alguns dels nostres actes conscients. Així, per exemple, encara que creiem que ens coneixem a nosaltres mateixos, no sabem d'on ens ve, per exemple, la repulsió que sentim davant de certs objectes. Per motius obvis, l'inconscient només es posa de manifest de forma indirecta, en els somnis, els lapsus i els símptomes neuròtics. Només la intervenció d'un tercer, el terapeuta, pot portar el pacient a descobrir les vivències traumàtiques reprimides que provoquen el conflicte amb si mateix (la neurosi) que l'ha portat a demanar ajuda. El fet que, per definició, romangui reprimit en un àmbit del psiquisme no accessible a la consciència del pacient origina que l'estatut científic de la psicoanàlisi sigui controvertit: com hi pot haver ciència d'un objecte que es caracteritza precisament per no aparèixer?

Incorrecte Es diu d'allò que no és del tot recte, sinó que es torça en algun sentit o aspecte. Així, un enunciat és incorrecte quan, en lloc de dir la veritat, es desvia de la veritat i en aquest sentit es torça, i una acció és incorrecta quan en ella no hi ha rectitud. Naturalment, qui negui que hi ha bé i mal negarà que hi pugui haver accions contràries a la rectitud, i qui negui que hi ha veritat i falsedat negarà que hi pugui haver judicis contraris a la veritat. Finalment, podem parlar o actuar de forma incorrecta tant inadvertidament com intencionadament. En el primer cas parlem de desencert o error; ▸ en el segon, d'engany o mentida. ▸

Indeterminat Que no es pot determinar, que no es pot fixar en un concepte ▸ o en un estat de coses ▸ definitiu. L'indeterminat és, per tant, inefable (o, si ens trobem en el camp de les matemàtiques, innumerable). És allò que caracteritza essencialment la realitat segons el dinamisme ▸ i l'indeterminisme ▸ en la seva versió més extrema.

Indeterminisme En el camp de l'*ontologia*, doctrina segons la qual la realitat s'escapa de tota determinació; és una versió radical del dinamisme. ▸ En el camp de l'*antropologia filosòfica*, és la posició dels qui defensen la llibertat. En aquest sentit, podem distingir dues versions. Segons la primera, la conducta humana no està tota determinada per causes externes, no està tota prefixada per la naturalesa, sinó que tenim el poder de decidir gràcies a la voluntat ▸ o raó pràctica. ▸ La segona versió, la més radical, diu més o menys que la condició humana està marcada per una indeterminació absoluta, és a dir, que no hi ha essència de l'ésser humà, sinó que, en el nostre cas –i només en el nostre cas– l'existència –la presència efectiva en el món– precedeix la nostra essència. Això significa que no som res, excepte allò que cadascú faci de si mateix: l'indeterminisme, en la seva versió extrema, entén així la vida humana com una autocreació, com la creació artística de la pròpia identitat, una creació que no té cap límit i que, per tant, posa les seves pròpies regles només a través d'actes de la pròpia voluntat (que aquí ja no és raó pràctica, sinó decisió pura, creativitat sense normes preestablertes). Vegeu *nihilisme* ▸ i *determinisme*. ▸

Indiferència Qualitat del tracte que rebem quan sentim que som invisibles per als altres, que per a ells no existim, que som no-res, que no comptem per a res, que res ni ningú no ens té cap consideració (ni positiva ni negativa). Ja que necessitem ser reconeguts, la indiferència del món o dels altres ens aliena, ens fa estranys a nosaltres mateixos.

Individu Etimològicament significa element indivisible, unitat mínima d'un determinat col·lectiu. Cada ésser humà és un individu del conjunt dels éssers humans.

Cal entendre, tanmateix, dues coses: primera, la identitat individual pressuposa ja sempre la pertinença a una comunitat; i segona, en cada individu hi ha trets que el fan pròpiament humà i d'altres que comparteix amb altres éssers. Allò que ens fa humans no són pas els nostres trets individuals, sinó els que compartim amb la resta d'individus humans *en tant que humans*. A aquesta realitat comuna i universal és el que anomenem, en cada individu, persona.► En l'educació, els impulsos i els desitjos merament individuals són domesticats, a favor d'allò que els homes i les dones tenim en comú.

Inducció Generalització o inferència de lleis generals a partir de l'observació d'un cert nombre de casos particulars. Segons Hume, és el mètode propi de la ciència, que consisteix a constatar que les coses han passat fins ara d'una certa manera determinada i a suposar que les coses continuaran passant a partir d'ara de la mateixa manera.

Inducció (problema de la) La suposició que les coses continuaran passant de la mateixa manera que la que hem observat fins ara exigeix postular la uniformitat de la naturalesa. O sigui: que en iguals circumstàncies, la naturalesa es comporta sempre de la mateixa manera. És obvi que hi ha un cercle viciós, perquè la fiabilitat de la inducció com a únic mètode científic demana acceptar un postulat► que no es pot establir inductivament i, doncs, que no té validesa científica. Popper ha anomenat aquest problema "problema de Hume" o "problema de la inducció". Es pot formular també constatant que el mètode inductiu és il·legítim des del punt de vista lògic, ja que d'un cert nombre d'observacions (que serà sempre limitat per nombroses que siguin) no es pot establir una llei universal: no podem passar de l'"alguns" al "tots". Aquesta dificultat porta Popper a proposar la falsació► com a criteri de demarcació.►

Inferència Raonament que consisteix a derivar una proposició►, anomenada conclusió,► a partir d'una sèrie de proposicions, anomenades premisses, a partir de la relació lògica entre aquestes.

Infinit Que no té límit. Es diu de Déu, en tant que no coneix cap limitació, però es diu també, en matemàtiques, de tot allò que és innumerable.

Instint Comportament automàtic i inconscient dels animals, amb la forma de respostes determinades, hereditàries i pròpies de l'espècie amb vista a la conservació de la vida. L'ésser humà sembla haver substituït els instints per les habituds adquirides en virtut de l'educació, que Aristòtil considera una mena de segona naturalesa. I, tanmateix, alguns autors, com Hume o Stuart Mill, parlen de la simpatia —un sentiment de benvolença cap al gènere humà— com d'un instint. Potser per això Hume tendeix a identificar les emocions► (*emotions*) amb els sentiments► (*feelings*), que nosaltres hem distingit en les entrades corresponents.

Institució És una realitat social fundada o constituïda per una declaració► o per un acte de parla.►

Intel·lectualisme moral Doctrina ètica, atribuïda a Sòcrates, que sosté que ningú no fa el mal sabent-ho i que, per tant, l'origen del mal és la ignorància. Així, per exemple, si el lladre roba, és perquè creu (erròniament) que la felicitat la donen les riqueses. Si conegués el bé, no robaria.

Intel·ligència Paraula formada a partir del mots llatins INTER, "entre", i LEGERE, "triar o separar" i, per extensió, "llegir". La intel·ligència és, literalment, la qualitat del qui sap escollir (LEGERE) entre diverses opcions (INTER). Té intel·ligència, així doncs, qui sap resoldre problemes► complexos.

Intel·ligibilitat Qualitat del que pot ser comprès. El principi d'intel·ligibilitat universal, defensat per tots els racionalistes, postula que la natura és totalment intel·ligible i que, per tant, si hi ha coses que no podem explicar, és per les limitacions del nostre enteniment► i no perquè en si mateixes no siguin susceptibles de ser explicades.

Intenció Té dos sentits diferents. (1) Determinació de la voluntat a obrar amb vista a un fi. En la vida del subjecte, la intencionalitat és el seu lligam amb el món, amb els altres i amb la seva pròpia vida com a projecte.► En actitud natural vivim les nostres intencions (i les nostres motivacions) de forma aparentment espontània, perquè ens hi sentim embarcats. En l'estranyament► del món i de la vida, la xarxa de motivacions i d'intencions se'ns pot desfer: ens pot passar que ja no siguem conscients del que ens mou a viure (motivacions) i amb quina finalitat (intencions), i aleshores no tenim més remei que mirar-nos les coses d'una altra manera per a fer-nos responsables de la pròpia vida. Això és l'actitud teòrica.► (2) Té també el sentit tècnic que hem trobat en la definició de *consciència*,► que és "apuntar o dirigir-se" a alguna cosa. La intenció en el sentit (1) queda restringida, així doncs, a l'àmbit de la motivació i les volicions, dels fenòmens de la voluntat.

Interès Sentiment egoista que empeny a cercar el profit propi, la utilitat. Però també és la qualitat de les coses que ens mouen a dedicar-los desinteressadament la nostra atenció. Aquest segon cas ens situa davant el fenomen paradoxal dels interessos desinteressats:

d'una banda, aquells que tenim, no com a individus particulars que busquen només el benefici propi, sinó com a éssers oberts a l'universal, a allò que és comú a tots els individus i no solament privatiu d'uns quants, i, de l'altra, el que tenim per la persona estimada. En efecte, l'"interès desinteressat" no solament es dona en l'accés a l'universal, sinó que es pot donar igualment en l'amor particular: en tant que el meu interès és el benestar de l'altre, el profit de l'altre es pot mostrar, en l'amor, profundament vinculat al meu profit.

Intersubjectivitat Àmbit de relació entre els éssers humans que permet la creació de zones compartides d'objectivitat. Els conceptes institucionals i el món institucional en general són intersubjectius. També ho és el món social. Cal advertir que fins i tot la ciència, amb tota la seva pretensió d'objectivitat, necessita el consens per a ser validada. En efecte, quan un grup d'investigadors fa un descobriment, aquest nou coneixement científic només és reconegut com a tal quan altres grups d'investigadors l'han posat a prova i n'han confirmat la validesa: només la comunitat científica, *intersubjectivament*, pot validar la troballa feta per un investigador particular. L'exemple ens serveix per a fer notar que la necessitat de l'entesa entre subjectes no significa que l'objectivitat sigui inventada pel consens; ans al contrari: podem establir consensos convencionals només perquè hi ha un àmbit de relació intersubjectiu *previ* que ho possibilita. Podem discutir, per exemple, sobre si el que veiem és un cavall o una zebra, però en tot cas ambdós veiem *allò*. Aquest món al qual apuntem sempre tots, aquest mateix món comú al qual ens referim, és condició de possibilitat dels consensos convencionals. A diferència de les vivències individuals psicològiques, aquesta creació comunitària de món és absolutament objectiva. En altres paraules: el món institucional, que es construeix intersubjectivament, pot ser modificat, però només ho pot ser *col·lectivament*, mai individualment. Vegeu *institució.* ▸

Intuïció Captació immediata de la veritat o d'un fet. El mot és format a partir de les paraules llatines IN-, que indica direccionalitat de fora a dins, i TUERI, verb que significa "fixar la mirada, parar atenció, contemplar alguna cosa de forma atenta" (la paraula *tutor* deriva d'aquest verb). La paraula *intuïció* significa, així doncs, "fixar la mirada en alguna cosa". En Descartes, la intuïció és l'acte en virtut del qual copsem *de forma immediata* la veritat d'alguna cosa: la intuïció és la comprensió de les coses sense necessitat de demostrar amb un argument la veritat del que hem comprès. Perquè un enunciat pugui ser considerat evident, és a dir, perquè puguem dir que la intuïció ens mostra per si sola la seva veritat, la visió d'allò que enuncia ha de ser clara ▸ i distinta. ▸ Si la intuïció és la captació immediata de la veritat, la captació *mediata* —obtinguda a través d'un raonament a partir de premisses la validesa de les quals és evident per intuïció— és la deducció. ▸ En Kant, el terme *intuïció*, que en ell significa *referència immediata* a l'objecte (com a oposada a la *referència mediata* a l'objecte, que és el concepte ▸), queda restringit a la sensibilitat. ▸ En Descartes, en canvi, hi ha una intuïció intel·lectual, no sensible, que ens permet veure amb claredat i distinció, per exemple, que jo existeixo, ja que no puc posar en dubte la meva existència de cap manera. En això, Descartes està més a prop de Plató que de Kant: el punt de partida de la dialèctica platònica és la intuïció sensible, i, a partir de l'examen d'allò que veiem en virtut de les paraules, el dialèctic va enfocant la seva mirada fins que guanya, al final del procés del coneixement, una visió intel·lectual de la veritat de les coses, en virtut d'una forma de coneixement que Plató anomena *NOESIS*. L'exemple de la dialèctica platònica i el de l'evidència de la meva existència en Descartes ens permeten afegir una observació: que la intuïció sigui captació immediata de la veritat no vol dir que sigui espontània o automàtica; al revés, ja que la veritat de les coses només apareix amb evidència a un esperit ▸ atent (ho indica l'etimologia de la paraula *intuïció*), sovint calen moltes mediacions per a enfocar la mirada i guanyar aquella perspectiva en què, per fi, s'esdevé la intuïció de la veritat.

Iusnaturalisme En el camp de la filosofia política, teoria que sosté que la legitimitat ▸ de l'estat i, per tant, del dret positiu (les lleis escrites) es fonamenta en el dret natural, accessible a la raó. El fonament de l'estat no és, per tant, ni les circumstàncies històriques ni els textos sagrats, sinó la raó natural: el dret no és merament el conjunt de lleis vigents que es donen en un moment donat, perquè, en el cas que siguin il·legítimes, no es pot dir que aquestes lleis imposades pel poder constitueixin un estat de dret. El dret natural ▸ és, segons això, superior al dret positiu ▸: fonamenta la constitució del dret positiu i posa límits a la voluntat del sobirà. Locke, per exemple, sosté que el dret a la propietat és un dret natural (basat en el treball) i, per tant, que cap govern civil no té cap dret de privar un individu de les seves propietats; si el poder el vulnera, el ciutadà té dret a resistir-s'hi per la força. Locke és l'exemple més clar de pensador iusnaturalista.

Iuspositivisme Positivisme jurídic. ▸

Joc Activitat que no té altra finalitat que la seva pròpia execució, per a l'expressivitat, l'entreteniment o el fet de veure's posat a prova de qui l'executa. En la mesura que la vida▸ humana és desbordament, expressivitat▸ i comunicació, sovint se la compara amb un joc, i aleshores es parla del joc de viure. Quan es diu això, el que es vol dir és que el que està en joc en el joc de viure és la pròpia vida.

Judici Acte de síntesi: és la connexió d'un subjecte i un predicat i té la forma "S és P" ("*subjecte*" és allò de què parlem i "*predicat*" és el que diem d'això). És també una facultat: la capacitat de reconèixer i dir que una cosa es mostra o apareix com (essent-ne) una altra; la facultat d'establir la relació entre dos conceptes; la capacitat de fer afirmacions sobre la realitat i prendre posició quant a aquesta.

Justícia Principi moral que exigeix el respecte del dret▸ i a donar a cadascú el que li correspon. D'aquí que diferents concepcions de la moral▸ impliquin diferents concepcions de la justícia.

Justícia commutativa La justícia▸ es diu que és commutativa quan, fent prevaler la igualtat de tots davant la llei,▸ la llei tracta tothom de la mateixa manera sense atendre els mèrits o el valor de cadascú. Així, que tots els individus sense excepció tinguin accés a la sanitat i a l'educació en les mateixes condicions és un exemple de justícia commutativa.

Justícia distributiva Es diu que la justícia▸ és distributiva quan, fent prevaler que cal donar a cadascú el que és seu, tracta els individus de manera diferent segons quin sigui el valor o els mèrits de cadascú. Així, per exemple, que pagui més impostos qui té més béns és un exemple de justícia distributiva.

Justificar Demostrar que alguna persona o alguna cosa és justa, real o legítima.

Legal Permès per la llei▸ vigent en un moment donat en un país determinat. A Holanda els matrimonis homosexuals són legals i a la Xina no.

Legalitat Qualitat de legal▸ o, també, sistema legal constituït, conjunt de lleis que constitueixen l'ordre jurídic d'un estat.

Legítim Ben fonamentat, vàlid. En ètica i filosofia política, és cosa discutida si legal▸ i legítim signifiquen el mateix. Si fos el cas, *legítim* vol dir, simplement, "conforme al dret,▸ a la llei".▸ Si és el cas, però, mai no podrem dir que una determinada llei vigent sigui injusta o il·legítima. D'altra banda, si la llei positiva no és el fonament de la legitimitat, quin és el seu fonament? Què voldrà dir, aleshores, *legítim*?

Legitimitat Qualitat de legítim.▸ Allò que fa que una llei▸ no sigui la mera expressió de la voluntat dels qui tenen el poder, sinó que sigui justa amb ple dret. Cal no confondre legítim amb legal:▸ que una acció sigui legal –conforme a la llei de fet vigent en un moment donat en un país– no significa necessàriament que la llei que la fa legal sigui legítima. Per exemple: que les lleis de Sud-àfrica en un moment donat permetessin l'*apartheid* no vol dir que permetre l'*apartheid* sigui legítim. Vegeu *iusnaturalisme*▸ i *positivisme jurídic*.▸

Liberalisme Doctrina política que sosté que el poder polític només té dret a posar límits a la llibertat d'acció dels individus quan poden perjudicar els altres individus. En la concreció d'aquest principi, hi caben, tanmateix, molts graus, des de posicions ultraliberals que redueixen la intervenció de l'estat a la mínima expressió (el seu paper es reduiria a garantir que tots els agents poguessin actuar en igualtat de condicions en el mercat), fins a posicions més moderades que sostenen que hi ha àmbits de la vida humana en què l'estat ha d'intervenir, per exemple, en el de l'educació i la protecció dels menors. Com que posa la finalitat de l'acció política en la llibertat de cada individu, considerat aïlladament, s'oposa a comunitarisme.▸

Llei La paraula té tres sentits principals, un propi de l'àmbit de la física i els altres dos, del camp de la política. En *física*, una llei és una relació constant amb valor universal i necessari que regeix sobre els fenòmens naturals. En teoria del coneixement, és pertinent preguntar com és possible el coneixement universal i necessari si el coneixement està limitat per l'experiència. En *política*, una llei és una regla establerta per l'autoritat, això és, pel poder legislatiu. Les lleis així establertes són les lleis escrites o lleis positives. Finalment, les doctrines iusnaturalistes sostenen que hi ha, a més, lleis naturals: regles establertes, no per l'autoritat civil, sinó per la naturalesa o pel creador. Un darrer sentit, ja en el camp de la *religió*, és el de *la llei de Déu* donada als homes en la revelació recollida en els textos sagrats (com l'Antic Testament o l'Alcorà).

Llenguatge Facultat de comunicar el pensament en virtut d'un sistema de signes convencionals.

Llenguatge formal Llenguatge objecte d'estudi, les regles i les regularitats del qual (sintàctiques, semàntiques, etc.) són postulades o creades a través d'actes de parla declaratius.

Llenguatge natural Llenguatge objecte d'estudi, les regles i les regularitats del qual (sintàctiques, semàntiques, etc.) són *trobades* per l'investigador, i no pas postulades o creades per ell mateix a través d'actes de parla declaratius.

Llenguatge objecte Vegeu *metallenguatge.* ▸

Llenguatge simbòlic Facultat de comunicar els pensaments en virtut d'un sistema de signes convencionals. És tota mena d'expressió per mitjà de signes, tota traducció o transposició per mitjà de signes, d'alguna cosa que ens fereix o impressiona des de fora o d'algun trasbals del viure interior.

Llibertat Condició del vivent capaç de ser ell mateix la causa de si mateix; tal és l'ésser humà. Hi ha una llibertat negativa, que és la mera absència de coacció, i una llibertat positiva, que és l'autonomia ▸ o la capacitat de donar-se un mateix el criteri o la regla de la pròpia actuació. Els autors que neguen la llibertat en aquest segon sentit sostenen que les nostres accions sempre són motivades per causes externes, és a dir, que hi ha al món una sola necessitat ▸ (la natural) i que tota norma d'actuació és heterònoma. ▸ Vegeu *determinisme.* ▸

Lògica Part de la filosofia que estudia les regles formals a què s'ha de sotmetre el pensament, ▸ és a dir, les lleis del raonament vàlid.

Lògica formal Lògica ▸ que analitza l'estructura dels raonaments i els arguments expressats en llenguatges formalitzats. Aquesta lògica és sempre simbòlica; això vol dir que treballa amb símbols, sense tenir en compte els continguts de veritat empírics de les proposicions dels arguments.

Lògica informal Lògica ▸ que analitza l'estructura dels raonaments i els arguments expressats en llenguatges naturals. També s'anomena *pragmàtica lògica.*

Mal El que afecta negativament un individu, físicament o moralment. És cosa debatuda si té una consistència pròpia o si és merament absència de bé. ▸

Matèria En Aristòtil, és la *substància* ▸ *primera*, allò que individualitza les coses i la presència de la qual és la presència de la cosa en cada cas considerada abans de tota determinació (el que anomenem amb la paraula *això*). Precisament perquè és la mera presència de la cosa, abans de qualsevol determinació, la matèria no la podem determinar, sinó que només la podem pensar per analogia ▸ ("la matèria és a la cosa el que la fusta és al llit"). En aquest primer sentit, matèria s'oposa a forma. ▸ En Descartes, és matèria tot allò que té extensió, és a dir, el que té una presència efectiva en l'espai i el temps, el que ocupa una porció d'espai. En aquest segon sentit, matèria s'oposa a pensament. ▸ Aquest segon sentit de la paraula ens porta a advertir que la matèria se'ns dona sempre amb un caràcter d'exterioritat respecte al nostre pensament: és el que percebem fora de nosaltres. En tercer lloc, s'entén per matèria la realitat constitutiva dels cossos, compostos d'àtoms, molècules, etc. Podem notar, tanmateix, que, per elementals que siguin els components a partir dels quals pensem que són fets els cossos, si preguntem sobre aquests elements "de què són fets", tornem a la perspectiva aristotèlica que entén que allò més elemental només pot ser pensat per analogia. El caràcter escàpol del que és ínfim ens fa prendre consciència que el materialisme ▸ és una posició ontològica forta. Finalment, un quart sentit és el que pren la paraula en l'expressió kantiana "la matèria de la decisió": matèria és el contingut o l'objecte que persegueix una determinada acció, com ara el plaer, la felicitat, etc.

Material Referent a la matèria. Pot tenir, doncs, almenys quatre sentits. Com a oposat a ideal, ▸ és material el que té una presència efectiva en l'espai i el temps. Com a oposat a *ideològic*, és material el que pertany a l'estructura econòmica d'un determinat sistema de producció (vegeu *ideologia*, ▸ *materialisme dialèctic*). ▸ Finalment, com a oposat a formal, ▸ podem encara distingir dos sentits: en el camp de l'*ontologia*, és material el que individualitza la cosa abans de tota determinació, i en el camp de l'*ètica*, és material tota ètica que posa com a criteri per a determinar si una acció és moral, no la forma de la decisió, sinó el contingut de la decisió, l'objecte recercat.

Materialisme Teoria ontològica monista que afirma que l'element fonamental de la realitat és la matèria. ▸ Pot ser reduccionista o no reduccionista. Segons el primer, tot allò que existeix ha de poder ser explicat a través de les lleis que regulen el comportament de la matèria tal com és estudiada per la ciència bàsica que la investiga (la física, la química, etc.). Segons el materialisme no reduccionista, tot i que el constituent darrer de la realitat és la matèria, no es descarta la possibilitat de nivells organitzatius superiors a partir de les formes més bàsiques que desenvolupin certs graus d'autonomia que no permetin explicar el funcionament d'aquestes entitats segons els llenguatges de les ciències bàsiques que les investiguen (física, química, etc.). El terme pren un altre sentit en l'expressió *materialisme dialèctic.* ▸

Materialisme dialèctic Doctrina de Marx referent a la realitat històrica. Segons Marx, tot allò que és espiritual (les ideologies, la cultura, les religions) és només expressió de la infraestructura econòmica o material: la seva posició és, en aquest sentit, materialista. Ara bé, la realitat material (econòmica) no és estàtica, sinó dinàmica: les contradiccions inherents a cada mode de producció, que es tradueixen en lluita de classes, és el motor que fa avançar la història, a base de revolucions, cap a la seva resolució final, la societat comunista, en la qual ja no hi haurà contradiccions ni, per tant, conflictes. Aquesta concepció del procés històric es diu dialèctica: el materialisme de Marx és, per tant, dialèctic.

Màxima (de la voluntat) Una màxima de la voluntat▸ és el criteri que seguim quan decidim fer una acció. Per exemple: la màxima que segueix el lladre és "apropiar-se del que és dels altres"; la que segueix el soldat, "defensar l'honor", etc. L'imperatiu categòric▸ kantià estableix que una acció només pot ser bona si la màxima amb què actuem pot valer com a principi d'una legislació universal. El lladre que roba no pot pretendre que "robar" sigui llei universal.

Mecanicisme Visió del món▸ pròpia d'una part del pensament modern a partir del segle XVII, que comprèn la realitat a partir només de matèria i lleis de moviment segons models mecànics. Si aquesta concepció inclou la realitat humana, es tracta d'una visió determinista del món. Si l'exclou, planteja el problema de com cal pensar la situació de l'home en el gran mecanisme del món.

Mediació En filosofia, pot tenir dos sentits. (1) En teoria del coneixement, diem que la referència immediata a la cosa, la intuïció, no ens dona per si sola coneixement, sinó que cal que la pluralitat sensible sigui recollida en la unitat del concepte per tal que l'objecte comparegui com el que és: el coneixement és ja sempre una síntesi i, per tant, una *mediació* per part de la raó i l'enteniment sobre el material sensible immediatament donat. (2) En un segon sentit, constatem que en la presència efectiva de les coses, que compareixen davant nostre com si fossin donades de forma immediata, en realitat s'ha efectuat sempre un nombre incalculable de mediacions que donen el sentit de la cosa present en cada cas. Així, per exemple, si bé a un nen petit de ciutat un semàfor li pot semblar un objecte tan natural com els arbres (si no més!), la reflexió sobre tot el que es troba present en la simple presència del semàfor ens fa entendre que pressuposa la feina continuada durant segles del conjunt de generacions que formen la nostra cultura, tota la història del pensament, de la ciència, de la política, etc. En actitud natural, ens trobem ja sempre enmig d'un oceà de mediacions que, ingènuament, prenem com si fossin béns donats de forma immediata.

Memòria Funció del pensament que porta a la presència un estat de consciència passat i que al mateix temps el reconeix com a passat; és la forma com es fan presents les coses passades en la consciència.▸

Mentida Afirmació contra la veritat, que es fa amb la intenció que aquells qui l'escolten creguin que és veritat.▸

Mercaderia Qualsevol bé, material o no, susceptible de ser venut i comprat en un mercat. En la societat capitalista tot és susceptible de ser mercaderia. Considerar les coses des d'aquest punt de vista és prescindir de la seva essència▸ i tractar-les només com a valors▸ de canvi: des-substanciar-les o empobrir-les.

Metafísica Part de la filosofia que estudia els fonaments de la realitat. No s'ocupa, doncs, de la naturalesa (això ho fa la física), sinó que es pregunta quin és el seu fonament:▸ allò que la precedeix i la fa possible. En grec, "més enllà" es diu METÁ i "les coses referents a la natura" s'anomenen FÍSICA: d'aquí que l'estudi d'allò que es troba *més enllà de la naturalesa* i constitueix el seu fonament es digui *metafísica*. De vegades, la metafísica es confon amb l'ontologia,▸ però els autors moderns i contemporanis han distingit una cosa de l'altra, i normalment ho han fet en aquest sentit: la metafísica, tal com diu l'etimologia del mot, sembla remetre la realitat visible a una realitat invisible, més enllà de les coses visibles; l'ontologia, en canvi, no pressuposa que hi hagi res més enllà de la realitat tal com se'ns manifesta, i el que fa és més aviat preguntar en què consisteix precisament la manifestació, en què consisteix que les coses en general se'ns mostrin o manifestin.

Metallenguatge Llenguatge▸ a través del qual expressem judicis sobre un altre llenguatge. El llenguatge que és tema d'estudi passa a ser anomenat *llenguatge objecte*. Així, per exemple, si ensenyem grec i matemàtiques en català, el grec i les matemàtiques són els llenguatges objecte, i el català és el metallenguatge. Llenguatge i metallenguatge, de vegades, són el mateix: com quan ensenyem gramàtica catalana (o vocabulari filosòfic català) en català.

Mètode Format a partir dels termes grecs METÁ, que indica "mediació", i HODÓS, que significa "camí", *mètode* significa literalment "el camí a través del qual podem arribar al lloc on volem anar". Un mètode és, conseqüentment, el camí que hem de seguir –les regles que hem d'obeir, les etapes successives que cal superar o els passos que cal fer– per a assolir el coneixement recercat. Com que el camí depèn sempre de l'objecte que volem conèixer, i com que hi ha objectes de naturaleses diferents, no hi ha un sol mètode. Així, per exemple, el mètode científic que segueix un químic en un laboratori resultarà estèril per a l'historiador que tracta de comprendre una realitat històrica determinada. Amb tot, no han faltat propostes de mètodes universals. Un cas paradigmàtic és el de Descartes, que sosté que el pensament ha de seguir sempre aquest camí: 1) *intuïció* (acceptar com a vertader només allò que es presenta de forma clara i distinta a un esperit atent); 2) *anàlisi* (dividir les qüestions complexes en tantes parts simples com tinguin); 3) *síntesi* (resoldre les qüestions simples en l'ordre adequat per a guanyar la solució del conjunt), i 4) *enumeració* (repassar un cop i un altre tots els passos fets).

Mite Del grec MYTHOS, que significa recitació o relat. Un mite és un relat sobre els principis del món, a partir del qual s'organitza, en el si d'una societat, la comprensió de la realitat. Els mites d'una comunitat justifiquen, d'aquesta manera, l'ordre del món, i proporcionen així els models de vida adulta i el sentit de la comunitat. L'ordre social, la seva justificació, es transmet a través dels mites.

Mitjà Cadascun dels instruments que cal emprar en la consecució d'un fi ▸ determinat.

Mòbil El que ens mou a actuar, allò que perseguim, l'objectiu de la nostra acció.

Món Del llatí MUNDUS, que tradueix el grec *cosmos*; ▸ tots dos volen dir ordre. És el lloc on som i on es donen (o se'ns donen) totes les coses en un cert ordre.

Monisme Del grec MONOS, que significa "un de sol", *monisme* designa tota concepció de la realitat segons la qual la totalitat del real és constituïda per una sola substància. ▸ Segons això, la realitat és formada o governada per un sol principi. Tota la resta de manifestacions de la realitat són meres aparences, falses manifestacions de la realitat. Els monismes acostumen a ser de caire materialista o de caire idealista. Segons cadascun d'aquests monismes, els altres principis s'han de subordinar al principi proposat: pel monisme materialista la ment és una segregació o producte de la matèria; segons el monisme idealista, la matèria és sempre un contingut d'una ment que la pensa. Vegeu *pluralisme*, ▸ *dualisme*, ▸ *materialisme* ▸ i *idealisme*. ▸

Moral Conjunt de normes que operen socialment, que estableixen quins són els deures dels membres d'aquesta societat i que ho fan sota el supòsit més o menys explícit que són vàlides o, el que és el mateix, amb la pretensió més o menys explícita que són universals.

Moralitat Caràcter o qualitat moral, conformitat amb els preceptes de la moral, ▸ àmbit de la vida humana que té a veure amb la decisió ▸ i, doncs, amb la llibertat. ▸

Mort Destrucció de l'existència i, per això mateix, horitzó últim de la vida humana: horitzó últim de totes les meves possibilitats i de tot el meu ésser.

Motivació Origen de l'acció, ▸ font de moviment del subjecte, allò que determina el subjecte a actuar, el mòbil que persegueix el subjecte.

Naturalesa Conjunt de l'Univers i les seves lleis, considerat al marge de tot el que és producte del treball o de l'acció de l'ésser humà. Per això, natural s'oposa a artificial (terme que inclou els productes manufacturats, però també les lleis, les normes de bona educació i els escacs, entre moltes altres coses). La vida humana no té lloc en un medi natural, sinó en món humà, en un medi ja sempre transformat artificialment per l'home. En un segon sentit, la naturalesa d'una cosa és el que la cosa és per si mateixa, la seva essència. ▸

Necessari Allò que no pot ser d'una altra manera que com és, i que no pot no ser. O, també, allò el contrari del qual és impensable. En un altre sentit: donada una cosa o un fenomen, és necessari tot allò que s'ha de donar per tal que aquesta cosa o fenomen sigui possible (allò que, en el cas de no donar-se, faria impossible el fenomen o la cosa del cas).

Necessitat Caràcter del que és necessari. ▸ En el món, és necessari tot allò que es troba subjecte a lleis fixes i que, per tant, no pot no ser tal com és. Això és l'ordre de la naturalesa. És cosa discutida si, a més d'aquest ordre, hi ha una segona causalitat que consisteix en l'ordre de la llibertat. Els qui afirmen que només hi ha l'ordre de la naturalesa ▸ són *deterministes* (neguen la llibertat). Els qui afirmen que, en realitat, no hi ha cap de les dues causalitats, sinó que tot és caos, joc i atzar, són *indeterministes*. Finalment, els qui afirmen i distingeixen tots dos ordres distingeixen ordres de realitat determinats per la necessitat i ordres de realitat en què impera la llibertat. ▸ Vegeu *determinisme* ▸ i *indeterminisme*. ▸

Nihilisme Doctrina que nega de forma absoluta l'existència de valors ▸ absoluts: per al nihilisme, no hi ha res que fonamenti el món, no hi ha res que fonamenti el judici dels homes i, per tant, l'única cosa que ens queda és no-res. En la seva versió més conseqüent, més radical, el nihilisme és la situació que s'obté quan tot és permès: si res no limita les possibilitats del món i les possibilitats de la vida humana, aleshores no hi ha cap límit ni cap frontera que jo hagi de respectar.

Nominalisme Amb relació al problema dels universals, teoria que sosté que no hi ha idees universals –és a dir, que els conceptes universals ▸ no tenen cap entitat real–, sinó que les paraules que fem servir per a referir-nos a objectes diferents (com ara "taula") són només noms o etiquetes amb què classifiquem conjunts d'idees particulars semblants. Així, per exemple, i contra el que sosté Plató, no hi ha essència de taula com a entitat separada que es pogués predicar de totes les taules particulars, sinó que l'única cosa que hi ha són les taules particulars, diferents les unes de les altres, que designem amb el mateix nom només en virtut de la seva semblança. Nominalisme s'oposa a realisme. ▸

Norma Regla que cal seguir en fer alguna cosa, a què hom ha de subjectar el seu capteniment. Pot ser escrita o no escrita. En actitud natural, ▸ el sentit de vida rebut de la tradició és viscut com a normal, de manera que esdevé normatiu: els qui se separen de la normalitat són vistos com uns que viuen fora de la norma. En les societats obertes, que són ja sempre filles de l'esforç racional encarnat en la filosofia, el que esdevé norma és la tolerància i, per tant, el respecte de les diferències dins els límits del respecte mateix. Vegeu *regles regulatives* ▸ i *regles constitutives*. ▸

Noümen Terme proposat per Kant per a anomenar la cosa-en-si, això és, la cosa tal com és en si mateixa independentment de la nostra forma de conèixer-la. El terme és grec, i anomena el correlat de la NOESIS, és a dir, de la intuïció intel·lectual o no sensible. Òbviament, allò que és independent de la nostra forma de conèixer-ho cau fora del coneixement humà. El concepte de noümen constitueix, per això mateix, un concepte límit, que es limita a assenyalar precisament allò que roman inaccessible al coneixement. El punt és aquest: ja que el coneixement humà és finit (receptivitat), no tenim accés a la realitat tal com és en si mateixa, sinó tan sols a la realitat tal com és per a nosaltres (entenent per "nosaltres", no el jo empíric que en cada cas coneix, sinó l'estructura del coneixement que és comuna a tots els éssers humans): podem conèixer només el fenomen, ▸ no pas el noümen. Notem, finalment, que les idees de la raó –Món, Jo, Déu–, que ens fan pensar en l'incondicionat o absolut, i que, per tant, poden ser pensades, però no experimentades, certament no constitueixen coneixement, però han de ser afirmades com a postulats ▸ de la raó pràctica, ▸ és a dir, com a realitats l'existència de les quals hem d'admetre (encara que no les coneguem) per a donar compte de la moralitat. D'aquesta manera, ja que aquestes idees no són fenòmens (no hi ha cap experiència possible en què comparegui Déu, o el Món o la Llibertat), es tracta de noümens que, si bé no són objecte de coneixement, tenen, tanmateix, validesa pràctica. Així doncs, ja que els éssers humans ens trobem –segons Kant– en una cruïlla entre la naturalesa i la moralitat, podem dir que ens trobem ja sempre marcats per una doble naturalesa, fenomènica (en el que tenim de naturalesa) i noümènica (en el que tenim de moralitat).

Objecte Manera com se'ns donen les coses en actitud teòrica: ▸ deixen de trobar-se mansament incorporades en la nostra acció com a estris ▸ o *coses a la mà* (forma de presència pròpia de l'actitud natural) ▸ i passen a oposar-se a nosaltres i esdevenen temes d'investigació o problemes. ▸

Objectivitat El conjunt de les coses que tenen una entitat pròpia i que són, doncs, independents del subjecte que les considera. També es pot dir de l'actitud amb què algú –per exemple, un jutge– examina una cosa, provant de prescindir de les seves pròpies opinions i prejudicis i deixant que la cosa es mostri per si mateixa. No cal dir que el relativisme ▸ nega que hi hagi objectivitat, en cap dels dos sentits.

Obligació Etimològicament, *obligar* significa "lligar" (*-ligar*) a alguna cosa externa (*ob-*). Una obligació és alguna cosa que em lliga i que em mou a actuar d'una manera determinada perquè reclama la meva obediència. *Obeir* és, en efecte, tal com diu l'etimologia del mot, escoltar (*-oir*) alguna cosa externa (*ob-*), fer cas al que no soc jo. L'àmbit de les obligacions, que és l'àmbit de l'obediència, és, per tant, l'àmbit de les coses que no som nosaltres (*ob-*) i que ens lliguen de formes distintes (*-ligacions*): l'àmbit dels nostres lligams. L'ètica, la política i l'antropologia filosòfica pregunten per la naturalesa i el fonament dels diferents lligams en què es troba situada la vida humana.

Ontologia Part de la filosofia que es pregunta en què consisteix ésser (una cosa) en general. Habitualment, ens movem donant per entès que hi ha coses i que les coses són aquestes o aquelles. Però podem preguntar-nos, més que quines coses hi ha i com funcionen, *en què consisteix l'ésser d'aquesta cosa.* La investigació que intenta respondre aquesta pregunta, és l'ontologia. Vegeu *metafísica*. ▸

Opinió Qualsevol afirmació que expressa alguna cosa que tenim per vertadera i, doncs, que prenem com a certa i que contribueix d'aquesta manera a formar la nostra visió del món així com la nostra manera d'actuar. Del conjunt de les opinions amb què comprenem el món i ens orientem en la vida de cada dia –conjunt d'opinions que adquirim sobretot en virtut de l'educació i de la tradició–, Plató en diu també "l'àmbit de l'opinió" (DÓXA). Modernament, però, el terme pren un altre sentit: per a Kant és opinió, no ja qualsevol de les afirmacions que fem amb seguretat, sinó, ben al contrari, allò que afirmem sense estar-ne del tot segurs, com quan diem "em sembla que..." (i en aquest sentit es distingeix de creença). ▸

Orientació En un primer sentit, orientar-se és col·locar-se o situar-se respecte dels punts cardinals. Si ens situem així, és per fer camí en una determinada direcció i amb un sentit determinat. En actitud natural, ▸ això ho fem d'habitud, fent nostres la direcció i el sentit rebuts de la tradició. El trencament de l'actitud natural ens desorienta: no tenim més remei que examinar racionalment el lloc on som per tal d'identificar els punts cardinals de la vida humana, resituar-nos així en el lloc on som i endegar un trajecte vital des de l'aclariment racional de la pròpia situació. L'hàbit d'orientar-se d'aquesta manera es diu prudència. ▸

Paradigma Model.

Paradoxa Proposició ▸ aparentment contradictòria, que sembla xocar amb el sentit comú, i que ens fa parar atenció en alguna realitat que es resisteix a una anàlisi en termes de mera suma de termes. Així, per exemple, forma part de la condició paradoxal de l'existència humana que viure és morir. Vegeu *contradicció*. ▸

Paralogisme Raonament fals.

Paraula Allò que és efectivament dit, la concreció de la capacitat lingüística d'un individu. A través de la paraula, els individus es comuniquen i fan coses. Vegeu *acte de parla*. ▸

Particular El que concerneix exclusivament a un sol individu (ja sigui persona o cosa). S'oposa a universal. ▸

Passió Afecció anímica que es caracteritza per una sensació interna intensa. Una passió és alguna cosa que ens afecta, que ens commou i activa, venint de fora, el nostre desig. S'oposa a acció, ▸ perquè en la passió el motor és extern i, en canvi, en l'acció és intern. Les passions són afectes que tenim, que venen sense voler, sense que en tinguem el control, i que poden marxar igualment sense voler, però que poden també activar altres facultats que provin d'exercir un cert control sobre aquestes. Quan, des d'aquestes facultats actives, donem un sentit a les passions, aquestes es transfiguren en sentiment. ▸ La tristesa, l'alegria o la ràbia són passions. Vegeu *emoció*. ▸

Passiu/iva Diem que una facultat ▸ és passiva quan consisteix en la capacitat de ser afectada per alguna cosa externa i, per tant, quan la seva característica principal és la receptivitat. L'exemple més clar és la sensibilitat. ▸ En efecte, si jo sento l'escalfor del foc, si la reconec com a qualitat del foc, és perquè estic dotat de sensibilitat (la taula que està a prop de la xemeneia, en canvi, s'escalfa, però no sent l'escalfor, perquè no està dotada de sensibilitat): la sensibilitat és, així, la facultat de rebre —receptivitat— l'efecte d'una acció produïda per un objecte extern (en el nostre exemple, el foc) i no per si mateixa —passivitat. La sensibilitat rep així els materials que fan possible les síntesis a càrrec de les facultats actives (enteniment, imaginació, raó). Cal, tanmateix, notar que certs autors, com ara Aristòtil, reconeixen una certa activitat a la sensibilitat, ja que la captació del vermell demana el reconeixement del vermell com a vermell, cosa que ja no és recepció pura. I podem afegir, finalment, que certes idees que són productes de síntesis anteriors poden produir un efecte en la sensibilitat, com quan ens entristim en rememorar un fet passat. Aquest component actiu incorporat en la sensibilitat és important en la teoria de les habituds.

Passivitat Qualitat de passiu. ▸

Pensament Acció i efecte de pensar, acció pròpia de la ment. Com a acció, inclou la deliberació, ▸ la reflexió, ▸ el judici, ▸ la comprensió, ▸ la descripció, ▸ l'anàlisi, ▸ la síntesi, ▸ l'abstracció ▸ i l'explicació, ▸ així com l'afirmació, la negació, la imaginació, l'argumentació, etc. Com a efecte, és a dir, com a objecte de l'activitat de pensar, pensament és sinònim d'*idea*, ▸ de *creença* ▸ o d'*opinió*. ▸

Pensar Del llatí PENSARE, "pesar, sospesar, meditar". És l'activitat pròpia de la ment, allò que defineix l'activitat de la ment en el seu conjunt, per bé que sovint es fa servir per a referir-se específicament a l'activitat cognoscitiva ▸ (l'elaboració de conceptes, ▸ la reflexió ▸ i el judici). ▸ Vegeu *pensament*. ▸

Percepció La paraula *percepció* deriva del prefix llatí PER-, que indica que ens referim a la cosa de què parlem en el seu conjunt o de manera completa (en tot el seu perímetre), i el verb CAPERE, que significa "capturar o agafar". La percepció és, així doncs, l'acció o l'efecte de capturar per complet alguna cosa en la ment, de capir-la del tot. En filosofia, la paraula experimenta un desplaçament. Inicialment, la percepció és l'activitat de la ment en virtut de la qual aquesta capta o copsa alguna cosa: la percepció és, així, l'acció o l'efecte de comprendre o de ser conscient d'alguna cosa. En aquest sentit, totes les idees són percepcions, tant si provenen dels sentits com si no (és el sentit que trobem, per exemple, en Descartes). Després de l'empirisme, però, es reserva la paraula *percepció* per a tot allò rebut per la ment de manera conscient a través dels sentits. En aquest segon sentit, la percepció ocupa una posició intermèdia entre la sensació (el mer fet de veure's afectat per un estímul extern a través dels òrgans corporals) i el pensament (com a independent de les sensacions): si veig una cosa vermella, però no hi paro esment, en tinc la sensació; quan reconec això que veig com a vermell, en tinc la percepció, perquè només així ho capturo o ho capeixo del tot.

Perfecció Del llatí PER- ("en tot el perímetre, per totes bandes") i -FECTIO ("fet"), la perfecció és allò fet del tot, allò a què no manca res. Podem parlar de coses perfectes en el seu gènere, com la perfecció d'una planta adulta (per comparació al brot primerenc) o podem parlar de la perfecció a seques. En aquest segon sentit, la perfecció és atribut de Déu, entès aquest com a substància infinita i plenitud de perfeccions. Per contrast, descobrim en nosaltres un munt d'imperfeccions en les experiències de l'error, de la caiguda i del remordiment. Diferents escoles de pensament discuteixen si la perfecció en el segon sentit –Déu– existeix realment. Per bé que, en alguns casos paradoxals, es pot defensar l'ateisme al mateix temps que s'afirma la perfecció: és el cas del vitalisme de Nietzsche, que, tot i negar el Déu cristià, defensa la perfecció de la vida i censura tot intent de fonamentar-la en alguna cosa que no sigui ella mateixa, pel simple fet –diu– que la vida, la perfecció, no necessita fonamentació.

Persona Designa els altres, en tant que éssers dotats de dignitat▸ moral, és a dir, en tant que éssers dotats d'un valor▸ intrínsec que cal respectar i preservar per si mateix. La persona no és merament l'individu empíric, sinó la humanitat que hi ha en ell; de manera que, en cada individu, el que és digne de respecte▸ no és la seva idiosincràsia tota sencera (no, per exemple, si es tracta d'un sàdic), sinó la persona que hi ha en ell. Una persona és, per tant, un fi en si mateixa, tant en els altres com en un mateix.

Perspectivisme Veure una cosa en perspectiva és veure-la (*-spectiva*) des d'algun punt de la seva perifèria (*per-*), és a dir, des d'un determinat punt de vista. El perspectivisme diu aproximadament que, a l'hora de pensar en la realitat, no hi ha un punt de vista absolut o privilegiat que ens permeti guanyar una sola visió objectiva del tot que s'ha de pensar. Els perspectivisme de vegades es resol, per això mateix, en alguna forma de relativisme,▸ incloent-hi la del culturalisme.▸ Però això no és pas necessari, perquè també podem admetre que només podem assolir perspectives de la realitat (no una sola visió definitiva), però que (1) no tota opinió constitueix un punt de vista defensable i (2) la consideració d'allò considerat des de diferents perspectives ens permet aprofundir en una sola visió cada cop més profunda i matisada del que estem considerant.

Persuasió Capacitat de convèncer els altres amb les nostres paraules, amb les nostres argúcies, amb els nostres arguments i amb la nostra manera de parlar i d'expressar-nos.

Pluralisme Tota concepció de la realitat segons la qual la totalitat del real és constituïda per més d'una substància.▸ Segons això, en la realitat hi ha més d'un principi, i la relació entre els diversos principis és de conflicte o de pugna. El filòsof és aquell que contempla les lleis d'aquest enfrontament i transformació entre els diversos principis de la realitat. Vegeu *monisme*▸ i *dualisme*.▸

Pluralitat Qualitat del que és plural, és a dir, del que és més d'una cosa. En *teoria del coneixement*, l'element de pluralitat el constitueix allò donat a la sensibilitat, i el coneixement es produeix quan l'enteniment sintetitza l'objecte i unifica la pluralitat sensible en virtut de conceptes. Quan neguem la possibilitat de tals síntesis unificadores i sostenim que la realitat és formada només per la successió d'aparences que es despleguen en el fenomen a través del temps (sense que pugui ser unificada per res que estigui fora d'aquest esdevenir mateix temporal), estem defensant una *ontologia* dinamista. Vegeu *dinamisme*.▸

Poder Coacció, capacitat de doblegar la voluntat dels altres per la força. Vegeu *autoritat*.▸

PÓIESIS (producció) En grec, PÓIESIS significa "producció", i es distingeix tant de la PRAXIS ("acció") com de la THEORIA ("contemplació"). Si en la contemplació no fem res, sinó que observem amb atenció la realitat, l'acció i la producció consisteixen a fer coses. Ara bé, si bé l'acció es té a si mateixa com el seu propi fi (i per això és desplegament de la llibertat), la producció té com a fi una altra cosa que el subjecte que produeix, és a dir, l'obra produïda. L'art i l'artesania, però també la tècnica i la tecnologia, són productes de la PÓIESIS. Davant els autors que, com Marx, veuen en la producció de la pròpia vida allò més essencial de la condició humana, Hannah Arendt reivindica l'acció▸ i, per tant, la política, com a lloc on més pròpiament la llibertat humana pot ser desplegada.

PÓLIS Cadascuna de les ciutats estat de l'antiga Grècia. Lloc de naixement de la vida política –isonomia, participació igual de tots els ciutadans lliures en el govern de la ciutat, domini de la paraula– i, també, de la reflexió sobre la vida política –la filosofia política–, com a activitat i pensament que es demanen l'un a l'altre recíprocament.

Política Literalment, "les coses relatives a la PÓLIS".▸

Designa tant l'àmbit públic, el lloc on els ciutadans fan ús de la paraula per prendre decisions conjuntes sobre com cal legislar i executar i fer complir les lleis fetes i defensen, així, les llibertats, com la disciplina teòrica que estudia aquesta realitat i que es pregunta, entre altres coses, quin règim polític és el millor o amb quin dret el poder pot prendre decisions que afecten la vida dels ciutadans. Hi ha política perquè, malgrat que tots els individus som iguals en dignitat,▸ no tots som iguals pel que fa a l'origen, els talents, les creences, els gustos i els interessos: l'exercici de la racionalitat política prova d'harmonitzar interessos enfrontats i de protegir els drets de tots malgrat les diferències. Quan la política es degrada, es converteix en mer exercici del poder sense cap dret ni legitimitat.

Positivisme Teoria del coneixement que, partint de l'empirisme, atorga validesa cognoscitiva només als fets (allò donat "positivament"). Els seus detractors apunten que defensar això és caure en una certa ingenuïtat, perquè els fets mai no es donen de forma pura, sinó que són ja sempre fets interpretats. Vegeu *fet*.▸

Positivisme jurídic En el camp de la filosofia política, teoria que sosté que la font de tota legitimitat▸ és la llei positiva, és a dir, la llei escrita vigent en un moment donat en un país. Aquesta doctrina nega que sigui possible trobar un fonament transcendent a la llei, ni Déu, ni la Naturalesa, ni la Raó, de manera que el seu fonament només pot ser el fet mateix que estigui vigent. Òbviament, les lleis es poden canviar, però sempre d'acord amb el que la llei preveu, tal com ha estat acordat pels legisladors. El positivisme jurídic és, aleshores, una de les formes que poden prendre el convencionalisme▸ i el contractualisme.▸

Possibilitat Qualitat de possible.▸

Possible En un primer sentit, possible és el que no comporta cap contradicció (*possibilitat lògica*). Per a veure si alguna cosa comporta contradicció, no n'hi ha prou que sigui concebible: cal, a més, que la puguem pensar de forma distinta. Un segon sentit de *possible* és, per tant, el que pot ser pensat de forma distinta (*possibilitat epistemològica*). Tot el que és possible *és*: la possibilitat és, per tant, en un tercer sentit, l'essència▸ de la cosa, el que fa que una cosa sigui. Finalment, en totes les coses l'essència de les quals admet la presència efectiva en l'espai i el temps, *possible* significa també –i aquest és el quart sentit del terme– que pot existir, que pot tenir una presència efectiva en l'espai i en el temps. Vegeu *real*▸ i *probable*.▸

Postulat Proposició que no és demostrable, però que hem d'admetre com a vertadera per a poder donar raó d'una altra proposició que no seria explicable per si sola. Així, per exemple, només podem donar raó de la moral si postulem l'existència de la llibertat. Certament, la llibertat no és pas objecte de coneixement i, tanmateix, si no n'admetem l'existència, no podrem donar compte de l'experiència de sentir-nos obligats per normes que estableixen el que és el nostre deure, és a dir, no podrem donar compte de l'acció moral. Segons Kant, les idees de la metafísica,▸ com la que hem posat d'exemple –la llibertat–, no són objectes possibles d'una ciència, però són idees de la raó: principis d'unificació de la realitat superiors als conceptes (els quals, aquests segons, sintetitzen o unifiquen només continguts sensibles). Així, les idees de Déu o d'immortalitat de l'ànima són idees racionals perquè, sense aquestes, no podríem donar sentit (segons Kant) a la tensió a la qual està sotmès l'ésser humà entre l'ordre de la moral i l'ordre de les passions. En el camp de la ciència,▸ són postulats les proposicions que es donen per vertaderes, però que no poden ser deduïdes d'altres proposicions ni són considerades evidents per si mateixes (tret, aquest últim, que les distingeix dels axiomes).▸ Vegeu *raó pràctica*.▸

Potència Vegeu *acte*.▸

Pràctic/a Com a adjectiu, significa "el que està orientat a l'acció"; com a substantiu, significa "l'exercici d'una acció voluntària aclarida pel coneixement". L'ús pràctic de la raó és, per tant, l'ús de la raó amb vista a l'acció, l'ús de la raó per prendre decisions. S'oposa a teòric/a.▸ Vegeu *ètica*.▸

Pragmatisme Corrent de filosofia, afí a l'empirisme▸ i a l'utilitarisme,▸ la tesi principal del qual és que només és veritat el que funciona, és a dir, el que s'ha mostrat eficaç. En el camp de la moral, això dona una ètica conseqüencialista: només podem jutjar la correcció o la incorrecció de les accions atenent les seves conseqüències. Alguns autors pragmatistes són Charles S. Peirce, William James i John Dewey. Vegeu *conseqüencialisme*.▸

Praxi (acció) Anomenem acció▸ tota activitat de l'ésser humà que es té a si mateixa com a fi. Quan l'activitat és només un mitjà, ens trobem en el camp de la TEKHNÉ (tècnica, vegeu *art*)▸ o en el de la PÓIESIS (producció).▸ La praxi és el camp de l'ètica i de la política, és a dir, el camp d'una vida plena i lliure, la que perseguim per si mateixa. Segons com es miri, podem dir que praxi s'oposa a THEORIA (contemplació, pensament, activitat teòrica) o, com vol Aristòtil, que la THEORIA és, en realitat, la forma superior de praxi: l'activitat en què més pròpiament es pot dir que l'acció és el fi d'ella mateixa, ja que en ella es realitza (sempre segons Aristòtil) la humanitat de l'ésser humà. Vegeu *teoria*. ▸

Predicat Tot allò que pot atribuir-se a un subjecte. ▸

Principi Tota afirmació que es dona per vàlida d'entrada, en el punt de partida de tota investigació científica, i sobre la qual es basa tota veritat científica. Així, per exemple, l'edifici de la ciència newtoniana se sosté sobre uns fonaments ▸ que ella mateixa no justifica, sinó que els postula per principi perquè en constitueixin la base. El principi de conservació de la matèria, per exemple, diu així: "En els canvis del món natural, la quantitat de matèria roman constant" (o en la formulació contemporània, "L'energia no es crea ni es destrueix, sinó que només es transforma"). Ja que demostrar aquesta afirmació de manera experimental és impossible, és obvi que la física la pressuposa, però no la pot demostrar: és a partir d'ella, donant-la per sobreentesa, que la física pot fer les seves demostracions. Es tracta, doncs, d'un principi en el sentit explicat.

Probable Literalment, significa el que ens sentim inclinats a afirmar per endavant, quan encara no en tenim la confirmació. És, per tant, probable tot allò que, segons indicis, es compleix o es complirà, encara que no en tinguem la seguretat absoluta. Com que els indicis poden ser més o menys persuasius, podem parlar de graus de probabilitat. Tot el que és probable és possible, ▸ però no tot el que és possible és probable.

Problema En grec, significa "promontori" i, doncs, "obstacle". Un problema és un obstacle que dificulta la nostra progressió cap al fi que volem assolir. En actitud natural, ▸ la nostra vida, per dir-ho així, "flueix"; esdevé problemàtica quan sentim una resistència amb relació als nostres projectes, als nostres desitjos i als nostres fins. Ja que són dificultats que cal resoldre o aclarir, trobem problemes també en el camp del treball intel·lectual, per exemple, en les matemàtiques o l'economia.

Producció Vegeu *PÓIESIS*. ▸

Projecte Allò que ens proposem realitzar. Ja que la nostra vida no està donada tota de cop, sinó que es desplega en el temps, i ja que les expectatives que tenim i les decisions que prenem a fi d'assolir determinats objectius formen part del seu desplegament, la vida humana, en tant que vida conscient de la precarietat de tot moment present, és sempre previsió i projecte. Cal observar, tanmateix, que bé podria ser que el projecte que constitueix la meva vida no fos simplement un projecte *meu*. La nostra societat espera coses de cadascun dels seus membres, i per això un projecte de vida pot ser també una missió que cal complir, i no pas simplement la realització dels meus capricis personals i intransferibles. Sigui com sigui, tot projecte implica un cert grau d'explicitació, i per això la vida humana necessita comunicar-se i expressar-se per a poder desplegar-se, per a poder ser.

Propedèutica Format a partir de les formes gregues PAIDÓS, "nen", i PRO-, "per endavant", significa preparació prèvia que cal procurar a l'aprenent a fi que pugui introduir-se en una art o en una ciència. Així, per exemple, per als estoics, la lògica ▸ era una disciplina propedèutica per a la filosofia.

Propietat Allò que pertany a algú o alguna cosa. Per això la paraula té dos sentits: (1) tret inherent d'una cosa (per exemple, bullir als 100 °C és una propietat de l'aigua i conduir bé l'electricitat és una propietat dels metalls); (2) qualsevol cosa de la qual tinc dret a disposar i a fer ús al meu arbitri. En filosofia política, es discuteix quin és el fonament ▸ d'aquest segon sentit de la paraula. Per a Locke, com per a Marx, la base de la propietat és el treball: ▸ és meu allò que és producte del meu treball. Altres autors, en canvi, ho discuteixen.

Propiocepció Percepció d'un mateix. Cal notar, però, que un mateix no es percep a si mateix com percep les altres coses. De fet, és precisament per a indicar que no és del tot correcte fer servir la paraula *percepció* per a referir-se a un mateix (ni tan sols, probablement, a la percepció del propi cos "des de dins"), que hom fa servir la paraula *propiocepció*. La propiocepció està íntimament lligada al sentit tàctil, però la resta de sentits hi tenen també el seu paper. Així, per exemple, la vista o l'oïda tenen també components propioceptius: en veure una cosa o en sentir alguna cosa a la meva esquena, jo també m'oriento en l'espai amb relació a la seva posició i al seu moviment. En la propiocepció, el meu cos és com un centre d'orientació respecte de les altres coses i, al mateix temps, m'ofereix una certa resistència (com experimento quan estudio un instrument musical) que em fa constatar una certa distància de mi a mi mateix. Vegeu *percepció*, ▸ *cos* ▸ i *sensibilitat*. ▸

Proposició Literalment, el que es posa al davant (per a la seva consideració). Una proposició és el contingut d'un judici o d'una afirmació. En lògica, és un judici que pot prendre un valor de veritat: vertader o fals. Una mateixa proposició pot ser expressada amb enunciats diferents. Per exemple: "L'estiu a Barcelona és calorós" i "Els mesos de juny, juliol i agost a Barcelona són calorosos". Vegeu *enunciat*. ▸

Prudència Virtut i capacitat que consisteix a saber el que convé fer en cada cas ateses les circumstàncies. ▸ Aquest saber és al mateix temps coneixement dels principis generals que han d'orientar l'acció i comprensió de cada circumstància particular en la seva singularitat. I, ja que tota circumstància remet al tot de la meva situació en el món, la prudència és, en fi, la virtut del savi, és a dir, del que té l'habitud d'orientar-se bé en el món. Precisament perquè implica comprensió del que és singular, la prudència és un tipus de coneixement pràctic però no una ciència ▸ (ja que la ciència ho és sempre de l'universal ▸ i necessari). ▸

Psicologisme En teoria del coneixement, concepció segons la qual el coneixement depèn de les estructures cognitives concretes que proporcionen els elements sensibles a l'enteniment. Segons això, el coneixement humà és sempre relatiu a l'aparell perceptiu de què l'ésser humà està dotat com una espècie animal entre altres espècies animals. Aquesta dependència afecta totes les àrees del coneixement "superiors" que depenen dels materials que li són donats a partir de la sensibilitat: enteniment, raó, etc. El psicologisme suposa un atac frontal a la pretensió d'universalitat de la "raó" humana, ja que entén que aquesta està de tal manera limitada per les estructures de la sensibilitat que, si aquestes fossin de fet diferents, la comprensió de la realitat seria corresponentment diferent. Per al psicologisme, la raó humana és el resultat d'una evolució biològica determinada, i no pas la facultat universal que permet comprendre aquesta mateixa evolució. L'empirisme ▸ constitueix una de les versions del psicologisme més rellevants.

Racional Conforme a la raó. ▸

Racionalisme En el camp de la teoria del coneixement, teoria que sosté que l'única font de coneixement fiable és la raó o el pensament i no pas els sentits, de manera que relega els sentits a un paper secundari amb relació al coneixement. El racionalisme afirma que existeixen idees innates o *a priori* (com Jo, Món o Déu), idees que no es deixen reduir a la percepció sensible ni a la combinació d'idees procedents dels sentits a través de facultats actives com l'enteniment ▸ o la imaginació. ▸ Per als racionalistes, a fi de donar compte de l'estructura de la realitat, cal donar compte de l'estructura de la raó.

Raó Provinent del llatí RATIO, "mesura, càlcul, discurs", que tradueix el grec LÓGOS, "llei, paraula". La raó és la facultat de jutjar. Per a Aristòtil, és el que distingeix l'ésser humà (l'animal racional o dotat de LÓGOS), i l'entén com la capacitat de distingir el bé del mal. Els racionalistes, com ara Leibniz, l'entenen essencialment com la facultat cognoscitiva, que construeix conceptes, els identifica i estableix relacions entre ells. Per a aquest corrent de pensament, la capacitat de raonar és regida per tres principis: principi d'*identitat* (el que és, és igual a si mateix, A = A), principi de no-contradicció ▸ i principi de terç exclòs. ▸ En Kant, però, la raó esdevé la facultat central de la qual depenen totes les altres (aquí la raó delega la formació de conceptes en l'enteniment), i ja no té solament, com en el racionalisme, un poder merament cognoscitiu, ▸ sinó que té també –com en Aristòtil– un ús *pràctic*, i és per això que Kant distingeix la *raó teòrica* (la raó en el seu ús cognoscitiu) de la *raó pràctica* (la raó en el seu ús pràctic). Més i tot, més enllà del coneixement i de la moral, en Kant la raó és també la facultat que ens obre a la recerca de l'Incondicionat (Déu, Món i Jo, com a ideals regulatius que fan possible el progrés científic, moral i humà al llarg del temps) i que, d'aquesta manera, fonamenta la dimensió metafísica ▸ de l'ésser humà. Vegeu *raó pràctica*. ▸

Raó pràctica La raó en el seu ús pràctic, és a dir, en el seu ús referent a l'acció. ▸ Segons Hume, no hi ha pas tal raó, ja que no és la raó, sinó les emocions, les que ens fan prendre decisions. Contra Hume, Kant reconeix a la raó el seu paper rector en les accions morals: una acció moral és, en Kant, aquella en què la màxima que seguim en l'acció és racional (quan pot ser al mateix temps llei universal), és a dir, aquella en què la raó (pràctica) s'autodetermina o, el que és el mateix, actua amb autonomia. ▸

Raó suficient (principi de) Principi formulat per Leibniz segons el qual mai no passa res sense que hi hagi una causa o almenys una raó determinant, és a dir, una cosa que pugui servir per a donar raó *a priori* del perquè alguna cosa existeix i del perquè existeix d'aquesta manera i no pas d'una altra. El principi estableix que tota veritat de fet ▸ és contingent ▸ només *per a nosaltres*, perquè si el nostre enteniment fos infinit, com el de Déu, i poguéssim analitzar totes les variables que intervenen en qualsevol fet, descobriríem que en veritat es tracta d'una veritat de raó. ▸ Així, per exemple, per bé que diem que el fet que Cèsar passés el Rubicó és una veritat contingent, cal adonar-se que un Cèsar que no hagués passat el Rubicó ja no seria Cèsar: si poguéssim analitzar la substància de Cèsar, podríem determinar la necessitat ▸ que Cèsar passés el Rubicó. Segons això, en la realitat no hi ha atzar ni arbitrarietat, sinó que tot té una raó de ser. Per això Leibniz també designa aquest principi amb el nom de principi de causalitat. ▸

Real Que té realitat. ▸

Realisme Pel que fa al problema dels universals, posició segons la qual els universals tenen una entitat real que consisteix en continguts universals predicables d'un conjunt de casos particulars diferents. En teoria del coneixement, el realisme és tota concepció del coneixement que sosté que el coneixement que tenim de la realitat es correspon a la realitat tal com és en si mateixa. Segons això, quan coneixem, no estem pas creant un producte nostre, sinó que ens limitem a reproduir en el nostre discurs o en la nostra ment l'estructura de la realitat tal com és independentment de la nostra manera de conèixer-la. Realisme s'oposa a idealisme. ▸

Realitat Té tres sentits. Primer: allò que té una existència efectiva, que té una presència efectiva en l'espai i en el temps. Segon: tot allò que és possible. ▸ Notem la diferència: l'ordinador amb què estic escrivint és real en el primer sentit, i el fet que la vida humana a la Terra desapareixerà si continuem malbaratant els recursos naturals, que són finits, és real en el segon sentit. Tercer: el conjunt dels dos anteriors, el món objectiu en la seva efectivitat, però també en totes les seves possibilitats.

Referent El que un nom propi anomena, la cosa particular o la persona particular a la qual apunta el nom propi. Una mateixa cosa –un mateix referent– pot ser assenyalat amb noms o expressions diferents: cada expressió que l'assenyala, incloent-hi el nom propi, és un sentit▸ possible d'aquesta cosa particular. No és el mateix dir "Plató", que dir "el deixeble de Sòcrates", que dir "el fundador de l'Acadèmia": les tres expressions tenen el mateix referent, però tenen sentits diferents. Els referents poden ser coses o persones espaciotemporals presents o passades o poden ser també entitats o personatges de ficció: productes de la fantasia, com Pegàs, o de la ficció, com Sherlock Holmes. En aquest cas, parlem de *referents ficcionals*.

Reflexió Acte en virtut del qual el subjecte es fa ell mateix objecte de consideració: quan el perceptor pren consciència d'ell mateix com a perceptor, quan el pensament es gira cap a si mateix per a estudiar els seus propis actes o les seves operacions o quan la persona se sotmet a examen ella mateixa, els seus actes, els seus projectes i la seva vida, a fi de situar-se i prendre decisions. Per a Sòcrates, només una vida examinada, una vida reflexiva, és digna de ser viscuda pels éssers humans.

Regla Vegeu *norma*. ▸

Regles constitutives Aquelles que regulen allò que creen a través dels seus enunciats. Per exemple, les regles del futbol creen el "fora de joc": abans d'establir les regles del futbol, el fora de joc no era res, perquè són aquestes mateixes regles les que el constitueixen.

Regles regulatives Aquelles que regulen coses que existeixen prèviament a aquestes mateixes regles. Per exemple, la normativa referent a l'ús d'armes regula una cosa anterior a aquesta mateixa normativa, és a dir, l'existència d'armes i el fet que hi ha persones que les tenen al seu abast i les usen.

Relatiu El que depèn d'alguna altra cosa. S'oposa a absolut. ▸ Quan es predica del coneixement, el que es vol dir és que no hi ha coneixement objectiu, sinó que tot coneixement depèn del subjecte concret de cada cas. Vegeu *relativisme*. ▸

Relativisme Doctrina que afirma que l'home és la mesura de totes les coses (com va dir Protàgores) i, per tant, que la veritat és relativa a l'home. En altres paraules: és la doctrina segons la qual les coses són el que semblen ser, perquè ser i semblar són el mateix, de manera que totes les posicions i tots els punts de vista són igualment defensables. Hi ha diferents tipus de relativisme: el *relativisme epistemològic*, quan es refereix al coneixement; el *relativisme moral*, quan es refereix al bé i el mal; el *relativisme cultural*, quan circumscriu la noció de validesa a la pluralitat de les comunitats humanes i la seva diversitat; i el *relativisme lingüístic*, quan sosté que parlar llengües diferents equival a viure en mons diferents. Una persona pot ser relativista en un sentit i no en un altre; per exemple: algú pot ser relativista moral, perquè creu que els codis morals són relatius a cada societat o cada cultura, i no ser relativista epistemològic, perquè afirmi, per exemple, que les matemàtiques tenen una validesa universal. Els primers relativistes, que són els sofistes, defensaven el caràcter convencional de les normes morals i de les institucions polítiques.

Reminiscència Rememoració. En filosofia, es refereix a la concepció del coneixement exposada per Plató, que suggereix que conèixer és recordar i, doncs, que la vivència del coneixement és anàloga a la del record. Estrictament parlant, no es tracta d'una teoria en el sentit modern de la paraula, perquè Plató, quan en parla, ho fa sempre en un context literari. Es tracta més aviat d'una analogia: ▸ ja que només podem recercar (coneixements) quan sabem ja, d'alguna manera, què estem buscant, les coses passen –diria Plató– *com si* les sabéssim ja des de sempre i ens limitéssim a buscar-les en la nostra ment i recordar-les. Descartes, en la cinquena meditació, diu alguna cosa semblant de les idees clares i distintes. En la formulació que trobem en el *Fedó* de Plató –que Sòcrates atribueix a uns homes experts en coses divines–, l'analogia de la reminiscència es relaciona amb el dualisme antropològic: l'ànima, diuen aquests savis, ha conegut les idees abans del seu naixement en aquest món sensible, i el seu confinament en un cos és el que fa que oblidi el que, de totes maneres, ja porta amb ella d'entrada.

Representació Cosa que en fa present una altra. Pot ser sensible, i aleshores és un *símbol* ▸ o una *imatge*, ▸ o pot ser abstracta, i aleshores és un *concepte*. ▸

Respecte Contemplació o consideració de la dignitat ▸ d'una institució, d'un objecte o d'una persona. Etimològicament, respectar significa "mirar dues vegades": tractar amb respecte una cosa, una institució o una persona significa adequar la nostra actitud i el nostre tracte a la naturalesa i la dignitat d'aquesta cosa, institució o persona. Quan es tracta de persones, en el respecte reconeixem en l'altre un igual, i considerem la seva humanitat, així com la pròpia, com un fi en si mateix. Vegeu *persona*. ▸

Responsabilitat Capacitat i compromís de respondre d'alguna cosa. Qualitat de responsable. ▸

Responsable Una persona responsable és aquella que és capaç de donar resposta de les seves paraules i dels seus actes. Només pot ser responsable, així doncs, el qui és conscient dels seus actes (en té coneixement) i és lliure (ell mateix és la causa de la seva manera d'actuar). Sense coneixement o sense llibertat, no hi ha responsabilitat. Tanmateix, també pot assumir la responsabilitat aquell que, encara que no tenia coneixement del que ha passat o del que ha fet, reconeix que n'hauria d'haver tingut.

Savi El qui té saviesa. És savi el qui sap tot el que cal saber del món i sap, conseqüentment, el que cal fer en cada circumstància. Naturalment, què significa això *en concret* admet versions molt variades. Les interpretacions més prudents entenen que el savi és precisament el qui és conscient dels propis límits i sap què ha de fer amb les seves limitacions. En les interpretacions més agosarades, el savi és el qui ha assolit una lucidesa pròpia dels déus, que li permet entendre tot el que ha passat i dominar la situació des d'aquesta posició de superioritat.

Saviesa Ideal de vida plena, tant teòricament com pràcticament. El savi no és l'erudit: el saber de l'erudit és merament teòric; el del savi és teoricopràctic. Ja que la filosofia, com a desig de saviesa (en grec, SOFIA), comença quan prenem consciència que no som savis, que no estem ben resolts, la saviesa resulta ser l'ideal de la filosofia.

Semblar Aparèixer com una cosa, tant si l'és com si no. Ja que de les coses en veiem cares o aspectes (vegeu *fenomen*) ▸ i, per tant, mai no apareixen com el que són, l'aparença de vegades pot ser enganyosa. D'altra banda, com que les coses apareixen davant d'un subjecte, ▸ i la mirada del subjecte pot veure's distorsionada per la perspectiva que pren o pels seus prejudicis, l'element subjectiu també pot induir a error. ▸ Les coses semblen ser, però també *ens* semblen, d'una determinada manera. En l'aparició ▸ de les coses hi ha, així doncs, un pol objectiu i un pol subjectiu. Perquè les coses no sempre són el que (ens) semblen, en l'experiència del distanciament que la consciència d'això ens genera, pot trencar-se la nostra confiança habitual en el que el món ens ha semblat fins ara; quan això passa, deixem enrere l'actitud natural ▸ i passem a tenir una actitud teòrica. ▸

Sensació Modificació interna o externa d'un sentit sota l'efecte d'un estímul, d'un objecte sensible. Vegeu *impressió* ▸ i les dues primeres accepcions de la paraula *sentit*. ▸

Sensibilitat Facultat que ens dona els objectes i que es caracteritza per la seva *receptivitat*, en contrast amb l'*espontaneïtat* de l'enteniment i de l'*activitat* de la imaginació i de la raó. En la sensibilitat, els objectes es donen a la intuïció que en rebem a través dels sentits. La sensibilitat és, per això mateix, una facultat passiva, perquè, en ella, allò que causa la sensació –la percepció de la cosa en la nostra ment– no és cap activitat de la ment, sinó l'influx de l'objecte sobre els nostres òrgans sensibles. En allò que es dona a la sensibilitat, cal distingir la matèria de la sensació, el contingut propi de cada sensació, i la forma de la sensació, allò que permet en general la coordinació dels materials sensibles diversos en la intuïció. Doncs bé, segons Kant, la forma de la intuïció –allò que precedeix tota intuïció particular i la fa possible– són l'espai i el temps, que són, per això mateix, intuïcions pures (el que queda a la intuïció quan prescindim del contingut sensible concret de cada cas) o *a priori* (allò pressuposat per tota intuïció possible i, en aquest sentit, independent de l'experiència).

Sentiment Emoció o passió o pulsió humanitzada. Vegem què passa amb el desig sexual. Es tracta d'una pulsió que ens domina amb vista a la supervivència de l'espècie i que compartim amb els animals sexuats. Però en el cas dels éssers humans, aquest desig se'ns dona ja sempre transfigurat per la intervenció de la intel·ligència: se'ns dona ja sempre interpretat. En efecte, la intel·ligència humana transforma la sexualitat en companyia. D'aquesta manera, el desig, sense deixar de ser desig, és transformat en alguna cosa dotada d'un sentit humà, com ara tendresa el que era pulsió sexual, degustació el que era gana, o indignació el que era impuls violent. En suma: l'àmbit dels sentiments humans no és, així doncs, l'àmbit de les passions, sinó l'àmbit de les passions transfigurades per la capacitat que tenim de dotar de sentit allò donat. De manera que, més que la simple presència nua de les coses, allò que ens mou a actuar és el sentit▸ de les coses.

Sentit La paraula *sentit* (o *sentits*) en filosofia pot tenir quatre significats: (1) És cadascun dels òrgans corporals a través dels quals rebem les informacions externes o internes. (2) És la facultat de conèixer a través d'aquests òrgans corporals (també dita *experiència*▸ o *sensibilitat*),▸ que té lloc en un procés psicofisiològic en virtut del qual rebem en cada cas un determinat tipus de sensació, i el tret distintiu del qual és que ens fa entrar en contacte *en persona* amb la cosa en cada cas coneguda. (3) És la manera com cal entendre una paraula o una cosa o una persona (el significat o la significació, com quan diem que entenem el sentit o la raó de ser d'una acció o d'unes paraules). Quan la paraula fa referència a una entitat particular, el seu sentit consisteix en un nom propi o en una descripció definida. Quan la paraula fa referència a una entitat general, el seu sentit consisteix en la definició del seu concepte. I (4) és la finalitat que determina una orientació en una acció determinada o en la vida en general.

Sentit comú En la història del pensament, ha tingut tres significats. (1) En Aristòtil, el sentit comú és la facultat sensible central, que permet captar les qualitats sensibles comunes als diferents sentits (com el número o el moviment), que permet a l'animal perceptor sentir-se a ell mateix percebent (autoconsciència perceptiva) i que permet distingir qualitats sensibles corresponents a òrgans sensibles diferents (per a dir, per exemple, que el groc no és el mateix que l'amarg). (2) Més habitualment, el sentit comú és el conjunt d'opinions acceptades en general per tots els membres d'un determinat grup o d'una societat. Finalment, (3) en determinats contextos l'expressió "sentit comú" funciona com a sinònima de "sentit moral",▸ ja que, suposant que n'hi hagi, en tant que innat, és evident que el sentit moral és comú a tots els individus. Vegeu *significat*.▸

Sentit moral Facultat innata i instintiva per a distingir el bé del mal i el vertader del fals. Hi ha qui en nega l'existència. Els qui l'afirmen, l'anomenen també bon sentit o consciència.▸

Senyal Signe que lliga el significant▸ i el significat▸ de manera *natural*: aquí l'un condueix a l'altre perquè entre tots dos es pot establir una relació de causalitat.▸ Això no vol dir que hi hagi efectivament una relació de causa i efecte. Per exemple: el fum és senyal de foc, però el fum no sempre és causat pel foc; un crit d'auxili és senyal de perill, però el crit que ens ha alarmat pot haver estat el d'un nen jugant. Per més que espontàniament el fum i el crit remetin, respectivament, al foc i al perill com a causes seves, tant el fum com el crit poden existir independentment de l'existència d'allò a què ens remeten per la força del costum.▸

Signe Remissió d'un significant▸ a un significat.▸ És qualsevol cosa que en representa una altra i estableix, així, el lligam entre un suport material (un dibuix, uns sons o el que sigui) i una representació mental. N'hi ha de dos tipus, senyals▸ i símbols.▸

Significant Components materials de la paraula, que remeten al significat.▸ Poden ser escrits o sonors. Són formats de parts més petites que, per si soles, no tenen cap significat (lletres i fonemes).

Significat És allò que un signe▸ representa, la cosa representada pel signe. En teoria del llenguatge, s'ha discutit si el significat equival al referent, perquè sembla que hi ha expressions que, tot i tenir sentit, tot i tenir significat, no tenen pas referent, com, per exemple, "un be negre amb potes rosses". Vegeu *referent*.▸

Símbol Signe▸ que relaciona un significant▸ i un significat▸ de manera convencional. *Convencional* vol dir que ha estat establert per la comunitat que comparteix el mateix codi de comunicació. Sovint els símbols són, a més de convencionals, arbitraris:▸ lliguen un significant i un significat entre els quals no hi ha cap relació d'analogia ni de semblança. La paraula *taula*, per exemple, és un símbol d'allò que representa. El símbol, a diferència del senyal,▸ ens desvincula del món entorn, ens permet prendre'n distància, ens n'allibera. Quan un símbol és convencional però no arbitrari (ha estat establert per una comunitat, però hi ha una relació de semblança entre el significant i el significat), el símbol s'anomena icona.▸

Síntesi De les formes gregues SYN-, "conjunt", i TESI, "posició", *síntesi*, literalment, significa "posició conjunta". En un primer sentit, és l'acció de combinar elements diversos, reconstrucció d'un tot a partir dels seus elements més simples. En filosofia, la síntesi és posterior a l'anàlisi:▸ davant la realitat que volem estudiar, primer la separem analíticament en tots els seus elements més simples i, després, la reconstruïm sintèticament per a copsar-ne l'estructura. Es tracta, doncs, d'un acte intel·lectual que uneix dos elements o més i que recupera en l'ordre degut la comprensió de la cosa estudiada en la seva unitat orgànica. En un segon sentit, és la culminació de la dialèctica,▸ la posició en què es resolen les contradiccions que en el camí del pensament trobàvem entre la tesi▸ i l'antítesi▸ amb relació a allò examinat.

Sintètic Una proposició és sintètica quan la seva veritat requereix alguna cosa més que l'establiment de la relació entre els significats de les paraules que la componen per a ser establerta com a tal (com a verdadera). Això s'expressa dient que la proposició és informativa o extensiva, és a dir, que proporciona una informació sobre el món que ha de ser corroborada a través d'alguna percepció o d'algun tipus de constatació. Per exemple, "Els oftalmòlegs són rics" és una proposició que, per a poder ser verificada, requereix una comprovació que no està inclosa en la proposició. Segons Kant, les proposicions sintètiques poden ser tant *a priori* com *a posteriori*, i les primeres tenen una importància especial, com a fonaments del coneixement científic. L'exemple que acabem de posar és una proposició sintètica *a posteriori*.▸ Un exemple de judici sintètic *a priori* és aquest: "La línia recta és la distància més curta entre dos punts." En aquesta proposició, el predicat no deriva del simple significat del subjecte (perquè la noció de línia recta no implica cap referència a les distàncies) i és, per tant, sintètica; però, a més, expressa una propietat de l'espai euclidià que ha de complir tota experiència possible i que, per tant, és independent de l'experiència, és a dir, *a priori*.▸ Com que els principis de la ciència (com ara el de conservació de la matèria) són sintètics *a priori*, el projecte crític de fonamentació de la ciència demana arribar a explicar com són possibles els judicis sintètics *a priori*.

Sistema Format a partir del prefix grec SYN-, que denota "conjunció", i el verb grec HÍSTEMI, que significa "establir o posar dret", un sistema és un tot orgànic, l'articulació d'una pluralitat de parts que formen un tot coherent i funcional. La filosofia tendeix a ser sistemàtica, en el sentit de construir o establir, de forma ordenada, els fonaments de cada part de la realitat i de la realitat en el seu conjunt. Tanmateix, els autors que neguen consistència a la realitat –per exemple, els defensors del dinamisme–▸ i, per tant, que neguen que la realitat s'estructuri en un tot ordenat defensen, per això mateix, una manera antisistemàtica de fer filosofia. Un cas paradigmàtic d'això és el de Nietzsche, però també, per bé que atenuat, el de Plató. En el cas de Plató, la realitat és ordenada i en podem guanyar una visió sinòptica; però, precisament perquè la unitat de la realitat es guanya en una visió (NOESIS), i no pas en un discurs (DIANOIA), l'expressió del coneixement així guanyat no es pot formular d'una forma totalment sistemàtica. Vegeu *intuïció*▸ i *dialèctica*.▸

Situació Manera d'estar, disposició amb relació a determinades circumstàncies i, en un sentit més fort, amb relació al meu lloc al món.▸

Societat En llatí, SOCIUS significa "company", de manera que la societat és la comunitat de tots aquells que ens acompanyen en la nostra vida. El fet que cap individu no sigui autosuficient implica que els éssers humans vivim en societat. Tanmateix, dins de la societat hi ha també societats diverses: cadascun dels grups socials als quals pertanyo, però també cadascun dels grups socials als quals no pertanyo. Els grups socials i les associacions dins d'una societat es formen en funció d'afinitats i interessos, i això fa que la societat, en el seu dinamisme, estigui marcada al mateix temps per dinàmiques de col·laboració i d'entesa i per dinàmiques de confrontació i de conflicte. La regulació de la convivència a través de la legislació a fi de reconduir els conflictes a vies pacífiques constitueix l'àmbit de la política.▸

Sofisma Argument aparentment sòlid, però que en realitat condueix a una conclusió falsa.

Subjecte En un primer sentit, *subjecte* s'oposa a *predicat*:▸ és allò de què es tracta, allò de què afirmem o neguem coses; és, aleshores, sinònim de *substància*:▸ allò que no es diu de res, sinó que tot es diu d'ell. En un segon sentit, subjecte és el qui coneix per oposició a l'objecte▸ conegut, i és, per tant, un ésser conscient, aquell per al qual les coses es fan presents.

Subjectiu Relatiu o referent al subjecte▸ (en el segon sentit exposat del terme).

Sublim Si el bell produeix plaer estètic en virtut de l'equilibri i l'harmonia de les parts, el sublim produeix un sentiment de desbordament davant del que és infinit i incommensurable: aquí el que preval és el sentit unitari que ens aclapara, com el que podem experimentar davant d'una tempesta. En art, el Classicisme sol buscar la bellesa,▸ mentre que el Romanticisme sovint prova de crear obres sublims. A través del sublim, entra en les obres d'art el grotesc (com en la pintura negra de Goya): la contemplació de l'horror i el dolor que ens aclapara.

Substància La cosa realment existent, allò que hi ha pròpiament en cada cas. Allò que no necessita res més per a existir, allò que no necessita res més per a ser pensat. S'oposa als accidents▸ (determinacions que això que hi ha pot prendre però que no constitueixen l'ésser mateix de la cosa). Els accidents només poden ser pensats en una substància ("blanc", per exemple, ho ha de ser una casa, o una paret, o un full o alguna cosa d'aquesta mena). Podem distingir, seguint Aristòtil, entre substància primera i substància segona. *Substància primera* és la cosa de la qual parlem abans de tota determinació: "*això* [és]". *Substància segona* és allò en què consisteix, allò que és, la cosa de la qual parlem, la seva determinació o la seva essència: "[*això* és una] *casa*". Substància primera només ho poden ser coses particulars,▸ allò donat ("això-ara-mateix-aquí-al-davant"). Substància segona, en canvi, és sempre una determinació universal,▸ el "què és" o l'essència▸ de la cosa, el que ens diu el *tipus* de cosa que és en cada cas *això* que tenim al davant.

Tautologia Proposició que condueix a identificar el subjecte amb el predicat: "A és A."

Tècnica Saber productiu, coneixement i domini d'una sèrie de regles pràctiques que permeten operar amb les coses. Per exemple: l'ofici de cisteller. Vegeu *art*.▸

Tecnologia Literalment, significa teoria o ciència (*-logia*) de la tècnica (*tecno-*). Per extensió, es refereix també a totes les tècniques que es deriven de la ciència o de l'estudi teòric de la realitat. Així, per exemple, sense l'estudi de les ones per part de la física matemàtica, no hauria estat possible la creació de totes les tècniques que pressuposen el coneixement d'aquest fenomen físic, com ara la televisió o la telefonia. Significa, igualment, el conjunt de tots els productes d'aquestes tècniques fonamentades en sabers teòrics (i en aquest sentit, parlem del desenvolupament tecnològic d'una societat).

Teleologia Paraula formada a partir del grec TÉLOS ("fi, finalitat"), que indica l'estudi dels fins. Així mateix, es diu que la concepció de la realitat que afirma que totes les coses tenen un fi natural i que, per tant, totes les coses tendeixen per naturalesa a acomplir el seu fi és *teleològica*. Vegeu *fi/finalitat*.▸

Temps Canvi continu i irreversible o, també, forma de la nostra existència, de la nostra presència al món. Perquè som temporals, som mortals. Vegeu *mort*.▸

Teoria En el seu sentit primer, contemplació de la realitat. Modernament, i especialment en l'àmbit de la ciència, ha adquirit un sentit nou: coneixement, principis generals d'una matèria o camp d'estudis amb independència de les seves aplicacions pràctiques; principi general, fórmula, ideats per tal d'explicar un cert ordre de fets; cos complet i sistemàtic de teoremes sobre una matèria. Vegeu *praxi*.▸

Teoria del coneixement Vegeu *epistemologia*.▸

Teòric/a Referent a la teoria,▸ especialment en el sentit de referent al coneixement estrictament contemplatiu i no pas a la pràctica (ni a la seva aplicació pràctica ni a la producció). Parlem, doncs, d'ús teòric de la raó quan usem la raó només per a conèixer (no per a decidir ni per a produir). S'oposa a pràctic.▸

Terç exclòs (principi del) Principi lògic segons el qual no pot ser que una proposició no sigui ni vertadera ni falsa. També pot ser un principi ontològic: no pot ser que un ésser sigui i no sigui. El principi d'indeterminació de Heisenberg, en el camp de la física, i la lògica borrosa, en el camp de la lògica, mostraran els límits d'aquest principi, que per a Leibniz garantia la intel·ligibilitat absoluta de la realitat. Vegeu *contradicció* (*principi de no*).▸

Tesi Afirmació, posició que es defensa. Ja que podem defensar una posició de forma irreflexiva, el pensament sovint avança en un diàleg amb si mateix en virtut del qual confrontem tesis contraposades i examinem la part de veritat que hi ha en cadascuna a fi de provar d'establir noves tesis que superin les febleses de les anteriors conservant-ne la part de veritat que contenien, fins a obtenir una síntesi final que queda establerta com la nostra posició definitiva amb relació a allò que examinàvem. Vegeu *antítesi*,▸ *síntesi*▸ i *dialèctica*.▸

Tot/totalitat En un primer sentit, és cada cosa considerada en la seva unitat acabada ("*un* tot"). Com que, en aquest sentit, és un concepte que ha d'intervenir per a pensar en general qualsevol cosa possible, constitueix el que Kant anomena una categoria.▸ Ja que cada cosa pensada és un tot, notem que aquesta noció designa, per això mateix, un element transcendent de tot fenomen (l'altre element és el jo), que apareix en la manera d'allò apuntat i mai com a contingut immanent.▸ Finalment, la paraula també pot designar el món ("el Tot"), però aleshores ja no es tracta d'un concepte. En efecte, el tret distintiu dels conceptes és que són universals▸ (una cosa que es diu de moltes), però "el Tot" anomena una realitat singular –de món en el sentit de "el Tot" només n'hi ha un. Pel que fa a això, com que tota experiència és sempre limitada, no hi ha cap experiència possible del Tot, i, tanmateix, hem de postular la seva consistència si volem considerar cadascuna de les experiències que tenim com a parts d'un mateix Tot. El Tot, en aquest sentit, no és un fenomen, ▸ i ni tan sols un concepte ▸ amb què pensem algun fenomen, sinó que es tracta d'un noümen ▸ o idea metafísica.

Transcendència En un primer sentit, és l'àmbit del que apareix en el fenomen, ▸ però tan sols com a alguna cosa apuntada i, per tant, de manera incompleta. Elements com el jo, la unitat de la cosa percebuda, el tot o la llibertat són elements que apareixen en el fenomen –que formen part de l'ésser–, però tan sols com a merament apuntats en allò que apareix i mai de manera sencera. Per exemple: tot i que mai no veiem la totalitat d'una cosa percebuda, sinó que en percebem només les cares, la comprensió de la percepció com a fenomen total ens fa dir, no que veiem cares del que tenim davant –per exemple, una escombra–, sinó l'escombra com un sol objecte: la nostra vivència de l'escombra posa una unitat que només es dona com a apuntada –i, per tant, més enllà, "*trans-*"– en la suma de les percepcions de les seves distintes cares. En un segon sentit, la transcendència és l'àmbit de tot allò que no està sotmès a les lleis que governen sobre la naturalesa i que, així doncs, en aquest sentit, està més enllà (*trans-*) de la naturalesa; així, per exemple, si hi ha llibertat en un sentit més fort que la mera absència de coacció, aleshores la llibertat constitueix un domini més enllà de l'àmbit de la necessitat en què consisteix la naturalesa. Finalment, en un tercer sentit, la transcendència és allò que es troba més enllà (*trans-*) del món experimentat, un més enllà del qual no tenim cap coneixement, però que les religions afirmen com a lloc de realització o compliment definitiu de la vida humana.

Transcendent Que transcendeix allò immediatament donat, que es troba més enllà d'allò immediatament donat; però, al mateix temps, que és apuntat per això immediatament donat. Així, per exemple, el jo i l'objecte són els elements transcendents del fenomen.

Transcendental En el pensament medieval, els transcendentals són les determinacions últimes de l'ésser: ens, bo, u i bell. Amb Kant, el terme, pres ara com a adjectiu, passa a qualificar tota investigació que avança, des d'una validesa que es dona per evident (la ciència newtoniana, l'acció moral), cap a les seves condicions de possibilitat. Així, si ens centrem en el cas del coneixement, la investigació transcendental no pregunta per l'objecte del coneixement, sinó per la forma com arribem a conèixer-lo. Després de Kant, també la fenomenologia endega una investigació transcendental quan, a partir de la donació de les coses –els fenòmens–, interroga quines són les capes de sentit que la fan possible.

Treball Activitat productiva, activitat humana que té com a objectiu produir coses útils, que puguin satisfer les nostres necessitats i desitjos. Ja que som mortals, hem de treballar per a viure. Però, al mateix temps que el treball pertany al camp de la necessitat, és precisament en virtut del treball que construïm un món pròpiament humà: el fenomen del treball resulta ser, així, un lloc de privilegi per a pensar la frontera entre la necessitat i la humanitat, entre l'àmbit de la naturalesa i l'àmbit de la llibertat.

Unitat En Kant, una de les categories, és a dir, un dels conceptes *a priori* amb què pensem tot contingut empíric possible. Cal observar, a més, que encara que el món és només un, de fet no en tenim cap experiència possible (ja que només podem experimentar parts del món), sinó que l'experiència ho és sempre d'una multiplicitat. Per això, la validesa de la noció d'U-Tot o, el que és el mateix, de l'accessibilitat del món *com a tal*, és un dels problemes de què s'ocupa la metafísica. ▸ És en aquest context que apareixen ontologies monistes i pluralistes, immobilistes i dinamistes, immanentistes i transcendentalistes, deterministes i indeterministes.

Universal En un primer sentit, significa "pertanyent a l'Univers", és a dir, a la totalitat de coses de les quals estem parlant. També és, en un segon sentit, una cosa que es diu de moltes: universal és tot concepte o proposició que es diu de tots els individus d'un mateix tipus. S'oposa a particular. ▸

Utilitarisme Doctrina ètica que identifica el bé amb la utilitat, ▸ i la utilitat amb allò que contribueix a la meva felicitat, ▸ de manera que situa la utilitat com a únic fonament de la moral. ▸ Segons això, la bondat d'una acció depèn només de la seva utilitat, de les seves conseqüències. L'ètica ▸ utilitarista és, doncs, conseqüencialista i, per això mateix, *a posteriori*. ▸

Utilitat Qualitat del que és útil, que serveix (per a alguna cosa).

Valor El *valor* d'una cosa és el sentit o el significat que la cosa té per a nosaltres. Podem preguntar: el valor d'una cosa, és inherent a la cosa (i, per tant, objectiu), o és posat en la cosa per nosaltres (i, per tant, subjectiu)? D'entrada, sembla evident que el valor instrumental d'una cosa depèn al mateix temps d'una qualitat (una característica o una propietat) seva, però també de les nostres finalitats. Un bisturí, per exemple, és valuós perquè té les qualitats que un instrument requereix perquè sigui útil a un cirurgià, però no té pas el mateix valor en mans d'un advocat o d'un psiquiatre. El valor instrumental és, així, un *valor d'ús*. En el mercat, les coses tenen també un preu, un *valor de canvi*, perquè es compren i es venen. Segons Marx, el valor de canvi d'una mercaderia ve donat pel treball socialment necessari per a produir-la, per bé que cal tenir en compte igualment l'oferta i la demanda. Trobem, així, que el valor de canvi depèn, en part, del valor d'ús (perquè aquest afecta la demanda) i que el valor d'ús depèn, en part, de les qualitats de la cosa. Ara bé, encara que tinguin una qualitat que les fa valuoses, és prou clar que les coses amb un valor instrumental tenen, tanmateix, un valor extrínsec, perquè la valoració d'aquesta qualitat ve donada per les nostres finalitats i no per si mateixa. Podem, aleshores, reformular la nostra pregunta: Hi ha alguna cosa que tingui valor, no pel que proporciona, sinó *per si mateixa*? Hi ha alguna cosa que tingui un valor intrínsec –inherent a si mateixa– i no merament extrínsec –posat per alguna cosa externa a ella? Ja que els instruments serveixen als éssers humans, sembla que la humanitat dels homes i les dones, i les disciplines i les coses que són la pura expressió d'aquesta humanitat –com la filosofia o l'art–, són, en efecte, fins en si mateixos. Si no ho fossin, fins i tot el valor dels instruments es veuria compromès, ja que el tenen amb relació al seu fi. En suma: és perquè la humanitat de cada individu constitueix un valor intrínsec, que afirmem la dignitat ▸ de la persona ▸ i demanem, per aquest motiu, respecte ▸ per ella.

Veritat Conformitat amb allò que és. Compareixença en la mirada o el discurs de les coses tal com són, de la realitat mateixa. Els escèptics neguen que tal conformitat i tal compareixença siguin possibles.

Veritat de fet Proposició el contingut de la qual és contingent perquè la seva contradicció és lògicament possible, és a dir, perquè la seva negació pot ser pensada. Poden ser verdaderes o falses. Aquesta mena de veritats es funden en el principi de raó suficient ▸ o de causalitat. Exemples de veritats de fet són "L'aigua bull a 100 °C" i "La Constitució espanyola és del 1978". La distinció entre veritats de fet i veritats de raó va ser proposada per primer cop per Leibniz. Vegeu *contingent* ▸ i *veritat de raó*. ▸

Veritat de raó Proposició el contingut de la qual és necessari perquè la seva contradicció és lògicament impossible, és a dir, perquè la seva negació no pot ser pensada. Aquesta mena de veritats es funden en el principi de no-contradicció ▸ o d'identitat. Exemples de veritats de raó són "El tot és més gran que la part" o "El costat més llarg d'un triangle és l'oposat a l'angle més obert". La ment no pot pensar-les com a falses. Vegeu *necessari*, ▸ *veritat de fet* ▸ i *contradicció (principi de no-)*. ▸

Vida Interval de temps que separa el naixement de la mort, i que defineix els éssers capaços de nodrir-se, créixer i reproduir-se.

Virtut Mot derivat de la paraula llatina VIR, la força viril del guerrer, que, al seu torn, traduïa el terme grec ARETÉ, que significa "excel·lència". La virtut és la qualitat d'un ésser humà excel·lent, que sobresurt precisament en tant que humà. Té sentit parlar de virtut perquè no es dona de forma natural, sinó que és producte d'un esforç que es fa a través de l'educació, això és, a través del treball de la voluntat sobre la naturalesa que fa que convertim en una habitud actuar d'acord amb el que és recte o just. El que defineix la virtut d'un home o una dona no és, per tant, una acció aïllada, sinó el costum –esdevingut segona naturalesa– d'actuar de forma prudent, és a dir, ajustada al que cal fer en cada situació particular. La filosofia antiga i medieval discuteix sobre què vol dir "actuar d'acord amb el que és recte o just". La dona o l'home virtuós esdevé ésser humà excel·lent, model de vida humana, i dona amb l'exemple la norma que cal seguir. Si per felicitat entenem una vida humana plenament realitzada, és evident, a partir de la definició que acabem de donar, que la persona virtuosa és l'única que pot ser pròpiament feliç.

Vivència Cosa viscuda, experiència viscuda; els fets i les coses –la realitat– tal com se'm fan presents en la consciència. ▸

Vocació Del llatí VOCARE, "cridar", una vocació és allò a què un se sent cridat. Quan pensem en la nostra vida futura en termes de vocació, el nostre projecte ▸ de vida se subordina al servei que ens sentim cridats a fer, en funció dels nostres talents o del que sigui.

Voluntat Desig aclarit per la raó; lliure albir. Es tracta de la facultat de prendre decisions ▸ sobre la base de la reflexió o de la *deliberació*, ▸ i és, per tant, la recerca deliberada de certs fins a través de mitjans i estratègies complexes aclarits de forma racional.

Dipòsit legal: B-8769-2022